2024

ケアマネジャー試験

ワークブック

JN008027

中央法規

はじめに

2024年度に27回目を迎える介護支援専門員実務研修受講試験、いわゆるケアマネジャー試験は難関といわれています。直近の第26回試験では、合格率は21％になりました。過去10年で合格率が20％を超えたのは3回にとどまり、この試験で合格を勝ち取ることは、まさに狭き門といえます。

また、受験資格についても、介護支援専門員の専門性の向上を図るために、法定資格（国家資格）保有者でかつ実務経験が5年以上あることが原則とされています。合格するには知識と経験の両方が求められるのです。

中央法規ケアマネジャー受験対策研究会は、そのような難関のケアマネジャー試験にチャレンジするみなさまの「合格したい」という強い思いに応えるべく、本書を刊行しました。

忙しい毎日を過ごすなかで、専門的な知識と幅広い出題範囲に対し効率よく学習を行うことは、みなさまの最大のテーマでしょう。本書は、長寿社会開発センター発行の『介護支援専門員基本テキスト』の内容をベースとしながら、過去の出題実績等を詳細に分析し、試験に出やすいポイントに絞ってまとめています。側注も「過去の出題」「アドバイス」「プラスα」「用語解説」と充実させ、項目ごとに習得度を確認するための「基礎理解度CHECK!!」も収載しています。さらに本年版では、2024年度介護保険制度改正の内容（現時点で公表されている内容）を盛り込み、この大枠と制度改正の変遷をまとめた一覧も収載しています。

本書で基礎力を身につけ高め、中央法規のほかの受験対策書も活用して応用力を磨き、ぜひ、ケアマネジャー試験の合格を手にしてください。

難関のケアマネジャー試験に見事合格され、利用者から信頼される介護支援専門員としてご活躍されることを祈念しています。

2023年12月

中央法規ケアマネジャー受験対策研究会

目次

第2編 保健医療サービスの知識等

第3編 福祉サービスの知識等

本書の使い方

出題頻度を確認！
過去のケアマネジャー試験を徹底分析したデータに基づいて、各項目の冒頭に、頻出順に「A・B・C」の［出題頻度ランク］を設けています。

まずは学習のポイント！
過去の出題実績を踏まえて試験対策のポイントなどを紹介しています。

簡潔な文章でわかりやすく！
簡潔な文章・表現で、内容をわかりやすく解説しています。

イラスト&図表でイメージ化！
各項目の内容をイメージしやすく、また視覚的にも覚えやすくなるよう、イラストや図表を多数収載しています。

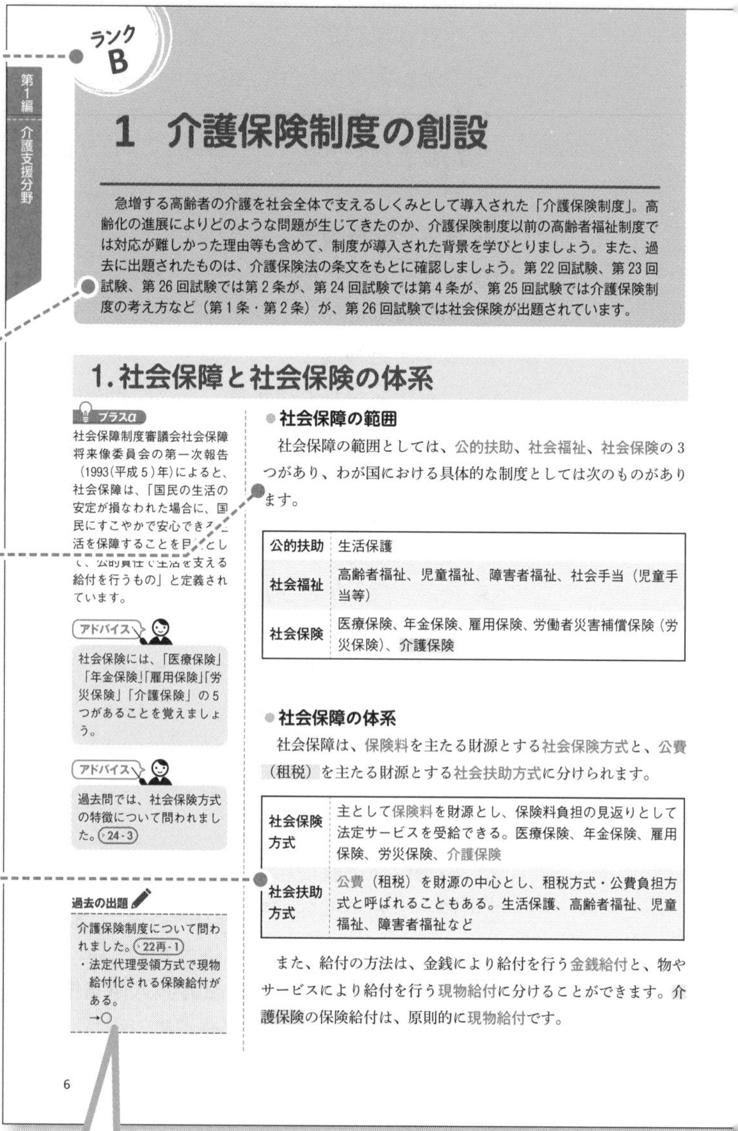

ランク B

第1編 介護支援分野

1　介護保険制度の創設

急増する高齢者の介護を社会全体で支えるしくみとして導入された「介護保険制度」。高齢化の進展によりどのような問題が生じてきたのか、介護保険制度以前の高齢者福祉制度では対応が難しかった理由等も含めて、制度が導入された背景を学びとりましょう。また、過去に出題されたものは、介護保険法の条文をもとに確認しましょう。第22回試験、第23回試験、第26回試験では第2条が、第24回試験では第4条が、第25回試験では介護保険制度の考え方など（第1条・第2条）が、第26回試験では社会保険が出題されています。

1. 社会保障と社会保険の体系

プラスα
社会保障制度審議会社会保障将来像委員会の第一次報告（1993（平成5）年）によると、社会保障は、「国民の生活の安定が損なわれた場合に、国民にすこやかで安心できる生活を保障することを目的として、公的責任で生活を支える給付を行うもの」と定義されています。

アドバイス
社会保険には、「医療保険」「年金保険」「雇用保険」「労災保険」「介護保険」の5つがあることを覚えましょう。

アドバイス
過去問では、社会保険方式の特徴について問われました。（24-3）

過去の出題
介護保険制度について問われました。（22再-1）
・法定代理受領方式で現物給付化される保険給付がある。
→○

社会保障の範囲
社会保障の範囲としては、公的扶助、社会福祉、社会保険の3つがあり、わが国における具体的な制度としては次のものがあります。

公的扶助	生活保護
社会福祉	高齢者福祉、児童福祉、障害者福祉、社会手当（児童手当等）
社会保険	医療保険、年金保険、雇用保険、労働者災害補償保険（労災保険）、介護保険

社会保障の体系
社会保障は、保険料を主たる財源とする社会保険方式と、公費（租税）を主たる財源とする社会扶助方式に分けられます。

社会保険方式	主として保険料を財源とし、保険料負担の見返りとして法定サービスを受給できる。医療保険、年金保険、雇用保険、労災保険、介護保険
社会扶助方式	公費（租税）を財源の中心とし、租税方式・公費負担方式と呼ばれることもある。生活保護、高齢者福祉、児童福祉、障害者福祉など

また、給付の方法は、金銭により給付を行う金銭給付と、物やサービスにより給付を行う現物給付に分けることができます。介護保険の保険給付は、原則的に現物給付です。

6

側注アイコンについて

過去の出題
どのような問題が出題されたかを知っておきましょう。（26-1）は、第26回試験の問題1で出題されたことを表します。

アドバイス
ケアマネジャー試験との関連で、おさえておきたいポイントを簡潔に記しています。

プラスα
本文中の用語や内容の補足説明です。本文と関連して覚えることで、より詳しく理解できます。

用語解説
本文のなかで出てくる難解な医学用語や専門用語などについて解説しています。

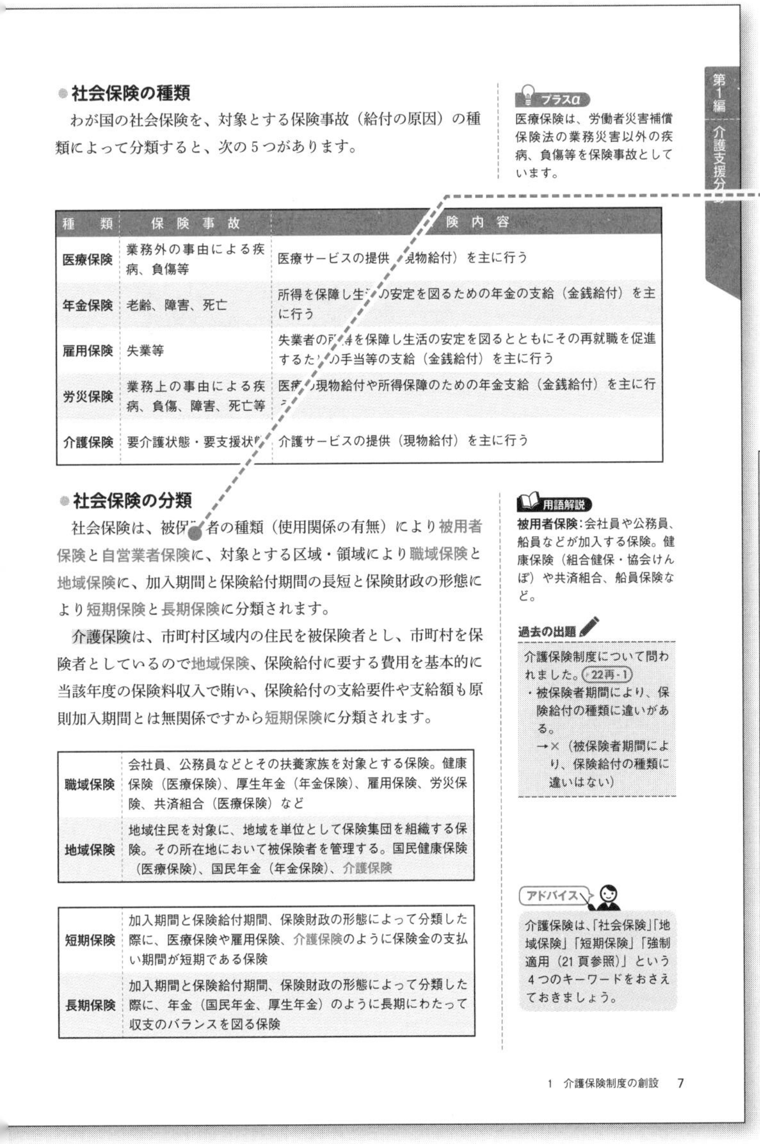

第1編 介護支援分野

●社会保険の種類

わが国の社会保険を、対象とする保険事故（給付の原因）の種類によって分類すると、次の５つがあります。

プラスα
医療保険は、労働者災害補償保険法の業務災害以外の疾病、負傷等を保険事故としています。

種　類	保険事故	保険内容
医療保険	業務外の事由による疾病、負傷等	医療サービスの提供（現物給付）を主に行う
年金保険	老齢、障害、死亡	所得を保障し生活の安定を図るための年金の支給（金銭給付）を主に行う
雇用保険	失業等	失業者の所得を保障し生活の安定を図るとともにその再就職を促進するための手当等の支給（金銭給付）を主に行う
労災保険	業務上の事由による疾病、負傷、障害、死亡等	医療の現物給付や所得保障のための年金支給（金銭給付）を主に行う
介護保険	要介護状態・要支援状態	介護サービスの提供（現物給付）を主に行う

●社会保険の分類

社会保険は、被保険者の種類（使用関係の有無）により被用者保険と自営業者保険に、対象とする区域・領域により職域保険と地域保険に、加入期間と保険給付期間の長短と保険財政の形態により短期保険と長期保険に分類されます。

介護保険は、市町村区域内の住民を被保険者とし、市町村を保険者としているので地域保険、保険給付に要する費用を基本的に当該年度の保険料収入で賄い、保険給付の支給要件や支給額も原則加入期間とは無関係ですから短期保険に分類されます。

職域保険	会社員、公務員などとその扶養家族を対象とする保険。健康保険（医療保険）、厚生年金（年金保険）、雇用保険、労災保険、共済組合（医療保険）など
地域保険	地域住民を対象に、地域を単位として保険集団を組織する保険。その所在地において被保険者を管理する。国民健康保険（医療保険）、国民年金（年金保険）、介護保険

短期保険	加入期間と保険給付期間、保険財政の形態によって分類した際に、医療保険や雇用保険、介護保険のように保険金の支払い期間が短期である保険
長期保険	加入期間と保険給付期間、保険財政の形態によって分類した際に、年金（国民年金、厚生年金）のように長期にわたって収支のバランスを図る保険

用語解説
被用者保険：会社員や公務員、船員などが加入する保険。健康保険（組合健保・協会けんぽ）や共済組合、船員保険など。

過去の出題
介護保険制度について問われました。（22再-1）
・被保険者期間により、保険給付の種類に違いがある。
→×（被保険者期間により、保険給付の種類に違いはない）

アドバイス
介護保険は、「社会保険」「地域保険」「短期保険」「強制適用（21頁参照）」という４つのキーワードをおさえておきましょう。

1　介護保険制度の創設　7

赤シートで重要語句をチェック！

赤字になっている箇所は、本試験で問われる頻度の高い語句・用語です。赤シートを用いると、穴埋め問題となります。理解度をチェックしてみましょう。

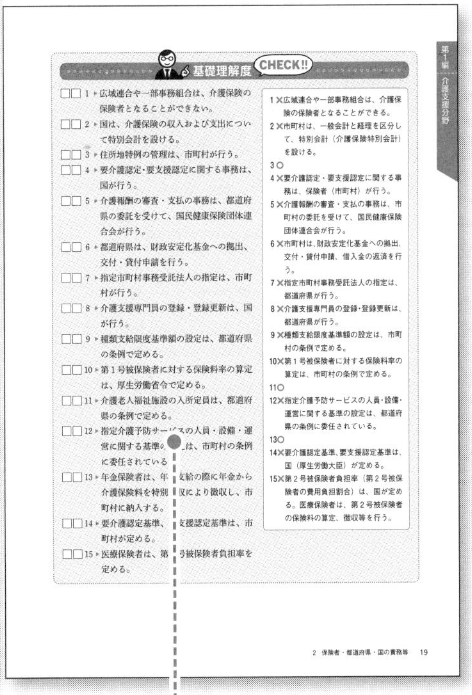

第1編 介護支援分野

基礎理解度 CHECK!!

□□ 1 ▸ 広域連合や一部事務組合は、介護保険の保険者となることができない。
□□ 2 ▸ 国は、介護保険の収入および支出について特別会計を設ける。
□□ 3 ▸ 住所地特例の管理は、市町村が行う。
□□ 4 ▸ 要介護認定・要支援認定に関する事務は、国が行う。
□□ 5 ▸ 介護報酬の審査・支払の事務は、都道府県の委託を受けて、国民健康保険団体連合会が行う。
□□ 6 ▸ 都道府県は、財政安定化基金への拠出、交付・貸付申請を行う。
□□ 7 ▸ 指定市町村事務受託法人の指定は、市町村が行う。
□□ 8 ▸ 介護支援専門員の登録・登録更新は、国が行う。
□□ 9 ▸ 種類支給限度基準額の設定は、都道府県の条例で定める。
□□ 10 ▸ 第１号被保険者に対する保険料率の算定は、厚生労働省令で定める。
□□ 11 ▸ 介護老人福祉施設の入所定員は、都道府県の条例で定める。
□□ 12 ▸ 指定介護予防サービスの人員・設備・運営に関する基準の設定は、市町村の条例に委任されている。
□□ 13 ▸ 年金保険者は、年金支給の際に年金から介護保険料を特別徴収により徴収し、市町村に納入する。
□□ 14 ▸ 要介護認定基準、要支援認定基準は、市町村が定める。
□□ 15 ▸ 医療保険者は、第２号被保険者負担率を定める。

1 ×広域連合や一部事務組合は、介護保険の保険者となることができる。
2 ×市町村は、一般会計と経理を区分して、特別会計（介護保険特別会計）を設ける。
3 ○
4 ×要介護認定・要支援認定に関する事務は、保険者（市町村）が行う。
5 ×介護報酬の審査・支払の事務は、市町村の委託を受けて、国民健康保険団体連合会が行う。
6 ×市町村は、財政安定化基金への拠出、交付・貸付申請、借入金の返済を行う。
7 ×指定市町村事務受託法人の指定は、都道府県が行う。
8 ×介護支援専門員の登録・登録更新は、都道府県が行う。
9 ×種類支給限度基準額の設定は、市町村の条例で定める。
10 ×第１号被保険者に対する保険料率の算定は、市町村の条例で定める。
11 ○
12 ×指定介護予防サービスの人員・設備・運営に関する基準の設定は、都道府県の条例に委任されている。
13 ○
14 ×要介護認定基準、要支援認定基準は、国（厚生労働大臣）が定める。
15 ×第２号被保険者負担率（第２号被保険者の費用負担割合）は、国が定める。医療保険者は、第２号被保険者の保険料の算定、徴収等を行う。

2　保険者・都道府県・国の責務等　19

項目末の「基礎理解度CHECK!!」でダメ押し！

各項目の内容の復習、理解度の確認のために、過去問題や模擬問題を一問一答形式で収載しています。学習した内容を思い出しながら、チャレンジしてみましょう。間違った問題については、本文に戻って確認し、繰り返し解いて知識を定着させましょう。

介護支援専門員実務研修受講試験の概要

1. 出題方式および出題数

⑴出題方式

5つの選択肢から正しいものを2つまたは3つ選んでマークする「五肢複択方式」です。

⑵出題数、試験時間

区分		問題数	試験時間
介護支援分野	介護保険制度の基礎知識	25問	120分 （10：00〜12：00） 点字受験者（1.5倍） 180分 弱視等受験者（1.3倍） 156分
	要介護認定等の基礎知識		
	居宅・施設サービス計画の基礎知識等		
保健医療福祉サービス分野	保健医療サービスの知識等	20問	
	福祉サービスの知識等	15問	
合計		60問	

2. 受験要件

介護支援専門員実務研修受講試験の対象者は、（１）保健・医療・福祉に関する法定資格保有者（受験資格の表①）と（２）相談援助に従事する者（受験資格の表②～⑤）で、（１）及び（２）の期間が通算して５年以上であり、かつ当該業務に従事した日数が900日以上である者とされています。

受験資格（下記のいずれかの要件を満たす者）

①法定資格保有者	保健・医療・福祉に関する以下の法定資格に基づく業務に従事した期間	通算して5年以上＋業務に従事した日数が900日以上
	医師、歯科医師、薬剤師、保健師、助産師、看護師、准看護師、理学療法士、作業療法士、社会福祉士、介護福祉士、視能訓練士、義肢装具士、歯科衛生士、言語聴覚士、あん摩マッサージ指圧師、はり師、きゅう師、柔道整復師、栄養士（管理栄養士を含む）、精神保健福祉士	
②生活相談員	生活相談員として、（地域密着型）介護老人福祉施設・（地域密着型）特定施設入居者生活介護（介護予防を含む）において、要介護者等の日常生活の自立に関する相談援助業務に従事した期間	
③支援相談員	支援相談員として、介護老人保健施設において、要介護者等の日常生活の自立に関する相談援助業務に従事した期間	
④相談支援専門員	障害者総合支援法第５条第18項及び児童福祉法第６条の２の２第７項に規定する事業の従事者として従事した期間	
⑤主任相談支援員	生活困窮者自立支援法第２条第２項に規定する事業の従事者として従事した期間	

3. 試験日

2024年10月頃（2024年２～３月頃に公表予定）

4. これまでの試験結果

	受験者数	合格者数	合格率
第１回（1998）	207,080人	91,269人	44.1％
第２回（1999）	165,117人	68,090人	41.2％
第３回（2000）	128,153人	43,854人	34.2％
第４回（2001）	92,735人	32,560人	35.1％
第５回（2002）	96,207人	29,508人	30.7％
第６回（2003）	112,961人	34,634人	30.7％
第７回（2004）	124,791人	37,781人	30.3％
第８回（2005）	136,030人	34,813人	25.6％
第９回（2006）	138,262人	28,391人	20.5％
第10回（2007）	139,006人	31,758人	22.8％
第11回（2008）	133,072人	28,992人	21.8％
第12回（2009）	140,277人	33,119人	23.6％
第13回（2010）	139,959人	28,703人	20.5％
第14回（2011）	145,529人	22,332人	15.3％
第15回（2012）	146,586人	27,905人	19.0％
第16回（2013）	144,397人	22,331人	15.5％
第17回（2014）	174,974人	33,539人	19.2％
第18回（2015）	134,539人	20,924人	15.6％
第19回（2016）	124,585人	16,281人	13.1％
第20回（2017）	131,560人	28,233人	21.5％
第21回（2018）	49,332人	4,990人	10.1％
第22回（2019）	41,049人	8,018人	19.5％
第23回（2020）	46,415人	8,200人	17.7％
第24回（2021）	54,290人	12,662人	23.3％
第25回（2022）	54,406人	10,328人	19.0％
第26回（2023）	56,494人	11,844人	21.0％
計	**3,057,806人**	**751,059人**	—

※第22回の受験者数・合格者数・合格率は、2020年３月８日に実施された再試験の実施状況も含めたものです。

5. 合格基準

分野	問題数	合格基準				
		第22回	第23回	第24回	第25回	第26回
介護支援分野	25問	15点	13点	14点	18点	17点
保健医療福祉サービス分野	35問	24点	22点	25点	26点	24点

※配点は1問1点である。
※介護支援分野、保健医療福祉サービス分野ごとに、正答率70％を基準とし、問題の難易度で補正する。

2024年
介護保険制度
改正のポイント

2024年介護保険制度改正のポイント

2023（令和５）年５月19日に公布された「全世代対応型の持続可能な社会保障制度を構築するための健康保険法等の一部を改正する法律」により、介護保険法が改正されました。一部を除き、2024（令和６）年４月１日に施行されます。

今回の改正は、全世代対応型の持続可能な社会保障制度を構築するため、健康保険法や高齢者の医療の確保に関する法律などさまざまな法律の改正とともになされています。団塊の世代が75歳以上を迎える2025年問題や、介護現場の人材不足などの課題もあり、今後、介護保険制度の持続可能性を確保するためにも、地域包括ケアシステムの深化・推進、介護現場の生産性の向上が求められています。

2024年介護保険制度改正の主な内容

Ⅰ．介護情報基盤の整備	介護保険者が被保険者等にかかる医療・介護情報の収集・提供等を行う事業を医療保険者と一体的に実施 ・被保険者、介護事業者その他の関係者が当該被保険者にかかる介護情報等を共有・活用することを促進する事業を介護保険者である市町村の地域支援事業として位置づけ ・市町村は、当該事業について、医療保険者等と共同して国民健康保険団体連合会・社会保険診療報酬支払基金に委託できることとする（※2023（令和５）年５月19日から４年以内の政令で定める日から施行）
Ⅱ．介護サービス事業者の財務状況等の見える化	介護サービス事業所等の詳細な財務状況等を把握して政策立案に活用するため、事業者の事務負担にも配慮しつつ、財務状況を分析できる体制を整備 ・各事業所・施設に対して詳細な財務状況（損益計算書等の情報）の報告を義務づけ（※職種別の給与（給料・賞与）は任意事項） ・国が、当該情報を収集・整理し、分析した情報を公表
Ⅲ．介護サービス事業所等における生産性の向上に資する取り組みにかかる努力義務	介護現場における生産性の向上に関して、都道府県を中心に一層取り組みを推進 ・都道府県に対し、介護サービス事業所・施設の生産性の向上に資する取り組みが促進されるよう努める旨の規定を新設　など
Ⅳ．看護小規模多機能型居宅介護のサービス内容の明確化	看護小規模多機能型居宅介護（以下「看多機」）について、サービス内容の明確化等を通じて、さらなる普及を進める ・看多機のサービス内容について、サービス拠点での「通い」「泊まり」における看護サービス（療養上の世話または必要な診療の補助）が含まれる旨を明確化　など
Ⅴ．地域包括支援センターの体制整備等	地域の拠点である地域包括支援センターが地域住民への支援をより適切に行うための体制を整備 ・要支援者に行う介護予防支援について、居宅介護支援事業所（ケアマネ事業所）も市町村からの指定を受けて実施可能とする　など

● 介護保険制度改正の変遷

これまでの改正内容

改正年	主な施行年	主な改正内容
2005年 （平成17年）	2006年 （平成18年）	○新予防給付の創設 ○地域密着型サービスの創設 ○地域包括支援センターの創設 ○介護サービス情報の公表制度の創設 ○居住費・食費の見直し
2008年 （平成20年）	2009年 （平成21年）	○介護サービス事業者に対する法令遵守などの業務管理体制の整備
2011年 （平成23年）	2012年 （平成24年）	○定期巡回・随時対応型訪問介護看護、複合型サービスの創設 ○介護予防・日常生活支援総合事業の創設 ○介護福祉士による喀痰吸引の実施
2014年 （平成26年）	2015年 （平成27年）	○地域支援事業の充実（在宅医療・介護連携推進事業や認知症総合支援事業などの創設、地域ケア会議の創設） ○介護予防訪問介護・介護予防通所介護の地域支援事業への移行 ○介護老人福祉施設の新規入所者を原則、要介護３以上に重点化 ○第１号被保険者のうち一定以上の所得のある利用者の自己負担を２割に引き上げ ○「補足給付」の要件に資産などを追加
2017年 （平成29年）	2018年 （平成30年）	○保険者機能の強化等の取り組みの推進 ○医療・介護の連携の推進等（介護医療院の創設等） ○地域共生社会の実現に向けた取り組みの推進等（共生型サービス事業者の指定の特例等） ○現役世代並みの所得のある層の負担割合を３割に（第１号被保険者に限る） ○介護給付費・地域支援事業支援納付金への総報酬割の導入
2020年 （令和２年）	2021年 （令和３年）	○地域生活課題の解決に資する市町村の包括的な支援体制の構築の支援 ○地域の特性に応じた認知症施策や介護サービス提供体制の整備等の推進 ○医療・介護のデータ基盤の整備の推進 ○介護人材確保および業務効率化の取り組みの強化

本書の内容は、2023（令和5）年12月20日現在の法制度等（同日までに公布された法令、厚生労働省発出の通知等）に基づいています。

■2024年介護保険制度改正について

本書発刊後に明らかになった、2024（令和6）年施行の介護保険制度改正の内容のうち、本書に関連するものについて、弊社ホームページにおいて順次紹介していきます。下記URLでご確認ください。
https://www.chuohoki.co.jp/foruser/manager/

第1編

介護支援分野

1. 介護保険制度の創設
2. 保険者・都道府県・国の責務等
3. 被保険者
4. 要介護認定・要支援認定
5. 保険給付通則
6. 保険給付の種類・内容等
7. 介護報酬
8. 支給限度基準額
9. 利用者負担
10. 事業者および施設
11. 介護保険事業計画
12. 保険財政と財政安定化基金等
13. 地域支援事業等
14. 介護サービス情報の公表
15. 国民健康保険団体連合会の介護保険事業関係業務
16. 審査請求
17. 介護支援専門員
18. 介護支援サービス（ケアマネジメント）
19. 居宅介護支援
20. 介護予防支援
21. 施設介護支援
22. 居宅サービス事業等の運営基準の共通事項

ランク B

1 介護保険制度の創設

急増する高齢者の介護を社会全体で支えるしくみとして導入された「介護保険制度」。高齢化の進展によりどのような問題が生じてきたのか、介護保険制度以前の高齢者福祉制度では対応が難しかった理由等も含めて、制度が導入された背景を学びとりましょう。また、過去に出題されたものは、介護保険法の条文をもとに確認しましょう。第 22 回試験、第 23 回試験、第 26 回試験では第 2 条が、第 24 回試験では第 4 条が、第 25 回試験では介護保険制度の考え方など（第 1 条・第 2 条）が、第 26 回試験では社会保険が出題されています。

1. 社会保障と社会保険の体系

● 社会保障の範囲

社会保障の範囲としては、**公的扶助**、**社会福祉**、**社会保険**の 3 つがあり、わが国における具体的な制度としては次のものがあります。

公的扶助	生活保護
社会福祉	高齢者福祉、児童福祉、障害者福祉、社会手当（児童手当等）
社会保険	医療保険、年金保険、雇用保険、労働者災害補償保険（労災保険）、介護保険

● 社会保障の体系

社会保障は、**保険料**を主たる財源とする**社会保険方式**と、**公費（租税）**を主たる財源とする**社会扶助方式**に分けられます。

社会保険方式	主として**保険料**を財源とし、保険料負担の見返りとして法定サービスを受給できる。医療保険、年金保険、雇用保険、労災保険、**介護保険**
社会扶助方式	**公費**（租税）を財源の中心とし、租税方式・公費負担方式と呼ばれることもある。生活保護、高齢者福祉、児童福祉、障害者福祉など

また、給付の方法は、金銭により給付を行う**金銭給付**と、物やサービスにより給付を行う**現物給付**に分けることができます。介護保険の保険給付は、原則的に**現物給付**です。

プラスα

社会保障制度審議会社会保障将来像委員会の第一次報告（1993（平成 5）年）によると、社会保障は、「国民の生活の安定が損なわれた場合に、国民にすこやかで安心できる生活を保障することを目的として、公的責任で生活を支える給付を行うもの」と定義されています。

アドバイス

社会保険には、「医療保険」「年金保険」「雇用保険」「労災保険」「介護保険」の 5 つがあることを覚えましょう。

アドバイス

過去問では、社会保険方式の特徴について問われました。24-3

過去の出題

介護保険制度について問われました。22再-1

・法定代理受領方式で現物給付化される保険給付がある。
→○

社会保険の種類

わが国の社会保険を、対象とする保険事故（給付の原因）の種類によって分類すると、次の5つがあります。

プラスα

医療保険は、労働者災害補償保険法の業務災害以外の疾病、負傷等を保険事故としています。

種類	保険事故	保険内容
医療保険	業務外の事由による疾病、負傷等	医療サービスの提供（現物給付）を主に行う
年金保険	老齢、障害、死亡	所得を保障し生活の安定を図るための年金の支給（金銭給付）を主に行う
雇用保険	失業等	失業者の所得を保障し生活の安定を図るとともにその再就職を促進するための手当等の支給（金銭給付）を主に行う
労災保険	業務上の事由による疾病、負傷、障害、死亡等	医療の現物給付や所得保障のための年金支給（金銭給付）を主に行う
介護保険	要介護状態・要支援状態	介護サービスの提供（現物給付）を主に行う

社会保険の分類

社会保険は、被保険者の種類（使用関係の有無）により**被用者保険**と**自営業者保険**に、対象とする区域・領域により**職域保険**と**地域保険**に、加入期間と保険給付期間の長短と保険財政の形態により**短期保険**と**長期保険**に分類されます。

介護保険は、市町村区域内の住民を被保険者とし、市町村を保険者としているので**地域保険**、保険給付に要する費用を基本的に当該年度の保険料収入で賄い、保険給付の支給要件や支給額も原則加入期間とは無関係ですから**短期保険**に分類されます。

職域保険	会社員、公務員などとその扶養家族を対象とする保険。健康保険（医療保険）、厚生年金（年金保険）、雇用保険、労災保険、共済組合（医療保険）など
地域保険	地域住民を対象に、地域を単位として保険集団を組織する保険。その所在地において被保険者を管理する。国民健康保険（医療保険）、国民年金（年金保険）、**介護保険**

短期保険	加入期間と保険給付期間、保険財政の形態によって分類した際に、医療保険や雇用保険、**介護保険**のように保険金の支払い期間が短期である保険
長期保険	加入期間と保険給付期間、保険財政の形態によって分類した際に、年金（国民年金、厚生年金）のように長期にわたって収支のバランスを図る保険

用語解説

被用者保険：会社員や公務員、船員などが加入する保険。健康保険（組合健保・協会けんぽ）や共済組合、船員保険など。

過去の出題

介護保険制度について問われました。（22再-1）

・被保険者期間により、保険給付の種類に違いがある。

→×（被保険者期間により、保険給付の種類に違いはない）

アドバイス

介護保険は、「社会保険」「地域保険」「短期保険」「強制適用（21頁参照）」という4つのキーワードをおさえておきましょう。

2. 介護保険以前の制度の問題点

●老人福祉制度

介護保険制度の創設前は、老人福祉法に基づく**老人福祉制度**が高齢者介護に関して中心的な役割を担っていましたが、この制度によるサービスは**措置**として提供されていました。その費用は、公費（租税）のほか、利用者本人とその家族の所得に応じた費用徴収（**応能負担**）により賄われていました。

用語解説
措置：行政機関がサービスなどの必要性を判断し、決定すること（行政処分）。

アドバイス
所得に応じた負担を「応能負担」といい、利用したサービスに応じた負担を「応益負担」といいます。両者の違いをきちんと理解しておきましょう。

高齢者をめぐる状況が変化してくると、老人福祉制度では次のような問題点が指摘されました。

① サービスの利用が、利用者の権利ではなく、行政機関の措置義務から派生する「反射的利益」にすぎないため、**利用者の権利保障が不十分**
② 市町村がサービスの種類等を決定するため、利用者が自由にサービスを選択できない
③ サービス利用の際の所得調査により、**心理的抵抗感を伴う**
④ 市町村による直接または委託のサービス提供のため、競争原理がはたらかず、**サービス内容が画一的**になりがち
⑤ 応能負担のため、中高所得者層にとっては**利用者負担が過重**

プラスα
1982（昭和 57）年に制定された老人保健法は、2008（平成 20）年 4 月から「高齢者の医療の確保に関する法律」に全面改正され、同法に基づき「後期高齢者医療制度」が実施されています（370 頁参照）。

●老人医療制度

老人保健法に基づく**老人医療制度**は、病院等が高齢者の介護需要を引き受けてきた実態（**社会的入院**）があり、医療費の増大等をもたらしているなどの問題点が指摘されました。

用語解説
社会的入院：医療の必要性が低いのに、「社会的」事情により、介護を必要とする高齢者が、病院に長期の入院をすること。

●制度間の不整合

高齢者介護の問題に対して、老人福祉制度と老人医療制度が十分な関連をもたないまま個別に対応してきたため、利用者負担や利用手続きで不合理な格差や不便が存在するという問題がありました。

3. 介護保険制度の目的等

●介護保険制度創設のねらい

高齢者介護の問題が深刻化するなかで、従来の老人福祉制度と老人医療制度の問題点を解決するために、福祉と医療の制度を再編し、新たな高齢者介護システムとして創設されたのが**介護保険**

制度です。介護保険制度のねらいは、次のとおりです。

① 高齢者介護問題への社会全体での取り組み
高齢者介護を、国民の共同連帯の理念に基づき社会全体で支える
② 利用者本位のサービスの提供
利用者が自らの意思でサービスを選択し、サービスの利用は、利用者とサービス提供事業者間の契約によって行う
③ 社会保険方式の導入
社会保険方式を導入することで、財源を確保するとともに、給付と負担の関係を明確にする

介護保険制度の目的

介護保険法では､次のように目的が定められています(第１条)。

> 加齢に伴って生ずる心身の変化に起因する疾病等により要介護状態となり、入浴、排泄、食事等の介護、機能訓練ならびに看護および療養上の管理その他の医療を要する者等について、これらの者が尊厳を保持し、その有する能力に応じ自立した日常生活を営むことができるよう、必要な保健医療サービスおよび福祉サービスにかかる給付を行うため、国民の共同連帯の理念に基づき介護保険制度を設け、その行う保険給付等に関して必要な事項を定め、もって国民の保健医療の向上および福祉の増進を図る。

保険給付の理念

介護保険は、被保険者が保険事故である要介護状態や要支援状態となったときに、必要な保険給付を行います。介護保険の給付は、次のような基本理念に基づいて行われます（第２条）。

① 要介護状態・要支援状態の軽減・悪化の防止
② 医療との連携への十分な配慮
③ 被保険者の選択に基づく適切なサービスの総合的・効率的な提供
④ 多様な事業者・施設によるサービスの提供
⑤ 居宅における自立した日常生活の重視

国民の努力および義務

介護保険法では、国民は次のような努力および義務が求められています（第４条）。

① 自ら要介護状態となることを予防するため、常に健康の保持増進に努める
② 要介護状態となった場合においても、進んでリハビリテーションその他の適切な保健医療サービス・福祉サービスの利用により、その有する能力の維持向上に努める
③ 国民は、共同連帯の理念に基づき、介護保険事業に要する費用を公平に負担する

過去の出題

法第１条に規定される文言が問われました。
21-1 22再-2
・高齢者の権利利益の擁護に資する
→×（文言はない）
・国民の保健医療の向上及び福祉の増進を図る
→○
・有する能力に応じ自立した日常生活を営むことができる
→○
・国民の共同連帯
→○

過去の出題

法第２条の保険給付の基本的考え方が問われました。
22-2 23-6 26-4
・医療との連携への十分な配慮
→○
・要介護状態等の維持又は悪化の予防に資するよう行われる。
→×（定められていない）
・要介護状態等の軽減又は悪化の防止に資するよう行われなければならない。
→○
・被保険者の選択に基づく。
→○
・快適な日常生活を営むことができるように配慮されなければならない。
→×（定められていない）

過去の出題

法第４条の規定について問われました。
20-1 24-5
・常に健康の保持増進に努める。
→○
・自立した日常生活の実現に努める。
→×（規定されていない）
・介護保険事業に要する費用を公平に負担する。
→○

認知症に関する施策の総合的な推進等

2019（令和元）年6月18日に、認知症施策推進関係閣僚会議において、「認知症施策推進大綱」が取りまとめられ、介護保険法等も改正され、法第5条の2の認知症の定義も変更されました。

介護保険法第5条の2（認知症に関する施策の総合的な推進等）

① 国および地方公共団体は、認知症（アルツハイマー病その他の神経変性疾患、脳血管疾患その他の疾患により日常生活に支障が生じる程度にまで認知機能が低下した状態として政令で定める状態をいう）に対する国民の関心および理解を深め、認知症である者への支援が適切に行われるよう、認知症に関する知識の普及および啓発に努めなければならない。

② 国および地方公共団体は、被保険者に対して認知症にかかる適切な保健医療サービスおよび福祉サービスを提供するため、研究機関、医療機関、介護サービス事業者等と連携し、認知症の予防、診断および治療ならびに認知症である者の心身の特性に応じたリハビリテーションおよび介護方法に関する調査研究の推進に努めるとともに、その成果を普及し、活用し、および発展させるよう努めなければならない。

③ 国および地方公共団体は、地域における認知症である者への支援体制を整備すること、認知症である者を現に介護する者の支援ならびに認知症である者の支援にかかる人材の確保および資質の向上を図るために必要な措置を講ずることその他の認知症に関する施策を総合的に推進するよう努めなければならない。

④ 国および地方公共団体は、前3項の施策の推進にあたっては、認知症である者およびその家族の意向の尊重に配慮するとともに、認知症である者が地域社会において尊厳を保持しつつ他の人々と共生することができるように努めなければならない。

プラスα

認知症施策推進大綱の5つの柱は次のとおりです。

① 普及啓発・本人発信支援
② 予防
③ 医療・ケア・介護サービス・介護者への支援
④ 認知症バリアフリーの推進・若年性認知症の人への支援・社会参加支援
⑤ 研究開発・産業促進・国際展開

アドバイス

試験で法第5条の2についての文言が問われるかもしれませんので、右記の赤文字の所はよく見ておきましょう。

認知症施策推進大綱の主なポイント等

認知症施策推進大綱では、認知症になっても住み慣れた地域で自分らしく暮らし続けられる「共生」を目指し、「認知症バリアフリー」の取り組みを進めていくとともに、「共生」の基盤のもと、通いの場の拡大など「予防」の取り組みを進めていきます。認知症施策推進大綱の主な軸は、「予防」と「共生」です。

そして、認知症施策推進大綱では、5つの柱に沿って施策を推進するとしており、対象期間は団塊の世代が75歳以上となる2025（令和7）年までとしています。

アドバイス

「予防」とは、認知症にならないという意味ではなく、「認知症になるのを遅らせる」「認知症になっても進行を緩やかにする」という意味です。

プラスα

認知症施策推進大綱は、2025（令和7）年までが対象期間となっていますが、策定後3年をめどに、施策の進捗状況が確認されていきます。

介護保険の全体像

介護保険は市町村および特別区を保険者とし、基本的に40歳以上の市町村および特別区に住所を有する者を被保険者とし、要介護状態・要支援状態となった場合に介護サービスの提供を行います。

過去の出題

介護保険制度について問われました。22再-1
・保険者は、市町村である。→○

介護保険制度のしくみ

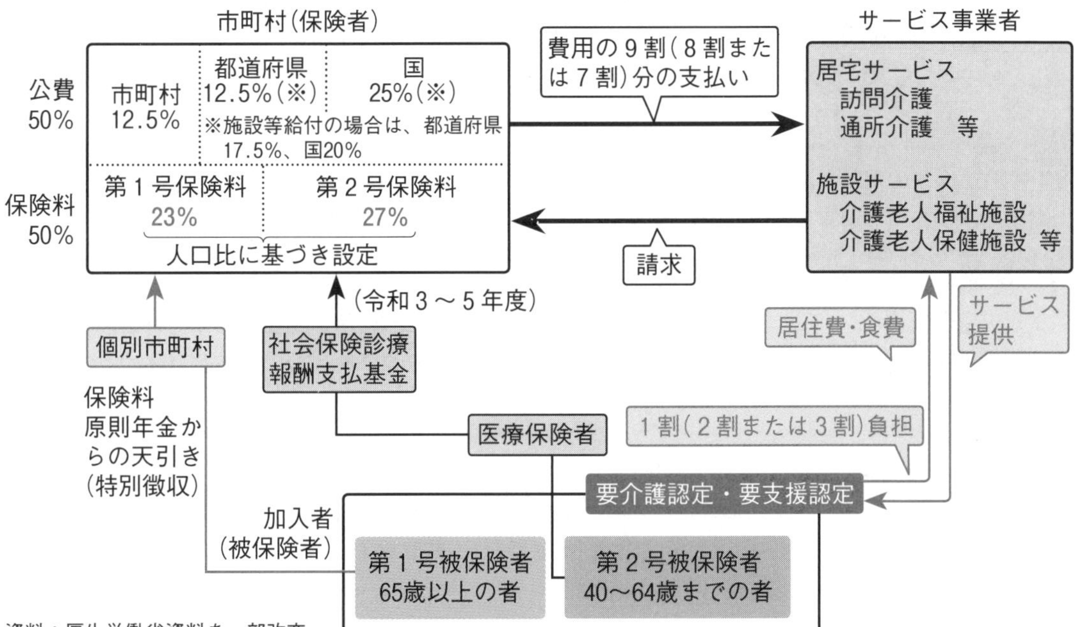

資料：厚生労働省資料を一部改変

基礎理解度 CHECK!!

□□ 1 ▸ 社会保険制度の財源は、原則として公費である。

□□ 2 ▸ 社会保険は、医療保険、雇用保険、介護保険の3つである。

□□ 3 ▸ 介護保険は、市町村区域内の住民を被保険者とし、市町村を保険者とする地域保険である。

□□ 4 ▸ 介護保険は、長期保険に分類される。

□□ 5 ▸ 介護保険法第1条（目的）には、「医療との連携」という文言が含まれる。

□□ 6 ▸ 介護保険法第2条には、基本理念として「国民の共同連帯の理念に基づき」が規定されている。

□□ 7 ▸ 介護保険法第4条には、「常に健康の保持増進に努める」という文言が含まれる。

□□ 8 ▸ 介護保険法第5条の2には、「認知症である者およびその家族の意向の尊重に配慮する」という文言が含まれる。

1 ✕ 社会保険制度は、保険料が主たる財源である（社会保険方式）。なお、社会扶助方式は、公費（租税）を主たる財源としている。

2 ✕ 社会保険は、①医療保険、②年金保険、③雇用保険、④労働者災害補償保険（労災保険）、⑤介護保険の5つである。

3 ○

4 ✕ 介護保険は、短期保険に分類される。

5 ✕ 介護保険法第1条（目的）には、「尊厳を保持し」や「自立した日常生活」という文言が含まれる。

6 ✕ 設問の文言は介護保険法第1条に規定されている。同法第2条には、要介護状態等の軽減・悪化の防止、医療との連携、被保険者の選択に基づく適切なサービスの総合的・効率的な提供などが規定されている。

7 ○

8 ○

ランク A

2 保険者・都道府県・国の責務等

介護保険の保険者は、市町村および特別区です。そして、介護保険の安定した運営のために、国・都道府県等が財政面や運営面で重層的に保険者を支えていくしくみがとられています。第23回試験では都道府県の事務について、第24回試験では市町村が条例で定める事項について、第25回試験では介護保険法第5条に規定されている「国及び地方公共団体の責務」が出題されました。第26回試験での出題はありませんでしたが、今後も出題が予想されます。ここでは、保険者（市町村）・都道府県・国の役割をしっかりと整理しておきましょう。

1. 保険者

介護保険の保険者は、**市町村**および**特別区**（以下「市町村」）です。特別区とは、東京23区を指します。なお、被保険者数の少ない小規模な保険者の財政・運営の安定化、事務処理の効率化などのために、**広域連合**や**一部事務組合**が設けられ、保険者となることもできます。

プラスα

「広域連合」「一部事務組合」は、特別地方公共団体の1つであり、複数の普通地方公共団体や特別区が行政サービスの一部を共同で行うことを目的として設置する組織です。

2. 保険者（市町村）の事務

保険者は、ほかの社会保険と同様、被保険者を把握・管理し、保険事故が発生した場合に被保険者に**保険給付**を行います。また、保険者は、**被保険者**から**介護保険料**を徴収し、その保険料や国からの負担金等を財源として**事業運営**をしています。

アドバイス

第1号被保険者の保険料率は、市町村が条例で定めます。

3. 介護保険の会計

市町村は、介護保険事業の収支の均衡を保ちその健全な運営を確保するために、一般会計と経理を区分して、介護保険の収入および支出について**特別会計**（介護保険特別会計）を設けることとされています。

居宅サービスの事業等を行う市町村は、特別会計を**保険事業勘定**と**介護サービス事業勘定**に区分しなければならないとされています。

アドバイス

特別会計の設置・管理は、市町村（保険者）の事務です。

保険者（市町村）の行う主な事務

被保険者の資格管理に関する事務	・被保険者の資格管理 ・被保険者台帳の作成 ・被保険者証の発行・更新 ・住所地特例の管理
要介護認定・要支援認定に関する事務	・認定事務（新規の認定調査は原則として市町村が実施） ・介護認定審査会の設置
保険給付に関する事務	・介護報酬の審査・支払（国民健康保険団体連合会に委託） ・居宅サービス計画の作成を居宅介護支援事業者に依頼する旨の届出の受付 ・償還払いの保険給付（特例居宅介護サービス費、福祉用具購入費、住宅改修費、高額介護サービス費等）の支給 ・区分支給限度基準額の上乗せおよび管理 ・種類支給限度基準額の設定 ・市町村特別給付の実施 ・第三者行為求償事務（国民健康保険団体連合会に委託）
サービス提供事業者に関する事務	・地域密着型(介護予防)サービス事業の人員・設備・運営に関する基準等の設定 ・居宅介護支援事業、介護予防支援事業の人員・運営等に関する基準の設定 ・地域密着型（介護予防）サービス事業者、居宅介護支援事業者、介護予防支援事業者に対する指定・指定更新・指導監督 ・事業者および施設への報告等の命令と立入検査 ・都道府県知事が介護保険施設等の指定（または許可）を行う際の意見提出 ・定期巡回・随時対応型訪問介護看護等の見込量を確保するための居宅サービス事業者の指定についての都道府県知事への協議の要求
地域支援事業および保健福祉事業に関する事務	・地域支援事業の実施 ・第１号事業を行う事業者の指定・指定更新・指定取消 ・地域包括支援センターの設置 ・保健福祉事業の実施
市町村介護保険事業計画に関する事務等	・市町村介護保険事業計画の策定・変更 ・自立支援等施策にかかる取り組み
保険料に関する事務	・第１号被保険者の保険料率の決定 ・保険料の普通徴収 ・保険料の特別徴収にかかる対象者の確認・通知 ・保険料滞納被保険者に対する各種措置
条例・規則等の制定、改正等に関する事務	
財政運営に関する事務	・特別会計の設置・管理 ・公費負担の申請・収納 ・介護給付費交付金、地域支援事業支援交付金の申請・収納 ・財政安定化基金への拠出、交付・貸付申請、借入金の返済　　等

第１号事業とは、地域支援事業の介護予防・生活支援サービス事業のことをいいます（103頁参照）。

注：居宅介護支援事業者の指定権限は、2018（平成30）年４月より都道府県から市町村に移譲され、併せて、居宅介護支援の運営基準については市町村が条例を定めることとされた。
自立支援等施策とは、「被保険者の地域における自立した日常生活の支援、要介護状態等となることの予防または要介護状態等の軽減もしくは悪化の防止および介護給付等に要する費用の適正化に関し、市町村が取り組むべき施策」をいう。

4. 都道府県の責務・事務

都道府県の行う主な事務

要介護認定・要支援認定業務の支援に関する事務	・市町村による介護認定審査会の共同設置等の支援 ・要介護認定等にかかる審査判定業務の受託および受託した場合の都道府県介護認定審査会の設置 ・指定市町村事務受託法人の指定
財政支援に関する事務	・保険給付、地域支援事業に対する財政負担 ・財政安定化基金の設置・運営 ・市町村相互財政安定化事業の支援
サービス提供事業者に関する事務	・居宅サービス事業、介護予防サービス事業、介護保険施設等の人員・設備・運営に関する基準の設定 ・居宅サービス事業者、介護予防サービス事業者、介護保険施設に対する指定（または許可）・指定更新・指導監督 ・市町村が行う地域密着型特定施設入居者生活介護の指定に際しての助言・勧告
介護サービス情報の公表に関する事務	・介護サービス情報の公表および必要と認める場合の調査 ・介護サービス情報の公表に関する介護サービス事業者に対しての指導監督
介護支援専門員に関する事務	・介護支援専門員の登録・登録更新 ・介護支援専門員証の交付 ・介護支援専門員の試験および研修の実施
介護サービス基盤の整備に関する事務	・都道府県介護保険事業支援計画の策定・変更 ・市町村介護保険事業計画作成上の技術的事項についての助言 ・市町村が行う自立支援等施策にかかる取り組み等の支援
その他の事務	・介護保険審査会の設置・運営 ・市町村に対する介護保険事業の実施状況に関する報告請求 ・市町村が行うサービス提供事業者等に対する指導監督業務等についての報告請求・助言・勧告 ・医療保険者が行う介護給付費・地域支援事業支援納付金の納付関係業務に関する報告徴収・実地検査 ・社会保険診療報酬支払基金が行う介護保険関係業務に関する報告徴収・実地検査 ・国民健康保険団体連合会が行う介護保険事業関係業務に関する指導監督 ・指定都道府県事務受託法人の指定　等

過去の出題

都道府県の事務について問われました。23-4
・財政安定化基金の設置
→○
・第２号被保険者負担率の設定
→×（国の事務）
・介護保険審査会の設置
→○

大都市の行う事務（大都市特例）

都道府県が処理する事務のうち政令で定めるものについては、指定都市または中核市が行うこととする大都市等の特例が設けられています（大都市特例）。具体的には、都道府県が行っていたサービス事業者の指定、報告命令、立入検査等の事務などが該当します（ただし、事業者・施設への連絡調整や援助に関する事務は除かれます）。

5. 条例

介護保険法では、介護保険の事務に関して、地域の実情に応じて決めたほうが適当だと考えられるものは、都道府県や市町村の条例により規定すべきとされています。

市町村の条例により規定するとされている主な事項

- 介護認定審査会の委員の定数
- 区分支給限度基準額の上乗せ
- 種類支給限度基準額の設定
- 福祉用具購入費支給限度基準額の上乗せ
- 住宅改修費支給限度基準額の上乗せ
- 市町村特別給付
- 指定地域密着型介護老人福祉施設の入所定員
- 地域包括支援センターの基準
- 第1号被保険者に対する保険料率の算定
- 普通徴収にかかる保険料の納期
- 保険料の減免または徴収猶予
- その他保険料の賦課徴収等に関する事項
- 過料に関する事項

都道府県の条例により規定するとされている事項

- 都道府県介護認定審査会の委員の定数
- 介護老人福祉施設の入所定員
- 介護保険審査会の公益代表委員の定数
- 介護支援専門員実務研修受講試験問題作成事務にかかる手数料

基準の条例委任

介護保険サービスの事業者や施設の人員・設備・運営に関する基準は、都道府県または市町村が制定する条例に委任されています。人員・設備・運営に関する基準が都道府県や市町村の条例に委任されているのはそれぞれ次のサービスです。

都道府県の条例に委任されるサービス	市町村の条例に委任されるサービス
①基準該当居宅サービス	①基準該当居宅介護支援
②基準該当介護予防サービス	②基準該当介護予防支援
③指定居宅サービス	③指定地域密着型サービス
④指定介護予防サービス	④指定地域密着型介護予防サービス
⑤指定介護老人福祉施設	⑤指定居宅介護支援
⑥介護老人保健施設	⑥指定介護予防支援
⑦介護医療院	

用語解説

条例：地方公共団体（都道府県・市町村等）が、その権限に属する事務を行うために、日本国憲法第94条に基づいて法律の範囲内で制定できる自主的な法規。

過去の出題

第1号被保険者の保険料の普通徴収について問われました。21-10

・保険料の納期は、厚生労働省令で定める。
→×（普通徴収による保険料の納期は、市町村の条例で定める）

過去の出題

第1号被保険者の保険料について問われました。
22-9 25-9

・保険料減免の対象者は、政令で定められる。
→×（保険料減免の対象者は、市町村の条例で定められる）
・第1号被保険者の保険料の賦課期日は、当該年度の初日である。
→○

過去の出題

市町村が条例で定める事項について問われました。
24-6

・保健福祉事業
→×

プラスα

左記のほか、共生型サービスにかかる基準が都道府県または市町村の条例により定められています。

ただし、条例に委任される事項の基準は、「厚生労働省令で定める基準に従い定めるもの」（従うべき基準）、「厚生労働省令で定める基準を標準として定めるもの」（標準とすべき基準）、「厚生労働省令で定める基準を参酌するもの」（参酌すべき基準）の３類型に分かれています。

アドバイス

すべての基準を都道府県や市町村が自由に決めることができるわけではないことに注意しましょう。

アドバイス

基準は条例において定められるため、試験では、問題の選択肢のうち、事業者・施設の人員・設備・運営に関する基準に関するものは、厚生労働省令で定める内容によるものとされています。

条例制定に関する基準

- **従うべき基準**
  条例の内容を直接的に拘束する、必ず適合しなければならない基準であり、当該基準に従う範囲内で地域の実情に応じた内容を定める条例は許容されるものの、異なる内容を定めることは許されないもの（例：従業者の基準および従業者数／居室、療養室および病室の床面積など）
- **標準とすべき基準**
  法令の「標準」を通常よるべき基準としつつ、合理的な理由がある範囲内で、地域の実情に応じた「標準」と異なる内容を定めることが許容されるもの
- **参酌すべき基準**
  地方自治体が十分参酌した結果としてであれば、地域の実情に応じて、異なる内容を定めることが許容されるもの

6. 医療保険者および年金保険者の事務

● 医療保険者

医療保険者は、介護保険事業が健全かつ円滑に行われるよう協力しなければなりません。具体的には、第２号被保険者から介護保険料を医療保険本体の保険料と一体的に徴収し、社会保険診療報酬支払基金に介護給付費・地域支援事業支援納付金として納付します（95頁参照）。

過去の出題

医療保険者の事務について問われました。22再-3
・医療保険者が、介護給付費・地域支援事業支援納付金を納付すること
→○

● 年金保険者

年金保険者（老齢、障害、遺族年金の支払をする者）は、第１号被保険者のうち年額18万円以上の年金の受給者について、年金支給の際に年金から介護保険料を特別徴収（93頁参照）によって徴収し、市町村に納入します。

7. 社会保障審議会

厚生労働大臣は、介護報酬の算定基準やサービス提供事業者の人員・設備・運営に関する基準を定める条例にかかる基準の設定

等にあたって、あらかじめ**社会保障審議会**の意見を聴かなければならないこととされています。

社会保障審議会のメンバーは、学識経験者のなかから**厚生労働大臣**が任命する委員（30人以内）で組織され、必要に応じて、臨時委員、専門委員も任命されます。

用語解説

社会保障審議会：厚生労働省に設置される、社会保障に関する重要事項の調査・審議機関。介護給付費分科会や介護保険部会などが設置され、分野ごとに審議が行われる。

8. 国の責務・事務

国は、介護保険事業の運営が健全かつ円滑に行われるよう保健医療サービス・福祉サービスを提供する体制の確保などを行います（国は、法令の制定や基準の設定など制度の根幹に関することや、市町村・都道府県への援助を行います）。

過去の出題

国の事務・責務について問われました。21-4

・国は、第2号被保険者負担率を定める。
→○

国の行う主な事務

各種基準等の設定に関する事務	・要介護認定基準、要支援認定基準 ・介護報酬の算定基準 ・区分支給限度基準額 ・都道府県や市町村がサービス提供事業者等の人員・設備・運営に関する基準を定めるにあたって「従うべき」または「標準とすべき」または「参酌すべき」基準 ・第2号被保険者負担率（第2号被保険者の費用負担割合） ・「介護予防・日常生活支援総合事業の適切かつ有効な実施を図るための指針」の作成・公表
保険給付、地域支援事業、都道府県の財政安定化基金等に対する財政負担	
介護サービス基盤の整備に関する事務	・「介護保険事業に係る保険給付の円滑な実施を確保するための基本的な指針（基本指針）」の策定（市町村介護保険事業計画・都道府県介護保険事業支援計画のもととなる） ・市町村介護保険事業計画・都道府県介護保険事業支援計画の作成・実施・評価等に資するための調査、分析 ・国民の保健医療の向上および福祉の増進のための匿名介護保険等関連情報の利用または提供 ・都道府県介護保険事業支援計画の作成上重要な技術的事項についての助言 ・市町村介護保険事業計画・都道府県介護保険事業支援計画に定められた事業の円滑な実施のための情報提供、助言等の援助
介護保険事業の健全・円滑な運営のための指導・監督・助言等に関する事務	・市町村に対する介護保険事業の実施状況に関する報告請求 ・都道府県・市町村が行うサービス提供事業者等に対する指導監督業務等についての報告請求・助言・勧告 ・医療保険者が行う介護給付費・地域支援事業支援納付金の納付関係業務に関する報告徴収・実地検査 ・社会保険診療報酬支払基金が行う介護保険関係業務に関する報告徴収・実地検査 ・国民健康保険団体連合会が行う介護保険事業関係業務に関する指導監督　等

9. 国および地方公共団体の責務

国と地方公共団体の双方に課された責務として、地域包括ケアシステムの構築や認知症施策の総合的推進に関する努力義務などがあります。

国および地方公共団体の責務

介護に関連する施策の包括的な推進（法第５条第４項）	国および地方公共団体は、被保険者が、可能な限り、住み慣れた地域でその有する能力に応じ自立した日常生活を営むことができるよう、保険給付にかかる保健医療サービスおよび福祉サービスに関する施策、要介護状態等となることの予防または要介護状態等の軽減もしくは悪化の防止のための施策を、医療および居住に関する施策との有機的な連携を図りつつ包括的に推進するよう努めなければならない。
推進にあたっての障害者福祉施策との連携（法第５条第５項）	国および地方公共団体は、保健医療サービス・福祉サービスに関する施策、介護予防のための施策等を包括的に推進するにあたっては、障害者その他の者の福祉に関する施策との有機的な連携を図るよう努めるとともに、地域住民が相互に人格と個性を尊重し合いながら、参加し、共生する地域社会の実現に資するよう努めなければならない。
認知症に関する知識の普及・啓発（法第５条の２第１項）	国および地方公共団体は、認知症に対する国民の関心および理解を深め、認知症である者への支援が適切に行われるよう、認知症に関する知識の普及および啓発に努めなければならない。
認知症に関する調査研究の推進等（法第５条の２第２項）	国および地方公共団体は、被保険者に対して認知症にかかる適切な保健医療サービスおよび福祉サービスを提供するため、研究機関、医療機関、介護サービス事業者等と連携し、認知症の予防、診断および治療ならびに認知症である者の心身の特性に応じたリハビリテーションおよび介護方法に関する調査研究の推進に努めるとともに、その成果を普及し、活用し、および発展させるよう努めなければならない。
認知症者への支援体制の整備等（法第５条の２第３項）	国および地方公共団体は、地域における認知症である者への支援体制を整備すること、認知症である者を現に介護する者の支援ならびに認知症である者の支援にかかる人材の確保および資質の向上を図るために必要な措置を講ずることその他の認知症に関する施策を総合的に推進するよう努めなければならない。
認知症施策の推進にあたっての配慮等（法第５条の２第４項）	国および地方公共団体は、前３項の施策の推進にあたっては、認知症である者およびその家族の意向の尊重に配慮するとともに、認知症である者が地域社会において尊厳を保持しつつ他の人々と共生することができるように努めなければならない。

※認知症施策推進大綱を受けて、2020（令和２）年６月に地域共生社会の実現のために介護保険法が改正され、認知症施策に関係する同法第５条の２が一部改正された。上記表の下線部が主な改正点である。

基礎理解度CHECK!!

□□ 1 ▶ 広域連合や一部事務組合は、介護保険の保険者となることができない。

□□ 2 ▶ 国は、介護保険の収入および支出について特別会計を設ける。

□□ 3 ▶ 住所地特例の管理は、市町村が行う。

□□ 4 ▶ 要介護認定・要支援認定に関する事務は、国が行う。

□□ 5 ▶ 介護報酬の審査・支払の事務は、都道府県の委託を受けて、国民健康保険団体連合会が行う。

□□ 6 ▶ 都道府県は、財政安定化基金への拠出、交付・貸付申請を行う。

□□ 7 ▶ 指定市町村事務受託法人の指定は、市町村が行う。

□□ 8 ▶ 介護支援専門員の登録・登録更新は、国が行う。

□□ 9 ▶ 種類支給限度基準額の設定は、都道府県の条例で定める。

□□ 10 ▶ 第1号被保険者に対する保険料率の算定は、厚生労働省令で定める。

□□ 11 ▶ 介護老人福祉施設の入所定員は、都道府県の条例で定める。

□□ 12 ▶ 指定介護予防サービスの人員・設備・運営に関する基準の設定は、市町村の条例に委任されている。

□□ 13 ▶ 年金保険者は、年金支給の際に年金から介護保険料を特別徴収により徴収し、市町村に納入する。

□□ 14 ▶ 要介護認定基準、要支援認定基準は、市町村が定める。

□□ 15 ▶ 医療保険者は、第2号被保険者負担率を定める。

1 ✕ 広域連合や一部事務組合は、介護保険の保険者となることができる。

2 ✕ 市町村は、一般会計と経理を区分して、特別会計（介護保険特別会計）を設ける。

3 ○

4 ✕ 要介護認定・要支援認定に関する事務は、保険者（市町村）が行う。

5 ✕ 介護報酬の審査・支払の事務は、市町村の委託を受けて、国民健康保険団体連合会が行う。

6 ✕ 市町村は、財政安定化基金への拠出、交付・貸付申請、借入金の返済を行う。

7 ✕ 指定市町村事務受託法人の指定は、都道府県が行う。

8 ✕ 介護支援専門員の登録・登録更新は、都道府県が行う。

9 ✕ 種類支給限度基準額の設定は、市町村の条例で定める。

10 ✕ 第1号被保険者に対する保険料率の算定は、市町村の条例で定める。

11 ○

12 ✕ 指定介護予防サービスの人員・設備・運営に関する基準の設定は、都道府県の条例に委任されている。

13 ○

14 ✕ 要介護認定基準、要支援認定基準は、国（厚生労働大臣）が定める。

15 ✕ 第2号被保険者負担率（第2号被保険者の費用負担割合）は、国が定める。医療保険者は、第2号被保険者の保険料の算定、徴収等を行う。

ランク A

3 被保険者

介護保険の保険者は、市町村です。そして被保険者は、その市町村に住む地域住民となります。被保険者の資格要件は頻出項目ですので、第１号被保険者・第２号被保険者の資格要件について、しっかり把握しましょう。また、適用除外、住所地特例なども頻出項目ですので、確実におさえましょう。第22回試験では適用除外施設の入所者、第22回再試験では住所地特例、第24回試験では第２号被保険者、第25回試験では被保険者資格の取得および喪失、第26回試験では住所地特例と適用除外施設について出題されています。

1. 被保険者の概念と資格要件

第１号および第２号被保険者の資格要件は次のとおりです。

第１号被保険者：市町村の区域内に住所を有する65歳以上の者
第２号被保険者：市町村の区域内に住所を有する40歳以上65歳未満の者で、医療保険に加入している者

第１号被保険者と第２号被保険者ともに、日本国籍の有無にかかわらず、日本に住所を有する（住民基本台帳上の住所を有する（住民票がある））ことが資格要件となります。

日本国籍と住所の有無	被保険者資格
日本国籍があり、海外に長期滞在している（日本に住民票がない）	×
日本国籍はないが、 ・日本に長期にわたり居住する在日外国人（特別永住者） ・３か月を超えて日本に在留する外国人（中長期在留者）等 ※住民基本台帳法の適用対象	○ （要件を満たせば）

また、第２号被保険者については、医療保険に加入していることが資格要件の１つです。国民健康保険については、生活保護法による保護を受けている世帯に属する者は、国民健康保険の被保険者としない（適用除外）とされており、また、生活保護を受給している場合、国民健康保険以外の医療保険についても加入していないことが多く、医療保険加入者でない場合は、介護保険の被保険者となりません。

生活保護の受給と第２号被保険者の資格要件との関係について

プラスα
第２号被保険者が要介護認定を受ける場合、要介護（要支援）状態の原因が「特定疾病」であることが条件です。

用語解説
住民基本台帳：氏名、生年月日、性別、住所などが記載された住民票を編成したもので、住民に関する事務処理の基礎となるもの。

過去の出題
介護保険の被保険者資格について問われました。
（22再-6）
・医療保険に加入している生活保護受給者は、第２号被保険者とはならない。
→×（第２号被保険者になる）

プラスα
第２号被保険者は、医療保険の加入の有無によって介護保険の被保険者の資格を有するかどうかが決定します。また、生活保護の受給の有無により、医療保険に加入できるかどうかが異なります。

は次のように整理できます。

40歳以上 65歳未満	国民健康保険	生活保護法による保護を受けている世帯に属する者は被保険者としない（国民健康保険以外の医療保険にも加入していない場合、介護保険の第２号被保険者とならない）
	国民健康保険以外の医療保険（健康保険など）	①　加入している場合には介護保険の第２号被保険者となる ②　加入していない場合には介護保険の第２号被保険者とならない

介護保険では、資格要件を満たすと自動的に（本人の意思にかかわりなく、何ら手続きを必要とせずに）被保険者となる**強制適用**のしくみがとられています。

過去の出題

健康保険の被保険者である生活保護受給者の介護保険料について問われました。
20-4
・健康保険の被保険者である生活保護受給者は、介護保険料を支払う義務はない。
→×（支払う義務はある）

アドバイス

65歳に到達すれば、生活保護の受給者であっても第１号被保険者になります。

2. 適用除外

次の施設（適用除外施設）に入所・入院している者は、介護保険の被保険者としないことになっています。

適用除外者

- 障害者の日常生活及び社会生活を総合的に支援するための法律（障害者総合支援法）上の生活介護および施設入所支援を受けて**指定障害者支援施設に入所している身体障害者**
- 身体障害者福祉法に基づく措置により障害者総合支援法上の**障害者支援施設（生活介護を行うものに限る）に入所している身体障害者**
- 児童福祉法上の**医療型障害児入所施設の入所者**
- 内閣総理大臣が指定する児童福祉法にいう医療型児童発達支援を行う医療機関の入院者
- 独立行政法人国立重度知的障害者総合施設のぞみの園が設置する施設の入所者
- ハンセン病問題の解決の促進に関する法律上の**国立ハンセン病療養所等（同法上の療養を行う部分に限る）の入所者**
- 生活保護法上の**救護施設の入所者**
- 労働者災害補償保険法上の被災労働者の受ける介護の援護を図るために必要な事業にかかる施設の入所者
- 知的障害者福祉法に基づく措置により障害者総合支援法上の障害者支援施設に入所している知的障害者
- 障害者総合支援法上の生活介護および施設入所支援を受けて指定障害者支援施設に入所している知的障害者および精神障害者
- 障害者総合支援法上の指定障害福祉サービス事業者である病院（同法上の療養介護を行うものに限る）に入院している者

適用除外とされた理由

①　長期に継続して入所・入院している人が多く、介護保険サービスを受ける可能性が低い。

②　重度の障害者の入所が想定され、施設が介護に相当するサービスをすでに提供している。

③　（介護保険の対象となる）40歳以上の人が多く入所している実態がある。

プラスα

介護保険の被保険者は、適用除外施設に入所した**翌日**に被保険者資格を喪失します。

過去の出題

65歳以上の者であって、介護保険の被保険者とならないものについて問われました。
22-3　26-6
・老人福祉法に規定する軽費老人ホームの入所者
→×（被保険者となる）
・生活保護法に規定する救護施設の入所者
→○
・障害者総合支援法の生活介護及び施設入所支援の支給決定を受けて、指定障害者支援施設に入所している精神障害者
→○
・老人福祉法に規定する養護老人ホームの入所者
→×（被保険者となる）
・児童福祉法に規定する医療型障害児入所施設の入所者
→○
・児童福祉法に規定する母子生活支援施設の入所者
→×（被保険者となる）

3. 被保険者資格の取得と喪失

プラスα
年齢の「達したとき」とは、民法では“誕生日の前日”を年齢到達日としており、介護保険でも同様に考えます。

アドバイス
資格取得は原則「当日」、資格喪失は原則「翌日」と覚えましょう。ただし、資格喪失の例外は2つあります。
①その日のうちに住所移転したとき（市町村→ほかの市町村の住民になる）
②第2号被保険者が医療保険加入者でなくなったとき
この場合は「当日」です。

過去の出題
介護保険の被保険者資格について問われました。
21-5　25-5
・居住する市町村から転出した場合は、その翌日から転出先の市町村の被保険者となる。
→×（住所がなくなった日に転出先市町村の区域内に住所をもてば、その日から転出先市町村の被保険者となる）
・第2号被保険者が医療保険加入者でなくなった場合は、その日から被保険者資格を喪失する。
→○

介護保険の被保険者資格は、適用要件となる事実が発生したときに何ら手続き（届出等）をしなくても資格を取得します（事実発生主義）。また、介護保険を適用する事実が判明した場合に、その事実発生の日にさかのぼり、被保険者資格を取得したものとして取り扱います。これを資格の遡及《そきゅう》適用といいます。

資格取得の時期

当該市町村の区域内に住所を有する医療保険加入者が40歳に達したとき（誕生日の前日）	当日に取得
40歳以上65歳未満の医療保険加入者または65歳以上の者が当該市町村の区域内に住所を有するに至ったとき	
当該市町村の区域内に住所を有する40歳以上65歳未満の者が医療保険に加入したとき	
当該市町村の区域内に住所を有する40歳以上65歳未満の医療保険未加入者が65歳に達したとき（誕生日の前日）	
当該市町村の区域内に住所を有する40歳以上65歳未満の医療保険加入者または65歳以上の者が適用除外施設を退所（退院）したとき	

資格喪失の時期

当該市町村の区域内に住所を有する40歳以上65歳未満の医療保険加入者または65歳以上の者が適用除外施設に入所（入院）したとき	翌日に喪失
死亡したとき	
当該市町村の区域内に住所がなくなったとき	
住所がなくなった日にほかの市町村の区域内に住所をもつに至った場合	当日に喪失
第2号被保険者が医療保険加入者でなくなったとき	

4. 届出

プラスα
第2号被保険者に届出義務がないのは、加入している医療保険者による把握が可能なためです。

第1号被保険者は、資格を取得あるいは喪失した場合には、14日以内に、市町村に届出をしなければなりません。第2号被保険者は、一律に届出の必要はありません。

届出は、本人の属する世帯の世帯主が代行することもできます。

また、住民基本台帳法の届出（転入届、転居届、転出届、世帯変更届等）をしたときは、その届出と同一事由で介護保険上の届出があったこととみなされますので、第1号被保険者の資格取得の届出の必要はありません。

届出が必要な場合

①転入、住所地特例対象者でなくなったことにより資格を取得したとき
②外国人で65歳に達したとき
③住所地特例の適用を受けるに至ったとき
④氏名の変更
⑤同一市町村内での住所変更
⑥所属世帯または世帯主の変更
⑦転出・死亡による資格喪失

注：③～⑦の場合は、被保険者証および負担割合証を添付して行う。

プラスα

届出は、被保険者資格の取得要件ではありません。あくまでも、被保険者の管理など事務処理上必要なものです。

5. 住所地特例

介護保険制度では、住所地である市町村の被保険者となることが原則です（**住所地主義**）。しかし、それでは介護保険施設などが多く立地する市町村は介護保険給付費の負担が重くなり、市町村間に財政上の不均衡を招くため、それらの施設（**住所地特例対象施設**）に入所するために住所地を移転した場合は、「**移転前の市町村を保険者とする**」という**住所地特例**が設けられています。

住所地特例対象施設

①　**介護保険施設**
　介護老人福祉施設（特別養護老人ホーム）、介護老人保健施設、介護医療院

②　**特定施設**（介護保険法）
　有料老人ホーム（有料老人ホームに該当するサービス付き高齢者向け住宅を含む）、養護老人ホーム、軽費老人ホーム

③　**養護老人ホーム**（老人福祉法）

住所地特例のイメージ

A市に住所のあった人がB市の施設等に入所

住所	—	B市
住民税	—	B市
行政サービス	—	B市
介護保険の保険者	A市	—
介護保険料	A市	—
保険給付	A市	—
特定地域密着型サービス（21頁参照）	—	B市
地域支援事業	—	B市

プラスα

住所地特例が適用された被保険者のことを**住所地特例適用被保険者**といいます。

プラスα

有料老人ホームに該当するサービス付き高齢者向け住宅は、住所地特例対象施設に含まれます。

過去の出題

介護保険制度における住所地特例の適用があるものについて問われました。
22再-5　26-5

・養護老人ホーム
→○
・介護医療院
→○
・認知症対応型共同生活介護
→×
・地域密着型介護老人福祉施設
→×
・有料老人ホーム
→○
・介護老人福祉施設
→○
・介護老人保健施設
→○

自宅から別の市町村の住所地特例対象施設に入所したケース

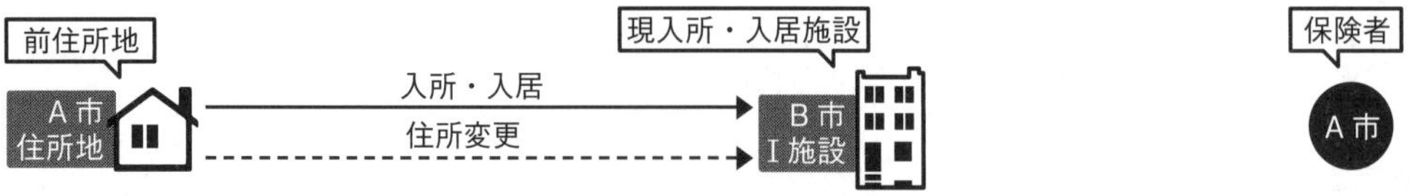

① A市に住所のあった人がB市のⅠ施設に入所した場合、保険者はA市になる。

2つ以上（複数）の住所地特例対象施設に入所したケース

② A市に住所のあった人がB市のⅠ施設に入所して、その後C市のⅡ施設に入所した場合（順次住所を当該施設に移動している場合）、保険者はA市になる。これは、最初の施設（B市のⅠ施設）に住所を移す前の住所地の市町村が保険者となるためである。

2つ以上の施設に入所しているが途中の施設に住所を移していないケース

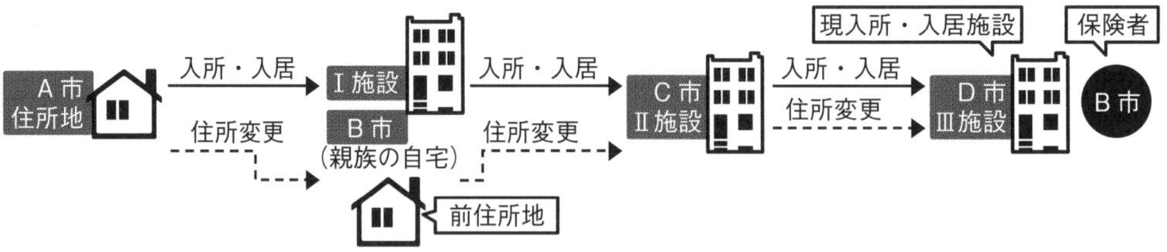

③ A市に住所のあった人がB市のⅠ施設に入所する際に、B市の親族の自宅に住所を移し（この時点で保険者はB市）、その後C市のⅡ施設、D市のⅢ施設に入所して、順次住所を当該施設に移した場合、最初の施設（C市のⅡ施設）に住所を移す前の住所地の市町村が保険者となるため、保険者はB市になる。

※A市が保険者とならないのは、A市に住所のあった人がB市の親族の自宅に住所を移して、B市のⅠ施設に入所したからである（親族の自宅は住所地特例対象施設ではないため）。

養護老人ホームの措置入所者が住所地特例対象施設に入所したケース

④ A市に住所のあった人がB市の養護老人ホームに入所し、その後C市のⅠ施設に入所した場合（順次住所を当該施設に移動している場合）、保険者はA市になる。

適用除外施設を退所して住所地特例対象施設に入所したケース

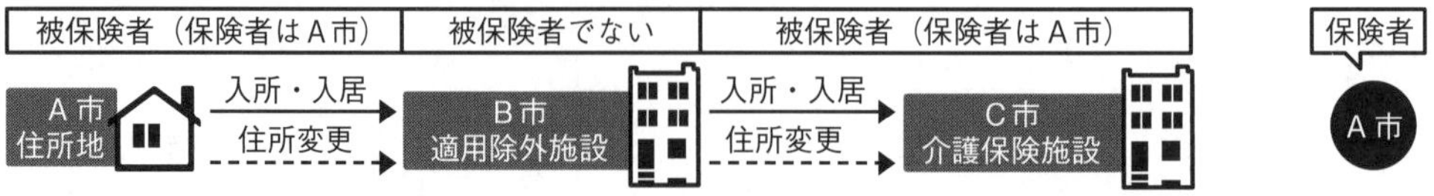

⑤ 介護保険適用除外施設（障害者支援施設等）を退所して介護保険施設等に入所した場合に、適用除外施設の所在市町村の給付費が過度に重くならないよう、適用除外施設入所前の市町村を保険者とする。

● 特定地域密着型（介護予防）サービス

地域密着型（介護予防）サービスは、原則として、その市町村が行う介護保険の被保険者でなければ利用できません。ただし、住所地特例適用被保険者は、住所地（転居先）の市町村の指定を受けた地域密着型（介護予防）サービスと、住所地（転居先）の市町村の地域支援事業を利用することができます。住所地特例適用被保険者が利用できる地域密着型（介護予防）サービスを特定地域密着型サービス、特定地域密着型介護予防サービスといいます。

特定地域密着型（介護予防）サービス

- 定期巡回・随時対応型訪問介護看護
- 夜間対応型訪問介護
- 地域密着型通所介護
- （介護予防）認知症対応型通所介護
- （介護予防）小規模多機能型居宅介護
- 看護小規模多機能型居宅介護

アドバイス

認知症対応型共同生活介護、地域密着型特定施設入居者生活介護、地域密着型介護老人福祉施設入所者生活介護は、いずれも入居（入所）を伴うサービスなので、特定地域密着型サービスに含まれません。

● 住所地特例の運用

住所地特例適用被保険者は、保険者である市町村に対して、転出の際には転出届と住所地特例適用届を、施設を退所して元の住所地に戻るときは、転入届と住所地特例終了届を、継続してほかの施設に入所するときは住所地特例変更届を提出する等の手続きが必要です。市町村はこの届出と、施設所在地市町村からの通知または施設からの連絡により、住所地特例の適用を確認します。

転出して別の市町村の施設等に入所するとき	保険者である市町村に	● 転出届 ● 住所地特例適用届
施設等を退所して元の住所地に戻るとき	保険者である市町村に	● 転入届 ● 住所地特例終了届
施設等を退所し継続して別の施設等に入所するとき	保険者である市町村に	● 住所地特例変更届

プラスα

2017（平成29）年の改正で、適用除外施設（21頁参照）のうち、指定障害者支援施設などを退所して、介護保険施設等に入所等をした場合、適用除外施設に入所する前の居住地である市町村を保険者とすることとなりました。

6. 被保険者証

介護保険被保険者証は、交付請求の有無にかかわらずすべての第1号被保険者に交付され、全国一律の様式です。第2号被保険者については、要介護認定等を申請した人か、交付の申請をした人に交付されます。破れたり汚れたり紛失したときは、直ちに市町村に再交付を申請します。再交付を受けた後、失った被保険者

プラスα

介護保険被保険者証は、医療保険のように「世帯単位」ではなく、「個人単位」で発行されます。

プラスα

被保険者証は、被保険者資格を失ったときには速やかに市町村に返還します。

証を発見したときは、発見した被保険者証を直ちに市町村に**返還**しなければなりません。また、市町村は期日を定め、被保険者証の**検認**または**更新**をすることができます。

被保険者証は、要介護認定等の申請時に**市町村**に提出します。また、サービスを受けるときは、**事業者**や**施設**に提示します。

介護保険被保険者証

(一)

介護保険被保険者証				
被保険者	番号	★1		
	住所			
	フリガナ			
	氏名			
	生年月日	明治・大正・昭和 年 月 日	性別	男・女
交付年月日		令和 ★2 年 月 日		
保険者番号並びに保険者の名称及び印		★3		

(二)

要介護状態区分等	★4	
認定年月日（事業対象者の場合は、基本チェックリスト実施日）	令和 ★5 年 月 日	
認定の有効期間	令和 年 ★6 ～ 令和 年 月 日	
居宅サービス等	区分支給限度基準額	
	令和 年 月 日 ～ 令和 年 月 日 1月当たり ★7	
（うち種類支給限度基準額）	サービスの種類	種類支給限度基準額
	★8	
認定審査会の意見及びサービスの種類の指定	★9	

(三)

給付制限 ★10	内容		期間
			開始年月日 令和 年 月 日 終了年月日 令和 年 月 日
			開始年月日 令和 年 月 日 終了年月日 令和 年 月 日
			開始年月日 令和 年 月 日 終了年月日 令和 年 月 日
居宅介護支援事業者若しくは介護予防支援事業者及びその事業所の名称又は地域包括支援センターの名称	★11		届出年月日 令和 年 月 日
			届出年月日 令和 年 月 日
			届出年月日 令和 年 月 日
介護保険施設等	種類	★12	入所等年月日 令和 年 月 日
	名称		退所等年月日 令和 年 月 日
	種類		入所等年月日 令和 年 月 日
	名称		退所等年月日 令和 年 月 日

★1：被保険者の番号、住所、氏名、生年月日等が入ります。

★2：要介護（要支援）区分等の認定後、被保険者に通知するために、保険者から被保険者証が交付される日付が入ります。

★3：保険者番号、保険者名、保険者印の表示の欄です。

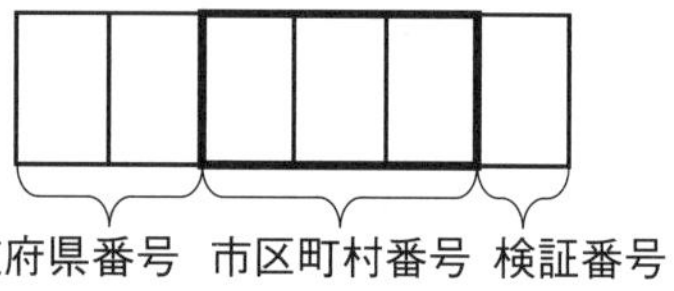

★4：要介護１～５、要支援１・２または事業対象者（介護予防・生活支援サービス事業の対象者のこと）が入ります。例）要介護２　など

★5：市町村が認定を行った年月日（事業対象者は基本チェックリスト実施日）が入ります。

★6：申請日（申請を行った日）から、いつまで有効かが入ります。例）令和６年５月25日～令和６年11月30日　など

★7：認定の有効期間内の要介護（要支援）度における**区分支給限度基準額**（１か月あたり）が入ります（57頁参照）。例）令和６年５月１日～令和６年11月30日　１月当たり○○○○○単位　など

★8：サービスの種類ごとに支給限度基準額を設ける場合に入ります。**種類支給限度基準額**の欄です（59頁参照）。

★9：**介護認定審査会の意見**および**サービスの種類の指定**の欄です（35頁参照）。

★10：保険料の滞納により、給付制限を受けている場合に入ります。

★11：居宅サービス計画もしくは介護予防サービス・支援計画の作成を依頼する事業所名、居宅サービス計画作成依頼届出書等が市町村に提出された日付が入ります（63頁参照）。

★12：介護保険施設等の**入所・退所**の年月日、介護保険施設等の種類および名称が入ります（172頁参照）。

基礎理解度 CHECK!!

□□ 1 ▶ 第2号被保険者は、市町村の区域内に住所を有する40歳以上65歳未満の者すべてである。

□□ 2 ▶ 日本国籍のない外国人で適法に3か月を超えて日本に在留する者は、介護保険の被保険者になる場合がある。

□□ 3 ▶ 65歳の生活保護を受けている者は、第1号被保険者にならない。

□□ 4 ▶ 救護施設に入所している者は、介護保険の被保険者となる。

□□ 5 ▶ 児童福祉法の医療型障害児入所施設に入所している者は、適用除外施設であるため、介護保険の被保険者になれない。

□□ 6 ▶ 年齢到達による介護保険の被保険者資格の取得時期は、誕生日の当日となる。

□□ 7 ▶ 第2号被保険者が医療保険加入者でなくなった場合は、その翌日から被保険者資格を喪失する。

□□ 8 ▶ 被保険者が死亡した場合は、その翌日から被保険者資格を喪失する。

□□ 9 ▶ A市に住所のあった要介護4の者がB市の介護老人保健施設に入所した場合には、保険者はB市になる。

□□ 10 ▶ 住所地特例適用被保険者は、新しく転入した介護保険施設がある市町村に、転出届と住所地特例適用届を提出する。

□□ 11 ▶ 第2号被保険者は、40歳に達した日に、自動的に被保険者証が交付される。

□□ 12 ▶ 介護保険被保険者証は、各市町村独自の様式となっている。

□□ 13 ▶ 介護保険被保険者証には、保険料の滞納により給付制限を受けている場合の「給付制限」を記載する欄がある。

1 ✕ 第2号被保険者とは、市町村の区域内に住所を有する40歳以上65歳未満の者で、医療保険に加入している者である。

2 ○

3 ✕ 65歳の生活保護を受けている者は、第1号被保険者になる。

4 ✕ 生活保護法に規定する救護施設に入所している者は、介護保険の被保険者になれない。（救護施設は適用除外施設である）。

5 ○

6 ✕ 年齢到達による介護保険の被保険者資格の取得時期は、誕生日の前日となる。

7 ✕ 第2号被保険者が医療保険加入者でなくなった場合は、その日から被保険者資格を喪失する。

8 ○

9 ✕ 保険者はA市である。住所地特例対象施設に入所するために住所地を移転した場合は、「移転前の市町村を保険者とする」という住所地特例が設けられている。

10 ✕ 転出して別の市町村の介護保険施設に入所した場合、保険者である市町村（介護保険施設に入る前の市町村）に対して、転出届と住所地特例適用届を提出する。

11 ✕ 第1号被保険者は、すべての者に交付されるが、第2号被保険者は、要支援・要介護認定の申請をした者と、被保険者証交付を申請した者に交付される。

12 ✕ 介護保険被保険者証は、全国一律の様式である。

13 ○

ランク A

4 要介護認定・要支援認定

ここでは要介護状態・要支援状態の定義、認定調査や要介護認定の流れ等について理解しましょう。毎年、複数問出題されています。第 22 回試験では 4 問、第 22 回再試験では 3 問、第 23 回試験では介護認定審査会や主治医意見書等の 3 問、第 24 回試験では認定調査、更新認定等の 3 問、第 25 回試験では要介護認定のしくみ、主治医意見書、特定疾病、要介護認定等基準時間などの 4 問、第 26 回試験では要介護認定の申請、要介護認定についての 2 問が出題されました。今後も高い割合で出題が予想されます。

1. 要介護状態・要支援状態

過去の出題

要介護者・要支援者の定義について問われました。 22再-16

- 要介護状態に該当するためには、常時介護を要する状態が 6 月前から継続している必要がある。
  →×（常時介護を要すると見込まれる状態が 6 か月にわたり継続している必要がある）
- 要介護者のうち第 2 号被保険者については、要介護状態が政令で定める疾病によって生じたものに限られる。
  →○

アドバイス

被保険者は、要介護認定の申請をどこにするかが問われました。 26-18

被保険者が介護保険の保険給付を受けるには、保険事故という特定の状態になる必要があります。介護保険における保険事故は、被保険者が「要介護状態（になること）」または「要支援状態（になること）」の 2 種類を指します。要介護状態・要支援状態を確認するため、保険者である市町村が被保険者からの申請に基づき要介護認定または要支援認定を行います。

● 要介護状態

身体上または精神上の障害があるために、入浴、排泄、食事等の日常生活における基本的な動作の全部または一部について、6 か月にわたり継続して、常時介護を要すると見込まれる状態。

➡**介護の必要の程度に応じて、5 段階に区分される。**

● 要支援状態

身体上もしくは精神上の障害があるために入浴、排泄、食事等の日常生活における基本的な動作の全部もしくは一部について 6 か月にわたり継続して、常時介護を要する状態の軽減もしくは悪化の防止に特に資する支援を要すると見込まれ、または身体上もしくは精神上の障害があるために 6 か月にわたり継続して、日常生活を営むのに支障があると見込まれる状態。

➡**支援の必要の程度に応じて、2 段階に区分される。**

ただし、第 2 号被保険者（40 歳以上 65 歳未満の者）の場合は、要介護状態・要支援状態となった原因が特定疾病であることが認定の条件となります。

2. 特定疾病

特定疾病は、継続して介護が必要となる疾病のうち、本来、65歳以上の高齢者に発生する疾病が、40歳以上65歳未満で発生することが想定され、心身の病的な加齢現象と医学的関係がある疾病です。16疾病が定められています。

①がん（医師が一般に認められている医学的知見に基づき回復の見込みがない状態に至ったと判断したものに限る）
②関節リウマチ
③筋萎縮性側索硬化症《きんいしゅくせいそくさくこうかしょう》
④後縦靭帯骨化症《こうじゅうじんたいこっかしょう》
⑤骨折を伴う骨粗鬆症《こつそしょうしょう》
⑥初老期における認知症
⑦進行性核上性麻痺《しんこうせいかくじょうせいまひ》、大脳皮質基底核変性症《だいのうひしつきていかくへんせいしょう》およびパーキンソン病
⑧脊髄小脳変性症《せきずいしょうのうへんせいしょう》
⑨脊柱管狭窄症《せきちゅうかんきょうさくしょう》
⑩早老症《そうろうしょう》
⑪多系統萎縮症《たけいとういしゅくしょう》
⑫糖尿病性神経障害、糖尿病性腎症《とうにょうびょうせいじんしょう》および糖尿病性網膜症
⑬脳血管疾患
⑭閉塞性動脈硬化症
⑮慢性閉塞性肺疾患
⑯両側の膝関節《しつかんせつ》または股関節に著しい変形を伴う変形性関節症

アドバイス

がんは、がん末期でないと特定疾病に該当しません。

アドバイス

骨粗鬆症は、そのものが特定疾病ではなく、「骨折を伴う」ものでなければならないことに注意しましょう。

過去の出題

特定疾病として正しいものはどれかが問われました。
22-4 25-17
・黄色靱帯骨化症
→×
・心筋梗塞
→×
・関節リウマチ
→○
・慢性肝疾患
→×
・脳血管疾患
→○
・骨折を伴う骨粗鬆症
→○

アドバイス

糖尿病は、特定疾病に該当しません。合併症である神経障害、腎症、網膜症であることに注意しましょう。

3. 要介護認定・要支援認定の概要

要介護（要支援）認定は、保険者が被保険者の介護の必要の程度を判断するためのものであり、公平性・客観性の観点から、認定調査や審査・判定の基準（要介護認定等基準）は、全国一律となっています。

要介護認定も要支援認定も、基本的には同じ手順ですが、介護保険法上は別々の手続きとして規定されています（介護サービスの利用手続きの全体像は169頁を参照）。

プラスα

要支援認定の申請を行って要介護者に該当した場合や、要介護認定の申請を行って要支援者に該当した場合は、該当した認定の申請を行ったとみなして取り扱われます。これを「みなし認定」といいます。

アドバイス

認定の申請から結果が出るまでのプロセスは、試験でもよく問われるので、流れを把握しておきましょう。

アドバイス

次のポイントに分けて、勉強するとよいでしょう。
①申請（申請代行できる者など）
②認定調査（認定調査を行うことができる者、主治医意見書など）
③一次判定（コンピュータによる判定、行為区分）
④二次判定（介護認定審査会の設置や委員など）
⑤認定（市町村による認定、認定有効期間、住所移転時の認定など）

過去の出題

要介護認定について問われました。24-18 26-19
・一次判定は市町村が行い、二次判定は都道府県が行う。
　→×（一次判定はコンピュータが行い、二次判定は介護認定審査会が行う）
・介護認定審査会は、都道府県が定める基準に従い、審査判定を行う。
　→×（全国一律の基準に従い行う）
・一次判定は、認定調査票の基本調査の結果及び特記事項と主治医意見書に基づいて行う。
　→×（上記は、二次判定のことである）

要介護認定・要支援認定とケアプランの作成（在宅の場合）

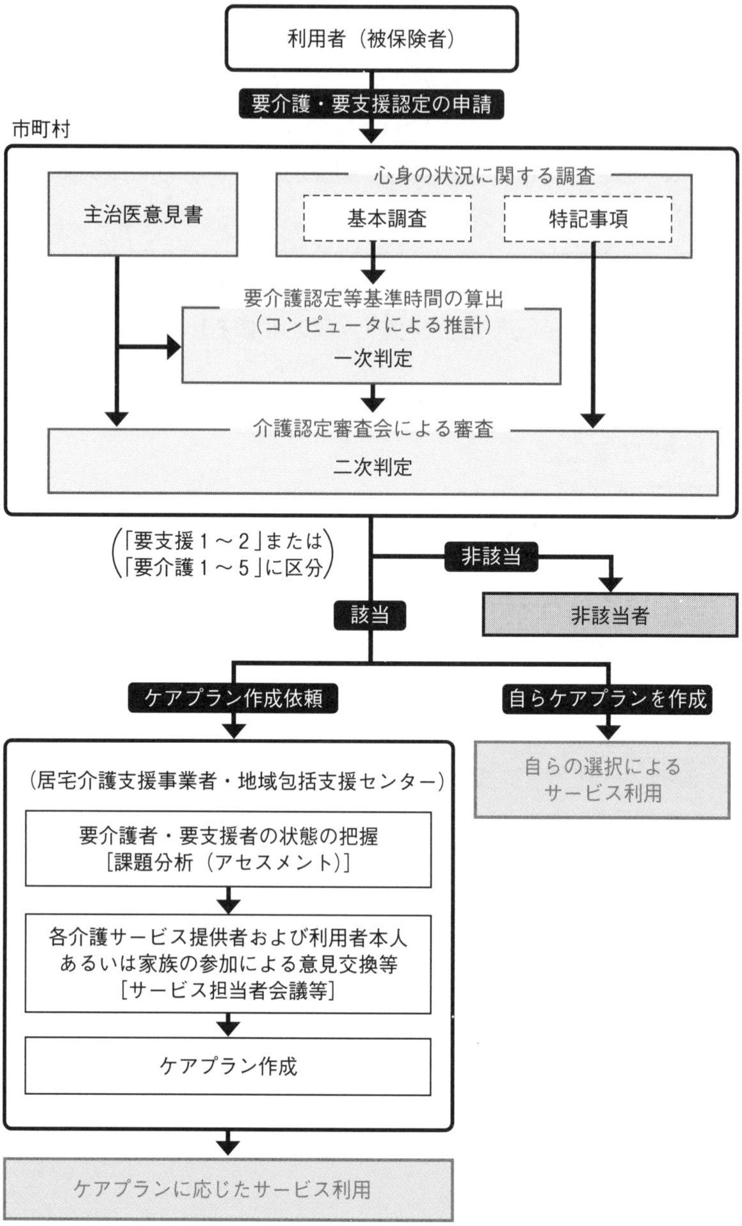

4. 要介護認定・要支援認定の手続き

プラスα

介護保険被保険者証の交付を受けていない第2号被保険者は、医療保険被保険者証等（医療保険各法による被保険者証、組合員証または加入者証等）を提示します。

要介護認定・要支援認定の申請

被保険者は、要介護（要支援）認定を受けようとする場合、申請書の記載を行い、介護保険被保険者証を添付して、市町村の窓口に申請します。

次の者は本人の申請を代行することができます（申請代行）。

①家族、親族等（代理申請） ②成年後見人 ③地域包括支援センター ④民生委員 ⑤社会保険労務士 ⑥指定居宅介護支援事業者（※） ⑦地域密着型介護老人福祉施設（※） ⑧介護保険施設（※）

注：※は厚生労働省令で定めるもの（指定基準の認定申請にかかる援助義務違反がないものに限る）。

介護保険資格者証（介護保険暫定被保険者証）の発行

要介護（要支援）認定の申請の際は、被保険者証の提出と引き替えに資格者証（暫定被保険者証）が発行されます。資格者証は、認定結果等を記載した被保険者証が交付されるまでの間、被保険者証の代わりに用いられます。有効期限は、原則、認定の申請から認定結果が出るまでの間です。

認定調査

申請を受けた市町村は、申請者の居宅を訪問して、全国一律の認定調査票をもとに認定調査を行います。なお、認定調査は申請者と面接して行わなければなりません。

新規の認定調査は原則として市町村職員が行います（被保険者が遠隔地に住んでいる場合は、その被保険者の居住市町村に調査を嘱託することができます）。また、新規の認定調査は例外的に、指定市町村事務受託法人に委託することができます。

更新認定の調査は、次の者が行うことができます。

①市町村職員	⑤地域密着型介護老人福祉施設（※2）
②指定市町村事務受託法人（※1）（※3）	⑥介護保険施設（※2）
③地域包括支援センター（※2）	⑦介護支援専門員（※2）
④指定居宅介護支援事業者（※2）	

※1　新規の認定調査だけでなく、市町村から委託があれば更新認定、変更認定の調査についても行うことができる。

※2　厚生労働省令で定めるもの（指定基準の利益収受・供与の禁止規定に違反したことのないものなどに限る）。

※3　認定調査員は、市町村職員のほか介護支援専門員であることが原則である。なお、指定市町村事務受託法人における認定調査については、介護支援専門員のほか「保健、医療、福祉に関する専門的知識を有する者」（具体的には、①介護にかかる実務の経験が5年以上ある保健、医療、福祉の専門職等、または②認定調査に従事した経験が1年以上である者）が行うことも認められている。

過去の出題

申請代行を行うことができるものについて問われました。（22-21）（26-18）

- 指定認知症対応型共同生活介護事業者
  →×
- 地域包括支援センター
  →○
- 介護保険施設は、入所者の更新認定の申請に限って代行することができる。
  →×（更新認定の申請に限らず、新規・更新・区分変更の申請を代行することができる）

プラスα

認定調査票は、全国一律で、①概況調査、②基本調査（74項目（32頁参照））、③特記事項から構成されています。

用語解説

指定市町村事務受託法人：市町村から委託を受けて市町村事務の一部を実施する法人で、都道府県が指定する。居宅サービス等担当者に対する保険給付に関する照会等事務、要介護認定調査事務を受託することができる。

プラスα

市町村職員には、福祉事務所のケースワーカーや市町村保健センターの保健師等も含まれます。

過去の出題

要介護認定の認定調査について問われました。
（24-16）（25-8）（26-19）

- 新規認定の調査は、市町村の担当職員が行う。
  →○
- 市町村は新規認定の調査について、指定市町村事務受託法人に委託することができる。
  →○

認定調査票の基本調査の項目

	個別調査項目
1　身体機能・起居動作に関連する項目	麻痺等の有無／拘縮の有無／寝返り／起き上がり／座位保持／両足での立位／歩行／立ち上がり／片足での立位／洗身／つめ切り／視力／聴力
2　生活機能に関連する項目	移乗／移動／嚥下／食事摂取／排尿／排便／口腔清潔／洗顔／整髪／上衣の着脱／ズボン等の着脱／外出頻度
3　認知機能に関連する項目	意思の伝達／毎日の日課を理解／生年月日を言う／短期記憶／自分の名前を言う／今の季節を理解／場所の理解／徘徊／外出して戻れない
4　精神・行動障害に関連する項目	被害的／作話／感情が不安定／昼夜逆転／同じ話をする／大声を出す／介護に抵抗／落ち着きなし／一人で出たがる／収集癖／物や衣類を壊す／ひどい物忘れ／独り言・独り笑い／自分勝手に行動する／話がまとまらない
5　社会生活への適応に関連する項目	薬の内服／金銭の管理／日常の意思決定／集団への不適応／買い物／簡単な調理
6　特別な医療に関連する項目（※）	過去14日間に受けた特別な医療
7　日常生活自立度に関連する項目	障害高齢者の日常生活自立度（寝たきり度）（140頁参照）／認知症高齢者の日常生活自立度（140頁参照）

（※）特別な医療（過去14日間以内に受けた医療のすべてにチェック）
処置内容：点滴の管理、中心静脈栄養、透析、ストーマ（人工肛門）の処置、酸素療法、レスピレーター（人工呼吸器）、気管切開の処置、疼痛の看護、経管栄養
特別な対応：モニター測定（血圧、心拍、酸素飽和度等）、褥瘡の処置、カテーテル（コンドームカテーテル、留置カテーテル、ウロストーマ等）

●主治医意見書

市町村は、認定調査と並行して、被保険者が申請書に記載した主治医に、心身の状態や生活機能低下の原因となっている疾病、特別な医療などに対する医学的な意見を**主治医意見書**（33頁参照）に記載するように求めます。

被保険者に主治医がいない場合は、**市町村**の指定する医師やその**市町村**の職員である医師が診断して、主治医意見書の記載を行います。被保険者が正当な理由なく市町村の指定する医師等の診断を拒否した場合は、市町村は認定申請を**却下**できます。主治医意見書は、主に**介護認定審査会**での**二次判定**に用いられることになります。

過去の出題

認定調査票の基本調査項目に含まれる項目について問われました。21-21 22再-17
・口腔清潔に関する項目が含まれる。
→○
・主たる介護者に関する項目が含まれる。
→×（含まれない）
・点滴の管理は、含まれない。
→×（含まれる）
・外出頻度は、含まれる。
→○

過去の出題

主治医意見書の項目に含まれるものについて問われました。20-23
・「短期記憶」の問題の有無が含まれる。
→○
・「社会参加」の状況が含まれる。
→×（含まれない）

過去の出題

主治医意見書における「認知症の中核症状」の項目として正しいものはどれかが問われました。25-16
・自分の意思の伝達能力
→○
・幻視・幻聴
→×
・短期記憶
→○
・妄想
→×

過去の出題

要介護認定について問われました。21-20
・主治の医師の意見は、介護認定審査会に通知しなければならない。
→○

主治医意見書の項目

0．基本情報

申請者氏名等（性別・生年月日等）／主治医意見書が介護サービス計画作成等に利用されることの主治医としての同意／医師・医療機関名等／最終診察日／意見書作成回数（□初回　□２回目以上）／他科受診の有無（□内科　□精神科　□外科　□整形外科　□脳神経外科　□皮膚科　□泌尿器科　□婦人科　□眼科　□耳鼻咽喉科　□リハビリテーション科　□歯科　□その他）

1．傷病に関する意見

①診断名　②症状としての安定性　③生活機能低下の直接の原因となっている傷病または特定疾病の経過および投薬内容を含む治療内容

2．特別な医療（過去14日間以内に受けた医療）

①処置内容
□点滴の管理　□中心静脈栄養　□透析　□ストーマの処置　□酸素療法　□レスピレーター　□気管切開の処置　□疼痛の看護　□経管栄養
②特別な対応
□モニター測定（血圧、心拍、酸素飽和度等）　□褥瘡の処置
③失禁への対応
□カテーテル（コンドームカテーテル、留置カテーテル　等）

3．心身の状態に関する意見

①日常生活の自立度等について
・障害高齢者の日常生活自立度（寝たきり度）　・認知症高齢者の日常生活自立度
②認知症の中核症状（認知症以外の疾患で同様の症状を認める場合を含む）
・短期記憶　・日常の意思決定を行うための認知能力　・自分の意思の伝達能力
③認知症の行動・心理症状（BPSD）（認知症以外の疾患で同様の症状を認める場合を含む）
□幻視・幻聴　□妄想　□昼夜逆転　□暴言　□暴行　□介護への抵抗　□徘徊　□火の不始末　□不潔行為　□異食行動　□性的問題行動　□その他
④その他の精神・神経症状（専門医受診の有無）
⑤身体の状態
・利き腕　・身長　・体重（過去６か月の体重の変化）
□四肢欠損　□麻痺　□筋力の低下　□関節の拘縮　□関節の痛み　□失調・不随意運動　□褥瘡　□その他の皮膚疾患

4．生活機能とサービスに関する意見

①移動
・屋外歩行　・車いすの使用　・歩行補助具・装具の使用
②栄養・食生活
・食事行為　・現在の栄養状態
③現在あるかまたは今後発生の可能性の高い状態とその対処方針
□尿失禁　□転倒・骨折　□移動能力の低下　□褥瘡　□心肺機能の低下　□閉じこもり　□意欲低下　□徘徊　□低栄養　□摂食・嚥下機能低下　□脱水　□易感染性　□がん等による疼痛　□その他
④サービス利用による生活機能の維持・改善の見通し
⑤医学的管理の必要性
□訪問診療　□訪問看護　□訪問歯科診療　□訪問薬剤管理指導　□訪問リハビリテーション　□短期入所療養介護　□訪問歯科衛生指導　□訪問栄養食事指導　□通所リハビリテーション　□老人保健施設　□介護医療院　□その他の医療系サービス　□特記すべき項目なし
⑥サービス提供時における医学的観点からの留意事項
□血圧　□摂食　□嚥下　□移動　□運動　□その他　□特記すべき項目なし
⑦感染症の有無

5．特記すべき事項（情報提供書や障害者手帳の申請に用いる診断書等の写しの添付でも可）

審査・判定

審査・判定は、コンピュータによる一次判定と、介護認定審査会による二次判定の２段階で行われます。

①　一次判定

認定調査の基本調査項目を、①入浴、排泄、食事等の介護（直接生活介助）、②洗濯、掃除等の家事援助等（間接生活介助）、③徘徊に対する探索、不潔な行為に対する後始末等（認知症の行動・心理症状関連行為）、④歩行訓練、日常生活訓練等の機能訓練（機能訓練関連行為）、⑤輸液の管理、褥瘡の処置等の診療の補助等（医療関連行為および特別な医療）の行為に区分して、それぞれの行為に要する１日あたりの時間として、要介護認定等基準時間を推計します（厚生労働大臣の定める方法によって推計されます）。要介護認定等基準時間は、全国一律の客観的な認定基準に基づいてコンピュータにより算定し、一次判定結果が示されます。

要介護認定等基準時間の推計にかかる行為

①入浴、排泄、食事等の介護	直接生活介助 食事／排泄／移動／清潔保持
②洗濯、掃除等の家事援助等	間接生活介助
③徘徊に対する探索、不潔な行為に対する後始末等	認知症の行動・心理症状関連行為
④歩行訓練、日常生活訓練等の機能訓練	機能訓練関連行為
⑤輸液の管理、褥瘡の処置等の診療の補助等	医療関連行為 特別な医療

注１：①は、「直接生活介助」として、食事、排泄、移動、清潔保持の行為ごとに算定された時間を合計します。
２：⑤は、医療関連行為および特別な医療について算定された時間を合計します。特別な医療とは、点滴の管理、透析、ストーマの処置、疼痛の看護等をいいます。

要介護認定等基準時間は、介護の手間（介護の必要の程度）を判断する指標になるものであり、実際の介護サービスの提供時間や家庭での介護時間を表すものではありません。

算定方法は、調査票の個別の調査項目による分岐と５つの中間評価項目の個人別得点による分岐およびあらかじめ設定されている「１分間タイムスタディ・データ」を組み合わせた樹形モデルを用いて、その心身の状況に最も近いデータを選び、合算します。

過去の出題

要介護認定等基準時間について問われました。
21-20　25-18

- 要介護認定等基準時間は、１日当たりの時間として推計される。
→○
- 要介護認定等基準時間の推計の方法は、都道府県の条例で定める。
→×（要介護認定等基準時間は、厚生労働大臣の定める方法により推計される）
- 要介護認定等基準時間は、実際の介護時間とは異なる。
→○
- 要介護認定等基準時間は、同居家族の有無によって異なる。
→×（異ならない）
- 要介護認定等基準時間の算出根拠は、１分間タイムスタディである。
→○

過去の出題

要介護認定等基準時間について問われました。
20-23　21-21

- 要介護認定等基準時間には、「じょく瘡の処置」が含まれる。
→○
- 要介護認定等基準時間には、「家族の介護負担」が含まれる。
→×（含まれない）
- 要介護認定等基準時間の算定の合算対象には、疼痛の看護が含まれる。
→○
- 要介護認定等基準時間の算定の合算対象には、認定調査票の特記事項の内容が含まれる。
→×（含まれない）

要支援・要介護	要介護認定等基準時間
要支援1	25分以上32分未満またはこれに相当する状態
要支援2	要支援状態の継続見込期間にわたり継続して常時介護を要する状態の軽減または悪化の防止に特に資する支援を要すると見込まれ、32分以上50分未満またはこれに相当する状態
要介護1	32分以上50分未満またはこれに相当する状態（要支援2に該当するものを除く）
要介護2	50分以上70分未満またはこれに相当する状態
要介護3	70分以上90分未満またはこれに相当する状態
要介護4	90分以上110分未満またはこれに相当する状態
要介護5	110分以上またはこれに相当する状態

②　二次判定

介護認定審査会は、市町村から通知される①一次判定結果、②認定調査票の特記事項、③主治医意見書をもとに、全国一律の基準に従って、次の点について審査・判定を行います。

> ①　**要介護（要支援）状態に該当するか否か**
> ②　**要介護（要支援）状態に該当する場合の要介護（要支援）状態区分**
> ③　（第2号被保険者については）要介護（要支援）状態の原因である身体上・精神上の障害が特定疾病に起因するか否か

なお、審査・判定にあたって必要がある場合は、介護認定審査会は、被保険者、家族、主治医などの関係者から意見を聴くことができます。

介護認定審査会は、審査・判定結果を市町村に通知する際、次の事項について意見を述べることができます。

> ①　要介護（要支援）状態の軽減または悪化の防止のために必要な療養に関する事項
> （要支援については、家事援助に関する事項を含む）
> ②　**サービスの適切かつ有効な利用等に関し被保険者が留意すべき事項**
> ③　**認定の有効期間の短縮や延長に関する事項**

介護認定審査会によって、上記①の「療養に関する事項」について意見が述べられている場合には、市町村はその意見に基づき、その被保険者が受けられるサービスの種類を指定することができます。指定された以外のサービスについては、保険給付は行われ

アドバイス

要支援2と要介護1の要介護認定等基準時間が同じになっていることに注意してください。

過去の出題

介護認定審査会について問われました。
（20-24）（22再-18）（23-18）
・審査対象者の主治医の意見を聞くことはできない。
　→×（主治医の意見を聞くことができる）
・必要に応じて、審査対象者の家族の意見を聞くことができる。
　→〇

過去の出題

介護認定審査会について問われました。（21-22）
・認定の有効期間について意見を付すことができる。
　→〇
・要介護状態の軽減のために必要な療養について意見を付すことができる。
　→〇
・被保険者が受けることができるサービスの種類を指定することができる。
　→×（市町村は、介護認定審査会の意見に基づき、被保険者が受けることができるサービスの種類を指定することができる）
・被保険者に主治の医師がいないときは、診断を行う医師を指定することができる。
　→×（指定を行うのは市町村である。市町村職員である医師または市町村が指定する医師が診断を行う）

ません。また、②の「留意すべき事項」などの意見が述べられている場合は、被保険者本人はその意見に留意してサービスを受け、同時に事業者や施設、介護支援専門員は、その意見に配慮してサービス提供を行うように努めたり、居宅サービス計画を立てたりする必要があります。

なお、指定されたサービスの種類と②については、被保険者証に記載されます（26頁の★9参照）。

5. 市町村の認定・更新認定等

認定・通知

市町村は、介護認定審査会の審査・判定の結果に基づいて要介護認定または要支援認定を行い、その結果を被保険者に通知します。通知にあたって被保険者証には次の事項を記載し被保険者に返還します。

> ① **該当する要介護（要支援）状態区分**（26頁の★4参照）
> ② **介護認定審査会の意見が付されている場合にはその意見**（26頁の★9参照）

アドバイス

行政処分として「認定」を行うことができるのは、原則「市町村」だけです。介護認定審査会や地域包括支援センターは認定を行うことはできませんので注意しましょう。

不認定（要介護状態にも要支援状態にも該当しないこと）の決定をした場合、被保険者にその結果と理由を通知し、被保険者証を返還します。

なお、被保険者は、市町村の認定に関する決定内容に不服がある場合、都道府県に設置された介護保険審査会に対して、審査請求をすることができます。

過去の出題

要介護認定について問われました。(21-20)

・介護認定審査会の意見は、主治の医師に通知しなければならない。
→×（市町村を通じて被保険者に通知される）

認定までの期間

市町村による要介護（要支援）認定は、原則として申請のあった日から30日以内に行われます。ただし、調査に日時を要するなど特別な理由がある場合は延期されることもあり、この場合は申請日から30日以内に被保険者にその理由と見込み期間を通知します。

プラスα

被保険者は、市町村から何の通知もなく、30日以内に結果が出なければ、申請が却下されたものとみなすことができます。

認定の効力

要介護（要支援）認定の効力は、申請日にさかのぼります（遡《そ》及効《きゅうこう》）。申請のあった日からのサービス利用が保険給付の対象と

アドバイス

過去問では、新規認定の効力はいつにさかのぼるかが問われました。(22-23)

なります。実際には、暫定的な居宅サービス計画等を作成することにより、要介護認定の申請から認定日までの間も現物給付（1割または2割、もしくは3割の利用者負担）でサービスを受けることができます。一方、認定申請前に受けたサービスは、原則、保険給付の対象となりません。ただし、認定申請前に受けたサービスであっても、緊急その他やむを得ない理由によるもので、市町村が必要と認めれば、特例居宅介護サービス費などとして、償還払いでサービスを受けることができます（52頁参照）。

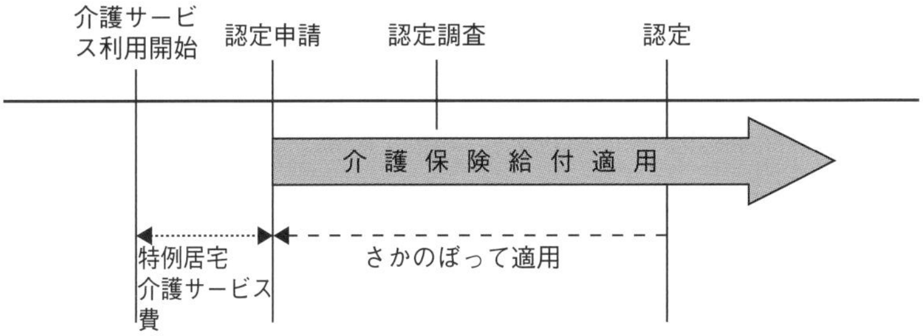

認定有効期間

新規認定の有効期間は原則6か月間、更新認定の有効期間は原則12か月間です。介護認定審査会の意見に基づき、市町村が特に必要と認める場合は、新規認定では3か月間〜12か月間の範囲を設定することができます。更新認定の場合、要介護更新認定、要支援更新認定ともに、原則3か月間〜36か月間の範囲で設定することができます。

要介護認定の有効期間

	原則の認定有効期間	認定可能な有効期間の範囲
新規認定	6か月	3〜12か月
区分変更の認定	6か月	3〜12か月
更新認定	12か月	原則3〜36か月（※）

※要介護度・要支援度が変わらない場合は、3〜48か月

更新認定

有効期間が満了した後も要介護状態等が継続すると見込まれる被保険者は、認定の効力が途切れないように、有効期間満了日の60日前から満了日までの間に更新認定の申請を行うことができます。更新認定の効力は、更新前の認定の有効期間満了日の翌日から発生します。

アドバイス

よく試験で問われます。
・認定の効力は認定日にさかのぼる。
→×（認定日ではなく、申請日にさかのぼる）
なお、「認定日」とは、介護保険被保険者証の「認定年月日」に記載される日付です（26頁の★5参照）。

過去の出題

認定調査について問われました。24-16
・要介護認定の申請後、認定調査の前に受けた介護サービスは、保険給付の対象にならない。
→×（要介護認定の効力は申請日にさかのぼるため、認定調査の前に受けた介護サービスも保険給付の対象になる）

プラスα

月の途中で新規認定申請をした場合等の申請日から月末までの期間は、認定有効期間にプラスします。

プラスα

認定有効期間は、介護保険被保険者証に記載されます（26頁の★6参照）。

アドバイス

過去問では、新規認定の有効期間がいつからいつまでか、更新認定の有効期間が原則何か月かが問われました。22-23 24-17

アドバイス

過去問では、更新認定の申請がいつからできるかが問われました。
24-17 26-18

区分変更の認定

認定有効期間中に、要介護状態区分等に変化があった場合は、市町村に対し、要介護状態区分等の変更の認定申請を行うことができます。区分変更の申請では、新規認定と同様の有効期間となります。

職権による要介護状態区分等の変更認定

市町村は、被保険者の介護等の必要の程度が低下し、現在認定されている要介護状態区分等とは違う区分に該当すると認められるときは、認定有効期間の満了前であっても、職権により要介護状態区分等の変更認定を行うことができます。

認定の取消

市町村は、要介護（要支援）認定を受けた被保険者が、次のいずれかに該当するときは、有効期間満了前であっても認定を取り消すことができます。この場合、市町村は被保険者に対して被保険者証の提出を求め、要介護（要支援）認定にかかる記載を消除して返還します。

① 要介護者・要支援者に該当しなくなったと認めるとき。
② 正当な理由なく、市町村による調査に応じないときや、主治医意見書のための診断命令に従わないとき。

住所移転時の認定

要介護者・要支援者が、住所移転により市町村（保険者）が変わる場合は、新しい市町村で改めて認定を受ける必要があります。実際の手続きは、被保険者が移転前の市町村から認定について証明する書類（受給資格証明書）の交付を受けて、その書類を添えて移転先の市町村に転入日から14日以内に認定の申請を行います。そうすると、移転先の市町村で改めて認定調査や介護認定審査会の審査・判定を受けることなく、移転前の市町村から交付された書類に基づいて認定を受けることができます。新しい市町村での有効期間は、新規認定となるため、原則6か月間となります。

プラスα

区分変更の申請においても、申請書に介護保険被保険者証を添付して申請します。
26-18

プラスα

災害等やむを得ない理由で要介護（要支援）認定の有効期間の満了前に更新認定の申請ができなかった場合は、その理由がなくなった日から1か月以内に限り、申請ができます。

過去の出題

要介護認定、要支援認定の区分変更の認定有効期間について問われました。
19-14
・区分変更申請の場合は、6月間が原則である。
→○

アドバイス

市町村による調査には、市町村が調査を委託した場合、委託した調査を含みます。

過去の出題

被保険者の要介護認定を市町村が取り消すことができる場合について問われました。23-17
・正当な理由なしに、介護給付等対象サービスの利用に関する指示に従わないことにより、要介護状態の程度を増進させたとき。
→×（保険給付の制限、44頁参照）
・要介護者に該当しなくなったと認めるとき。
→○
・正当な理由なしに、市町村による文書の提出の求めに応じないとき。
→×（保険給付の制限、44頁参照）

6. 介護認定審査会

介護認定審査会は、保健・医療・福祉に関する学識経験者によって構成される合議体で、**市町村**の附属機関です。合議体を構成する委員は、**市町村長**が任命し、任期は**2年**（ただし、市町村の条例により「2年を超え3年以下の期間」とすることが可能）です（再任も可能）。委員はみなし公務員として守秘義務が課されます。

> ①　**委員の定数は5人を標準として、市町村の条例により定められる**
> （更新認定や委員の確保が難しい場合は、市町村の判断により定数削減可。ただし、3人を下回ってはならない）
> ②　**合議体には、委員の互選により長を1人おく**
> ③　**審議開催、議決には、委員の過半数の出席が必要である**
> ④　**議事は出席委員の過半数によって決し、可否同数の場合は合議体の長が決する**

用語解説

合議体：複数の構成員の合議によって、その意思などを決める組織体のこと。

過去の出題

介護認定審査会について問われました。（22再-18）
・委員の定数は、被保険者数に応じて都道府県が定める。
→×（市町村が条例で定める）

プラスα

公平性を確保するため、原則として市町村の職員は委員となれません。過去問でも問われました。（22再-18）

7. 要介護認定等の広域的実施

要介護認定等は、地方自治法に基づく機関の共同設置や事務の委託によって、または**広域連合・一部事務組合**の活用により、広域的に実施することもできます。

例えば、介護認定審査会を単独の市町村で設置することが困難な場合、次の①～③によることが認められています。

①　複数の市町村による共同設置

②　都道府県への委託

③　広域連合や一部事務組合への委託

①、②の場合、認定調査や認定自体は市町村が行うことになりますが、③の場合は認定調査や認定自体も委託できます。

介護認定審査会の「審査・判定」について

> ●**複数の市町村による介護認定審査会の共同設置、都道府県への審査・判定業務の委託**
> ⇒　**介護認定審査会が審査・判定を行う。「認定調査」や「認定」自体は各市町村が行う。**
> ●**広域連合・一部事務組合**
> ⇒　**介護認定審査会が審査・判定を行う。「認定調査」や「認定」自体についても広域連合・一部事務組合の事務とすることができる。**

プラスα

要介護認定の広域的実施のメリットとして、次の点があげられます。過去問でも問われました。（19-15）
・介護認定審査会委員の確保
・近隣市町村での公平な判定
・認定事務の効率化

過去の出題

介護認定審査会について問われました。（22再-18）
・複数の市町村で共同設置することはできない。
→×（複数の市町村による共同設置は可）

プラスα

要介護認定等の審査・判定が都道府県に委託された場合、都道府県には都道府県介護認定審査会が置かれ、そこで業務を行うことになります。

基礎理解度 CHECK!!

□□ 1 ▶ 第2号被保険者のうち保険給付の対象者は、特定疾病を原因として要支援・要介護状態になった者である。

□□ 2 ▶ 要介護認定等基準は、各市町村が独自に定めたものである。

□□ 3 ▶ 地域密着型介護老人福祉施設は、新規の要介護認定の申請手続きを代行できない。

□□ 4 ▶ 新規の認定調査は、市町村職員に限られる。

□□ 5 ▶ 更新認定の調査は、地域包括支援センターに委託することができる。

□□ 6 ▶ 認定調査票の基本調査項目には、主たる介護者に関する項目が含まれる。

□□ 7 ▶ 主治医意見書の項目には、認知症の中核症状が含まれる。

□□ 8 ▶ 要介護認定等基準時間は、家庭での介護の時間を表すものである。

□□ 9 ▶ 一次判定は市町村が行い、二次判定は都道府県が行う。

□□ 10 ▶ 介護認定審査会は、被保険者が受けられるサービスの種類を指定できる。

□□ 11 ▶ 要介護（要支援）認定の効力は、認定日にさかのぼる。

□□ 12 ▶ 要介護認定の申請前に受けた介護サービスは、いかなる場合でも保険給付の対象にならない。

□□ 13 ▶ 市町村が特に必要と認める場合は、新規認定の有効期間を3か月間から12か月間までの範囲内で定められる。

□□ 14 ▶ 更新認定の申請は、原則、有効期間満了の日の30日前からできる。

□□ 15 ▶ 介護認定審査会の委員の定数は10人を標準とし、市町村の条例で定める。

□□ 16 ▶ 広域連合や一部事務組合は、認定調査や認定を事務として行うことができる。

1 ○

2 ✕ 要介護認定等基準は、全国一律のものである。

3 ✕ 地域密着型介護老人福祉施設は、新規の要介護認定の申請手続きを代行できる。

4 ✕ 新規の認定調査は、原則として市町村職員が行うが、例外的に、指定市町村事務受託法人に委託できる。

5 ○

6 ✕ 基本調査項目には、主たる介護者に関する項目は含まれない。

7 ○

8 ✕ 要介護認定等基準時間は、介護の手間（介護の必要の程度）を判断する指標になるものであり、実際の介護サービスの提供時間や家庭での介護時間を表すものではない。

9 ✕ 一次判定は全国一律の客観的な認定基準に基づきコンピュータで行われ、二次判定は介護認定審査会が行う。

10 ✕ 市町村は、被保険者が受けられるサービスの種類を指定できる。

11 ✕ 要介護（要支援）認定の効力は、申請日にさかのぼる。

12 ✕ 要介護認定の効力は、申請日にさかのぼるため、申請のあった日から介護サービス利用が保険給付の対象となる。認定申請前に受けた介護サービスは、原則として保険給付の対象とならないが、緊急その他やむを得ない理由により市町村が必要と認めれば、保険給付の対象となる（特例居宅介護サービス費）。

13 ○

14 ✕ 更新認定の申請は、有効期間満了日の60日前から満了日までの間に行える。

15 ✕ 委員の定数は5人を標準として、市町村の条例により定められる。

16 ○

ランク B

5　保険給付通則

介護保険の給付と類似する給付が、災害補償関係各法、老人福祉法、生活保護法など、他の法令により行われる場合に制度間の給付調整が行われます。介護保険による給付と他の法令による給付のどちらが優先されるかは決められていますので、まずは原則をおさえ、例外も含めてしっかり覚えましょう。さらに、損害賠償請求権や不正利得の徴収、文書の提出など、保険給付に関する通則について整理しましょう。第 26 回試験では、介護保険と他制度との関係（どちらが優先されるか）が出題されています。

1. 他の法令による給付との調整

● 災害補償関係各法の療養補償等との調整

労働者災害補償保険法（労災保険）その他の法令によって、介護保険の給付に相当する療養補償や介護補償等が受けられるときは、労災保険等による給付が優先され、重複する部分の給付は介護保険からは行われません。

介護保険に優先する給付を行う法令には、次のようなものがあります。

労働災害に対する補償の給付を行う法律	・労働者災害補償保険法 ・船員保険法 ・労働基準法　等 （療養補償、介護補償等）
公務災害に対する補償の給付を行う法律	・国家（地方）公務員災害補償法 ・警察官の職務に協力援助した者の災害給付に関する法律　等 （療養補償、介護補償等）
国家補償的な給付を行う法律	・戦傷病者特別援護法 ・原子爆弾被爆者に対する援護に関する法律　等 （療養の給付等）

過去の出題

介護保険と労働者災害補償保険法との関係について問われました。
21-23　26-7
・労働者災害補償保険法の通勤災害に関する療養給付は、介護保険給付に優先する。
→○
・労働者災害補償保険法の介護補償給付は、介護保険の給付に相当する給付が受けられる限りにおいて、介護保険に優先する。
→○

過去の出題

介護保険給付が優先するものについて問われました。
18-12
・労働者災害補償保険法による療養補償給付
→×
・戦傷病者特別援護法による療養の給付
→×
・障害者の日常生活及び社会生活を総合的に支援するための法律による自立支援給付
→○

● 老人福祉法の措置との調整

訪問介護などのサービスは、介護保険制度施行前は、老人福祉法に基づく措置によってサービス提供されていましたが、介護保険制度の創設により、利用者と施設・事業者との契約に基づくサービス提供となり、介護保険より保険給付されることになりました。

ただし、介護放棄・放置などの虐待の場合や、やむを得ない事由により介護保険からのサービスを受けられない場合（契約に基づく介護保険からのサービス利用ができない場合）には、老人福祉法に基づく措置によるサービス提供を受けることができ、負担能力に応じた費用徴収が行われます。

●医療保険各法の給付との調整

要介護者・要支援者に対し、介護保険と医療保険（後期高齢者医療制度を含む）の両方に同様のサービス（訪問看護、居宅療養管理指導）がある場合には、原則として医療保険各法よりも、介護保険の給付が優先されます。

また、介護医療院の入所者については、介護保険から給付が行われるので、原則として医療保険からの給付は行われません。このため、急性期治療が必要な場合には急性期病棟に移って医療保険からの給付を受ける必要がありますが、歯科治療などその施設で提供することが困難な一定の医療については医療保険からの給付が行われます。

過去の出題

介護保険給付が優先するものについて問われました。（18-12）（26-7）

- 健康保険法による療養の給付
  →○
- 介護保険の訪問看護は、原則として、医療保険の訪問看護に優先する。
  →○

アドバイス

生活保護と介護保険との給付調整については、出題頻度が高いので、361 頁の図も参照しながら整理しておきましょう。

●生活保護法の介護扶助と介護保険

生活保護の被保護者となっている第１号被保険者が要介護状態・要支援状態になった場合には、生活保護の他法優先（保護の補足性）の原理により、介護保険の給付が優先されます（この場合、利用者負担分については、生活保護の介護扶助による支給が行われます）。なお、第１号被保険者の保険料分については、生活保護の生活扶助の介護保険料加算として支給が行われます。

40 歳以上 65 歳未満の被保護者は、医療保険に加入していないことが多く、その場合は第２号被保険者となりません。

被保険者でない被保護者が要介護状態等になった場合には、すべて生活保護の介護扶助による支給が行われます。

プラスα

40 歳以上 65 歳未満の被保護者であっても医療保険に加入していれば、第 2 号被保険者になります。

●障害者総合支援法の自立支援給付と介護保険

障害者総合支援法の自立支援給付と介護保険の給付とが重複するような場合、介護保険の給付が優先されます。つまり、同様のサービスは原則として併給されることはありません。ただし、介護保険の給付にない障害者施策固有のサービスについては、障害者総合支援法その他の障害者福祉制度より給付されます。

過去の出題

介護保険と障害者総合支援法に基づく自立支援給付との関係について問われました。（21-23）

- 障害者総合支援法による行動援護を利用している障害者が、要介護認定を受けた場合には、行動援護は利用できなくなる。
  →×（障害福祉サービス固有のものと認められる行動援護、同行援護等は利用することができる）

保険優先の公費負担医療と介護保険

感染症法等による保険優先の公費負担医療制度と介護保険法による給付が重複する場合は、介護保険の給付が優先されます。例えば、感染症法による「結核患者の医療」の給付率は95％ですが、要介護者等で利用者負担が1割の場合は介護保険の給付90％が優先し、その結果、公費負担医療制度からの給付は介護保険の利用者負担部分のみについて行われます。具体的には、感染症法による公費負担が5％、残りの5％が利用者負担となります。

用語解説
感染症法：感染症の予防及び感染症の患者に対する医療に関する法律。感染症の予防および感染症の患者に対する医療に関し必要な措置を定めている。

2. その他の通則

第三者行為と損害賠償請求権

保険給付の事由が第三者の行為によって生じた場合、第三者が被保険者（被害者）に対して損害賠償を行う前に、市町村が保険給付を行ったときは、市町村はその給付額の限度で被保険者が第三者に対して有する損害賠償請求権を取得します。一方、市町村が保険給付を行う前に、被保険者（被害者）が第三者からその事由について損害賠償を受けたときは、市町村はその賠償額の限度で保険給付を行う責任を免れることができます。

プラスα
国民健康保険団体連合会は、第三者の行為で引き起こされた事由で保険給付を行ったときに取得する損害賠償請求権にかかわる損害賠償金の徴収・収納の事務を市町村から委託を受けて行います（123頁参照）。

不正利得の徴収等

市町村は、偽りや不正な行為によって保険給付を受けた者からその給付の価額の全額または一部を徴収することができます。

また、サービス事業者や施設が偽りや不正な行為によって現物給付化された費用の支払いを受けた場合には、市町村は、その返還額に4割加算した額を支払わせることができます。

プラスα
偽りや不正な行為によって支給された特定入所者介護サービス費については、市町村は、厚生労働大臣の定める基準により、支給を受けた額の2倍に相当する額以下の金額を徴収することができます（特定入所者介護予防サービス費についても同様です）。

過去の出題
介護保険の保険給付について問われました。 21-6
・居宅介護住宅改修費については、住宅改修を行った者に対し、都道府県知事が帳簿書類等の提示を命じることができる。
→×（市町村長が命じる）

市町村への文書の提出等

市町村は保険給付の適正化を図る観点から、保険給付に関して、受給者、事業者・施設のサービス担当者、住宅改修を行う者等に対し、必要に応じ文書等の物件の提出や提示を求めたり、職員による質問等を行ったりすることができます。また、受給者が正当な理由なしにその求めに応じない等の場合には、市町村は保険給付の全部または一部の制限を行うことができます。

なお、市町村は、文書の提出等に関する事務の一部について、指定市町村事務受託法人に委託することができます。

プラスα
指定市町村事務受託法人を指定するのは、都道府県知事です（14頁参照）。

プラスα

指定都道府県事務受託法人を指定するのは、都道府県知事です。

用語解説

指定都道府県事務受託法人：都道府県知事（または大都市特例による指定権限の移譲を受けた指定都市・中核市の市長）から、事務を適正に実施できると認められ指定を受けた法人。

厚生労働大臣、都道府県知事による帳簿書類の提示等

厚生労働大臣、都道府県知事は、適正な保険給付の確保のため、必要がある場合には、介護サービス事業者やその使用者に対し、報告やサービス提供記録、帳簿書類等の物件の提示を命令したり、職員による質問を行ったりすることができます。また、受給者に対しても、サービス内容に関し、報告命令や職員による質問を行うことができます。

なお、都道府県は、帳簿書類の提示等に関する事務の一部について、指定都道府県事務受託法人に委託することができます。

受給権の保護

社会保険の保険給付は、受給権者が確実に給付を受け取ることができるよう、保険給付を受ける権利は、譲り渡し、担保に供し、または差し押さえることができないとされています。

租税その他の公課の禁止

保険給付として支給を受けた金品を標準として、租税その他の公課を課することができないものとされています。

保険給付の制限

介護保険では、次のような場合には、保険給付の制限等が行われることがあります。

① 刑事施設、労役場等に拘禁された者については、その期間にかかる介護給付等は行われない。

② 故意の犯罪や重大な過失、または正当な理由なしにサービスの利用等に関する指示に従わないことにより、被保険者が要介護状態に陥ったり、その状態の程度を増進（悪化）させたりした場合には、市町村は、介護給付等の全部または一部を行わないことができる。

③ 介護給付等を受ける者が、正当な理由なしに、介護保険法の規定に基づく文書の提出を拒んだり、市町村職員による質問等に応じなかったりした場合には、市町村は、介護給付等の全部または一部を行わないことができる。

アドバイス

右記の①～③は、保険給付の制限であり、制限を受ける者が、介護保険の被保険者になれないわけではないことに注意してください。

アドバイス

右記の②と③は、保険給付の制限であり（「市町村は、介護給付等の全部または一部を行わないことができる」）、市町村が必ず給付の制限を行わなければならないと定めているのではないので注意しましょう。

基礎理解度 CHECK!!

□□ 1 ▶ 労働者災害補償保険法による療養補償給付は、介護保険給付に優先する。

□□ 2 ▶ 介護保険給付は、戦傷病者特別援護法による給付より優先する。

□□ 3 ▶ やむを得ない事由により介護保険からサービスを受けられない場合には、例外的に老人福祉法に基づく市町村の措置によるサービスが受けられる。

□□ 4 ▶ 訪問看護において、介護保険と医療保険の両方から給付が可能な場合、原則として、医療保険からの給付が優先する。

□□ 5 ▶ 生活保護を受けている第1号被保険者が要介護状態となった場合、介護保険法よりも生活保護法の給付が優先する。

□□ 6 ▶ 介護保険給付は、障害者総合支援法による自立支援給付より優先する。

□□ 7 ▶ 介護保険サービスには相当するものがない同行援護や行動援護については、利用者の自費によりサービスを受けられる。

□□ 8 ▶ 感染症法等による公費負担医療制度と介護保険法による給付が重複する場合は、感染症法等による公費負担医療制度が優先する。

□□ 9 ▶ サービス事業者が不正な行為により現物給付化された費用の支払いを受けた場合には、市町村は、その返還額に2割加算した額を支払わせることができる。

□□ 10 ▶ 市町村は、文書の提出等に関する事務の一部について、介護保険審査会に委託することができる。

□□ 11 ▶ 刑事施設に拘禁されている者は、その期間にかかる介護給付等は行われない。

□□ 12 ▶ 正当な理由なしにサービスの利用等に関する指示に従わないことにより、被保険者が要介護状態に陥ったりした場合には、市町村は、介護給付等の全部を行わないようにしなければならない。

1 ○

2 ✕ 戦傷病者特別援護法による国家補償的な給付は、介護保険給付より優先する。

3 ○

4 ✕ 訪問看護で、介護保険と医療保険の両方から給付が可能な場合、原則、介護保険からの給付が優先する。

5 ✕ 生活保護を受けている第1号被保険者が要介護状態となった場合、生活保護法よりも介護保険法の給付が優先する（他法優先の原理）。

6 ○

7 ✕ 介護保険サービスには相当するものがない、同行援護、行動援護、自立訓練（生活訓練）、就労移行支援等については、障害者総合支援法によるサービスを受けられる。

8 ✕ 感染症法等による保険優先の公費負担医療制度と介護保険法による給付が重複する場合は、介護保険の給付が優先する。

9 ✕ サービス事業者が不正な行為により現物給付化された費用の支払いを受けた場合には、市町村は、その返還額に4割加算した額を支払わせることができる。

10 ✕ 市町村は、文書の提出等に関する事務の一部について、指定市町村事務受託法人に委託することができる。

11 ○

12 ✕ 正当な理由なしにサービスの利用等に関する指示に従わないことにより、被保険者が要介護状態に陥ったりした場合には、市町村は、介護給付等の全部または一部を行わないことができる。

頭の中を整理しよう！

他法との給付調整について

介護保険による給付と他法による給付が重なる場合にどちらが優先されるのか、よく試験でも出題されます。

今後も出題される可能性は高いため、下記の表などをみて覚えましょう。

1．災害補償関係各法との関係

・労働者災害補償保険法、労働基準法等による労働災害に対する補償の給付

・国家公務員災害補償法、地方公務員災害補償法等による公務災害に対する補償の給付

・戦傷病者特別援護法等による国家補償的な給付

➡災害補償関係各法が優先

2．老人福祉法の措置との関係

➡介護保険が優先

・例外的に、介護放棄などの虐待ケースの場合で、契約に基づく介護保険からのサービス利用ができない場合

➡保護のため老人福祉法に基づく措置によるサービス提供が行われる

3．医療保険各法との関係

➡介護保険が優先

4．生活保護法との関係

➡介護保険が優先（生活保護法の他法優先（保護の補足性）の原理）

5．障害者総合支援法との関係

➡介護保険が優先（同様のサービスは原則として併給されることはない）

6．保険優先の公費負担医療との関係

➡介護保険が優先（利用者負担分の一部が公費負担医療で賄われる）

給付調整について優先される法律

介護保険法	＜	災害補償関係各法
介護保険法	＞	老人福祉法
	＜	（虐待等のやむを得ない場合）
介護保険法	＞	医療保険各法
介護保険法	＞	生活保護法
介護保険法	＞	障害者総合支援法
介護保険法	＞	公費負担医療各法

ランクB

6 保険給付の種類・内容等

介護保険における保険給付には、要介護者に対する「介護給付」、要支援者に対する「予防給付」、そして市町村が条例で個別に定める「市町村特別給付」があります。ここでは、保険給付の種類や内容、各々のサービスの概要および種類について、特徴も含めておさえましょう。第23回試験では48頁の図を理解していると解ける地域密着型介護予防サービスの問題が、第24回試験では都道府県知事が指定する事業者が行うサービスの問題が、第25回試験では定期巡回・随時対応型訪問介護看護の問題が出題されました。

1. 保険給付の種類

保険給付とは、保険事故が発生した場合に、被保険者に支給される金銭や提供されるサービス・物品のことをいいます（介護保険制度は、物やサービスの形態で提供する現物給付が基本です）。

介護保険制度における保険給付には、**介護給付**、**予防給付**、**市町村特別給付**の3種類があります。

プラスα
介護保険では、利用者の利便性等を考慮して、基本的に法定代理受領による現物給付が行われています（62頁参照）。

保険給付	対象	サービス
①介護給付	要介護者	居宅サービス、施設サービス、地域密着型サービス、居宅介護支援
②予防給付	要支援者	介護予防サービス、地域密着型介護予防サービス、介護予防支援
③市町村特別給付（①、②以外に市町村が条例で独自に定める給付）	要介護者、要支援者	移送サービス、配食サービス、寝具乾燥サービスなど

市町村特別給付では、**市町村**が介護給付・予防給付の在宅サービスについて、地域の実情に応じて独自の高い給付水準を**条例**で定めることができます。市町村特別給付の財源は、その**市町村の第1号被保険者の保険料**により賄われるのが原則となっています。

市町村特別給付の移送サービス、寝具乾燥サービスなどのことを「横出しサービス」ということもあります（なお、「上乗せサービス」については59頁参照）。

アドバイス
「市町村特別給付の財源には、第2号被保険者の保険料が含まれる」という問題が出たら、誤りです。市町村特別給付の財源は、その市町村の第1号被保険者の保険料により賄われます。

介護サービスの種類

都道府県知事(※1)が指定・監督を行うサービス

介護給付を行うサービス

居宅サービス

訪問サービス
- 訪問介護（ホームヘルプサービス）
- 訪問入浴介護
- 訪問看護
- 訪問リハビリテーション
- 居宅療養管理指導

短期入所サービス
- 短期入所生活介護
- 短期入所療養介護（ショートステイ）

通所サービス
- 通所介護（デイサービス）
- 通所リハビリテーション

- 特定施設入居者生活介護
- 特定福祉用具販売
- 福祉用具貸与

施設サービス
- 介護老人福祉施設(※2)
- 介護老人保健施設
- 介護医療院

予防給付を行うサービス

介護予防サービス(※4)

訪問サービス
- 介護予防訪問入浴介護
- 介護予防訪問看護
- 介護予防訪問リハビリテーション
- 介護予防居宅療養管理指導

短期入所サービス
- 介護予防短期入所生活介護(※5)
- 介護予防短期入所療養介護(※5)（ショートステイ）

通所サービス
- 介護予防通所リハビリテーション

- 介護予防特定施設入居者生活介護
- 特定介護予防福祉用具販売
- 介護予防福祉用具貸与

市町村長が指定・監督を行うサービス

地域密着型サービス
- 定期巡回・随時対応型訪問介護看護(※3)
- 夜間対応型訪問介護(※3)
- 地域密着型通所介護（療養通所介護も含む）(※3)
- 認知症対応型通所介護(※3)
- 小規模多機能型居宅介護(※3)
- 認知症対応型共同生活介護（グループホーム）
- 地域密着型特定施設入居者生活介護
- 地域密着型介護老人福祉施設入所者生活介護(※2)
- 看護小規模多機能型居宅介護（複合型サービス）(※3)

居宅介護支援

地域密着型介護予防サービス
- 介護予防認知症対応型通所介護(※3)
- 介護予防小規模多機能型居宅介護(※3)
- 介護予防認知症対応型共同生活介護(※6)（グループホーム）

介護予防支援

※1　指定都市・中核市の市長も含む。
※2　原則、要介護3以上の者が入所可となっている。
※3　特定地域密着型（介護予防）サービスといい、住所地特例対象者が、入所・入居している特定施設所在地で利用できる地域密着型（介護予防）サービスである。
※4　予防給付は、介護予防訪問入浴介護や介護予防訪問看護など、サービス名の前に「介護予防」とつくのが特徴である。また、居宅サービスにあって、介護予防サービスにないのは、訪問介護、通所介護である。
※5　予防給付のなかに施設サービスは入っていない（要支援1・2の者は、施設サービスを利用できない）。しかし、短期入所サービスは要支援1・2の者も利用できる。
※6　介護予防認知症対応型共同生活介護は、要支援2の者だけが対象であり、要支援1の者は利用できない。

資料：厚生労働省資料を一部改変

2. 介護給付

●居宅介護サービス費

居宅の要介護者が、都道府県知事が指定する居宅サービス事業者から指定居宅サービスを受けたときに、市町村が被保険者に支給するものを居宅介護サービス費といいます。

支給対象となるサービスは、次の11種類です。

アドバイス

居宅サービスは12種類ですが、居宅介護サービス費には、特定福祉用具販売は含まないため、11種類になっています。

①訪問介護
介護福祉士等が居宅を訪問して、入浴、排泄、食事等の介護その他の日常生活上の世話を行う（397頁参照）。

②訪問入浴介護
要介護者の居宅を訪問して、浴槽を提供して入浴の介護を行う（405頁参照）。

③訪問看護
居宅で看護師等が療養上の世話または必要な診療の補助を行う（288頁参照）。

④訪問リハビリテーション
病院、診療所、介護老人保健施設、介護医療院の理学療法士や作業療法士、言語聴覚士が要介護者の居宅を訪問して、必要なリハビリテーションを行う（294頁参照）。

⑤居宅療養管理指導
病院、診療所等の医師、歯科医師、薬剤師、歯科衛生士、保健師、看護師、准看護師、管理栄養士が要介護者の居宅を訪問して、療養上の管理と指導を行う（299頁参照）。

⑥通所介護
老人デイサービスセンター等において、要介護者に、入浴、排泄、食事等の介護その他の日常生活上の世話や機能訓練を行う（410頁参照）。

⑦通所リハビリテーション
介護老人保健施設、介護医療院、病院、診療所等において、要介護者に、理学療法、作業療法等の必要なリハビリテーションを行う（302頁参照）。

⑧短期入所生活介護
特別養護老人ホーム等の施設や老人短期入所施設に短期間入所する要介護者に、入浴、排泄、食事等の介護その他の日常生活上の世話と機能訓練を行う（417頁参照）。

⑨短期入所療養介護
介護老人保健施設、介護医療院等に短期間入所する要介護者に、看護、医学的管理下の介護と機能訓練等の必要な医療と日常生活上の世話を行う（310頁参照）。

⑩特定施設入居者生活介護
有料老人ホームや軽費老人ホーム等の特定施設に入居する要介護者に、入浴、排泄、食事等の介護その他の日常生活上の世話、機能訓練、療養上の世話を行う（422頁参照）。

⑪福祉用具貸与
要介護者に車いす、特殊寝台などの福祉用具を貸与する（427頁参照）。

地域密着型介護サービス費

要介護者が、市町村長が指定する地域密着型サービス事業者から指定地域密着型サービスを受けたときに、市町村が被保険者に支給するものを**地域密着型介護サービス費**といいます。

支給対象となるサービスは、次の**9種類**です。

①定期巡回・随時対応型訪問介護看護
日中・夜間を通じて、訪問介護と訪問看護が**密接に連携**しながら、定期巡回訪問、随時対応、随時訪問、訪問看護サービスを行う（314頁参照）。

②夜間対応型訪問介護
要介護者に**夜間の定期的な巡回訪問**、通報により対応する**オペレーションセンターサービス**および**随時訪問**を**一括**して行う。介護福祉士等が居宅を訪問して、入浴、排泄、食事等の介護その他の日常生活上の世話を行う（437頁参照）。

③地域密着型通所介護
利用定員19人未満（18人以下）で、要介護者に、入浴、排泄、食事等の介護その他の日常生活上の世話や機能訓練を行う小規模な通所介護である**地域密着型通所介護**（441頁参照）と**療養通所介護**（445頁参照）がある。

④認知症対応型通所介護
老人デイサービスセンター等において、**認知症の要介護者**に、入浴、排泄、食事等の介護その他の日常生活上の世話や機能訓練を行う（448頁参照）。

⑤小規模多機能型居宅介護
要介護者の心身の状況・環境等に応じて、**居宅**（「訪問」）または一定のサービスの拠点に**通所**（「通い」）または**短期間宿泊**（「泊まり」）を**組み合わせて**、入浴、排泄、食事等の介護その他の日常生活上の世話や機能訓練を行う多機能なサービス（454頁参照）。

⑥認知症対応型共同生活介護
認知症の要介護者に、**共同生活を営む住居で家庭的な環境**のなかでの入浴、排泄、食事等の介護その他の日常生活上の世話や機能訓練を行う（460頁参照）。

⑦地域密着型特定施設入居者生活介護
入居定員**29人以下**の有料老人ホームなどの小規模な**介護専用型特定施設**に入居している要介護者に、入浴、排泄、食事等の介護その他の日常生活上の世話や機能訓練および療養上の世話を行う（464頁参照）。

⑧地域密着型介護老人福祉施設入所者生活介護
入所定員**29人以下**の小規模な**介護老人福祉施設**に入所している要介護者に、入浴、排泄、食事等の介護その他の日常生活上の世話、機能訓練、健康管理、療養上の世話を行う（467頁参照）。

⑨看護小規模多機能型居宅介護（複合型サービス）
登録定員**29人以下**の**小規模多機能型居宅介護**と**訪問看護**を組み合わせたサービス。**看護小規模多機能型居宅介護事業所**により行う。利用者の状態に応じて「**通い**」「**泊まり**」「**訪問（介護・看護）**」サービスを柔軟に提供する（319頁参照）。

居宅介護福祉用具購入費

居宅の要介護者が、特定福祉用具販売事業者から特定福祉用具を購入したときに、市町村が必要と認める場合に、被保険者に償還払いで支給するものを居宅介護福祉用具購入費といいます。

特定福祉用具の種類

①　腰掛便座
②　自動排泄処理装置の交換可能部品
③　排泄予測支援機器
④　入浴補助用具
⑤　簡易浴槽
⑥　移動用リフトのつり具の部分

居宅介護住宅改修費

居宅の要介護者が、次の種類の住宅改修を行ったときに、市町村が必要と認める場合に、被保険者に償還払いで支給するものを居宅介護住宅改修費といいます。

住宅改修の種類

①　手すりの取付け
②　段差の解消
③　滑りの防止および移動の円滑化等のための床または通路面の材料の変更
④　引き戸等への扉の取替え
⑤　洋式便器等への便器の取替え
⑥　①～⑤までの住宅改修の付帯工事

居宅介護サービス計画費

居宅の要介護者が、市町村長が指定する指定居宅介護支援事業者から指定居宅介護支援を受けたとき（指定居宅介護支援を受けることを市町村に届け出た場合）、市町村が被保険者に支給するものを居宅介護サービス計画費といいます。

施設介護サービス費

要介護者が、介護保険施設から次のような施設サービスを受けたとき、被保険者に支給するものを施設介護サービス費といいます。

①　**指定介護福祉施設サービス**
②　**介護保健施設サービス**
③　**介護医療院サービス**

プラスα

特定福祉用具販売は、「居宅介護福祉用具購入費」の対象となるため、居宅介護サービス費には含まれません。

過去の出題

現物給付化されている保険給付について問われました。（22再-7）（26-8）

・居宅介護福祉用具購入費の支給
　→×（償還払い。63頁参照）
・施設介護サービス費の支給
　→○
・居宅介護住宅改修費の支給
　→×（償還払い）
・居宅介護サービス計画費の支給
　→○
・高額介護サービス費の支給
　→×（償還払い）
・高額医療合算介護サービス費の支給
　→×（償還払い）

アドバイス

福祉用具の購入や住宅改修についても、一定以上の所得のある第1号被保険者については、利用者負担割合は2割または3割になります。

プラスα

居宅介護サービス計画費は、費用の10割が給付され、利用者負担はありません。

プラスα

介護医療院サービスは、要介護者に対し、「長期療養のための医療」と「日常生活上の世話（介護）」を一体的に提供する施設として創設されました。

特例サービス費

「特例○○サービス費」のように「特例」を冠した給付は、次の場合で市町村が必要と認めたときに、被保険者に償還払いで支給されます。

アドバイス

右記の①では、被保険者が、要介護認定の効力が生じた日（認定申請日）前に、緊急その他やむを得ない理由により、サービスを受けたときのことです。

①　認定申請前に緊急的にサービスを受けた場合
②　基準該当サービスを受けた場合
③　離島などで相当サービスを受けた場合
④　その他政令で定める場合（緊急その他やむを得ない理由により被保険者証を提示しないでサービスを受けた場合など）

3. 予防給付

介護予防サービス費

居宅の要支援者が、都道府県知事が指定する介護予防サービス事業者から指定介護予防サービスを受けたとき、市町村が被保険者に支給するものを介護予防サービス費といいます。

支給対象となるサービスは、次の９種類です。

アドバイス

要介護者が利用できる地域密着型サービスは９つあるのに対して（48頁・50頁を参照）、要支援者が利用できる地域密着型介護予防サービスは３つであることをきちんと把握しましょう。

①　介護予防訪問入浴介護（408頁参照）
②　介護予防訪問看護（292頁参照）
③　介護予防訪問リハビリテーション（297頁参照）
④　介護予防居宅療養管理指導（301頁参照）
⑤　介護予防通所リハビリテーション（308頁参照）
⑥　介護予防短期入所生活介護（420頁参照）
⑦　介護予防短期入所療養介護（312頁参照）
⑧　介護予防特定施設入居者生活介護（425頁参照）
⑨　介護予防福祉用具貸与（432頁参照）

過去の出題

要支援者が利用できるサービスについて問われました。23-2　25-44
- 認知症対応型共同生活介護
  →○
- 認知症対応型通所介護
  →○
- 看護小規模多機能型居宅介護
  →×
- 地域密着型介護老人福祉施設入所者生活介護
  →×
- 小規模多機能型居宅介護
  →○
- 定期巡回・随時対応型訪問介護看護
  →×

地域密着型介護予防サービス費

居宅の要支援者が、市町村長が指定する地域密着型介護予防サービス事業者から指定地域密着型介護予防サービスを受けたとき、市町村が被保険者に支給するものを地域密着型介護予防サービス費といいます。

支給対象となるサービスは、次の３種類です。

①　介護予防認知症対応型通所介護（471頁参照）
②　介護予防小規模多機能型居宅介護（472頁参照）
③　介護予防認知症対応型共同生活介護（473頁参照）

その他の予防給付

介護予防福祉用具購入費、介護予防住宅改修費、介護予防サービス計画費、特例介護予防サービス費については、基本的にそれぞれ居宅介護福祉用具購入費、居宅介護住宅改修費、居宅介護サービス計画費、特例サービス費と同じ内容になっています（51～52頁参照）。

基礎理解度CHECK!!

□□ 1 ▶ 市町村特別給付は、要介護者と要支援者以外の被保険者に行われる給付である。

□□ 2 ▶ 特定施設入居者生活介護は、居宅サービスに含まれない。

□□ 3 ▶ 地域密着型介護サービス費の支給対象に、認知症対応型共同生活介護は含まれる。

□□ 4 ▶ 地域密着型介護老人福祉施設入所者生活介護は、介護保険施設である。

□□ 5 ▶ 特定福祉用具販売の事業者は、市町村長が指定する。

□□ 6 ▶ 住宅改修費の利用者負担は、すべて１割負担となっている。

□□ 7 ▶ 居宅介護サービス計画費は、原則として、１割が利用者負担である。

□□ 8 ▶ 介護医療院は、介護保険施設に含まれる。

□□ 9 ▶ 基準該当居宅サービスを受けた場合の特例居宅介護サービス費は、市町村が必要であると認めたときには、被保険者に償還払いで支給される。

□□ 10 ▶ 被保険者が、緊急その他やむを得ない理由により、被保険者証を提示しないでサービスを受けた場合、全額自己負担となり、保険給付として一切認められない。

□□ 11 ▶ 地域密着型介護予防サービス費の支給対象には、夜間対応型訪問介護が含まれる。

1 ✕ 市町村特別給付は、市町村が条例で独自に定める給付であり、要介護者と要支援者を対象にサービス（移送サービスや配食サービスなど）を提供する。

2 ✕ 特定施設入居者生活介護は、居宅サービスに含まれる。

3 ○

4 ✕ 地域密着型介護老人福祉施設入所者生活介護は、地域密着型サービスである。

5 ✕ 特定福祉用具販売の事業者は、都道府県知事が指定する。

6 ✕ 住宅改修費や福祉用具の購入では、一定以上の所得のある第１号被保険者は、利用者負担が２割または３割となる（第２号被保険者の利用者負担は１割である）。

7 ✕ 居宅介護サービス計画費は、費用の10割が給付され、利用者負担はない。

8 ○

9 ○

10 ✕ 被保険者が、緊急その他やむを得ない理由で、被保険者証を提示しないでサービスを受けた場合でも、市町村が必要と認めれば、特例居宅介護サービス費等の支給対象となり、被保険者に償還払いで支給される。

11 ✕ 地域密着型介護予防サービス費の支給対象となるサービスは、①介護予防認知症対応型通所介護、②介護予防小規模多機能型居宅介護、③介護予防認知症対応型共同生活介護の３つである。

ランク C

7 介護報酬

介護保険の保険給付の対象となる介護サービスの費用（介護報酬）は、厚生労働大臣が定める基準により算定されます。サービスの種類・内容に応じて定められる単位数に、地域差を反映した１単位の単価をかけて算定することや、事業者・施設が国民健康保険団体連合会に対して行う請求の手順などを整理しておきましょう。第21回試験と第26回試験では、「消滅時効」が出題されており、時期（年数）を間違えないようにしておきましょう。

1. 介護報酬とは

プラスα
介護報酬は「介護給付費」とも呼ばれます。

アドバイス
償還払いおよび現物給付については、「9 利用者負担」（61頁）でしっかり確認しましょう。

介護報酬とは、介護保険の保険給付の対象となる介護サービスにかかる費用のことをいいます。本来は、保険者である市町村から被保険者への介護給付費の支払い（償還払い）ですが、利用者の利便を図るため、一定の要件を満たした場合は、現物給付で、市町村からサービス提供事業者に支払われる報酬として機能していることから、**介護報酬**と呼ばれています。

2. 算定の基本的な考え方

プラスα
介護報酬は、特定のサービスの有無に応じて加算や減算があります。

介護保険の保険給付の対象となる各介護サービス費用の額は、**厚生労働大臣が定める基準**により算定されます。

介護報酬の算定基準は、それぞれのサービスの種類ごとに、①サービスの内容、②要介護（要支援）状態区分、③事業所・施設の所在地域（人件費・物件費等の違いなど）等、をもとに算定される当該サービスの平均的費用額を勘案して定められています。

また、厚生労働大臣は、介護報酬の算定基準を定める場合には、あらかじめ**社会保障審議会の意見**を聴かなければなりません（16頁参照）。

介護報酬の具体的な算定基準は、①指定居宅サービス、②指定居宅介護支援、③指定施設サービス等（介護保険施設）、④指定地域密着型サービス、⑤指定介護予防サービス、⑥指定介護予防支援、⑦指定地域密着型介護予防サービスに区分されています。

算定の方法

介護報酬は、提供したサービスの種類・内容に応じて、介護給付費単位数表により単位数を計算し、それに１単位の単価をかけて金額に換算します。なお、計算した介護報酬の額はサービスの価格の上限であり、実際のサービス価格がこれより低かった場合には実際の価格に応じた額が支払われます。

１単位の単価

１単位の単価は、基本は10円ですが、サービスの種類ごとに地域区分が設けられており、地域差が反映されるようになっています。ただし、（介護予防）居宅療養管理指導、（介護予防）福祉用具貸与については地域差がなく、一律１単位10円となっています。

用語解説

地域区分：介護報酬は、人件費・物件費等を勘案して設定されているが、人件費の地域差を調整するため、地域区分が設けられ、地域別・人件費割合別（サービス別）に１単位あたりの単価を割増ししている。

3. 介護報酬の審査・支払

保険給付が現物給付化された場合、その介護報酬は市町村からサービス提供事業者・施設に支払われます。しかし、市町村は介護報酬の審査・支払に関する事務を国民健康保険団体連合会（国保連）に委託することができるため、実際にはサービス提供事業者・施設は、国保連に費用請求を行います。

請求は、事業所・施設所在地の国保連に、伝送または磁気媒体を提出することにより行われます。その請求に対して、国保連は審査を行い、市町村に費用請求して支払を受けて、事業者に介護報酬を支払うことになります。

通常、請求は、サービス提供月ごとに翌月の10日までに行い、その翌月（サービス提供月の翌々月）に支払を受けます。

アドバイス

国保連への費用請求の流れは、おおまかに理解しておくとよいでしょう。

プラスα

保険優先の公費負担医療の公費分や、介護保険の被保険者でない生活保護法の被保護者に対する介護扶助についても、同一の請求書・明細書により請求を行います。

介護報酬の審査・支払の流れ

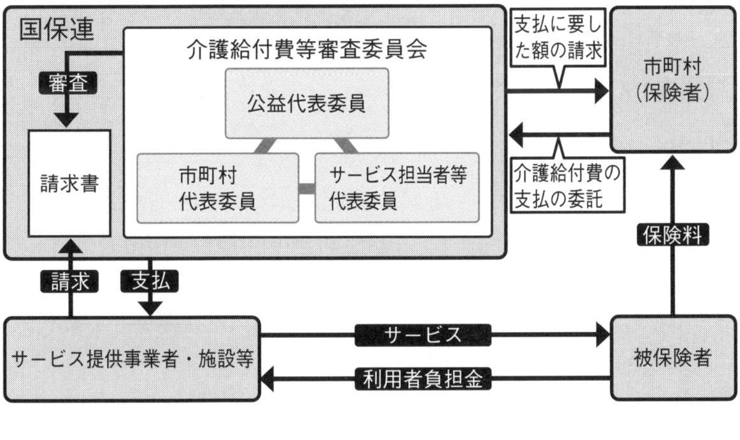

アドバイス

介護給付費等審査委員会については、121頁を参照してください。

4. 消滅時効

アドバイス

事業者が介護給付費を請求する権利は、2年で消えてしまいます。

過去の出題

消滅時効について問われました。22再-19 26-17

・保険料を徴収する権利の消滅時効は、2年である。
→○

・償還払い方式による介護給付費の請求権の時効は、10年である。
→×（2年である）

プラスα

介護保険料等の督促があった場合は、時効の更新の効力が生じます。26-17

消滅時効とは、権利を行使しない状態が一定期間継続することによってその権利が消滅する制度のことをいいます。

介護保険法では、①保険料、介護給付費・地域支援事業支援納付金その他介護保険法の規定による徴収金を徴収する権利、②①の徴収金の還付を受ける権利、③介護保険の保険給付を受ける権利は、これらを行使することができるときから2年を経過したときは、時効によって消滅すると定めています。

消滅時効の時期

被保険者が市町村に対して償還払いの形で介護給付費等を請求する権利	2年
法定代理受領方式によりサービス提供事業者が市町村に被保険者へのサービス提供に要した費用を請求する場合（居宅サービス費等の介護給付費の請求）	2年
市町村が介護報酬を過払いした場合の返還請求権（公法上の債権と考えられるため）	5年
ただし、上記の請求が不正請求である場合	2年

基礎理解度 CHECK!!

□□ 1 ▶ 介護保険の保険給付の対象となる介護サービスの費用の額は、市町村が条例で定める。

□□ 2 ▶ 厚生労働大臣は、介護報酬の算定基準の設定にあたり、介護保険審査会の意見を聴かなければならない。

□□ 3 ▶ 居宅療養管理指導、福祉用具貸与にかかる1単位の単価は、一律10円である。

□□ 4 ▶ 市町村は、介護報酬の審査・支払に関する事務を社会保険診療報酬支払基金に委託することができる。

□□ 5 ▶ 保険給付を受ける権利の消滅時効は、5年である。

□□ 6 ▶ 被保険者が市町村に対して償還払いの形で介護給付費等を請求する権利の消滅時効は、3年である。

1 ✕介護サービスの費用の額は、厚生労働大臣が定める基準により算定される。

2 ✕厚生労働大臣は、介護報酬の算定基準の設定にあたり、社会保障審議会の意見を聴かなければならない。

3 ○

4 ✕市町村は、介護報酬の審査・支払に関する事務を国民健康保険団体連合会に委託することができる。

5 ✕保険給付を受ける権利の消滅時効は、これを行使することができるときから2年である。

6 ✕被保険者が市町村に対して償還払いの形で介護給付費等を請求する権利の消滅時効は、2年である。

ランク B

8 支給限度基準額

介護保険制度では、在宅に関する給付については支給限度基準額が設けられています。この支給限度基準額の範囲内で利用されたサービスについて保険給付（1割（一定以上の所得を有する第1号被保険者は2割または3割）の利用者負担）が行われます。つまり、この範囲を超えるサービス利用については10割の利用者負担となります。試験では、支給限度基準額の設定されていないサービスについて（特に居宅療養管理指導の支給限度基準額の適用について）よく問われます。しっかりと覚えておきましょう。

1. 区分支給限度基準額

一部のサービスを除く介護保険サービスは、要介護・要支援の区分ごとに**区分支給限度基準額**が設けられています。区分支給限度基準額の範囲内であれば、複数のサービスを組み合わせて利用できます。

区分支給限度基準額は、**1か月**に保険給付できる限度額を単位数で定めています。区分支給限度基準額の範囲を超えるサービスを利用する場合は、その費用は**全額**利用者の**自己負担**となります。

区分支給限度基準額（月）

要介護1	16,765単位
要介護2	19,705単位
要介護3	27,048単位
要介護4	30,938単位
要介護5	36,217単位

要支援1	5,032単位
要支援2	10,531単位

区分支給限度額管理期間

限度額の管理期間は、月を単位として厚生労働省令で定める期間（**1か月**）とされています。

- 新規認定で、月の途中から認定有効期間が始まった場合でも、**1か月分**の区分支給限度基準額が適用されます。

要介護（要支援）状態区分が変更された場合の上限額の算定方法

- 変更認定で、月の途中に要介護（要支援）状態区分が変更された場合は、重いほうの区分支給限度基準額が適用されます。

アドバイス

支給限度基準額には、**厚生労働大臣**（国）が定める
・区分支給限度基準額
・福祉用具購入費支給限度基準額
・住宅改修費支給限度基準額
と**市町村**が条例で定める
・種類支給限度基準額
の4つがあることをまずはおさえておきましょう。

アドバイス

区分支給限度基準額は、介護保険被保険者証に記載されます（26頁の★7参照）。

2. 福祉用具購入費支給限度基準額

プラスα

福祉用具の購入と住宅改修については、要支援者・要介護者ともに、同額の支給限度基準額となります。

過去の出題

支給限度基準額について問われました。21-7
- 福祉用具貸与には、区分支給限度基準額は適用されない。
  →×（福祉用具貸与には、区分支給限度基準額が適用される）
- 福祉用具購入費には、区分支給限度基準額は適用されない。
  →○

福祉用具購入費支給限度基準額は、居宅サービス等の区分支給限度基準額とは別に、特定福祉用具の購入に関して設定される支給限度基準額です。毎年4月1日からの12か月間（翌年3月31日まで）で10万円と設定されています。支給限度基準額の範囲内であれば、実際の購入額の9割（8割または7割）が償還払いで支給されます。

なお、福祉用具購入費の支給は、原則、同一年度で1種目につき1回に限られています。ただし、福祉用具が破損したり、利用者の介護の必要の程度が著しく高くなったりした場合などには、市町村が認めれば、再び同一種目の福祉用具の給付を受けることもできます。

（介護予防）福祉用具購入費支給限度基準額

支給限度基準額	10万円
支　給　額	9万円（8万円または7万円）

3. 住宅改修費支給限度基準額

過去の出題

支給限度基準額について問われました。21-7
- 転居した場合には、改めて支給限度基準額まで居宅介護住宅改修費の支給を受けることができる。
  →○

アドバイス

現物給付が認められていないもの（償還払い）については、63頁にて、確認してください。

住宅改修費支給限度基準額は、居宅サービス等の区分支給限度基準額とは別に、住宅改修に関して設定される支給限度基準額です。住宅改修費支給限度基準額は、同一住宅で20万円と設定されています。支給限度基準額の範囲内であれば、実際の改修額の9割（8割または7割）が償還払いで支給されます。

なお、転居した場合や介護の必要の程度が大幅に変わった場合（要介護状態区分を基準とした「介護の必要の程度」の段階で3段階以上）は、再度給付を受けることができます（435頁参照）。

（介護予防）住宅改修費支給限度基準額

支給限度基準額	20万円
支　給　額	18万円（16万円または14万円）

4. 種類支給限度基準額

サービスの供給が十分であれば、利用者は区分支給限度基準額の範囲内でサービスの種類を自由に組み合わせて利用できます。しかし、地域のサービス供給量に限りがある場合、他の利用者にサービスが行きわたらないおそれがあるため、サービスの種類によって1人の利用者が利用できる量を制限して、より多くの人が利用できるようにする必要性が生じます。

そこで、市町村は、条例により区分支給限度基準額の範囲内で、個別のサービスの種類によって支給限度基準額（種類支給限度基準額）を定めることができます。種類支給限度基準額を超えたサービス利用は、居宅サービス全体が区分支給限度基準額の範囲内であっても、保険給付の対象となりません。

アドバイス

種類支給限度基準額は、通所介護など、サービスの種類ごとに、そのサービスの利用限度額を定めたものです。

アドバイス

種類支給限度基準額は、介護保険被保険者証に記載されます（26頁の★8参照）。

5. 支給限度基準額の設定されないサービス

次のサービスには、支給限度基準額は設定されていません。

① （介護予防）居宅療養管理指導
② 特定施設入居者生活介護（短期利用を除く）
③ 介護予防特定施設入居者生活介護
④ （介護予防）認知症対応型共同生活介護（短期利用を除く）
⑤ 居宅介護支援・介護予防支援
⑥ 地域密着型特定施設入居者生活介護（短期利用を除く）
⑦ 地域密着型介護老人福祉施設入所者生活介護
⑧ 施設サービス（介護老人福祉施設、介護老人保健施設、介護医療院）

またサービスごとに、特別地域加算や介護職員処遇改善加算等の、支給限度額管理の対象とならない加算が設定されています。

プラスα

支給限度基準額が設定されないサービスは、他の代替サービスがないものです。

アドバイス

過去問では、居宅療養管理指導、地域密着型介護老人福祉施設入所者生活介護の支給限度基準額の適用の有無について問われました。

17-12　18-45　21-7　22-44　24-7

6. 支給限度基準額の上乗せ

区分支給限度基準額、福祉用具購入費支給限度基準額および住宅改修費支給限度基準額については、市町村が条例で定めることにより、厚生労働大臣が定める支給限度基準額を上回る額を設定することができます。

その財源は、基本的に第1号被保険者の保険料で賄われます。

プラスα

市町村の条例で定める支給限度基準額のことを「上乗せサービス」と呼ぶことがあります。

基礎理解度 CHECK!!

□□ 1 ▶ 区分支給限度基準額は、市町村長が定める。

□□ 2 ▶ 福祉用具購入費支給限度基準額は、毎年4月1日から翌年3月31日までの12か月間で20万円と設定されている。

□□ 3 ▶ 福祉用具購入費の支給額は、第1号被保険者と第2号被保険者ともに9割となっている。

□□ 4 ▶ 住宅改修費支給限度基準額は、同一住宅で10万円と設定されている。

□□ 5 ▶ 住宅改修費は、法定代理受領による現物給付での支給となっている。

□□ 6 ▶ 種類支給限度基準額の設定は、厚生労働大臣が定める。

□□ 7 ▶ 居宅療養管理指導には、区分支給限度基準額が適用されない。

□□ 8 ▶ 認知症対応型共同生活介護（短期利用を除く）には、支給限度基準額が適用される。

□□ 9 ▶ 施設サービス（介護保険施設）は、区分支給限度基準額が適用される。

□□ 10 ▶ 居宅介護支援と介護予防支援には、区分支給限度基準額が適用される。

□□ 11 ▶ 地域密着型介護老人福祉施設入所者生活介護は、区分支給限度基準額が適用される。

□□ 12 ▶ 福祉用具購入費には、区分支給限度基準額は適用される。

□□ 13 ▶ 市町村は、住宅改修費支給限度基準額について、市町村の条例で定めるところにより、厚生労働大臣が定める支給限度基準額を上回る額を設定することができる。

□□ 14 ▶ 支給限度基準額の上乗せに対する財源は、第2号被保険者の保険料で賄われる。

1 ✕ 区分支給限度基準額は、厚生労働大臣（国）が定める。

2 ✕ 福祉用具購入費支給限度基準額は、毎年4月1日から翌年3月31日までの12か月間で10万円と設定されている。

3 ✕ 福祉用具購入費の支給額は、第1号被保険者の場合、所得によって9割、8割、7割となっている（第2号被保険者は9割である）。

4 ✕ 住宅改修費支給限度基準額は、同一住宅で20万円と設定されている。

5 ✕ 住宅改修費は、償還払いで支給される。

6 ✕ 種類支給限度基準額の設定は、区分支給限度基準額の範囲内で、市町村が条例で定める。

7 ○

8 ✕ 認知症対応型共同生活介護（短期利用を除く）には、支給限度基準額が適用されない。

9 ✕ 施設サービス（介護保険施設）は、区分支給限度基準額が適用されない。

10 ✕ 居宅介護支援と介護予防支援には、区分支給限度基準額が適用されない。

11 ✕ 地域密着型介護老人福祉施設入所者生活介護は、区分支給限度基準額が適用されない。

12 ✕ 福祉用具購入費は、福祉用具購入費支給限度基準額が別に設定されているため、区分支給限度基準額は適用されない。

13 ○

14 ✕ 支給限度基準額の上乗せに対する財源は、基本的に第1号被保険者の保険料で賄われる。

ランク A

9 利用者負担

2014（平成 26）年度までは、利用者の負担は一律 1 割負担でしたが、2015（平成 27）年 8 月からは、制度の持続可能性を高めるため、第 1 号被保険者で一定以上の所得のある者は 2 割負担となり、2017（平成 29）年改正により、第 1 号被保険者の 2 割負担の利用者のうち「より所得が高い利用者」の負担割合が、2018（平成 30）年 8 月から 3 割となりました。出題の頻度は高いので、利用者負担の軽減制度を中心に、側注のプラスαやアドバイスを含めて、色文字の語句は確実に理解するようにしっかり学習していきましょう。

1. 利用者負担

介護保険のサービスを利用した場合、利用者は原則 1 割の定率負担となっていました。しかし、介護保険財政が逼迫《ひっぱく》するなか、利用者負担は以下のように変わってきました。

負担割合変更開始	対　　象　　者	負担割合
2015（平成27）年 8 月より	第 1 号被保険者で一定以上の所得がある利用者	2 割負担
2018（平成30）年 8 月より	上記 2 割負担の利用者のうち、より所得の高い利用者	3 割負担

利用者負担（2018（平成 30）年 8 月より）

	負担割合
年金収入等　340万円以上※1	3 割
年金収入等　280万円以上※2	2 割
年金収入等　280万円未満	1 割

※1 「合計所得金額（給与収入や事業収入等から給与所得控除や必要経費を控除した額）220万円以上」かつ「年金収入＋その他合計所得金額340万円以上（単身世帯の場合。夫婦世帯の場合463万円以上）」

※2 「合計所得金額160万円以上」かつ「年金収入＋その他合計所得金額280万円以上（単身世帯の場合。夫婦世帯の場合346万円以上）」

保険者からはすべての要介護・要支援認定者に対して、利用者負担の割合が記載された介護保険負担割合証が交付され、要介護者と要支援者は、居宅サービス事業者や介護保険施設などに介護保険被保険者証を提示するときは、介護保険負担割合証を添えなければならないとされています。

ただし、ケアマネジメントの積極的な推進を図る趣旨から、居宅介護支援あるいは介護予防支援にかかる費用（居宅介護サービ

プラスα

市町村は、災害により負担能力の減退がある場合等、特別の理由があり 1 割（2 割または 3 割）の利用者負担の支払いが一時的に困難と認められる被保険者について、1 割（2 割または 3 割）の負担を減額または免除することができます（94 頁参照）。

アドバイス

2 割負担、3 割負担は第 2 号被保険者には適用されません。

過去の出題

2017（平成 29）年に改正されたものについて問われました。22-1

・介護給付及び予防給付に係る 3 割負担の導入 →○

アドバイス

介護保険負担割合証は、要介護・要支援認定を受けている第 1 号被保険者と第 2 号被保険者に発行されることをおさえましょう。

ス計画費など）については、利用者負担はなく、全額が介護保険から給付されます（10割が保険給付されます）。

●償還払い

介護サービス等を受けた被保険者が、サービス提供事業者にその費用の全額を支払った後、保険者である市町村から、その費用の９割（８割または７割）に相当する額の払い戻しを受ける方式を、償還払いといいます。償還払いによる給付の手順は次のとおりです。

プラスα

「特例○○サービス費」のような"特例"がついているサービス費は、原則、償還払いです。

償還払いの流れ

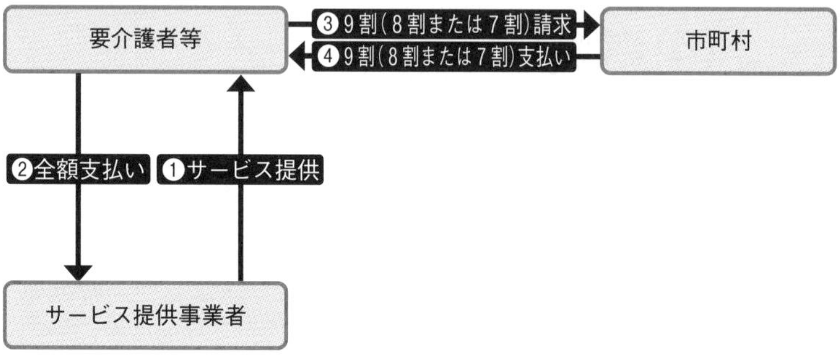

アドバイス

償還払いは、利用者がいったんサービス費用を全額払うことになるため、一時的だとしても利用者の負担が大きくなります。

2. 現物給付

過去の出題

介護保険の保険給付について問われました。21-6
・居宅要介護被保険者は、指定居宅サービスを受ける都度、被保険者証をサービス事業者に提示しなければならない。
→○

介護保険法に基づく保険給付は、法律上は償還払い方式となっています。しかし、利用者の負担が、一時的とはいえ重くなることや利便性などを考慮して、実際には、一定の要件を満たす場合に、保険者からの保険給付を、事業者や施設が利用者に代わって直接受け取る法定代理受領が行われています。

一定の要件とは、指定事業者・施設から指定サービスを受けること、認定申請後にサービスを受けていること、サービスを利用する際に介護保険被保険者証および介護保険負担割合証を提示することのほか、次の要件を満たす必要があります。

●**居宅介護サービス費・地域密着型介護サービス費（以下の要件のどちらか）**
・市町村にあらかじめ居宅介護支援を利用する旨を届け出ていて、利用するサービスが居宅サービス計画の対象になっている
・利用するサービスを含む自分で作成した居宅サービス計画（セルフケアプラン）を市町村に届け出ている

●**居宅介護サービス計画費**
・市町村にあらかじめ居宅介護支援を利用する旨を届け出ている

この場合、利用者はサービス利用時に1割（2割または3割）をサービス提供事業者に支払い、**現物給付**でサービスを受けることができます。残りの費用（保険給付分）はサービス提供事業者が、市町村に請求し、支払いを受けることで、被保険者への保険給付が行われたことになります。

法定代理受領による現物給付の流れ

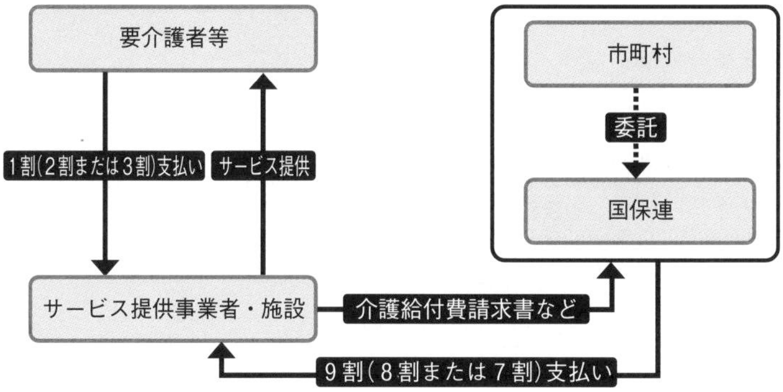

現物給付が認められていないもの（償還払い）

- 福祉用具購入費
- 住宅改修費
- 特例サービス費
- 高額介護サービス費
- 高額医療合算介護サービス費

プラスα

被保険者は、居宅介護支援を受けることについて居宅サービス計画作成依頼届出書を市町村に届け出なければなりません。被保険者が居宅サービス計画作成依頼届出書を市町村に届け出ると、市町村が、居宅介護支援事業者の名称を被保険者証に記載します（26頁の★11参照）。

アドバイス

サービス提供事業者への支払いは、実際には国民健康保険団体連合会（国保連）が市町村の委託を受けて行います。

アドバイス

「現物給付が認められていないもの（償還払い）」は、試験でもよく問われますので、覚えておきましょう。
26-8

3. 利用者負担を軽減するための給付

高額介護（介護予防）サービス費

市町村は、要介護被保険者等がサービスを利用した結果、定率1割（2割または3割）の利用者負担が著しく高額となるような場合には、被保険者に**高額介護サービス費**（要介護者の場合）または**高額介護予防サービス費**（要支援者の場合）を支給します。

高額介護サービス費等の対象となる利用者負担

- 居宅サービス（特定福祉用具販売を除く）
- 介護予防サービス
- 施設サービス
- 地域密着型サービス
- 地域密着型介護予防サービス

※上記のサービスを受けた場合の定率1割（2割または3割）の利用者負担が対象となります。

過去の出題

高額介護サービス費について問われました。
20-7 23-7

・第1号被保険者である生活保護の被保護者は、対象とならない。
→×（生活保護の被保護者も対象である）
・高額介護サービス費の負担上限額を超えた利用料は、常に現物給付となるため、利用者が直接事業者に支払う必要はない。
→×（償還払いとなるため、事業者に支払う必要がある）

プラスα

福祉用具購入費と住宅改修費の利用者負担については、高額介護サービス費の対象となりません。食費、居住費・滞在費、その他の日常生活費など、利用者が負担すべき費用も対象となりません。過去問でも問われました。(20-7)

プラスα

現役並み所得相当とは、本人課税所得が 145 万円、単身で年収約 383 万円以上に該当する者のことをいいます。

過去の出題

高額介護サービス費について問われました。(23-7)

- 高額介護サービス費は、世帯単位で算定される。
  →○
- 施設介護サービス費に係る利用者負担は、高額介護サービス費の対象となる。
  →○

アドバイス

高額介護サービス費も高額医療合算介護サービス費も世帯単位で算定します。また、高額介護サービス費の負担上限額は月単位、高額医療合算介護サービス費は年単位と違っていることに注意しましょう。

過去の出題

高額医療合算介護サービス費について問われました。(23-7)

- 高額医療合算介護サービス費は、医療保険から支給される。
  →×（介護保険の保険給付）

用語解説

按分：割合に応じて分けること。

高額介護サービス費等は、世帯あたりの利用者負担の合計が、政令で定める一定額を超えた場合、その分が償還払いで保険給付されます。所得区分・負担上限額は次の表のとおりです。

高額介護サービス費等の所得区分ごとの負担上限額（2021（令和３）年８月１日～）

所得区分		世帯の上限額(月額)
(1)現役並みの所得（本人課税所得が145万円（年収約383万円（単身者の場合））以上）がある場合	①課税所得約690万円（年収約1,160万円）以上	世帯140,100円
	②課税所得約380万円（年収約770万円）以上～課税所得約690万円（年収約1,160万円）未満	世帯93,000円
	③課税所得約145万円（年収約383万円）以上～課税所得約380万円（年収約770万円）未満	世帯44,400円
(2)上記(1)または下記(3)(4)に該当しない標準的な場合（一般世帯）		44,400円（世帯）
(3)①市町村民税世帯非課税 ②負担を24,600円へ減額することにより被保護者とならない場合		世帯24,600円
	市町村民税世帯非課税で、〔公的年金等収入金額＋合計所得金額〕の合計額が80万円以下である場合	個人15,000円
	市町村民税世帯非課税の老齢福祉年金受給者	個人15,000円
(4)①生活保護の被保護者 ②負担を15,000円へ減額することにより被保護者とならない場合		①個人15,000円 ②世帯15,000円

通常の保険給付における利用者負担が２割または３割の現役並み所得者、世帯のいずれかが市町村民税課税の場合は、負担上限金額が月額４万 4400 円に設定されており、低所得者の場合は、負担上限額は低く設定されています。

● 高額医療合算介護（介護予防）サービス費

高額医療・高額介護合算制度は、医療保険各制度（健康保険その他の被用者保険、国民健康保険、後期高齢者医療制度）の世帯内に介護保険サービスを受ける者がいる場合、１年間（前年８月から当年の７月）の介護保険における利用者負担と医療保険の患者負担の合計額が政令で定める一定額（所得段階別に区分）を超えるときは、被保険者からの申請に基づき、その超えた額を医療保険と介護保険の自己負担額の比率に応じて按分して、各保険の保険者が償還払いで支給するしくみです。

介護保険の保険者が支給する給付を、高額医療合算介護サービス費（要介護者の場合）、高額医療合算介護予防サービス費（要支援者の場合）といいます。

自己負担額の合算は、医療保険各制度の高額療養費算定対象世帯を単位として行われ、具体的な支給手続きは次の図のとおりです。

高額医療・高額介護合算制度における支給手続き

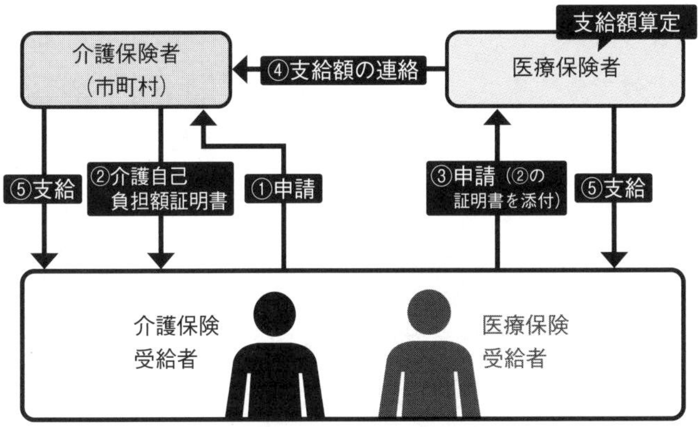

各医療保険の高額療養費算定対象世帯

プラスα
高額医療合算介護サービス費の対象となるのは、居宅サービス、地域密着型サービス、施設サービスにかかる定率の利用者負担です。福祉用具購入費と住宅改修費は対象となりません。

アドバイス
高額介護サービス費、高額医療合算介護サービス費、特定入所者介護サービス費は、介護給付に含まれます。

4. 施設等の食費・居住費（滞在費）・宿泊費等の負担

以下の内容については、介護保険の保険給付の対象外とされ、全額利用者負担となっています。

	保険給付の対象とならない費用
・介護保険施設 ・地域密着型介護老人福祉施設入所者生活介護	食費および居住費
・（介護予防）短期入所生活介護 ・（介護予防）短期入所療養介護	食費および滞在費
・通所介護 ・（介護予防）通所リハビリテーション等 ・地域密着型通所介護	食費、おむつ代
・（介護予防）小規模多機能型居宅介護 ・看護小規模多機能型居宅介護	食費、宿泊費、おむつ代

プラスα
居住費（滞在費）・宿泊費は「室料＋光熱水費相当額」、食費は「食材料費＋調理コスト相当額」。

プラスα
居住費、滞在費、宿泊費の違い
居住費：介護保険施設、地域密着型介護老人福祉施設入所者生活介護等
滞在費：短期入所生活介護、短期入所療養介護
宿泊費：小規模多機能型居宅介護、看護小規模多機能型居宅介護

5. その他の利用者負担

理美容代、教養娯楽費等の日常生活でも通常必要となる費用（日常生活費）で利用者負担が適当なものについては保険給付の対象とならず、全額利用者負担となります。

ただし、おむつ代については、次のサービスでは保険給付の対象です（1割（2割または3割）負担）。

●介護保険施設　●地域密着型介護老人福祉施設入所者生活介護 ●（介護予防）短期入所生活介護　●（介護予防）短期入所療養介護

また、居宅サービスを遠隔地の事業者から受けた場合の交通費や送迎費、介護保険施設での特別室や特別な食事等、介護サービスの種類によっては、利用者の希望により一定の特別なサービスを受けることはできますが、この場合は、通常のサービスの費用を超える分（差額）については、全額利用者負担となります。

アドバイス

施設サービス、短期入所系サービスで、おむつ代は保険給付の対象となるかを問う問題が頻出しています。通所介護や通所リハビリテーション等では、おむつ代は利用者の自己負担です（65頁参照）。

6. 低所得者対策

●特定入所者介護（介護予防）サービス費

生活保護受給者等の低所得者の入所または短期に入所するサービスの食費・居住費（滞在費）については、所得段階に応じた負担限度額が設けられ、これを超える費用が介護保険から補足給付されます。この補足給付を特定入所者介護サービス費（要介護者の場合）・特定入所者介護予防サービス費（要支援者の場合）といいます。支給要件は、次のとおりです。

●生活保護受給者等と市町村民税世帯非課税（世帯全員が市町村民税非課税者）であること ●配偶者（世帯が分離している場合も含む）の市町村民税が非課税であること ●本人および配偶者の預貯金等の金額の合計額が一定額以下であること

なお、特定入所者介護サービス費の利用者負担段階の判定に用いる収入には、課税年金（老齢年金など）収入のほか、非課税年金（遺族年金と障害年金）収入も含めます。

また、支給対象サービス、支給額は次のとおりです。

支給対象サービス	・介護保険施設 ・地域密着型介護老人福祉施設入所者生活介護 ・（介護予防）短期入所生活介護 ・（介護予防）短期入所療養介護
支給額	①②の金額の合計 ①食費の基準費用額から食費の負担限度額を引いた額 ②居住費（滞在費）の基準費用額から居住費（滞在費）の負担限度額を引いた額

アドバイス

負担限度額は、国（厚生労働大臣）が定めます。

過去の出題

特定入所者介護サービス費について問われました。23-8

・対象となる費用は、食費と居住費（滞在費）である。
→○

・対象となるサービスには、地域密着型介護老人福祉施設入所者生活介護は含まれない。
→×（含まれる）

・対象者には、生活保護受給者は含まれない。
→×（含まれる）

過去の出題

介護保険の保険給付について問われました。20-5

・特定入所者介護サービス費の支給は、介護給付の一つである。
→○

特定入所者介護（介護予防）サービス費の支給対象者には、申請により、保険者から介護保険負担限度額認定証が交付されます。

その他の低所得者対策

その他の低所得者対策として以下のようなものがあります。

① 利用者負担した場合に生活保護が必要となる者の負担軽減

現基準で食費・居住費等を負担すると生活保護が必要となるが、より負担の低い段階の基準を適用すれば、保護を必要としない状態となる人（境界層該当者）は、より低い基準を適用します。

② 社会福祉法人等による利用者負担額軽減制度

低所得で市町村が生計困難であると認めた者および生活保護受給者に対し、社会福祉法人（および市町村が経営する社会福祉事業体）が、一定のサービスを提供する場合、介護保険サービスの利用促進を図ることを目的に利用者負担を軽減する制度が設けられています。なお、訪問入浴介護や福祉用具貸与、特定福祉用具販売、一部の医療系サービス（訪問看護、通所リハビリテーション、訪問リハビリテーション等）などは、対象となりません。

アドバイス

過去問では、社会福祉法人による利用者負担額軽減制度の対象となるサービス、費用について問われました。福祉系サービスの介護費負担（定率負担）、食費、居住費（滞在費）、宿泊費が対象となります。

18-13　19-8

プラスα

②の制度は、市町村が、利用者負担の軽減を行った社会福祉法人等に対して、軽減した総額の一部を助成します。なお、助成措置の対象は、その市町村の被保険者の利用者負担にかかるものに限ります。

社会福祉法人等による利用者負担額軽減制度

<table>
<tr><td rowspan="5">軽減の対象</td><td rowspan="4">サービス</td><td>訪問系</td><td>訪問介護、夜間対応型訪問介護、定期巡回・随時対応型訪問介護看護</td><td>通所系</td><td>通所介護、（介護予防）認知症対応型通所介護、地域密着型通所介護</td></tr>
<tr><td>短期入所系</td><td colspan="3">（介護予防）短期入所生活介護</td></tr>
<tr><td>居住系</td><td>（介護予防）小規模多機能型居宅介護、看護小規模多機能型居宅介護</td><td>施設系</td><td>介護老人福祉施設、地域密着型介護老人福祉施設入所者生活介護</td></tr>
<tr><td>地域支援事業</td><td colspan="3">第１号訪問事業のうち介護予防訪問介護に相当する事業、第１号通所事業のうち介護予防通所介護に相当する事業</td></tr>
<tr><td>利用者負担</td><td colspan="4">介護サービス費用の負担（定率負担）、食費、居住費（滞在費）、宿泊費
※短期入所生活介護、地域密着型介護老人福祉施設入所者生活介護、介護老人福祉施設、介護予防短期入所生活介護にかかる食費および居住費（滞在費）については、特定入所者介護サービス費または特定入所者介護予防サービス費が支給されている場合に限る。</td></tr>
<tr><td colspan="2">軽減の程度</td><td colspan="4">利用者負担の４分の１（老齢福祉年金受給者は２分の１）が原則で、市町村が利用者の世帯の状況などを総合的に考慮して個別に決定し、確認証に記載する。
ただし、生活保護受給者は利用者負担の全額とする(※)。</td></tr>
</table>

※2020（令和２）年10月１日施行の生活扶助基準の改正に伴い、生活保護受給者でなくなった場合についても、継続して居住費の軽減を行うことができます。

基礎理解度 CHECK!!

□□ 1 ▸ 一定以上の所得のある第1号被保険者および第2号被保険者の利用者負担は、2割もしくは3割である。

□□ 2 ▸ 福祉用具購入費と住宅改修費の支給は、現物給付で行われる。

□□ 3 ▸ 高額介護サービス費と高額医療合算介護サービス費は、償還払いにより給付される。

□□ 4 ▸ 国が、被保険者に高額介護サービス費を支給する。

□□ 5 ▸ 福祉用具購入費の利用者負担と住宅改修費の利用者負担は、高額介護サービス費の対象とならない。

□□ 6 ▸ 第1号被保険者である生活保護の被保護者は、高額介護サービス費の対象とならない。

□□ 7 ▸ 施設サービスの食費、居住費、その他の日常生活費などは、高額介護サービス費の対象とならない。

□□ 8 ▸ 高額医療合算介護サービス費は、個人単位で算定する。

□□ 9 ▸ 高額医療合算介護サービス費の支給は、市町村特別給付から行われる。

□□ 10 ▸ 短期入所生活介護のおむつ代は、介護保険の保険給付の対象とならない。

□□ 11 ▸ 通所介護の食費とおむつ代は、介護保険の保険給付の対象とならない。

□□ 12 ▸ 特定入所者介護サービス費の対象者には、申請により保険者から介護保険負担限度額認定証が交付される。

□□ 13 ▸ 訪問入浴介護、福祉用具貸与、訪問看護は、社会福祉法人等による利用者負担額軽減制度の対象となる。

1 ✕ 2015（平成27）年8月から、第1号被保険者で一定以上の所得のある利用者は2割負担となった。2018（平成30）年8月からは、2割負担の利用者のうち、より所得の高い第1号被保険者は3割負担となった。

2 ✕ 福祉用具購入費と住宅改修費の支給は、償還払いで行われる。

3 ○

4 ✕ 市町村が、被保険者に高額介護サービス費を支給する。

5 ○

6 ✕ 第1号被保険者である生活保護の被保護者は、高額介護サービス費の対象となる。

7 ○

8 ✕ 高額医療合算介護サービス費は、世帯単位で算定する。

9 ✕ 高額医療合算介護サービス費の支給は、市町村特別給付ではなく、介護給付の1つである。このほかにも高額介護サービス費や特定入所者介護サービス費の支給は、介護給付からである。

10 ✕ 介護保険施設、地域密着型介護老人福祉施設入所者生活介護、（介護予防）短期入所生活介護、（介護予防）短期入所療養介護のおむつ代は、介護保険の保険給付の対象である。

11 ○

12 ○

13 ✕ 訪問入浴介護、福祉用具貸与、特定福祉用具販売、一部の医療系サービス（訪問看護、通所リハビリテーション、訪問リハビリテーション等）などは、社会福祉法人等による利用者負担額軽減制度の対象とならない。

ランク B

10 事業者および施設

介護保険制度では、介護サービスを提供する事業者・施設は、都道府県知事または市町村長の指定を受けなければなりません。本項では、サービス提供事業者・施設に対する介護保険法の規定の構造（指定、基準、指導・監督等）は基本的に同様であることをおさえ、事業者の指定権者やみなし指定等を学んでいきます。ここ数年、介護支援分野で、介護保険施設（特に介護老人福祉施設）の入所定員や指定、施設サービス計画について出題されています。

1. 事業者・施設の指定等

●事業者・施設の指定

介護サービスを提供する事業者・施設は、都道府県知事または市町村長の指定（または許可）を受ける必要があります。また、指定は原則として事業者・施設の申請に基づいて行われます。

都道府県知事が指定（または許可）する事業者・施設、市町村長が指定する事業者は次のとおりです。

都道府県知事が指定（または許可）		指定居宅サービス事業者
		指定介護予防サービス事業者
	介護保険施設	指定介護老人福祉施設
		介護老人保健施設
		介護医療院

市町村長が指定	指定地域密着型サービス事業者
	指定地域密着型介護予防サービス事業者
	指定居宅介護支援事業者
	指定介護予防支援事業者

アドバイス

都道府県知事、市町村長のどちらが指定（または許可）を行うのかは、よく出題されるので、48頁の図も参照してしっかり整理しておきましょう。

プラスα

2018（平成30）年4月1日から、介護医療院が創設されました。主として長期的な療養が必要である要介護者を対象としています。

プラスα

介護保険施設には、介護療養型医療施設が含まれていましたが、2024（令和6）年3月31日をもって廃止されることとなりました。

●指定（許可）をしてはならない場合

次のいずれかに該当するときは、都道府県知事（市町村長）は指定（許可）をしてはならないとされています。

① 申請者が都道府県の条例で定める者でないとき（指定居宅サービス事業者（＊1）、指定介護予防サービス事業者、指定介護老人福祉施設、介護老人保健施設、介護医療院）

申請者が市町村の条例で定める者でないとき（指定地域密着型サービス事業者（＊2）、指定地域密着型介護予防サービス事業者、指定居宅介護支援事業者、指定介護予防支援事業者）

（都道府県（市町村）の条例は、「厚生労働省令で定める基準」に従い定めるものとされ、具体的には「法人であること」とされている）

過去の出題

指定居宅サービス事業者の指定について問われました。

22-5

・申請者が都道府県の条例で定める者でないときは、指定をしてはならない。

→○

② 条例で定める人員に関する基準を満たしていないとき
③ 条例で定める基準（設備および運営に関する基準、介護予防のための効果的な支援の方法に関する基準）に従って適正な事業の運営をすることができないと認められるとき
④ 申請にかかる事業所がその市町村の区域の外にある場合であって、所在地の市町村長（所在地市町村長）の同意を得ていないとき（指定地域密着型サービス事業者、指定地域密着型介護予防サービス事業者）
⑤ 申請者が、禁錮（＊3）以上の刑に処せられ、その執行を終わり、または執行を受けることがなくなるまでの者であるとき
⑥ 申請者が、介護保険法その他国民の保健医療・福祉に関する法律の規定により罰金の刑に処せられ、その執行を終わり、または執行を受けることがなくなるまでの者であるとき
⑦ 申請者が、労働に関する法律の規定により罰金の刑に処せられ、その執行を終わり、または執行を受けることがなくなるまでの者であるとき
⑧ 申請者が、指定を取り消され、その取消しの日から起算して5年を経過しない者であるとき
⑨ 申請者が、指定の申請前5年以内に居宅サービス等に関し不正または著しく不当な行為をした者であるとき　等

＊1 ❶病院・診療所による、居宅療養管理指導、訪問看護、訪問リハビリテーション、通所リハビリテーション、短期入所療養介護、❷薬局による居宅療養管理指導については、法人でなくとも構わない。

＊2 看護小規模多機能型居宅介護については、病床を有する診療所を開設している者も指定を受けることができる。

＊3 「禁錮」は「拘禁刑」に改められる（2022（令和4）年6月17日から3年以内の政令で定める日から施行）。

指定の更新

事業者・施設の指定（許可）には、その効力に有効期間が設けられています。指定（許可）は、6年ごとにその更新を受けなければ、その期間の経過によって、その効力を失います。

過去の出題

居宅サービス事業者の指定について問われました。
22-5
・6年ごとに更新を受けなければ、効力を失う。
→○
・都道府県介護保険事業支援計画の見込量に達しているときは、指定をしてはならない。
→×（指定しないことができる）

プラスα

更新されたときの新たな指定の有効期間は、従前の指定の有効期間の満了日の翌日から起算されます。

事業者・施設の責務

事業者・施設には、介護保険法において次のとおりその責務が定められています。

① 要介護者（要支援者（＊1））の人格を尊重するとともに、介護保険法または介護保険法に基づく命令を遵守し、要介護者のため忠実にその職務を遂行しなければならない
② 事業の設備および運営に関する基準（介護予防のための効果的な支援の方法に関する基準）に従い、要介護者（要支援者）の心身の状況等に応じて適切なサービスを提供するとともに、自らその提供するサービスの質の評価を行うなどにより常にサービスを受ける者の立場に立ってこれを提供するように努めなければならない
③ 被保険者から提示された被保険者証に、介護認定審査会の意見が記載されているときは、その意見に配慮して、サービスを提供するように努めなければならない

④ 条例で定める員数の従業者を有しなければならない
⑤ 事業所の名称および所在地等の変更、事業の廃止または休止、休止した事業の再開については、その旨を都道府県知事（市町村長（＊2））に届け出なければならない（＊3）
⑥ 事業の廃止または休止の届出をしたときは、利用者に対し、必要な居宅サービス等が継続的に提供されるよう、連絡調整その他の便宜の提供を行わなければならない
⑦ 介護サービス事業者は、①の義務の履行が確保されるよう、業務管理体制を整備し、業務管理体制の整備に関する事項を、都道府県知事等に届け出なければならない

＊1　介護予防サービス事業者、地域密着型介護予防サービス事業者、介護予防支援事業者の場合は要支援者
＊2　地域密着型サービス事業者、居宅介護支援事業者、地域密着型介護予防サービス事業者、介護予防支援事業者の場合は市町村長
＊3　介護老人福祉施設の場合は住所等の変更の届出

指導・監督等

行政庁は、事業が適正に運営されるよう、事業者に対し必要な指導・監督を行います。サービスの種類、監査方法によって実施主体が異なります。

	実施主体	
	報告・立入検査等	勧告・命令等
居宅サービス事業者 介護予防サービス事業者 介護老人福祉施設 介護老人保健施設 介護医療院	都道府県知事または市町村長	都道府県知事
居宅介護支援事業者 介護予防支援事業者 地域密着型サービス事業者 地域密着型介護予防サービス事業者	市町村長	市町村長

① 報告・立入検査等

都道府県知事・市町村長は、必要があると認めるときは、事業者に対して、報告・帳簿書類の提出もしくは提示を命じることができ、また、従業者等に出頭を求め、事業所、事務所その他事業に関係のある場所（例えば事業本部等）に立ち入り、設備・帳簿書類を検査することができます。

② 勧告・命令等

次の❶～❹の場合に該当すると認めるときは、都道府県知事・市町村長は勧告・命令等ができます。なお、市町村は、指定権限

アドバイス

利用者保護と介護事業運営の適正化を図るため、サービス事業者には、業務管理体制の整備が義務づけられています。

プラスα

業務管理体制の整備に関する事項の届出先については、介護保険法で定める区分に応じて、市町村長、中核市の長、指定都市の長、都道府県知事、厚生労働大臣等となります。

過去の出題

業務管理体制について問われました。26-9
・法令遵守に係る義務の履行が確保されるよう、業務管理体制を整備しなければならない。
→○

アドバイス

報告・立入検査等は、都道府県知事だけでなく、市町村長も行えることを覚えておきましょう。

プラスα

都道府県は、「指定都道府県事務受託法人」（44頁）に、介護サービスを行った者等に対するサービス提供記録、帳簿書類の提示等にかかる事務を委託することができます。

過去の出題

指定介護予防支援事業者について問われました。
22再-8
・運営等の基準に違反する場合の勧告に従わないときは、市町村長は、その旨を公表することができる。
→○

アドバイス

①「勧告」→②「命令」→③「指定の取消・効力の停止」と、①→③にいくほど強制力が強くなります。

が都道府県にある居宅サービス事業者、介護予防サービス事業者、介護老人福祉施設、介護老人保健施設、介護医療院について、❶～❹のいずれかに該当すると認めるときは、その旨を都道府県知事に通知しなければなりません。

❶ 指定を行うにあたって、事業の適正な運営を確保するために付された条件に従わない場合
❷ 事業所の人員について、都道府県が条例で定める基準または員数を満たしていない場合
❸ 都道府県が条例で定める事業の設備および運営に関する基準に従って適正な事業の運営をしていない場合
❹ 事業の廃止または休止にあたり、利用者に対する便宜の提供を適切に行っていない場合

2. 指定居宅サービス事業者

アドバイス

指定は、事業「者」ごとではなく、事業「所」ごとに受けることに注意しましょう。

過去の出題

居宅サービス事業者の指定について問われました。
22-5
・居宅サービスの種類ごとに行う。
→○

居宅サービス事業を行う者として、都道府県知事に申請を行い、その指定を受けたものを指定居宅サービス事業者といいます。

●指定

指定は、居宅サービス事業者の申請に基づいて、居宅サービスの種類ごと、事業所ごとに行われます。

●市町村長との調整等

都道府県知事が特定施設入居者生活介護の指定を行う際には、市町村介護保険事業計画との調整を図る見地から、関係市町村長の意見を求めることとされています。

また、関係市町村長は、都道府県知事に対し、都道府県知事の行う居宅サービスの指定（特定施設入居者生活介護を除く）について、あらかじめその旨を通知するよう求めることができ、都道府県知事はその求めに応じなければなりません。関係市町村長は、通知を受けたときは、市町村介護保険事業計画との調整を図る見地からの意見を申し出ることができ、都道府県知事は、その意見を勘案して、指定を行うにあたって、当該事業の適正な運営を確保するために必要と認める条件を付すことができます。

アドバイス

居宅サービスの指定にかかる市町村長と都道府県知事との協議については、89頁を参照してください。

●指定の特例

指定は申請して受けるのが原則ですが、申請しなくても指定を受けているとみなされる場合（みなし指定）があります。健康保

険法による保険医療機関または保険薬局の指定、介護保険法による介護老人保健施設または介護医療院の許可があったときは、特定の介護保険サービスについて、介護保険法上の指定申請をしなくても介護保険法上の指定を受けたとみなされ、介護保険サービスを提供できます。

みなし指定

事業者・施設	居宅サービス	介護予防サービス
病院・診療所	● 居宅療養管理指導 ● 訪問看護 ● 訪問リハビリテーション ● 通所リハビリテーション ● 短期入所療養介護（※）	● 介護予防居宅療養管理指導 ● 介護予防訪問看護 ● 介護予防訪問リハビリテーション ● 介護予防通所リハビリテーション ● 介護予防短期入所療養介護（※）
保険薬局	● 居宅療養管理指導	● 介護予防居宅療養管理指導
介護老人保健施設 介護医療院	● 短期入所療養介護 ● 通所リハビリテーション	● 介護予防短期入所療養介護 ● 介護予防通所リハビリテーション

※療養病床を有する病院・診療所に限る。

● 共生型居宅サービス事業者の特例

訪問介護、**通所介護**、**短期入所生活介護**にかかる事業所について、**児童福祉法の指定**または**障害者総合支援法の指定**を受けている者から指定の申請があった場合に、**都道府県の条例**で定める基準を満たしているときは、指定を行うことができます。

	共生型居宅サービス事業者の特例の対象となる障害福祉サービス等の種類
訪問介護	○居宅介護 ○重度訪問介護
通所介護	○生活介護（※１） ○自立訓練（機能訓練・生活訓練） ○児童発達支援（※２） ○放課後等デイサービス（※２）
短期入所生活介護	○短期入所

※１　主として重症心身障害者を通わせる事業所を除く。
※２　主として重症心身障害児を通わせる事業所を除く。

過去の出題

訪問看護について問われました。（25-41）
・保険医療機関の指定を受けている病院は、介護保険の指定訪問看護事業者とみなされる。
→○

アドバイス

保険薬局は居宅療養管理指導の申請が不要で、指定を受けているとみなされるので注意しましょう。

アドバイス

介護老人保健施設と介護医療院は、訪問リハビリテーションのみなし指定はされないことに注意してください。

プラスα

障害者総合支援法に基づく居宅介護等にかかる事業所についても同様に、児童福祉法の指定または介護保険法の指定を受けている者から指定の申請があった場合に、都道府県の条例で定める基準を満たしているときは、指定を行うことができます。

アドバイス

共生型居宅サービス事業者の指定は、都道府県知事が行います。

プラスα

なお、地域密着型サービス事業、介護予防サービス事業、地域密着型介護予防サービス事業についても、同様の共生型サービス事業者の指定があります（例：介護予防短期入所生活介護など）。

また、共生型サービス事業者の特例を受けた事業者による居宅サービスを共生型居宅サービスといい、共生型居宅サービスにかかる訪問介護、通所介護、短期入所生活介護をそれぞれ、共生型訪問介護、共生型通所介護および共生型短期入所生活介護といいます。

共生型居宅サービス

共生型訪問介護	障害者総合支援法に基づく指定居宅介護事業者または重度訪問介護事業者が、要介護者に対して提供する指定訪問介護
共生型通所介護	障害者総合支援法に基づく指定自立訓練（機能訓練）事業者、指定自立訓練（生活訓練）事業者、児童福祉法に基づく指定児童発達支援事業者または指定放課後等デイサービス事業者が、要介護者に対して提供する指定通所介護
共生型短期入所生活介護	障害者総合支援法に基づく指定短期入所事業者（障害者支援施設の併設事業所および空床利用型事業所において事業を行う者に限る）が、要介護者に対して提供する指定短期入所生活介護

事業の基準

事業の基準は、都道府県の条例で定められます。都道府県が条例を定めるにあたり、厚生労働大臣が定める基準が設けられています。厚生労働大臣が定める基準は、サービスの質を確保する観点などから、事業の目的を達成するために必要な最低限度の基準を定めたものであり、事業者は常にその事業の運営の向上に努めなければならないとされています。

指定居宅サービス事業の基準

【総則（事業の一般原則）】
- 利用者の意思および人格を尊重して、常に利用者の立場に立ったサービスの提供に努めなければならない
- 指定居宅サービスの事業を運営するにあたっては、地域との結びつきを重視し、市町村、他の居宅サービス事業者その他の保健医療サービスおよび福祉サービスを提供する者との連携に努めなければならない

【各論（サービスごと）】
- **基本方針**：サービス提供にあたっての基本的な方針を規定
- **人員基準**：事業運営に必要な人員の員数・資格や職種などを規定
- **設備基準**：事業運営に必要な設備や備品等を規定
- **運営基準**：具体的な事業運営方法やサービス手続き等を規定

指定の取消・効力停止

都道府県知事は、事業者が次のいずれかに該当する場合は、指定を取り消し、あるいは期間を定めて、その指定の全部または一

過去の出題

共生型居宅サービスについて問われました。 21-9
- 障害児通所支援に係る事業所は、共生型居宅サービス事業所の指定を受けることができない。
  →×（受けることができる）
- 短期入所生活介護については、共生型居宅サービスはない。
  →×（短期入所生活介護は共生型サービス事業者の特例の対象である）

アドバイス

障害福祉制度のショートステイのうち単独型は、介護保険制度と比較して相当程度基準が緩いため、共生型の対象となっていません。

過去の出題

共生型サービスの指定の対象となる介護保険サービスはどれかについて問われました。 24-8
- 地域密着型通所介護
  →○
- 通所リハビリテーション
  →×

プラスα

厚生労働大臣が定める基準には、総則として事業の一般原則が定められているほか、サービスごとに基本方針、人員に関する基準、設備に関する基準、運営に関する基準が定められています。

部の効力を停止することができます。

① 指定にかかる欠格要件のうち一定のものに該当したとき
② 人員基準を満たすことができなくなったとき
③ 設備・運営基準に従って適正な事業の運営ができなくなったとき
④ サービス費の請求に関し不正があったとき
⑤ 報告・帳簿書類の提出等の命令に従わず、または虚偽の報告をしたとき　等

市町村は、指定の取消等の要件に該当すると認めるときは、その旨を都道府県知事に通知しなければなりません。

プラスα

都道府県知事は、①事業者の指定をしたとき、②事業の廃止の届出があったとき、③指定の取消または効力の停止を行ったときには、事業者の名称または氏名、事業所の所在地その他厚生労働省令で定める事項を公示しなければなりません。

3. 指定居宅介護支援事業者

居宅介護支援（要介護者のケアマネジメント業務）を行う者として、市町村長に申請を行い、その指定を受けたものを指定居宅介護支援事業者といいます。

アドバイス

居宅介護支援事業者、介護予防支援事業者、地域密着型（介護予防）サービス事業者の指定は「市町村長」が行います。これ以外は「都道府県知事」と覚えてしまうとよいでしょう（48頁参照）。

指定

市町村長による事業者の指定は、事業所ごとに行います（サービスの種類ごとの指定はありません）。

アドバイス

指定居宅介護支援事業者の指定は、提供するサービスが居宅介護支援1種類のみであることから、サービスの種類ごとの指定はありません。

事業の基準

事業の基準は、市町村の条例で定められます。人員基準と運営基準のみで、設備基準はありません（148頁参照）。

指定の取消・効力停止

市町村長は、次のいずれかに該当する場合は、指定を取り消し、または期間を定めてその指定の全部もしくは一部の効力を停止することができます。

指定居宅介護支援事業者（指定の取消）

① 指定にかかる欠格要件のうち一定のものに該当したとき
② 事業所の介護支援専門員の人員について、市町村の条例で定める員数を満たすことができなくなったとき
③ 市町村の条例で定める基準に従って適正な事業の運営をすることができなくなったとき
④ 介護保険法第81条第6項に規定する義務（要介護者の人格の尊重、法令の遵守、要介護者のための忠実な職務の遂行）に違反したと認められるとき
⑤ 要介護認定の更新にかかる調査の委託を受けた場合における調査の結果について虚偽の報告をしたとき

過去の出題

指定居宅介護支援事業者の指定を取り消し、または効力を停止することができる事由について問われました。20-9
・要介護認定の調査の結果について虚偽の報告をしたとき。
→○

⑥　居宅介護サービス計画費の請求に関し不正があったとき
⑦　市町村長による出頭命令・質問・立入検査等を拒んだとき
⑧　事業者の役員等のうちに、指定の取消または指定の全部・一部の効力の停止をしようとするとき前5年以内に居宅サービス等に関し不正または著しく不当な行為をした者があるとき　　等

4. 指定介護予防サービス事業者

アドバイス

介護予防サービス事業者の指定は「都道府県知事」が行い、介護予防支援事業者の指定は「市町村長」が行います。両者の指定について、きちんと整理しておきましょう（48頁参照）。

介護予防サービス事業を行う者として、都道府県知事に申請を行い、指定を受けたものを指定介護予防サービス事業者といいます。

指定介護予防サービスの事業の基準には、人員、設備および運営に関する基準のほか、介護予防のための効果的な支援の方法に関する基準が定められています。介護予防のための効果的な支援のための基準は、介護予防サービスの提供にあたっての基本的な指針となるべき基準です。なお、人員、設備および運営に関する基準の取り扱いは、基本的に、介護サービスにかかる取り扱いと同様です。

5. 指定介護予防支援事業者

介護予防支援（要支援者のケアマネジメント業務）を行う者として、市町村長に申請を行い、その指定を受けたものを指定介護予防支援事業者といいます。

プラスα

居宅介護支援事業者は、今まで指定介護予防支援事業者の指定を受けることができませんでしたが、2024（令和6）年4月1日より、指定を受けることができることとなりました。

●指定

指定介護予防支援事業者は、地域包括支援センターの設置者と居宅介護支援事業者が指定を受けられます。

●事業の基準

事業の基準は、市町村の条例で定められます。人員および運営に関する基準のほか、介護予防のための効果的な支援の方法に関する基準が定められています（161頁参照）。

●指定の取消・効力停止

基本的には、指定居宅介護支援事業者と同様です。

6. 指定地域密着型サービス事業者

地域密着型サービス事業を行う者として、市町村長に申請を行い、指定を受けたものを指定地域密着型サービス事業者といいます。

●指定

指定は、地域密着型サービス事業者の申請に基づいて、地域密着型サービスの種類ごと、事業所ごとに行われます。

●指定しないことができる場合

市町村長は、例えば次の場合には指定をしないことができます。

① 認知症対応型共同生活介護等の指定の申請があった場合において、利用定員の総数が、市町村介護保険事業計画に定める必要利用定員総数にすでに達しているとき（89頁参照）

② 地域密着型通所介護の指定の申請があった場合において、定期巡回・随時対応型訪問介護看護等の事業所が市町村の区域にある場合などに該当し、かつ、地域密着型通所介護の量が、市町村介護保険事業計画において定める見込量にすでに達している場合（90頁参照）　等

●事業の基準

指定地域密着型サービス事業の基準は市町村の条例で定めます。市町村が条例を定めるにあたっては、厚生労働省令で定める基準を踏まえて定めるものとされていますが、厚生労働省令で定める範囲内で、市町村における従業者に関する基準、設備および運営に関する基準（市町村独自の基準）を定めることができます。

●指定の取消・効力停止

基本的には、指定居宅サービス事業者と同様ですが、権限を行使するのは市町村長です。

●公募指定

市町村長は、定期巡回・随時対応型訪問介護看護、小規模多機能型居宅介護、看護小規模多機能型居宅介護の見込量の確保や質の向上のために特に必要があるときは、市町村長指定期間中は、市町村長が定める指定地域密着型サービスの指定について公募（公募

アドバイス

試験では、「指定しないことができる」であって、「指定してはならない」ではないことに注意してください。

プラスα

市町村長は、指定地域密着型サービス事業者の指定を行おうとするとき、または①もしくは②により指定をしないこととするときは、あらかじめ、市町村が行う介護保険の被保険者その他の関係者の意見を反映させるために必要な措置を講ずるよう努めなければなりません。

アドバイス

市町村長は、指定を行うにあたって、事業の適正な運営を確保するために必要と認める条件を付すことができます。

過去の出題

地域密着型サービスについて問われました。21-8

・看護小規模多機能型居宅介護は、市町村長が行う公募指定の対象である。→○

プラスα

公募指定の有効期間は、指定の日から「6年を超えない範囲内で市町村長が定める期間」とされています。

プラスα

共生型地域密着型通所介護とは、障害者総合支援法に基づく指定生活介護事業者、指定自立訓練（機能訓練）事業者、指定自立訓練（生活訓練）事業者、児童福祉法に基づく指定児童発達支援事業者または指定放課後等デイサービス事業者が、要介護者に対して提供する指定地域密着型通所介護をいいます。

プラスα

療養通所介護については、療養通所介護事業所が定める利用定員内で、主に重症心身障害児・者を通わせる児童発達支援等の定員（5人以上）を定めることができます。

指定）により行うことができます。市町村長は公募指定にあたり、厚生労働省令で定める基準に従い、公正な方法で選考します。

●共生型地域密着型サービス事業者の特例

地域密着型通所介護にかかる事業所について、児童福祉法の指定または障害者総合支援法の指定を受けている者から指定の申請があった場合に、市町村の条例で定める基準を満たしているときは、指定を行うことができます。なお、（介護予防）小規模多機能型居宅介護、看護小規模多機能型居宅介護については、介護保険法に基づく指定地域密着型（介護予防）サービス事業者の指定を受けていれば、障害者総合支援法に基づく共生型障害福祉サービス事業者、児童福祉法に基づく共生型障害児通所支援事業者としての指定を受けることができます。

	共生型地域密着型サービス事業者の特例の対象となる障害福祉サービス等の種類
地域密着型通所介護	○生活介護（※1） ○自立訓練（機能訓練・生活訓練） ○児童発達支援（※2） ○放課後等デイサービス（※2）

※1　主として重症心身障害者を通わせる事業所を除く。
※2　主として重症心身障害児を通わせる事業所を除く。

7.指定地域密着型介護予防サービス事業者

アドバイス

指定地域密着型介護予防サービスは、3種類あります。48頁を参照してください。

地域密着型介護予防サービス事業を行う者として、市町村長に申請を行い、その指定を受けたものを指定地域密着型介護予防サービス事業者といいます。

●事業の基準

指定地域密着型介護予防サービスの事業の基準には、人員、設備および運営に関する基準のほか、介護予防のための効果的な支援の方法に関する基準が定められています。なお、人員、設備および運営に関する基準の取り扱いは、基本的に、地域密着型サービスにかかる取り扱いと同様です。

8. 基準該当サービス事業者

指定居宅サービス事業者等の指定条件を完全には満たしていなくても、保険者である市町村が一定の水準を満たしていると認めた事業者を、基準該当サービス事業者と呼び、利用者に特例居宅介護サービス費等が償還払いで支給されます。

サービスに関する基準は、厚生労働省令で定める基準に従い（または厚生労働省令で定める基準を標準として、もしくは参酌して）、都道府県（市町村）が条例で定めます。

基準該当サービス事業者は、居宅サービスの一部、居宅介護支援、介護予防サービスの一部、介護予防支援について認められています。サービスの提供は、同一市町村内でしか行うことができません。

基準該当サービスの種類

居宅サービス	・訪問介護　・訪問入浴介護　・通所介護 ・短期入所生活介護　・福祉用具貸与	介護給付のサービス
居宅介護支援		
介護予防サービス	・介護予防訪問入浴介護 ・介護予防福祉用具貸与 ・介護予防短期入所生活介護	予防給付のサービス
介護予防支援		

アドバイス

基準該当サービスは、法人格がなくても認められています。

アドバイス

医療サービス、地域密着型サービス、施設サービスは、基準該当サービスとして認められていません。

プラスα

基準該当サービスは、その市町村の保険給付の対象となりますが、その効力は、市町村内に限られます。

9. 離島等における相当サービス事業者

離島等のように、指定事業者によるサービスも基準該当サービスも確保が困難な地域は、一定の要件のもとで提供されるサービスを市町村の個別判断により介護保険給付の対象とすることが認められています（相当サービス）。

離島等における相当サービス事業者は、居宅サービス、地域密着型サービス（地域密着型介護老人福祉施設入所者生活介護を除く）、居宅介護支援、介護予防サービス、地域密着型介護予防サービス、介護予防支援について認められています。

アドバイス

施設サービスは認められていません。しかし、地域密着型サービス（一部を除いて）は認められています。

10. 介護保険施設

介護保険施設には、指定介護老人福祉施設、介護老人保健施設、介護医療院の３種類があります。

介護保険施設の人員、設備および運営に関する基準は都道府県の条例に委任されています。

指定介護老人福祉施設

指定介護老人福祉施設は、介護福祉施設サービスを提供する施設として都道府県知事に申請を行い、指定を受けた入所定員30人以上であって都道府県の条例で定める数の特別養護老人ホームをいいます。

特別養護老人ホームは老人福祉法に規定される老人福祉施設で、都道府県のほか、市町村および地方独立行政法人、社会福祉法人が設置できます。

介護保険法における指定介護老人福祉施設の規定は、次の点を除いて、指定居宅サービス事業者のものと基本的に同じです。

- 都道府県知事の指定は、施設としての指定となる
- 指定介護老人福祉施設については、事業の廃止にかかる規定は定められていない。１か月以上の予告期間を設けて、指定を辞退することができる

また、広告をする場合は、その内容が虚偽または誇大なものであってはならないとされています。

都道府県知事は、指定介護老人福祉施設の指定をしようとするときは、関係市町村の市町村介護保険事業計画との調整を図る見地から、関係市町村長の意見を求めることとされています。

介護老人保健施設

介護老人保健施設は、介護保健施設サービスを行う施設として都道府県知事に申請を行い、その許可を受けたものをいいます。

介護老人保健施設の開設許可にあたっては、地方公共団体、医療法人、社会福祉法人その他厚生労働大臣が定める者でないときは、与えることができないとされています。「厚生労働大臣が定める者」とは次のとおりです。

過去の出題

介護保険施設について問われました。（25-7）
- 地域密着型介護老人福祉施設は、含まれる。
  →×（含まれない）

過去の出題

指定介護老人福祉施設の入所定員について問われました。（25-7）
- 入所定員は、50人以上でなければならない。
  →×（入所定員は30人以上である）

アドバイス

入所定員29人以下の特別養護老人ホームは地域密着型介護老人福祉施設として位置づけられています。

アドバイス

指定を受けるにあたっては、老人福祉法上の特別養護老人ホームの設置認可を別途受けていることが前提です。過去問でも問われました。（18-3）

プラスα

地域密着型介護老人福祉施設入所者生活介護も、事業の廃止を届け出るのではなく、指定を辞退します。

アドバイス

介護老人保健施設は、「指定」ではなく「許可」であることに注意しましょう。

厚生労働大臣が定める者

① 国 ② 独立行政法人地域医療機能推進機構 ③ 地方独立行政法人 ④ 日本赤十字社 ⑤ 厚生（医療）農業協同組合連合会 ⑥ 健康保険組合および健康保険組合連合会	⑦ 国家公務員共済組合および国家公務員共済組合連合会、地方公務員共済組合および全国市町村職員共済組合連合会 ⑧ 日本私立学校振興・共済事業団 ⑨ 国民健康保険組合および国民健康保険団体連合会　等

また、介護老人保健施設は、次の事項を除き、広告をすることができません。

介護老人保健施設が広告し得る事項

- 介護老人保健施設の名称、電話番号および住所
- 介護老人保健施設に勤務する医師および看護師の氏名
- 施設および構造設備に関する事項
- 職員の配置員数
- 提供されるサービスの種類および内容（医療の内容に関するものを除く）
- 利用料の内容
- その他都道府県知事の許可を受けた事項

このほか、都道府県知事は、営利を目的として、介護老人保健施設を開設しようとする者に対して許可を与えないことができ、また、介護老人保健施設の開設者は、都道府県知事の承認を受けた医師に当該介護老人保健施設を管理させなければなりません。

都道府県知事は、介護老人保健施設の開設を許可しようとするときは、関係市町村の市町村介護保険事業計画との調整を図る見地から、関係市町村長の意見を求めることとされています。

● 介護医療院

介護医療院は、介護医療院サービスを行う施設として都道府県知事に申請を行い、その許可を受けたものをいいます。病院または診療所から介護医療院に転換した場合には、転換前の病院または診療所の名称を引き続き使用できます。

介護医療院の開設許可にあたっては、地方公共団体、医療法人、社会福祉法人その他厚生労働大臣が定める者でないときは、与えることができないとされています。「厚生労働大臣が定める者」とは次のとおりです。

プラスα

介護老人保健施設の開設者は、都道府県知事の承認を受け、医師以外の者に当該介護老人保健施設を管理させることができるとされています。

アドバイス

介護医療院は、「指定」ではなく「許可」であることに注意しましょう。

過去の出題

介護医療院について問われました。（21-3）

- 開設の許可は、市町村長が行う。
  →×（都道府県知事が行う）
- 開設者は、医療法人でなければならない。
  →×（地方公共団体や社会福祉法人等も開設できる）

プラスα

介護医療院は、医療と介護の一体的な提供が前提となるため、医療法において医療提供施設として位置づけられています。

厚生労働大臣が定める者

① 国 ② 移行型地方独立行政法人 ③ 日本赤十字社 ④ 健康保険組合および健康保険組合連合会 ⑤ 国民健康保険組合および国民健康保険団体連合会 ⑥ 国家公務員共済組合および国家公務員共済組合連合会、地方公務員共済組合および全国市町村職員共済組合連合会	⑦ 日本私立学校振興・共済事業団 ⑧ 厚生（医療）農業協同組合連合会 ⑨ 医療法の許可を受けて病院を開設している者（①～⑧を除く）等

また、介護医療院は、次の事項を除き、広告をすることができません。

介護医療院が広告し得る事項

- 介護医療院の名称、電話番号および住所
- 介護医療院に勤務する医師および看護師の氏名
- 施設および構造設備に関する事項
- 職員の配置員数
- 提供するサービスの種類および内容（医療の内容に関するものを除く）
- 利用料の内容
- その他都道府県知事の許可を受けた事項

このほか、都道府県知事は、営利を目的として、介護医療院を開設しようとする者に対して許可を与えないことができ、また、介護医療院の開設者は、都道府県知事の承認を受けた医師に当該介護医療院を管理させなければなりません。

都道府県知事は、介護医療院の開設を許可しようとするときは、関係市町村の市町村介護保険事業計画との調整を図る見地から、関係市町村長の意見を求めることとされています。

プラスα

介護医療院の開設者は、都道府県知事の承認を受け、医師以外の者に当該介護医療院を管理させることができるとされています。

過去の出題

介護医療院の管理者について問われました。（21-3）

- 都道府県知事の承認を受けて、医師以外の者を管理者にすることができる。
→○

基礎理解度 CHECK!!

□□ 1 ▶ 居宅介護支援事業者の指定権限は、市町村長にある。

□□ 2 ▶ 居宅サービス事業者の指定において、申請者が、都道府県の条例で定める者でないときでも市町村の推薦があれば、指定を行える。

□□ 3 ▶ 居宅サービス事業者・施設の指定（許可）は、3年ごとに更新を受けなければ効力を失う。

□□ 4 ▶ 地域密着型サービス事業者への報告・立入検査は、市町村長が行う。

□□ 5 ▶ 指定は、居宅サービス事業者の申請に基づき、居宅サービスの種類ごと、事業者ごとに行われる。

□□ 6 ▶ 都道府県知事が特定施設入居者生活介護の指定を行う際には、厚生労働大臣の意見を求めることとされている。

□□ 7 ▶ 保険薬局は、訪問看護の指定があったものとみなされる。

□□ 8 ▶ 介護医療院は、訪問リハビリテーションの指定があったものとみなされる。

□□ 9 ▶ 介護予防サービス事業を行う者として、市町村長に申請を行い、指定を受けたものを指定介護予防サービス事業者という。

□□ 10 ▶ 地域密着型通所介護は、共生型サービスの指定の対象となっている。

□□ 11 ▶ 基準該当サービスの種類には、訪問看護が含まれている。

□□ 12 ▶ 指定介護老人福祉施設は、市町村および地方独立行政法人は設置することができない。

□□ 13 ▶ 介護老人保健施設は、国や日本赤十字社は開設することができない。

1 ○

2 ✕ 申請者が都道府県の条例で定める者でないときは（法人でないときは）、指定をしてはならない。

3 ✕ 居宅サービス事業者・施設の指定（許可）は、6年ごとに更新を受けなければ効力を失う。

4 ○

5 ✕ 指定は、「居宅サービスの種類ごと、事業者ごと」ではなく、「居宅サービスの種類ごと、事業所ごと」に行われる。

6 ✕ 都道府県知事が特定施設入居者生活介護の指定を行う際には、市町村介護保険事業計画との調整を図る見地から、関係市町村長の意見を求めることとされている。

7 ✕ 保険薬局は、居宅療養管理指導の指定があったものとみなされる。

8 ✕ 介護医療院や介護老人保健施設では、訪問リハビリテーションのみなし指定はされない。

9 ✕ 介護予防サービス事業を行う者として、都道府県知事に申請を行い、指定を受けたものを指定介護予防サービス事業者という。

10 ○

11 ✕ 基準該当サービスには、医療サービス、地域密着型サービス、施設サービスは認められていない。

12 ✕ 指定介護老人福祉施設は、都道府県、市町村、地方独立行政法人、社会福祉法人が設置することができる。

13 ✕ 介護老人保健施設は、国、日本赤十字社、健康保険組合、健康保険組合連合会、国家公務員共済組合などが開設することができる。

ランク A

11 介護保険事業計画

介護保険事業計画は、国の基本指針に即して、市町村と都道府県がそれぞれ策定します。市町村介護保険事業計画・都道府県介護保険事業支援計画について整理し、老人福祉計画等との関係性（一体のものとして作成するのかなど）についておさえましょう。第22～24回、第26回試験で出題されています。2023（令和5）年の介護保険法改正において加わった箇所にも注意しながら、側注の過去の出題、プラスα、用語解説などを読み込んで勉強を進めていってください。

1. 基本指針

厚生労働大臣は、「地域における医療及び介護の総合的な確保の促進に関する法律」（医療介護総合確保法）に規定する総合確保方針に即して、「基本指針」を定めます。「基本指針」には、①サービス提供体制の確保および地域支援事業の実施に関する基本的事項、②市町村介護保険事業計画および都道府県介護保険事業支援計画の作成に関する事項などが主に定められています。

基本指針を策定・変更する場合は、あらかじめ総務大臣その他関係行政機関の長に協議し、公表することとされています。

プラスα

「基本指針」の正式名称は「介護保険事業に係る保険給付の円滑な実施を確保するための基本的な指針」といいます。

アドバイス

過去問では、基本指針をどこが定めるか、変更する場合などについて問われました。22-8 23-13

2. 市町村介護保険事業計画

市町村介護保険事業計画は、「基本指針」に即して、3年を1期として策定されます。策定にあたり、市町村は、日常生活圏域ごとに、被保険者の心身の状況、その置かれている環境その他の事情を正確に把握するとともに、国により提供されたデータなどを分析したうえで、それらの結果を勘案して、市町村介護保険事業計画を作成するよう努めるものとされています。

市町村介護保険事業計画は、次の事項を定めるものとされています。

●定めるべき事項

① 日常生活圏域ごとの当該区域における各年度の認知症対応型共同生活介護、地域密着型特定施設入居者生活介護および地域密着型介護老人福祉施設入所者生活介護にかかる必要利用定員総数その他の介護給付等対象サービスの種類ごとの量の見込み

② 各年度における地域支援事業の量の見込み

プラスα

2025（令和7）年4月1日より、市町村は、都道府県における外来医療にかかる医療提供体制の確保に関する協議の結果を考慮して、市町村介護保険事業計画を作成するよう努めるものとされました。

用語解説

日常生活圏域：住民が日常生活を営んでいる地域として、地理的条件、人口、交通事情その他の社会的条件、介護給付等対象サービスを提供するための施設の整備の状況その他の条件を総合的に勘案して、市町村が定める区域のこと（主に中学校区）。

③　被保険者の地域における自立した日常生活の支援、要介護状態等となることの予防または要介護状態等の軽減もしくは悪化の防止および介護給付等に要する費用の適正化に関し、市町村が取り組むべき施策（以下、自立支援等施策）に関する事項
④　③に掲げる事項の目標に関する事項

また、①～④のほか、次の事項について定めるよう努めるものとされています。

● **定めるよう努める事項**
⑤　定めるべき事項①の見込量の確保のための方策
⑥　介護給付等対象サービスの種類ごとの量、保険給付に要する費用の額、地域支援事業の量、地域支援事業に要する費用の額および保険料の水準に関する中長期的な推計
⑦　介護支援専門員その他の介護給付等対象サービスおよび地域支援事業に従事する者の確保および資質の向上に資する都道府県と連携した取り組みに関する事項
⑧　介護給付等対象サービスの提供または地域支援事業の実施のための事業所または施設における業務の効率化、介護サービスの質の向上その他の生産性の向上に資する都道府県と連携した取り組みに関する事項※
⑨　認知症である被保険者の地域における自立した日常生活の支援に関する事項、教育、地域づくりおよび雇用に関する施策その他の関連施策との有機的な連携に関する事項その他の認知症に関する施策の総合的な推進に関する事項
⑩　日常生活圏域ごとの届出が行われている住宅型有料老人ホームおよびサービス付き高齢者向け住宅のそれぞれの入居定員総数
⑪　地域支援事業と高齢者保健事業および国民健康保険保健事業の一体的な実施に関する事項、居宅要介護・要支援被保険者にかかる医療その他の医療との連携に関する事項、高齢者の居住にかかる施策との連携に関する事項その他の被保険者の地域における自立した日常生活の支援のため必要な事項　　　等

※2024（令和６）年４月１日施行

市町村介護保険事業計画は、市町村老人福祉計画と一体のものとして作成され、市町村地域福祉計画および市町村高齢者居住安定確保計画等と調和が保たれたものでなければなりません。

また、市町村介護保険事業計画は、医療介護総合確保法に規定する市町村計画との整合性の確保が図られたものでなければならないとされています。

市町村介護保険事業計画の策定・変更にあたっては、市町村はあらかじめ、被保険者の意見を反映させるために必要な措置を講ずるとともに、「定めるべき事項」の①②に関しては、都道府県の意見を聴かなければなりません。

なお、策定・変更した市町村介護保険事業計画は、遅滞なく、都道府県知事に提出しなければなりません。

過去の出題

市町村介護保険事業計画に定めるべき事項について問われました。 20-12
・地域支援事業の量の見込み
　→○
・介護専用型特定施設入居者生活介護の必要利用定員総数
　→×（都道府県介護保険事業支援計画の定めるべき事項である）
・認知症対応型共同生活介護の必要利用定員総数
　→○

用語解説

市町村老人福祉計画：老人福祉法に基づき、市町村が定める、老人福祉事業の供給体制の確保に関する計画。

用語解説

市町村地域福祉計画：社会福祉法に基づき、市町村が地域福祉の推進に関する事項を一体的に定める計画。

用語解説

市町村計画：医療介護総合確保区域における医療および介護の総合的な確保に関する目標と計画期間等を定める計画。

プラスα

「定めるよう努める事項」については、市町村は都道府県の意見をあらかじめ聴く必要はありません。

プラスα

都道府県知事は、市町村に対し、市町村介護保険事業計画作成上の技術的事項について必要な助言をすることができます。

プラスα

2024（令和6）年4月1日より、市町村および都道府県は、市町村介護保険事業計画および都道府県介護保険事業支援計画の作成にあたっては、住民の加齢に伴う身体的、精神的および社会的な特性を踏まえた医療および介護の効果的かつ効率的な提供の重要性に留意することとなりました。

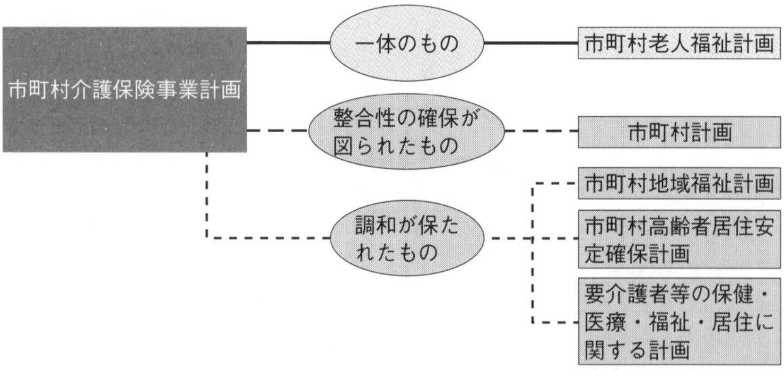

3. 都道府県介護保険事業支援計画

過去の出題

都道府県介護保険事業支援計画で定める事項について問われました。（22再-10）

- 介護サービス情報の公表に関する事項 →○
- 介護保険施設の種類ごとの必要入所定員総数の見込み →○

用語解説

介護専用型特定施設：特定施設として指定を受けた有料老人ホーム、養護老人ホーム、軽費老人ホームで、入居者が要介護者とその配偶者等に限られる施設。

用語解説

混合型特定施設：介護専用型特定施設以外の特定施設。要介護者だけでなく保険給付の必要のない者も入居している。

用語解説

都道府県老人福祉計画：老人福祉法に基づき、市町村老人福祉計画の達成に資するため、都道府県が定める、老人福祉事業の供給体制の確保に関する計画。

都道府県介護保険事業支援計画も、「基本指針」に即して、3年を1期として策定されます。次の事項を定めるとされています。

● 定めるべき事項

① 老人福祉圏域ごとに、当該区域における各年度の介護専用型特定施設入居者生活介護、地域密着型特定施設入居者生活介護および地域密着型介護老人福祉施設入所者生活介護にかかる必要利用定員総数、介護保険施設の種類ごとの必要入所定員総数その他の介護給付等対象サービスの量の見込み

② 市町村によるその自立支援等施策への支援に関し、都道府県が取り組むべき施策に関する事項

③ ②に掲げる事項の目標に関する事項

また、①～③のほか、次の事項について定めるよう努めるものとされています。

● 定めるよう努める事項

④ 介護保険施設等における生活環境の改善を図るための事業に関する事項

⑤ 介護サービス情報の公表に関する事項

⑥ 介護支援専門員その他の介護給付等対象サービスおよび地域支援事業に従事する者の確保および資質の向上に資する事業に関する事項

⑦ 介護給付等対象サービスの提供または地域支援事業の実施のための事業所または施設における業務の効率化、介護サービスの質の向上その他の生産性の向上に資する事業に関する事項※

⑧ 介護予防・日常生活支援総合事業および包括的支援事業に関する市町村相互間の連絡調整を行う事業に関する事項

⑨ 老人福祉圏域ごとの届出が行われている住宅型有料老人ホームおよびサービス付き高齢者向け住宅のそれぞれの入居定員総数 等

※2024（令和6）年4月1日施行

都道府県介護保険事業支援計画は、都道府県老人福祉計画と一体のものとして作成され、都道府県地域福祉支援計画や都道府県高齢者居住安定確保計画等と調和が保たれたものでなければなりません。

また、都道府県介護保険事業支援計画は、在宅医療と介護の連携を推進するため、医療介護総合確保法に規定する都道府県計画および医療法に規定する医療計画との整合性の確保が図られたものでなければならないとされています。

なお、策定・変更した都道府県介護保険事業支援計画は、遅滞なく、厚生労働大臣に提出しなければなりません。

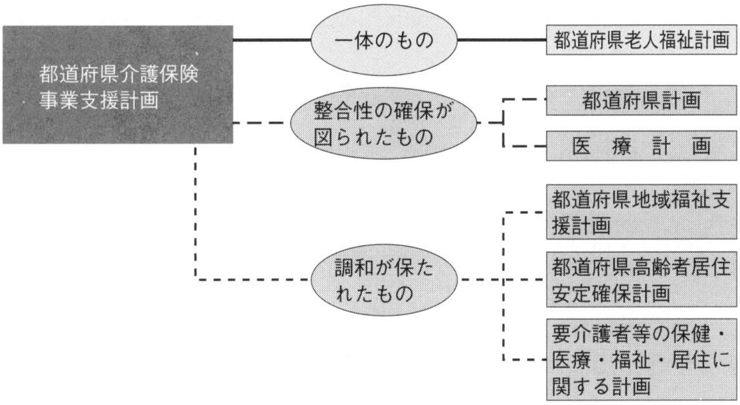

用語解説

都道府県地域福祉支援計画：社会福祉法に基づき、都道府県が、市町村の地域福祉の支援に関する事項を一体的に定める計画。

用語解説

医療計画：都道府県における医療提供体制の確保を図るための計画。がん、脳卒中、心筋梗塞等の心血管疾患、糖尿病および精神疾患（5疾病）の治療または予防にかかる事業等を定める。

プラスα

厚生労働大臣は、都道府県に対し、都道府県介護保険事業支援計画の作成上重要な技術的事項について必要な助言をすることができます。

4. 保険者等による地域分析と対応

●介護保険事業（支援）計画の策定を通じたPDCAサイクルのしくみ

介護保険制度では、市町村介護保険事業計画、都道府県介護保険事業支援計画の策定を通じた、PDCAサイクルのしくみが位置づけられています。

市町村介護保険事業計画の策定を通じたPDCAサイクルのしくみ

① 被保険者の心身の状況、その置かれている環境等の正確な把握および国から提供されたデータ（介護保険等関連情報）の分析
② ①を勘案した、市町村が取り組むべき施策とその目標を位置づけた市町村介護保険事業計画の策定（＊）
③ 市町村介護保険事業計画に定められた施策の実施状況および目標の達成状況に関する調査および分析、市町村介護保険事業計画の実績に関する評価
④ 評価結果の公表および都道府県知事への報告

＊2025（令和7）年4月1日より、市町村は、①の結果を勘案するとともに、都道府県における外来医療にかかる医療提供体制の確保に関する協議の結果を考慮して、市町村介護保険事業計画を作成するよう努めるものとされた。
※都道府県介護保険事業支援計画の策定を通じたPDCAサイクルのしくみも上記①～④の流れである（④評価結果の公表および厚生労働大臣への報告となっている）。

用語解説

PDCAサイクル：Plan（計画）→Do（実行）→Check（評価）→Action（改善）を継続的に繰り返すことで、業務の質を継続的に向上させること。

アドバイス

PDCAサイクルのAはAssessment（事前評価）のことではなくて、Action（改善）のAです。

アドバイス

市町村による取り組みに対する支援に関し、都道府県が取り組むべき施策を、都道府県介護保険事業支援計画に定め、市町村介護保険事業計画と同様に「支援施策の実施、目標達成状況にかかる調査・分析、実績に関する評価」を行います。

プラスα

厚生労働大臣は、必要があると認めるときは、都道府県、市町村、介護サービス事業者および特定介護予防・日常生活支援総合事業（第１号訪問事業、第１号通所事業、第１号生活支援事業）を行う者に対し、右記の①～④に関する情報（**介護保険等関連情報**）を提供するよう求めることができます。

過去の出題

介護保険等関連情報の調査及び分析について問われました。26-10

・厚生労働大臣は、特定介護予防・日常生活支援総合事業を行う者に対し、介護保険等関連情報を提供するよう求めることができる。
→○

用語解説

インセンティブ：動機づけ、目標を達成するための誘因、刺激などという意味。

用語解説

自立支援等施策：被保険者の地域における自立した日常生活の支援、要介護状態等となることの予防または要介護状態等の軽減もしくは悪化の防止および介護給付等に要する費用の適正化に関する取り組みのことをいう。

●市町村介護保険事業計画の作成等のための調査および分析等

厚生労働大臣は、市町村介護保険事業計画および都道府県介護保険事業支援計画の作成、実施および評価などに資するため、次に掲げる事項に関する情報について**調査**および**分析**を行い、その結果を**公表**するものとされています。

①　介護費用に関する地域別、年齢別または要介護認定および要支援認定別の状況等
②　被保険者の要介護認定および要支援認定における調査に関する状況等
③　要介護者等の心身の状況等やこれらの者に提供されるサービス内容等
④　地域支援事業の実施状況等

※①②は公表しなければならないが、③④は公表するよう努めるとされている。

また、市町村は、**厚生労働大臣**に対し、①②に掲げる事項に関する情報を提供しなければなりません。

●財政的インセンティブの付与

保険者のさまざまな取り組みの達成状況を評価できるよう、市町村等に対する財政的インセンティブが位置づけられています。

具体的には、**国**は、市町村による自立支援等施策を支援するため、市町村に対し、予算の範囲内において、**交付金**を交付します。

なお、2018（平成30）年度から自立支援・重度化防止等に向けて創設された国から市町村への新たな交付金のことを**保険者機能強化推進交付金**といいます。

また、都道府県による介護保険事業の実施の状況に関する情報の分析の支援、市町村の自立支援等施策の支援のための事業にかかる取り組みを支援するため、都道府県に対し、予算の範囲内において、**交付金**を交付することとされています。

5. 介護保険事業計画と事業者・施設の指定

●介護専用型特定施設入居者生活介護の指定等

都道府県知事は、次の施設・サービスについては、入所・利用定員の総数が、都道府県介護保険事業支援計画に定める**必要入所・利用定員総数にすでに達しているか**、または**申請にかかる指定・開設等によってこれを超えることになる**ときなどは、**指定（許可）**

をしないことができます。

① 介護老人保健施設
② 介護医療院
③ 介護専用型特定施設入居者生活介護
④ 混合型特定施設入居者生活介護

市町村長は、次の施設・サービスについては、利用定員の総数が、市町村介護保険事業計画に定める必要利用定員総数にすでに達しているか、または申請にかかる指定によってこれを超えることになるときは、指定をしないことができます。

① 認知症対応型共同生活介護
② 地域密着型特定施設入居者生活介護
③ 地域密着型介護老人福祉施設入所者生活介護

●居宅サービス等の指定にかかる市町村長の関与

関係市町村長は、都道府県知事に対し、居宅サービス（特定施設入居者生活介護を除く）、介護予防サービスにかかる指定について、指定をしようとするときは、あらかじめ、その旨を通知するよう求めることができます。

都道府県知事は、その求めに応じなければならず、関係市町村長は、都道府県知事に対して、市町村介護保険事業計画との調整を図る見地から指定に関し意見を申し出ることができます（72頁参照）。

●居宅サービスの指定にかかる市町村長と都道府県知事との協議

市町村長は、都道府県知事に対し、訪問介護、通所介護および短期入所生活介護にかかる指定について、市町村介護保険事業計画で定める定期巡回・随時対応型訪問介護看護等の見込量の確保のため必要な協議を求めることができます。都道府県知事は、その求めに応じなければなりません。そのうえで、都道府県知事は、市町村長との協議の結果に基づき、居宅サービスの指定をしないこととし、または指定を行うにあたって、定期巡回・随時対応型訪問介護看護等の事業の適正な運営を確保するために必要と認める条件を付すことができます。

プラスα
都道府県介護保険事業支援計画においては、「定めるべき事項」「定めるよう努める事項」のほかに、老人福祉圏域ごとに、各年度の混合型特定施設入居者生活介護にかかる必要利用定員総数を定めることができます。

アドバイス
都道府県介護保険事業支援計画の達成に支障を生ずるおそれがあると認めるときも指定（許可）をしないことができます。

プラスα
特別養護老人ホーム（特養）については、都道府県老人福祉計画の達成に支障を生ずるおそれがあると認めるとき等の場合は、都道府県知事は、老人福祉法の規定による特養を認可しないことができます。

アドバイス
市町村介護保険事業計画の達成に支障を生ずるおそれがあると認めるときも指定しないことができます。

プラスα
都道府県知事は、関係市町村長の意見を勘案したうえで、指定を行うにあたり、事業の適正な運営を確保するために必要と認める条件を付すことができます。

プラスα
定期巡回・随時対応型訪問介護看護等とは、定期巡回・随時対応型訪問介護看護のほか、小規模多機能型居宅介護、看護小規模多機能型居宅介護をいいます。

アドバイス

地域密着型通所介護を指定しないことができることについては、77頁を参照してください。

●地域密着型通所介護にかかる指定

市町村長は、①定期巡回・随時対応型訪問介護看護等の事業所が市町村の区域にある場合および②定期巡回・随時対応型訪問介護看護等について公募指定にかかる公募を行っている場合であって、かつ、地域密着型通所介護の量が、市町村介護保険事業計画で定める見込量にすでに達しているなどの場合に該当すると認めるときは、地域密着型通所介護を指定しないことができます。

基礎理解度 CHECK!!

□□ 1 ▶ 基本指針は、都道府県が定める。

□□ 2 ▶ 市町村介護保険事業計画は、5年を1期として策定される。

□□ 3 ▶ 都道府県介護保険事業支援計画では、認知症対応型共同生活介護の必要利用定員総数の見込みを定めるものとされている。

□□ 4 ▶ 国は、各年度における地域支援事業の量の見込みを定めなければならない。

□□ 5 ▶ 市町村介護保険事業計画では、介護保険施設の種類ごとの必要入所定員総数の見込みを定めるものとされている。

□□ 6 ▶ 都道府県介護保険事業支援計画では、介護サービス情報の公表に関する事項を定めるよう努める。

□□ 7 ▶ 都道府県介護保険事業支援計画では、介護支援専門員の資質の向上に資する事業に関する事項を定めるよう努める。

□□ 8 ▶ 市町村介護保険事業計画は、市町村地域福祉計画と一体のものとして作成する。

□□ 9 ▶ 都道府県介護保険事業支援計画は、医療計画との整合性の確保が図られたものとして作成する。

□□ 10 ▶ 市町村介護保険事業計画を変更したときは、遅滞なく、厚生労働大臣に提出しなければならない。

1 ✕ 基本指針は、国（厚生労働大臣）が定める。

2 ✕ 市町村介護保険事業計画と都道府県介護保険事業支援計画は、ともに3年を1期として策定される。

3 ✕ 認知症対応型共同生活介護の必要利用定員総数の見込みは、市町村介護保険事業計画の定めるべき事項に含まれる。

4 ✕ 各年度における地域支援事業の量の見込みは、市町村介護保険事業計画の定めるべき事項に含まれる。

5 ✕ 介護保険施設の種類ごとの必要入所定員総数の見込みは、都道府県介護保険事業支援計画の定めるべき事項に含まれる。

6 ○

7 ○

8 ✕ 市町村介護保険事業計画と一体のものとして作成されるのは、市町村老人福祉計画である。市町村地域福祉計画は、市町村介護保険事業計画と調和が保たれたものとして作成される。

9 ○

10 ✕ 市町村介護保険事業計画を変更したときは、遅滞なく、都道府県知事に提出しなければならない。

ランク A

12 保険財政と財政安定化基金等

介護保険は、被保険者の保険料のほか、一定の公費を財源として運営されています。第1号被保険者と第2号被保険者の保険料の違い、財源の具体的な負担割合、運営主体である市町村への財政支援の体制、財政安定化基金の役割等について、把握しておきましょう。第22回、第23回、第25回試験では、第1号被保険者と第2号被保険者の保険料、調整交付金、社会保険診療報酬支払基金（支払基金）など、第24回試験では財政安定化基金、第24回、第25回試験では介護保険の費用負担、第26回試験では支払基金が出題されています。

1. 財政構造

介護保険の法定給付に要する費用（介護給付費）は、公費と保険料がそれぞれ50％で構成されています。なお、市町村特別給付に要する費用は、原則、その市町村の第1号被保険者の保険料により賄われます。

公費負担

50％の公費のうち、国庫負担分は、すべての市町村（保険者）に一律に交付される20％（施設等給付費は15％）の定率負担と、市町村の財政力に応じて交付される調整交付金（総額で保険給付費の5％）で構成されています。

調整交付金は次を考慮して算定されます。

① 第1号被保険者の年齢階級別の分布状況（75歳以上の者の割合）
② 第1号被保険者の所得の分布状況
③ 災害時における保険料の減免等、保険者の責によらない事由

①および②を普通調整交付金、③を特別調整交付金といいます。

保険給付と地域支援事業の費用負担構造

		国	都道府県	市町村（一般会計）	第1号保険料	第2号保険料
介護給付費	居宅給付費	25.0％（※）	12.5％	12.5％	23.0％	27.0％
	施設等給付費	20.0％（※）	17.5％	12.5％	23.0％	27.0％
地域支援事業	総合事業	25.0％（※）	12.5％	12.5％	23.0％	27.0％
	包括的支援事業 任意事業	38.5％	19.25％	19.25％	23.0％	なし

注1：「総合事業」とは、「介護予防・日常生活支援総合事業」をいう。
2：※は調整交付金を含む。

プラスα
法定給付とは、介護費用から利用者負担を除いた保険給付（介護給付および予防給付）の部分のことをいいます。

用語解説
公費：租税を財源とする国および地方公共団体（都道府県・市町村）の負担金。

アドバイス
市町村特別給付は、47頁を参照してください。

アドバイス
調整交付金は、国が市町村に交付します。市町村の財政力の強弱に応じて傾斜的に交付されます。

プラスα
介護保険事業にかかる事務費は、全額、各市町村の一般財源で賄われています。

用語解説
施設等給付費：都道府県知事に指定権限のある介護保険施設、（介護予防）特定施設入居者生活介護にかかる給付費。

用語解説
居宅給付費：施設等給付費以外の給付費。

過去の出題

介護保険の費用の負担について問われました。
21-11 24-12 25-9

・国の負担は、定率の負担金と調整交付金からなる。
→○

・調整交付金の交付については、市町村の第1号被保険者の所得の分布状況も考慮する。
→○

・介護給付及び予防給付に要する費用の50％は、公費により賄われる。
→○

・施設等給付に係る都道府県の負担割合は、17.5％である。
→○

・特別調整交付金は、第1号被保険者総数に占める後期高齢者の加入割合などにより、市町村ごとに算定される。
→×（設問は普通調整交付金のことである）

・国は、介護給付及び予防給付に要する費用の30％を負担する。
→×（居宅給付費は25％、施設等給付費は20％を負担する）

介護保険制度の財源

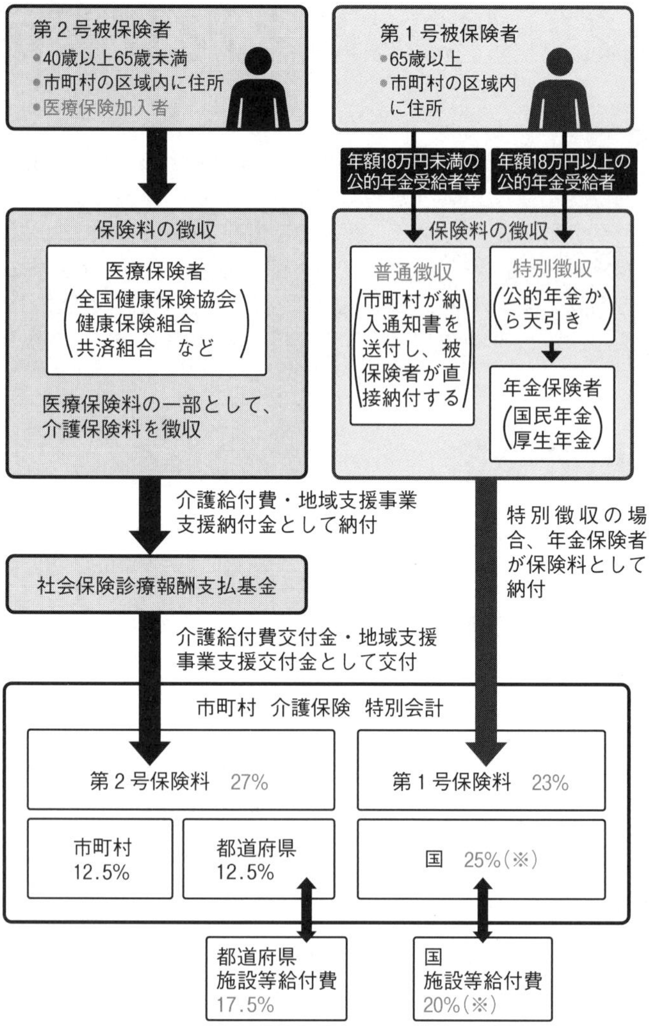

注：※は調整交付金を含む。

保険料負担

保険料は、第1号被保険者と第2号被保険者の1人あたりの平均的な保険料が同じ水準となるよう、負担割合は国によって政令で3年ごとに定められています。2021～2023（令和3～5）年度の負担割合は、第1号被保険者が23％、第2号被保険者が27％となっています。

第1号被保険者の保険料は、市町村が特別徴収または普通徴収によって徴収します。第2号被保険者の保険料は、各医療保険者が医療保険料に上乗せして徴収し、社会保険診療報酬支払基金を通して市町村に交付されます。

プラスα

第1号被保険者と第2号被保険者の負担割合は、全市町村の被保険者見込総数に占める第2号被保険者の見込総数の割合の2分の1の率（介護給付費中の保険料負担の割合を反映）を基準とし、3年ごとに定められます。

2. 第１号被保険者にかかる保険料

● 保険料の算定

第１号被保険者の保険料の額は、政令で定める基準に従い、各市町村が条例で定める保険料率に基づいて算定されます。保険料率は、市町村介護保険事業計画に定める介護給付等対象サービスの見込み量等を踏まえて３年に１度設定され、個々の被保険者の保険料は、負担能力に応じた９段階の所得段階別定額保険料となっています。なお、市町村は条例により、区分をさらに細分化することや各段階の保険料率を変更することができます。

アドバイス

「保険料率の設定」については高い頻度で出題されています。「３年に１度」は、覚えておきましょう。過去問でも問われました。 22-9

所得段階別定額保険料

所得段階	対象者	保険料
第１段階	・生活保護受給者 ・市町村民税世帯非課税かつ老齢福祉年金受給者 ・市町村民税世帯非課税かつ本人年金収入等 80 万円以下	基準額×0.3
第２段階	・市町村民税世帯非課税かつ本人年金収入等 80 万円超 120 万円以下	基準額×0.5
第３段階	・市町村民税世帯非課税かつ本人年金収入等 120 万円超	基準額×0.7
第４段階	・市町村民税本人非課税（世帯に課税者がいる）かつ本人年金収入等 80 万円以下	基準額×0.9
第５段階	・市町村民税本人非課税（世帯に課税者がいる）かつ本人年金収入等 80 万円超	基準額×1.0
第６段階	・市町村民税本人課税かつ合計所得金額が 120 万円未満	基準額×1.2
第７段階	・市町村民税本人課税かつ合計所得金額が 120 万円以上 210 万円未満	基準額×1.3
第８段階	・市町村民税本人課税かつ合計所得金額が 210 万円以上 320 万円未満	基準額×1.5
第９段階	・市町村民税本人課税かつ合計所得金額が 320 万円以上	基準額×1.7

注：第１段階～第３段階の保険料については、消費税率 10％への引き上げに伴い、軽減が強化されている。

● 特別徴収

年額 18 万円以上の公的な老齢年金（または退職年金）、遺族年金、障害年金を受給している第１号被保険者の保険料は、年金保険者が年金から天引きして市町村に納入する特別徴収のしくみがとられています。

過去の出題

第１号被保険者の保険料について問われました。 25-10

・政令で定める基準に従い市町村が条例で定める。 →○

● 普通徴収

老齢年金等の額が年額 18 万円に満たない者等は、特別徴収が難しいため、市町村が第１号被保険者に納入通知書を送付して保険料を徴収する普通徴収のしくみがとられています。

- **普通徴収による保険料の納期は、市町村が条例により定める**
- **生計の同一性等が着目され、第１号被保険者の配偶者および世帯主に、保険料の連帯納付義務が課せられる**

プラスα

第１号被保険者である被保護者（生活保護受給者）の介護保険料は、一定の条件を満たせば、被保護者に代わり、福祉事務所等が、直接、市町村に支払うことができます。

● 普通徴収の収納等の事務の委託について

➡普通地方公共団体の長（市町村長・都道府県知事等）が指定する指定公金事務取扱者が介護保険料の収納などの事務を行うことができる（2024（令和6）年4月1日より）。

● 第1号被保険者の保険料滞納者に対する措置

第1号被保険者で介護保険料を滞納している要介護者等へは、市町村が段階的に次のような措置をとることができます。

① 1年以上滞納した場合、保険給付の支払方法を変更し、現物給付の保険給付を償還払い化する
② 1年6か月以上滞納した場合、保険給付の全部または一部の支払いを一時差し止める
③ なお納付しない場合、差し止められた保険給付の額から滞納保険料を控除（相殺）し減額する

第1号被保険者の保険料滞納者に対する措置の流れ

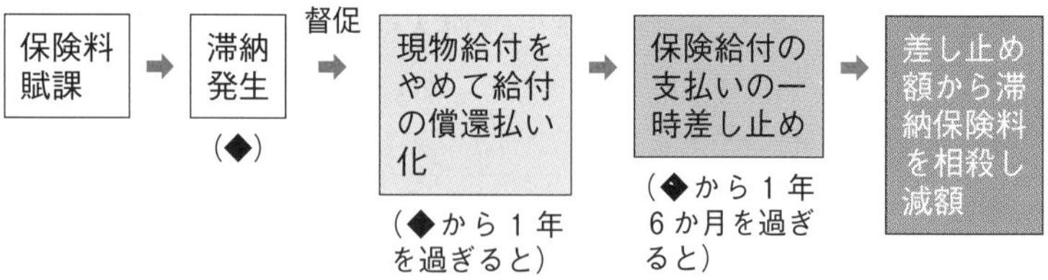

第1号被保険者が要介護認定等を受ける前に保険料を滞納し、保険料徴収権が時効（2年）により消滅した期間がある場合（56頁参照）には、その期間と所得に応じ、給付率が9割（または8割）から7割（給付率が7割の場合6割）に引き下げられます（つまり、自己負担が1割（または2割）から3割（4割）に増えます）。かつ、高額介護（介護予防）サービス費、高額医療合算介護（介護予防）サービス費、特定入所者介護（介護予防）サービス費、特例特定入所者介護（介護予防）サービス費は支給されません。

ただし、保険料の滞納につき災害その他の特別の事情があると認められる場合は適用されません。

● 保険料の減免等

市町村は、災害により負担能力の減退が認められる等、特別の理由がある者については、条例により、保険料の減免や徴収猶予をすることができます。

過去の出題

第1号被保険者の保険料の普通徴収について問われました。（25-10）
・普通徴収の方法によって徴収する保険料については、世帯主に連帯納付義務がある。
→○
・普通徴収の方法によって徴収する保険料の納期は、政令で定める。
→×（市町村の条例で定める。15頁参照）

過去の出題

第1号被保険者の保険料滞納者への措置について問われました。（20-13）
・保険給付の支払方法の変更
→○
・保険給付の全部又は一部の支払の一時差止
→○
・区分支給限度基準額の減額
→×（保険給付の額が減額される）

過去の出題

介護保険制度について問われました。（22再-1）
・給付率は、被保険者個人の保険料の納付状況にかかわらず、常に一定である。
→×（滞納することで給付率が9割等→7割等になる）

保険料が減免される例

- 震災・風水害・火災等で住宅等の財産が著しく損害を受けたこと
- 主たる生計維持者の死亡、心身の重大な障害や長期入院で収入が著しく減少したこと
- 事業の休廃止や著しい損失、失業等で収入が著しく減少したこと
- 干ばつ、冷害等による農作物の不作や不漁等で収入が著しく減少したこと

なお、第１号被保険者の保険料の減免措置について、以下の方法は認められていません。

① 保険料の全額免除
② 収入のみに着目した一律の減免
③ 一般財源繰入による保険料減免分の補塡《ほてん》

過去の出題

第１号被保険者の保険料の減免について問われました。22-9 25-10
・保険料減免の対象者は、政令で定められる。
→×（市町村の条例で定める）
・条例で定めるところにより、特別の理由がある者に対し、保険料を減免し、又はその徴収を猶予することができる。
→○

3. 第２号被保険者にかかる保険料

保険料の算定

第２号被保険者の保険料は、算定方法が医療保険者ごとに定められているため、保険者によって異なります。また、第２号被保険者の介護保険料については、医療保険料と同様に、健康保険では事業主負担があります。

第２号被保険者の保険料徴収の流れ

第２号被保険者が負担する保険料（第２号保険料）は、各医療保険者が、医療保険料の一部として徴収し、それを一括して社会保険診療報酬支払基金（支払基金）に介護給付費・地域支援事業支援納付金として納付します。

支払基金はこれを、各市町村の介護保険特別会計に、第２号被保険者負担割合（27％）に応じて、介護給付費交付金および地域支援事業支援交付金として交付します。

過去の出題

介護保険の第２号被保険者の介護保険料について問われました。20-4
・健康保険の被保険者に係る介護保険料には、事業主負担がある。
→○

プラスα

第２号被保険者が医療保険料を滞納している場合、市町村は、保険給付の支払方法の変更（償還払い）、保険給付の全部または一部につき、支払いの一時差し止めができます。

過去の出題

介護保険料について問われました。23-11
・国民健康保険に加入する第２号被保険者の保険料は、都道府県が徴収する。
→×（医療保険者が徴収する）

過去の出題

社会保険診療報酬支払基金の介護保険関係業務について問われました。
22-11 25-9 26-12

- 市町村に対し介護給付費交付金を交付する。
  →○
- 介護保険財政の収入不足が生じた市町村に不足額を交付する。
  →×（財政安定化基金の業務）
- 医療保険者から介護給付費・地域支援事業支援納付金を徴収する。
  →○
- 地域支援事業支援交付金は、社会保険診療報酬支払基金が医療保険者から徴収する納付金をもって充てる。
  →○
- 第1号被保険者の保険料に係る特別徴収を行う。
  →×（年金保険者の業務）
- 介護保険サービスに関する苦情への対応を行う。
  →×（国保連の業務）

第2号被保険者の保険料の流れ

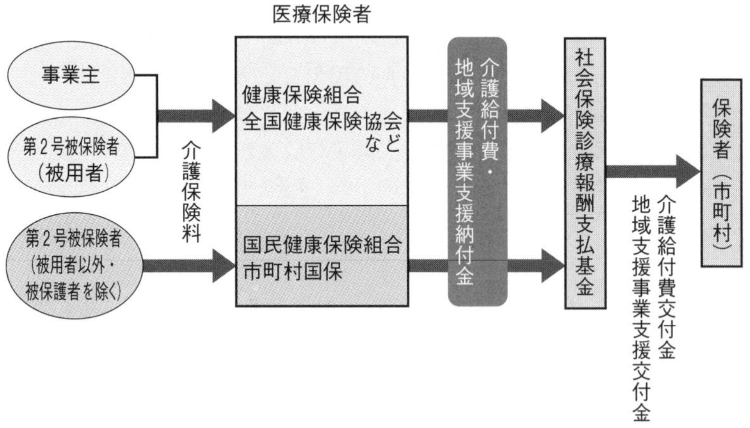

介護給付費・地域支援事業支援納付金

医療保険者から徴収する介護給付費・地域支援事業支援納付金の額については、被用者保険の保険者と国民健康保険の保険者とで負担のしくみが異なります。被用者保険の保険者については、当該保険に加入している第2号被保険者の標準報酬の合計額（標準報酬総額）に比例した額を負担し(※)、国民健康保険の保険者については、当該保険に加入している第2号被保険者の人数に比例した額（加入者按分）を負担します。

※報酬額に比例して負担するしくみを総報酬割あるいは所得按分という。

4. 社会保険診療報酬支払基金の業務

用語解説

社会保険診療報酬支払基金：
医療保険における診療報酬の審査・支払いを医療機関に行う機関。介護保険関係業務も行う。

アドバイス

過去問では、右記の支払基金の介護保険関係業務の①②③について問われました。
18-15 22-11 25-9 26-12

社会保険診療報酬支払基金（支払基金）は、介護保険関係業務として、以下のような業務を行います。

① 医療保険者から介護給付費・地域支援事業支援納付金を徴収すること
② 市町村に対し介護給付費交付金を交付すること
③ 市町村に対し地域支援事業支援交付金を交付すること
④ ①～③の業務に附帯する業務を行うこと

また、支払基金は、医療保険者に対し、毎年度、医療保険加入者（40歳以上65歳未満のものに限る）の数などに関する報告を求めるほか、納付金の徴収にかかる業務に関し必要があると認めるときは、文書その他の物件の提出を求めることができます。

改正による支払基金の新たな業務

改正法の公布の日（2023（令和５）年５月19日）から４年以内の政令で定める日から、地域支援事業に新たに追加される、被保険者や介護サービス事業者その他の関係者が被保険者に係る情報を共有・活用することを促進する事業について、**市町村**は情報の収集、整理、利用または提供に関する事務を**社会保険診療報酬支払基金**に委託できるようになります。

5. 財政安定化基金等

財政安定化基金

介護保険では、市町村の介護保険財政の安定化を図るため、**都道府県**に**財政安定化基金**が設置され、以下の事業が行われています。

①　通常の努力を行ってもなお生じる**保険料未納**により、介護保険財政の収入不足が生じた場合に、不足額の**２分の１**を基準として交付金を**交付**する（残りの不足額分については貸付）
②　**見込みを上回る給付費の増大**等のため介護保険財政に不足（収支不均衡）が生じた場合に、必要な資金を**貸し付ける**

②の資金の**貸付**を受けた市町村は、借入れをした期の次の期（**１期＝３年**）の市町村介護保険事業計画の計画期間において、その市町村の**第１号被保険者の保険料**を財源として、**３年間**の分割で基金に返済（無利子）します。

財政安定化基金の財源は、国、都道府県、市町村が**それぞれ３分の１ずつ**負担し、市町村の負担分は**第１号被保険者の保険料**で賄います。

過去の出題

財政安定化基金について問われました。
21-12　24-11
・財源の負担割合は、国２分の１、都道府県４分の１、市町村４分の１である。
　→×（国、都道府県、市町村がそれぞれ３分の１ずつ負担する）

プラスα

例えば、第９期介護保険事業計画の計画期間中に貸与を受けた場合は、第10期で返済します（費用は第１号被保険者の保険料に上乗せ）。

過去の出題

財政安定化基金について問われました。
17-3　24-11
・その財源には、第２号被保険者の保険料も充当する。
　→×（第１号被保険者の保険料を充当）

市町村相互財政安定化事業

市町村は、財政単位の広域化による財政安定と市町村間の保険料格差の是正を図るため、他の市町村と共同して、保険給付費等の総額と収入総額とが均衡するような共通の**調整保険料率**を設定し、広域的な保険財政の調整を図ることができます。これを**市町村相互財政安定化事業**といいます。

基礎理解度CHECK!!

□□ 1 ▸ 介護給付および予防給付に要する費用の25％は、公費により賄われる。

□□ 2 ▸ 調整交付金の交付については、市町村の第２号被保険者の年齢階級別の分布状況等を勘案して交付される。

□□ 3 ▸ 施設等給付にかかる都道府県の負担割合は、17.5％である。

□□ 4 ▸ 第１号被保険者の保険料率は、３年に１度その市町村の条例で定められる。

□□ 5 ▸ 所得段階別定額保険料は、都道府県の条例により、区分を細分化することができる。

□□ 6 ▸ 第１号被保険者の介護保険料の徴収は、普通徴収が基本とされている。

□□ 7 ▸ 市町村が第１号被保険者に対して納入通知書を送付し、直接保険料を徴収する方法を特別徴収という。

□□ 8 ▸ 普通徴収による第１号被保険者の保険料については、その子に対し連帯納付義務がある。

□□ 9 ▸ 保険料減免の対象者は、政令で定められる。

□□ 10 ▸ 市町村は、要介護被保険者の属する世帯の生計維持者の収入が、主たる生計維持者の死亡により著しく減少した場合、定率の利用者負担を減免できる。

□□ 11 ▸ 第２号被保険者の保険料は、市町村が徴収し、社会保険診療報酬支払基金に納付する。

□□ 12 ▸ 第２号被保険者の保険料負担分は、各医療保険者から各市町村に交付される。

□□ 13 ▸ 財政安定化基金は、国に設置される。

□□ 14 ▸ 財政安定化基金の財源の負担割合は、国、都道府県、市町村が各３分の１ずつ負担する。

---

1 ✕ 介護給付および予防給付に要する費用の50％は、公費により賄われる。

2 ✕ 調整交付金の交付については、市町村の第１号被保険者の年齢階級別の分布状況（75歳以上の者の割合）や市町村の第１号被保険者の所得の分布状況等を勘案して交付される。

3 ○

4 ○

5 ✕ 所得段階別定額保険料は、市町村の条例により、区分を細分化することができる。

6 ✕ 第１号被保険者の介護保険料の徴収は、特別徴収が基本とされている。

7 ✕ 市町村が第１号被保険者に対して納入通知書を送付し、直接保険料を徴収する方法を普通徴収という。

8 ✕ 普通徴収による第１号被保険者の保険料については、その配偶者および世帯主に連帯納付義務がある。

9 ✕ 保険料減免の対象者は、市町村の条例で定められる。

10 ○

11 ✕ 第２号被保険者の保険料は、医療保険の各保険者が医療保険料の一部として徴収し、介護給付費・地域支援事業支援納付金として、一括して社会保険診療報酬支払基金に納付する。

12 ✕ 第２号被保険者の保険料負担分は、社会保険診療報酬支払基金から各市町村に交付される。

13 ✕ 財政安定化基金は、都道府県に設置される。

14 ○

ランクA

13 地域支援事業等

地域支援事業は、被保険者が要介護状態または要支援状態（要介護状態等）となることを予防し、社会に参加しつつ、地域において自立した日常生活を営むことができるよう支援することを目的とします。第22回試験では包括的支援事業、第1号介護予防支援事業、第23回試験では任意事業、第24回試験では介護予防・日常生活支援総合事業、第25回試験では介護予防・生活支援サービス事業と包括的支援事業、第26回試験では包括的支援事業と地域ケア会議の機能が出題されています。それぞれの業務や事業を把握しておきましょう。

1. 地域支援事業

地域支援事業は、①**介護予防·日常生活支援総合事業**（101頁）、②**包括的支援事業**（地域包括支援センターの運営、社会保障充実分）（106頁）、③**任意事業**（112頁）から構成されます。

アドバイス

左記の①②は、必須事業になっています。

地域支援事業の事業構成

介護予防・日常生活支援総合事業	**1　介護予防・生活支援サービス事業（第1号事業）** ①　訪問型サービス（第1号訪問事業） ②　通所型サービス（第1号通所事業） ③　その他生活支援サービス（第1号生活支援事業） ④　介護予防ケアマネジメント（第1号介護予防支援事業） **2　一般介護予防事業** ①　介護予防把握事業 ②　介護予防普及啓発事業 ③　地域介護予防活動支援事業 ④　一般介護予防事業評価事業 ⑤　地域リハビリテーション活動支援事業 （一体的運営）
包括的支援事業	**1　包括的支援事業（地域包括支援センターの運営）** ①　第1号介護予防支援事業（要支援者にかかるものを除く） ②　総合相談支援業務（※1） ③　権利擁護業務 ④　包括的・継続的ケアマネジメント支援業務 **2　包括的支援事業（社会保障充実分）** ①　在宅医療・介護連携推進事業（※2） ②　生活支援体制整備事業（※2） ③　認知症総合支援事業（※2） ④　地域ケア会議推進事業
任意事業	①　介護給付等費用適正化事業 ②　家族介護支援事業 ③　その他の事業

※1　2024（令和6）年4月1日から、地域包括支援センターの設置者は、指定居宅介護支援事業者等に事業の一部を委託できることとなった。

※2　市町村は、地域包括支援センター以外にも委託できる。

実施主体

実施主体は、市町村です。市町村の責任のもとに実施されますが、①介護予防・日常生活支援総合事業、②包括的支援事業、③任意事業の各事業については、地域の実情に応じ、利用者、サービス内容および利用料の決定を除いて、法令等の基準に適合する者に委託することができます。

実施方法

地域支援事業の実施にあたっては、地域包括支援センターが重要な役割を担います。特に、地域包括ケアを有効に機能させるために、保健師、主任介護支援専門員、社会福祉士等の各々の専門職の知識を活かしながら、業務全体を「チーム」として行い高齢者を支えていく必要があります。

住所地特例の扱い

住所地特例対象施設に入所・入居している住所地特例適用被保険者（23頁参照）に対する地域支援事業の実施については、その施設が所在する市町村が行います。ただし、任意事業については、転居前の市町村（転居前の市町村とは、被保険者が介護保険料を納めている市町村、つまり、保険者である市町村）も行うことができます。

利用料

地域支援事業の実施について、市町村および市町村から委託を受けた者または第１号事業（介護予防・生活支援サービス事業）の指定事業者は、地域支援事業の利用者に対し、介護予防把握事業に係る費用を除き、利用料を請求することができます。

地域支援事業の上限額等

地域支援事業は、市町村における介護予防に関する事業の実施状況、介護保険の運営状況、75歳以上の被保険者等を勘案して、政令で定める額の範囲内で行われます。

「介護予防・日常生活支援総合事業の上限額」と「包括的支援事業および任意事業の上限額」はありますが、地域支援事業全体としての上限額はありません。

プラスα

2021（令和３）年に地域支援事業実施要綱が改正され、一般介護予防事業における地域介護予防活動支援事業、包括的支援事業（地域包括支援センターの運営）および生活支援体制整備事業については、重層的支援体制整備事業として実施できることが追加されました。

プラスα

2022（令和４）年に地域支援事業実施要綱が一部改正され、新たに下記のことが加わりました。

「認知症の人と家族への一体的支援事業…認知症の人とその家族が、より良い関係性を保ちつつ、希望する在宅生活を継続できるよう、公共スペースや既存施設等を活用して本人と家族が共に活動する時間と場所を設け、本人支援、家族支援及び一体的支援からなる一連のプログラムを実施することにより、本人の意欲向上及び家族の介護負担感の軽減と、家族関係の再構築等を図る。」（109頁「認知症地域支援推進員の業務内容」に追加されたもの）

プラスα

市町村は、新たな地域支援事業として、被保険者の保健医療の向上及び福祉の増進を図るため、被保険者、介護サービス事業者その他の関係者が被保険者に係る情報を共有し活用することを促進する事業を追加することとなりました（2023（令和５）年５月19日から４年以内の政令で定める日から施行）。

地域支援事業の財源

地域支援事業の財源は、介護予防・日常生活支援総合事業については、介護給付や予防給付と同じですが、包括的支援事業と任意事業については第2号保険料が含まれず、第2号被保険者負担分の27％分を国、都道府県・市町村で案分して負担します。

【介護予防・日常生活支援総合事業】

国	都道府県	市町村	第1号保険料	第2号保険料
25%	12.5%	12.5%	23%	27%

【包括的支援事業・任意事業】

国	都道府県	市町村	第1号保険料
38.5%	19.25%	19.25%	23%

介護予防・日常生活支援総合事業

市町村は、被保険者が要介護状態等となることを予防、または要介護状態等の軽減、悪化の防止、地域での自立した日常生活の支援のための施策を総合的・一体的に行うため、厚生労働省令で定める基準に従って、地域支援事業として、介護予防・日常生活支援総合事業を行います。

また、介護予防・日常生活支援総合事業は、市町村が実施主体となり、地域の実情に応じて、従来の介護予防訪問介護・介護予防通所介護により提供された専門的なサービスに加えて住民等の多様な主体が参画し、多様なサービスを充実することにより、地域の支え合いの体制づくりを推進し、要支援者等に対する効果的で効率的な支援を目指すものです。

介護予防・日常生活支援総合事業は、要支援者等に対して必要な支援を行う介護予防・生活支援サービス事業（第1号事業）と、第1号被保険者等に対して介護予防活動等を行う一般介護予防事業からなります。それぞれの事業の対象者は次のとおりです。

	対象者
介護予防・生活支援サービス事業（第1号事業）	居宅要支援被保険者および基本チェックリスト該当者、継続利用要介護者
一般介護予防事業	市町村のすべての第1号被保険者およびその支援のための活動にかかわる者

アドバイス

包括的支援事業と任意事業の財源には、第2号被保険者の保険料は含まれていません。過去問でも問われました。24-4

過去の出題

地域支援事業について問われました。22再-13
・介護予防・日常生活支援総合事業の財源には、第2号被保険者の保険料が含まれる。
→○

プラスα

介護予防・生活支援サービス事業（第1号事業）の対象者に、居宅サービス等のサービスを受ける前から第1号事業のサービスを継続的に利用する要介護者（継続利用要介護者）が追加されました。

過去の出題

介護予防・日常生活支援総合事業について問われました。24-14
・包括的支援事業の一部である。
→×（一部でない。99頁参照）

プラスα

基本チェックリストは、市町村窓口や地域包括支援センターにおいて、生活の困りごと等の相談をした被保険者に対して、利用できるサービスの区分（介護予防・生活支援サービス事業、給付（予防も含む）、一般介護予防事業）の振り分けを行うものです。また、要支援認定を受けなくても、介護予防・生活支援サービス事業等の必要なサービスを利用できるよう、本人状況を確認する簡易判定（審査）ツールでもあります。

基本チェックリスト

記入日：令和　　年　　月　　日（ ）

氏名		住　所		生年月日	
希望するサービス内容					

No.	質問項目	回答：いずれかに○をお付けください	
1	バスや電車で1人で外出していますか	0．はい	1．いいえ
2	日用品の買物をしていますか	0．はい	1．いいえ
3	預貯金の出し入れをしていますか	0．はい	1．いいえ
4	友人の家を訪ねていますか	0．はい	1．いいえ
5	家族や友人の相談にのっていますか	0．はい	1．いいえ
6	階段を手すりや壁をつたわらずに昇っていますか	0．はい	1．いいえ
7	椅子に座った状態から何もつかまらずに立ち上がっていますか	0．はい	1．いいえ
8	15分位続けて歩いていますか	0．はい	1．いいえ
9	この1年間に転んだことがありますか	1．はい	0．いいえ
10	転倒に対する不安は大きいですか	1．はい	0．いいえ
11	6か月間で2～3kg以上の体重減少がありましたか	1．はい	0．いいえ
12	身長　　cm　体重　　kg　（BMI＝　　　）（注）		
13	半年前に比べて固いものが食べにくくなりましたか	1．はい	0．いいえ
14	お茶や汁物等でむせることがありますか	1．はい	0．いいえ
15	口の渇きが気になりますか	1．はい	0．いいえ
16	週に1回以上は外出していますか	0．はい	1．いいえ
17	昨年と比べて外出の回数が減っていますか	1．はい	0．いいえ
18	周りの人から「いつも同じ事を聞く」などの物忘れがあると言われますか	1．はい	0．いいえ
19	自分で電話番号を調べて、電話をかけることをしていますか	0．はい	1．いいえ
20	今日が何月何日かわからない時がありますか	1．はい	0．いいえ
21	（ここ2週間）毎日の生活に充実感がない	1．はい	0．いいえ
22	（ここ2週間）これまで楽しんでやれていたことが楽しめなくなった	1．はい	0．いいえ
23	（ここ2週間）以前は楽にできていたことが今ではおっくうに感じられる	1．はい	0．いいえ
24	（ここ2週間）自分が役に立つ人間だと思えない	1．はい	0．いいえ
25	（ここ2週間）わけもなく疲れたような感じがする	1．はい	0．いいえ

（注）BMI＝体重（kg）÷（身長（m）×身長（m））が18.5未満の場合に該当とする。

事業対象者に該当する基準

①	No. 1～20までの20項目のうち10項目以上に該当	（複数の項目に支障）
②	No. 6～10までの5項目のうち3項目以上に該当	（運動機能の低下）
③	No. 11～12の2項目のすべてに該当	（低栄養状態）
④	No. 13～15までの3項目のうち2項目以上に該当	（口腔機能の低下）
⑤	No. 16に該当	（閉じこもり）
⑥	No. 18～20までの3項目のうちいずれか1項目以上に該当	（認知機能の低下）
⑦	No. 21～25までの5項目のうち2項目以上に該当	（うつ病の可能性）

1）介護予防・生活支援サービス事業（第１号事業）

介護予防・生活支援サービス事業は、第１号介護予防支援事業（介護予防ケアマネジメント）により、一人ひとりの要支援者等の心身の状況、そのおかれている環境その他の状況に応じて、要支援者等の選択に基づき、適切な事業を包括的かつ効率的に実施するものとされています。

①　対象者

対象者は、要支援認定を受けた者（居宅要支援被保険者）と基本チェックリストに該当する第１号被保険者です。また、居宅サービス等のサービスを受ける前から第１号事業のサービスを継続的に利用する要介護者（継続利用要介護者）も対象となります。

基本チェックリスト（102頁）の記入内容が一定の基準（102頁の「事業対象者に該当する基準」のいずれか）に該当した場合に介護予防・生活支援サービス事業の対象（事業対象者）となります。

介護予防・生活支援サービス事業のサービスのみを利用する場合には、要支援認定を受けず、基本チェックリストを用いた簡易な形で、事業対象者とすることが可能となります。

②　事業構成

介護予防・生活支援サービス事業は、104頁の[1]訪問型サービス（第１号訪問事業）、[2]通所型サービス（第１号通所事業）、[3]その他生活支援サービス（第１号生活支援事業）、[4]介護予防ケアマネジメント（第１号介護予防支援事業）の４つのサービスにより構成されます。

訪問型サービス（第１号訪問事業）は、主に①から⑤の５つのサービス類型があります（104頁参照）。①の訪問介護は、2014（平成26）年の法改正前の介護予防訪問介護に相当するものです。通所型サービス（第１号通所事業）は、主に①から④の４つのサービス類型があります（104頁参照）。①の通所介護は、2014（平成26）年の法改正前の介護予防通所介護に相当するものです。また、その他生活支援サービス（第１号生活支援事業）は、①配食、②定期的な安否確認・緊急時の対応、③訪問型サービス（第１号訪問事業）、通所型サービス（第１号通所事業）に準じる生活支援の３つに分かれます。

介護予防・日常生活支援総合事業による介護予防ケアマネジメント（第１号介護予防支援事業）は、介護予防・生活支援サービ

プラスα

明らかに要介護認定が必要な場合や予防給付によるサービスを希望している場合等は、要介護認定等の申請の手続きにつなぎます。

プラスα

第２号被保険者については、がん（がん末期）等の特定疾病に起因して要介護状態等となることがサービスを受ける前提となるため、基本チェックリストを実施するのではなく、要介護認定等の申請を行います。

過去の出題

介護予防・生活支援サービス事業について問われました。（24-14）（25-11）

- 要支援者は、介護予防・生活支援サービス事業の対象となる。
  →○
- 介護方法の指導など要介護被保険者を現に介護する者の支援のための事業は、介護予防・生活支援サービス事業に含まれる。
  →×（任意事業の家族介護支援事業である）
- 居宅要支援被保険者は、利用できる。
  →○
- 利用者の負担額は、都道府県が設定する。
  →×（市町村が設定する）
- 住所地特例適用被保険者に係る費用は、施設所在地の市町村が負担する。
  →×（保険者である市町村が負担する）
- 第２号被保険者は、利用できない。
  →×（要支援認定を受けた第２号被保険者でも利用できる）

介護予防・生活支援サービス事業の構成

名称	サービス種別	内容	サービス提供者
1 訪問型サービス（第１号訪問事業）	①訪問介護（2014（平成26）年の法改正前の介護予防訪問介護）	訪問介護員等による身体介護・生活援助	訪問介護員等
	②訪問型サービスＡ（緩和した基準によるサービス）	生活援助等	主に雇用労働者
	③訪問型サービスＢ（住民主体による支援）	住民主体の自主活動として行う生活援助等	ボランティア主体
	④訪問型サービスＣ（専門職による短期集中予防サービス）	保健師等による居宅での相談・指導（体力改善）	市町村の保健・医療の専門職等
	⑤訪問型サービスＤ（移動支援）	移動支援や移送前後の生活支援	訪問型サービスＢに準ずる
2 通所型サービス（第１号通所事業）	①通所介護（2014（平成26）年の法改正前の介護予防通所介護）	介護等の日常生活上の支援および機能訓練	通所介護事業者の従事者
	②通所型サービスＡ（緩和した基準によるサービス）	ミニデイサービス / 運動、レクリエーション等	主に雇用労働者＋ボランティア
	③通所型サービスＢ（住民主体による支援）	体操・運動等の活動など、自主的な通いの場づくり	ボランティア主体
	④通所型サービスＣ（専門職による短期集中予防サービス）	生活行為を改善するための運動器の機能向上や栄養改善、口腔機能向上等のプログラム	市町村の保健・医療の専門職等
3 その他生活支援サービス（第１号生活支援事業）	①栄養改善を目的とした配食	栄養改善を目的とした配食や一人暮らし高齢者への見守りとともに行う配食等	市町村による直接実施／一定の基準に適合する事業者への委託／NPO法人やボランティア等への補助
	②住民ボランティア等が行う訪問による見守り	定期的な安否確認および緊急時の対応、住民ボランティア等が行う訪問による見守り	
	③訪問型サービス、通所型サービスに準じる自立支援に資する生活支援（訪問型サービス・通所型サービスの一体的提供等）	訪問型サービスおよび通所型サービスの一体的提供等地域における自立した日常生活の支援に資するサービス（市町村が定める）	
4 介護予防ケアマネジメント（第１号介護予防支援事業）	①ケアマネジメントＡ	介護予防支援と同様のケアマネジメント	市町村による直接実施／一定の基準に適合する事業者への委託
	②ケアマネジメントＢ	サービス担当者会議やモニタリングを省略したケアマネジメント	
	③ケアマネジメントＣ	基本的にサービス利用開始時のみ行うケアマネジメント	

ス事業のみを利用する場合に必要となり、指定介護予防支援事業（要支援者に対する介護予防ケアマネジメント）と同様、**地域包括支援センター**が要支援者等に対してアセスメントを行い、その状態やおかれている環境等に応じて、本人が自立した生活を送ることができるようケアプランを作成するものです。

要支援者等では、予防給付のサービス利用がない場合、本事業による介護予防ケアマネジメントが行われます（165頁参照）。

過去の出題

第1号介護予防支援事業の実施について問われました。22-19

・介護予防ケアマネジメントについては、サービス担当者会議を行う必要がない場合がある。
→○

・介護予防ケアマネジメントについては、モニタリングを行う必要がない場合がある。
→○

2）一般介護予防事業

一般介護予防事業は、高齢者が要介護状態になっても、生きがい・役割をもって生活できる地域を構築することにより、介護予防を推進することを目的とします。事業の対象者はすべての65歳以上の高齢者（**第1号被保険者**）およびその支援のための活動にかかわる者となっています。一般介護予防事業は、次の**5つ**の事業により構成されますが、地域の実情に応じた事業の実施が求められているため、事業内容等は市町村によって異なります。

過去の出題

一般介護予防事業について問われました。24-14

・要介護の第1号被保険者は、一般介護予防事業の対象となる。
→○

一般介護予防事業の構成

名称	内容
介護予防把握事業	●地域住民からの情報提供等により地域の実情に応じて、効果的かつ効率的に収集した情報等を活用して対象者等を把握する ●収集した情報等の活用により、閉じこもり等の何らかの支援を要する者を介護予防活動へつなげる
介護予防普及啓発事業	●介護予防活動の普及・啓発のため、次の事業の開催等を行う ①体操教室や講演会などの開催 ②介護予防の普及啓発のためのパンフレットなどの作成、配布 ③介護予防手帳等の配布
地域介護予防活動支援事業	●住民主体の介護予防活動の育成・支援を行うため、次の事業を実施する ①介護予防に関するボランティア等の人材を育成する研修 ②社会参加活動を通じた介護予防に資する地域活動の実施 ③介護支援ボランティア活動を行った場合のポイントの付与
一般介護予防事業評価事業	●介護保険事業計画に定める目標値の達成状況等の検証を通じ、一般介護予防事業を含め、総合事業全体を評価する
地域リハビリテーション活動支援事業	●介護予防の取り組みを機能強化するため、リハビリテーション専門職等が地域包括支援センターと連携しながら、通所系サービス、訪問系サービス、地域ケア会議、サービス担当者会議、住民主体の通いの場等の介護予防の取り組みを総合的に支援する ①住民への介護予防に関する技術的助言 ②介護職員等への介護予防に関する技術的助言 ③地域ケア会議やサービス担当者会議におけるケアマネジメント支援

※上記は、いずれも**市町村**が実施主体（サービス提供者）である。

過去の出題

包括的支援事業の種類（事業）が問われました。
22-12 26-13
・生活支援体制整備事業
→○
・介護予防把握事業
→×（一般介護予防事業の1つ）
・認知症総合支援事業
→○
・介護給付等費用適正化事業
→×（任意事業の1つ）
・在宅医療・介護連携推進事業
→○
・家族介護支援事業
→×（任意事業の1つ）
・一般介護予防事業
→×（介護予防・日常生活支援総合事業の1つ）

アドバイス

要支援者にかかる第1号介護予防支援事業は、介護予防・日常生活支援総合事業において行われます。ただし、ともに、地域包括支援センターにおいて介護予防・日常生活支援総合事業で一体的に実施されます。

プラスα

市町村は、包括的支援事業（地域包括支援センターの運営）については、そのすべてにつき一括して地域包括支援センターに委託しなければなりません。

プラスα

2024（令和6）年4月1日から、総合相談支援業務について、地域包括支援センターの設置者は、指定居宅介護支援事業者等に事業の一部を委託できることとなりました。その際、市町村等が示す包括的支援事業の実施にかかる方針に従って事業を実施することとなります。

●包括的支援事業（地域包括支援センターの運営）

包括的支援事業は、**市町村**の必須事業であり高齢者が住み慣れた地域で安心して生活を継続できるよう、地域のケアマネジメントを総合的に行うものです。事業内容は次のとおりです。

包括的支援事業（地域包括支援センターの運営）

事業構成	事業内容
第1号介護予防支援事業（介護予防ケアマネジメント）（要支援者を除く）（※1）	介護予防を目的として、第1号訪問事業、第1号通所事業または第1号生活支援事業その他の適切な事業が包括的かつ効率的に提供されるよう必要な援助を行う。
総合相談支援業務	地域における関係者とのネットワークを構築するとともに、高齢者の心身の状況や生活の実態、必要な支援等を幅広く把握し、相談を受け、地域における適切な保健・医療・福祉サービス、機関または制度の利用につなげる等の支援を行う。 ・地域におけるネットワークの構築 ・実態把握 ・総合相談支援（初期段階の相談対応、継続的・専門的な相談支援） ・家族を介護する者に対する相談支援 ・地域共生社会の観点に立った包括的な支援の実施
権利擁護業務	地域の住民、民生委員、介護支援専門員等の支援だけでは十分に問題が解決できない等の困難な状況にある高齢者が、地域において尊厳のある生活を安心してできるよう、専門的・継続的な視点から、高齢者の権利擁護のため必要な支援を行う。 ・成年後見制度の活用促進 ・老人福祉施設等への措置の支援 ・高齢者虐待への対応 ・困難事例への対応 ・消費者被害の防止
包括的・継続的ケアマネジメント支援業務（※2）	介護支援専門員、主治医、地域の関係機関等の連携、在宅と施設の連携等、多職種相互の協働等により、個々の高齢者の状況や変化に応じた包括的・継続的ケアマネジメントが重要であり、地域における連携・協働の体制づくりや個々の介護支援専門員に対する支援等を行う。 ・包括的・継続的なケア体制の構築 ・地域における介護支援専門員のネットワークの活用 ・日常的個別指導・相談 ・支援困難事例等への指導・助言

※1　介護予防・日常生活支援総合事業の介護予防ケアマネジメントとして実施するものとし、費用も、総合事業として賄われるものとする。
※2　地域ケア会議の実施に要する費用は、包括的支援事業（社会保障充実分）に一括して計上する。

包括的支援事業（社会保障充実分）

1）在宅医療・介護連携推進事業

在宅医療および介護が円滑に切れ目なく提供されるしくみの構築を目的として、他の地域支援事業等と連携して、以下の①～③のPDCAサイクル（87頁参照）に沿った取り組みを実施します。

①現状分析・課題抽出・施策立案（計画）	地域の医療・介護資源を把握し、地域の医療・介護関係者等が参画する会議において課題の抽出、施策の検討を行い、具体的な取り組みを企画・立案する
②対応策の実施	在宅医療･介護連携に関する相談支援の実施や、地域住民への普及啓発、医療・介護関係者のための研修等を行う
③対応策の評価等	対応策の評価、改善のための検討を行う

2）生活支援体制整備事業

生活支援体制整備事業では、高齢者の社会参加および生活支援の充実を推進するため、次の配置等を行います。

①　生活支援コーディネーター（地域支え合い推進員）の配置

高齢者の生活支援・介護予防サービスの提供体制の構築に向けて、コーディネート機能をもつ**生活支援コーディネーター（地域支え合い推進員）**が市町村区域（第1層）および日常生活圏域（中学校区域等）（第2層）に配置されます。

コーディネート機能は、次のとおりです。

資源開発	・地域に不足するサービスの創出 ・サービスの担い手の養成 ・高齢者などが担い手として活動する場の確保　等
ネットワーク構築	・関係者間の情報共有 ・サービス提供主体間の連携の体制づくり　等
ニーズと取り組みのマッチング	・地域の支援ニーズとサービス提供主体の活動のマッチング　等

過去の出題

包括的支援事業のうち、地域包括支援センター以外に委託できる事業について問われました。（19-4）
- 認知症総合支援事業
  →○
- 在宅医療・介護連携推進事業
  →○

過去の出題

包括的支援事業の各事業において配置することとされている者として正しいものが問われました。（25-12）
- 生活支援コーディネーター（地域支え合い推進員）
  →○
- 介護サービス相談員
  →×（任意事業の地域自立生活支援事業において配置される）
- 認知症地域支援推進員
  →○
- チームオレンジコーディネーター
  →○
- 福祉用具専門相談員
  →×（指定福祉用具貸与事業所と指定特定福祉用具販売事業所に配置される）

過去の出題

地域支援事業について問われました。（22再-13）
- 介護予防・生活支援サービス事業には、生活支援体制整備事業が含まれる。
  →×（包括的支援事業に、生活支援体制整備事業が含まれる。99頁参照）

アドバイス

食事の準備や買い物、ごみ出し、外出の支援、近隣との交流といった介護保険外の支援を「生活支援サービス」と呼んでいます。

② 協議体の設置

市町村が主体となって、生活支援コーディネーターと生活支援等サービスの多様な提供主体等が参画する定期的な情報の共有・連携強化の場（協議体）を設置します。

協議体の役割

- 生活支援コーディネーターの組織的な補完
- 地域ニーズ、既存の地域資源の把握、情報の見える化の推進（実態調査の実施や地域資源マップの作成等）
- 企画、立案、方針策定を行う場（生活支援等サービスの担い手養成にかかる企画等を含む）
- 地域づくりにおける意識の統一を図る場
- 情報交換の場、はたらきかけの場　等

プラスα

協議体の構成団体は、行政機関（市町村、地域包括支援センター等）、生活支援コーディネーター、地域の関係者（NPO法人、社会福祉法人、社会福祉協議会、地縁組織、協同組合、民間企業、ボランティア団体、介護サービス事業者、シルバー人材センター等）です。

③ 就労的活動支援コーディネーター（就労的活動支援員）の配置

市町村は、役割がある形での高齢者の社会参加等を促進するため、就労的活動支援コーディネーター（就労的活動支援員）を配置することができます。就労的活動支援コーディネーターは、地域の産業に精通している者または中間支援を行う団体等であって、地域でコーディネート機能を適切に担うことができる者とされています。

就労的活動支援コーディネーターの活動内容

就労的活動の場を提供できる民間企業・団体等と就労的活動の取り組みを実施したい事業者等とをマッチングし、高齢者個人の特性や希望に合った活動をコーディネートすることにより、役割がある形での高齢者の社会参加等を促進する。

プラスα

就労的活動支援員は、配置先や市町村ごとの人数は限定せず、地域の実情に応じた配置を可能としています。配置は市町村の任意です。

3）認知症総合支援事業

認知症総合支援事業は、認知症本人の意思が尊重され、できる限り住み慣れた地域で自分らしく暮らし続けることができる地域の構築を推進するため、次の事業を実施します。

認知症初期集中支援推進事業	認知症初期集中支援チームを配置し、早期診断・早期対応に向けた支援体制を構築する。
認知症地域支援・ケア向上事業	認知症地域支援推進員を配置し、地域における支援体制の構築と認知症ケア向上を図る。
認知症サポーター活動促進・地域づくり推進事業	チームオレンジコーディネーターを配置して、認知症の人ができる限り地域のよい環境で自分らしく暮らし続けることができるよう、認知症の人やその家族の支援ニーズと認知症サポーターを中心とした支援をつなぐ仕組みを地域ごとに整備し、認知症施策推進大綱に掲げた「共生」の地域づくりを推進する。

アドバイス

地域における認知症施策の推進は、2015（平成27）年1月に国が策定した「認知症施策推進総合戦略」（新オレンジプラン）に沿って進められていましたが、現在は、2019（令和元）年6月にとりまとめられた「認知症施策推進大綱」により、さまざまな施策が取り組まれ、推進されています（10頁参照）。

① 認知症初期集中支援チームの配置

認知症の場合、本人に症状が現れたとき家族が混乱し、そこで生じる環境や人間関係のこじれが本人のBPSD（認知症の行動・心理症状）を悪化させるケースがみられます。また、受診を本人が拒否する場合もあり、適切な支援に結びつかず、さらに介護負担が増してしまうことがあります。そこで専門職のチームによる訪問という手段をとることで、早期に本人と家族の混乱・不安を解消し、ケアに結びつけやすくしていきます。

プラスα
初期とは、認知症発症初期だけでなく、かかわりの初期という意味も含みますので、認知症が進行してようやく問題が顕在化したケースも対象となります。

用語解説
BPSD：Behavioral and Psychological Symptoms of Dementia の略。中核症状に伴って起こる認知症の行動・心理症状をいう（251頁参照）。

認知症初期集中支援チーム

配置	地域包括支援センター、認知症疾患医療センターを含む病院・診療所など
構成	医師、看護師など医療保健福祉に関する国家資格を有する者のほか、介護支援専門員等またはこれに準ずる者でかつ、認知症の医療や介護における専門的知識や経験を有すると市町村が認めたもの２人以上と専門医１人の計３人以上で構成。

プラスα
専門医は、「日本老年精神医学会等の専門医または認知症疾患の鑑別診断等の専門医療を主たる業務とした５年以上の臨床経験を有する医師のいずれかに該当し、かつ認知症サポート医である医師」です。

訪問支援対象者

原則として、40歳以上で、在宅で生活しており、かつ認知症が疑われる人または認知症の人で次の①、②のいずれかの基準に該当する人
① 医療サービス、介護サービスを受けていない者、または中断している者
② 医療サービス、介護サービスを受けているが認知症の行動・心理症状が顕著なため、対応に苦慮している者

② 認知症地域支援推進員の配置

認知症地域支援推進員は、認知症の人が住み慣れた地域で安心して暮らし続けることができるよう、地域の実情に応じて医療機関、介護サービス事業所や地域の支援機関をつなぐ連携支援、認知症の人やその家族を支援する相談業務、認知症支援のための事業企画などを手がけます。具体的には、認知症初期集中支援チームと連携しながら、認知症の人とその家族へ適切な支援が行われるように調整役を担います。

プラスα
認知症地域支援推進員は、認知症の医療や介護における専門的知識および経験を有する医師、保健師、看護師、社会福祉士、介護福祉士、精神保健福祉士または介護支援専門員などが該当します。

認知症地域支援推進員の業務内容

- 医療・介護等の支援ネットワークの構築
- 病院や介護保険施設における認知症対応力向上のための支援
- 認知症カフェの設置・開催の推進と周知
- 家族向け介護教室の開催

プラスα
「認知症カフェ」とは、認知症の人とその家族、地域住民、専門職がカフェ等の形態で集う取り組みをいいます。

プラスα

「認とも」とは、認知症カフェ等を通じて顔なじみになったボランティアのことです。

- ・「認とも」の育成・支援
- ・認知症高齢者をはじめとする高齢者や若年性認知症の人の社会参加活動の体制整備　等

③　チームオレンジコーディネーターの配置

チームオレンジコーディネーターは、地域包括支援センター、市町村本庁、認知症疾患医療センター等に１名以上配置され、地域の認知症の人やその家族の支援ニーズと認知症サポーターを中心とした支援をつなぐ仕組み（以下「チームオレンジ」）を整備し、その運営を支援します。

チームオレンジコーディネーターの業務内容（具体例）

- ・チームオレンジの立ち上げ支援
- ・ステップアップ講座を受講した認知症サポーター等によるチームオレンジの編成
- ・認知症の人や·その家族の支援ニーズとチームオレンジの支援とのマッチング
- ・地域の医療・介護の関係機関や小売業・金融機関・公共交通機関など生活関連の企業・団体等との連携体制の構築
- ・企業・職域型の認知症サポーターや小・中・高校生認知症サポーターに対するチームオレンジへの参加のはたらきかけ
- ・チームオレンジの定例会の開催、運営に関する助言　等

アドバイス

ステップアップ講座とは、より実際の活動につなげるための講座です。

プラスα

市町村は、認知症地域支援推進員がチームオレンジコーディネーターを兼務するなど、地域の実情に応じた柔軟な対応を行うことも可能です。

４）地域ケア会議推進事業

①　地域ケア会議

地域ケア会議は、包括的・継続的ケアマネジメント業務の効果的な実施のために、介護支援専門員、保健医療および福祉に関する専門的知識を有する者、民生委員その他の関係者、関係機関および関係団体（関係者等）により構成される会議です。その設置が市町村の努力義務として定められています。

プラスα

地域ケア会議は、2014（平成26）年の介護保険制度改正において、その設置が市町村の努力義務として介護保険法に位置づけられました。

アドバイス

地域ケア会議は、高齢者個人に対する支援の充実と、それを支える社会基盤の整備とを同時に進めていく、地域包括ケアシステムの実現に向けた手法です。

②　地域ケア会議の主催者および名称

地域包括支援センターは、主に多職種協働による、個別ケースを現場レベルで検討するための地域ケア会議（地域ケア個別会議）を開催するとともに、必要に応じて、個別ケースの検討過程で抽出された地域特有の課題を、関係者と共有するための地域ケア会議（地域ケア推進会議）を開催します。一方、市町村は、主に地域包括支援センター等で把握された有効な支援方法を普遍化し、

地域課題を解決していくために、代表者レベルの地域ケア会議(**地域ケア推進会議**) を開催します。ここでは、需要に見合ったサービス資源の開発を行うとともに、保健・医療・福祉等の専門機関や住民組織・民間企業等によるネットワークを連結させて、地域包括ケアの社会基盤整備を行います。また、市町村は、これらを社会資源として介護保険事業計画に位置づけ、PDCAサイクル(87頁参照) により、地域包括ケアシステムの実現へとつなげます。

地域ケア会議の名称と主催者

名称	主催者
地域ケア個別会議	地域包括支援センター
地域ケア推進会議	地域包括支援センターまたは市町村

③ 地域ケア会議の機能

地域ケア会議には、次の5つの機能があります。

地域ケア会議の機能

❶個別課題の解決	多職種が協働して個別ケースの支援内容を検討することによって、高齢者の課題解決を支援するとともに、介護支援専門員の自立支援に資するケアマネジメントの実践力を高める機能
❷地域包括支援ネットワークの構築	高齢者の実態把握や課題解決を図るため、地域の関係機関等の相互の連携を高め地域包括支援ネットワークを構築する機能
❸地域課題の発見	個別ケースの課題分析等を積み重ねることにより、地域に共通した課題を浮き彫りにする機能
❹地域づくり・資源開発	インフォーマルサービスや地域の見守りネットワークなど、地域で必要な資源を開発する機能
❺政策の形成	地域に必要な取り組みを明らかにし、政策を立案・提言していく機能

アドバイス

地域ケア推進会議は、地域包括支援センターでも行えますので注意してください。

過去の出題

地域ケア会議の機能が問われました。19-11 26-14

- 個別課題の解決
  →○
- 措置入所の判定
  →×(老人ホームへの入所等の福祉の措置の実施者は市町村である)
- 地域課題の発見
  →○
- 政策の形成
  →○
- 地域づくり・資源開発
  →○
- 地域包括支援センターから提出された事業計画書の評価
  →×(機能でない)
- 日常生活自立支援事業の生活支援員の指名
  →×(機能でない)

地域ケア会議推進事業のイメージ図

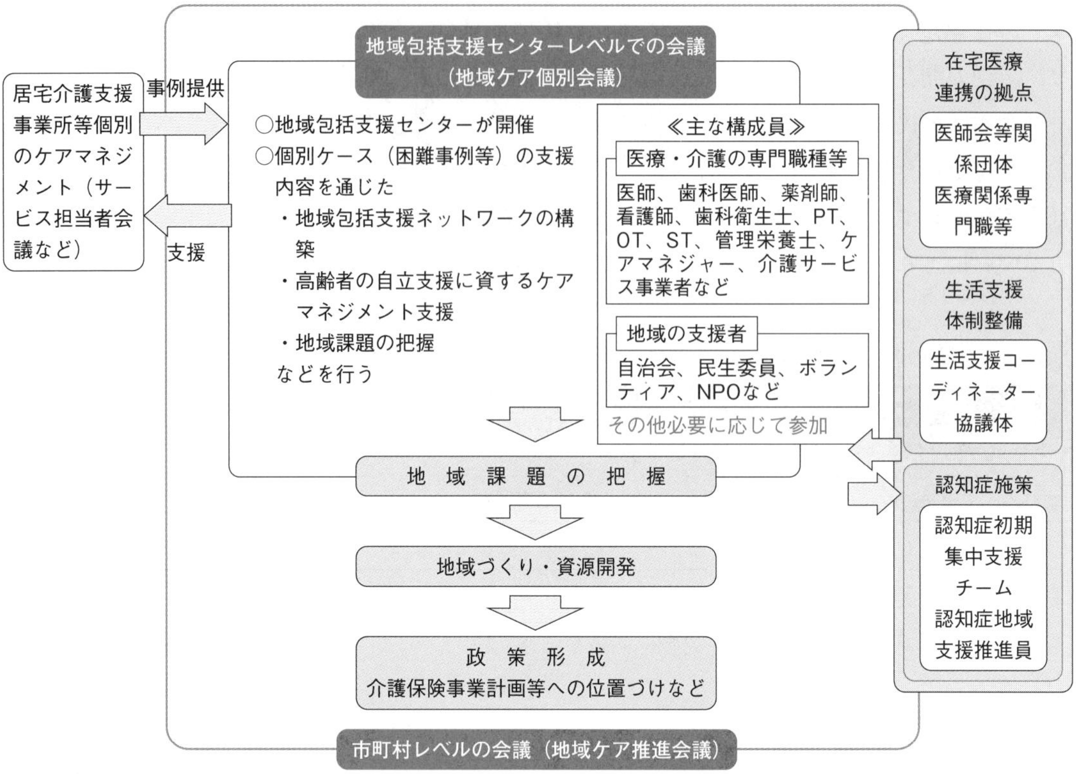

アドバイス

任意事業は、実施しない市町村もあります。

過去の出題

任意事業として正しいものが問われました。（23-14）
- 地域リハビリテーション活動支援事業
  →×（一般介護予防事業）
- 家族介護支援事業
  →○
- 在宅医療・介護連携推進事業
  →×（包括的支援事業）
- 地域ケア会議推進事業
  →×（包括的支援事業）
- 介護給付等費用適正化事業
  →○

●任意事業

地域の高齢者が、住み慣れた地域で安心してその人らしい生活を継続していくことができるようにするため、介護保険事業の運営の安定化を図るとともに、地域の実情に応じた必要な支援を行います。

任意事業

事　業	内　容
介護給付等費用適正化事業	利用者に適切なサービスを提供できる環境の整備を図るとともに、介護給付等に要する費用の適正化のための事業を実施 ◆主要介護給付等費用適正化事業 ①認定調査状況チェック ②ケアプランの点検 ③住宅改修等の点検 ④医療情報との突合・縦覧点検 ⑤介護給付費通知 ◆その他 ⑥給付実績を活用した分析・検証事業 ⑦介護サービス事業者等への適正化支援事業

家族介護支援事業	介護方法の指導その他の要介護被保険者を現に介護する者の支援のため必要な事業を実施 ①介護教室の開催 ②認知症高齢者見守り事業 ③家族介護継続支援事業
その他の事業	介護保険事業の運営の安定化および被保険者の地域における自立した日常生活の支援のため必要な事業を実施 ①成年後見制度利用支援事業 ②福祉用具・住宅改修支援事業 ③認知症対応型共同生活介護事業所の家賃等助成事業 ④認知症サポーター等養成事業 ⑤重度の ALS 患者の入院におけるコミュニケーション支援事業 ⑥地域自立生活支援事業（介護サービス相談員派遣等事業など）

過去の出題

一般介護予防事業の種類として正しいものはどれかが問われました。(18-4)
・家族介護支援事業
→×（任意事業に含まれる）

2. 地域包括支援センター

地域包括支援センターの概要と設置主体

地域包括支援センターは、住民の健康の保持および生活の安定のために必要な援助を行うことにより、地域の住民を包括的に支援することを目的とする「地域包括ケアシステム」の要となる機関です。市町村は、地域包括支援センターを設置することができます（直営型）。また、包括的支援事業の委託を受けた次の者は市町村長に届け出て、地域包括支援センターを設置することができます（委託型）。

・老人介護支援センターの設置者
・一部事務組合・広域連合を組織する市町村
・医療法人
・社会福祉法人
・一般社団法人、一般財団法人または NPO 法人
・その他市町村が適当と認めるもの

プラスα

地域包括支援センターに関する基準は市町村が条例で定めます。

過去の出題

地域支援事業について問われました。(22再-13)
・包括的支援事業は、公益法人以外には委託できない。
→×（医療法人や NPO 法人などにも委託可）

地域包括支援センターの担当職員

地域包括支援センターは、①保健師、②社会福祉士、③主任介護支援専門員の 3 職種を基本として配置します（ただし、地域における人材確保の実情や養成状況等を踏まえて、3 職種の確保が困難な場合は、これらに準ずる者を配置することもできます）。

なお、地域包括支援センターの職員には、業務に関して知り得た秘密についての守秘義務が課されます。

用語解説

主任介護支援専門員：一定の条件を満たし（介護支援専門員として 5 年以上の経験など）、主任介護支援専門員研修を修了した者。主に、地域のリーダー的存在となり、介護支援専門員への助言・指導、地域の保健・医療・福祉担当者等と連絡調整を行う。

地域包括支援センターの業務（イメージ図）

地域包括支援センターは、市町村が設置主体となり、保健師・社会福祉士・主任介護支援専門員等を配置して、３職種のチームアプローチにより、住民の健康の保持および生活の安定のために必要な援助を行うことにより、その保健医療の向上および福祉の増進を包括的に支援することを目的とする施設である。
主な業務は、介護予防支援および包括的支援事業（①介護予防ケアマネジメント業務（第１号介護予防支援事業）、②総合相談支援業務、③権利擁護業務、④包括的・継続的ケアマネジメント支援業務）で、制度横断的な連携ネットワークを構築して実施する。

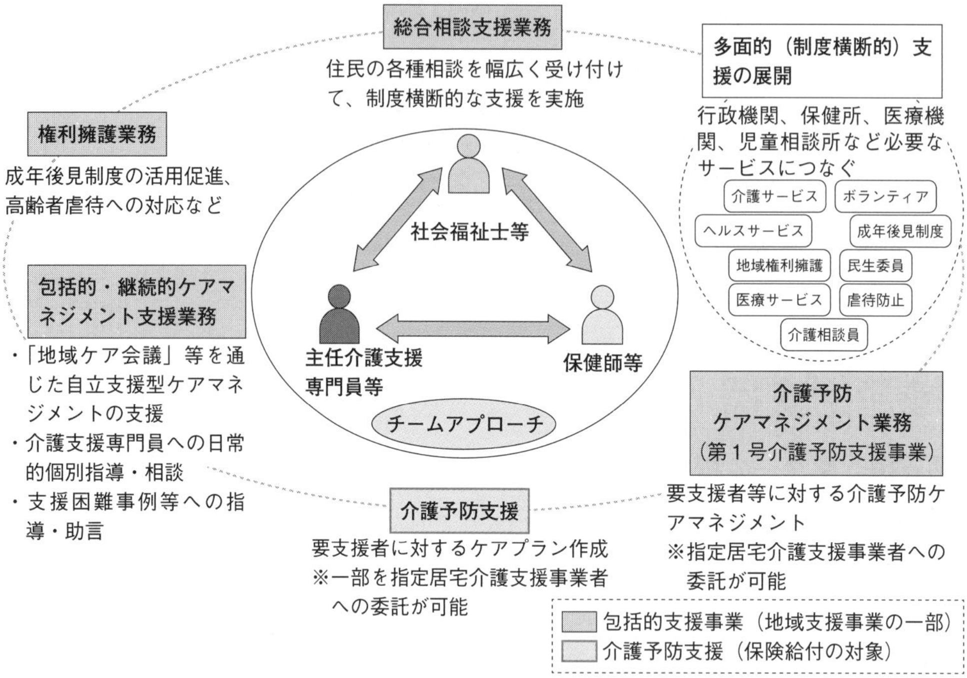

地域包括支援センターの業務

地域包括支援センターの業務は次のとおりです。

・包括的支援事業（地域包括支援センターの運営）
・市町村から、介護予防・日常生活支援総合事業（特に一般介護予防事業）の一部を受託して実施
・市町村長の指定を受けたうえで、指定介護予防支援事業を実施（指定介護予防支援事業者として要支援１・２のケアマネジメントを行う）（※）
・市町村から委託を受けて任意事業を実施

※2024（令和６）年４月１日から、地域包括支援センターに加えて、居宅介護支援事業者も市町村からの指定を受けて、指定介護予防支援事業を実施できることとなった。

地域包括支援センターの責務と市町村の責務

地域包括支援センターの設置者は、自らが実施する事業の質の評価などの措置を講じて、事業の質の向上を図らなければなりません。また、市町村の条例で定める基準を遵守するとともに、介護サービス事業者や、医療機関、民生委員、地域の関係者との連

プラスα
2014（平成26）年の介護保険制度改正後は、包括的支援事業（社会保障充実分）の認知症地域支援推進員を配置し、３職種と一体的に業務を行う地域包括支援センターも増えています。

プラスα
市町村は、地域包括支援センターが設置されたときのほか、概ね１年以内ごとに１回、市町村が適当と認めるときは、地域包括支援センターの事業の内容および運営の状況に関する情報を公表するよう努めなければなりません。

携に努めなければなりません。

地域包括支援センター運営協議会

地域包括支援センターは、市町村が設置する地域包括支援センター運営協議会の意見を踏まえて、適切、公正かつ中立な運営を確保することとされています。

地域包括支援センター運営協議会は、医療・保健福祉関係者、介護サービス・介護予防サービスに関する事業者、介護サービス・介護予防サービスの利用者、介護保険の被保険者、地域ケアに関する学識経験者など、地域の実情に応じて市町村長が選定します。地域包括支援センター運営協議会の所掌事務は次のとおりです。

地域包括支援センター運営協議会の所掌事務

① 地域包括支援センターの設置等に関すること
② 地域包括支援センターの行う業務にかかる方針に関すること
③ 地域包括支援センターの運営および評価に関すること
④ 地域包括支援センターの職員の確保に関すること
⑤ その他の地域包括ケアに関すること

プラスα

市町村は、定期的に地域包括支援センターの事業の実施状況の評価を行うとともに、必要時には、包括的支援事業の実施にかかる方針などの変更などの必要な措置を講じなければなりません。

プラスα

地域包括支援センターの設置者である介護予防支援事業者は、介護予防支援業務の一部を居宅介護支援事業者に委託する場合には、地域包括支援センター運営協議会の議を経なければなりません（162頁参照）。

過去の出題

地域包括支援センター運営協議会について問われました。12-10 14-12
・都道府県に設置される。
→×（市町村に設置）
・地域包括支援センターごとに設置される。
→×（市町村ごとに設置）

3. 保健福祉事業

市町村は、地域支援事業のほか、第１号被保険者の保険料を財源として、次のような保健福祉事業を行うことができます。

保健福祉事業

事業	内容
要介護者を介護する人を支援する事業	家族介護教室など
被保険者が要介護状態等になることを予防する事業	介護予防教室など
保険給付のために必要な事業	居宅サービス事業の運営など
被保険者が介護保険サービスを利用する際に必要となる資金を貸し付ける事業など	貸付事業など

プラスα

地域支援事業の事業費の限度額を超える事業量が必要な場合、市町村はそれを保健福祉事業として実施する等、地域の実情に応じた取り組みをすることもできます。

基礎理解度 CHECK!!

□□ 1 ▶ 地域支援事業は、介護予防・日常生活支援総合事業と包括的支援事業の２つからなる。

□□ 2 ▶ 第２号被保険者の保険料は、地域支援事業の包括的支援事業の財源には充当されない。

□□ 3 ▶ 介護予防・日常生活支援総合事業は、包括的支援事業の一部である。

□□ 4 ▶ 介護予防・生活支援サービス事業（第１号事業）の対象者には、居宅サービス等のサービスを受ける前から継続的に利用している要介護者は含まれない。

□□ 5 ▶ 基本チェックリストの質問に、「週に１回以上は外出していますか」という項目がある。

□□ 6 ▶ 一般介護予防事業には、地域リハビリテーション活動支援事業が含まれる。

□□ 7 ▶ 包括的支援事業には、権利擁護業務は含まれない。

□□ 8 ▶ 市町村は、生活支援コーディネーター（地域支え合い推進員）と就労的活動支援コーディネーター（就労的活動支援員）を必ず配置しなければならない。

□□ 9 ▶ 認知症地域支援推進員の業務内容に、認知症カフェの設置・開催の推進と周知が含まれる。

□□ 10 ▶ 成年後見人が、地域の認知症の人やその家族の支援ニーズと認知症サポーターを中心とした支援をつなぐしくみを、チームオレンジという。

□□ 11 ▶ 地域ケア会議の機能として、成年後見制度の活用促進がある。

□□ 12 ▶ 任意事業には、家族介護支援事業は含まれない。

□□ 13 ▶ 地域包括支援センター運営協議会は、地域包括支援センターごとに設置される。

□□ 14 ▶ 保健福祉事業は、第１号被保険者の保険料を財源として実施される。

1 ✕ 地域支援事業は、①介護予防・日常生活支援総合事業、②包括的支援事業、③任意事業の３つからなる。

2 ○

3 ✕ 介護予防・日常生活支援総合事業は、地域支援事業の一部である。

4 ✕ 第１号事業の対象者には、居宅サービス等のサービスを受ける前から継続的に利用している要介護者（継続利用要介護者）が含まれる。

5 ○

6 ○

7 ✕ 権利擁護業務は、包括的支援事業に含まれる。

8 ✕ 市町村は、生活支援コーディネーター（地域支え合い推進員）を配置するが、就労的活動支援コーディネーター（就労的活動支援員）は配置することができる、となっている。

9 ○

10 ✕ チームオレンジコーディネーターが、地域の認知症の人やその家族の支援ニーズと認知症サポーターを中心とした支援をつなぐしくみを、チームオレンジという。

11 ✕ 地域ケア会議には、①個別課題の解決、②地域包括支援ネットワークの構築、③地域課題の発見、④地域づくり・資源開発、⑤政策の形成の５つの機能がある。設問の成年後見制度の活用促進は、包括的支援事業の権利擁護業務で行う。

12 ✕ 任意事業には、①介護給付等費用適正化事業、②家族介護支援事業、③その他の事業が含まれる。

13 ✕ 地域包括支援センター運営協議会は、市町村ごとに設置される。

14 ○

詳しく見てみよう！

地域包括ケアシステム

地域包括ケアシステムとは、高齢者が住み慣れた地域で、安心して暮らし続けるために、介護、医療、介護予防、生活支援、住まいを充実させて、地域住民の生活を総合的に支援していくしくみです（地域を中学校の通学区域で区切り、そのエリアごとに介護、医療、介護予防、生活支援、住まいを充実させていくしくみです）。

地域包括ケアシステムの構成要素には、次の５つがあるといわれています。

市町村や都道府県はそれぞれの課題や地域性に合わせ、これらの要素が一体的に提供される体制をつくっていくことになります。

介護 医療	住まいと介護予防・生活支援により、在宅生活が確保されたら、一人ひとりの抱える課題に合わせて、介護・リハビリテーション、医療・看護、保健・福祉が専門職によって提供されます。
介護予防 生活支援	加齢や病気などにより、生活の維持に支障が生じている場合に、生活を支える「介護予防・生活支援」が行われます。その内容は、近隣の声かけ・見守りから家事援助、外出支援など幅広く、NPO、民間事業者などさまざまな団体から提供されます。
住まい	生活の基盤となる場の確保は、地域包括ケアシステムが有効に機能するための前提。住まいの場として、自宅やサービス付き高齢者向け住宅などが考えられています。

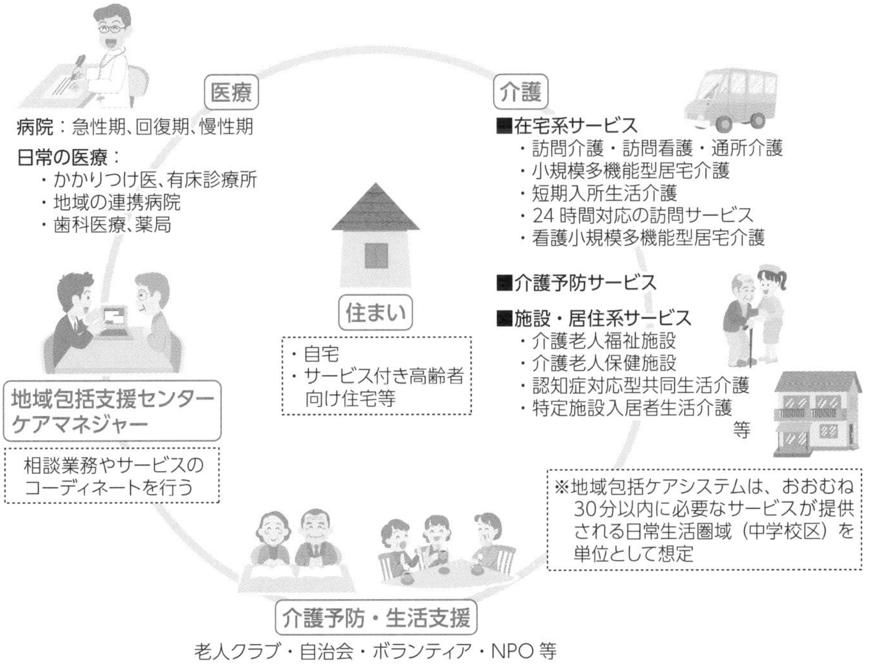

資料：厚生労働省資料を一部改変

ランク A

14 介護サービス情報の公表

介護サービス情報の公表制度は、2006（平成18）年4月からスタートしました。これは、利用者･家族が介護サービスや事業所･施設を比較検討できるようにしたものです。介護サービス情報公開システム（インターネットで閲覧が可）がつくられています。介護サービス情報は、事業所・施設が都道府県知事に報告します。地域密着型サービスであっても、報告元は都道府県知事です。第23回試験を除いて第20回試験から毎年出題されています。第26回試験では、介護サービス提供開始時に事業者が報告すべき情報について問われました。

1. 介護サービス情報の公表

用語解説

介護サービス情報：介護サービスの内容・運営状況に関する情報で、要介護者等が適切、円滑に介護サービスを利用する機会を確保するため公表されることが必要なものを厚生労働省令で定めるもの。

プラスα

都道府県知事が行う介護サービス情報の報告・公表に関する事務は、指定都市の市長にも同様の権限があります。

過去の出題

介護サービス情報に係る事業者の報告について問われました。（22再-15）（25-14）

・介護サービス事業者のうち、指定地域密着型サービス事業者は、介護サービス情報を市町村長に報告しなければならない。
→×（都道府県知事に報告）

・指定居宅介護支援事業者は、介護サービス情報をその事業所の所在地の市町村長に報告する。
→×（都道府県知事に報告）

介護サービス情報の公表制度では、**利用者**が適切かつ円滑に介護サービスを利用できるように､事業所･施設が基本的事項やサービス内容、運営等の取り組み状況に関する情報を**都道府県知事**に報告します。都道府県知事は、その内容を公表します。

事業所・施設は、①介護サービスの提供を開始しようとするとき、②その他厚生労働省令で定めるとき（都道府県知事が毎年定める）に、介護サービス情報を**都道府県知事**に報告しなければなりません。報告を受けた**都道府県知事**は、必要があると認めるときは、調査を行うことができます。①の場合は、下表のⓐの情報、②の場合は、ⓐに加えてⓑの情報を公表すべきとしています。

情報公表の主な内容

ⓐ介護サービスの提供開始時（客観的な事実）	・法人等の名称、所在地、連絡先等 ・事業所・施設の名称、所在地、連絡先等 ・サービス従業者に関する情報 ・事業所の運営方針、介護サービスの内容、苦情対応窓口の状況、サービス内容の特色、第三者による評価の実施状況等　・利用料 ・その他都道府県知事が必要と認める事項
ⓑ都道府県の報告計画策定時（事業所・施設の運営に関する各種の取り組み）	ⓐに加え下記の事項 ・利用者等の権利擁護等のために講じている措置 ・介護サービスの質の確保のために講じている措置 ・相談・苦情等の対応のために講じている措置 ・介護サービスの内容の評価・改善等のために講じている措置 ・適切な事業運営確保のために講じている措置 ・安全管理および衛生管理のために講じている措置 ・情報管理・個人情報保護等のために講じている措置 ・その他都道府県知事が必要と認める事項

介護サービス情報の公表のしくみ

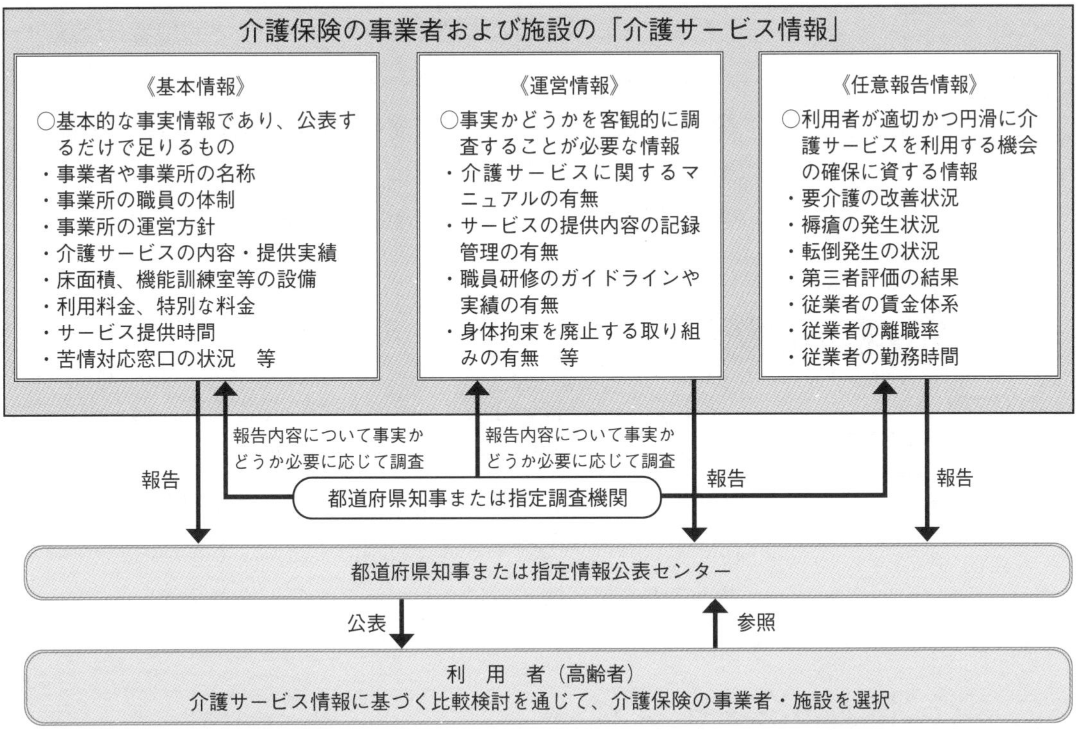

資料：厚生労働省資料を一部改変

調査命令・指定の取消等

都道府県知事は、介護サービス事業者が報告をしなかった場合や虚偽の報告をした場合などは、介護サービス事業者に対して期間を定めて、報告・報告内容の是正・調査を受けることを命じることができます。

また、都道府県知事は、介護サービス事業者が上記の調査命令に従わないときは、指定（または許可）の取消や、期間を定めてその効力の全部または一部停止ができます。この場合、都道府県知事はその旨を市町村長に通知しなければなりません。

地域包括支援センター等に関する情報の公表

市町村で地域包括ケアシステムを構築していくなかで、地域で暮らす住民が地域にある資源を把握し活用することができるよう、市町村は情報公表システムを活用して、以下の情報を提供しています。

- **地域包括支援センター**
- **生活支援等サービス（見守り・安否確認、配食、交流の場・通いの場など）**

プラスα

任意報告情報は、介護サービス情報以外で、介護サービスの質および介護サービスの従事者に関する情報として都道府県知事が定めたものです。

アドバイス

都道府県知事は、事業者から提供を受けた任意報告情報は、公表を行うよう配慮するものとされています。

アドバイス

指定居宅サービス事業者が報告内容の是正命令に従わないときには、指定を取り消されることがあります。過去問でも問われました。
▶25-14

プラスα

地域包括支援センターでは、名称、所在地、営業日、担当地域など、生活支援等サービスでは、名称、所在地、活動内容などが公表されています。

アドバイス

ここでいう研修とは、認知症介護指導者養成研修、認知症介護実践リーダー研修、認知症介護実践者研修などです。

認知症にかかる取り組みの情報公表の推進

介護サービス事業者の認知症対応力の向上と利用者の介護サービスの選択に資する観点から、すべての介護サービス事業者（居宅療養管理指導を除く）を対象に、研修の受講状況等、認知症にかかる事業者の取り組み状況について、介護サービス情報公表制度で公表することが2021（令和3）年度から求められています。

2. 指定調査機関

プラスα

指定調査機関、情報公表センターにかかる事務の手数料を介護サービス事業所から徴収する場合には、都道府県が条例で規定し、歳入とすることで徴収することはできます。

都道府県知事は、介護サービス情報の報告内容の調査事務について、都道府県ごとに指定する**指定調査機関**に行わせることができます。指定調査機関およびその役職員には秘密保持義務が課されます。調査を実施する調査員は研修を修了し都道府県知事が作成する調査員名簿に登録されている必要があります。

3. 指定情報公表センター

プラスα

情報公表事務とは、介護サービス情報の報告の受理、公表、指定調査機関の指定に関する審査を指します。

都道府県知事は、介護サービス情報の情報公表事務の全部または一部を、都道府県ごとに指定する**指定情報公表センター**に行わせることができます。指定情報公表センターには、指定調査機関と同様、秘密保持義務が課されます。

基礎理解度 CHECK!!

□□ 1 ▶ 介護サービス情報の公表は、事業者または施設の所在地の市町村長が行う。

□□ 2 ▶ 都道府県知事は、介護サービスの質の確保のために講じている措置を公表しなければならない。

□□ 3 ▶ 都道府県知事は、任意報告情報について公表することが義務づけられている。

□□ 4 ▶ 認知症関連の事業者以外は、認知症介護指導者養成研修の受講状況等、認知症にかかる事業者の取り組み状況について、公表しなくてもよい。

1 ✕ 介護サービス情報の公表は、都道府県知事が行う。

2 ○

3 ✕ 都道府県知事は、任意報告情報について公表を行うよう配慮する。

4 ✕ すべての介護サービス事業者（居宅療養管理指導を除く）を対象に、認知症介護指導者養成研修の受講状況等、認知症にかかる事業者の取り組み状況について、公表することとされている。

ランク B

15 国民健康保険団体連合会の介護保険事業関係業務

国民健康保険団体連合会（国保連）は、介護保険事業関係業務として、介護報酬の審査・支払、苦情処理等の業務、第三者行為求償事務などを行います。苦情処理等の業務が国保連の必須業務であること、介護報酬の審査・支払や第三者行為求償事務が市町村からの委託であることをおさえておきましょう。第26回試験では出題されませんでしたが、第18回、第21回、第25回試験においては国保連の業務が問われていますので、今後も出題が予想されます。

1. 介護報酬の審査・支払

各都道府県の国民健康保険団体連合会（国保連）は、保険者である市町村から委託を受けて、介護給付費（介護報酬）の審査および支払業務を行います（55頁参照）。

プラスα

国保連は、国民健康保険の保険者が共同して都道府県単位で設立した団体です。

2. 総合事業に要する費用の審査・支払

国保連は、市町村が介護予防・日常生活支援総合事業の実施を厚生労働省令で定める基準に適合する者に委託した場合には、市町村から委託を受けて、その費用の支払決定にかかる審査・支払業務を行います。このほか、国保連は市町村から委託を受け、第1号事業支給費の請求に関する審査・支払業務を行います。

過去の出題

国保連が行う業務について問われました。25-13
- 市町村から委託を受けて行う介護予防・日常生活支援総合事業に関する費用の審査及び支払
  →○

3. 介護給付費等審査委員会

国保連は、市町村から委託を受けて介護給付費請求書および介護予防・日常生活支援総合事業費請求書の審査を行うため、介護給付費等審査委員会を置くことになっています。この委員会の構成は、次の①～③の委員がそれぞれ同数となっています。

① 介護給付等対象サービス担当者または介護予防・日常生活支援総合事業担当者代表委員
② 市町村代表委員
③ 公益代表委員

※ 委員のうち①②については、関係団体からの推薦が必要です。

委員は国保連が委嘱し、任期は2年です。

さらに介護給付費等審査委員会は、介護給付費請求書等の審査

用語解説

公益代表委員：中立な立場にある人で、例として社会福祉士会、医師会、弁護士会等の代表者。

アドバイス

介護給付費等審査委員会の設置は、どこが行う業務かが、過去問で問われています。25-13

を行うため必要があると認めるときは、都道府県知事（または市町村長）の承認を得て、サービス提供事業者・介護保険施設等に対して、報告、帳簿書類の提出もしくは提示、事業者・開設者・管理者・サービス担当者等に対して、出頭もしくは説明を求めることができます。

アドバイス

介護認定審査会（39頁参照）、介護保険審査会（126頁参照）と混同しないように、整理しましょう。128頁も参照してください。

4. 苦情処理等の業務

介護保険制度では、国保連による苦情処理業務などが行われています。国保連は、居宅サービス事業者や介護保険施設などの提供するサービスについて、利用者等からの苦情を受け付けて、事実関係の調査を行い、改善の必要が認められる場合、事業者・施設に対して指導・助言を行います。苦情は、国保連以外でも、市町村の窓口や居宅介護支援事業者等、被保険者の身近な窓口でも受け付けています。

保険者である市町村から委託される業務ではなく、業務の中立性・広域性等の観点から、国保連の独立した業務となっています。

国保連で行う苦情処理等の業務の対象として想定されているものは、サービス事業者にかかる指定基準違反には至らない程度の事項に関する苦情等であり、指定基準の違反等の場合における強制権限を伴う立入検査、勧告、指定の取消等は、都道府県知事（または市町村長）が行います。

必要に応じて事業者や施設の協力のもと、事務局が調査を行い、苦情処理担当の委員がその調査結果に基づいて、改善すべき事項を検討し、事務局がその事項を事業者や施設に提示します。また、申立人に調査結果や指導内容等を通知します。なお、苦情処理等の中立性・公平性を確保するため、事務局とは別に学識経験者を苦情処理担当委員として委嘱します。

苦情の申立ては書面を原則とし、必要に応じて口頭による申立ても受け付けます。

国保連への苦情申立てと介護保険審査会への不服申立ての違い

国保連への苦情申立て	介護サービス事業者に対する苦情
介護保険審査会（※）への不服申立て	保険者（市町村）に対する不服

※都道府県に置かれる。

アドバイス

苦情処理業務は、市町村から委託される業務ではなく、国保連の独立した業務（国保連の必須業務）です。

アドバイス

国保連には、事業者の指定取消権限はありません。

過去の出題

国保連が行う業務について問われました。（25-13）

・介護給付費交付金の交付
　→×（社会保険診療報酬支払基金の業務）
・指定居宅介護支援事業所への強制権限を伴う立入検査
　→×（市町村の業務）
・市町村から委託を受けて行う第三者行為求償事務
　→○

過去の出題

介護サービスに関する苦情処理について問われました。（25-15）

・利用者が国保連に苦情を申し立てる場合、指定居宅介護支援事業者は、利用者に対して必要な援助を行わなくてもよい。
　→×（必要な援助を行う）
・国保連は、事業者に対する必要な指導及び助言を行う。
　→○

5. 第三者行為求償事務

保険者（市町村）が、第三者行為により要介護等の状態となった被保険者に対し、保険給付を行ったときには、その費用について加害者である第三者に対して損害賠償請求ができます。国保連は、その損害賠償金の徴収・収納の事務を、市町村から委託を受けて行います。これを第三者行為求償事務といいます（43 頁参照）。

第三者行為求償事務

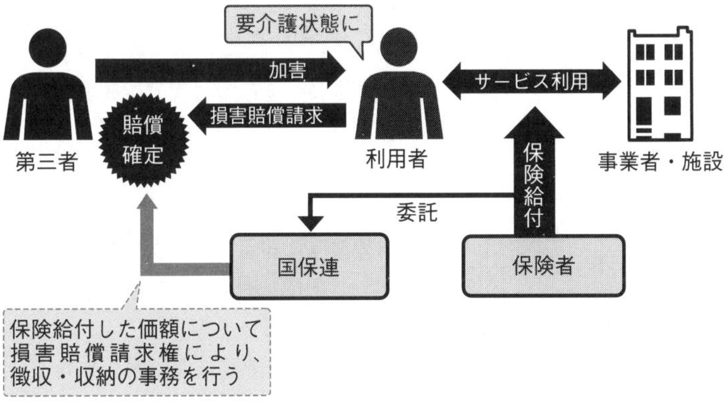

過去の出題

介護保険法で定める国保連が行う業務について問われました。
21-15
・第三者行為求償事務
→○
・財政安定化基金の運営
→×（都道府県の事務）

アドバイス

第三者行為求償事務は市町村から委託を受けて行うことをきちんと覚えておきましょう。
「都道府県からの委託」や「国保連が市町村へ第三者行為求償事務を委託する」は、ともに誤りです。注意してください。

6. その他の業務

国保連はその他、以下の業務ができることとされています。

- **指定居宅サービスの事業**
- **指定地域密着型サービスの事業**
- **指定居宅介護支援の事業**
- **指定介護予防サービスの事業**
- **指定地域密着型介護予防サービスの事業**
- **介護保険施設の運営**
- **介護予防・日常生活支援総合事業の実施に必要な費用の支払決定にかかる審査および支払**（121 頁に掲げたもの以外）
- **その他の介護保険事業の円滑な運営に資する事業**（例：市町村からの委託を受けての市町村事務の共同電算処理）

また、国保連は、居宅サービスなどの質の向上に関する調査も行っています。

プラスα

市町村の地域支援事業に新たに追加される、被保険者や介護サービス事業者その他の関係者が被保険者に係る情報を共有・活用することを促進する事業は、国保連に委託できます（2023（令和５）年５月19 日から４年以内の政令で定める日から施行）。

アドバイス

国保連が介護保険施設の運営等を行えることをおさえておきましょう。

過去の出題

介護保険法で定める国保連が行う業務について問われました。21-15
・介護保険施設の運営
→○

基礎理解度 CHECK!!

□□ 1 ▶ 国民健康保険団体連合会（国保連）は、国から委託を受けて、介護報酬の審査・支払業務を行う。

□□ 2 ▶ 国保連は市町村から委託を受けて、第1号事業支給費の請求に関する審査・支払業務を行う。

□□ 3 ▶ 国保連は、介護給付費請求書の審査を行うため、介護認定審査会を設置する。

□□ 4 ▶ 介護給付費等審査委員会の委員の任期は、2年である。

□□ 5 ▶ 介護給付費等審査委員会には、被保険者代表委員が含まれている。

□□ 6 ▶ 国保連は、市町村から委託を受けて苦情処理業務を行う。

□□ 7 ▶ 国保連は、指定居宅サービス事業者に対し、指定の取消を行うことができる。

□□ 8 ▶ 国保連は、都道府県職員を苦情処理担当委員として委嘱することができる。

□□ 9 ▶ 国保連への苦情の申立ては、口頭による申立ては受け付けていない。

□□ 10 ▶ 利用者が国保連に苦情を申し立てる場合、指定居宅介護支援事業者は、利用者に対して必要な援助を行わなければならない。

□□ 11 ▶ 国保連は、市町村へ第三者行為求償事務を委託する。

□□ 12 ▶ 国保連は、指定地域密着型サービスの事業をすることはできない。

□□ 13 ▶ 国保連は、指定居宅介護支援事業をすることができる。

□□ 14 ▶ 国保連は、介護保険施設の運営ができる。

□□ 15 ▶ 国保連は、都道府県から委託を受けて、市町村事務の共同電算処理を行う。

1 ✕ 国保連は、市町村から委託を受けて、介護報酬の審査・支払業務を行う。

2 ○

3 ✕ 国保連は、介護給付費請求書の審査を行うため、介護給付費等審査委員会を設置する。

4 ○

5 ✕ 介護給付費等審査委員会は、①介護給付等対象サービス担当者または介護予防・日常生活支援総合事業担当者代表委員、②市町村代表委員、③公益代表委員により構成されている。

6 ✕ 市町村からの委託業務ではなく、苦情処理業務は国保連の独立した業務である（苦情処理業務は、国保連の必須業務である）。

7 ✕ 指定の取消は、都道府県知事（または市町村長）が行う。

8 ✕ 国保連は、学識経験者を苦情処理担当委員として委嘱することができる。

9 ✕ 国保連への苦情の申立ては書面を原則として、必要に応じて口頭による申立ても受け付けている。

10 ○

11 ✕ 国保連は、市町村から委託を受けて、第三者行為求償事務を行う。

12 ✕ 国保連は、指定地域密着型サービスの事業をすることができる。

13 ○

14 ○

15 ✕ 国保連は、市町村から委託を受けて、市町村事務の共同電算処理を行う。

ランク A

16 審査請求

介護保険制度では、専門の第三者機関である介護保険審査会を都道府県に設置して不服申立を受理し、審理・裁決を行うこととしています。介護保険審査会では、審査請求の処分の種類により取り扱う合議体の組織が異なるので注意しましょう。また、介護保険審査会の構成･委員をはじめ、審査請求ができる事項、専門調査員等についてもおさえておきましょう。第22回試験、第22回再試験、第23回試験、第26回試験で出題されています。色文字やマーカーを引いた部分を中心に勉強を進めてください。

1. 介護保険審査会による不服審査

介護保険では、被保険者は市町村が行う要介護（要支援）認定や保険料の徴収等について不服がある場合には、中立性・公平性をもった専門の第三者機関であり都道府県に設置される介護保険審査会に審査請求（不服申立）を行うことができます。

介護保険審査会は、審査請求を受理したときは、市町村の行った処分に対する不服申立の審理・裁決という事務を、中立性・公平性に基づき自らの判断と責任において執行します（職務執行上の独立性により都道府県知事の指揮監督を受けるべきものではありません）。

被保険者が審査請求の対象となる要介護認定等の処分の取消を裁判所に訴える場合は、審査請求に対する裁決を経た後でなければなりません。ただし、審査請求を行った日から3か月を経過しても介護保険審査会による裁決がないとき等は、裁決を経ないで、処分の取消の訴えを提起することができます。

審査請求の流れ

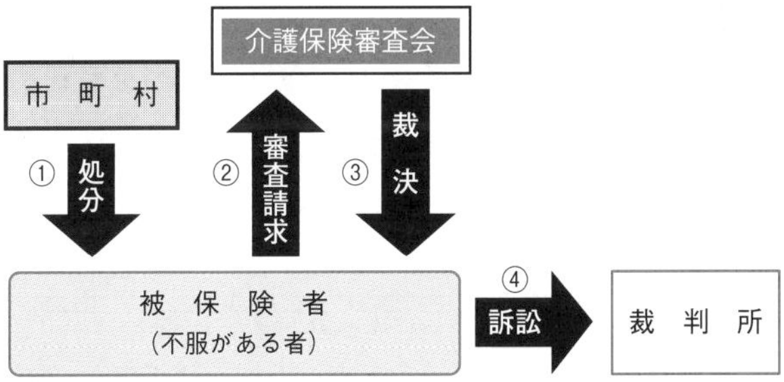

用語解説

審理：事実関係を取り調べて明らかにすること。

用語解説

裁決：事柄のよしあし等を上級の人が決めること。審査請求の返事。

過去の出題

介護保険法の審査請求について問われました。

22再-14

・介護保険審査会は、都道府県知事の指揮監督の下で裁決を行う。
→×（都道府県知事の指揮監督を受けない）

プラスα

処分についての審査請求に対する裁決を経た後でなければ、裁判所に訴訟を起こせないことを「審査請求前置」といいます。

プラスα

審査請求は、処分があったことを知った日の翌日から起算して3か月以内に、「文書」または「口頭」でしなければならないとされています。

2. 審査請求ができる事項

介護保険法で、審査請求できるのは次の事項です。

①保険給付に関する処分（被保険者証の交付の請求に関する処分、要介護（要支援）認定に関する処分を含む）
②**保険料その他介護保険法の規定による徴収金に関する処分**（財政安定化基金拠出金、介護給付費・地域支援事業支援納付金およびその納付金を医療保険者が滞納した場合の延滞金に関する処分を除く）

過去の出題

介護保険審査会への審査請求が認められるものについて問われました。
23-15 26-16
・保険料の滞納処分について不服がある被保険者
→○
・要介護認定に関する処分
→○

3. 介護保険審査会

介護保険審査会については、次のとおりです。

- 組織は、被保険者代表委員3人／市町村代表委員3人／公益代表委員3人以上
- 委員は非常勤で、その身分は特別職に属する地方公務員
- 委員の任期は3年（補欠委員の任期は前任者の残任期間）
- 都道府県知事が任命、再任も可
- 委員または委員であった者には守秘義務が課されており、違反すると罰則が適用される
- 公益代表委員から委員による選挙で会長を1人選任

要介護（要支援）認定の審査請求事件は、都道府県の条例で定める数の公益代表委員からなる合議体で取り扱います。

※都道府県の条例で定める数

要介護（要支援）認定以外の処分の審査請求事件は、会長、被保険者代表委員3人、市町村代表委員3人、会長以外の公益代表委員から介護保険審査会が指名する2人で構成される合議体で取り扱います。

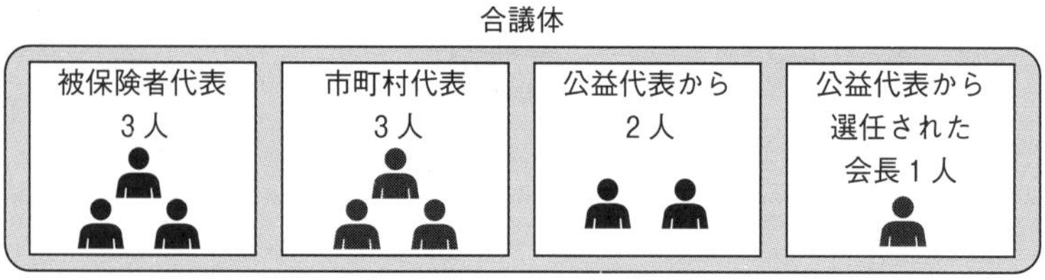

アドバイス

介護認定審査会（39頁参照）、介護給付費等審査委員会（121頁参照）との違いをおさえましょう。128頁も参照してください。

過去の出題

介護保険法の審査請求について問われました。
22再-14
・介護保険審査会が指名する委員で構成する合議体で審査を行う。
→○
・介護保険審査会の専門調査員は、介護支援専門員のうちから任命される。
→×（保健・医療・福祉の学識経験者から任命される）

プラスα

介護保険審査会の公益代表委員の定数は、政令で定める基準に従い都道府県の条例で定める数とし、各都道府県の規模や審査請求件数などの事務量に応じて、適切な人数の委員への委嘱を行うことができます。

4. 専門調査員

要介護（要支援）認定の処分に関する審査請求事件を迅速・正確に処理するため、**都道府県知事**の任命により、**介護保険審査会**に、保健・医療・福祉の学識経験者を**専門調査員**として設置することができます。

プラスα

専門調査員についても、介護保険審査会委員と同様、その身分は非常勤特別職の地方公務員であり、守秘義務が課され、罰則が適用されます。

基礎理解度 CHECK!!

□□ 1 ▶ 介護保険審査会は、市町村に設置される。

□□ 2 ▶ 介護保険審査会は、市町村の委託を受けて介護給付費の審査・支払業務を行う。

□□ 3 ▶ 介護保険審査会は、都道府県知事の指揮監督のもとで裁決を行う。

□□ 4 ▶ 審査請求は、処分があったことを知った日の翌日から起算して3か月以内に、文書で行わなければならない。

□□ 5 ▶ 要介護認定または要支援認定に関する処分は、審査請求の対象となる。

□□ 6 ▶ 介護給付費・地域支援事業支援納付金に関する処分は、審査請求の対象となる。

□□ 7 ▶ 介護保険料に関する処分は、審査請求の対象となる。

□□ 8 ▶ 介護保険審査会は、保健・医療・福祉の学識経験者から構成される。

□□ 9 ▶ 介護保険審査会の委員の任期は、1年である。

□□ 10 ▶ 要介護認定の審査請求事件は、市町村代表委員からなる合議体で取り扱う。

□□ 11 ▶ 要介護認定の処分に関する審査請求事件を迅速に処理するため、都道府県知事の任命により、介護保険審査会に専門調査員を置くことができる。

1 ✕ 介護保険審査会は、都道府県に設置される。

2 ✕ 設問は、国民健康保険団体連合会の業務である。介護保険審査会は、市町村の行った処分に対する不服申立の審理・裁決を行う機関である。

3 ✕ 介護保険審査会は、中立性・公平性に基づき自らの判断と責任において事務を執行する。都道府県知事の指揮監督を受けるべきものではない。

4 ✕ 審査請求は、文書または口頭で行わなければならない。

5 ○

6 ✕ 介護給付費・地域支援事業支援納付金、財政安定化基金拠出金に関する処分等は、審査請求の対象とならない。

7 ○

8 ✕ 介護保険審査会は、被保険者代表委員3人、市町村代表委員3人、公益代表委員3人以上で構成される。

9 ✕ 介護保険審査会の委員の任期は、3年である。

10 ✕ 要介護認定の審査請求事件は、都道府県の条例で定める数の公益代表委員からなる合議体で取り扱う。

11 ○

頭の中を整理しよう！

間違えやすい「○○会」について

試験で出題されやすいのは、それぞれの役割や委員のメンバー構成、委員の任期などです。この表でしっかりと整理しましょう。

	介護認定審査会	介護保険審査会	介護給付費等審査委員会
役割	要介護認定等にかかる審査・判定（二次判定）を行い、最終的な結果を市町村に通知する	市町村の行った処分に対する不服申立の審理・裁決について中立・公正な立場から審査を行う	介護給付費請求書および介護予防・日常生活支援総合事業費請求書の審査を行う
設置場所	市町村（保険者）	都道府県 1か所	国民健康保険団体連合会 1か所
委員	保健・医療・福祉の学識経験者	①被保険者代表委員 3人 ②市町村代表委員 3人 ③公益代表委員 3人以上	①介護給付等対象サービス担当者または介護予防・日常生活支援総合事業担当者代表委員 ②市町村代表委員 ③公益代表委員
委員の任命	市町村長	都道府県知事	国民健康保険団体連合会
任期	2年（※）	3年	2年
その他	・合議体を構成する委員の定数は、5人を標準として市町村が定める数。更新認定の場合等は、5人より少ない人数を定めることができるが、3人を下回ってはいけない ・複数の市町村が共同設置することもできる ・都道府県への委託も可	・要介護（要支援）認定に関する処分の審査請求は、公益代表委員からなる合議体で取り扱う ・要介護（要支援）認定の審査請求を迅速に行うため、専門調査員を置くことができる	・介護給付費請求書等の審査を行うため必要があると認めるときは、都道府県知事または市町村長の承認を得て、事業者・施設等に対して報告等を、開設者・管理者・サービス担当者等に対して、出頭・説明を求めることができる

※ただし、市町村条例により2年を超え3年以下の期間とすることができる。

ランク B

17 介護支援専門員

介護支援専門員（ケアマネジャー）は、利用者がその心身の状況等に応じた適切なサービスを利用できるよう、市町村およびサービス提供事業者等との連絡調整を行う者です。介護支援専門員の要件は、介護支援専門員証の交付を受けることです。介護支援専門員の義務や基本倫理・理念は、第22回、24回、25回試験や過去の試験においても出題されています。比較的得点しやすいところですので、キーとなる用語に注目して勉強を進めていってください。

1. 介護支援専門員の登録等

● 介護支援専門員とは

介護支援専門員は、要介護者等（要介護者・要支援者）からの相談に応じて、要介護者等がその心身の状況等に応じ適切なサービスを利用できるよう、市町村やサービス提供事業者等との連絡調整などを行う者であって、要介護者等が自立した日常生活を営むのに必要な援助に関する専門的な知識・技術を有するものとして、介護支援専門員証の交付を受けたものをいいます。

介護支援専門員の資格取得までの流れは、次のとおりです。

① 厚生労働省令で定める一定の実務経験を満たす

⬇

② 都道府県知事が行う介護支援専門員実務研修受講試験に合格する

⬇

③ 介護支援専門員実務研修の課程を修了する

⬇

④ 都道府県知事の登録を受ける

⬇

⑤ 都道府県知事に対して介護支援専門員証の交付を申請し、介護支援専門員証の交付を受ける

登録は、都道府県知事が、介護支援専門員資格登録簿に、氏名・生年月日・住所・介護支援専門員実務研修の修了年月日、登録番号および登録年月日を登載して行います。登録した介護支援専門員は、氏名または住所に変更があった場合は、遅滞なく、その旨を都道府県知事に届け出なければなりません。

アドバイス

左記の「サービス」とは、居宅サービス、地域密着型サービス、施設サービス、介護予防サービス、地域密着型介護予防サービス、特定介護予防・日常生活支援総合事業（第1号訪問事業、第1号通所事業、第1号生活支援事業）のことです。

プラスα

次のような事由にあたる者は、介護支援専門員としての登録はできません（欠格事由）。

- 心身の故障により介護支援専門員の業務を適正に行うことができない者
- 禁錮以上の刑に処されている者（その執行が終わっていない者）＊「禁錮」は「拘禁刑」に改められる（2022（令和4）年6月17日から3年以内の政令で定める日から施行）。
- 登録申請前5年以内に居宅サービス等に関し不正または著しく不当な行為をした者
- 都道府県知事による登録の消除の処分を受けてから5年を経過しない者　等

アドバイス

上記の登録申請前5年以内が、過去問で問われました。
25-6

アドバイス

介護支援専門員の登録、更新研修、介護支援専門員証の交付、介護支援専門員の試験は、「都道府県の責務・事務」です。市町村ではないので注意してください。

プラスα

介護支援専門員の資格の更新研修は、都道府県知事またはその指定する機関が行います。

過去の出題

介護支援専門員について問われました。(24-10)

・その業務を行うに当たり、関係者から請求があったときは、介護支援専門員証を提示しなければならない。
→○

●介護支援専門員証の交付と有効期間の更新

介護支援専門員の登録を受けている登録者は、都道府県知事に対して、介護支援専門員証の交付を申請できます。介護支援専門員証の有効期間は原則5年で、申請により更新ができます。なお、更新をする際には更新研修が義務づけられています。

介護支援専門員証が交付された後に、他の都道府県に登録を移転したときは、その介護支援専門員証は効力を失うため、移転先の都道府県知事に申請して介護支援専門員証の交付を受けます。新しい介護支援専門員証の有効期間は前の介護支援専門員証の有効期間の残存期間となります。

介護支援専門員は、その業務を行うにあたり、関係者から請求があったときは、介護支援専門員証を提示しなければなりません。

介護支援専門員は、登録が消除されたとき、介護支援専門員証が効力を失ったときには、介護支援専門員証をその交付を受けた都道府県知事に速やかに返納しなければなりません。

2. 介護支援専門員の義務等

プラスα

基準遵守義務の厚生労働省令で定める基準とは、指定居宅介護支援等の事業の人員及び運営に関する基準第12条に規定する「指定居宅介護支援の基本取扱方針」を指します(149頁参照)。

過去の出題

介護支援専門員の義務について問われました。(24-10)

・その業務のために正当な理由がある場合に限り、その名義を他人に使用させることができる。
→×(できない)
・介護支援専門員であった者は、退職後においても、正当な理由なしに、その業務に関して知り得た人の秘密を漏らしてはならない。
→○

●介護支援専門員の義務

公正・誠実な業務遂行義務	介護支援専門員は、要介護者等の人格を尊重し、常に要介護者等の立場に立って、要介護者等に提供されるサービスが特定の種類や特定の事業者・施設に不当に偏ることのないよう、公正かつ誠実にその業務を行わなければならない。
基準遵守義務	介護支援専門員は、厚生労働省令で定める基準に従って、その業務を行わなければならない。
資質向上努力義務	介護支援専門員は、要介護者等が自立した日常生活を営むのに必要な援助に関する専門的知識および技術の水準を向上させ、その他その資質の向上を図るよう努めなければならない。
介護支援専門員証の不正使用の禁止	介護支援専門員は、介護支援専門員証を不正に使用してはならない。
名義貸しの禁止	介護支援専門員は、その名義を他人に介護支援専門員の業務のため使用させてはならない。
信用失墜行為の禁止	介護支援専門員は、介護支援専門員の信用を傷つけるような行為をしてはならない。

秘密保持義務	介護支援専門員は、正当な理由なしに、その業務に関して知り得た人の秘密を漏らしてはならない。介護支援専門員でなくなった後においても、同様とする。

都道府県知事による指示等

都道府県知事は、介護支援専門員の業務の適正な実施を図る観点から、介護支援専門員に対して、次に掲げる指示等を行うことができます。

① 業務について必要な報告を求めること。
② 公正・誠実な業務遂行義務または基準遵守義務に違反していると認められる場合や登録を受けたが介護支援専門員証の交付を受けていない者が業務を行った場合に、必要な指示を行い、または指定する研修を受けるよう命令すること。
③ 上記②の指示または命令に従わない場合に、1年以内の期間を定めて業務を行うことを禁止すること（業務禁止処分）。

登録の消除

次のいずれかに該当する場合には、都道府県知事は介護支援専門員の登録を消除しなければなりません。

① 申請等に基づく消除
・本人から登録の消除の申請があった場合
・本人の死亡、心身の故障により介護支援専門員の業務を適正に行うことができない者として厚生労働省令で定めるものに該当するに至った届出があった場合
・不正をして介護支援専門員実務研修受講試験の合格を取り消された場合　等
② 職権に基づく消除
・一定の欠格事由に該当した場合
・不正の手段により登録を受けた場合
・不正の手段により介護支援専門員証の交付を受けた場合
・業務禁止処分に違反した場合
・介護支援専門員の義務（資質向上努力義務を除く）に違反した場合　等

プラスα

介護支援専門員は、都道府県知事から介護支援専門員としての業務禁止処分を受けたときは、介護支援専門員証をその交付を受けた都道府県知事に速やかに返納する義務があります。

過去の出題

介護支援専門員について問われました。（25-6）
・登録を受けている者が死亡した場合には、その相続人はその旨を届け出なければならない。
→○
・都道府県知事は、信用を傷つけるような行為をした介護支援専門員の登録を消除することができる。
→○

プラスα

①の厚生労働省令で定めるものは、「精神の機能の障害により介護支援専門員の業務を適正に行うに当たって必要な認知、判断及び意思疎通を適切に行うことができない者」です。

3. 介護支援専門員の基本倫理と基本視点

介護支援専門員の基本倫理

介護支援専門員には、専門職としての倫理性が問われます。介護支援専門員の基本倫理は4つあります。

①基本的人権と個人の尊厳	利用者の尊厳を保つためには、面接を行う際の態度と行動に気をつける。利用者の話を聴くための時間をつくる、利用者のほうを向き、作業の手を止め、目を見て話を聴く、何を大切にし何を不快と感じるのか、利用者の思い、考えに関心をもつことである。利用者が介護支援専門員に大切にされていると実感してもらうことが重要である。
②利用者の主体性と介護支援専門員の公正性・中立性	介護保険制度における主体は行政でも専門職でもなく、「利用者」である。その実現には、ケアマネジメントの過程を通じて、介護支援専門員の公正かつ中立的な視点と判断が終始貫かれていることが前提となる。 利用者本人と介護者（家族）との意見の対立があった場合には、介護支援専門員は、両者の意見に耳を傾け、それぞれの立場に配慮しながらも、利用者が自分の意思を形成、表明し、実現していけるよう、その家族のこれからの調和が図れるように話し合いの場を設け、意見の調整を試みる。
③社会的責任	介護支援専門員は専門職として存在する以上、専門職として機能しなければならない。その実践活動の状況を社会がみて、一層その職種に対する信頼と期待が高まっていく。介護支援専門員であり続ける限り、その行動規範に則《のっと》り、法令を遵守《じゅんしゅ》することが、社会の期待に応えることであり、同時に自分と自分以外の介護支援専門員の社会的信頼につながることを認識しなければならない。
④法令遵守	専門職には、倫理と同様に法的な問題に対する配慮が求められる。「法は倫理の最低限である」といわれるように、法的な問題に対する配慮は、倫理性をもった介護支援専門員であるための前提となる。 特に、個人情報を保護することは、法令上の務めであるとともに、専門職の守秘義務により利用者との信頼関係を紡ぐものである。日常業務における利用者の個人情報は、法令の理解を基本とし、所属法人の定めに基づき、保護、管理を行う。

プラスα

個人の尊厳が保たれるかどうかは、周囲の人がその人をどのようにとらえ、接するかにかかっています。日常的に介護を必要とする利用者の尊厳は、介護支援専門員やケアチームがその利用者をどうとらえ、どう接するかによって守られます。

アドバイス

認知症の人が仮に思いや意思をうまく伝えられなくても、利用者の尊厳は必ず守られなければなりません。

アドバイス

介護支援専門員は、「自分のなじみのサービス事業所で連携しやすいから」「自分の勤める事業所と同じ法人だから」という自身の価値観や都合により情報を取捨選択していないか、常に自己チェックが必要です。

アドバイス

介護支援専門員が遵守すべき法令は、介護保険法をはじめ、高齢者虐待防止法、個人情報保護法等があり、ケアマネジメントの支援過程においては、成年後見制度、生活保護制度、社会福祉法、障害者総合支援法など、多くの制度・施策を活用します。

介護支援専門員の基本視点

介護支援専門員の支援の基本視点については、３つあります。

①自立支援	利用者の生活を支えるにあたって、自立支援は最も大切である。介護支援専門員に期待されていることは、たとえ、介護を必要とする状態になっても、利用者が自分の意思によって「その人らしく」生きることができるよう支援することである。
②ノーマライゼーションとQOL	介護支援専門員の支援の視点として忘れてはならないのは、ノーマライゼーションやQOLという考え方である。Lifeには、命、生活、人生という意味があり、どれも重要なものである。利用者にとって質の高い生活とは、自分の求めている暮らし方が現実のものとなる生活ではないだろうか。
③生涯発達（※）	身体的な機能だけに焦点をあてれば、高齢者は成長発達のピークを過ぎ、衰えや低下が顕著になるといえる。一方で、生涯発達理論では、成人期以降であっても、成熟に向かうさまざまな肯定的変化があることを指摘している。介護支援専門員は、利用者の残存能力に着目するだけでなく、利用者の希望や願い、意欲などに着目するとともに、利用者を支援するにあたり、生涯発達の視点を欠かしてはならない。

※生涯発達理論は、人間は生まれてから死亡するまで一生を通じて発達していく存在であるとし、乳児期から高齢期までの心の発達を包括的にとらえていこうとする考え方。

介護支援専門員が利用者・家族を支援する際に、QOLという考え方・見方が非常に大切になります。QOLとは、Quality of Lifeの略であり、「生命の質（身体的側面）」「生活の質（心理的側面）」「人生の質（社会的側面）」からなっています。

QOLは、一般に生活者の満足感、安定感、安寧感、幸福感を規定している諸要因の統合されたもの、質をいいます。

アドバイス

自立支援については、「高齢者の自立を支援することを理念とする」とされています。

プラスα

介護支援専門員は、利用者のストレングス（その人の長所や強み）に関する情報を得て、それを居宅サービス計画に活かせるようにすることが大切です。

プラスα

介護支援専門員は、利用者が本来もっているはずの力（ストレングス）を引き出せるように支援を行います。これをエンパワメントといいます。

用語解説

ノーマライゼーション：年齢や障害の有無に関係なく、普通の生活を地域社会で送ることを実現しようとする理念。1950年代にデンマークのバンク－ミケルセン（Bank-Mikkelsen, N. E.）が提唱し、1981年の「国際障害者年」に反映されたことにより、今日の社会福祉において重要な理念の１つとなっている。

基礎理解度CHECK!!

□□ 1 ▶ 介護支援専門員とは、介護支援専門員実務研修受講試験に合格した者をいう。

□□ 2 ▶ 介護支援専門員登録申請の 10 年前に居宅サービスにおいて不正な行為をした者は、登録を受けることができない。

□□ 3 ▶ 介護支援専門員証の有効期間は、3 年である。

□□ 4 ▶ 更新研修を受けた者は、介護支援専門員証の有効期間を更新することができる。

□□ 5 ▶ 介護支援専門員は、都道府県の条例で定める基準に従い業務を行わなければならない。

□□ 6 ▶ 介護支援専門員の義務として、資質向上努力義務は含まれない。

□□ 7 ▶ 介護支援専門員であった者は、退職後であれば、その業務に関して知り得た人の秘密を漏らしてもよい。

□□ 8 ▶ 都道府県知事は、介護支援専門員に対して、業務について必要な報告を求めることができる。

□□ 9 ▶ 一定の欠格事由に該当した場合、国は介護支援専門員の登録を消除しなければならない。

□□ 10 ▶ 介護支援専門員は、自分の勤める事業所と同じ法人のサービス事業所を利用者に勧めなければならない。

□□ 11 ▶ ストレングスとは、その人の短所や弱みのことである。

□□ 12 ▶ 介護支援専門員の支援の視点として大切なのは、ノーマライゼーションや QOL という考え方である。

□□ 13 ▶ 介護支援専門員は、高齢者は成長発達のピークを過ぎているという視点を欠かしてはならない。

1 ✕ 介護支援専門員とは、介護支援専門員証の交付を受けた者をいう。介護支援専門員証の交付を受けるには、介護支援専門員実務研修受講試験の合格→介護支援専門員実務研修の課程の修了→都道府県知事の登録が求められる。

2 ✕ 介護支援専門員登録申請前 5 年以内に居宅サービスにおいて不正な行為をした者は、登録を受けることができない。

3 ✕ 介護支援専門員証の有効期間は、5 年である。

4 ○

5 ✕ 介護支援専門員は、厚生労働省令で定める基準に従い業務を行わなければならない。

6 ✕ 介護支援専門員の義務として、「資質向上努力義務」や「名義貸しの禁止」などがある。

7 ✕ 介護支援専門員であった者は、退職後においても、正当な理由なしに、その業務に関して知り得た人の秘密を漏らしてはならない。

8 ○

9 ✕ 登録を消除するのは、国ではなく、都道府県知事である。

10 ✕ 介護支援専門員は、「自分の勤める事業所と同じ法人だから」という理由で、サービス事業所を利用者に勧めてはならない（利用者の主体性と介護支援専門員の公正性・中立性）。

11 ✕ ストレングスとは、その人の長所や強みのことである。

12 ○

13 ✕ 介護支援専門員は、利用者を支援するにあたり生涯発達の視点を欠かしてはならない。

ランク A

18 介護支援サービス（ケアマネジメント）

介護保険制度の施行と同時に導入されたのが介護支援サービス（ケアマネジメント）です。介護支援専門員は、利用者のニーズを把握して多様なサービスを提供するなど、利用者本位の介護支援サービスを行います。ケアマネジメントは、居宅や施設において介護支援専門員の中心業務です。しっかりとケアマネジメントのプロセスを理解し、アセスメント、ケアプランの作成、モニタリングの内容や留意点をおさえておきましょう。第25回試験ではモニタリングについて、第26回試験では居宅サービス計画の作成について出題されました。

1. 介護支援サービス（ケアマネジメント）

介護保険制度では、要介護者等に対して、個々の解決すべき課題（ニーズ）や利用者本位の介護サービスが適切に提供されるよう、保健・医療・福祉のサービスが総合的・一体的・効率的に提供されるサービス体系を確立することとしています。

このためのサービス提供の手法がケアマネジメントであり、介護保険制度における介護支援サービスです。介護支援サービス（ケアマネジメント）は、「要介護者等やその家族がもつ生活課題（ニーズ）と社会資源を結びつけることで在宅生活を支援する」しくみです。社会資源には、保健・医療・福祉等のフォーマルサービスだけでなく、家族、ボランティア等のインフォーマルサポートが含まれます。

アドバイス
要介護者と要支援者を合わせて「要介護者等」と表記されます。

プラスα
ケアマネジメントは、介護保険制度においてのみ成立する手法ではありません。児童や障害者の分野でも利用されている手法です。

アドバイス
社会資源のフォーマルサービスとインフォーマルサポートは349頁で確認しましょう。

（居宅）介護支援サービス（ケアマネジメント）の一連の過程（流れ）

① インテーク（受付・初期面接相談）→ ② 課題分析（アセスメント）→ ③ 居宅サービス計画（原案）の作成 → ④ サービス担当者会議 → ⑤ 居宅サービス計画の作成・交付 → ⑥ ケアプランによるサービス提供 → ⑦ モニタリング → ⑧ 評価 および 再課題分析 → ⑨ 終結（支援終了）

（⑧から③へ戻る矢印）

注：介護支援サービスの基本的な過程とは、②～⑥まで経過した後に、本人の状態および生活状況等の変化によって、さらに現状に合ったサービス提供を図るために、⑦⑧を経て、③～⑧までの過程を繰り返しながら、利用者の在宅生活を支援していくものです。

アドバイス

ケアマネジメントの過程（流れ）は、介護支援専門員として現場に出たときの中心業務になりますので、しっかりと把握しておきましょう。

アドバイス

介護支援サービス（ケアマネジメント）の流れは、居宅介護支援、介護予防支援、施設介護支援のどれであっても基本的に同じです。

居宅のケアマネジメントの過程は、①インテーク（受付・初期面接相談）、②生活課題（ニーズ）を明らかにする課題分析（アセスメント）、③ニーズを解決するための居宅サービス計画（ケアプラン）原案の作成、④利用者や家族、各サービス担当者を集めたサービス担当者会議でケアプランの原案を検討し、利用者の（文書により）同意を得て、⑤居宅サービス計画（ケアプラン）の確定、利用者や担当者に交付、⑥ケアプランによるサービス提供、⑦ケアプランによるサービスの実施状況の把握（モニタリング）、⑧各サービスとケアプランを評価し、ニーズに変化がみられる場合は、ケアプランを見直す評価および再課題分析（再アセスメント）、⑨終結、の各過程およびその循環からなります。

介護保険制度のケアマネジメントを中核的に担うのが介護支援専門員です。

2. ケアマネジメントの過程

アドバイス

インテークは、受付・初期面接相談とも呼ばれます。

アドバイス

初回の面接で利用者の状況をすべて把握するものではありません。

介護支援専門員の居宅介護支援の過程を通して、ケアマネジメントの過程を具体的にみていきます。

(1) インテーク（受付・初期面接相談）

インテークは、居宅介護支援の契約に関する説明と同意を得ること、そして利用者の全般的な状況把握を行うことなどから、ケアマネジメントの入口として始まります。

プラスα

課題分析（アセスメント）では、利用者について分析したうえで、全人的（holistic）にとらえることが重要です。

過去の出題

居宅介護支援のアセスメントについて問われました。
19-23
- 認定調査員に委託できる。
  →×（介護支援専門員が行う）
- 利用者の有する能力を評価する。
  →○

(2) 課題分析（アセスメント）

課題分析（アセスメント）は、利用者について、その有する能力、その置かれている環境等の評価を通じて利用者が現に抱える問題点を明らかにし、利用者が自立した日常生活を営むことができるよう支援するうえで解決すべき生活課題（ニーズ）を明らかにする、ケアマネジメントを実践するための手続きです。

ニーズは、「介護ニーズ」に限定してとらえられがちですが、利用者が社会生活を送るうえでいろいろなニーズがあり、それらを充足するには、介護保険サービスだけでなく、市場サービスやインフォーマルな支援など、多種の社会資源を結びつけることが必要になります。そのために、ここでは「生活ニーズ」として説明します。

介護支援専門員は、アセスメントにあたっては、基本的に利用者の居宅を訪問し、利用者および家族に面接して行わなければなりません。アセスメントの基本的なねらいは次のとおりです。

① 要介護者の生活ニーズの内容やその程度を明らかにする
② 生活ニーズに対応する要介護者の能力を明らかにする
③ 生活ニーズに対応するインフォーマルサポートの力量を明らかにする
④ 生活ニーズに対応するフォーマルサービスの必要性と内容を明らかにする

介護保険制度では、課題分析（アセスメント）を行うための目安として、課題分析標準項目（23項目）が示されています（138〜139頁参照）。課題分析の項目は、①日常生活動作（ADL）、②身体的健康、③精神的健康、④社会関係、⑤経済状況、⑥住生活環境、⑦ケア提供者の状況、の7つの次元に分けることができます。このように包括的・多次元的な課題分析は利用者の身体機能的状況、精神心理的状況、社会環境的状況に分類できます。

(3) 居宅サービス計画（ケアプラン）原案の作成

居宅サービス計画（ケアプラン）を作成する基本的な目的は、次の5点に整理されます。

① 要介護者の望む暮らし、尊厳の保持と自立した生活を実現するための総合的な方針を提案・確認する
② 要介護者の望む暮らし、尊厳の保持と自立した生活を実現し、維持・継続していくための課題およびそれに対応する目標と具体策の提案・確認をする
③ 具体策を実現するための手段、方法やサービスを明確にする
④ 支援を実行するためのスケジュール（日課表、週間計画表、月間計画表）や手順を明確にする
⑤ 支援を担当する専門職や実施機関、事業者の調整を行う

居宅サービス計画（ケアプラン）を作成する手順は、次の図のとおりです。

居宅サービス計画（ケアプラン）の作成の流れ

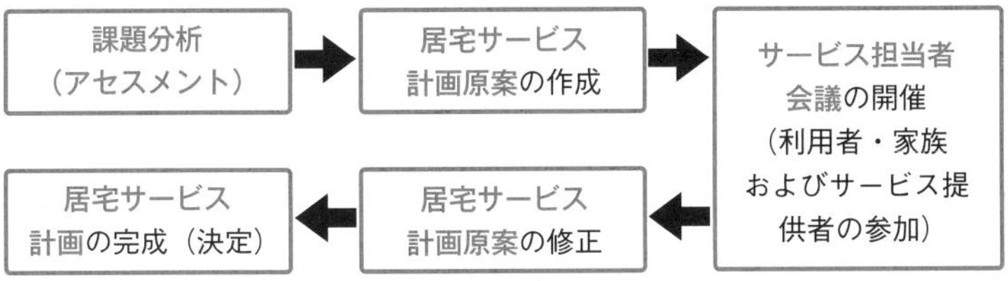

過去の出題

課題分析標準項目について問われました。
22-17 22再-21 24-20
・資産の状況
→×（含まれない）
・認定情報
→○（含まれる）

用語解説

ADL：人間が行う基本的動作。食事、排泄、入浴、着替え、起居移動、整容のこと。炊事、掃除、洗濯、買い物、金銭管理、趣味活動、公共交通機関の利用などの活動をIADL（手段的日常生活動作）という。

プラスα

居宅サービス計画は、利用者と介護支援専門員との間で交わされる約束であるとともに、その利用者を支援するチームのサービス事業者にとっては、チームアプローチ（144頁参照）のための約束事でもあります。

アドバイス

居宅サービス計画原案の作成後に、サービス担当者会議が開催され、居宅サービス計画原案について、利用者や家族、各サービス担当者に意見等を求めます。そして、居宅サービス計画原案の修正を経て、居宅サービス計画の完成、という流れになります。しっかりと覚えておいてください。

課題分析標準項目

【基本情報に関する項目】

No.	標準項目名	項目の主な内容（例）
1	基本情報（受付、利用者等基本情報）	居宅サービス計画作成についての利用者受付情報（受付日時、受付対応者、受付方法等）、利用者の基本情報（氏名、性別、生年月日、住所、電話番号等の連絡先）、利用者以外の家族等の基本情報、居宅サービス計画作成の状況（初回、初回以外）について記載する項目
2	これまでの生活と現在の状況	利用者の現在の生活状況、これまでの生活歴等について記載する項目
3	利用者の社会保障制度の利用情報	利用者の被保険者情報（介護保険、医療保険等）、年金の受給状況（年金種別等）、生活保護受給の有無、障害者手帳の有無、その他の社会保障制度等の利用状況について記載する項目
4	現在利用している支援や社会資源の状況	利用者が現在利用している社会資源（介護保険サービス・医療保険サービス・障害福祉サービス、自治体が提供する公的サービス、フォーマルサービス以外の生活支援サービスを含む）の状況について記載する項目
5	日常生活自立度（障害）	「障害高齢者の日常生活自立度（寝たきり度）」（140頁参照）について、現在の要介護認定を受けた際の判定（判定結果、判定を確認した書類（認定調査票、主治医意見書）、認定年月日）、介護支援専門員からみた現在の自立度について記載する項目
6	日常生活自立度（認知症）	「認知症高齢者の日常生活自立度」（140頁参照）について、現在の要介護認定を受けた際の判定（判定結果、判定を確認した書類（認定調査票、主治医意見書）、認定年月日）、介護支援専門員からみた現在の自立度について記載する項目
7	主訴・意向	利用者の主訴や意向について記載する項目 家族等の主訴や意向について記載する項目
8	認定情報	利用者の認定結果（要介護状態区分、審査会の意見、区分支給限度額等）について記載する項目
9	今回のアセスメントの理由	今回のアセスメントの実施に至った理由（初回、要介護認定の更新、区分変更、サービスの変更、退院・退所、入所、転居、そのほか生活状況の変化、居宅介護支援事業所の変更等）について記載する項目

【課題分析（アセスメント）に関する項目】

No.	標準項目名	項目の主な内容（例）
10	健康状態	利用者の健康状態及び心身の状況（身長、体重、BMI、血圧、既往歴、主傷病、症状、痛みの有無、褥そうの有無等）、受診に関する状況（かかりつけ医・かかりつけ歯科医の有無、その他の受診先、受診頻度、受診方法、受診時の同行者の有無等）、服薬に関する状況（かかりつけ薬局・かかりつけ薬剤師の有無、処方薬の有無、服薬している薬の種類、服薬の実施状況等）、自身の健康に対する理解や意識の状況について記載する項目
11	ADL	ADL（寝返り、起きあがり、座位保持、立位保持、立ち上がり、移乗、移動方法（杖や車椅子の利用有無等を含む）、歩行、階段昇降、食事、整容、更衣、入浴、トイレ動作等）に関する項目
12	IADL	IADL（調理、掃除、洗濯、買物、服薬管理、金銭管理、電話、交通機関の利用、車の運転等）に関する項目

13	認知機能や判断能力	日常の意思決定を行うための認知機能の程度、判断能力の状況、認知症と診断されている場合の中核症状及び行動・心理症状の状況（症状が見られる頻度や状況、背景になりうる要因等）に関する項目
14	コミュニケーションにおける理解と表出の状況	コミュニケーションの理解の状況、コミュニケーションの表出の状況（視覚、聴覚等の能力、言語・非言語における意思疎通）、コミュニケーション機器・方法等（対面以外のコミュニケーションツール（電話、PC、スマートフォン）も含む）に関する項目
15	生活リズム	１日及び１週間の生活リズム・過ごし方、日常的な活動の程度（活動の内容・時間、活動量等）、休息・睡眠の状況（リズム、睡眠の状況（中途覚醒、昼夜逆転等）等）に関する項目
16	排泄の状況	排泄の場所・方法、尿・便意の有無、失禁の状況等、後始末の状況等、排泄リズム（日中・夜間の頻度、タイミング等）、排泄内容（便秘や下痢の有無等）に関する項目
17	清潔の保持に関する状況	入浴や整容の状況、皮膚や爪の状況（皮膚や爪の清潔状況、皮膚や爪の異常の有無等）、寝具や衣類の状況（汚れの有無、交換頻度等）に関する項目
18	口腔内の状況	歯の状態（歯の本数、欠損している歯の有無等）、義歯の状況（義歯の有無、汚れ・破損の有無等）、かみ合わせの状態、口腔内の状態（歯の汚れ、舌苔・口臭の有無、口腔乾燥の程度、腫れ・出血の有無等）、口腔ケアの状況に関する項目
19	食事摂取の状況	食事摂取の状況（食形態、食事回数、食事の内容、食事量、栄養状態、水分量、食事の準備をする人等）、摂食嚥下機能の状態、必要な食事の量（栄養、水分量等）、食事制限の有無に関する項目
20	社会との関わり	家族等との関わり（家庭内での役割、家族等との関わりの状況（同居でない家族等との関わりを含む）等）、地域との関わり（参加意欲、現在の役割、参加している活動の内容等）、仕事との関わりに関する項目
21	家族等の状況	本人の日常生活あるいは意思決定に関わる家族等の状況（本人との関係、居住状況、年代、仕事の有無、情報共有方法等）、家族等による支援への参加状況（参加意思、現在の負担感、支援への参加による生活の課題等）、家族等について特に配慮すべき事項に関する項目
22	居住環境	日常生活を行う環境（浴室、トイレ、食事をとる場所、生活動線等）、居住環境においてリスクになりうる状況（危険個所の有無、整理や清掃の状況、室温の保持、こうした環境を維持するための機器等）、自宅周辺の環境やその利便性等について記載する項目
23	その他留意すべき事項・状況	利用者に関連して、特に留意すべき状況（虐待、経済的困窮、身寄りのない方、外国人の方、医療依存度が高い状況、看取り等）、その他生活に何らかの影響を及ぼす事項に関する項目

障害高齢者の日常生活自立度（寝たきり度）

生活自立	ランクJ	何らかの障害等を有するが、日常生活はほぼ自立しており独力で外出する 1．交通機関等を利用して外出する 2．隣近所へなら外出する
準寝たきり	ランクA	屋内での生活は概ね自立しているが、介助なしには外出しない 1．介助により外出し、日中はほとんどベッドから離れて生活する 2．外出の頻度が少なく、日中も寝たり起きたりの生活をしている
寝たきり	ランクB	屋内での生活は何らかの介助を要し、日中もベッド上での生活が主体であるが、座位を保つ 1．車いすに移乗し、食事、排泄はベッドから離れて行う 2．介助により車いすに移乗する
	ランクC	1日中ベッド上で過ごし、排泄、食事、着替において介助を要する 1．自力で寝返りをうつ 2．自力では寝返りもうてない

認知症高齢者の日常生活自立度

ランク	判断基準
Ⅰ	何らかの認知症を有するが、日常生活は家庭内及び社会的にほぼ自立している。
Ⅱ	日常生活に支障を来たすような症状・行動や意思疎通の困難さが多少見られても、誰かが注意していれば自立できる。
Ⅱa	家庭外で上記Ⅱの状態がみられる。
Ⅱb	家庭内でも上記Ⅱの状態が見られる。
Ⅲ	日常生活に支障を来たすような症状・行動や意思疎通の困難さが見られ、介護を必要とする。
Ⅲa	日中を中心として上記Ⅲの状態が見られる。
Ⅲb	夜間を中心として上記Ⅲの状態が見られる。
Ⅳ	日常生活に支障を来たすような症状・行動や意思疎通の困難さが頻繁に見られ、常に介護を必要とする。
M	著しい精神症状や問題行動あるいは重篤な身体疾患が見られ、専門医療を必要とする。

介護支援専門員は、課題分析（アセスメント）をもとにして居宅サービス計画原案を作成します。その内容は、計画の大きな方向性を示す「ケース（支援）目標の設定」と、具体的な「居宅サービス計画の作成」に分かれます。

過去の出題

居宅サービス計画原案の作成について問われました。
20-15
・利用者の家族の希望も勘案する。
→○
・利用者が入院中であっても、必ず居宅を訪問して行う。
→×（入院中の場合は病院を訪問する等）

① ケース（支援）目標の設定

居宅サービス計画は、要介護者のケース（支援）目標を明らかにすることから始まります。ケース（支援）目標とは、利用者が最終的に到達すべき方向性や状況、あるいは、困っていること全体に対する望ましい解決の方向性を提示するものです。

介護支援専門員は「利用者および家族の生活に対する意向」を利用者や家族と一緒に話し合うことで明らかにします。そして、これを受けて介護支援専門員は、どのような立場で支援していくか「総合的な援助の方針」をまとめ、利用者や家族、居宅サービス事業者に理解してもらいます。この「総合的な援助の方針」は居宅サービス事業者の共通した支援目標になり、チームアプローチの中心的命題となっていきます。

② 居宅サービス計画の作成

ケース（支援）目標を達成するために、居宅サービス計画を作成します。居宅サービス計画作成は次の手順で行います。

（1）生活ニーズの設定

課題分析（アセスメント）の結果をもとに、生活ニーズを導き出します。

利用者の身体機能的状況、精神心理的状況、社会環境的状況等の相互関係のなかから、生活するうえで困っている生活ニーズを導き出していきます。こうした生活ニーズはいくつもありますから、介護支援専門員は原則として優先度が高いものから順に居宅サービス計画に記載します。ただし、利用者、家族、介護支援専門員の間でそれぞれ優先順位が異なることがあることも認識しておく必要があります。

課題分析標準項目からの生活ニーズの導き出し方

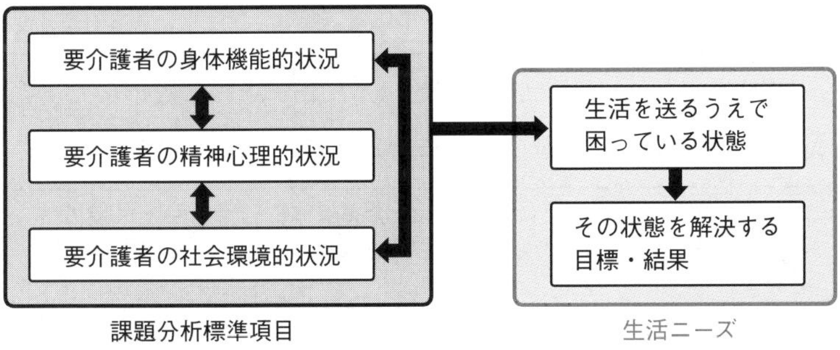

（2）援助目標の設定・確定

導き出された生活ニーズを解決するために、どのように援助していくのか、期間も含めた援助目標を設定します。

過去の出題

アセスメントについて問われました。（24-20）
- 現在利用しているサービスの状況について、介護保険給付以外のものを含めて把握する。
  →○
- いかなる場合であっても必ず利用者の居宅を訪問し、利用者及びその家族に面接して行わなければならない。
  →×（利用者が入院中であるなど物理的な理由がある場合は除かれる）

過去の出題

総合的な援助の方針について問われました。（26-21）
- 総合的な援助の方針は、利用者及び家族を含むケアチームが確認、検討の上、居宅サービス計画書に記載する。
  →○

アドバイス

個々の利用者によって生活ニーズは異なるため、ケアマネジメントにおいては個別的対応の必要性が強調されます。

過去の出題

アセスメントについて問われました。（22-15）（26-21）
- 利用者の身体機能に特化したアセスメントを行う。
  →×（身体機能のみに特化しない）
- 課題分析の結果は、居宅サービス計画書に記載しない。
  →×（記載する）

過去の出題

居宅サービス計画作成について問われました。20-17 26-21

・サービス提供事業者の選択は、専門的見地から介護支援専門員が行う。
→×（利用者本人が選択する）

・利用者が支払うことができる利用者負担額に配慮する。
→○

・目標には、サービス提供事業者の到達目標を記載する。
→×（利用者がサービスを受けつつ到達しようとする目標を記載する）

・居宅サービス計画の長期目標は、基本的に個々の解決すべき課題に対応して設定するものである。
→○

援助目標	生活ニーズを解決するために、どのように援助していくかの具体的な目標	
	長期目標	最終的に目指す目標や結果
	短期目標	一定の期間までに達成することが望ましい目標や結果

(3)援助内容の確定

利用者や家族の金銭面、自己負担の限度について話し合い、優先度に応じて、サービスの種別・事業者・内容、利用の頻度・期間・時間などを調整していきます。

利用者本人や家族と介護支援専門員が話し合って合意し、最終的には利用者本人が援助目標や内容を決定します。

(4)居宅サービス計画作成上の留意点

居宅サービス計画は、そのプランが実行されることで、その利用者にとってより自立的で尊厳が保たれた生活、現状よりも質の高まった生活が実現されることをイメージさせるものである必要があります。利用者の生活がよくなるとは、以下のようなイメージであると考えられます。

① 利用者自身が、もっている力を発揮でき、より自立した生活を送ることができる
② 利用者自身の尊厳が保たれた生活を送ることができる（その人らしい生活ができる）
③ 要介護状態になるまでに送ってきた生活が、要介護状態になっても継続できる
④ 利用者の要介護状態をこれ以上悪化させない（悪化させるリスクが起こることを予防する）

居宅サービス計画作成時には、次のようなことについても留意が求められます（運営基準に規定されているもの）。

インフォーマルサポートの位置づけ（努力義務）	居宅サービス計画には、介護保険の給付サービス以外に、市町村等で実施する一般保健福祉サービスや、家族、親戚、近隣、ボランティアといったインフォーマルサポート（349頁参照）も位置づけるよう努める
医療サービスの利用	介護支援専門員は、利用者が医療サービスの利用を希望している場合には、利用者の同意を得て主治の医師等の意見を求めなければならない。この場合、居宅サービス計画を作成したときは、介護支援専門員は、居宅サービス計画を主治の医師等に交付しなければならない（※1）
介護保険施設との連携	介護支援専門員は、介護保険施設等から退院または退所しようとする利用者から依頼があった場合には、居宅における生活へ円滑に移行できるよう、あらかじめ、居宅サービ

過去の出題

サービス担当者会議の開催頻度について問われました。20-18

・少なくとも3か月に1回は、開催しなければならない。
→×（サービス計画の新規作成時等に開催する）

プラスα

医療サービスとは、居宅サービスにおいては、訪問看護、通所リハビリテーション、訪問リハビリテーション、短期入所療養介護、居宅療養管理指導のことをいいます。定期巡回・随時対応型訪問介護看護と看護小規模多機能型居宅介護で訪問看護サービスを利用する場合も含みます。

	ス計画の作成等の援助を行う
訪問介護（生活援助）の位置づけ	介護支援専門員は、居宅サービス計画に一定の回数以上の訪問介護（生活援助）を位置づける場合は、その利用の妥当性を検討し、居宅サービス計画に訪問介護が必要な理由を記載するとともに、居宅サービス計画を市町村に届け出なければならない
居宅サービス計画の届け出	介護支援専門員は、作成された居宅サービス計画に位置づけられたサービス費の総額が区分支給限度基準額に占める割合が高いもの、および訪問介護がサービス費の大半を占めるもの（※2）であって、かつ、市町村からの求めがあった場合には、居宅サービス計画の利用の妥当性を検討し、当該計画に訪問介護が必要な理由を記載し、当該計画を市町村に届け出なければならない
短期入所サービスの位置づけ	居宅サービス計画に短期入所生活介護または短期入所療養介護を位置づける場合は、原則、利用する日数が要介護認定有効期間のおおむね半数を超えないようにしなければならない
福祉用具の位置づけ	居宅サービス計画に福祉用具貸与を位置づける場合は、その利用の妥当性を検討し、福祉用具貸与が必要な理由を記載しなければならない。また、計画作成後も必要に応じて随時サービス担当者会議を開き、その継続の必要性について検証したうえで、継続して福祉用具貸与が必要な場合は、その理由を居宅サービス計画に記載しなければならない
	居宅サービス計画に特定福祉用具販売を位置づける場合は、その利用の妥当性を検討し、特定福祉用具販売が必要な理由を記載しなければならない
介護認定審査会の意見等の反映	被保険者証に介護認定審査会の意見、市町村の指定にかかる居宅サービス、地域密着型サービスの種類について記載されている場合は、利用者にその趣旨を説明し、理解を得たうえで、その内容に沿って居宅サービス計画を作成しなければならない

※1　医療サービス以外の居宅サービス等を位置づける場合でも、主治の医師等の医学的観点からの留意事項が示されているときは、その留意点を尊重して居宅サービス計画を作成する。

※2　具体的な割合などは、厚生労働大臣が定める基準に従う。

(4) サービス担当者会議

介護支援専門員は、課題分析（アセスメント）を行い、作成した居宅サービス計画原案の検討を、利用者やその家族、サービスを提供する担当者が参加するサービス担当者会議で行います。

サービス担当者会議は、介護支援専門員が利用者やその家族、サービス担当者、主治医等に呼びかけて開催します。

利用者（末期の悪性腫瘍の患者に限る）の心身の状況等により、主治の医師または歯科医師の意見を勘案して必要と認める場合な

アドバイス

一度市町村が検証した居宅サービス計画の次回の届け出は、その1年後でよいとされています。

プラスα

市町村に届け出た居宅サービス計画書は、地域ケア会議で検証されることになっていますが、それ以外にもサービス担当者会議に行政職員やリハビリテーション専門職を派遣して行う方法もあります。

プラスα

市町村は、要介護（要支援）認定・更新認定等を行うにあたっては、介護認定審査会の意見に基づき、被保険者が受けることができる居宅サービス等の種類を指定することができます。市町村の指定にかかる居宅・地域密着型サービスの種類については、その変更の申請ができることも含め、利用者に説明をしておく必要があります。

過去の出題

介護認定審査会の意見について問われました。

22-6

・被保険者証に認定審査会意見の記載があるときは、その意見に配慮した指定居宅介護支援の提供に努めなければならない。

→○

プラスα

このほか、やむを得ない理由がある場合として、開催の日程調整を行ったものの、サービス担当者の事由により、サービス担当者会議への参加が得られなかった場合、居宅サービス計画の変更で、利用者の状態に大きな変化がみられない等における軽微な変更の場合があげられています。

どやむを得ない理由がある場合は、担当者に対する照会等により意見を求めることができるものとされています。

なお、介護支援専門員は、居宅サービス計画に医療サービスを位置づける場合は、医療サービスにかかる主治の医師等の指示がある場合に限りこれを行うものとされています。医療サービス以外の指定居宅サービス等を位置づける場合は、主治の医師等の医学的観点からの留意事項が示されているときは、留意点を尊重して行います。

① サービス担当者会議の目的

① 支援チームの方向性を定める ② 支援チーム内でアセスメント内容を共有する ③ 居宅サービス計画を練り上げる 等

さらに、サービス担当者会議の目的には、もう一つ大切なものがあります。それは、この会議が居宅サービス計画のために開催されるのではなく、利用者の望む暮らしの実現のために開催されるものであるという点です。

② サービス担当者会議の開催時期

サービス担当者会議は、居宅サービス計画の新規作成時、変更時のほか、更新認定や区分変更認定時にも原則として開催します。

③ サービス担当者会議の内容

（1）居宅サービス計画原案の検討

居宅介護支援は、多職種・多機関が連携し、チームで居宅サービス計画を作成することを原則としています（チームアプローチ）。サービス担当者会議では、介護支援専門員が主宰者となり、関係者とともに居宅サービス計画原案の内容を検討します。

（2）情報共有と専門的意見の聴取

利用者の状況等に関する情報を担当者と共有するとともに、居宅サービス計画原案について、担当者に専門的な見地からの意見を求めます。なお、担当者に対する照会等の記録を整備し、その完結の日から2年間保存しなければなりません。

（3）居宅サービス計画内容の確認

サービス担当者会議では、サービスの内容だけでなく、サービスの頻度、時間数、担当者名が確認されます。また、週間ス

過去の出題

サービス担当者会議について問われました。（24-19）

・サービス担当者会議には、利用者及びその家族を必ず参加させなければならない。
→×（利用者やその家族の参加が望ましくない場合（家庭内暴力等）には、必ずしも参加を求めない）

・サービス担当者会議において利用者の個人情報を用いる場合には、あらかじめ本人の同意を文書により得ておかなければならない。
→○

過去の出題

サービス担当者会議について問われました。
（23-22）（25-20）

・開催の日程調整を行ったが、サービス担当者の事由により参加が得られなかったときは、サービス担当者への照会等により意見を求めることができる。
→○

・サービス担当者会議の記録は、要介護認定の有効期間に合わせて最長3年間保存しなければならない。
→×（その完結の日から2年間保存しなければならない）

・サービス担当者会議等の記録は、その完結の日から5年間保存しなければならない。
→×（上記同様）

用語解説

チームアプローチ：利用者にかかわる多職種による支援チームを編成し、チームの知識や技能、経験を活かして、利用者の問題解決に取り組む（協働する）こと。

ケジュールが決定されます。

(5) 居宅サービス計画の原案の説明・同意および居宅サービス計画の交付の義務

①　居宅サービス計画の原案の内容の説明・同意

介護支援専門員は、サービス担当者会議後に、会議で決定した居宅サービス計画の原案の内容について利用者またはその家族に対して説明し、文書により利用者の同意を得なければなりません。

②　居宅サービス計画の交付

介護支援専門員は、居宅サービス計画を利用者およびサービス担当者に交付しなければなりません。交付する際には、計画の趣旨および内容等について十分に説明し、各担当者と共有・連携を図る必要があります。

(6) ケアプランによるサービス提供

居宅サービス計画（ケアプラン）に位置づけられた居宅サービス事業者等から実際のサービス提供が行われます。各居宅サービス事業者は、マスタープランである居宅サービス計画を基にして、それぞれの専門性を発揮できるように個別サービス計画を作成します。なお、介護支援専門員は、居宅サービス計画に位置づけた居宅サービス事業者の担当者から、個別サービス計画（訪問介護計画など）の提出を求めるものとされています（151頁参照）。

(7) モニタリング

居宅サービス計画の実施状況を把握することをモニタリングといいます。介護支援専門員は、居宅サービス計画の作成後、居宅サービス計画の実施状況の把握を行い、必要に応じて居宅サービスの変更、指定居宅サービス事業者等との連絡調整を行わなければならないとされています。

モニタリングの担い手には、介護支援専門員のほか、利用者を支援する人（サービス事業者や主治医、近隣住民などの非専門職）や利用者本人・家族があります。

過去の出題

指定居宅介護支援における居宅サービス計画の作成について問われました。

21-17　25-19

- 文書により家族の同意を得ること。
  →×（利用者（本人）の同意を得る）
- 作成した際に、利用者に交付すること。
  →○
- 作成後、保険者に提出すること。
  →×（保険者に提出する必要はない）
- 介護支援専門員は、計画に位置付けた指定訪問介護事業者に対して、訪問介護計画の提出を求めること。
  →○
- 居宅サービス計画の原案の内容について利用者やその家族に対して説明し、口頭で利用者の同意を得るものとする。
  →×（利用者の同意は文書で得る）
- 作成した居宅サービス計画は、利用者から求めがなければ、利用者に交付しなくてもよい。
  →×（利用者に交付する）

① モニタリングの目的

モニタリングの目的は、以下の3点と考えられます。

> ① それぞれのサービスの効果の評価
> ② 利用者の状況に応じた修正
> ③ リスク管理

①では、介護支援専門員はそれぞれの社会資源が、計画したとおりにサービスや支援を提供できているか、また、サービスが計画どおりの曜日や時間に提供されているかを確認します。さらに、それぞれの社会資源が、長期目標・短期目標の達成のために機能しているかを把握します。

②では、サービスが提供されはじめた後で、居宅サービス計画と利用者のニーズの間に、ミスマッチがあることが発見される場合があります。介護支援専門員は、支援が効率的・効果的になるようにミスマッチを修正していきます。

③では、利用者の心身の状態や取り巻く環境（特に介護者家族の健康状態等）の変化は、利用者の自立や尊厳の保持を脅かすリスクとなります。そのため、介護支援専門員は、こうしたリスクを予測するとともに、リスクの予兆や実際に発生した問題を早期に発見することが大切です。

② 居宅介護支援におけるモニタリング

介護支援専門員は、居宅サービス計画実施後に、利用者およびその家族、主治医、居宅サービス事業者等との連絡を継続的に行います。特段の事情がない限り、次の①と②のとおり行わなければなりません。また、その結果の記録は2年間保存しなければなりません（③）。

> ① 少なくとも1か月に1回、利用者の居宅を訪問し、利用者に面接しなければならない
> ② 少なくとも1か月に1回、必ずモニタリングの結果を記録しなければならない
> ③ モニタリングの結果の記録は、居宅介護支援の完結の日から2年間保存しなければならない

(8) 評価および再課題分析

居宅サービス計画に基づいたサービスが的確に提供されたかどうかを評価します。定期的なモニタリングにおいて、生活ニーズの変化がみられる場合には、再課題分析（再アセスメント）を実

過去の出題

モニタリングについて問われました。19-19 25-21

- 地域ケア会議に結果を提出しなければならない。
  →×（このような決まりはない）
- 結果の記録は、居宅介護支援完結の日から2年間保存しなければならない。
  →○
- 地域包括支援センターの指示に基づいて実施しなければならない。
  →×（地域包括支援センターの指示ではない）
- 月に1回以上、結果を記録しなければならない。
  →○
- 利用者についての継続的なアセスメントは、含まれる。
  →○
- 目標の達成度の把握は、含まれる。
  →○
- 少なくとも1月に1回、主治の医師に意見を求めなければならない。
  →×（その必要はない）

過去の出題

指定居宅介護支援にかかるモニタリングについて問われました。22再-22

- 居宅サービス計画の実施状況の把握（利用者についての継続的なアセスメントを含む。）
  →○
- 居宅サービス計画作成時における個別サービス計画との整合性の点検
  →×
- 目標の達成度の確認
  →○

施して、居宅サービス計画を見直します。また、サービス提供事業者から利用者や社会状況等に変化が生じ、生活ニーズが充足できていないなどの情報を得た場合にも再課題分析を行い、ケース（支援）目標の設定と居宅サービス計画の作成に戻り、一連の居宅介護支援の過程を繰り返します。

アドバイス

もう一度135頁の「（居宅）介護支援サービス（ケアマネジメント）の一連の過程（流れ）」の図で確認してみましょう。

(9) 終結

利用者が亡くなったり、介護老人福祉施設（特別養護老人ホーム）に入所した場合などには、在宅のケアマネジメントは終了となります。居宅介護支援事業者は、居宅サービス計画、アセスメントの結果の記録、サービス担当者会議の記録、モニタリングの結果の記録などを整備して、その完結の日から2年間保存しなければなりません。

過去の出題

指定居宅介護支援におけるアセスメントについて問われました。24-20

・アセスメントの結果の記録は、2年間保存しなければならない。
→○

基礎理解度 CHECK!!

□□ 1 ▸ 居宅介護支援のアセスメントでは、基本的に利用者の居宅を訪問し、利用者および家族に面接して行う必要がある。

□□ 2 ▸ 課題分析標準項目には、社会との関わりや認定情報は含まれていない。

□□ 3 ▸ 介護支援専門員は、利用者が医療サービスを希望している場合は、利用者の同意を得て、主治医等に意見を求め、居宅サービス計画を作成したときは、地域包括支援センターに交付しなければならない。

□□ 4 ▸ 短期入所生活介護を居宅サービス計画に位置づける場合、その利用日数が月の半数を超えないようにしなければならない。

□□ 5 ▸ サービス担当者会議は、居宅サービス計画の新規作成時のみ行えばよい。

□□ 6 ▸ モニタリングの目的に、利用者の状況に応じた修正は含まれない。

□□ 7 ▸ 居宅介護支援のモニタリングは、少なくとも3か月に1回、利用者の居宅を訪問し、利用者に面接しなければならない。

1 ○

2 ✕ 課題分析標準項目には、社会との関わりや認定情報などが含まれている。

3 ✕ 医療サービスについて主治医等に意見を求め、居宅サービス計画を作成したときは、主治医等に居宅サービス計画を交付しなければならない。

4 ✕ 短期入所生活介護の利用日数は、要介護認定有効期間のおおむね半数を超えないようにしなければならないとされている。

5 ✕ サービス担当者会議は、居宅サービス計画の新規作成時、変更時、更新認定、区分変更認定時にも行われる。

6 ✕ モニタリングの目的は、①それぞれのサービスの効果の評価、②利用者の状況に応じた修正、③リスク管理である。

7 ✕ 居宅介護支援のモニタリングは、少なくとも1か月に1回、利用者の居宅を訪問し、利用者に面接しなければならない。

ランク A

19 居宅介護支援

介護支援専門員は、要介護者等に対して居宅介護支援（介護支援サービス）を実施します。ここでは、居宅介護支援について学び、最近の試験でも出題されている運営基準等の内容を確認していきます（第22回試験で2問、第22回再試験で1問、第23回試験で2問、第24回試験で1問、第25回試験で3問、第26回試験で1問出題されています）。居宅介護支援は、実務に就いた際にも必要となる大事な事柄ですので、色文字を中心にしっかりと学習して身につけておきましょう。

1. 居宅介護支援とは

プラスα

居宅介護支援（ケアマネジメント）とは、簡単にいうと、「要介護者やその家族のニーズと社会資源を結びつけ、在宅生活を支援すること」です。

アドバイス

居宅サービス計画は、ケアプランとも呼ばれています。

居宅介護支援とは、介護保険制度の用語であり、一般にケアマネジメント、介護支援サービスと呼ばれています。介護保険法上、居宅要介護者が介護保険のサービスその他の保健・医療・福祉サービスを適切に利用等をすることができるよう、介護支援専門員が本人からの依頼を受けて、その心身の状況・置かれている環境、本人や家族の希望等を勘案して、利用するサービスの種類・内容等を定めた居宅サービス計画を作成し、サービス提供確保のために事業者等と連絡調整等を行うとともに、地域密着型介護老人福祉施設または介護保険施設への入所が必要な場合には、施設の紹介その他の便宜の提供を行うこととされています。

2. 居宅介護支援事業の基準

アドバイス

居宅介護支援事業の人員・運営基準は、市町村の条例により定められています。

居宅介護支援事業を行う場合は、基本方針、人員基準、運営基準を満たす必要があります。居宅介護支援事業については、居宅サービス事業と異なり、設備に関する基準は設けられていません。設備および備品等については運営に関する基準において規定されています。なお、居宅介護支援事業の基準は、国の定める指定基準をもとに市町村の条例で規定されています（居宅介護支援事業者の指定・監督などの権限は、2018（平成30）年4月から市町村に移譲されています）。

基本方針

居宅介護支援は、次の点に配慮して行うことが定められています（基準第1条の2　基本方針）。

> ①　要介護者が可能な限り居宅で、その有する能力に応じて自立した日常生活を送れるように配慮して行われるものでなければならない。
> ②　利用者の心身の状況や置かれている環境等に応じて、利用者の選択に基づき、適切な保健医療サービスと福祉サービスが、多様な事業者から総合的・効率的に提供されるように配慮して行われるものでなければならない。
> ③　利用者の意思や人格を尊重し、常に利用者の立場に立って、居宅サービス等が特定の種類や事業者に不当に偏らないよう、公正中立に行われなければならない。
> ④　市町村、地域包括支援センター、老人介護支援センター、他の居宅介護支援事業者、介護予防支援事業者、介護保険施設、障害者総合支援法に規定する特定相談支援事業者等との連携に努めなければならない。
> ※相談支援専門員との連携は、2018（平成30）年の介護報酬の改定に伴い、新たに規定された。特定相談支援事業者には、相談支援専門員がいる。
> ⑤　利用者の人権の擁護、虐待の防止等のため、必要な体制の整備を行うとともに、その従業者に対し、研修を実施する等の措置を講じなければならない。
> ⑥　居宅介護支援を提供するにあたっては、介護保険等関連情報その他必要な情報を活用し、適切かつ有効に行うよう努めなければならない。

過去の出題

基本方針について問われました。
20-19　21-16　26-20
・利用者自身によるサービスの選択
→○
・指定居宅介護支援の提供に当たっては、公正中立に行われなければならない。
→○
・事業者の連携の対象には、障害者総合支援法の指定特定相談支援事業者は含まれない。
→×（指定特定相談支援事業者は含まれる）
・事業者は、利用者の人権の擁護、虐待の防止等のため必要な体制の整備を行わなければならない。
→○

指定居宅介護支援の基本取扱方針

基本取扱方針として、次のとおり定められています。

> ・指定居宅介護支援は、要介護状態の軽減または悪化の防止に資するよう行われるとともに、医療サービスとの連携に十分配慮して行われなければならない。
> ・指定居宅介護支援事業者は、自らその提供する指定居宅介護支援の質の評価を行い、常にその改善を図らなければならない。

人員基準

人員基準は、次のとおり定められています。

従業者	●事業所ごとに常勤の介護支援専門員1人以上を配置 ●介護支援専門員の員数は利用者35人またはその端数を増すごとに1人を基準とする（増員する介護支援専門員は非常勤でも可）

過去の出題

指定居宅介護支援事業者について問われました。
22-6　24-19
・管理者は、管理者研修の受講が義務づけられている。
→×（義務づけられていない）
・通常の事業の実施地域以外であっても、交通費を受け取ることはできない。
→×（利用者の同意を得れば交通費を受け取ることができる）
・利用者が30人の場合には、介護支援専門員は、非常勤で1人置けばよい。
→×（利用者が35人までは、常勤の介護支援専門員を1人置かなければならない）
・利用者の数が20人の場合には、常勤の介護支援専門員を1人以上置かなければならない。
→○

管理者	●事業所ごとに常勤の管理者を配置 ●管理者は主任介護支援専門員 （ただし、主任介護支援専門員の確保が著しく困難である等やむを得ない理由がある場合、介護支援専門員を管理者とすることができる） ●専らその職務に従事する者でなければならない（管理者がその管理する事業所の介護支援専門員の職務に従事する場合や同一敷地内にある他の事業所の職務に従事する場合は、この限りではない）

※2021（令和３）年３月31日時点で主任介護支援専門員でない介護支援専門員が管理者である場合は、2027（令和９）年３月31日までの間は、主任介護支援専門員の適用を猶予する（新設される事業所には適用されない）。

●運営基準

内容および手続きの説明と同意	●居宅介護支援の提供に際し、あらかじめ、利用申込者または家族に対し、運営規程の概要その他の重要事項を記した文書を交付して説明を行い、利用申込者の同意を得なければならない ●居宅介護支援の提供の開始にあたり、次の説明を行い、理解を得なければならない ・居宅サービス計画が、基本方針および利用者の希望に基づき作成されるものであること ・利用者は複数の居宅サービス事業者等を紹介するよう求めることができること ・居宅サービス計画原案に位置づけた居宅サービス事業者等の選定理由の説明を求めることが可能であること ・①前６か月間に当該事業所において作成された居宅サービス計画の総数のうちに訪問介護、通所介護、福祉用具貸与、地域密着型通所介護がそれぞれ位置づけられた居宅サービス計画の数が占める割合 ・②前６か月間に当該事業所において作成された居宅サービス計画に位置づけられた訪問介護、通所介護、福祉用具貸与、地域密着型通所介護ごとの回数のうちに同一の事業者によって提供されたものが占める割合等 ●利用者または家族に対し、利用者が病院・診療所に入院する必要が生じた場合には、利用者を担当する介護支援専門員の氏名および連絡先を、病院・診療所に伝えるよう求めなければならない
総合的な居宅サービス計画の作成	●居宅サービス計画の作成にあたっては、利用者の日常生活全般を支援する観点から、介護給付等対象サービス以外の保健医療サービスまたは福祉サービス、当該地域の住民による自発的な活動によるサービス等の利用も含めて居宅サービス計画上に位置づけるよう努めなければならない

過去の出題

居宅介護支援事業者について問われました。
22再-23　23-21　26-20

・指定居宅介護支援の提供の開始に際し、複数の指定居宅サービス事業者を必ず紹介しなければならない。
→×（複数の指定居宅サービス事業者等を紹介するよう求めることができることなどにつき説明を行う必要があるが、必ず紹介しなければならないわけではない）

・指定居宅介護支援の提供の開始に際し、利用者に入院する必要が生じたときは、介護支援専門員の氏名と連絡先を入院先の病院又は診療所に伝えるよう、あらかじめ利用者や家族に求めなければならない。
→○

・介護支援専門員は、居宅サービス計画書の作成に当たっては、地域の住民による自発的な活動によるサービス等の利用も含めて居宅サービス計画上に位置付けるよう努めなければならない。
→○

利用者自身によるサービスの選択	●介護支援専門員は、居宅サービス計画の作成にあたり、利用者によるサービスの選択に資するよう、居宅サービス事業者等に関するサービスの内容、利用料等の情報を適正に利用者または家族に対して提供するものとする
提供拒否の禁止	●正当な理由なくサービス提供を拒んではならない ●次の①～③の理由があれば拒むことができる ①事業所の現員からは利用申込みに応じきれない場合 ②利用申込者の居住地が事業所の通常の事業の実施地域外である場合 ③利用申込者が他の居宅介護支援事業者にもあわせて居宅介護支援の依頼を行っていることが明らかな場合
サービス提供困難時の対応	●利用申込者に対して自ら適切な居宅介護支援の提供が困難と判断した場合には、他の居宅介護支援事業者の紹介その他必要な措置を講じなければならない
利用者の受給資格等の確認	●利用申込者から居宅介護支援の提供を求められた場合、被保険者証で被保険者資格、要介護認定の有無、有効期間を確認する
要介護認定の申請にかかる援助	●被保険者から要介護認定の申請の代行を依頼された場合などは、利用申込者の意思を踏まえて、必要な協力を行わなければならない ●要介護認定を受けていない利用申込者については、要介護認定の申請がすでに行われているかどうかを確認し、申請が行われていない場合は、利用申込者の意思を踏まえて速やかに申請が行われるよう必要な援助を行わなければならない ●要介護認定の更新の申請が、遅くとも有効期間満了日の30日前には行われるように必要な援助を行わなければならない
身分証の携行	●介護支援専門員証を携行し、初回訪問時や利用者・家族から求めがあったときは提示する
利用料等の受領	●償還払いとなる場合であっても、代理受領の場合と同様に原則として利用者負担は生じない ●利用者の選定により通常の事業の実施地域以外の地域で居宅介護支援を行う場合には、同意を得れば交通費の支払いを利用者から受けることができる
保険給付請求のための証明書の交付	●償還払いとなる場合、利用料の額など必要な項目を記載した指定居宅介護支援提供証明書を利用者に交付しなければならない
個別サービス計画の提出依頼	●居宅介護支援事業者と居宅サービス事業者の意識の共有を図る観点から、介護支援専門員は居宅サービス計画に位置づけた居宅サービス等の担当者から個別サービス計画の提出を求める

過去の出題

居宅介護支援事業者について問われました。

22-6　23-21　25-19

- その地域における指定居宅サービス事業者等に関するサービスの内容、利用料等の情報を適正に利用者又はその家族に対して提供するものとする。
  →○
- 事業所の現員では利用申込に応じきれない場合には、サービスの提供を拒むことができる。
  →○
- 通常の事業の実施地域等を勘案し、自ら適切な指定居宅介護支援を提供することが困難なときは、他の指定居宅介護支援事業者を紹介するなど必要な措置を講じなければならない。
  →○
- 指定居宅介護支援の提供の開始に際し、要介護認定申請が行われていない場合は、利用申込者の意思にかかわらず、速やかに申請が行われるよう援助を行わなければならない。
  →×（利用申込者の意思を踏まえて援助を行う）
- 利用者の選定により通常の事業の実施地域以外の地域で指定居宅介護支援を行うときは、要した交通費の支払を利用者から受けることができる。
  →○

過去の出題

指定居宅介護支援等の事業の人員及び運営に関する基準第13条の具体的取扱方針のうち介護支援専門員に係るものについて問われました。23-20

- 要介護認定を受けている利用者が要支援認定を受けたときは、指定介護予防支援事業者と当該利用者に係る必要な情報を提供する等の連携を図るものとする。
  →○
- 被保険者証に認定審査会意見の記載があるときは、利用者の理解を得た上で、その内容に沿って居宅サービス計画を作成しなければならない。
  →○
- 継続して居宅サービス計画に福祉用具貸与を位置付けるときは、貸与が必要な理由を記載しなくてもよい。
  →×（その理由を居宅サービス計画に記載しなければならない）
- 利用者が通所リハビリテーションの利用を希望しているときは、利用者の同意を得て主治の医師等の意見を求めなければならない。
  →○
- 居宅サービス計画に地域ケア会議で定めた回数以上の訪問介護を位置付けるときは、それが必要な理由を居宅サービス計画に記載しなければならない。
  →×（要介護度による訪問介護（生活援助）の上限を定めるのは厚生労働大臣である）

主治医等への情報提供	●介護支援専門員は、居宅サービス事業者等から、利用者にかかる情報の提供を受けたときなどは、利用者の服薬状況、口腔機能などの利用者の心身または生活の状況にかかる情報のうち必要と認めるものを、利用者の同意を得て主治の医師、歯科医師または薬剤師に提供する
介護予防支援事業者との連携	●介護支援専門員は、要介護認定を受けている利用者が要支援認定を受けた場合には、速やかに適切な介護予防サービス計画の作成に着手できるよう、介護予防支援事業者とその利用者にかかる必要な情報を提供する等の連携を図るものとする
地域ケア会議への協力	●地域ケア会議において、個別のケアマネジメントの事例などの情報提供や意見の開陳の求めがあった場合には、これに協力するよう努めなければならない
利用者に対する居宅サービス計画等の書類の交付	●利用者が他の居宅介護支援事業者の利用を希望する場合や要支援認定を受けた場合などに、直近の居宅サービス計画およびその実施状況に関する書類を利用者に交付しなければならない
利用者に関する市町村への通知	●利用者が次の①②いずれかに該当する場合、意見をつけ市町村に通知しなければならない ①正当な理由なくサービスの利用に関する指示に従わないことで、要介護状態が進んでしまったとき ②偽りその他不正の行為により保険給付の支給を受けたり受けようとしたとき
管理者の責務	●管理者は、介護支援専門員その他の従業者の管理、利用申込みの調整、業務の実施状況の把握などの管理を一元的に行わなければならない ●管理者は、介護支援専門員その他の従業者に運営基準を遵守させるために必要な指揮命令を行う
運営規程	●事業所ごとに、事業の目的・運営の方針、職員の職種・員数・職務内容、営業日・営業時間、居宅介護支援の提供方法・内容・利用料等、通常の事業の実施地域、虐待の防止のための措置に関する事項などの事業の運営についての重要事項に関する規程を定める
勤務体制の確保	●利用者に対し適切な居宅介護支援を提供できるよう、事業所ごとに介護支援専門員その他の従業者の勤務体制を定めておかなければならない ●事業所ごとに、介護支援専門員に居宅介護支援の業務を担当させなければならない。ただし、介護支援専門員の補助の業務についてはこの限りでない ●介護支援専門員の資質の向上のために、その研修の機会を確保しなければならない ●適切な居宅介護支援の提供を確保する観点から、職場において行われる性的な言動または優越的な関係を背景とした言動であって、業務上必要かつ相当な範囲を超えたものにより、介護支援専門員の就業環境が害されることを防止するための方針の明確化等の必要な措

	置を講じなければならない（ハラスメント防止措置を講じる）
業務継続計画の策定等	●感染症や非常災害の発生時において、利用者にサービスを継続的に提供する等のための「業務継続計画」を策定し、必要な措置を講じなければならない
設備および備品等	●事業者は、事業を行うために必要な広さの区画を有するとともに、居宅介護支援の提供に必要な設備および備品等を備えなければならない ●相談、サービス担当者会議等に対応するのに適切なスペースを確保することとする
従業者の健康管理	●事業者は、介護支援専門員の清潔の保持と健康状態について、必要な管理を行わなければならない
感染症の予防およびまん延の防止のための措置	●感染症の発生・まん延防止のために、感染対策委員会（テレビ電話装置等を活用して行うことができるものとする）の開催、予防･まん延防止指針の整備、研修･訓練（シミュレーション）の定期的な実施等の措置を講じなければならない
掲　示	●事業所の見やすい場所に、運営規程の概要、介護支援専門員の勤務体制その他の利用申込者のサービス選択に資する重要事項を掲示しなければならない（重要事項を記載した書面を備えつけ、かつ閲覧させることによって代えることができる）
秘密保持	●正当な理由なく、業務上知り得た利用者または家族の秘密を漏らしてはならない ●介護支援専門員その他の従業者が、従業者でなくなった（事業所を退職した）後も秘密を漏らすことのないよう、雇用時に取り決めをするなど必要な措置を講じなければならない ●サービス担当者会議等において、利用者の個人情報を用いる場合は利用者の同意を、利用者の家族の個人情報を用いる場合は家族の同意を、あらかじめ文書により得ておかなければならない
広　告	●事業所の広告をする場合は、内容が虚偽または誇大なものであってはならない
居宅サービス事業者等からの利益収受の禁止等	●事業者および管理者は、介護支援専門員に対して、特定の居宅サービス事業者等によるサービスを居宅サービス計画に位置づけるように指示等を行ってはならない ●介護支援専門員は、利用者に対して、特定の居宅サービス事業者等によるサービスを利用するように指示等を行ってはならない ●事業者および従業者は利用者に特定の居宅サービス事業者等によるサービスを利用させる対償として、居宅サービス事業者等から金品その他財産上の利益を収受してはならない

プラスα

「業務継続計画の策定等」について、2021（令和3）年介護保険制度改正において、感染症や災害が発生した場合であっても、必要な介護サービスが利用者に継続的に提供されるように、事業所や介護施設等において、業務継続計画（BCP：Business Continuity Plan）の策定と研修が運営基準で定められました。

過去の出題

居宅介護支援事業について問われました。（24-19）

・サービス担当者会議において利用者の個人情報を用いる場合には、あらかじめ本人の同意を文書により得ておかなければならない。

→○

プラスα

指定居宅介護支援事業者の指定の取消・効力停止の主な事由は以下のとおりです。

・人員基準を満たさなくなったとき
・金品その他の財産上の利益を収受したとき
・利用者の生命または身体の安全に危害を及ぼすおそれがあるとき
・委託を受けた認定調査で虚偽の報告を行ったとき　等

過去の出題

居宅介護支援事業者の利用者に対しての必要な援助について問われました。
25-15
・利用者が国民健康保険団体連合会に苦情を申し立てる場合、指定居宅介護支援事業者は、利用者に対して必要な援助を行わなくてもよい。
→×（必要な援助を行わなければならない）

過去の出題

居宅介護支援事業者の記録の整備について問われました。25-20
・事故の状況及び事故に際して採った処置についての記録を整備しなければならない。
→○
・居宅介護支援台帳は、書面による記録と電磁的記録の両方を整備しなければならない。
→×（書面と電磁的記録の両方を整備する必要はない）
・従業者に関する記録を整備しておかなければならない。
→○
・会計に関する記録を整備しておかなければならない。
→○

苦情処理	●提供した居宅介護支援または居宅サービス計画に位置づけた居宅サービス等に対する利用者および家族からの苦情に迅速かつ適切に対応し、その内容を記録しなければならない ●市町村からの文書提出等の求めに応じ、苦情に関する市町村の調査に協力し、その指導・助言に従って必要な改善を行い、求めがあった場合に改善内容を報告する ●利用者が国民健康保険団体連合会へ苦情を申し立てる場合は、必要な援助を行わなければならない ●苦情に関する国民健康保険団体連合会の調査に協力し、その指導・助言に従って必要な改善を行い、求めがあった場合に改善内容を報告する ●相談窓口の連絡先、苦情処理体制および手順等を利用申込者にサービスの内容を説明する文書に記載し、事業所に掲示しなければならない
事故発生時の対応	●居宅介護支援の提供により事故が発生した場合には、速やかに市町村、利用者の家族等に連絡を行い、必要な措置を講じなければならない ●事故の状況および事故に際して採った処置について記録しなければならない ●事業者は、利用者に対する居宅介護支援の提供により賠償すべき事故が発生した場合には、損害賠償を速やかに行わなければならない
虐待の防止	●虐待の発生またはその再発を防止するため、以下の措置を講じなければならない ①虐待の防止のための対策を検討する委員会（虐待防止検討委員会）（テレビ電話装置等を活用して行うことができるものとする）を定期的に開催するとともに、その結果について、介護支援専門員に周知徹底を図る ②事業所における虐待の防止のための指針を整備する ③介護支援専門員に対し、虐待の防止のための研修を定期的に実施する ④上記①～③の措置を適切に実施するための担当者を置く
会計の区分	●事業所ごとに経理を区分し、居宅介護支援の事業の会計と、その他の事業の会計とを区分しなければならない
記録の整備	●利用者に対するサービスの提供に関する記録を整備し、その完結の日から2年間保存しなければならない
電磁的記録等	●書面に代えて電磁的記録（電子データ）を用いることができる ●相手方の承諾を得て、書面に代えて電磁的方法による交付・説明等を行うことができる

プラスα

「記録の整備」では、居宅介護支援事業者は、従業者、設備、備品および会計に関する諸記録を整備しておかなければなりません。

3. 居宅介護支援の介護報酬

●居宅介護支援の介護報酬（月額）

要介護者が、指定居宅介護支援事業者から居宅介護支援を受けたときに、居宅介護サービス計画費が給付されます。

すべての費用（10割）が保険給付されるため、利用者負担は発生しません。

居宅介護支援費は、要介護1・2と要介護3・4・5によって要する額が異なります。

居宅介護支援費（Ⅰ）については、介護支援専門員1人あたりの取扱件数が40件以上である場合、逓減制《ていげんせい》が適用され、40件以上60件未満の部分については（ii）を、60件以上の部分については（iii）を算定します。

居宅介護支援費（Ⅰ）〔1か月につき〕

	要介護1・2	要介護3・4・5
居宅介護支援費（i） （40件未満）	1,076単位	1,398単位
居宅介護支援費（ii） （40件以上60件未満）	539単位	698単位
居宅介護支援費（iii） （60件以上）	323単位	418単位

居宅介護支援費（Ⅱ）については、一定の情報通信機器（人工知能関連技術を活用したものを含む）の活用または事務職員の配置を行っており、電子情報処理組織を使用する方法により、市町村長に対し、厚生労働省老健局長が定める様式による届出を行った場合に算定できます。なお、介護支援専門員1人あたりの取扱件数が45件以上である場合、45件以上60件未満の部分については（ii）を、60件以上の部分については（iii）を算定します。

居宅介護支援費（Ⅱ）〔1か月につき〕

	要介護1・2	要介護3・4・5
居宅介護支援費（i） （45件未満）	1,076単位	1,398単位
居宅介護支援費（ii） （45件以上60件未満）	522単位	677単位
居宅介護支援費（iii） （60件以上）	313単位	406単位

アドバイス

人員基準（149頁参照）は、利用者35人に1人ですが、逓減制の適用は40件以上であることに注意しましょう。

過去の出題

要介護状態区分によって費用の額が異なるものについて問われました。

20-6
・居宅介護支援費
→○

プラスα

初回加算は、具体的には、次の場合に算定されます。

①新規に居宅サービス計画を作成する場合

②要支援者が要介護認定を受けた場合に居宅サービス計画を作成する場合

③要介護状態区分が2区分以上変更された場合に居宅サービス計画を作成する場合

プラスα

入院時情報連携加算の必要な情報とは、利用者の入院日、心身の状況（例：疾患・病歴、認知症の有無など）、生活環境（例：家族構成、生活歴、介護者の状況など）およびサービスの利用状況をいいます。

アドバイス

退院・退所加算における面談については、テレビ電話装置等を活用して行うことができます。利用者・家族が参加する場合は、テレビ電話装置等の活用について、利用者・家族の同意を得なければなりません。

プラスα

通院時情報連携加算は、介護支援専門員の同席にあたっては、利用者の同意を得たうえで、医師等と連携を行うこととされています。

主な加算

初回加算	新規に居宅サービス計画を作成する利用者や要介護状態区分が2区分以上変更された利用者の場合は、所定単位数に300単位を加算。ただし、運営基準減算に該当する場合は算定できない
特定事業所加算（Ⅰ・Ⅱ・Ⅲ・A）	算定基準に適合しているものとして、市町村長に届け出た（注）事業所は、1か月につき所定の単位数を加算
特定事業所医療介護連携加算	次の基準に適合しているものとして、市町村長に届け出た（注）事業所の場合は、1か月につき125単位を加算 ・前々年度の3月から前年度の2月までの間に退院・退所加算の算定にかかる医療機関等からの情報提供を受けた回数が35回以上 ・前々年度の3月から前年度の2月までの間にターミナルケアマネジメント加算を5回以上算定 ・特定事業所加算（Ⅰ）、（Ⅱ）または（Ⅲ）を算定
入院時情報連携加算（Ⅰ・Ⅱ）	利用者が医療機関に入院するにあたって、当該利用者の心身の状況や生活環境等の必要な情報を入院後3日以内に提供した場合は200単位を、入院後4日以上7日以内に提供した場合は100単位を、利用者1人につき1か月に1回を限度に加算。情報の提供方法は問わない
退院・退所加算（Ⅰ・Ⅱ・Ⅲ）	医療機関、介護保険施設および地域密着型介護老人福祉施設から退院（所）し、居宅サービスや地域密着型サービスを利用する場合で、利用者の退院（所）にあたり、医療機関等の職員と面談し、必要な情報の提供を受けたうえで、居宅サービス計画を作成し、居宅サービス等の利用に関する調整を行った場合は、情報提供に関する次の区分に従い入院（所）期間中につき1回を限度として所定単位数を加算。ただし、初回加算を算定する場合は、算定できない ・カンファレンス以外の方法により1回（450単位） ・カンファレンスにより1回（600単位） ・カンファレンス以外の方法により2回以上（600単位） ・2回の情報提供のうち1回以上はカンファレンスによる（750単位） ・3回以上の情報提供のうち1回以上はカンファレンスによる（900単位）
通院時情報連携加算	利用者が医療機関において医師の診察を受けるときに、介護支援専門員が同席し、医師等に利用者の心身の状況や生活環境等の必要な情報提供を行うとともに、医師等から利用者に関する必要な情報提供を受けたうえで、居宅サービス計画に記録した場合は、利用者1人につき1か月に1回を限度として50単位を加算

緊急時等居宅カンファレンス加算	医療機関の求めにより、当該医療機関の医師または看護師等とともに利用者の居宅を訪問し、カンファレンスを行い、利用者に必要なサービスの利用に関する調整を行った場合は、利用者1人につき1か月に2回を限度として200単位を加算
ターミナルケアマネジメント加算	在宅で死亡した末期の悪性腫瘍の利用者に対して、24時間連絡ができ、かつ、必要に応じてケアマネジメントを行うことができる体制を整備しているとして市町村長に届け出た（注）事業所が、次の要件を満たしている場合は、1か月につき400単位を加算 ・死亡日および死亡日前14日以内に2日以上、利用者・家族の同意のもとに居宅を訪問し、利用者の心身の状況等を記録し、主治医および居宅サービス事業者に情報提供した場合

（注）「市町村に届け出た」とは、「電子情報処理組織を使用する方法により、市町村長に対し、厚生労働省老健局長が定める様式による届出を行った」ことを指します。

● 運営基準減算

下記の要件を守っていない場合には5割の減算となります。その後も2か月以上継続した場合は、介護報酬は算定されません。

① 利用者が複数の居宅サービス事業者等を紹介するよう求めることができること、（介護支援専門員が）居宅サービス計画原案に位置づけた居宅サービス事業者等の選定理由の説明を求めることができることについて説明を行い、理解を得る
② 次のことについて、利用者または家族に説明を行い、理解を得る
　㋐ 前6か月間において作成された居宅サービス計画の総数のうちに訪問介護、通所介護、福祉用具貸与、地域密着型通所介護がそれぞれ位置づけられた居宅サービス計画の数が占める割合
　㋑ 前6か月間において作成された居宅サービス計画に位置づけられた訪問介護、通所介護、福祉用具貸与、地域密着型通所介護ごとの回数のうちに同一の事業者によって提供されたものが占める割合（上位3位まで）等
③ アセスメントは、利用者の居宅を訪問し、利用者・家族に面接して行う
④ 居宅サービス計画の新規作成、要介護更新認定、区分変更認定の際に、原則、サービス担当者会議を開催している（やむを得ない理由がある場合は、担当者への照会等）
⑤ 居宅サービス計画の原案の内容についての説明、文書による利用者からの同意、居宅サービス計画の交付を行う
⑥ 居宅サービス計画のモニタリングにあたり、特段の事情のない限り、少なくとも1か月に1回の利用者の居宅への訪問と面接、少なくとも1か月に1回のモニタリング結果の記録を行う

プラスα

ターミナルケアマネジメントにあたっては、厚生労働省「人生の最終段階における医療・ケアの決定プロセスに関するガイドライン」等を参考にしつつ、本人の意思を尊重した医療・ケアの方針が実施できるよう、多職種が連携し、本人および家族と必要な情報の共有等に努めることとされています。

アドバイス

運営基準減算の①～⑥の色文字部分は試験でもよく問われます。また、ケアマネジャーとなってからも極めて重要なことなので、必ず覚えておきましょう。

プラスα

左記の①②については、文書を利用者に交付して説明を行うこととされています。

アドバイス

左記の④の「やむを得ない理由がある場合」とは、143頁の側注を参照してください。

プラスα

左記の④のサービス担当者会議は、テレビ電話装置等（リアルタイムでの画像を介したコミュニケーションが可能な機器）を活用して行うことができます。ただし、利用者・家族が参加する場合は、その活用について同意を得なければなりません。

基礎理解度 CHECK!!

- □□ 1 ▶居宅介護支援事業者の指定・監督は、国（厚生労働大臣）が行う。
- □□ 2 ▶指定居宅介護支援の基本方針には、障害者総合支援法に規定する重度訪問介護事業者等との連携に努めなければならないと規定されている。
- □□ 3 ▶新設される居宅介護支援事業所の管理者は、社会福祉士でなければならない。
- □□ 4 ▶利用者が病院に入院した場合には、担当地域の地域包括支援センターの名称を病院に伝えるよう利用者・家族に対し求めなければならない。
- □□ 5 ▶事業所の現員からは利用申込みに応じきれない場合には、サービス提供を拒むことができる。
- □□ 6 ▶利用者の選定により通常の事業の実施地域以外の地域で居宅介護支援を行う場合、交通費を利用者から受け取れない。
- □□ 7 ▶利用者が他の居宅介護支援事業者の利用を希望する場合には、直近の居宅サービス計画等の書類を新しい居宅介護支援事業者に交付しなければならない。
- □□ 8 ▶利用者が国民健康保険団体連合会へ苦情を申し立てる場合は、必要な援助を行わなければならない。
- □□ 9 ▶利用者に対するサービスの提供に関する記録を整備し、契約を取り交わした日から5年間保存しなければならない。
- □□ 10 ▶居宅介護支援の初回加算は、新規に居宅サービス計画を作成する場合のみ算定できる。

1 ×居宅介護支援事業者の指定・監督は、市町村が行う。

2 ×基本方針には、障害者総合支援法に規定する特定相談支援事業者等との連携に努めなければならないと規定されている。

3 ×新設される居宅介護支援事業所の管理者は、主任介護支援専門員でなければならない。

4 ×利用者が病院に入院した場合には、担当する介護支援専門員の氏名、連絡先を病院に伝えるよう利用者・家族に対し求めなければならない。

5 ○

6 ×利用者の選定により通常の事業の実施地域以外の地域で居宅介護支援を行う場合、同意を得れば交通費を利用者から受け取ることができる。

7 ×利用者が他の居宅介護支援事業者の利用を希望する場合には、直近の居宅サービス計画等の書類を利用者に交付しなければならない。

8 ○

9 ×利用者に対するサービスの提供に関する記録を整備し、その完結の日から2年間保存しなければならない。契約を取り交わした日から5年間ではない。

10 ×初回加算は、①新規に居宅サービス計画を作成する場合、②要支援者が要介護認定を受けた場合に居宅サービス計画を作成する場合、③要介護状態区分が2区分以上変更された場合に居宅サービス計画を作成する場合、に算定することができる。

頭の中を整理しよう！

介護保険制度におけるケアマネジメント機関

介護保険制度における介護支援サービス（ケアマネジメント）の各機関と、対象者やサービスなどについて、図にまとめてみましたので理解を深めてください。

また、ケアマネジメントにかかるわかりにくい用語を抜き出しましたので、確認してみてください。

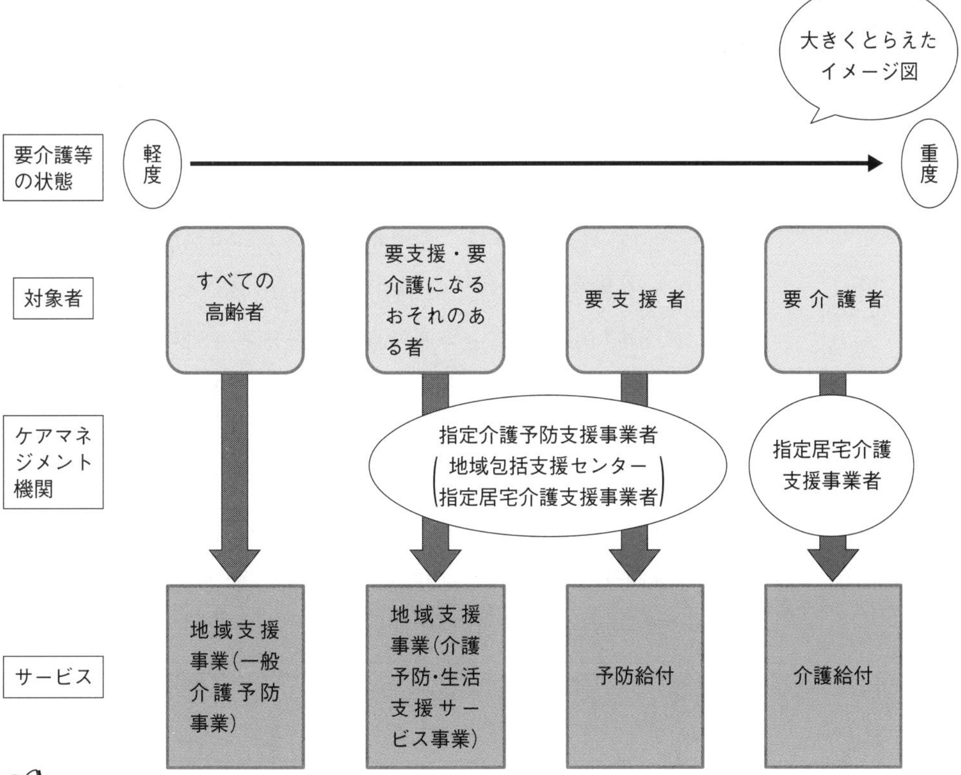

用語解説

介護支援サービス：利用者や家族がもつニーズと社会資源を結びつけること。ケアマネジメントとも呼ばれる。介護支援サービスを行う機関には、居宅介護支援事業者や介護保険施設、地域包括支援センターなどがある。

居宅介護支援：要介護者に対する介護支援サービス（ケアマネジメント）のこと。

指定居宅介護支援事業者：居宅介護支援を提供する指定を市町村長から受けた事業者。居宅介護支援を行う介護支援専門員がいる。

介護予防支援：要支援者に対する介護支援サービス（ケアマネジメント）のこと。

指定介護予防支援事業者：介護予防支援を提供する指定を市町村長から受けた事業者。指定を受けられるのは、地域包括支援センターと指定居宅介護支援事業者。

ランク
A

20 介護予防支援

介護予防支援は、要支援者への介護支援サービス（ケアマネジメント）であり、具体的な内容やしくみについては、要介護者に対する居宅介護支援と基本的に同様の基準です。しかし、介護予防のための効果的な支援の方法に関する基準が定められていますので、しっかりとおさえましょう。第 25 回試験では介護予防サービス計画について 1 問出題されました。第 26 回試験では出題はありませんでしたが、2023（令和 5 ）年に介護保険法改正がありましたので、今後、出題される可能性は高いです。

1. 介護予防支援とは

介護予防支援とは、居宅要支援者が介護予防サービスや地域密着型介護予防サービス、特定介護予防・日常生活支援総合事業（第１号訪問事業、第１号通所事業または第１号生活支援事業）などその他の介護予防に資する保健医療サービスまたは福祉サービスを適切に利用等をすることができるよう、**地域包括支援センターの職員および居宅介護支援事業所の従業者**が本人からの依頼を受けて、その心身の状況、置かれている環境、本人や家族の希望等を勘案して、利用する介護予防サービスの種類・内容等を定めた介護予防サービス計画を作成し、介護予防サービス提供確保のために、事業者等と連絡調整その他の便宜の提供を行うことをいいます。

プラスα
2024（令和 6 ）年 4 月 1 日より、介護予防支援事業者の指定の申請は、地域包括支援センターの設置者に加えて**居宅介護支援事業者**も行えることとなりました。

2. 介護予防支援事業の基準

● 基本方針

介護予防支援の事業は、利用者が可能な限り居宅において自立した日常生活を営めるように、利用者の心身の状況と置かれている環境等に応じて、利用者の選択に基づき、**自立**に向けて設定された目標を達成するために、多様な事業者から総合的かつ効率的にサービスが提供されるように配慮して行われるものでなければならないことが規定されています。

● 人員基準

介護予防支援事業者は、事業所ごとに**常勤専従の管理者**を置き

（管理に支障がない場合は兼務可）、次のいずれかの要件を満たし、都道府県が実施する研修を受講するなどして介護予防支援業務に関する必要な知識・能力を有する担当職員を１人以上配置しなければなりません。

①保健師	④経験ある看護師
②介護支援専門員	⑤高齢者保健福祉に関する相談業務等に３年以上従事した社会福祉主事
③社会福祉士	

運営基準

内容および手続きの説明と同意

① 介護予防支援の提供の開始に際し、あらかじめ、利用申込者または家族に対し、運営規程の概要その他の重要事項を記した文書を交付して説明を行い、利用申込者の同意を得なければならない

② 介護予防支援の提供の開始に際し、次の説明を行い、理解を得なければならない

- 介護予防サービス計画が、基本方針および利用者の希望に基づき作成されるものであること
- 利用者は複数の介護予防サービス事業者等を紹介するよう求めることができること
- 介護予防サービス計画原案に位置づけた介護予防サービス事業者等の選定理由の説明を求めることが可能であること

③ 介護予防支援の提供の開始に際し、あらかじめ、利用者またはその家族に対し、利用者が病院・診療所に入院する必要が生じた場合には、担当職員の氏名および連絡先を、病院・診療所に伝えるよう求めなければならない

基本的に居宅介護支援（150～154頁参照）と同様です。

介護予防のための効果的な支援の方法に関する基準

介護予防支援の基本取扱方針として、介護予防支援事業者は、介護予防の効果を最大限に発揮し、利用者が生活機能の改善を実現するための適切なサービスを選択できるよう、目標志向型の介護予防サービス計画を策定しなければなりません。

また、具体的取扱方針として、介護予防支援事業所の管理者は、担当職員に介護予防サービス計画の作成に関する業務を担当させるものとされています。

このほか、介護予防のための効果的な支援の方法に関する基準には、介護予防の効果を最大限に発揮できるよう介護予防支援の提供にあたっての留意点が次のように定められています。

過去の出題

管理者が非常勤でもよいかが問われました。 22再-8

- 管理者は、非常勤でもよい。
  →×（管理者は常勤でなければならない）

アドバイス

文書の交付は、電磁的記録（電子データ）によるものでも認められています。

アドバイス

介護予防支援の運営基準は基本的に居宅介護支援と同じです。過去問でも、「地域ケア会議への協力（152頁参照）」や「苦情処理（154頁参照）」について問われました。しっかりと理解しておきましょう。 22-20

アドバイス

指定介護予防支援の具体的取扱方針は、指定居宅介護支援の同方針における介護支援専門員を担当職員と読み替え、そこから細かい相違点を確認しましょう。

過去の出題

身分証について問われました。 20-10

- 担当職員の身分を証する証書には、写真を貼付することが望ましい。
  →○

過去の出題

介護予防支援の提供にあたっての留意点について問われました。（20-11）

・運動機能及び口腔機能の改善に特化して行う。
→×（特定の機能改善だけを目指すのではなく、機能改善や環境調整等を通じて、生活の質の向上を目指す）

・地域支援事業と連続性及び一貫性を持って行う。
→○

① 単に運動機能や栄養状態、口腔機能といった特定の機能の改善だけを目指すものではなく、これらの機能の改善や環境の調整などを通じて、利用者の日常生活の自立のための取り組みを総合的に支援することによって生活の質の向上を目指すこと
② 利用者による主体的な取り組みを支援し、常に利用者の生活機能の向上に対する意欲を高めるよう支援すること
③ 具体的な日常生活における行為について、利用者の状態の特性を踏まえた目標を、期間を定めて設定し、利用者、サービス提供者等とともに目標を共有すること
④ 利用者の自立を最大限に引き出す支援を行うことを基本とし、利用者のできる行為は可能な限り本人が行うよう配慮すること
⑤ サービス担当者会議等を通じて、多くの種類の専門職の連携により、地域におけるさまざまな予防給付の対象となるサービス以外の保健医療サービスまたは福祉サービス、地域の住民による自発的な活動によるサービス等の利用も含めて、介護予防に資する取り組みを積極的に活用すること
⑥ 地域支援事業および介護給付と連続性および一貫性をもった支援を行うよう配慮すること
⑦ 介護予防サービス計画の策定にあたっては、利用者の個別性を重視した効果的なものとすること
⑧ 機能の改善の後についてもその状態の維持への支援に努めること

3. 介護予防支援業務の委託

過去の出題

指定介護予防支援事業者について問われました。
（22再-8）

・指定介護予防支援の一部を委託する場合には、地域包括支援センター運営協議会の議を経なければならない。
→○

地域包括支援センターの設置者である介護予防支援事業者は、介護予防支援業務の一部を居宅介護支援事業者に委託できることとされています。委託にあたっては、地域包括支援センター運営協議会の議を経る必要があります。

委託した場合であっても、介護予防支援にかかる責任主体は介護予防支援事業者（地域包括支援センター）であるので、委託を受けた居宅介護支援事業所が介護予防サービス計画原案を作成した場合は、介護予防サービス計画原案が適切に作成されているか等の確認を行い、評価を行った場合には、評価内容について確認を行い、今後の方針等について必要な援助・指導を行うことが必要です。

4. 介護予防支援の介護報酬

プラスα

減算はなく、加算は、「初回加算」「委託連携加算」の2つがあります。

●介護予防支援の介護報酬（月額）

要支援者が、指定介護予防支援事業者から介護予防支援を受けたときに、介護予防サービス計画費が給付されます。介護予防支

援費は、1か月あたりの定額で、要支援状態区分による差はありません。すべての費用（10割）が保険給付されるため、利用者負担は発生しません。

5. 介護予防支援の流れ

介護予防支援の流れは、基本的に「(居宅) 介護支援サービス (ケアマネジメント) の一連の過程 (流れ)」(135頁参照) と同じです。ここでは主に相違点を中心にみていくことにします。

課題分析（アセスメント）

介護予防支援の課題分析（アセスメント）は4つの領域が設定されています。

介護予防支援の課題分析（アセスメント）の4領域

領域	内容
①運動および移動	自ら行きたい場所へさまざまな手段を活用して、移動できるかどうか、乗り物を操作する、歩く、走る、昇降する、さまざまな交通を用いることによる移動を行えているかどうか
②家庭生活を含む日常生活	家事（買い物・調理・掃除・洗濯・ごみ捨て等）や住居・経済の管理、花木やペットの世話などを行っているか
③社会参加ならびに対人関係およびコミュニケーション	状況に見合った適切な方法で、人々と交流しているか。また、家族、近隣の人との人間関係が保たれているかどうか。仕事やボランティア活動、老人クラブや町内会行事への参加状況や、家族内や近隣における役割の有無などの内容や程度はどうか
④健康管理	清潔・整容・口腔ケアや、服薬、定期受診が行えているかどうか。また、飲酒や喫煙のコントロール、食事や運動、休養など健康管理の観点から必要と思われた場合、この領域でアセスメントする。特に、高齢者の体調に影響する、食事・水分・排泄の状況については、回数や量などを具体的に確認する

基本チェックリスト（102頁参照）、利用者基本情報、認定調査票（32頁参照）、主治医意見書（33頁参照）、介護予防サービス・支援計画書に記載する介護予防支援の4つの課題分析（アセスメント）領域（上記表参照）と現在の状況、本人・家族の意欲・意向等から、総合的な情報を収集します。

過去の出題

指定介護予防支援事業者について問われました。（20-10）
- 管理者は、介護支援専門員にアセスメントを担当させなければならない。
  →×（指定介護予防支援事業所の担当職員が行う）

過去の出題

指定介護予防支援事業者の担当職員の業務について問われました。（21-18）
- アセスメントに当たっては、利用者の居宅を訪問し、面接して行わなければならない。
  →○

過去の出題

介護予防サービス計画作成におけるアセスメント領域について問われました。（22再-20）
- アセスメントには、「運動及び移動」の状況の把握は含まない。
  →×（含まれる）
- アセスメントには、「家庭生活を含む日常生活」の状況の把握を含む。
  →○

介護予防サービス計画原案の作成の留意点

介護予防サービス計画原案の作成では、利用者本人が“できること”を発見し、向上させるための支援が必要となります。要支援者自身の主体的な活動や地域社会への参加を促進させるようなかかわりが大切となります。

- 必要であるサービスが何かを要支援者とともに考える
- 介護予防サービス計画には以下の3つを具体的に盛り込むようにする
  ①要支援者等が自分でできる部分は自分でしてもらうという観点（セルフケア）、②家族の支援、地域住民による自発的なサービスなどのインフォーマルサポート、③介護保険サービスまたは地域支援事業
- 要支援者の「できること」を一緒に探し、生活機能の向上を図る（要支援者の自立を最大限に引き出す）
- 介護予防サービス計画は、目標志向型にする
- 一定期間に達成できる目標を、期間を定めてサービス計画に盛り込む
- 要支援者の個別性を重視した効果的なものとなるように留意する

介護予防サービス計画に医療サービスを位置づける場合は、主治医等の指示が必要となります。また、短期入所系サービスを位置づける場合には、利用日数が要支援認定の有効期間のおおむね半数を超えないようにしなければなりません。

サービス担当者会議

原則として、介護予防サービス計画の新規作成時、要支援更新認定時、要支援状態区分変更認定時には、やむを得ない場合を除いて、サービス担当者会議を必ず開催しなければなりません。

介護予防サービス計画（原案）の内容については、利用者本人から文書による同意を得て、利用者本人およびサービス担当者に交付します。

モニタリング

介護予防支援のモニタリングは、少なくともサービスの提供を開始する月の翌月から起算して3か月に1回は、利用者の居宅を訪問して、利用者に面接して行わなければなりません。サービス期間終了月と利用者の状況に著しい変化があったときも同様です。

利用者の居宅を訪問しない月でも、サービス事業所等への訪問、利用者の居宅への電話等の方法で、利用者自身に当該計画の実施状況の確認を行うことが必要です。モニタリングの結果については、1か月に1回は記録しなければなりません。

過去の出題

介護予防サービス計画について問われました。25-22

- 介護予防通所リハビリテーションを位置付ける場合には、理学療法士の指示が必要である。
  →×（主治医等の指示が必要）

過去の出題

指定介護予防支援事業者の担当職員の業務について問われました。21-18

- 介護予防短期入所生活介護を介護予防サービス計画に位置付ける場合には、その利用日数が一月の半数を超えないようにしなければならない。
  →×（有効期間のおおむね半数を超えないようにする）

プラスα

サービス担当者会議は、要支援者の状態に変化があったときなどにも開催します。

アドバイス

介護予防支援では、モニタリング訪問は居宅介護支援と違い、3か月に1回ですが、記録は居宅介護支援と同じく1か月に1回となります。

過去の出題

指定介護予防支援事業者の担当職員の業務について問われました。21-18

- 介護予防サービス計画に位置付けた期間が終了するときは、目標の達成状況について評価しなければならない。
  →○

評価

介護予防支援では、介護予防サービス計画に位置づけた期間の終了時（一定期間後）に、介護予防支援事業所がサービス事業所からの報告をもとに、利用者の状態や目標の達成状況について評価を行います。

6. 介護予防ケアマネジメント

介護予防ケアマネジメントは、要支援者等から依頼を受けて、介護予防および日常生活支援を目的として、その心身の状況、置かれている環境その他の状況に応じて、その選択に基づき、訪問型サービス、通所型サービス、その他生活支援サービスのほか、一般介護予防や市町村の独自施策、市場において民間企業により提供される生活支援サービスも含め、要支援者等の状態等にあった適切なサービスが包括的かつ効率的に提供されるよう必要な援助を行います。

利用対象者は、「要支援者（要支援１・２）」と、要介護者等ではない 65 歳以上の者で「基本チェックリスト」（102 頁参照）を用いた結果、介護予防ケアマネジメントを通じてサービスにつなげる必要があると判断された介護予防・生活支援サービス事業対象者です。

① 要支援者で介護予防福祉用具貸与等の予防給付によるサービスを必要とする場合は、介護予防支援により介護予防サービス計画の作成を行います。

② 要支援者等で予防給付によるサービスの利用をしない場合は、介護予防ケアマネジメントが行われます。

③ 予防給付と介護予防・生活支援サービス事業によるサービスをともに利用する場合については、介護予防支援により介護予防サービス計画の作成が行われます。

また、2020（令和２）年の介護保険法施行規則の改正により、居宅サービス等のサービスを受ける前からサービス事業を継続的に利用する居宅要介護者（継続利用要介護者）で市町村が認めた場合も利用することができます。このとき、介護給付を同時に利用する場合は、「居宅サービス計画」に基づきサービスを利用します。介護給付を利用しない場合は、介護予防ケアマネジメントの対象者となります。

プラスα
介護予防ケアマネジメントは、介護予防支援と同じく、事業の一部を居宅介護支援事業者に委託できます。

アドバイス
過去問では、要支援者が第１号介護予防支援事業（介護予防ケアマネジメント）の対象となるかが問われました。22-19

プラスα
サービス事業を利用する場合は、市町村に「介護予防ケアマネジメント依頼書」を提出します。市町村は利用者を受給者台帳に登録し、被保険者証を発行します。被保険者証には、事業対象者である旨、基本チェックリスト実施日、担当地域包括支援センター名を記載します（26頁の★５参照）。

プラスα
総合事業における介護予防ケアマネジメントは、第１号介護予防支援事業として地域包括支援センターにより行われ、指定介護予防支援事業所により行われる介護予防支援とは内容が異なります。また、ケアプランの自己作成に基づくサービス事業の利用は想定されていません。

次の「介護予防ケアマネジメントの利用の流れ」では、相談受付から、対象者の選定を経て、介護予防ケアマネジメントが提供される流れを表しています。

介護予防ケアマネジメントの利用の流れ

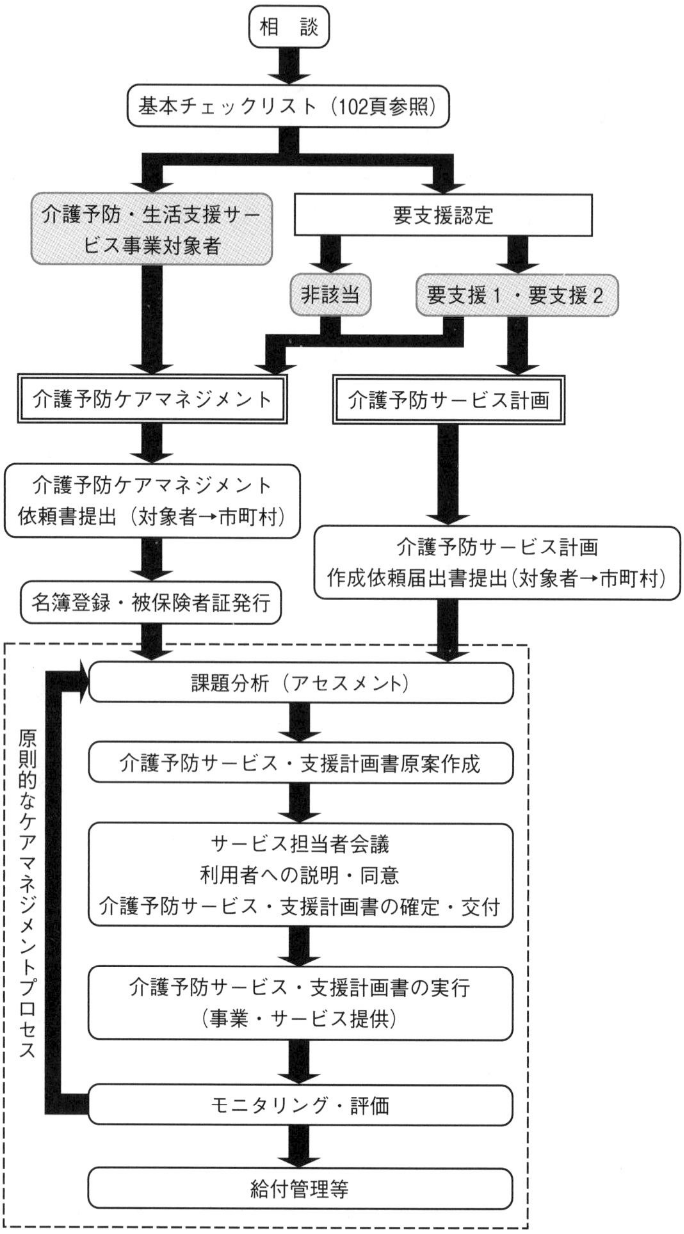

利用者本人の介護予防に関する情報が集約された「介護予防手帳」等を各市町村で発行することができます。ファイリングされる書類としては、基本チェックリスト、健康診断の結果、介護予防サービス・支援計画書・支援評価表などです。

過去の出題

指定介護予防支援事業者の担当職員の業務について問われました。（21-18）

- 指定介護予防サービス事業者等から、サービスの提供状況等の報告を三月に1回聴取しなければならない。
  →×（指定介護予防サービス事業者等から、サービスの提供状況や利用者の状態等に関する報告を少なくとも1か月に1回、聴取しなければならない）
- 介護予防サービス計画を作成した際には、必ずそれを主治の医師に交付しなければならない。
  →×（利用者が医療サービスを希望している場合、利用者の同意を得て利用者の主治医等の意見を求め、作成した介護予防サービス計画は、主治医等に交付しなければならない）

過去の出題

介護予防サービス計画について問われました。（25-22）

- 介護予防福祉用具貸与を位置付ける場合には、貸与が必要な理由を記載しなければならない。
  →○
- 計画に位置付けた期間が終了するときは、当該計画の目標の達成状況について評価しなければならない。
  →○
- 計画に位置付けた指定介護予防サービス事業者から、利用者の状態等に関する報告を少なくとも3月に1回、聴取しなければならない。
  →×（1か月に1回、聴取しなければならない）

介護予防・日常生活支援総合事業の利用の流れと介護予防ケアマネジメント

保険者は、被保険者や家族などに対して、総合事業の目的、内容、サービスメニュー等について十分に周知します。

相談

被保険者からの相談を受け、窓口担当者より総合事業等を説明。その際、介護予防・生活支援サービス事業によるサービスのみを利用する場合は、基本チェックリストで迅速なサービス利用が可能であること、事業対象者となった後も要介護認定等の申請が可能であることを説明。

↓

基本チェックリストの活用・実施

窓口で相談をした被保険者等に対して、基本チェックリストを活用・実施し、利用すべきサービスの区分（一般介護予防事業、介護予防・生活支援サービス事業および予防給付）の振り分けを実施。

↓

介護予防ケアマネジメントの実施・サービス利用の開始

利用者に対して、介護予防・日常生活支援を目的に、心身の状況や選択に基づき、適切な事業が包括的・効率的に提供されるよう、専門的視点から援助を行う。援助は、利用者が居住する地域包括支援センターが実施するが、一部を居宅介護支援事業者へ委託することも可能。

介護予防ケアマネジメントのプロセスは、利用者の状態像・意向等を踏まえ、次の**3パターン**に分けることができます。

①ケアマネジメントA（介護予防支援と同様のケアマネジメント）	主に訪問型サービスまたは通所型サービスにおいて、指定事業者のサービスを利用するケースや、訪問型サービスC、通所型サービスCを組み合わせた複数のサービスを利用するケース等に対して地域包括支援センターが、アセスメント（課題分析）によってケアプラン原案を作成し、サービス担当者会議を経て決定する。
②ケアマネジメントB（サービス担当者会議等を省略したケアマネジメント）	ケアマネジメントAやC以外のケースで、緩和した基準によるケアマネジメントとして、サービス担当者会議やモニタリングを省略したもの。
③ケアマネジメントC（基本的にサービス利用開始時のみ行うケアマネジメント）	主に、ケアマネジメントの結果、住民主体のサービス利用等、補助や助成のサービス利用や配食など、その他生活支援サービスまたは一般介護予防事業の利用につなげるケースであって、緩和した基準によるケアマネジメントとして、基本的にサービス利用開始時のみケアマネジメントを行うもの。

※　初回のみのケアマネジメントであっても、ケアマネジメントの結果は、記録しておく必要がある（本人とともに作成し、交付する）。

過去の出題

第1号介護予防支援事業の実施について問われました。（22-19）
- 利用者本人が居住していない地域の地域包括支援センターでも、実施が可能である。
  →×（利用者本人が居住している地域の地域包括支援センターが実施する）
- 介護予防ケアマネジメントについては、サービス担当者会議を行う必要がない場合がある。
  →○
- 介護予防ケアマネジメントについては、モニタリングを行う必要がない場合がある。
  →○

アドバイス

介護予防支援と同様のケアマネジメントとは、アセスメント→ケアプラン原案作成→サービス担当者会議→利用者への説明・同意→ケアプランの確定・交付→サービス利用開始→モニタリング・評価のプロセスを指します。

プラスα

左記の③ケアマネジメントCでは、アセスメントから、「本人の生活の目標」「維持・改善すべき課題」「課題解決への具体的対策」「目標を達成するための取り組み」等を記載したケアマネジメントの結果を利用者とともに作成し、交付します。その後は、サービス担当者会議、モニタリングは行いません。

基礎理解度CHECK!!

□□ 1 ▶ 指定介護予防支援事業所の管理者は、主任介護支援専門員でなければならない。

□□ 2 ▶ 介護予防支援の提供開始に際し、あらかじめ利用者や家族に対し、利用者が病院や診療所に入院する必要が生じた場合、担当職員の氏名と連絡先を病院や診療所に伝えるよう求めなければならない。

□□ 3 ▶ サービス優先型の介護予防サービス計画を策定しなければならない。

□□ 4 ▶ 地域包括支援センターの設置者である介護予防支援事業者は、介護予防支援業務の一部を居宅介護支援事業者に委託することができる。

□□ 5 ▶ 介護予防支援費の利用者負担は、1割（2割または3割）である。

□□ 6 ▶ 介護予防支援のアセスメント領域には、「運動および移動」が含まれる。

□□ 7 ▶ 介護予防支援のアセスメント領域には、「社会参加ならびに対人関係およびコミュニケーション」は含まれない。

□□ 8 ▶ 介護予防サービス計画に医療サービスを位置づける場合、主治医等の指示は必要ではない。

□□ 9 ▶ 介護予防支援のモニタリングは、1か月に1回以上行い、その結果について1か月に1回は記録しなければならない。

□□ 10 ▶ 居宅サービス等のサービスを受ける前から介護予防・生活支援サービス事業（第1号事業）を継続的に利用する居宅要介護者は、介護予防・生活支援サービス事業を利用することはできない。

□□ 11 ▶ 介護予防・日常生活支援総合事業を希望している者には、必ず要介護認定の手続きが必要である。

□□ 12 ▶ 介護予防ケアマネジメントについて、モニタリングを行う必要がない場合がある。

1 ✕ 指定介護予防支援事業所ごとに常勤の管理者を置かなければならないが、主任介護支援専門員である必要はない。

2 ○

3 ✕ 目標志向型の介護予防サービス計画を策定しなければならない。

4 ○

5 ✕ 介護予防支援費は、全額（10割）が保険給付されるため、利用者負担は生じない。

6 ○

7 ✕ 介護予防支援のアセスメント領域には、「社会参加ならびに対人関係およびコミュニケーション」が含まれる。

8 ✕ 介護予防サービス計画に医療サービスを位置づける場合は、主治医等の指示が必要である。

9 ✕ 介護予防支援のモニタリングは、少なくともサービスの提供を開始する月の翌月から起算して3か月に1回は行い、その結果について1か月に1回は記録しなければならない。

10 ✕ 居宅サービス等のサービスを受ける前から介護予防・生活支援サービス事業（第1号事業）を継続的に利用する居宅要介護者（継続利用要介護者）は、市町村が認めた場合は介護予防・生活支援サービス事業を利用することができる。

11 ✕ 介護予防・日常生活支援総合事業の利用にあたっては、要介護認定の手続きではなく、主に基本チェックリストが活用される。

12 ○

頭の中を整理しよう！

介護サービスの利用手続きの全体像

介護サービスの利用手続きについて流れをフローチャート化しましたので確認してみましょう。

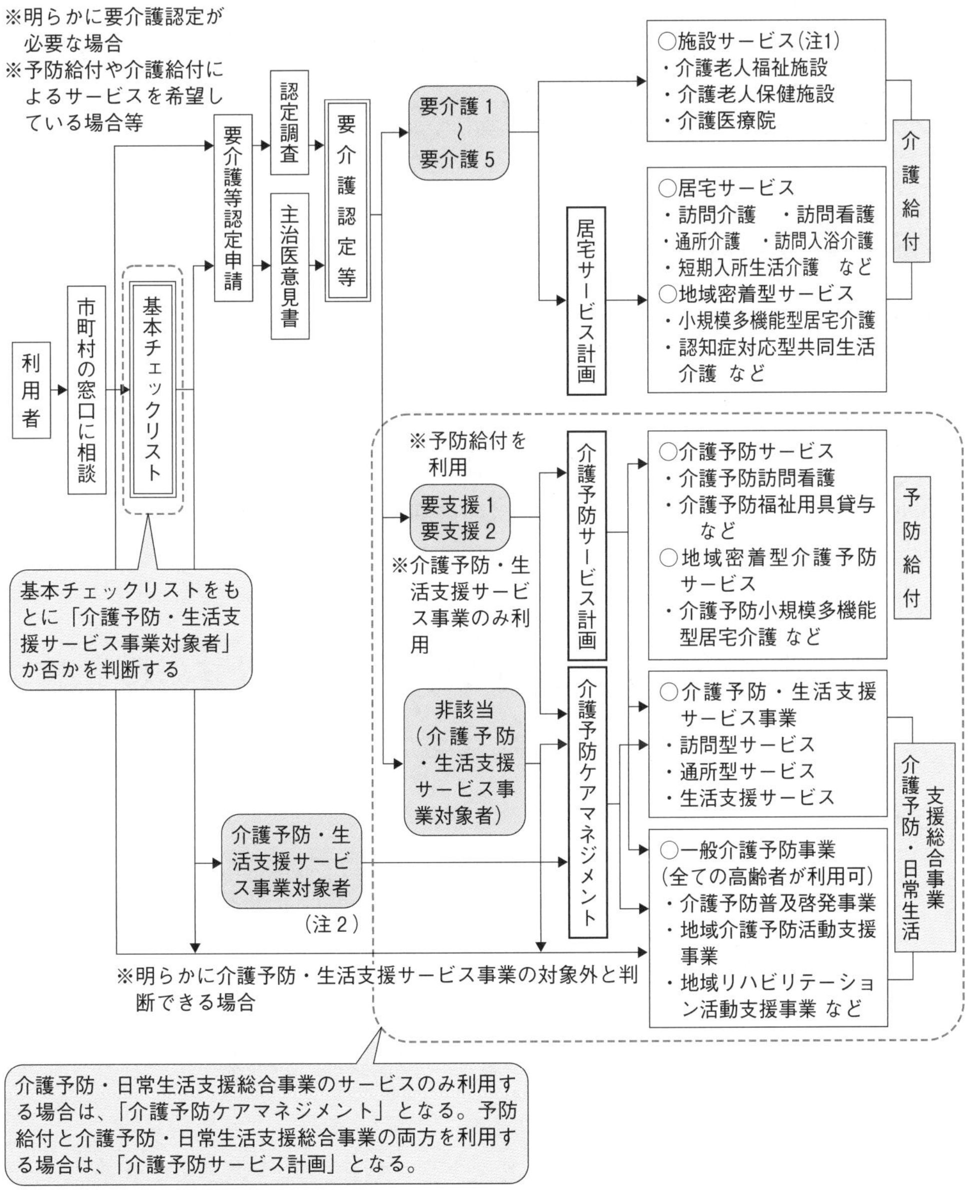

（注１）介護療養型医療施設は、2024（令和６）年３月31日をもって廃止されることとなりました。
（注２）2021（令和３）年４月１日より、介護予防・生活支援サービス事業（第１号事業）については、居宅サービス等のサービスを受ける前から第１号事業のサービスを継続的に利用する居宅要介護被保険者（継続利用要介護者）も対象となっています。

資料：厚生労働省資料を一部改変

ランク
A

21 施設介護支援

施設介護支援とは、介護保険施設のケアマネジメントのことを指します。第 21 回試験、第 22 回試験、第 22 回再試験と続けて、指定介護老人福祉施設の問題が介護支援分野と福祉サービスの知識等の分野で出題されました。第 24 回試験では施設サービス計画書の記載について、第 25 回試験では介護保険施設について、第 26 回試験では施設サービス計画について出題されました。居宅介護支援・介護予防支援と共通する部分と異なる部分を整理して、介護保険施設で展開されるケアマネジメントや運営基準についておさえましょう。

1. 施設介護支援とは

用語解説

計画担当介護支援専門員：介護保険施設に配置が義務づけられた、サービス担当者会議の開催や施設サービス計画の作成など一連の業務を担当する介護支援専門員のこと。

施設介護支援とは、主に介護保険施設におけるケアマネジメントを指します。施設におけるケアマネジメントの要となるものは施設サービス計画であり、施設の管理者は、介護支援専門員に施設サービス計画の作成に関する業務を担当させるものとされています。施設サービス計画に関する業務を担当する介護支援専門員を計画担当介護支援専門員といいます。

2. 施設介護支援のプロセス

施設介護支援も、居宅介護支援とほぼ同様の過程をたどります。

施設介護支援サービスの一連の過程（流れ）

① 利用者の入所申し込み → ② インテーク（受理） → ③ 課題分析（アセスメント） → ④ 施設サービス計画（原案）作成 → ⑤ サービス担当者会議 → ⑥ 施設サービス計画の作成・交付 → ⑦ 施設サービスの提供 → ⑧ モニタリング → ⑨ 評価 および 再課題分析（→ ④へ戻る）

※⑨のあとに、利用者が死亡したり在宅復帰した場合には「終結」となります。

(1) インテーク

インテーク（intake）とは、文字どおり、in（申し込み）をtake（受け止める）という意味です。つまり、入所等の申し込みを受けて、判定する段階を指します。介護保険施設等では、申し込み順に入所するのではなく、施設サービスを受ける必要性が高いと認められる入所申込者から優先順位をつけ入所を決定します。入所にあたっては、事前に本人と家族の希望や意向、施設入所等に関する理解度を確認、把握します。

(2) 課題分析（アセスメント）

計画担当介護支援専門員は、入所者の解決すべき課題を把握するために、課題分析（アセスメント）を行います。課題分析にあたっては、必ず入所者およびその家族に面接して行わなければなりません。課題分析は、施設サービス計画を作成するために必要不可欠な段階であり、①情報の収集、②情報の整理、③情報の分析、④課題の抽出の4段階からなります。

本人の意向や能力、実施状況、環境等について、課題分析表等を用いながら情報収集･分析し、生活全般の解決すべき課題（ニーズ）を明らかにします。

(3) 施設サービス計画（ケアプラン）の作成

課題分析（アセスメント）の結果を踏まえ、計画担当介護支援専門員が作成した施設サービス計画（ケアプラン）の原案を、本人や家族、サービスの提供にあたる他の担当者が一堂に会して行うサービス担当者会議において検討します。サービス担当者会議では、専門的意見の聴取・確認・見直しを行います。

決定した施設サービス計画原案の内容について、入所者本人と家族に説明し、文書で入所者の同意を得て施設サービス計画が完成します。施設という特殊な環境上の制約を意識し、その施設サービス計画が本人等にとって強制力や負担とならないよう十分に配慮することが必要です。

作成した施設サービス計画は、入所者に交付しなければなりません。なお、交付した施設サービス計画は、その完結の日から2年間保存しておかなければなりません。

アドバイス

施設介護支援では、インテークのときからアセスメントが始まっています。

プラスα

課題分析表（アセスメント表）は、施設独自の方式を用いることも可能ですが、課題分析標準項目（23項目）を満たしている必要があります（138～139頁参照）。

過去の出題

施設サービス計画の課題分析について問われました。

(22再-21)

・課題分析標準項目ごとに、各専門職が分担して行う。
　→×（計画担当介護支援専門員が行う）

・課題分析標準項目を具備した施設独自のアセスメント表を、使用することができる。
　→○

プラスα

施設サービス計画に位置づける内容には、施設で行う行事および日課も含みます。

プラスα

施設サービス計画をもとに機能訓練等の各サービスの計画（個別サービス計画）を作成します。

過去の出題

指定介護老人福祉施設の施設サービス計画の作成について問われました。

(22-18)(26-22)

・作成した計画は、入所者に交付しなければならない。
　→○

・計画の交付は、家族に行えばよい。
　→×（入所者本人に交付）

プラスα
モニタリングは、①サービスの適切性、②利用者の満足度、③短期目標の達成状況、④ニーズの変化の把握、⑤修正や変更の必要性の判断の5つの視点から検討することが必要です。

過去の出題
施設サービス計画書について問われました。(14-23)
・入所者に毎月交付しなければならない。
→×（計画作成時、変更時等に交付する）

(4) モニタリングと再課題分析

モニタリングとは、施設サービス計画やそれに関連するサービスが適切に提供されているか、目標設定や期間が適当だったか、ADLや自立度等に変化が生じていないかなどについて見守り、評価することを指します。計画担当介護支援専門員は、モニタリングを行うにあたり、入所者や家族、担当者との連絡を継続的・定期的に行います（回数や頻度に関する義務規定はありません）。定期的に入所者に面接し、定期的にモニタリングの結果を記録しなければなりません。

モニタリングの結果、必要がある場合は、再課題分析（再アセスメント）を行い、施設サービス計画を作成し直します。個々の入所者の状態に応じて必要時にモニタリングや再アセスメントを行っていきます。

3. 入所判定委員会

プラスα
入所に際しては、入所の年月日、入所した介護保険施設の種類・名称、退所に際しては、退所の年月日を、被保険者証に記載しなければなりません（26頁の★12参照）。

プラスα
介護老人保健施設の場合は、入所判定委員会の機能として、「入所判定」「継続入所判定」「退所判定」の3つを備えています。そのことにより、在宅復帰の促進が図られています。

介護保険施設の定員に空きができた場合で、入所希望者の数が定員の空き数より多い場合には、介護保険施設では入所判定委員会を開催し、入所希望者のなかから施設ごとに定められた判定基準に基づき、入所予定者を決めていきます。

介護保険施設入所までのプロセス

①入所判定委員会（※）で入所が確定
②利用者（家族等）に入所の意思を確認
③初回面接（利用者が居住している場所）
④利用者が入所する

※施設によっては、入所検討委員会、入居判定審査会などと呼ばれている。

入所希望者が、入所判定対象者となるかどうかは、①要介護度、②介護者等の状況、③認知症高齢者の日常生活自立度、④常時介護の必要性、⑤BPSD（認知症の行動・心理症状）の度合い、⑥在宅サービスの利用内容、⑦生活環境の要因、⑧入院・治療の必要性、などについて総合的な検討のうえ決定されます。

4. 計画担当介護支援専門員の業務・責務

介護保険施設の管理者は、計画担当介護支援専門員に、入所（入院）者の施設サービス計画の作成に関する業務を担当させます。

その他の計画担当介護支援専門員の業務や責務には次のようなものがあります。

① 入所（入院）時の居宅介護支援事業者に対する照会等による**心身の状況、生活歴、病歴、居宅サービス等の利用状況等の把握**を行う
② 本人および家族と**面接**（※１）して**アセスメント**を行い、**施設サービス計画の原案**（※２）を作成し、**サービス担当者会議**（※３）で検討する
③ 本人または家族に、施設サービス計画の原案の内容を説明し、**本人の同意を文書**で得て、決定した計画を**本人に交付**する
④ 介護給付等対象サービス以外のサービス（**地域の住民による自発的な活動によるサービス**等）も施設サービス計画に位置づけ、総合的な計画となるよう努める
⑤ **定期的**に本人と**面接**し、**モニタリング**を行い、その結果についても**定期的に記録**する
⑥ **居宅での生活が可能かどうか定期的に検討する**
⑦ 居宅生活が可能な入所（入院）者への**退所（退院）支援**を行う
⑧ **退所（退院）時の居宅介護支援事業者**等に対する**情報の提供**と保健医療サービスまたは福祉サービスを提供する者との密接な**連携**を行う
⑨ **更新認定**や**区分変更認定**の際には、**サービス担当者会議の開催**等により、担当者から専門的な見地からの意見を求める
⑩ **身体的拘束**（※４）**等の状況**と**緊急やむを得ない理由等の記録**
⑪ 苦情内容等の記録
⑫ **事故の状況**と事故に対する**処置**の記録

※１…家族への面接については、幅広く課題を把握する観点から、テレビ電話等の通信機器等の活用により行われるものを含む。

※２…施設サービス計画の作成にあたっては、厚生労働省「人生の最終段階における医療・ケアの決定プロセスに関するガイドライン」等を参考にしつつ、本人の意思を尊重した医療・ケアが実施できるよう、多職種が連携し、本人およびその家族と必要な情報の共有等に努める。

※３…計画担当介護支援専門員は、施設サービス計画の原案の内容について、サービス担当者会議の開催、担当者への照会などにより、専門的な見地からの意見を求める。サービス担当者会議は、テレビ電話装置等を活用して行うことができる。ただし、入所者またはその家族が参加する場合にあっては、テレビ電話装置等の活用について当該入所者等の同意を得なければならない。

※４…身体的拘束にあたるものとして、❶徘徊しないように車いす等やベッドに体幹や四肢をひも等で縛る、❷転落しないようにベッドに体幹や四肢をひも等で縛る、❸点滴・経管栄養等のチューブを抜かないように四肢をひも等で縛る、❹車いす等からずり落ちないように腰ベルトや車いすテーブルをつける等がある。

過去の出題

指定介護老人福祉施設の施設サービス計画の作成、サービス担当者会議の開催について問われました。
20-22
・施設サービス計画は、介護支援専門員以外の者に作成させることができる。
→×（施設サービス計画は、計画担当介護支援専門員が作成する）
・サービス担当者会議の開催は、計画担当介護支援専門員が行う。
→○

アドバイス

施設の計画担当介護支援専門員は、入所者が居宅において日常生活を営むことができるかどうかを定期的に検討します。

過去の出題

指定介護老人福祉施設の施設サービス計画の作成について問われました。
22-18　26-22
・アセスメントは、入所者及びその家族に面接して行わなければならない。
→○
・モニタリングは、少なくとも月１回行わなければならない。
→×（定期的に本人と面接して行う）
・原案の内容については、入所者の同意は必要がない。
→×（入所者の同意を文書で得て、入所者に交付する）
・地域住民による自発的な活動によるサービスの利用を含めるよう努めなければならない。
→○

5. 介護保険施設の運営基準

介護保険施設は、次のような運営基準に従ってサービスを提供しなければなりません。

運営基準の共通事項

提供拒否の禁止	●正当な理由なくサービス提供を拒んではならない。特に要介護度や所得の多寡を理由に拒否することを禁止している。提供を拒むことのできる正当な理由とは、入院治療の必要がある場合やその他入所者に対し適切なサービスを提供することが困難な場合である
入退所（入退院）	●入所（入院）を待っている申込者がいる場合は、介護の必要の程度等を勘案し、サービスを受ける必要性が高いと認められる入所申込者（患者）を優先的に入所（入院）させるよう努めなければならない ●入所（入院）に際し、居宅介護支援事業者に対する照会等により、入所者（患者）の心身の状況、生活歴、病歴、家族状況、それまでの居宅サービス等の利用状況等の把握に努めなければならない ●居宅において日常生活を営むことができるかどうかについて定期的に検討しなければならない ●退所（退院）時に、居宅サービス計画作成援助のため、居宅介護支援事業者等に対する情報の提供や保健医療・福祉サービス事業者との連携に努めなければならない
施設サービスの取扱方針	●サービスの提供にあたっては、入所者（入院患者）または他の入所者（入院患者）等の生命または身体を保護するため緊急やむを得ない場合を除き、身体的拘束その他入所者（入院患者）の行動を制限する行為（身体的拘束等）を行ってはならない。緊急やむを得ない場合とは、以下の3つの要件をすべて満たす状態のことをいう ① 本人や他の入所者等の生命または身体が危険にさらされる可能性が著しく高いこと（切迫性） ② 身体拘束その他の行動制限を行う以外に代替する介護方法がないこと（非代替性） ③ 身体拘束その他の行動制限が一時的なものであること（一時性） ●身体的拘束等を行う場合は、その態様および時間、その際の入所者（入院患者）の心身の状況、緊急やむを得ない理由を記録しなければならない。記録は2年間保存しなければならない ●身体的拘束等の適正化を図るため、次に掲げる措置を講じなければならない

過去の出題

指定介護老人福祉施設における身体的拘束等の取り扱いについて問われました。

21-19

・身体的拘束等の適正化のための対策を検討する委員会を三月に1回以上開催しなければならない。
→○

・従業者に対し、身体的拘束等の適正化のための研修を定期的に実施しなければならない。
→○

・身体的拘束等の適正化のための指針を整備しなければならない。
→○

プラスα

サービスの取扱方針に規定する、次の基準に適合しない場合、身体拘束廃止未実施減算として所定単位数から減算されます。

・身体的拘束等を行う場合に義務づけられている、入所者の心身の状況、緊急やむを得ない理由などの記録
・身体的拘束等の適正化を図るために義務づけられている次頁のⓐⓑⓒの措置

プラスα

身体的拘束等の適正化のための対策を検討する委員会は、テレビ電話装置その他の情報通信機器を活用して行うことができます。

	ⓐ　身体的拘束等の適正化のための対策を検討する委員会を3か月に1回以上開催するとともに、その結果について、介護職員その他の従業者に周知徹底を図ること ⓑ　身体的拘束等の適正化のための指針を整備すること ⓒ　介護職員その他の従業者に対し、身体的拘束等の適正化のための研修を定期的に実施すること
機能訓練	●入所者に対し、その心身の状況等に応じて、日常生活を営むのに必要な機能を改善し、またはその減退を防止するための訓練を行わなければならない
栄養管理	●入所者（入院患者）の栄養状態の維持・改善を図り、自立した日常生活を営むことができるよう、各入所者（入院患者）の状態に応じた栄養管理を計画的に行わなければならない
口腔衛生の管理	●入所者（入院患者）の口腔の健康の保持を図り、自立した日常生活を営むことができるよう、口腔衛生の管理体制を整備し、各入所者（入院患者）の状態に応じた口腔衛生の管理を計画的に行わなければならない
勤務体制の確保等	●介護に直接携わる職員のうち、医療・福祉関係の資格を有さない者について、認知症介護基礎研修を受講させるために必要な措置を講じなければならない ●男女雇用機会均等法等におけるハラスメント対策に関する事業者の責任を踏まえつつ、適切なハラスメント対策を講じなければならない
業務継続計画の策定等	●感染症や非常災害の発生時において、入所者（入院患者）にサービスを継続的に提供する等のための「業務継続計画」を策定し、必要な措置を講じなければならない ●従業者に対し必要な研修および訓練（シミュレーション）を定期的に実施しなければならない
定員の遵守	●入所定員（入院患者の定員）および居室（療養室、病室）の定員を超えて入所させてはならない。ただし、災害、虐待その他のやむを得ない事情がある場合は、この限りでない
非常災害対策	●非常災害に関する具体的計画を立て、非常災害時の関係機関への通報および連携体制を整備し、それらを定期的に従業者に周知するとともに、定期的に避難、救出その他必要な訓練を行わなければならない。訓練の実施にあたって、地域住民の参加が得られるよう連携に努めなければならない

過去の出題

施設サービス計画書の記載について問われました。24-22

・「目標」は、実際に解決が可能と見込まれるものでなくてはならない。
　→○
・目標の「期間」については、「認定の有効期間」は考慮しない。
　→×（考慮する）
・サービス実施の「頻度」には、週に1回、1日に1回のように一定期間内での回数、実施曜日等を記載する。
　→○

プラスα

口腔衛生の管理において「計画的に」とは、歯科医師または歯科医師の指示を受けた歯科衛生士が、介護職員に対する口腔衛生にかかる技術的助言と指導を年2回以上実施することとされています。

過去の出題

介護老人保健施設について問われました。24-44

・災害その他のやむを得ない事情がある場合でも、入所定員を超えて入所させてはならない。
　→×（災害等やむを得ない事情がある場合は、入所できる）

衛生管理等	● 入所者の使用する食器その他の設備や飲用水の衛生的な管理に努めるとともに、医薬品および医療機器の管理を適正に行わなければならない ● 感染症や食中毒の発生やまん延を防ぐために、感染症および食中毒の予防およびまん延の防止のための対策を検討する委員会（感染対策委員会）をおおむね3か月に1回以上開催し、指針を整備するとともに、職員の研修ならびに感染症の予防およびまん延の防止のための訓練（シミュレーション）を定期的（年2回以上）に実施しなければならない
協力病院等	● 入院治療を必要とする入所者のために（入所者の病状の急変等に備えるため）、あらかじめ、協力病院を定めておかなければならない（介護老人福祉施設、介護老人保健施設、介護医療院に規定）。協力歯科医療機関は定めておくよう努めなければならない
地域との連携等	● 地域住民やその自発的な活動等との連携および協力を行う等の地域との交流を図らなければならない（交流に努めなければならない） ● 入所者（入院患者）からの苦情に関して、市町村等が派遣する者が相談および援助を行う事業（介護サービス相談員派遣等事業）、その他の市町村が実施する事業に協力するよう努めなければならない
事故発生の防止および発生時の対応	● 事故発生の防止のための指針を整備する。また、事故発生の報告、分析、改善策を従業者に周知徹底する体制を整備する。事故発生の防止のための委員会（事故防止検討委員会）、従業者への研修を定期的に行わなければならない。事故発生防止等の措置を適切に実施するための担当者を置かなければならない ● 事故が発生した場合は、速やかに市町村、家族等に連絡するとともに、必要な措置を講じなければならない ● 賠償すべき事故が発生した場合は、損害賠償を速やかに行わなければならない
虐待の防止	● 虐待の発生またはその再発を防止するため、担当者を置いて、虐待の防止のための対策を検討する委員会（虐待防止検討委員会）の定期的な開催、虐待の防止のための指針の整備、研修の定期的な実施等の措置を講じなければならない

過去の出題

指定介護老人福祉施設の感染対策委員会について問われました。（22-57）

・感染症や食中毒の予防又はまん延防止のため、その対策を検討する委員会をおおむね三月に1回以上開催しなければならない。
→○

過去の出題

介護保険施設について問われました。（22再-44）

・施設サービスの提供により事故が発生した場合には、速やかに市町村、家族等に連絡するとともに、必要な措置を講じなければならない。
→○

用語解説

介護サービス相談員：市町村が事業活動の実施にふさわしい人格と熱意をもっていると認めた者で、一定の水準以上の研修を受けた者。

プラスα

事故防止検討委員会は、テレビ電話装置等を活用して行うことができます。

プラスα

虐待防止検討委員会は、テレビ電話装置等を活用して行うことができます。

基礎理解度 CHECK!!

□□ 1 ▶ 施設サービス計画は、当該施設の管理者が作成する。

□□ 2 ▶ 介護保険施設では、要介護度の重い順により入所を決定する。

□□ 3 ▶ 施設サービス計画作成のためのアセスメント表は、課題分析標準項目（23 項目）を満たしていれば、施設独自の方式を用いることができる。

□□ 4 ▶ 施設サービス計画原案の内容は、家族に説明し、文書で家族の同意を得ればよい。

□□ 5 ▶ 介護保険施設の計画担当介護支援専門員は、入所者のモニタリングを 3 か月に 1 回行わなければならない。

□□ 6 ▶ モニタリングの結果は、定期的に記録する。

□□ 7 ▶ 施設サービス計画の作成にあたっては、厚生労働省「人生の最終段階における医療・ケアの決定プロセスに関するガイドライン」等を参考にしつつ、多職種が連携し、本人およびその家族と必要な情報の共有等に努める。

□□ 8 ▶ 計画担当介護支援専門員は、入所者が居宅での生活が可能かどうかを検討する必要はない。

□□ 9 ▶ 更新認定や区分変更認定の際には、サービス担当者会議を開催する必要はない。

□□ 10 ▶ 介護保険施設では、感染対策委員会を年に 1 回開催しなければならない。

□□ 11 ▶ 虐待の発生またはその再発を防止するため、担当者を置けば、虐待防止検討委員会を定期的に開催する必要はない。

1 ✕ 施設サービス計画に関する業務（作成等）は、介護保険施設に配置が義務づけられた介護支援専門員である計画担当介護支援専門員が担当する。

2 ✕ 要介護度の重い順に入所するのではなく、施設サービスを受ける必要性が高いと認められる入所申込者から優先順位をつけ入所を決定していく。

3 ○

4 ✕ 施設サービス計画原案の内容は、入所者本人と家族に説明し、文書で入所者の同意を得なければならない。

5 ✕ モニタリングは、定期的に行う必要がある。ただし、具体的な頻度が決められているわけではない。

6 ○

7 ○

8 ✕ 計画担当介護支援専門員の責務として、入所者が居宅において日常生活を営むことができるかどうかについて定期的に検討することになっている。

9 ✕ 更新認定や区分変更認定の際には、サービス担当者会議を開催し、担当者から専門的な見地からの意見を求める。

10 ✕ 介護保険施設では、感染対策委員会をおおむね 3 か月に 1 回以上開催しなければならない。

11 ✕ 虐待の発生またはその再発を防止するため、担当者を置いて、虐待防止検討委員会の定期的な開催、虐待防止指針の整備、研修の定期的実施等の措置を講じなければならない。

ランクB

22 居宅サービス事業等の運営基準の共通事項

居宅サービス事業等の人員・設備・運営基準は、国の定める「厚生労働省令で定める基準」に基づき、「従うべき基準」「標準とすべき基準」「参酌すべき基準」に沿って条例で定められます（16頁参照）。ここでは、それぞれのサービス事業者等に共通する事項の規定（主に運営基準）をまとめましたので、2021（令和3）年の基準省令等の改正もあわせてしっかりと確認しておきましょう。第21回、第22回、第24回、第25回で出題されています。

居宅サービス事業等の運営基準

サービスごとに運営基準が定められていますが、居宅介護支援事業者と同趣旨の基準が多いため、居宅サービス事業に共通して定められる基準で固有なものや重要と考えられるものを次に示します。なお、介護予防サービス事業の基準・地域密着型サービス事業の基準は、居宅サービス事業のものと基本的に同様のため、ここでは省略します。

アドバイス

共通事項の色文字部分が試験に出やすいので、要注意です。

●居宅サービス計画の作成等に関する共通事項

法定代理受領サービスの提供を受けるための援助	●現物給付の要件を満たしていない利用申込者・家族に手続き等を説明し、居宅介護支援事業者に関する情報を提供するなどの援助を行う（居宅療養管理指導、特定施設入居者生活介護、特定福祉用具販売を除く）
居宅サービス計画に沿ったサービスの提供	●居宅サービス計画に沿ったサービスを提供しなければならない（特定施設入居者生活介護を除く） ●居宅サービス計画を作成している指定居宅介護支援事業者から個別サービス計画の提供の求めがあった際には、個別サービス計画を提供することに協力するよう努めなければならない（訪問入浴介護、居宅療養管理指導を除く）
居宅サービス計画等の変更の援助	●利用者が居宅サービス計画の変更を希望する場合は、居宅介護支援事業者への連絡その他の必要な援助を行わなければならない（居宅療養管理指導、短期入所生活介護、短期入所療養介護、特定施設入居者生活介護を除く）

プラスα

個別サービス計画について、訪問入浴介護では訪問入浴介護計画の作成は義務づけられていません。ただし、介護サービス情報の公表制度における訪問入浴介護の調査項目には、訪問入浴介護計画の作成が評価項目の１つとなっています。多くの訪問入浴介護事業所では、居宅サービス計画に位置づけられている利用者のニーズや長期・中期目標を受けて訪問入浴介護にかかる計画が作成されています。

サービスの提供の記録	●サービスの提供日・内容、保険給付の額その他必要な事項を居宅サービス計画書やサービス利用票等に記載しなければならない ●具体的なサービスの内容等を記録するとともに、利用者から申し出があった場合は、文書の交付その他適切な方法により、情報を提供しなければならない
居宅介護支援事業者に対する利益供与の禁止	●居宅介護支援の公正中立性を確保するために、居宅介護支援事業者またはその従業者に対し、利用者に特定の事業者のサービスを利用させることの対償として、金品その他の財産上の利益を供与してはならない

●サービス提供にあたっての共通事項

内容および手続きの説明と同意	●サービスの提供の開始に際し、あらかじめ、利用申込者またはその家族に運営規程の概要、従業者の勤務体制等の利用申込者のサービス選択に資する重要事項を記した文書を交付して説明を行い、利用申込者の同意を得なければならない（特定施設入居者生活介護では、文書による契約の締結が必須となっている）
提供拒否の禁止	●正当な理由なくサービスの提供を拒んではならない（特定施設入居者生活介護を除く） 提供を拒むことのできる正当な理由がある場合とは、次の①〜③のとおり ①事業所の現員からは利用申し込みに応じきれない場合 ②利用申込者の居住地が事業所の通常の事業の実施地域外である場合 ③その他利用申込者に対し自ら適切なサービスを提供することが困難な場合
サービス提供困難時の対応	●サービス提供が困難な場合は、利用申込者にかかる居宅介護支援事業者への連絡、適当な他のサービス事業者等の紹介その他の必要な措置を速やかに講じなければならない（特定施設入居者生活介護を除く）
受給資格等の確認	●サービス提供の際は、被保険者証により、被保険者資格、要介護認定の有無および有効期間を確認し、介護認定審査会の意見が記載されているときは、その意見に配慮してサービスを提供するように努めなければならない ※利用者は、指定居宅サービスを受けるにあたっては、その都度、指定居宅サービス事業者に対して被保険者証および負担割合証を提示しなければならない

アドバイス

提供拒否の禁止①〜③については、151 頁の居宅介護支援の運営基準（提供拒否の禁止）の①〜③と比べてみてください。③だけ違っています。

過去の出題

介護保険の保険給付について問われました。 21-6

・居宅要介護被保険者は、指定居宅サービスを受ける都度、被保険者証をサービス事業者に提示しなければならない。
→○

過去の出題

看護小規模多機能型居宅介護におけるサービス事業者等との連携について問われました。（24-43）
・居宅サービス事業者その他保健医療サービス又は福祉サービスを提供する者との密接な連携に努めなければならない。
→○

要介護認定の申請にかかる援助	●サービス事業者等は、要介護認定を受けていない利用申込者については、要介護認定の申請がすでに行われているかどうかを確認し、申請が行われていない場合は、利用申込者の意思を踏まえて速やかに申請が行われるよう必要な援助を行わなければならない ●要介護認定の更新の申請は、遅くとも有効期間が終了する30日前にはなされるよう、必要な援助を行わなければならない
心身の状況等の把握	●サービス提供にあたっては、サービス担当者会議等で、利用者の心身の状況、そのおかれている環境、他の保健医療サービスまたは福祉サービスの利用状況等の把握に努めなければならない（特定施設入居者生活介護を除く）
居宅介護支援事業者等との連携	●サービスを提供するにあたっては、居宅介護支援事業者や保健医療サービスまたは福祉サービスの提供者との密接な連携に努めなければならない。サービス提供終了時には、利用者や家族に適切な指導を行い、居宅介護支援事業者に情報を提供し、保健医療サービスや福祉サービスの提供者との密接な連携に努めなければならない（短期入所生活介護、短期入所療養介護、特定施設入居者生活介護を除く） ※医療系サービスでは、終了時に主治医にも連絡する
身分を証する書類の携行	【訪問介護や訪問看護などの訪問系のサービスについて】 ●従業者は、身分を明らかにする証書や名札等を携行し、初回訪問時や利用者・家族から求められたときは、これを提示する
苦情処理	●サービス事業者は、利用者および家族からの苦情に迅速かつ適切に対応するために、苦情受付窓口の設置等を行い、当該苦情の内容等を記録しなければならない ●サービス事業者は、利用者からの苦情に関して市町村や国民健康保険団体連合会（国保連）が行う調査に協力するとともに、その指導または助言を受けた場合においては、当該指導または助言に従って必要な改善を行わなければならない ●サービス事業者は、市町村や国保連からの求めがあった場合には、その改善の内容を市町村や国保連に報告しなければならない

その他の共通事項

緊急時等の対応	●サービス提供時に、利用者に病状の急変などの緊急事態が発生した場合、運営規程に定められた緊急時の対応方法に基づき速やかに主治医へ連絡を行う等の必要な措置を講じなければならない（訪問リハビリテーション、居宅療養管理指導、短期入所療養介護、福祉用具貸与、特定福祉用具販売を除く）
定員の遵守	【通所介護、通所リハビリテーション、短期入所生活介護、短期入所療養介護について】 ●利用定員を超えてサービスの提供を行ってはならない。ただし、災害その他のやむを得ない事情がある場合は、この限りではない
非常災害対策	【通所介護、通所リハビリテーション、短期入所生活介護、短期入所療養介護、特定施設入居者生活介護について】 ●非常災害に関する具体的計画を立て、関係機関への通報および連携体制を整備し、定期的に従業者に周知するとともに、定期的に避難、救出その他必要な訓練を行わなければならない
記録の整備	●利用者に提供した具体的なサービス内容等について、その記録を整備し、その完結の日から2年間保存しなければならない

過去の出題

訪問入浴介護における緊急の連絡について問われました。 22-52

・利用者に病状の急変が生じた場合には、速やかに事業所の管理者に連絡し、変更・中止の指示を受ければよい。
→×（利用者に急変が生じた場合には、速やかに医療従事者に連絡する）

過去の出題

短期入所生活介護の利用定員について問われました。 25-53

・災害等のやむを得ない事情がある場合でも、利用定員を超えることは認められない。
→×（災害等のやむを得ない事情がある場合は、利用定員を超えることは認められている）

サービス提供にあたっての共通事項

2021（令和3）年の基準省令等の改正

勤務体制の確保等	●適切なサービスを提供できるよう、従業者の勤務の体制を定め、資質の向上のために、その研修の機会を確保しなければならない ●介護に直接携わる職員のうち、医療・福祉関係の資格を有さない者について、認知症介護基礎研修を受講させるために必要な措置を講じなければならない（無資格者がいない訪問系サービス（訪問入浴介護を除く）、福祉用具貸与、居宅介護支援を除く） ●ハラスメント防止措置を講じなければならない
業務継続計画の策定等	●感染症や非常災害の発生時において、利用者にサービスを継続的に提供する等のための「業務継続計画」を策定し、必要な措置を講じなければならない
衛生管理等（感染症の予防およびまん延防止にかかる措置）	●事業所の従業員等の清潔保持・健康管理等を行うとともに、設備・備品等の衛生管理に努めなければならない ●感染症の発生・まん延防止のために、感染対策委員会の開催、予防・まん延防止指針の整備、研修・訓練の定期的実施等の措置を講じなければならない

掲示	●見やすい場所に、運営規程の概要などや、利用申込者のサービス選択に資すると認められる重要事項を掲示しなければならない（重要事項を記載した書面を備え付け、かつ閲覧させることによって代えることができる）
地域との連携等	●事業の運営にあたっては、地域住民等との連携・協力を行う等の地域との交流に努めなければならない（訪問系サービス、通所リハビリテーション、福祉用具貸与、特定福祉用具販売を除く） ●事業の運営にあたっては、提供したサービスに関する利用者からの苦情に関して市町村等が派遣する者が相談および援助を行う事業その他の市町村が実施する事業に協力するよう努めなければならない ●事業所と同一建物に居住する利用者に対してサービスを提供する場合は、利用者以外の居住者にもサービス提供を行うよう努めなければならない（短期入所系サービス、特定施設入居者生活介護を除く）
虐待の防止	●虐待の発生またはその再発を予防するため、担当者を置いて、虐待の防止のための対策を検討する委員会（虐待防止検討委員会）の定期的な開催、虐待の防止のための指針の整備、研修の定期的な実施等の措置を講じなければならない
電磁的記録等	●書面に代えて電磁的記録（電子データ）を用いることができる ●相手方の承諾を得て、書面に代えて電磁的方法による交付・説明等を行うことができる

過去の出題

夜間対応型訪問介護における苦情に関して問われました。 21-55

・事業者は、利用者からの苦情に関して市町村等が派遣する者が相談及び援助を行う事業に協力するよう努めなければならない。
→○

基礎理解度CHECK!!

□□ 1 ▶居宅療養管理指導事業者は、居宅サービス計画を作成している居宅介護支援事業者から個別サービス計画の提供の求めがあった際には、個別サービス計画を提供することに協力するよう努めなければならない。

□□ 2 ▶居宅サービス事業者は、利用申込者の居住地が事業所の通常の事業の実施地域外であってもサービスの提供を拒んではならない。

□□ 3 ▶利用者は、指定居宅サービスを受けるにあたり、その都度、事業者に対し被保険者証および負担割合証を提示しなければならない。

□□ 4 ▶居宅サービス事業者は、利用者および家族からの苦情を受けた場合、苦情の内容等を傾聴するのみでよい。

□□ 5 ▶居宅サービス事業者は、利用者に提供した具体的なサービス内容等の記録をその完結の日から2年間保存しなければならない。

□□ 6 ▶居宅サービス事業者は、適切なハラスメント対策を強化する観点から、ハラスメント防止措置を講じなければならない。

□□ 7 ▶事業所内の見やすい場所に重要事項を記載した書面を必ず掲示しなければならない。

□□ 8 ▶居宅サービス事業者の記録は、必ず書面でなければならない。

1 ✕居宅療養管理指導と訪問入浴介護を除く居宅サービス事業者は、居宅サービス計画を作成している指定居宅介護支援事業者から個別サービス計画の提供の求めがあった際には、個別サービス計画を提供することに協力するよう努めなければならない。

2 ✕居宅サービス事業者は、正当な理由なくサービスの提供を拒んではならないが、以下の正当な理由がある場合にはサービスの提供を拒むことができる。
①事業所の現員からは利用申し込みに応じきれない場合。
②利用申込者の居住地が事業所の通常の事業の実施地域外である場合。
③その他利用申込者に対し自ら適切なサービスを提供することが困難な場合。

3 ○

4 ✕居宅サービス事業者は、利用者および家族からの苦情に迅速かつ適切に対応するために、苦情受付窓口の設置等を行い、当該苦情の内容等を記録しなければならない。

5 ○

6 ○

7 ✕重要事項を記載した書面を備え付け、かつ閲覧させる場合には、事業所内の見やすい場所に重要事項を記載した書面を掲示しなくてもよい。

8 ✕書面に代えて電磁的記録（電子データ）を用いることができる。

第2編

保健医療サービスの知識等

1. 老年症候群
2. 医学的診断・予後
3. 在宅での医療管理
4. バイタルサインと検査
5. 高齢者に多い疾病
6. 急変時の対応
7. 感染症の予防
8. 認知症高齢者の介護
9. 精神に障害のある場合の介護
10. ケアにおけるリハビリテーション
11. ターミナルケア
12. 薬の知識
13. 栄養・食生活からの支援と介護
14. 介護技術の展開
15. 訪問看護および介護予防訪問看護
16. 訪問リハビリテーションおよび介護予防訪問リハビリテーション
17. 居宅療養管理指導および介護予防居宅療養管理指導
18. 通所リハビリテーションおよび介護予防通所リハビリテーション
19. 短期入所療養介護および介護予防短期入所療養介護
20. 定期巡回・随時対応型訪問介護看護
21. 看護小規模多機能型居宅介護（複合型サービス）
22. 介護老人保健施設
23. 介護医療院

ランク A

1 老年症候群

介護保険の利用者はほとんどが高齢者であり、高齢者の心身の特徴や高齢者に多くみられる疾病を理解することはとても重要です。また、加齢に伴い高齢者に起こりやすい症状として、意識障害、せん妄、抑うつ、認知機能障害、不眠、低栄養、脱水、めまい、ふらつき、視聴覚障害、フレイル、サルコペニア、廃用症候群などがあげられます。試験で出題されることも多く、その原因や対応をきちんとおさえておきましょう。

老年症候群

老年症候群とは、高齢者に多くみられ、高齢期の生活機能やQOL（生活の質）を低下させる症状・病態を指します。原因がはっきりしており、その病態が解明されている「疾患」と異なり、老年症候群の原因は多様で、はっきりしない場合も多く、１つの老年症候群の症状が加齢による心身機能の低下だけでなく、心理社会的要因など複数の原因で起こっていることも多くあります。

過去の出題

老年症候群について問われました。（23-26）

・老年症候群では、高齢期において生活機能の低下がみられる。

→○

老年症候群として扱われる病態

・意識障害、せん妄	・手足のしびれ
・抑うつ	・フレイル（虚弱）、サルコペニア（加齢性筋肉減少症）、廃用症候群
・認知機能障害	・尿失禁
・不眠	・嚥下障害、誤嚥
・低栄養、食欲不振、脱水	・褥瘡《じょくそう》
・めまい、ふらつき	
・視聴覚障害	

意識障害、せん妄

高齢者にみられる意識障害の多くは、①脳血管障害や頭部外傷などの脳の器質的障害、②薬剤の副作用、③低血圧、低血糖、慢性呼吸不全、高血糖、尿毒症などの重篤な全身疾患が原因となります。

意識障害の１つに**せん妄**があります。せん妄は、一過性の認知機能低下、見当識障害、不眠、興奮、錯覚、幻覚、妄想などの精神症状が現れます。せん妄は、睡眠や覚醒リズムの障害、環境や生活リズムの変化、アルコールや抗不安薬などの薬物の使用などが引き金になるので、これらの原因や誘因を取り除くことも必要です。夜間に症状が現れる場合を**夜間せん妄**といい、昼間に活動

過去の出題

せん妄について問われました。

（20-32）（26-32）（26-38）

・せん妄の発症の誘因として、睡眠障害、薬剤、環境の変化などが挙げられる。

→○

・せん妄の有病率は、年齢とともに上昇する。

→○

・せん妄については、その発症に至ったきっかけで除去可能な要因がないか検討する。

→○

の機会をつくり、夜間に眠れるようにする配慮が必要です。

●抑うつ

気分や感情の落ち込み、やる気が起きないなどの状態を**抑うつ**といい、高齢者では機能障害、社会的な**役割**の喪失など身体的、社会心理的な要因のため、高頻度でみられます。脳血管障害やパーキンソン病が抑うつを引き起こしたり、**薬剤**の影響で生じる場合もあります。特に高齢者では**自殺**に至ることが多いため、注意が必要です。

●認知機能障害

認知機能には記憶、知識、計算、見当識、理解、判断など多くの要素があり、加齢による機能障害も、それぞれの要素によって異なっています。例えば、知識は加齢の影響が少なく、計算能力は加齢によって大きく低下していきます。人生の個人的な経験の記憶である**エピソード記憶**は、加齢により、特に**最近**の出来事に対する記憶が低下していく場合が多くみられます。

●不眠

加齢とともに夜間の睡眠時間が**短縮**して、睡眠が**浅く**なり、**中途覚醒**や**早朝覚醒**が多くなります。このため、高齢者の多くが不眠を自覚するようになります（284頁参照）。

このような生理的な変化に加えて、抑うつやストレス、不安といった心理的な要因や、睡眠時に舌根《ぜっこん》が沈下して気道が狭くなり無呼吸となる**閉塞《へいそく》性睡眠時無呼吸症候群**、心不全などで起きる**中《ちゅう》枢《すう》性睡眠時無呼吸症候群**、寝ているときに瞬間的に手や足が痙攣《けいれん》する**周期性四肢《しし》運動異常症**、横になるとむずむずとした不快感や痛みなどの異常感覚・身体症状が下肢《かし》や腰・背中・腕などに現れて眠れなくなる**むずむず脚《あし》症候群**（**レストレスレッグス症候群**）が高齢者の不眠の原因として注目されています。

●低栄養

低栄養とは、**たんぱく質**や**エネルギー**の摂取不足による栄養障害です。食事摂取量が減少し消化吸収機能が低下している高齢者は、容易に低栄養に陥ることが多くあります。低栄養の状態かどうかを把握する指標には、BMIや体重減少率、**血清アルブミン値**、

過去の出題

抑うつについて問われました。23-26
・高齢者では、身体的な衰えや機能障害、慢性疾患の罹患、家族との死別などにより抑うつが高頻度にみられる。
→○

第2編 保健医療サービスの知識等

プラスα

低栄養（栄養状態の悪化）は、褥瘡の発生要因の１つです（277頁参照）。

用語解説

BMI（Body Mass Index）：肥満度を示す指数。計算式は、（体重kg）÷（身長m×身長m）。

食事摂取量、上腕や下腿の周囲長の測定などがあります。

亜鉛欠乏症も高齢者によくみられます。原因は降圧薬の投与、カルシウムの過剰摂取、ストレス等があります。

●脱水

脱水とは、体内の水分が不足している状態です。高齢者はもともと体内の水分量が少なく、口渇（喉の渇き）も感じにくくなっているため脱水に陥りやすい状況にあります。また、飲水が少ない状況に、下痢、発熱、高血糖や利尿剤の服用、消化管出血などが重なると、たちまち脱水になります。さらに、認知症やADL（Activities of Daily Living：日常生活動作）の低下がみられる場合は、自分で飲水することが難しいために脱水となる場合もあります。必要な介助を得られているか、確認が必要です。

症状

- **自覚症状**：口渇、立ちくらみ、食欲不振、頭痛、嘔気《おうき》、全身倦《けん》怠感《たいかん》
- **他覚症状**：目のくぼみ、舌の乾燥、尿量減少、体重減少、低血圧（特に起立性低血圧）、1分間に100回以上の頻脈、ADLの低下

●めまい、ふらつき

めまいの感覚は、回転感、眼前暗黒感、浮動感などに分類でき、それらがさまざまな原因によって起こります。

高齢者では、良性発作性頭位《りょうせいほっさせいとうい》めまい症が多くみられます。内耳の前庭器官にある耳石《じせき》が本来の位置からはずれて、三半規管《さんはんきかん》内に遊離してしまうと、頭を動かしたときに耳石が三半規管を刺激して激しい回転性のめまいを引き起こします。

種　類	原　因
回転性めまい	メニエール病、良性発作性頭位めまい症、前庭神経炎《ぜんていしんけいえん》、薬剤（アスピリン）、小脳出血など
眼前暗黒感	起立性低血圧、低血糖、徐脈《じょみゃく》性不整脈など
浮動感	薬剤（抗不安薬、睡眠薬、筋弛緩薬など）、小脳疾患、パーキンソン病など

めまいには、重大な疾患が隠れていることもあるので、慎重な対応が必要です。

過去の出題

低栄養状態の徴候について問われました。（24-35）

・低栄養状態の徴候には、筋肉量の減少、血清たんぱく質の減少などがある。
→○

過去の出題

高齢者の脱水について問われました。
（19-30）（24-26）（25-38）

・高齢者は、口渇の訴えが多いので、水分の過剰摂取に注意する。
→×（口渇の訴えが少ないので、脱水に注意する）
・脱水があっても、めまいやふらつきは生じない。
→×（脱水により、立ちくらみやめまい、ふらつきは生じる）
・手の甲の皮膚をつまみ上げて離したとき、すぐには元に戻らない場合は、脱水を疑う。
→○

プラスα

高度な脱水の場合は、せん妄等の意識障害や痙攣も生じます。

過去の出題

高齢者のめまいについて問われました。（22再-26）

・高齢者のめまいは、内耳の障害のほか、血圧のコントロール不良、脳腫瘍などが原因となることがある。
→○

視聴覚障害

高齢者にみられる聴覚障害には、次のようなものがあります。

伝音性難聴	外耳や中耳に異常があり、内耳に音信号が伝わりにくくなる。鼓膜の損傷や耳垢の栓塞などが原因となる。
感音性難聴	内耳から大脳に異常がある。内耳の感覚細胞の機能低下で生じることが多い。高齢者の難聴で多い。老人性難聴や突発性難聴がある。
耳鳴り	内耳にある感覚細胞の障害。高血圧や糖尿病などで起こることもある。

高齢者にみられる視覚障害には、次のようなものがあります。

白内障	加齢により水晶体が白く混濁し、視力が低下する。
加齢黄斑《おうはん》変性症	加齢により網膜の中心部である黄斑に障害が生じ、視野の中心部のゆがみ、視力の低下が起こる。
緑内障	眼圧が上昇することで視神経が障害され、視力の低下、視野の狭窄などが起こる。
糖尿病性網膜症	糖尿病による合併症で、網膜の微小血管が障害されることによって、視力の低下が起こる。

過去の出題

難聴について問われました。23-26
・内耳から大脳に異常があるために生じる難聴を、伝音性難聴という。
→×（感音性難聴という）

過去の出題

白内障について問われました。24-26
・白内障は、水晶体の混濁により視力低下をきたす。
→○

アドバイス

糖尿病性網膜症は、介護保険法の特定疾病です。糖尿病そのものは特定疾病ではないことに注意しましょう。

眼球と耳の断面図

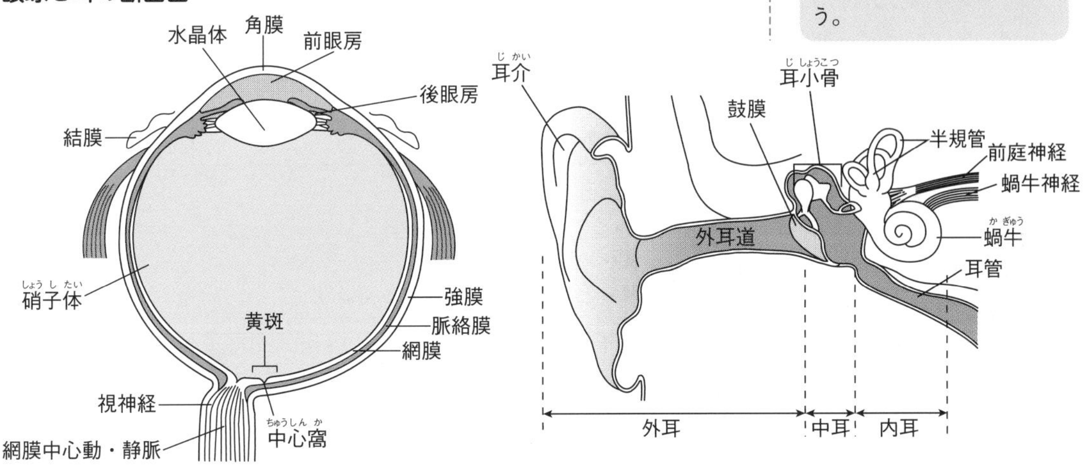

フレイル、サルコペニア、廃用症候群、尿失禁

高齢になって筋力や活動が低下している状態をフレイル（虚弱）といいます。①体重減少、②筋力（握力）低下、③疲れやすい、④歩行速度低下、⑤身体活動レベルの低下の５つの要素のうち、３つ以上あればフレイルとみなされます。

サルコペニア（加齢性筋肉減弱症）は、加齢に伴う骨格筋量の減少、筋力や身体機能の低下を指します。

フレイルが進行すると、寝たきりや廃用症候群になります。廃用症候群は、日常生活の活動性の低下に伴って生じる、身体的お

プラスα

尿失禁には、切迫性、腹圧性、機能性などがあり、薬剤による治療のほか、行動療法やリハビリテーションが効果的であることが多いです。

よび精神的機能の全般的な低下をいいます。

廃用症候群により筋萎縮、関節の拘縮、褥瘡、起立性低血圧、認知機能障害、尿失禁（281頁参照）、便秘、嚥下障害、抑うつ、肺炎などが生じます。

廃用症候群の予防のためには､安静を主体とした療養ではなく､できる限り身体を動かすようにすることが必要です。

嚥下障害、誤嚥

筋力低下や知覚障害のため、嚥下反射、咳反射などが低下、遅延し、その結果、嚥下がうまくいかず**誤嚥**を引き起こします。高齢者では、症状のない**不《ふ》顕性《けんせい》誤嚥**も多くみられます。

褥瘡

褥瘡《じょくそう》は、皮膚局所への持続的圧迫による血流障害が原因で起こります（282頁参照）。

深達度分類

Ⅰ度	表皮にとどまる
Ⅱ度	真皮に達する
Ⅲ度	脂肪組織に達する
Ⅳ度	筋肉ないし骨組織に達する

色調分類

黒色期	塊状の壊死組織の付着 悪臭と多量の滲出液のある炎症期
黄色期	残存壊死組織を伴う滲出性変化のある炎症期
赤色期	肉芽形成のみられる増殖期
白色期	瘡の収縮と上皮化を反映する成熟期

過去の出題

フレイルについて問われました。
19-41 21-31 22-31 25-31 25-39 26-26

・体重減少、疲れやすい、身体活動レベルの低下、握力低下、歩行速度低下の5つの要素のうち、3つ以上あればフレイル（虚弱）と定義される。
→○

・フレイルとは、高齢になって筋力や活動が低下している状態を指す。
→○

・フレイルとは、健康な状態と介護を要する状態の中間的な状態である。
→○

・口腔内・口腔周囲を動かすことは、オーラルフレイル予防につながる。
→○

・就労、ボランティアなどの社会参加は、フレイル予防に役立たない。
→×（就労、ボランティアなどの社会参加は、フレイル予防に役立つ）

過去の出題

サルコペニアについて問われました。19-41 26-26

・サルコペニア（加齢性筋肉減弱症）は、運動器全体の機能低下をきたすことがある。
→○

・「指輪っかテスト」は、サルコペニア（筋肉減弱症）の簡便な評価法である。
→○

基礎理解度 CHECK!!

□□ 1 ▶ 老年症候群には、抑うつ、認知機能障害、フレイル、尿失禁、嚥下障害が含まれる。

□□ 2 ▶ 夜間せん妄では、昼間に休息できるように横になってもらう配慮が必要である。

□□ 3 ▶ 高齢者では、抑うつは自殺に至ることが多い。

□□ 4 ▶ 最近の出来事に対するエピソード記憶は、加齢の影響を受けにくい。

□□ 5 ▶ 高齢者においては、夜間の睡眠時間は短縮し、中途覚醒や早朝覚醒が多くなる。

□□ 6 ▶ 低栄養状態を把握する指標には、BMIや体重減少率、血清アルブミン値、食事摂取量、上腕や下腿の周囲長の測定などがある。

□□ 7 ▶ 亜鉛欠乏症は高齢者に多くみられ、味覚障害の原因となる。

□□ 8 ▶ 高齢者は口渇（喉の渇き）を感じにくく、脱水に陥りやすい状況にある。

□□ 9 ▶ 回転性めまいの原因として、起立性低血圧や低血糖があげられる。

□□ 10 ▶ 高齢者の難聴では、伝音性難聴が多い。

□□ 11 ▶ 加齢黄斑《おうはん》変性症は、加齢により水晶体が白く混濁し、視力が低下する。

□□ 12 ▶ フレイルとは、加齢に伴う骨格筋量の減少、筋力や身体機能の低下を指す。

□□ 13 ▶ 高齢者では、症状のない不顕性《ふけんせい》誤嚥も多くみられる。

□□ 14 ▶ 褥瘡《じょくそう》の深達度分類において、Ⅰ度は表皮にとどまる状態である。

1 ○

2 ×夜間せん妄では、昼間に活動の機会をつくり、夜間に眠れるようにする配慮が必要となる。

3 ○

4 ×人生の個人的な経験の記憶であるエピソード記憶は、加齢により、特に最近の出来事に対する記憶が低下していく場合が多くみられる。

5 ○

6 ○

7 ○

8 ○

9 ×回転性めまいの原因として、メニエール病、良《りょう》性《せい》発《ほっ》作《さ》性《せい》頭《とう》位《い》めまい症、前庭神経炎《ぜんていしんけいえん》などがあげられる。起立性低血圧や低血糖が原因となるのは、眼前暗黒感である。

10 ×高齢者の難聴で多いのは、感音性難聴である。

11 ×加齢により水晶体が白く混濁し、視力が低下するのは、白内障である。加齢黄斑変性症は、加齢により網膜の中心部である黄斑に障害が生じ、視野の中心部のゆがみ、視力の低下が起こる。

12 ×フレイルは、高齢になって筋力や活動が低下している状態を指す。設問は、サルコペニア（加齢性筋肉減弱症）の説明である。

13 ○

14 ○

ランク C

2 医学的診断・予後

高齢者にとって、医療は毎日の生活を支える重要なものです。介護支援専門員がチームケアを提供する際、利用者や家族を支えるチームの一員として、医療の基礎的な知識をもっておくことは大切です。ここでは、医療の流れを十分に理解し、利用者本位の観点から高齢者（患者）の意思決定のプロセスや予後について、現状の問題を把握しておくようにしましょう。

1. インフォームドコンセントに基づく治療

過去の出題

医学的診断のプロセスについて問われました。
24-33
・医学的診断のプロセスでは、主訴の前に、家族歴や既往歴の聴取を行う。
→×（通常、主訴と現病歴の聴取に始まり、既往歴や家族歴を確認する）

過去の出題

インフォームド・コンセントについて問われました。
23-36 26-33
・患者が医師から説明をきちんと受けた上で同意することをインフォームド・コンセントという。
→○

過去の出題

治療等の選択について問われました。 26-33
・患者は、自分の傷病の内容を知り、どのような治療を受けるか、自己決定する権利を有している。
→○

医学的な診断のプロセスでは、通常、主訴（患者が最も困っている症状）と現病歴（主訴にかかわる病状の経過）の聴取に始まり、既往歴（過去の病歴）や家族歴（家族的に発生しやすい病気）を確認しつつ、身体診察や検査を通して病気を診断していきます。診察や検査は、通常、患者の負担が少ないものから行うことが原則で、負担や侵襲《しんしゅう》（身体を傷つけるような処置）が大きい検査については、患者自身がその検査の必要性やそれに伴う負担（苦痛や危険）について理解したうえで検査を受ける必要があります。

医学的診断のプロセス

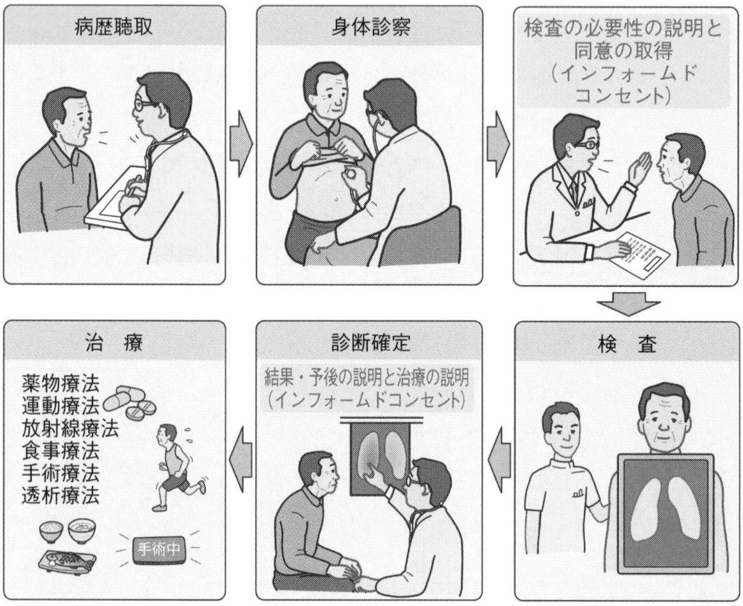

患者が説明を受けたうえで、同意をすることをインフォームドコンセントといいます。インフォームドコンセントは、診断後の

治療においても同様です。診断は医師（歯科医師）が行いますが、患者は自分の病気の内容を知り、それに対してどのような治療を受けるか、受けないかを自己決定する権利を有しています。

2. 治療の選択

治療の種類には、食事療法、運動療法、薬物療法、手術療法、透析療法、放射線療法など、さまざまな方法があります。治療法は、医師からの説明をしっかりと理解して患者本人が決定する必要があります。

医師は、疾患の予後と治療内容、治療に伴う問題について、患者本人や家族に説明し、自己決定を促します。介護支援専門員は、患者自身が治療法を選択できるように、第三者的な立場からアドバイスをすることができます。

プラスα

近年、根拠に基づいた医療（EBM）、自己決定を促す医療（NBM）が重視されるようになっています。

3. 予後の理解

予後《よご》は、診断された疾患に基づき判断されます。高齢者では1つの疾患だけではなく、同時に併せもつ疾患（併存症）の種類や重症度によっても変わります。

診断された疾患とその予後の説明に基づいて、患者はどのような治療を受けるかを決定することになります。このようなインフォームドコンセントが、適切かつ十分な理解をもって行われるように、介護支援専門員も支える必要があります。

過去の出題

予後の理解について問われました。 26-33
・予後に関する説明では、患者の理解力なども考慮し、必要に応じて家族の立ちあいを求める。
→○

基礎理解度CHECK!!

□□ 1 ▸ 診察や検査は、医師の負担の少ないものから行う。

□□ 2 ▸ 患者が説明を受けたうえで、同意をすることをインフォームドコンセントという。

□□ 3 ▸ 根拠に基づいた医療（EBM）と、その補完として、患者の自己決定を促す医療（NBM）も重視される。

1 ✕ 診察や検査は、通常、患者の負担が少ないものから行うことが原則である。
2 ○
3 ○

ランク A

3 在宅での医療管理

介護保険を利用して自宅や施設で生活している人のなかには、高度な医療管理を続けながら生活している人がいます。これらの医療処置は、生命に直結する処置でもあり、利用者を支えるチームメンバーすべてが理解していなければならないことです。種類が多いうえにそれぞれのもつ危険性や取り扱いが複雑でもあり、また出題も多い項目です。それぞれの処置の目的、方法、危険性を理解しておくようにしましょう。

1. 在宅自己注射

在宅自己注射とは、利用者自らが、病気の治療のために在宅で注射をする方法です。家族介護者が利用者に代わって行うこともあります。

在宅自己注射には、代表的なものとして糖尿病に対するインスリン製剤があります。ほかに、アナフィラキシー（アレルギー反応の１つ）に対するエピネフリン製剤、血友病に対する血液凝固因子製剤、前立腺がんに対する性腺刺激ホルモン放出ホルモン製剤、骨粗鬆症に対する副甲状腺ホルモン製剤などがあります。

在宅自己注射は、利用者または家族介護者が行うものであるため、介護支援専門員は利用者・家族の病気や薬についての理解度と手技を行う能力について把握しておくことが重要です。特に、体調不良時（シックデイ）には、注射剤の効果が強く出るといった、ふだんとは違う状況が考えられます。

過去の出題

在宅自己注射について問われました。（24-37）
・在宅自己注射は、家族以外の訪問介護員も行うことができる。
→×（在宅自己注射は、医行為にあたるため、訪問介護員が行うことはできない）

用語解説

シックデイ：糖尿病患者が糖尿病以外の病気にかかったときのことをいう。その際に血糖コントロールが乱れ、糖尿病が悪化しやすくなる。

2. 悪性腫瘍疼痛管理

末期の悪性腫瘍（がん）で持続する痛みがあり、一般的な鎮痛薬で痛みのコントロールができないときに、医療用麻薬が使用されます。

方法

麻薬の種類には、飲み薬、舌下錠、バッカル錠、貼り薬、座薬、注射薬があります。痛みは、基本的に飲み薬で治療しますが、がんが進行していくと経口からの摂取が困難になるため、貼り薬や

過去の出題

悪性腫瘍の疼痛管理について問われました。（24-37）
・悪性腫瘍疼痛管理では、身体的側面だけでなく、精神的側面からも考えることが重要である。
→○

座薬など、投与経路の変更が必要になります。特に、麻薬の使用量の調整をきめ細かく行う必要がある場合、自動注入ポンプを使って、注射薬を継続的に投与する方法が用いられます。

注意点

麻薬の主な副作用としては、吐き気・嘔吐、眠気、便秘があり、まれにせん妄（幻覚を見たり、意味不明な言動をとったりすること）もあります。

その他

痛みの緩和には、薬以外にも体位の工夫や手によるマッサージ、さらに好きな音楽、家族や信頼できる訪問看護師・訪問介護員の存在などのケアチーム全員の連携・支援が重要です。

アドバイス

悪性腫瘍疼痛管理では、身体的側面だけでなく、精神的側面から考えることも重要です。

過去の出題

疼痛に対して麻薬を使用する際の留意点について問われました。21-37

・疼痛に対して麻薬を使用する際は、副作用の便秘に注意する必要がある。
→○

3. 人工透析

腎臓は、血液をろ過《か》して老廃物を尿として生成する役割をもちます。腎不全などでこの機能が障害されたときに、腎臓の代わりに機械で人工的に血液の老廃物を取り除く方法を人工透析といいます。人工透析には、血管を使って行う血液透析（HD）と、腹《ふく》膜《まく》を使って行う腹膜透析（PD）の2種類があります。血液透析は原則として透析施設に通って行いますが、腹膜透析は在宅で利用者や家族が透析に関する処置を行います。

目的

腎臓の代わりに老廃物の除去、水分や電解質の調節などを行います。

注意点

血液透析では、シャントをぶつけたり、傷つけたりしないように扱う必要があり、シャント側の腕で血圧を測らないようにします。

腹膜透析では、カテーテルから細菌が入り、感染を起こして重篤な合併症を起こす可能性があります。

また、人工透析を行っている場合、水分や電解質バランスが崩れて体調を悪くする、心筋梗塞や脳卒中などの病気になるリスクが高くなるなど、注意が必要です。

用語解説

腹膜：腹部の内臓の表面を包み、腹の内部を覆っている膜のことをいう。腹膜は浸透膜（透析膜）の役割を果たし、体内の老廃物をこし取ることができる。

用語解説

シャント：静脈と動脈を自己血管もしくは人工血管でつなぎ合わせた部位（静動脈吻合《ふんごう》部）。透析を行うために針を刺す。

過去の出題

人工透析について問われました。22再-34 25-37

・人工透析を行っている場合には、シャント側で血圧測定を行う。
→×（シャント側の腕で血圧を測らない）

・血液透析のためのシャントは、動脈と静脈をつなぎ合わせた部位のことである。
→○

過去の出題

腹膜透析を実施している場合の留意点、人工透析を行っている場合のリスクについて問われました。
21-33 21-37

- 腹膜透析を実施している場合は、感染に注意が必要である。
→〇
- 人工透析を受けている者は、心筋梗塞や脳卒中のリスクが高い。
→〇

過去の出題

血液透析と腹膜透析の通院回数について問われました。19-32

- 腹膜透析は、在宅で行うことができるため、血液透析に比べて通院回数は少ない。
→〇

用語解説

カテーテル：血管や臓器に挿入し、体液の排出や輸液などの注入を行う医療器具。

人工透析（血液透析と腹膜透析）

血液透析

内容　慢性腎不全の患者が、血液を体外に導いて透析装置（ダイアライザー）を通して血液中の不要な物質を除去する方法

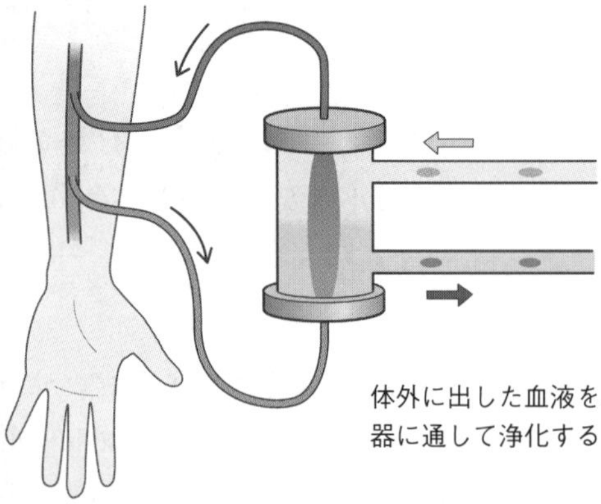

通院回数　週2～3回程度（1回あたり4～5時間程度）、透析施設への通院が必要である

管理　水分の摂取制限が必要となる

腹膜透析

内容　慢性腎不全の患者が、腹腔内に透析液を注入し、透析膜として自らの腹膜を用いる方法

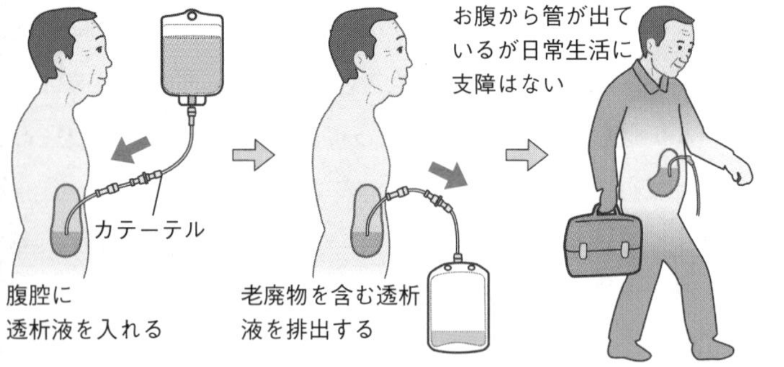

通院回数　基本的に在宅で利用者・家族が毎日行い、1回あたり30分程度の透析液交換を1日4～5回（もしくは、就寝中に機械が自動的に透析）行うため、月に1～2回程度の通院でよい

管理　水分バランスや体重、炎症等を定期的に観察する
自己管理状況を細かく継続的に観察する

4. 在宅中心静脈栄養法

口から物を食べることができなくなってしまった人、腸から栄養吸収（**経管栄養法**など）ができなくなった人に対して行われます。

中心静脈栄養法は、点滴栄養剤を血管に直接入れる方法です。太い静脈である中心静脈から点滴を行います。カテーテルを使用する場合と皮下植え込み式ポートを使用する場合があります。

目的

栄養状態を確保することを目的に行います。

方法

鎖骨付近から上大静脈（中心静脈）に向けてカテーテルを挿入し、点滴と同じ方法で点滴栄養剤を投与します。

中心静脈栄養法

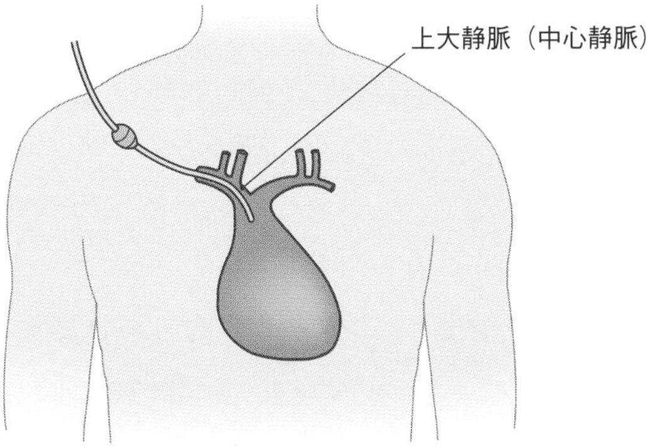

注意点

- 入浴は可能ですが、特別な配慮が必要なので、医師、看護師等と連携し、具体的な方法を確認します。
- 太い静脈から点滴を行うため、以下のような合併症につながるおそれがあります。

発生しやすい合併症

状態	合併症
誤ってカテーテルを引っ張る	・カテーテルが抜けて出血する ・カテーテルが断裂し、血管内にカテーテルが浮遊する可能性がある
長期にわたる処置の継続	・長期に異物が体内にあるため、細菌感染を引き起こすことがある
医療的な知識・手技の理解が不十分	・点滴バッグ・ルートの破損、細菌汚染 ・カテーテル刺入部の汚染

過去の出題

在宅中心静脈栄養法について問われました。
20-36 21-33 23-40 25-37

- 在宅中心静脈栄養法を実施しているときは、経口摂取を行ってはならない。
  →×（負担のない程度に経口摂取を心がける）
- 在宅中心静脈栄養法を行っている場合は、入浴は禁忌である。
  →×（入浴はできる。ただし、特別な配慮が必要）
- 在宅中心静脈栄養法は、医療処置として栄養を補う方法である。
  →○
- 在宅中心静脈栄養法では、長期にカテーテルが体内にあるが、細菌感染を引き起こすことはない。
  →×（細菌感染を引き起こすことがある）
- 中心静脈栄養法では、静脈炎にならないように末梢静脈を用いる。
  →×（中心静脈栄養法では、静脈炎にならないように太い静脈である中心静脈を用いる）

5. 経管栄養法

経管栄養法は、消化管に栄養を注入する方法であり、経鼻胃《けいびい》管《かん》、食道ろう、胃ろう、腸ろうがあります。

目的

栄養状態を確保することを目的に行います。

方法

- 経鼻胃管は、鼻から胃まで届く管を入れます。
- 胃ろうは、腹部の皮膚から胃に達する穴を開けて、カテーテルを留置します。

注意点

- **経鼻胃管**では、鼻や喉の違和感から利用者がカテーテルを抜いてしまったり、しゃっくりや咳をすることにより自然にカテーテルが抜ける危険性があります。カテーテルが抜けると流動食が肺に入る危険性があるため、適切な位置に入っているか注意して観察します。カテーテルが同じ場所に接触していると、鼻腔などに潰瘍をつくることもあるので、固定用のテープを貼り換えるときは別の場所に貼るようにします。経鼻胃管の交換は、1か月をめどに行います。
- **胃ろう**の種類は、主に**バルーン型**と**バンパー型**に分けられます。胃内で膨らませた風船で固定するものをバルーン型、ゴム製のストッパーで固定するものをバンパー型といいます。なお、バルーン型胃ろうカテーテルの交換は1～2か月をめどに、バンパー型胃ろうカテーテルの交換は4～6か月をめどに行います。

過去の出題

在宅経管栄養法における留意点について問われました。(21-33)(25-37)

- 在宅経管栄養法では、カテーテルの定期的な交換は不要である。
  →×（バルーン型は1～2か月をめどに、バンパー型は4～6か月をめどに交換する）
- 経鼻胃管の種類には、バルーン型とバンパー型がある。
  →×（胃ろうの種類にはバルーン型とバンパー型がある。経鼻胃管にはカテーテルを用いる）

経管栄養法の挿入位置

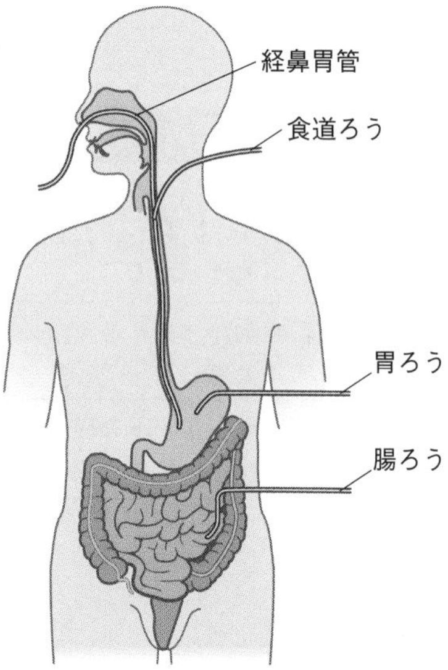

胃ろうカテーテルの種類

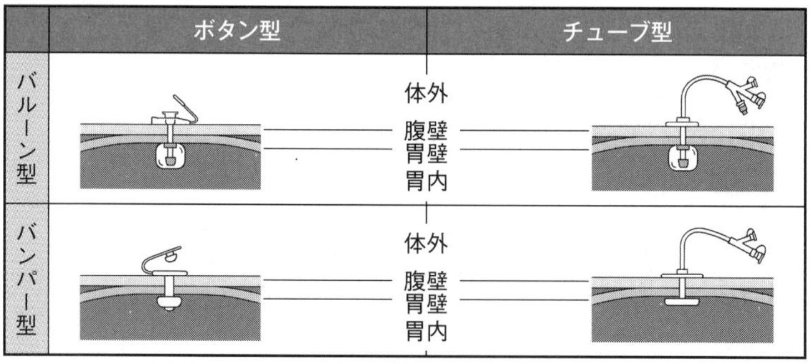

6. 人工呼吸療法

人工呼吸器によって呼吸の補助を行い、酸素の取り込みと二酸化炭素の排出を促すのが、人工呼吸療法です。

人工呼吸療法には、マスクなどを使用する非侵襲的陽圧換気法《ひしんしゅうてきようあつかんきほう》（NPPV）と、気管の中に管を入れる侵襲的陽圧換気法《しんしゅうてきようあつかんきほう》（IPPV）があります。侵襲的陽圧換気法は、気管切開を伴ったものが多いです。

人工呼吸療法を行いながら、喀痰吸引《かくたんきゅういん》も行うという場合には、医師、看護師からの指示が十分に共有されるように、ケアチームで確認し合うことが必要です。

過去の出題

人工呼吸療法について問われました。

22再-34　24-37

- 侵襲的陽圧換気法（IPPV）による人工呼吸は、マスクを装着して行われる。
  →×（IPPVは気管の中に管を入れる）
- 人工呼吸療法には、侵襲的、非侵襲的に行うものの2種類がある。
  →○

7. 在宅酸素療法

在宅酸素療法は、慢性閉塞性肺疾患（COPD）などの呼吸器疾患や心疾患などで、低酸素血症を起こしている（酸素の取り入れが十分にできなくなった）利用者に、在宅で酸素投与を行う治療です。

在宅酸素療法で使用される機器

在宅酸素療法では、設置型酸素供給装置（酸素濃縮器）を設置して自宅の中での生活で使用し、外出時や災害（停電）時には携帯用酸素ボンベを使用します。携帯用酸素ボンベの場合、医師の指示により、酸素供給時間を延長する目的で呼吸同調器を使用することがあります。

なお、在宅酸素療法では高濃度の酸素を扱うため、機器を火気から2m以上離す必要があります。

また、酸素吸入に使う器具には、以下のようなものがあります。

- 鼻カニューレ：両側の鼻腔から酸素を投与でき、食事や会話も可能です。
- 簡易酸素マスク：主に酸素流量の多い場合に使用します。
- トラキマスク：気管切開をしている場合に使用します。

過去の出題

在宅酸素療法における留意点について問われました。

21-33　21-35　22再-34　23-40

- 在宅酸素療法では、機器の周囲2m以内に火気を置かないようにする。
  →○
- 在宅酸素療法を実施している場合には、定期的にバッテリーの充電状態を確認する。
  →○
- 酸素マスクによる在宅酸素療法は、鼻カニューレによるものに比べて、食事や会話がしやすいのが特徴である。
  →×（食事や会話がしやすいのは、鼻カニューレである）
- 在宅酸素療法では、携帯用酸素ボンベを使用して外出することができる。
  →○

過去の出題

在宅酸素療法について問われました。（22-34）（26-36）
- 在宅酸素療法の利用者が呼吸苦を訴えた場合は、ただちに酸素流量を増やす。
  →×（医師の指示を仰ぐ）
- 在宅酸素療法において、携帯用酸素ボンベの使用に慣れれば、介護支援専門員の判断で酸素流量を設定してよい。
  →×（酸素流量の設定は、医師の指示によらなければならない）

在宅酸素療法

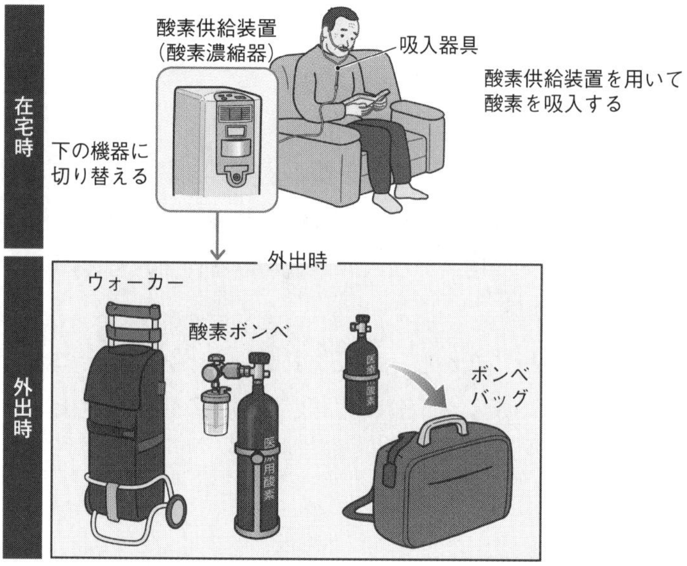

8. ストーマ

過去の出題

ストーマについて問われました。（20-36）
- ストーマを造設しても、入浴は可能である。
  →○

ストーマとは、消化管や尿路の障害によって、通常の排泄ができなくなったときに人工的に造設する便や尿の排泄口のことをいいます。

ストーマには、大腸がんなどにより肛門を通じた排泄ができない場合や潰瘍性大腸炎などの治療のため、肛門近くの大腸を切除した場合に造られる**消化管ストーマ**と、膀胱がんや前立腺がんなどで尿路の変更が必要となった場合などに造られる**尿路ストーマ**があります。

9. 喀痰吸引

痰や垂れ込んだ唾液などを、吸引器を用いて除去し、肺炎や窒息等を予防するための処置です。痰とは、唾液、鼻汁、喀痰《かくたん》（肺や気管から出されてくる粘液、ほこりなども含む）とされていますが、これらを吸引することを**喀痰吸引**といいます。

喀痰吸引の種類には、**口腔内吸引**、**鼻腔内吸引**、**気管吸引（気管カニューレ内部吸引）**があります。

具体的には、吸引器につないだ管（吸引チューブ）を口や鼻から挿入して、痰を吸い出します。口から管を挿入することを**口腔内吸引**、鼻から挿入することを**鼻腔内吸引**といいます。また、気管切開をしている人の場合、気管カニューレ内部吸引を行います。利用者ごとに方法や頻度が違うため、医師の指示に従って実施します。

10. カテーテル法

カテーテル法とは、尿道からの排尿をコントロールできない場合に行われる医療行為です。

カテーテル法には、バルーンカテーテル法とコンドームカテーテル法があります。

バルーンカテーテルを留置している場合は、尿路感染のリスクが高く、閉塞や誤抜去などのトラブルが生じやすいです。コンドームカテーテルの場合は、カテーテルの材質によってアレルギー症状を起こす場合があります。

カテーテルの種類

種類	方法
バルーンカテーテル	尿道口からカテーテルを膀胱内に挿入・留置し、持続的に尿を排出させる方法
コンドームカテーテル	男性のペニスにコンドームをかぶせて採尿する方法

過去の出題

膀胱留置カテーテルについて問われました。19-33

- 膀胱留置カテーテルを使用し、尿漏れがある場合は、カテーテルの閉塞を疑う。
→○

11. ネブライザー

ネブライザーとは、呼吸器疾患の利用者が霧状《きりじょう》にした薬を気管や肺に吸い込むことで症状を抑えたり、気道を加湿して痰を出しやすくしたりするために用いる機器です。

ネブライザーには、いくつかの種類がありますが、在宅ではコンプレッサー（ジェット）式と超音波式が主に使用されます。

過去の出題

ネブライザーについて問われました。21-35 25-37

- ネブライザーで吸入薬を用いる際に副作用と思われる症状がみられた場合には、吸入を中止して医療者に報告する。
→○
- ネブライザーは、気道を加湿して痰を出しやすくするために用いる機器である。
→○

12. 在宅自己導尿

在宅自己導尿とは、脊髄疾患や脳血管障害などで神経が障害され、膀胱の収縮力が低下し自然排尿が困難になった場合に、利用者自らが膀胱内にカテーテルを挿入して尿を排泄する方法です。家族介護者が利用者に代わって行うこともあります。

自己導尿用のカテーテルは、とても柔らかく、消毒液に浸して持ち運びが可能な容器とセットになっています。

バルーンカテーテルよりも感染のリスクが低く、蓄尿バッグを必要としないメリットはありますが、利用者が手技に慣れる必要があります。

13. パルスオキシメーター

過去の出題

パルスオキシメーターについて問われました。
21-37 25-37
・人工呼吸器を装着している場合には、パルスオキシメーターによって酸素飽和度を測定する。
→○

パルスオキシメーターは、手足の指先に光センサーを装着し、血液中にどの程度の酸素が含まれているか（**酸素飽和度：SpO_2**）を測定する機器です。利用者が気管切開をしている場合や人工呼吸器を装着している場合に、酸素飽和度の値の変化が喀痰吸引の必要性や緊急連絡の判断をする目安となります。病状によって酸素飽和度が何％以上であればよいのか、その基準は変わるため、必ず医師の指示を確認しておきます。

基礎理解度 CHECK!!

□□ 1 ▶ 在宅自己注射は、患者に代わって家族介護者が行うことはできない。

□□ 2 ▶ シックデイとは、糖尿病患者の血糖値の値が高いときのことをいう。

□□ 3 ▶ 悪性腫瘍の疼痛管理のために麻薬の使用量の調整をきめ細かく行う必要がある場合、自動注入ポンプを使って、注射薬を継続的に投与する方法が用いられる。

□□ 4 ▶ バルーン型の胃ろうカテーテルは、4～6か月をめどに交換する。

□□ 5 ▶ 侵《しん》襲《しゅう》的《てき》陽《よう》圧《あつ》換《かん》気《き》法《ほう》（IPPV）は、気管切開を伴うものが多い。

□□ 6 ▶ ストーマとは、通常の排泄ができなくなったときに人工的に造設する便や尿の排泄口のことをいう。

1 ×患者本人に代わって、家族介護者が行うこともできる。
2 ×シックデイとは、糖尿病患者が糖尿病以外の病気にかかったときのことをいう。
3 ○
4 ×胃ろうカテーテルの交換は、バルーン型では1～2か月をめどに、バンパー型では4～6か月をめどに行う。
5 ○
6 ○

ランク
A

4 バイタルサインと検査

バイタルサインとは「生命徴候」のことで、患者の状態を表す基本的指標となります。一方、人体の状態を調べるための検査には、身長・体重をはじめ、全身状態をおおまかに把握するための血液検査のほか、心電図、X線検査、検尿などさまざまなものがあります。アセスメントや急変時の対応に必要な内容で、近年出題頻度が上がっています。数値の暗記に偏らず、広く学習しましょう。

1. バイタルサイン

●バイタルサイン

生命の維持にかかわる人体の最も基本的な情報をバイタルサインといいます。多くの場合、バイタルサインとは、体温、脈拍、血圧、意識レベル、呼吸の５つをいいます。

●体温

体温が37度以上を発熱あるいは高体温、34度以下を低体温といいます。低体温は環境や低栄養、甲状腺機能低下症、薬剤などによる体温調節機能不全が原因で起きる場合があります。

発熱は、主に感染症のサインです。悪性腫瘍、膠原病《こうげんびょう》、甲状腺機能亢進症や、熱中症、脱水でも発熱がみられます。

高熱の現れる症状に悪性症候群があります。悪性症候群は、抗精神病薬を増量した際や抗パーキンソン病薬の急激な中止・減量などで起き、高熱と併せて、意識障害、筋硬直、ふるえなどが出現します。

高齢者では、感染症があっても発熱がみられないことがあります。発熱の程度と疾患の重症度は必ずしも関連しません。また、白血球数やＣ反応性たんぱく質（CRP）などの炎症反応と発熱との解離もみられることがあります。

過去の出題

バイタルサインについて問われました。
(21-30)(24-27)

- 生命の維持にかかわる最も基本的な情報をいう。
  →○
- バイタルサインとは、体温、脈拍、血圧、意識レベル及び呼吸である。
  →○

過去の出題

体温について問われました。(26-27)

- 高体温とは、体温が36.5度以上である場合をいう。
  →×（高体温とは、一般に体温が37度以上である場合をいう）

過去の出題

バイタルサインについて問われました。(21-30)

- 感染症にかかっても、発熱しないことがある。
  →○

また、疾患や症状によって熱型《ねつけい》も異なります。

熱型	特徴	考えられる疾患・症状
稽留熱《けいりゅう》	解熱せずに持続する発熱	肺炎、感染性心膜炎、腫瘍熱
間欠熱《かんけつ》	急激な発熱と解熱を繰り返す	敗血症、カテーテルからの菌血症（中心静脈栄養法を行っている場合）
弛《し》張《ちょう》熱	完全に解熱せず、微熱になって高熱になる	インフルエンザ、肺炎、腫瘍熱
回帰熱	有熱期と解熱期を繰り返す	胆道感染症

● 脈拍

脈拍は通常、手首の親指の付け根にある橈骨《とうこつ》動脈の拍動《はくどう》数を1分あたりで測定します。血圧が低く拍動を測定できない場合には、頸《けい》動脈や股《こ》動脈で脈拍をみることもあります。

頻脈	100回／分以上	感染症、うっ血性心不全、甲状腺機能亢進症、脱水など
徐脈《じょみゃく》	60回／分未満	脳出血による頭蓋内圧亢進時、薬剤の副作用、甲状腺機能低下症、洞不全症候群、心臓の刺激伝達系の異常など
不整脈	拍動の欠け（結滞《けったい》） リズムの乱れ	心房細動など

● 血圧

動脈壁にかかる圧力を血圧といいます。心臓の収縮期の血圧（最高血圧）と拡張期の血圧（最低血圧）を血圧計で測定します。

大動脈疾患、片麻痺や進行した動脈硬化では血圧に左右差がみられることがあり、左右での血圧測定も必要です。上肢の拘縮があり上腕での血圧測定が困難な場合には下《か》肢《し》（膝窩《しっか》動脈や後脛骨動脈）での血圧測定も行われます。

一般的に、加齢とともに血管の弾力が失われるため、収縮期血圧（最高血圧）は高くなり、拡張期血圧（最低血圧）は低くなる傾向がみられます。血圧が高い状態が持続することを高血圧症といい、さまざまな疾患を引き起こすリスクが高まります。

臥位や座位から急に立ち上がったときなどに、ふらつきやめまいがみられる場合は、高齢者に多い起立性低血圧が考えられます。

過去の出題

熱型について問われました。23-29 24-28

・稽留熱では、急激な発熱と解熱を繰り返す。
→×（解熱せずに持続する発熱である）

・解熱せずに持続する発熱を、間欠熱という。
→×（稽留熱という）

用語解説

甲状腺機能亢進症：頸部にある甲状腺という内分泌腺から甲状腺ホルモンが過剰に分泌されることによりさまざまな症状が出現する。

過去の出題

徐脈について問われました。25-28

・重度の徐脈は、失神を伴うことがある。
→○

過去の出題

血圧測定について問われました。22-36

・大動脈疾患の患者の血圧測定は、左右両方の腕で行う。
→○

過去の出題

血圧について問われました。25-28 26-27

・加齢とともに血管の弾力が失われるため、収縮期血圧が低くなる傾向がある。
→×（収縮期血圧が高くなる傾向がある）

・血圧には日内変動がある。
→○

パーキンソン病などでみられるほか、降圧薬や利尿薬、抗うつ薬、血管拡張薬などの薬剤、飲酒などが原因となります。

高血圧の種類

本態《ほんたい》性高血圧症	遺伝的な素因、塩分摂取、加齢など原因のはっきりしないもの
二次性高血圧症	腎血管性高血圧症や内分泌異常など原因がはっきりしているもの
白衣性高血圧	医師や看護師に血圧を測定してもらう際の緊張などにより起こる

●意識レベル

意識障害には、次のような段階があります。

清明	正常な意識状態
傾眠	刺激がないと眠ってしまう
昏迷	強い刺激でかろうじて開眼する
半昏睡	時々体動がみられる
昏睡	自発的運動がなく痛覚刺激に反応しない

詳細な意識レベルの評価方法として、日本では「ジャパン・コーマ・スケール」(Japan Coma Scale：JCS) が使われています。ジャパン・コーマ・スケールは、**3-3-9度方式**とも呼ばれています。

意識レベルの評価方法（JCS）

Ⅰ　刺激しないでも覚醒している
1　だいたい意識清明だが、いまひとつはっきりとしない
2　見当識《けんとうしき》障害がある（日時、場所等がわからない）
3　自分の名前、生年月日が言えない

Ⅱ　刺激すると覚醒するが刺激をやめると眠り込む
10　呼びかけで容易に開眼する
（開眼しないとき、簡単な動作に応じたり言葉も出るが間違いが多い）
20　痛み刺激で開眼する
（開眼しないとき、簡単な命令に応じる）
30　強い刺激を続けてかろうじて開眼する

Ⅲ　刺激をしても覚醒しない
100　痛み刺激に対し、払いのける動作をする
200　痛み刺激に対し、少し手足を動かしたり、顔をしかめたりする
300　痛み刺激に反応しない

過去の出題

起立性低血圧について問われました。(20-28)(25-28)
・起立性低血圧が認められた場合には、心臓の負荷を減らすため、血管拡張薬が処方される。
→×（血管拡張薬は、起立性低血圧の原因となる）
・起立性低血圧は、降圧薬、利尿薬などの薬剤の使用も原因になる。
→○

過去の出題

意識障害について問われました。(25-28)
・昏睡とは、刺激がないと眠ってしまう状態である。
→×（昏睡とは、自発的運動がなく、痛覚刺激に反応しない状態である）

過去の出題

ジャパン・コーマ・スケールについて問われました。(23-29)(26-27)
・ジャパン・コーマ・スケール（JCS）では、数値が大きいほど意識レベルが低い。
→○
・ジャパン・コーマ・スケール（JCS）は、意識レベルの評価に用いられる。
→○

プラスα

ジャパン・コーマ・スケールのほか、開眼、言語反応、運動反応に分けた評価を行うグラスゴー・コーマ・スケール（Glasgow Coma Scale：GCS）も使われています。

呼吸

呼吸数は、高齢者で１分間に 15～20 回が正常です。

頻呼吸	25回／分以上	発熱、心不全、呼吸器疾患
徐呼吸	９回／分以下	糖尿病性ケトアシドーシス、脳卒中

呼吸状態が悪化し、血液中の酸素が欠乏すると皮膚や粘膜が青紫色になり、これをチアノーゼといいます。

呼吸困難になると、次のように呼吸の様子が変化していきます。

起座呼吸	呼吸困難が臥位で増強し、起座位または半座位になると軽減する	心不全、気管支喘息、肺炎、気管支炎
口すぼめ呼吸	口をすぼめて息を吐くと呼吸が楽になる	慢性閉塞性肺疾患（COPD）
下《か》顎《がく》呼吸	顎であえぐような呼吸（努力呼吸）	ターミナル期（下顎呼吸が始まると１～２時間で亡くなることが多いといわれている）

次のように、疾患によって特徴的な呼吸パターンがみられることがあります。

チェーンストークス呼吸	小さい呼吸から徐々に大きな呼吸となった後、しだいに呼吸が小さくなり一時的に呼吸停止となる呼吸	脳血管障害、心不全
クスマウル呼吸	異常に深大な呼吸が規則正しく続く呼吸	糖尿病性ケトアシドーシス、尿毒症
ビオー呼吸	不規則な周期で、無呼吸から４、５回の呼吸を行い、再び無呼吸に	髄膜炎、脳腫瘍

用語解説

ケトアシドーシス：脂肪の分解によりつくられたケトン体（3-ヒドロキシ酪酸、アセト酢酸など）により体液の pH が酸性に傾いた状態をいう。

過去の出題

呼吸困難について問われました。22-26 23-29

・心不全による呼吸困難は、起座位又は半座位で増強し、臥位で軽減する。
→×（起座位又は半座位で軽減し、臥位で増強する）

・口すぼめ呼吸で息を吐くと、気管支内の圧力が高くなり、気管支の閉塞を防ぐ。
→○

過去の出題

下顎呼吸について問われました。22-26

・下顎呼吸は、慢性気管支炎や肺気腫などの慢性閉塞性肺疾患（COPD）の患者でよくみられる。
→×（下顎呼吸は、臨終が近いことを意味する）

プラスα

チェーンストークス呼吸は、ターミナル期にみられることもあります。

2. 検査

臨床検査

医療機関などで行う、健康状態の把握、病気の診断や治療効果の判定、経過の観察などの目的のために行われるさまざまな検査を臨床検査といいます。臨床検査の結果がどのような意味をもつのかを理解することは、健康管理や医療にかかわるすべての人たちに必要なことです。

体格

体格を表す指標としてBMI（Body Mass Index）があります。

BMI＝体重（kg）÷（身長（m）×身長（m））
低体重＜18.5～（標準）～25≦肥満

高齢者では、肥満よりも低体重が生命予後に重要です。

体重減少は、低栄養の重要なサインです。6か月で2～3kg以上の体重減少、あるいは6か月で3％以上の体重減少がある場合には低栄養の危険があります。また、寝たきりなどで体重測定が難しい場合は、上腕周囲長や下腿周囲長も低栄養の判定に使われます。

腹囲は、メタボリックシンドロームの診断に使われます。腹囲が、男性で85cm以上、女性で90cm以上の場合、腹部型の肥満とされます。

総たんぱく、アルブミン

血清《けっせい》中に含まれるたんぱく質の総量を、血清総たんぱくといいます。その主成分はアルブミンで、肝臓で合成されます。血清アルブミン値は、高齢者の長期にわたる栄養状態をみるための指標として最も有用です。血清アルブミン値が3.6g／dL以下の状態では、骨格筋の消耗が始まっている可能性があります。

肝機能

AST（GOT）、ALT（GPT）は、肝・胆道疾患の指標となる重要な検査です。ASTは肝臓以外に心臓、筋肉などの疾患や溶血性疾患で上昇します。γ-GTPは、脂肪肝やアルコール性肝炎などで上昇します。

腎機能

クレアチニンは腎機能が悪くなると高値になり、腎機能の鋭敏な指標となります。また、血清クレアチニンの値と推算糸球体《しきゅうたい》ろ過量（eGFR）から、慢性腎臓病（CKD）の進行の程度を推定することもできます。ただし、寝たきりなどで筋肉量が低下している場合には、血清クレアチニンは低値になります。

血中尿素窒素（BUN）も、腎機能が悪くなると高値になります。脱水、高たんぱく食、消化管出血、悪性腫瘍、高熱などの消耗性疾患の場合も高くなります。

過去の出題

BMI（Body Mass Index）について問われました。 23-30
- 高齢者では膝などの関節が十分に伸びなくなるので、BMI（Body Mass Index）は本来の値より小さくなる。
  →×（身長の測定値が低くなるため大きくなる）

過去の出題

上腕や下腿の周囲長について問われました。 24-28
- 上腕や下腿の周囲長は、寝たきりなどで体重測定が難しい場合の低栄養の判定に使われる。
  →○

過去の出題

血清アルブミン値について問われました。 25-29
- 血清アルブミンの値は、高齢者の長期にわたる栄養状態をみる指標として有用である。
  →○

過去の出題

AST（GOT）、ALT（GPT）について問われました。 25-29
- AST（GOT）・ALT（GPT）の値は、肝・胆道疾患の指標となる。
  →○

過去の出題

血中尿素窒素（BUN）について問われました。 22-37
- 血中尿素窒素（BUN）は、肥満の程度を示す。
  →×（腎機能の程度を示す）

血算

血算《けっさん》は赤血球、白血球、血小板の検査です。貧血や炎症の判定などに用いられます。

赤血球数	少ない	大球性《だいきゅうせい》貧血
白血球数	多い	細菌感染、炎症、喫煙、副腎《ふくじん》皮質《ひしつ》ステロイド投与、ストレス、悪性腫瘍、白血病
	少ない	ウイルス感染症、再生不良性貧血
血小板数	多い	炎症
	少ない	薬剤性、肝硬変、播種性《はしゅせい》血管内凝固症候群（DIC）、特発性血小板減少性紫斑《しはん》病

過去の出題

白血球数について問われました。（21-29）
・白血球数は、細菌感染で減少する。
→×（白血球数は、細菌感染で高値になる）

血糖、ヘモグロビン A1c

血糖値は、糖尿病診断の基本となる検査です。

空腹時血糖値	正常域	110mg／dL 未満
	糖尿病域	126mg／dL 以上
食後血糖値	正常域	140mg／dL 未満
	糖尿病域	200mg／dL 以上

ヘモグロビン A1c（HbA1c）は、糖がヘモグロビンと結合している割合を示します。HbA1c の値は過去 1 ～ 2 か月の平均的な血糖レベルを反映しています。

過去の出題

ヘモグロビン A1c について問われました。
（22再-31）（23-30）（26-28）
・ヘモグロビン A1c の値は、過去 1 ～ 2 か月の血糖レベルを反映している。
→○
・ヘモグロビン A1c の値は、過去 6 か月間の平均血糖レベルを反映している。
→×（過去 1 ～ 2 か月の平均的な血糖レベルを反映している）
・ヘモグロビン A1c は、採血時の血糖レベルを評価するのに適している。
→×（過去 1 ～ 2 か月の平均的な血糖レベルを反映している）

血清脂質

脂質異常症は動脈硬化の要因となります。総コレステロール、特に悪玉の LDL コレステロールの高値が動脈硬化の進展を引き起こすとされ、一方、善玉の HDL コレステロールは高値であれば動脈硬化を予防できることが示されています。最近では、総コレステロール値から HDL コレステロール値を引いた non-HDL コレステロールが脂質異常症の指標として使用されはじめています。

尿酸

尿酸値は、遺伝的素因に加え、肥満、飲酒、プリン体を多く含む食品の摂取などの生活習慣の乱れが原因で、高値になります。尿酸値が 7.0mg/dL を超えると高尿酸血症と診断されます。

CRP

C反応性たんぱく質（CRP）は、感染症などの炎症性疾患における炎症の程度の判定に用いられます。感染症では高値となることが多く、それ以外にも悪性腫瘍、関節リウマチ、膠原病《こうげんびょう》、梗塞、組織崩壊などでも高値になります。

電解質

電解質は細胞の生命維持に必須で、通常、血清中の濃度が一定に保たれています。しかし、脱水や水分過多、腎機能の障害、降圧薬、利尿薬、強心薬、副腎皮質ステロイド薬などの薬剤投与で異常値となることもあり、特に血清ナトリウム（Na）、カリウム（K）、クロール（Cl）の濃度は重要です。

心電図

心電図は不整脈、心筋梗塞、狭心症などの診断には不可欠な検査で、脈の結滞《けったい》や、胸痛などの臨床症状があるときには、まず行うべき検査です。不整脈がある場合や狭心症が疑われる場合には、24時間心電図（ホルター心電図）の検査も行われます。

X線検査（レントゲン検査）

胸部X線検査は呼吸器疾患、心疾患の診断に有用な検査です。結核や肺炎などの感染症や、肺気腫などの慢性閉塞性肺疾患（COPD）の診断、肺がんの発見にも重要です。

また、胸部X線検査は、心不全による心拡大や胸水の貯留などの診断にも有用です。

腹部のX線検査はイレウス（腸閉塞）、消化管穿孔《せんこう》、尿管結石、頭部CT検査は脳血管障害、頭部外傷などの診断に使われます。

検尿

尿検査は、尿糖や尿たんぱくの検出に使われ、糖尿病や腎臓病のスクリーニング検査、尿路感染症の診断にも重要です。

便潜血

便潜血検査は微量の血液が便に混じっているかを検出する検査で、主に大腸がんの早期発見のために行われます。

過去の出題

C反応性たんぱく質（CRP）について問われました。 22再-31 23-30 26-28

・CRP（C反応性たんぱく質）は、感染症以外に、悪性腫瘍や膠原病でも高値になる。
→○

・CRP（C反応性たんぱく質）は、体内で炎症が起きているときに低下する。
→×（高値になる）

プラスα

電解質は、ナトリウム（Na）、カリウム（K）、クロール（Cl）などのイオンのことであり、細胞の浸透圧を調節します。

用語解説

ホルター心電図：小型の心電図記録装置を身につけ、自宅などで日常生活中の心電図を記録し解析する検査をいう。

過去の出題

心電図について問われました。 23-30

・24時間心電図（ホルター心電図）検査は、不整脈がある場合や狭心症が疑われる場合に行われる。
→○

過去の出題

X線検査について問われました。 24-28

・胸部X線検査は、心不全の診断にも有用である。
→○

過去の出題

尿検査について問われました。 26-28

・尿検査は、尿路感染症の診断に有効である。
→○

基礎理解度 CHECK!!

□□ 1 ▶ 発熱は主に感染症のサインであり、悪性腫瘍、膠原病《こうげんびょう》、熱中症、脱水などでもみられる。

□□ 2 ▶ 悪性症候群は、抗パーキンソン病薬の内服を開始したときに出現する。

□□ 3 ▶ 敗血症では、完全に解熱せず、微熱になって高熱になる弛張《しちょう》熱がみられる。

□□ 4 ▶ 徐脈《じょみゃく》は、脳出血による頭蓋内圧亢進時や薬剤の副作用などで起きる。

□□ 5 ▶ 起立性低血圧は、パーキンソン病ではみられない。

□□ 6 ▶ 本態性高血圧症とは、腎血管性高血圧症や内分泌異常など原因がはっきりしているものをいう。

□□ 7 ▶ 慢性閉塞性肺疾患（COPD）の高齢者の特徴として、口すぼめ呼吸がある。

□□ 8 ▶ チェーンストークス呼吸は、脳血管障害や心不全でみられる。

□□ 9 ▶ 血算は、高齢者の長期にわたる栄養状態をみるための指標として最も有用である。

□□ 10 ▶ クレアチニンは、腎機能が悪くなると高値になる。

□□ 11 ▶ 血中尿素窒素（BUN）は、腎機能が悪くなると低値になる。

□□ 12 ▶ ウイルス感染症や再生不良性貧血では、白血球数が減少する。

□□ 13 ▶ 糖尿病診断の指標であるヘモグロビンA1cは、検査1～2日前の血糖レベルを反映している。

□□ 14 ▶ CRP（C反応性たんぱく質）は、感染症で低値となることが多い。

□□ 15 ▶ 胸部X線検査は、呼吸器疾患、心疾患の診断に有用である。

1 ○

2 ×悪性症候群は、抗パーキンソン病薬の急激な中止・減量や、抗精神病薬の増量時に出現する。

3 ×敗血症では、急激な発熱と解熱を繰り返す間欠《かんけつ》熱がみられる。

4 ○

5 ×起立性低血圧は、パーキンソン病などでみられるほか、降圧薬や利尿薬、抗うつ薬、血管拡張薬などの薬剤、飲酒などが原因となる。

6 ×本態性高血圧症とは、遺伝的な素因、塩分摂取、加齢など原因のはっきりしないものをいう。原因がはっきりしているものは、二次性高血圧症である。

7 ○

8 ○

9 ×高齢者の長期にわたる栄養状態をみるための指標として最も有用なのは、血清アルブミン値である。血算は赤血球、白血球、血小板の検査のことをいう。

10 ○

11 ×血中尿素窒素（BUN）は、腎機能が悪くなると高値になる。脱水、消化管出血、悪性腫瘍、高熱などの消耗性疾患の場合も高くなる。

12 ○

13 ×糖尿病診断の指標であるヘモグロビンA1cは、過去1～2か月の平均的な血糖レベルを反映している。

14 ×CRP（C反応性たんぱく質）は炎症の程度を判定し、感染症では高値になることが多い。

15 ○

ランク
A

5 高齢者に多い疾病

介護を必要としている利用者は、若年者も高齢者も何らかの疾患をもっていることが考えられます。介護するうえで、疾患を理解しておくことは適切なサービスの提供につながります。身体や精神に関する医学的知識などは、利用者の理解のためには大変重要で、出題数も多く、毎年出題されています。覚える必要のある疾患名が多いため、代表的な分類を頭に入れ、それぞれまとめておくとよいでしょう。

1. 加齢に伴う機能低下

高齢者の身体的特徴は、加齢に伴いさまざまな機能の低下や障害が生じてくることです。老化は「**生理的老化**」と「**病的老化**」に分けられます。生理的老化は年をとるに伴い必然的に起こる減退であり、一方、病的老化は疾病により生じる老化のことです。

● フレイル

ヒトは加齢が進むに従って徐々に心身の機能が低下し、ADLや自立度の低下を経て、要介護状態に陥っていきます。この心身機能の顕著な低下を一般的に虚弱（Frailty）と呼んでおり、要介護状態への最たる要因です。また、さらに複数の要素が絡み合い、負の連鎖を起こすともいわれています。その虚弱のことを「**フレイル**」と呼ぶことが日本老年医学会から2014（平成26）年に提唱されました。

フレイルの診断基準（改訂日本版 CHS 基準）

① 体重減少（6か月で、2kg以上の（意図しない）体重減少）
② 筋力低下（握力：男性＜28kg、女性＜18kg）
③ 疲労感（（ここ2週間）わけもなく疲れたような感じがする）
④ 歩行速度（通常歩行速度＜1.0m／秒）
⑤ 身体活動

このうち**3項目以上**に該当する場合を**フレイル**とし、5項目中1～2項目に該当する場合をプレフレイルとします。

過去の出題

フレイルについて問われました。24-35 26-26
・低栄養状態は、フレイルや要介護状態の要因の一つである。
→○
・フレイルとは、健康な状態と介護を要する状態の中間的な状態である。
→○

プラスα

フレイルの診断基準は、国際的には確定されていませんが、最も広く用いられているのが、CHS indexの基準です。

●サルコペニア（筋肉減弱症）

サルコペニア（Sarcopenia）という言葉は造語であり、「サルコ（Muscle：筋肉）＋ペニア（lack of：減少）」という意味の医学用語です。加齢に伴う筋力の低下または老化に伴う筋肉量の減少を指します。サルコペニアの評価は3つの要素（①四肢の骨格筋量、②握力、③歩行速度）により判定されます。具体的には、筋肉量の減少を必須として、筋力低下または身体能力低下のいずれかがあればサルコペニアと診断することになっています。

2. 高齢者の疾患の特徴

過去の出題

高齢者の疾患の特徴について問われました。（22-40）
・慢性の疾患が多い。
→○
・一人で多くの疾患を併せもっている。
→○
・症状は非定型的であることが多い。
→○

高齢者は複数の疾患と老年症候群を併せもつことが多くなります。老年症候群の現れ方には個人差が大きく、かつ、その症状はしばしば非定型的です。高齢者の疾患の特徴は、以下のとおりです。

・多臓器疾患が多い
・個人差が大きい
・症状が非定型的
・慢性の疾患が多い
・薬剤に対する反応が特徴的で、成人と異なる
・予後やQOLが社会的要因に大きく影響される

3. 脳・神経の疾患

アドバイス

脳卒中（脳血管疾患）は特定疾病に含まれる疾患です。発症数も多いため、種類や原因、症状をしっかり理解しておきましょう。

過去の出題

脳卒中について問われました。（25-38）
・言葉が出てこない、又はろれつが回らないという症状が突然生じた場合は、脳卒中の可能性がある。
→○

●脳卒中

脳卒中は、脳に栄養や酸素を運ぶ血管が破れたり、詰まったりすることで起こります。脳血栓症《のうけっせんしょう》、脳塞栓症《のうそくせんしょう》、脳出血、くも膜下出血などが主な脳卒中の種類です。

脳卒中の種類

血管が詰まる	脳梗塞（脳の血管が詰まったり、狭くなったりして血流が悪くなる）	心原性脳塞栓症	心臓などでできた血のかたまりが流れてきて血管を塞ぐ。
		アテローム血栓性脳梗塞《のうこうそく》	動脈硬化により脳の動脈が狭くなることや血栓が原因で血管が詰まる。
		ラクナ梗塞	1.5mm未満の細い血管が詰まる。
血管が破れる	脳出血	脳の中の細かい血管が破れて出血する。	
	くも膜下出血	脳の表面の大きな血管にできたコブ（動脈瘤）が破れて、くも膜の下に出血する。	

原因

高血圧や糖尿病、脂質異常症などが原因となります。メタボリック・シンドローム予防への対策も重要です。

症状

傷害を受けた場所によって症状はさまざまですが、左脳が傷つくと右半身に、右脳が傷つくと左半身に麻痺が起こります。このように体の片側だけに麻痺が生じる状態を片《かた》麻《ま》痺《ひ》といいます。

治療

脳梗塞では保存的治療が主で、時に薬剤による血栓溶解療法なども行われます。脳出血では患者の状態によって血腫除去手術などが行われ、くも膜下出血では動脈瘤手術などが行われます。急性期治療の後は、リハビリテーションが必要になります。

生活上の留意点

脳卒中は、発症から3年以内に10～15％の人が再発するとされており、再発すると後遺症がさらに重くなります。再発予防のポイントとして、日常生活では、食事、運動、嗜好（飲酒、喫煙）に留意が必要です。また、適度な運動、適正な体重、塩分摂取の制限、十分な睡眠、便秘予防などによる、生活習慣病（高血圧、糖尿病、脂質異常症、肥満等）の管理も大切になります。

●筋萎縮性側索硬化症（ALS）

原因不明の疾患で、徐々に全身の骨格筋が萎縮し、数年で四肢麻痺、摂食障害、呼吸麻痺まで進行していきます。知覚神経や記憶力は保たれます。

病勢の進行を遅らせる薬剤（リルゾール、エダラボン）はありますが、進行を阻止することはできません。基本的には補助具を用いた介護と運動訓練を行います。進行に応じて文字盤やコンピューターを使った意思伝達装置や人工呼吸器の使用も検討します。

●パーキンソン病

パーキンソン病は、脳の黒質にある神経細胞が変性・消失することによって起こる疾患です。50～60歳代に発症することが多く、徐々に進行し、起立性低血圧、排尿障害などの自律神経症状、認知症や治療薬の副作用としての幻覚、妄想などの精神症状が加わり、15～20年で自立歩行できない状態にまで進行します。

過去の出題

脳梗塞について問われました。20-35

・脳梗塞の予防には、血圧管理のほか、耐糖能低下、脂質異常などに留意する必要がある。
→○

過去の出題

脳卒中について問われました。24-39

・脳卒中は、再発すると後遺症が重くなることがある。
→○

過去の出題

脳卒中のリスクについて問われました。21-34

・多量の飲酒習慣は、脳卒中のリスクを高める。
→○

プラスα

ALSは難病の患者に対する医療等に関する法律（難病法）に基づく指定難病であり、介護保険法の特定疾病です。

過去の出題

筋萎縮性側索硬化症（ALS）について問われました。20-30 23-28

・筋萎縮性側索硬化症（ALS）でみられる筋力低下や筋萎縮には、筋力トレーニングが効果的である。
→×（筋力トレーニング等では回復しない）

・筋萎縮性側索硬化症（ALS）では、筋力低下による運動障害は生じない。
→×（運動障害が生じる）

用語解説

黒質：中脳の一部を占める神経核。緻密部《ちみつぶ》と網様部《もうようぶ》に分かれる。

過去の出題

パーキンソン病について問われました。（20-30）
・パーキンソン病では、精神症状、自律神経症状は出現しない。
→×
・パーキンソン病の治療は、薬物療法が基本である。
→○

過去の出題

仮面様顔貌について問われました。（18-36）
・パーキンソン病では、安静時の振戦やあらゆる動作が乏しくなる無動、仮面様顔貌などもみられる。
→○

アドバイス

パーキンソン症状は、進行性核上性麻痺など、ほかの関連疾患や、レビー小体型認知症などの「特徴」として出題頻度が高いので、四大運動症状は共通項目として学習しておくとよいでしょう。

過去の出題

パーキンソン病について問われました。（25-39）
・パーキンソン病の場合、転倒しやすいため、運動療法は禁忌である。
→×（下肢の筋力や平衡機能の維持のために運動療法は大切である）

症状

パーキンソン病には、特徴的な**四大運動症状**があります。

①振《しん》　戦《せん》：身体のふるえ
②筋固縮《きんこしゅく》：筋肉の硬さ、歯車現象
③無　動：動作の遅さ・拙劣、表情のない仮面様顔貌《かめんようがんぼう》
④姿勢・歩行障害

パーキンソン病の四大運動症状

振戦（身体のふるえ）
- 初発症状として出現する
- 安静時に出現し、動き出すと止まる
- 身体の片側で始まり、進行に従って反対側にも広がる

筋固縮（関節や筋肉の動きにくさ、歯車のようにスムーズさの欠けた動き）
- 関節を広げるように動かすなど、筋肉を伸ばす方向に動かすとガクガクとした動きになる（歯車現象）

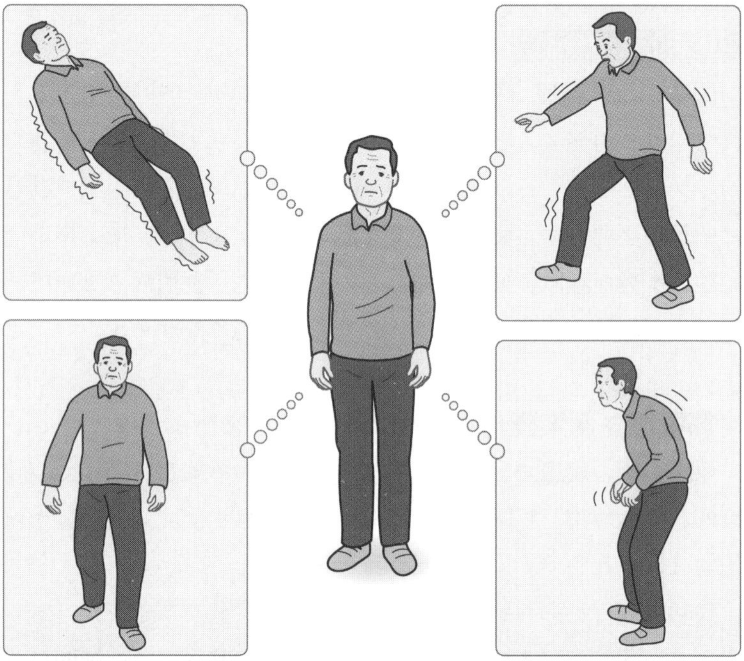

無動（すべての動作が鈍く、動きが少なくなる）
- 表情に変化がなくなり、仮面様顔貌となる

姿勢・歩行障害（上半身が前傾し、小刻み歩行、突進現象が現れる）
- 歩行開始時に最初の一歩がなかなか出せない。歩き出すと、小刻みの歩行で前のめりに突進したような歩行となる
- 転倒の危険性が高い

治療

パーキンソン病の治療の基本は、**薬物療法**です。ドパミン神経伝達を改善させる薬物を用います。

また、下肢の筋力や平衡機能の維持のための**運動療法**、リズム感覚や気分を改善する音楽療法などの**非薬物療法**も大切になります。

生活上の留意点

服薬の開始時や増量時には、嘔気や食欲不振、起立性低血圧などの**副作用**に注意します。

病状が進んでくると、１日のうちで薬の効いている時間と効いていない時間が現れ、症状が変動しやすくなります。特に不随意運動は薬が多すぎても少なすぎてもみられるので、内服後、どの時間帯に特に悪くなるのか注意します。

過去の出題

パーキンソン病の臨床的重症度の評価について問われました。21-26
- パーキンソン病の臨床的重症度の評価は、NYHAの重症度分類によって行う。
  →×（ホーエン＆ヤールの重症度分類で行う）

パーキンソン病の臨床的重症度分類

Hoehn & Yahr（ホーエン&ヤール）の臨床的重症度分類		生活機能障害度
Stage Ⅰ	一側性障害のみ、通常、機能障害は軽微またはなし。	Ⅰ度：日常生活、通院にほとんど介助を要さない。
Stage Ⅱ	両側または身体中心部の障害、ただし、身体のバランスの障害は伴わない。	
Stage Ⅲ	姿勢反射障害の初期兆候がみられるもの。これは、患者が歩行時に向きを変えるときの不安定や、眼を閉じ足をそろえて立っている患者を押してみることで、明瞭となる。身体機能はやや制限されているものの、職業の種類によっては、ある程度の仕事も可能である。身体的には独立した生活を遂行することができ、その機能障害度はまだ軽度ないし中等度にとどまる。	Ⅱ度：日常生活、通院に部分的介助を要する。
Stage Ⅳ	病気が完全に進行し、機能障害高度。患者はかろうじて介助なしで起立および歩行することができるが、日常生活は高度に障害される。	
Stage Ⅴ	介助がない限り寝たきり、または車いすの生活を余儀なくされる。	Ⅲ度：日常生活に全面的な介助を要し、独力では歩行起立不可能。

進行性核上性《かくじょうせい》麻痺《まひ》

進行性核上性麻痺は、**黒質を含む**脳の基底核《きていかく》を中心に脳幹《のうかん》、小脳、前頭葉《ぜんとうよう》など広範囲に**進行性の変性**をきたす疾患です。

症状

パーキンソン病に似た症状とともに、早期から**眼球運動障害**や**認知機能の低下**がみられ、**転倒**しやすくなります。

治療

パーキンソン病薬が効くこともありますが、効果があまり長続きしない場合が多いです。

対応

頸部・体幹のストレッチやバランス訓練などのリハビリテーションが大切です。

生活上の留意点

転倒や**誤嚥**をしやすくなるため、**生活環境を整える**ことが必要です。

プラスα

進行性核上性麻痺は、難病法に基づく指定難病であり、介護保険法の特定疾病です。

過去の出題

進行性核上性麻痺について問われました。20-30
- 進行性核上性麻痺では、思考の遅延や無感情などの認知機能低下を早期から認めやすい。
  →○

大脳皮質基底核《ひしつきていかく》変性症

プラスα

大脳皮質基底核変性症は、難病法に基づく指定難病であり、介護保険法の特定疾病です。

大脳皮質基底核変性症は、黒質を含む基底核や大脳皮質に異常をきたす進行性の疾患です。固縮《こしゅく》、無動、筋肉の不随意運動が現れ、前頭葉症状を中心とした認知機能の低下が起こります。日常の動作がぎこちなくなり、特に症状の現れ方に左右差（非対称性失行）があるため注意が必要です。転倒や誤嚥をしやすくなるため、生活環境を整えることが必要です。

脊髄小脳変性症《せきずいしょうのうへんせいしょう》、多系統萎縮症、皮質性小脳萎縮症

脊髄小脳変性症 （特定疾病・指定難病）	➡	運動失調が主な症状で、ろれつが回らず話していることがわかりにくい、運動時に上肢のふるえが出て活動がしにくい、歩行がふらつくなどの症状が出る。運動能力を維持するリハビリテーションや環境整備により、ADL を維持・拡大することが大切。
多系統萎縮症 （特定疾病・指定難病）	➡	起立性低血圧、排尿障害などの自律神経症状やパーキンソン症状を伴うものがある。

神経疾患にはその他にもさまざまなものがあります。

早老症

プラスα

早老症は、介護保険法における特定疾病です。

年齢に比べて老化現象が身体全般、あるいは特定の臓器に特異的に促進する病態を早老症と呼びます。

早老症の代表的な疾患に、ウェルナー症候群があります。一般に低身長で、20 歳頃から白髪、頭髪の脱落、とがった鼻、音声の異常などの症状が出現します。発症後は、性腺機能の低下、若年性白内障、耐糖能異常、動脈硬化などがみられ、悪性腫瘍の発生も多く、平均死亡年齢は 40～50 歳とされていましたが、徐々に延長しています。また、一般に知能の低下は認められません。

4. 骨・関節の疾患

変形性膝関節症《しつかんせつしょう》

プラスα

変形性膝関節症は、高齢者や女性に多く発症します。変形が重症化すると、股関節症とともに特定疾病となります。

変形性膝関節症は、膝関節の軟骨《なんこつ》がすり減り骨端《こったん》がじかに触れることで、関節炎や変形を生じた結果、痛みが生じる疾患です。

原因

加齢による膝関節の変形に、肥満、外反や内反（O 脚や X 脚）などによる負担が加わると発症しやすくなります。

症状

加齢などに伴い、関節の軟骨が変形することなどにより、長時間の歩行や深く膝を曲げたときに痛みが出ます。朝の起床時にこわばりが強く出ることがあります。

対応

初期段階では、痛みに対して鎮痛薬を使用します。また、進行した関節症では、関節穿刺《かんせつせんし》および関節内へのステロイドやヒアルロン酸の注射により、痛みを軽減します。また、減量が必要な場合には食事療法、運動療法を行います。

生活上の留意点

温湿布や風呂など、温めることで症状の軽減がみられます。適度な運動やバランスのよい食事で体重を減らしたり、筋力をつけることで、変形性膝関節症の発症リスクを減らすことができます。

● 関節リウマチ

関節の表面の滑膜に炎症を起こす原因不明の自己免疫疾患です。

症状

- 関節腫脹、疼痛：多くは左右対称に出現します。手指、手関節、肘などに多く、膝、股、肩などに拡大していきます。
- 関節の熱感：疼痛と同様の部位に起こります。
- 朝のこわばり：起床時に指の関節の屈曲が難しくなり、1時間以上続くのが特徴です。
- 関節の不安定性：靭帯などの軟部組織が伸展され、関節の固定性が失われます。
- 関節の変形：変形拘縮が起きます。
- 頸椎《けいつい》破壊：進行すると関節が不安定となり、しびれなどの神経症状が起きます。

治療

薬物療法のほか、手術、リハビリテーションなどトータルマネジメントを行います。

薬物療法では、初期に鎮痛剤、抗リウマチ薬、ステロイドが使用されます。

生活上の留意点

日常生活では、安静や保温による関節保護を基本とした生活指導が必要です。特に下肢の関節の障害では歩行障害につながり、

過去の出題

変形性膝関節症の発症リスクについて問われました。（22再-37）

- 変形性膝関節症の発症リスクは、減量をしたり、大腿四頭筋等の筋力を鍛えたりしても、低下しない。
  →×（膝にかかる負担が軽減するため、発症リスクは低下するとされている）

過去の出題

膝関節症について問われました。（25-39）

- 膝関節症による痛みや腫脹を抑えるには、定期的な運動が効果的である。
  →○

用語解説

関節穿刺：関節内に注射針を刺入し、関節液の一部の採取・除去を実施すること。

用語解説

自己免疫疾患：本来はウイルスなどの異物に対する防衛機能として生体に備わっている免疫機能が、何らかの原因によって自己の正常な細胞や臓器を攻撃してしまう疾患の総称をいう。膠原病《こうげんびょう》、リウマチ性疾患、内分泌性疾患など多くの疾患がある。

過去の出題

関節リウマチについて問われました。（20-27）

- 関節リウマチでは、朝の起床時に指の関節がこわばり、屈曲しにくくなる。
  →○

装具などの使用による歩行の補助のほか、転倒の予防のための環境整備も必要です。また、内服している薬の効果、副作用を理解し、患者への説明、症状の観察も重要です。関節以外にも、全身の症状として、発熱、体重減少、貧血などが起きます。

脊柱管狭窄症《せきちゅうかんきょうさくしょう》

主に腰椎内部《ようついないぶ》の神経の通路である**脊柱管**が狭くなることにより、神経組織（脊髄）が圧迫されて、さまざまな症状が出現する疾患です。

症状

主な症状として**腰痛**、**下肢痛**、**しびれ**がみられます。特徴的な症状は**間欠性《かんけつせい》跛行《はこう》**です。安静時には症状がないか軽度で、歩行に伴って運動障害、疼痛、しびれなどがみられ、狭窄が高度になると会陰部の異常感覚、膀胱直腸障害を生じることがあります。

対応

背中を反らせた姿勢は、脊柱管をより狭くして神経を圧迫するため、避けます。脊柱管を少し広げるため、**前屈**（前かがみの姿勢）をとります。また、同一姿勢を長くとらない、杖を使うなど、日常生活を少し工夫することで症状を軽減できます。理学療法、薬物療法や、場合によっては、**手術**も選択されます。

過去の出題

脊柱管狭窄症について問われました。20-27
・脊柱管狭窄症では、腰痛、下肢痛、しびれはみられない。
→×（主な症状として、腰痛、下肢痛、しびれがみられる）

用語解説

間欠性跛行：足の痛みやしびれにより途中で歩けなくなり、少し休むとまた歩けるようになる症状。

後縦靭帯骨化症《こうじゅうじんたいこっかしょう》

後縦靭帯が骨化することによって脊髄が通る**脊柱管**が細くなり、神経が圧迫されて**神経障害**をきたす疾患です。

40歳以上の**男性**に多く発症します。

症状

圧迫されている神経の位置により、頸部痛、上下肢のしびれや痛み、感覚鈍麻、手指巧緻性障害、膀胱直腸障害などが生じます。

対応

治療には、保存的治療（人体を傷つけない治療法）と手術療法があります。保存的治療では、頸部装具の装着や、ビタミン剤内服、消炎鎮痛剤内服などが行われ、保存的治療で効果が得られなかったり、症状が進行したりする場合には、手術療法が検討されます。首を強く後ろに反らすことで症状が悪化することがあるので、そのような動作は避けるようにします。

プラスα

後縦靭帯骨化症は、介護保険法における特定疾病および難病法に基づく指定難病に定められ、特定医療費助成制度の対象です。

プラスα

後縦靭帯は、脊椎椎体骨の後ろの面を上下に走る靭帯で、脊椎を安定させます。

用語解説

手指巧緻性障害：箸が使いにくい、ボタンがかけにくいなどの障害。

骨《こつ》粗《そ》鬆症《しょうしょう》

骨粗鬆症は閉経後の女性に多く発症し、加齢に伴って発症率が増加します。女性ホルモンの分泌低下、運動不足、カルシウム不足、日光浴不足などが原因で骨の形成が阻害され、骨密度が低下した疾患です。

症状

自覚症状はありませんが、骨粗鬆症によって骨折しやすくなります。また、関節が押しつぶされたりするため、身長が低くなる、背中が曲がる、腰が痛むなどの症状が出ることになります。

治療

病態に応じて、骨吸収（骨が壊れること）を抑制したり、骨形成（骨がつくられること）を促進したり、骨の基質をつくったりする薬を使います。

生活上の留意点

骨粗鬆症の危険因子には、女性ホルモンの低下（特に閉経）、カルシウム摂取の不足、偏食、運動不足、日光浴不足などがあります。骨粗鬆症を発症する前に、カルシウムや、カルシウムの吸収を助けるビタミンD、ビタミンKなどをバランスよく摂取するとともに、運動によって骨に普段から適切な負荷をかけていることが大切です。

大腿骨頸《だいたいこつけい》部《ぶ》骨折《こっせつ》

大腿骨頸部骨折は高齢者に多くみられる骨折で、多くが転倒時に発生します。発症によってADLが大きく低下してしまう可能性が高く、手術による治療が行われていますが、早期離床と適切なリハビリテーションの継続が行われなければ、寝たきりに移行する要因になります。

生活上の留意点

大腿骨頸部骨折の予防には、①骨折の原因となる骨粗鬆症の早期発見と早期治療、②転倒リスクの軽減（転倒の原因となる身体的要因・環境的要因を可能な限り除外すること）、③転倒しても骨折しづらい環境の設定（床材の変更や、ヒップ・プロテクターの装着）などがあります。これらを組み合わせることによって、骨折予防が期待できます。

プラスα

「骨折を伴う骨粗鬆症」として、介護保険法における特定疾病に定められています。

過去の出題

骨粗鬆症について問われました。
23-28 24-39 25-39
・骨粗鬆症は、骨折の大きな危険因子である。
→○
・骨粗鬆症は、骨折後に診断されることもある。
→○
・高齢者においては、無症状であっても骨粗鬆症の検査を受けることが推奨される。
→○

過去の出題

骨粗鬆症の予防について問われました。21-34
・骨粗鬆症の予防には、運動は効果がない。
→×（運動によって骨に普段から適切な負荷をかけていることが大切である）

過去の出題

大腿骨頸部骨折について問われました。20-27
・大腿骨頸部骨折の受傷原因として最も多いのは、転倒である。
→○

過去の出題

大腿骨頸部骨折の予防について問われました。
21-34
・大腿骨頸部骨折の予防には、ヒップ・プロテクターも効果がある。
→○

プラスα

高齢者に多い骨折には、ほかに、脊椎圧迫骨折《せきついあっぱくこっせつ》、上腕骨近位端骨折、橈骨遠位端骨折《とうこつえんいたんこっせつ》などがあります。

アドバイス

それぞれの部位の名称や位置について、覚えておくと参考になります。

過去の出題

高齢者に多い骨折について問われました。24-38

・脚の骨折で多い部位は、骨幹部（骨の中央）である。
　→×（大腿骨頸部である）

骨折好発部位

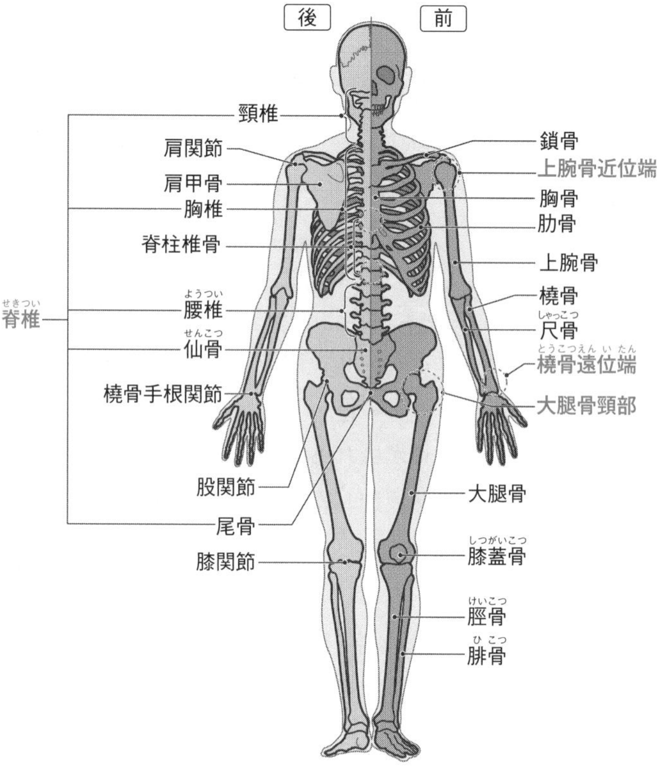

5. 循環器の疾患

用語解説

動脈硬化：動脈（心臓から末梢へ向かって血液を送る血管）が、老化によって硬くなったり、血中のコレステロールや中性脂肪の増加によって細くなったりするために、血液がスムーズに流れなくなる状態となること。

用語解説

心筋：心臓を構成する筋肉。心臓は、心筋の収縮（拍動）によって、全身に血液を送るポンプ機能をもつ。

過去の出題

心筋梗塞について問われました。22-31

・心筋梗塞は、冠動脈が破裂して起こる疾患である。
　→×（冠動脈が詰まることによって起こる）

● 心筋梗塞《しんきんこうそく》

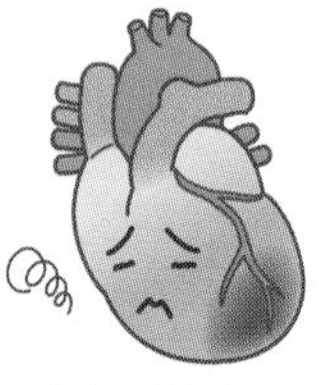

冠動脈が動脈硬化などによって詰まり（梗塞）、その詰まった動脈とつながっている心筋の細胞が死に（壊死《えし》）、血液を送り出す心臓のポンプ機能が低下する疾患です。急性期の重度の不整脈により、死に至ることもあります。

症状

冷汗を伴う前胸部の強い痛みの継続、しめつけ感などの症状が出ますが、高齢者では、自覚症状が非特異的なため、診断が遅れることが多く、注意が必要です。

治療

発症後短時間であれば閉塞冠動脈の再疎通療法の適応となり、慢性期では心不全の管理、再発の予防を中心に行います。

対応

心臓のポンプ機能の低下により、心不全やショックとなることがあるので、早急に医療機関につなげることが必要です。

生活上の留意点

心筋梗塞の原因の１つである、生活習慣病（高血圧、脂質異常症、糖尿病、喫煙習慣など）に気をつけます。

● 狭心症

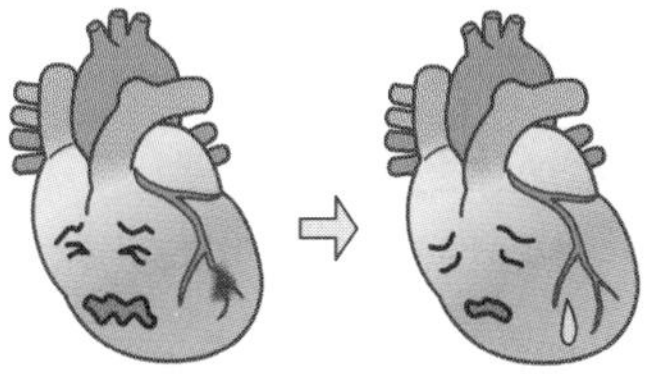

心筋に酸素を送り込む冠動脈の狭窄により、発作的に心筋が必要とする酸素量を一次的に供給できなくなる病態のことです。

症状

労作性狭心症と異型狭心症があります。症状が消失すると、多くの場合、心電図の異常はみられなくなります。

①労作性狭心症：	階段を上ったときなどの労作時（運動時）に前胸部の圧迫感が生じる。
②異型狭心症：	夜間・未明など特に運動していないときに前胸部に圧迫感が生じる。冠動脈の攣縮《れんしゅく》によって起こる。

治療

カテーテルを使用して、細くなった血管を拡張する手術や、別の血管とつなげるバイパス手術があります。

対応

- 発作時には、胸痛をとるため、ニトロ製剤を舌《ぜっ》下《か》に服用します。
- 心筋梗塞にならないよう予防的治療を行います。

生活上の留意点

脂質異常症、高血圧、糖尿病、肥満などが危険因子となるので、これらを予防することが大切です。喫煙習慣があれば禁煙し、過度な運動・飲食を避け、十分な休養を心がける必要があります。

● 高血圧症

血圧とは、血液が血管を通るときに生じる抵抗のことです。高血圧では抵抗が大きくなるため、心臓をはじめさまざまな臓器に負担がかかることになります。

最高血圧（収縮期血圧）：	心臓が血液を全身へ送るために収縮したときの血圧
最低血圧（拡張期血圧）：	全身から血液が戻り心臓が拡張したときの血圧

原因のはっきりしている二次性高血圧症と、原因のわからない本態性高血圧症があります。高血圧症のほとんどが本態性高血圧

過去の出題

心筋梗塞の治療について問われました。20-28

・心筋梗塞には、発症後短時間であれば、閉塞した冠動脈の再疎通療法が適応となる場合がある。
→○

過去の出題

狭心症について問われました。25-26

・狭心症では、前胸部の圧迫感が生じることはない。
→×（前胸部の圧迫感が生じる）

用語解説

ニトロ製剤：ニトログリセリンを主成分とする薬剤。冠動脈を広げることで血液の流れを一時的に改善させる作用があり、血管の集中する舌下に投与することで即効性をもつ。ミオコール剤などスプレーで口腔内に噴霧するタイプや貼り薬として発作を予防するタイプもある。

過去の出題

狭心症の発作時の対応について問われました。
21-26

・狭心症の発作に対しては、ニトログリセリン製剤の投与が効果的である。
→○

プラスα

日本高血圧学会の「高血圧治療ガイドライン 2019」によると、75 歳以上は最高血圧／最低血圧＝140／90mmHg 未満、75 歳未満は 130／80 mmHg 未満を目指すとされています。

症です。

症状

動悸《どうき》、頭痛、頭重《ずじゅう》感、ほてりなどの症状を自覚することもありますが、多くの場合、自覚症状はありません。

治療

本態性高血圧では、生活習慣の改善、降圧剤の服用による血圧の管理が一般的です。

対応

血圧を下げるため、塩分制限、肥満の改善、生活習慣の改善、薬の服用を実施します。

生活上の留意点

高齢者は血圧の変動が大きいので、一度の測定で判断するのではなく、例えば、朝・晩に測定するなど、複数回測定することが望ましいとされています。

ストレスの蓄積や睡眠障害などの軽減に留意します。

降圧剤を内服中の高齢者は、薬の作用により、低血圧となり、転倒しやすいので、注意が必要です。

● 心不全

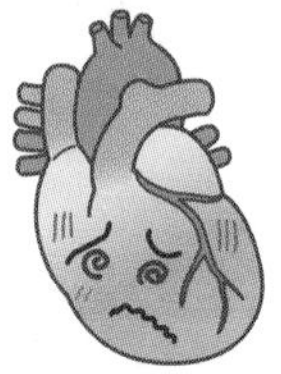

心筋梗塞、不整脈などの心臓病や高血圧症などにより、心臓の血液を押し出す力（ポンプ機能）が低下し、臓器が必要とする血液を十分に供給できなくなった状態を心不全といいます。高齢者では、感染症や低栄養、貧血などによって、心不全が急激に悪化することがあります。

症状

呼吸困難、食欲低下、浮腫などの軽度の状態から、肺水腫《はいすいしゅ》やショック状態などの重篤なものまでさまざまです。高齢者に特有な症状として、活動性の低下や失見当識《しつけんとうしき》、認知症のような症状などもあります。

対応

- 心臓への負担を軽減するため、運動制限、塩分制限、薬剤内服、酸素吸入を行います。
- 呼吸困難がある場合は、患者の自覚症状を軽くするため、体を起こした起座位または半座位とします。

過去の出題

高血圧について問われました。（19-27）

・本態性高血圧は、腎臓や内分泌の異常により血圧が高い状態をいう。
→×（本態性高血圧は、原因がわからない高血圧をいう。原因がわかっている高血圧は、二次性高血圧である）

過去の出題

降圧剤について問われました。（18-29）（21-30）

・降圧剤を内服中の高齢者は、薬の作用により転倒しやすい。
→○

・降圧剤によって起立性低血圧を起こすことがある。
→○

プラスα

心不全は、夜間に急激に増悪して呼吸困難（発作性夜間呼吸困難）に至ることがあります。心臓に基礎疾患をもつ場合には、浮腫《ふしゅ》や食欲低下など心不全の症状の出現に注意を払う必要があります。

過去の出題

心不全について問われました。（20-28）（24-38）

・心筋梗塞、弁膜症による心不全では、呼吸困難などの呼吸器症状は出現しない。
→×（呼吸困難が出現する）

・喘息や心不全による呼吸困難では、起座呼吸で症状が楽になることが多い。
→○

・急激に浮腫が出現した場合には、心不全の増悪なども考えられる。
→○

生活上の留意点

生活習慣病に陥らないように、塩分制限、禁煙、体重管理が重要です。また、日常の血圧管理、水分制限、服薬管理の徹底などに留意します。

● 不整脈

不整脈とは心臓の拍動の異常のことです。拍動が速くなったり（頻脈性不整脈）、遅くなったり（徐脈性不整脈）、脈が乱れたり（心房細動）など、さまざまな不整脈があります。睡眠不足やストレスなどが発作の誘因となるので留意します。高齢者は、生理的に不整脈の頻度が増加します。

不整脈の種類、症状、対応

頻脈性不整脈	
症状	拍動が1分間に100回以上
対応	失神や動悸を伴った場合は、精密検査が必要
徐脈性不整脈	
症状	拍動が1分間に60回以下
対応	失神や血圧低下など、生活に支障のある場合は人工的に拍動させるペースメーカーの植え込み
心房細動	
症状	心房細動によりできた血栓がはがれて脳血管をふさぐこと（心原性脳塞栓）により、脳梗塞をきたすことが多い。加齢とともに発生頻度が高くなる
対応	脳梗塞の予防のため、ワーファリンなどの抗凝固薬が使用される

● 閉塞性動脈硬化症（ASO）

動脈硬化によって血管が狭窄《きょうさく》、閉塞し、末梢まで十分な血液が送られなくなる病態のことです。

症状

大腿動脈の狭窄により、歩行時に下肢《かし》の痛み（休むと回復）が生じます。頻度も多いです。これを間欠性跛行《かんけつせいはこう》といいます。

進行すると安静時でも痛みが消えず壊死することがあります。

治療

抗血小板薬、血管拡張薬の内服、カテーテルを用いた血管拡張術、人工血管によるバイパス手術などがあります。進行した状態

過去の出題

不整脈について問われました。20-28
・不整脈は、心臓自体の異常のほか、ストレスや喫煙、睡眠不足、飲酒などで起こることもある。
→○

過去の出題

心房細動について問われました。22再-26 23-29
・心房細動では、心内で形成された血栓による脳梗塞は発症しない。
→×（血栓がはがれて脳血管をふさぐことにより脳梗塞をきたすことが多い）
・心房細動では、心房の正常な収縮と拡張ができなくなる。
→○

プラスα

期外収縮は、脈が飛ぶ不整脈の1つで、加齢に伴い増えますが、重度でなければ経過観察とされます。

プラスα

ワーファリンなどの抗凝固薬は、血が止まりにくいという副作用があるため、服薬中には外傷などに注意が必要になります。

プラスα

閉塞性動脈硬化症は、介護保険法における特定疾病です。

では根治が困難で、対症的となる場合も少なくありません。

生活上の留意点

喫煙者であれば禁煙し、適度な運動を行い、バランスのよい食事を摂るなど、規則正しい生活を送ることを心がける必要があります。また、ストレスの軽減に努め、足のケアをすることも大切です。

6. 消化器の疾患

● 胃潰瘍《かいよう》・十二指腸潰瘍

潰瘍は、胃酸によって胃や消化管の壁が自己消化された状態をいいます。胃潰瘍と十二指腸潰瘍が主ですが、高齢者では胃潰瘍になる人が多くみられます。原因として、ヘリコバクター・ピロリ菌の感染による慢性胃炎のほか、薬の副作用、ストレスなどが考えられます。

過去の出題

ヘリコバクター・ピロリ菌について問われました。
19-34
・ヘリコバクター・ピロリ菌に感染していると、胃潰瘍は治りにくかったり再発したりする。
→○

症状

主な症状は上腹部の痛みで、胃潰瘍では食後に痛みが悪化し、十二指腸潰瘍では空腹時に痛みが悪化します。重症化すると、大出血して血を吐く（吐血）、あるいは下血やタール便がみられることがあります。

用語解説

タール便：胃や十二指腸などの上部消化管から相当出血しているときにみられる特徴的な便。胃酸と血液が混合することで、道路を舗装するコールタールのような黒色便になる。これに対し、小腸、大腸などの下部消化管からの出血では、鮮血便となることが多い。

治療

内服治療が主です。吐血、下血した場合は通常入院で、内視鏡治療により止血を行うこともあります。消化管穿孔を生じたときは緊急手術となります。

対応

ストレス、アルコール、辛いものなど刺激の強いものは避けるようにします。また、薬剤（バイアスピリン、ロキソニン等）が原因となる場合もあり、注意が必要です。

生活上の留意点

ヘリコバクター・ピロリ菌が原因の場合もあります。菌の存在がわかっていれば除菌という方法もあります。

● 胆石症・胆嚢炎《たんのうえん》・胆管炎

プラスα

胆石には、胆嚢結石、胆管結石があります。

胆汁は消化・吸収を助ける黄褐色の消化液で、肝臓でつくられています。胆汁は胆管を通って胆嚢にたまり、消化管内に分泌されます。胆嚢や胆管に結石ができる疾患を胆石症と呼びます。

また胆囊内で細菌が異常に発生して起こる感染症を胆囊炎といいます。胆管での感染症は胆管炎と呼ばれます。

症状

胆囊結石（胆囊内にある胆石）は無症状のこともありますが、食事により胆汁の分泌が増えると、みぞおちに痛みが出現することもあります。胆囊炎は胆石などにより胆汁の流出障害があるときに生じやすく、腹痛や高熱を出すことがあります。

治療

無症状であれば、そのまま経過観察します。胆石を溶解する薬を内服することもあります。痛み（疝痛発作）などの症状が出現する場合は、胆囊摘出術を実施する場合もあります。

胆管炎の場合、絶食、抗生物質投与、ドレナージ（胆汁を外に出す処置）を行います。

生活上の留意点

胆石症の人は無症状であることも少なくありません。日常生活では、規則正しい食生活を心がけます。胆石症であることを把握しておき、腹痛などが起こった場合には、速やかに専門医に相談します。

● 肝炎

肝炎とは、さまざまな原因で肝臓に炎症が生じた状態をいいます。

肝炎の原因には、A型、B型、C型などの肝炎ウイルス、自己免疫疾患、アルコール性肝炎などがあります。特にC型については、肝炎が慢性化すると慢性肝炎となり、肝硬変、肝がんの原因となることが多い疾患です。

肝炎の種類

	主な原因	症状
急性肝炎	・肝炎ウイルス（特にA型、E型） ・自己免疫疾患 ・薬剤アレルギー	・全身倦怠感や食欲不振、腹痛など ・特に、急速に進行するものを劇症肝炎と呼び、肝不全、肝性脳症、黄疸なども出現する
慢性肝炎	・ウイルス性肝炎（B型肝炎、C型肝炎） ・アルコール性肝炎 ・自己免疫疾患による肝炎	・肝臓の機能が保たれているうちは無症状 ・肝炎が持続すると、肝細胞が壊れていき、肝臓全体で線維化が起こる。この状態を肝硬変という

アドバイス

高齢者の罹《り》患《かん》が多いのは、A型を除くB型・C型であり、肝がんに移行する肝炎についての問いなどがよく出されています。感染原因と併せて、確認をしておきましょう。

プラスα

肝機能が低下すると薬剤の代謝速度が遅くなるため、血中に薬剤がとどまり、薬剤の効果や副作用が、強く、長く出現することがあります。

過去の出題

肝不全の症状について問われました。21-26
・肝不全の症状として、食欲不振、全身倦怠感、黄疸がみられることが多い。
→○

肝硬変

ウイルス性の慢性肝炎から移行したものが多く、肝臓組織が長期の炎症のために壊死《えし》し、線維化《せんいか》して硬く変化したものです。

症状

肝機能が保たれている間は、目立った症状はありません。肝硬変が進行すると、肝不全となって、食欲不振、全身倦怠感、黄疸などの症状が出現します。このほか、むくみや腹水、出血が止まりにくくなるといった症状もみられます。さらに、代謝能力が低下すると、血中アンモニア濃度が上昇し、肝性脳症となり、意識障害が起きます。

対応

根本的治療は肝移植しかありません。悪化しないよう薬物治療を行います。服薬状況、食事摂取状況をよく確認し、定期的な通院を行い、肝臓がんなどに移行していないか検査をします。

潰瘍性大腸炎

大腸の粘膜が炎症を起こして、潰瘍を起こす疾患です。

症状

粘血便、下痢、腹痛などがあり、悪化すると体重減少や貧血、発熱がみられます。治療によって改善しても数か月から数年後に再び悪化（症状の寛解と増悪）を繰り返し、症状がだらだらとずっと続く場合があります。

治療

ステロイド剤などの内服治療を行います。場合によっては、大腸の切除を行うこともあります。

生活上の留意点

症状のあるときには、高脂肪食や繊維質の多い食事を避け、刺激物（アルコールなど）を控えるようにします。肉体的、精神的ストレスをきっかけに悪化することがあるため、ストレスをためないように自己管理をする（病状悪化時の受診先を決めておくなど）ことも重要です。

7. 腎臓・尿路の疾患

腎不全

腎臓の機能が低下して、体の中の水分量や体液の恒常性を調節できなくなってしまった状態です。急性腎不全、慢性腎不全、慢性腎不全の急性増悪に分けられます。

症状

①急性腎不全、慢性腎不全の急性増悪

乏尿、悪心・嘔吐、浮腫、体重増加、動悸、全身倦怠感などがあります。また、痙攣を起こすこともあります。

②慢性腎不全

全身倦怠感、浮腫、動悸、頭痛などがあります。腎機能の障害の程度に応じて、多尿、乏尿のどちらも起こり得ます。

対応

食事療法（高カロリー食とし、たんぱく質、水分、食塩を制限）が基本ですが、必要に応じて、透析療法が行われます。

生活上の留意点

慢性腎不全は難治で長期化するため、抑うつ状態に陥る患者もいて、食事、高血圧、電解質（カリウム）の管理が重要です。

前立腺肥大症

前立腺は男性のみにある器官であり、加齢に伴って肥大することが多いとされています。前立腺肥大症の自覚症状の出方には個人差があり、時に自覚症状がない場合もあります。

症状

夜間の頻尿、排尿時間の延長が生じます。肥大が進行すると、排尿しても膀胱《ぼうこう》に尿が残る（残尿）ようになり、頻尿や排尿困難となり、尿失禁（溢流性《いつりゅうせい》）をきたすこともあります。

対応

一般的に服薬で症状は改善しますが、薬物療法で改善がみられない場合、手術が行われます。

生活上の留意点

排尿を我慢しないようにし、適度な水分を摂り、過度なアルコール摂取や刺激の強い食事は避けます。排尿障害や尿失禁の原因になるので、症状が出現したら早めに対処すべきです。

過去の出題

慢性腎不全について問われました。▸21-31 ▸25-26

- 慢性腎不全では、全身倦怠感、動悸、頭痛、浮腫などの症状がみられることがある。
  →○
- 慢性腎不全では、水分やカリウムの摂取量に注意する必要がある。
  →○

用語解説

乏尿：尿の排泄量が減少し、1日の尿量が400ml以下になった状態。通常、健常者の尿量は500～2000ml/日である。

アドバイス

腎不全の食事療法は「高カロリー」「低たんぱく」と覚えましょう。

アドバイス

透析療法については、「3 在宅での医療管理」（194頁参照）の項目と併せてしっかりおさえておきましょう。

アドバイス

前立腺肥大症と前立腺がんは関係がありません。

過去の出題

前立腺肥大症について問われました。▸25-38

- 前立腺肥大症の場合、尿意を感じたら、早めにトイレに行くよう心がける。
  →○

8. がん

症状

若年者と比較して、高齢者のがんは質的に差はないとされています。しかし頻度は増加し、多発がん（同時に複数の臓器に原発性のがんが生じること）の頻度も上昇します。

症状は、臓器によりその特徴が異なりますが、終末期には臓器を問わず全身倦怠感、食欲不振、痛みなどが多くみられるようになります。ただし、若年者と比較して高齢者では、痛みの訴えは少ないといわれています。

治療

手術療法、化学療法、放射線療法が行われますが、治療の成果が得られない（終末期）と判断された場合は、緩和医療が選択されることもあります。

過去の出題

高齢者のがんについて問われました。20-42

- 若年者と比較して、高齢者ではがんによる痛みの訴えが多くなる。
  →×（痛みの訴えは少ない）

用語解説

終末期（ターミナル期）：現代医療において可能な集学的治療の効果が期待できず、積極的治療がむしろ不適切と考えられる状態で、生命予後が6か月以内と考えられる状態。

9. 代謝異常による疾患

● 糖尿病（合併症を含む）

膵臓でつくられるインスリンは、ブドウ糖を細胞内に取り込み、エネルギーとして利用するために必要不可欠なホルモンであり、血糖を下げるはたらきをもっています。糖尿病では、インスリンのはたらきが不足し、慢性の高血糖状態となります。糖尿病は、主に自己免疫によって発症する1型糖尿病と、主に生活習慣によって発症する2型糖尿病などがあり、高齢者のほとんどは2型糖尿病です。初期には自覚症状がないことが多いですが、進行すると糖尿病性網膜症、糖尿病性腎症、糖尿病性神経障害の三大合併症などが発生します。これらの三大合併症は、介護保険の「特定疾病」に該当します。

症状

口の渇きや多飲、多尿などの症状が出ることもありますが、高齢者では症状のみられないことが多くあります。

前述のとおり、合併症として、糖尿病性網膜症、糖尿病性腎症、糖尿病性神経障害などが代表的です。これらの合併症は、初期には無症状ですが、糖尿病の経過が長く、慢性の高血糖状態が続く

過去の出題

糖尿病について問われました。
22-31　25-26　26-36

- 糖尿病は、肝臓で作られるインスリンの不足によるものである。
  →×（膵臓で作られるインスリンの不足によるものである）
- 高齢者の糖尿病では、口渇、多飲、多尿の症状が出現しにくい。
  →○
- 重症の糖尿病性ケトアシドーシスの患者では、異常な呼吸がみられることがある。
  →○

と進行し、ADLを大きく低下させる原因になります。

また、糖尿病は、動脈硬化性疾患の危険因子の1つであり、狭心症や心筋梗塞、脳梗塞などが起こりやすくなります。

糖尿病の三大合併症

糖尿病性網膜症	視力低下
糖尿病性腎症	・心不全、動脈硬化性疾患、感染症など ・腎不全になると浮腫や息切れが現れ、透析が必要となる
糖尿病性神経障害	・初期は手足の先端のしびれが多い ・進行すると痛みを感じにくくなり、足の潰瘍・壊疽に至ることがある

対応

- 血糖値を安定させ、糖尿病の進行を抑えるため、食事療法、運動療法、薬物療法を確実に実施します。
- 低血糖時、感染症などにより食事が摂れないシックデイ（194頁参照）時の対処方法を確認します。

脂質異常症

血液中のコレステロールまたは中性脂肪が基準値からはずれた状態です。メタボリック・シンドロームや動脈硬化との関連があるといわれています。アルコールの多飲、糖尿病などに伴うことがあります。肥満と深い関連があります。

LDL（悪玉《あくだま》）コレステロール	過剰	➡	高LDLコレステロール血症
HDL（善玉《ぜんだま》）コレステロール	減少	➡	低HDLコレステロール血症
中性脂肪	過剰	➡	高中性脂肪血症

低ナトリウム血症

低ナトリウム血症とは、電解質異常の1つで、血清ナトリウム濃度が135 mEq/L以下となることをいいます。ナトリウム摂取量の低下のほか、心不全などの何らかの原因で、体内の水分バランスが崩れて水分が過剰となることでも、相対的に低ナトリウム血症が進行していきます。

不適切な点滴や服薬、塩分制限など、医療行為が原因となることもあります。

プラスα

特定疾病の慢性閉塞性動脈硬化症は、糖尿病の合併症の1つです。

過去の出題

糖尿病の薬物療法について問われました。（24-39）

・糖尿病の薬物療法を受けている患者が食事をとらない場合には、低血糖になる可能性もある。
→○

過去の出題

糖尿病の予防について問われました。（26-39）

・筋力トレーニングは、糖尿病の予防につながる。
→○

アドバイス

高齢者は低血糖症状が目立ちにくいため、薬の量が多くなりすぎないように注意が必要です。

プラスα

脂質異常症の治療の基本は、食事療法、運動療法、薬物療法です。

症状

嘔気、食欲低下、倦怠感、頭痛、無気力、興奮、見当識障害などから始まりますが、血清ナトリウム濃度が低くなるにつれ、痙攣や昏睡、呼吸停止、死亡に至るリスクが高くなります。

治療

低ナトリウム血症の治療は、原因（ナトリウム欠乏、水分過剰）、症状の程度（症候性）、治療開始時点での進行性、経過によって異なります。中枢神経症状がみられているような重篤な場合は、治療を急ぎます。一方、慢性で経過した場合は、ゆっくりと治療を開始します。

ナトリウム欠乏の場合	経口摂取、あるいは点滴による塩化ナトリウムの補充
水分過剰の場合	水分制限や利尿薬の投与

熱中症

日本救急医学会による「熱中症診療ガイドライン 2015」では、熱中症を、「暑熱環境における身体適応の障害によって起こる状態の総称」としています。体温は通常、脳の視床下部によって調整されていますが、屋内外を問わず、熱中症では外部の高温・多湿によって意図せずに高体温となってしまいます。

症状

めまいや失神、筋肉痛や筋肉の硬直、多量の発汗後の無汗、頭痛、気分不快、嘔気、倦怠感、高体温がみられます。重篤になるにつれて意識障害といった中枢神経障害を伴うようになり、最悪の場合は死に至ることもあります。これらは発汗に伴う脱水と末梢血管の拡張による全身臓器への循環不全、塩分不足による低ナトリウム血症などによるものです。

治療

身体の冷却と臓器障害に対応するための輸液が治療の基本です。治療は早急に行う必要があり、最初の 30 分～ 1 時間が生死を分ける境目となります。

熱中症の症状がみられる場合は、速やかに意識状態をチェックし、意識がなければ迷わずに救急車を呼びます。あわせて涼しい場所へ移動し、衣服や下着を緩め、身体を冷やすようにします。首や腋窩、大腿の付け根などの太い血管を氷のうで集中的に冷やすことが効果的で、氷がなければ霧吹きやうちわ、扇風機を用い

プラスα

病歴や服薬状況を知ること、また、高齢者は冷房等を使用しないこともあるため、観察が重要となります。

て、気化熱で身体を冷却することもよい方法です。全身を氷で冷却してしまうと、血管が収縮してかえって汗が出なくなってしまうため、注意が必要です。

生活上の留意点

熱中症は、夏の強い日射しのなかで運動するときだけでなく、室内で過ごしているときにも起こります。特に、高齢者は体温の調節機能が低下しているため暑さを自覚しにくく、暑さ対策が遅れがちです。湿度計や熱中症計などを活用し、周囲の環境の危険度を知ることが重要です。

10. 呼吸器の疾患

● 慢性閉塞性肺疾患（COPD）

慢性閉塞性肺疾患という病名は、肺気腫《はいきしゅ》、慢性気管支炎等の総称です。有害物質の長期にわたる吸入、特に喫煙が最大の原因（喫煙者の 15～20％が発症）とされています。これらの疾患はどれも高齢者に起こりやすく、この疾患に加えて気道感染や肺炎などを併発すると、急激に呼吸不全をきたします。介護保険法の特定疾病に定められています。

慢性閉塞性肺疾患の疾患別特徴と症状

疾患名	特徴	症状
肺気腫	肺胞壁が壊れ、酸素を取り入れる毛細血管が肺胞を取り囲む面積が少なくなり、酸素と二酸化炭素のガス交換が十分にできなくなった状態	喘鳴《ぜんめい》、労作時の呼吸困難
慢性気管支炎	痰《たん》を伴った咳《せき》が 2 年以上、主として毎年冬場に 3 か月以上続くもの	軽度の労作時に息苦しさが発生する
びまん性汎細気管支炎	呼吸細気管支領域がびまん性炎症により呼吸障害を起こしたもの	労作時の息切れだけでなく、持続した咳もみられる
気管支喘息	発作性の呼吸困難が、症状がない時期をはさんで反復する	発作的に発症する喘鳴と咳を伴った呼吸困難で、夜間・早朝に発症することが多い

風邪から肺炎に進展しやすいために、風邪の予防に留意し、インフルエンザワクチンや肺炎球菌ワクチンなどの接種が勧められます。また、喫煙者は禁煙します。

治療は薬物療法や呼吸リハビリテーションが中心となります。

過去の出題

慢性閉塞性肺疾患について問われました。

20-29　22再-35

・慢性閉塞性肺疾患（COPD）では、気管支拡張薬や吸入ステロイド薬が使用される。
→○

・慢性閉塞性肺疾患（COPD）では、発症すると症状は改善しないため、禁煙する必要はない。
→×（禁煙が必要）

・慢性閉塞性肺疾患（COPD）により呼吸機能が低下している場合でも、インフルエンザワクチンの接種は推奨される。
→○

プラスα

慢性閉塞性肺疾患は、肺気腫、慢性気管支炎またはこれらにびまん性汎細気管支炎を含めたものを指すとされていますが、介護保険法の「特定疾病」では、これらに気管支喘息を加えた 4 つの病態を慢性閉塞性肺疾患としています。

薬物療法には吸入の気管支拡張薬や吸入ステロイド薬が使用されます。低酸素血症が進行し、ADL が低下した場合は、在宅酸素療法（199 頁参照）が行われます。

急性上気道炎

急性上気道炎は、主に上気道（鼻、咽頭、喉頭）に広がって急性炎症をきたす疾患の総称で、いわゆる風邪症候群です。風邪の原因の大半はウイルスです。安静や水分摂取によりいずれ自然治癒します。抗菌薬も一般的には不要なことが多いです。

過去の出題

急性上気道炎について問われました。20-29

・急性上気道炎では、ウイルス感染が疑われる場合であっても、肺炎予防のために抗菌薬を使用する。
→×（抗菌薬を使用しない）

急性気管支炎

急性気管支炎は、上気道から気管、気管支へと炎症が波及することで発症します。

原因微生物としてはウイルスによるものが多いのですが、二次性の細菌感染が起こる場合もあり、抗菌薬を使用することがあります。

肺炎

肺炎は、ウイルスや細菌などの病原微生物の感染によって起こる、高齢者の多くにみられる肺の疾患です。風邪などに引き続いて発症するものと、唾液分泌量の低下や、口腔・咽頭分泌物の繰り返される誤嚥を契機に発症する誤嚥性肺炎があります。

症状

発熱と咳が主な症状ですが、高齢者の場合、症状が出にくいことも多く、呼吸数増加や頻脈に注意が必要です。食欲低下や普段より元気がないという所見も肺炎を疑う症状です。

治療

抗生物質の投与が主な治療法ですが、体力の低下している高齢者の場合、回復が難しいこともあります。

生活上の留意点

高齢者は軽い風邪から肺炎になることも少なくないので、風邪の予防に留意します。また、食事中のむせなどにも注意します。

プラスα

高齢者においては肺炎による死亡が多いことから、肺炎を予防するための「肺炎球菌ワクチン」の定期接種が 2014（平成 26）年 10 月 1 日より始まりました。費用の一部が公費によって助成されています。過去問でも出題されました。20-33

過去の出題

肺炎について問われました。
20-35 24-34 24-38

・高齢者の肺炎では、食欲低下、意識障害、不穏などの症状を示すことがある。
→○

・誤嚥性肺炎の予防には、嚥下機能のみを維持すればよい。
→×（嚥下機能の維持や口腔ケア等が必要である）

・寝たきりの高齢者は、吐いたものが気管や肺に入り、誤嚥性肺炎を起こすことがある。
→○

肺結核

結核菌が肺に感染した疾患のことです。高齢者の場合、若い頃に感染して、身体の中にいた結核菌が細胞性免疫の低下に伴って再度活動しはじめることで発症することが知られています。

症状

咳、痰、血痰、喀血《かっけつ》、胸痛、発熱などが基本的な症状ですが、高齢者では症状が乏しいのが特徴です。

治療

抗結核剤による薬物療法が中心です。最短でも 6 か月間の加療が必要です。

対応

結核菌が咳などに伴って体外に出ている患者は、都道府県知事によって指定医療機関への入院が勧告されることがあります。また、菌の排出がない患者でも多くが入院治療となります。

生活上の留意点

発見が遅れると家庭内感染や施設内感染などが起こり得るので、症状の出現には注意が必要です。

プラスα

結核は感染症法（感染症の予防及び感染症の患者に対する医療に関する法律）の 2 類感染症に分類されており、結核と確定された場合には、感染症法に基づき、医師にはただちに最寄りの保健所長を経由して都道府県知事に届け出る義務があります。

● 喘息

喘息（気管支喘息）は、気管支に炎症が出現し、気道が狭くなる病気です。小児だけでなく、中年あるいは高齢になって初めてかかる人も多いとされています。ダニやハウスダストなどの物質に対するアレルギーがかかわっていることが多いですが、原因物質が特定できないこともあります。

症状

炎症によって気管支の壁に浮腫が出現し、痰が増え、気管支が狭くなります。咳や痰が出て、ヒューヒューという喘鳴を伴って息苦しくなります。風邪や激しい運動を引き金に発作が生じます。

治療

ステロイドなどの吸入薬を服用します。

生活上の留意点

喘息は、風邪、ほこり、天候、疲労などで引き起こされるので、日常生活での注意が必要です。喫煙は喘息を悪化、薬の効果を低下させるので、禁煙も重要です。

用語解説

喘鳴：気道の狭窄《きょうさく》などのために、呼吸に際してゼロゼロ、ヒューヒュー、ゼーゼーといった雑音を呈するもの。呼吸器疾患や終末期の患者にみられる。

11. 皮膚の疾患

過去の出題

疥癬について問われました。20-27 21-26
- ノルウェー疥癬（角化型疥癬）は、ダニの数が少ないので、感染力が弱い。
  →×（ダニの数が非常に多く、感染力が非常に強い）
- 疥癬は、集団感染の危険性がある。
  →○

疥癬《かいせん》

ヒゼンダニが皮膚表面の角層に寄生して起こる病気です。人から人、または寝具などを介して感染していくため、施設や病院で集団発生する危険性があります。

疥癬は、普通の疥癬と、ダニの数が非常に多く手足がゴワゴワとするノルウェー疥癬（角化型《かくかがた》疥癬）とに分けられます。

症状

激しいかゆみを伴う発疹《ほっしん》が、腋窩《えきか》（腋《わき》の下）、外陰部、手、手首に生じます。疥癬トンネルといわれる細長い発疹が特徴的です。

対応

内服薬、外用薬で治療します。

生活上の留意点

ノルウェー疥癬（角化型疥癬）の場合は感染力が非常に強いため、一定期間の個室管理が必要になります。

過去の出題

薬疹について問われました。24-26
- 薬疹は、薬剤服用後1～2か月で出ることが多い。
  →×（薬剤服用後1～2週間で出ることが多い）

プラスα

塗り薬にかぶれた場合は、薬疹とはいわず接触性皮膚炎といいます。

薬疹《やくしん》

投与された薬に対するアレルギー反応として皮膚に湿疹が出るのが薬疹です。薬疹は、薬剤服用後、1～2週間で起こることが多いとされています。薬疹が出た薬の服用はただちに中止する必要があるため、速やかに医師に相談します。

過去の出題

白癬について問われました。22再-29
- 白癬は家族内で感染することはまれであるため、爪切りやスリッパなどは共有しても差し支えない。
  →×（白癬は家族内でしばしば感染するため、爪切りやスリッパは共有してはならない）

白癬《はくせん》・皮膚カンジダ症

白癬、カンジダはともにカビの一種である白癬菌に感染することで起きる高齢者に多い疾患です。足にできる白癬は、俗に水虫と呼ばれ、非常に患者数の多い疾患です。カンジダは湿ったところを好むため、おむつを使用している場合、陰部などでの発生も多くみられます。

生活上の留意点

爪切りやスリッパ、足拭きマット等を共用しないようにします。寒くなると治癒したようにみえても、暖かくなると再発するので、治療を中断しないこと、保清の継続が重要です。

皮脂欠乏症《ひしけつぼうしょう》・皮膚掻痒症《ひふそうようしょう》・脂漏性湿疹《しろうせいしっしん》

皮脂欠乏症は、加齢に伴って皮膚内の水分量が減少するだけでなく、皮脂の分泌力も低下しているため、カサカサした皮膚になり痒《かゆ》みが生じます。

皮膚掻痒症は、乾燥した時期になると、皮膚が乾燥し、被服などとの接触により皮膚炎を起こして下腿《かたい》や背部に痒みが生じます。

脂漏性湿疹は、皮脂が過剰分泌され、皮脂を好む真菌（マラセチア菌）が異常に繁殖することによって、炎症ができ痒みが生じます。

対応

皮脂欠乏症では、皮脂を取り除きすぎないように、ナイロンタオルやたわしなどは使わないようにします。また、乾燥を防ぐため、加湿器を使って湿度を保ちます。

皮膚掻痒症は、乾燥を防ぎ、痒みを起こすさまざまな刺激から身を守ります。

脂漏性湿疹は、患部を清潔に保ち、抗真菌薬、保湿剤、ビタミン薬などを使用します。

● 帯状疱疹《たいじょうほうしん》

帯状疱疹は、以前に感染して身体の中にいた**水痘《すいとう》（水ぼうそう）**のウイルス（水痘・帯状疱疹ウイルス）が、免疫能の低下により再活性化して発症する病気です。

症状

水疱《すいほう》が身体の左右のどちらかに帯状に出現します。顔や四肢《しし》にできることも多く、神経を刺激するため、強い痛みが発生します。

対応

高齢者では重症化することもあり、神経痛として痛みが残ることがあります（帯状疱疹後神経痛）。抗ウイルス剤、皮膚科外用剤だけでなく、痛みに対する薬も必要となります。

生活上の留意点

帯状疱疹は初期の治療が遅れると、後遺症として神経痛が残り、その後の生活に悪影響を与えます。早期に治療を始めると後遺症が少なく、合併症も少ないので、症状から帯状疱疹が疑われるならば、速やかに専門医に相談します。

過去の出題

皮脂欠乏症について問われました。（22再-29）
・皮脂欠乏症では、患部を清潔に保つことが悪化予防になることから、ナイロンタオルを使ってよく洗う。
→×（皮脂をとりすぎないように、ナイロンタオルやたわしなどは使わない）

過去の出題

脂漏性湿疹について問われました。（22再-29）
・脂漏性湿疹では、患部を清潔に保つほか、抗真菌薬などを使用する。
→○

過去の出題

帯状疱疹について問われました。（25-26）
・帯状疱疹は、細菌性感染症である。
→×（帯状疱疹は、水痘・帯状疱疹ウイルス感染の再活性化によって起こる）

12. 目の疾患

白内障

白内障は、水晶体の混濁により視力低下をきたす疾患で、主な原因は加齢です。紫外線、喫煙、ステロイド全身投与などは代表的な危険因子とされています。

症状

初期症状は羞明《しゅうめい》、夜間視力低下などが主症状で、進行すると単眼複視、高度の視力低下を生じ、放置すると最終的に失明します。

用語解説

羞明：まぶしさを過剰に感じる状態。

治療

進行していない場合は、点眼薬により進行を抑え、日常生活に不便をきたすようになると、手術を行います。

生活上の留意点

進行を遅らせるための生活上の留意点は、生活習慣病にならないようにすること、強い赤外線や紫外線を避けることです。

緑内障

緑内障とは、房水《ぼうすい》と呼ばれる眼内の液体の流れが阻害されることで眼圧が上昇し、視神経が障害されることで起こる病気です。ただし、日本では、眼圧が正常にもかかわらず、緑内障となる人も多く、これを正常眼圧緑内障と呼びます。

症状

視野の中に見えない場所（暗点）が生じたり、視野が狭くなったりしますが、自覚症状がないことも多いとされています。治療が遅れると失明に至ります。

治療

眼圧降下薬の点眼を行い、十分な眼圧降下が得られない場合には、レーザー治療を行います。

生活上の留意点

栄養バランスのよい食事を心がけ、運動不足・睡眠不足を解消するなど、生活習慣を見直すことが大切です。

過去の出題

加齢黄斑変性症について問われました。

20-27 22再-26

- 加齢黄斑変性症は、高齢者の重篤な視力障害の原因の一つである。
  →○
- 加齢黄斑変性では、進行すると視力が失われる恐れがある。
  →○

加齢黄斑《おうはん》変性症

網膜の中心にある黄色をした部位を黄斑（189 頁参照）といい、加齢により黄斑部に萎縮や変性が起きる病気を加齢黄斑変性症といいます。

症状

早期の症状として、視野の中心部の**ゆがみ**を自覚することが多く、進行すると中心部が見えなくなり（**中心暗点**）、視力の低下が起こります。失明に至ることもあります。

治療

光線力学療法や抗体を目に注射する療法があります。

生活上の留意点

予防が重要な疾患で、ビタミンCやβカロテン、亜鉛などを含むバランスのよい食事を心がけます。

プラスα

加齢黄斑変性症は視野の「中心部」がキーワードです。萎縮型と滲出型があり、日本人では滲出型が多いです。

基礎理解度CHECK!!

□□ 1 ▶ 個人差が大きく、症状が非定型的であることが高齢者の疾患の特徴である。

□□ 2 ▶ パーキンソン病では、姿勢・歩行障害はみられない。

□□ 3 ▶ 夜間・未明など特に運動していないときに前胸部に圧迫感が生じるのは、労作性狭心症である。

□□ 4 ▶ 高血圧症のほとんどが、原因のはっきりしている二次性高血圧症である。

□□ 5 ▶ 心不全により呼吸困難をきたしている場合は、仰臥位《ぎょうがい》とすることで呼吸困難が軽減される。

□□ 6 ▶ 徐脈性不整脈では、失神や血圧低下など、生活に支障のある場合は、ペースメーカーの植え込みが行われることがある。

□□ 7 ▶ 肝機能が低下すると薬剤の代謝速度が遅くなり、血中に薬剤がとどまり、薬剤の効果や副作用が、強く、長く出現することがある。

□□ 8 ▶ 腎不全の食事療法は、低カロリー食とし、たんぱく質、水分、食塩を多めに摂るようにする。

□□ 9 ▶ 高齢者の糖尿病では、口の渇きや多飲、多尿が主症状である。

□□ 10 ▶ 慢性閉塞性肺疾患（COPD）では、インフルエンザワクチンの接種は行ってはならない。

□□ 11 ▶ ノルウェー疥癬の発生でも、個室隔離は必要ない。

□□ 12 ▶ 帯状疱疹《たいじょうほうしん》は、高齢者では後遺症により、QOL の低下につながることがある。

□□ 13 ▶ 緑内障は、眼内の房水《ぼうすい》と呼ばれる液体の流れが阻害されることで眼圧が上昇し、視神経が障害されることで起こる。

1 ○

2 ×パーキンソン病は、①振戦《しんせん》、②筋固《きんこ》縮《しゅく》、③無動、④姿勢・歩行障害の四大運動症状が特徴的である。

3 ×特に運動していないときに前胸部に圧迫感が生じるのは、異型狭心症である。異型狭心症は冠動脈の攣縮《れんしゅく》により起こる。労作性狭心症は、階段を上ったときなどの労作時（運動時）に前胸部の圧迫感が生じる。

4 ×原因のわからない本態性高血圧症がほとんどである。

5 ×呼吸困難がある場合、利用者の自覚症状を軽くするため、体を起こした起座位または半座位とする。

6 ○

7 ○

8 ×腎不全の食事療法は、高カロリー食とし、たんぱく質、水分、食塩を制限する。

9 ×口の渇きや多飲、多尿などの症状が出ることもあるが、高齢者では症状のみられないことも多い。

10 ×慢性閉塞性肺疾患（COPD）では、増悪を避けるために、インフルエンザワクチンや肺炎球菌ワクチンの接種が必要である。

11 ×感染力が非常に強いため、施設等では、感染者の個室管理が必要となる。

12 ○

13 ○

ランク
B

6 急変時の対応

基礎疾患があったり心身の状態が不安定な高齢者では、生活のさまざまな場面で急に体調が悪化したり、事故にあう可能性があります。家族や介護者など、近くにいる人によって速やかに適切な処置がなされなければ生命に危険が及ぶことになります。高齢者に起こりやすい急激な身体的変化や事故を認識したうえで、近年、出題頻度も高いので、予防法に加えて、対応方法についても学習しましょう。

1. 初期対応の理解

● 一次救命処置

意識のない人を見つけたときや、目の前で倒れたときは対処が必要です。周囲の安全を確認するとともに、肩を軽くたたきながら傷病者に大声で呼びかけ、何らかの応答やしぐさがなければ、周囲の人に救急通報（119番通報）と**AED**の手配（近くにある場合）を依頼します。そして、心肺蘇生法（胸骨圧迫等）やAEDを使用し、救急隊や医師に引き継ぐまで応急手当を行います。

プラスα
AEDは**自動体外式除細動器**のことです。心室細動の際に機器が自動的に解析を行い、必要に応じて電気的なショックを与え、心臓のはたらきを戻す医療機器です。現在は医療機関だけでなく、飛行機の機内や空港、ホテルなどの公共施設をはじめ、さまざまな場所に設置されています。

2. 高齢者に起こりやすい急変

容態に変化がみられるときは、**意識レベル**や**バイタルサイン**（血圧、脈拍、体温、呼吸数など）をチェックします。特に、**意識障害**、呼吸困難、**ショック状態**（急性循環障害）、脳血管障害、心疾患、**消化管出血**、**窒息**などがある場合は緊急性が高くなります。

注意点

- 高齢者は、痛み、呼吸困難などの訴えがないことも多い。
- 薬剤の副作用として急性疾患が発症したり、急変したりする可能性がある。
- 急変時に予想される事態への対応、緊急受診先をあらかじめ**主治医**や家族と共有しておく。

プラスα
血圧低下により重要臓器の末梢循環が著しく障害された状態を**ショック**といいます。

プラスα
緊急受診先として、在宅療養支援診療所、在宅療養支援病院、救急指定病院などがあります。また、救急受診すべきかどうかの相談に対応する機関として、一般救急相談センターなどがあります。

過去の出題

急変時の対応について問われました。

22-33　23-27　26-38

・両手足に力が入らず、頸椎損傷が疑われる場合には、極力身体を動かさないようにする。
　→○
・食物で窒息したときは、腹部突き上げ法（ハイムリック法）を行うこともある。
　→○
・激しく出血している場合は、出血部位よりも心臓から遠い部位を圧迫して止血する。
　→×（出血部位より心臓に近い部位を圧迫して止血する）
・誤嚥による呼吸困難では、「喉に手を当てる」などの窒息のサインやチアノーゼなどの症状が出現する。
　→○
・衣服の下の皮膚をやけどしたときは、衣服を脱がしてから冷やすようにする。
　→×（衣服を脱がさずその上から流水を当てて冷やす）

事故が原因の急変

症状	原因	対応
出血	転倒	傷口を清潔なガーゼやタオルで圧迫し、止血。激しく出血している場合や清潔な布がない場合には、出血部位よりも心臓に近い側を圧迫して止血。救急や医療機関に連絡
頭部打撲	転倒	記憶障害、意識障害、痙攣《けいれん》などを伴う場合には、すぐに医療機関に連絡し、頭部CT検査などを行う
腹部の打撲	転倒	腹腔内出血、血尿、血便の有無を確認し、医療機関に連絡
骨折	転倒・骨粗鬆症《こつそしょうしょう》	強い痛み、変形や腫れがあるときは骨折を疑う。骨折部位を動かさないように安静を確保して、医療機関に連絡
窒息	食べ物、食べ物以外による気道閉塞、胃内容物の誤嚥《ごえん》	口の中の異物を指で取り出す、**背部叩打《こうだ》法**または**腹部突き上げ法（ハイムリック法）**を用いる。呼吸が停止している場合は救急要請
誤嚥	嚥下能力の低下による食べ物の誤嚥、喉にある唾液や喀痰《かくたん》の誤嚥、胃内容物の逆流性誤嚥、むせのない不顕性《ふけんせい》誤嚥など	まずは呼吸ができているかどうかを確認し、呼吸が停止していれば窒息の対応をする
誤薬	誤った種類、量、時間または方法での服薬。循環器用製剤や血糖降下剤の多量摂取、インスリン自己注射量を間違えるなど	意識があるときは、胃の内容物を吐かせる。意識がないときは、無理に吐かせず、呼吸しやすい体位で寝かせ、救急要請。低血糖症状がある場合には、ブドウ糖や砂糖を口に含ませるなどの対応をとる
熱傷（やけど）	熱湯、ストーブなど	熱源を断つ。やけどの範囲が狭いときには、直ちに冷たい水で冷やす。やけどの面積が広い場合には、直ちに救急要請。浴室に運び、シャワーの水で冷やす。衣服の下の皮膚をやけどしたときは、衣服は脱がさず、衣服の上から流水を当てて冷やす。低体温、血圧低下、意識障害に注意

溺水《できすい》	過剰な心血管反応、脳卒中や心筋梗塞の発作などによる意識障害	浴槽で溺れた場合、浴槽の外に出せそうであれば、浮力を利用して外に出して救急に連絡し、心肺蘇生を開始する。難しい場合は、水を抜いた浴槽の中で心肺蘇生を開始する。意識がなく、呼吸も停止している場合には、胸骨圧迫を行う

●身体変化が原因の急変

症状	原因	対応
意識レベル、ADL の低下	重篤な疾患が生じている可能性がある	反応の有無、呼吸状態を確認し、息をしていなければ**心肺蘇生**（胸骨圧迫等）を開始する。救急要請をし、AED があれば用意する。傾眠状態にある、言葉がはっきりしないなどの意識レベルや ADL の異常がある場合は、すぐに医療機関に連絡
発熱	感染症、体温調節異常、膠原《こうげん》病、腹膜炎（腹痛を伴う）など	発熱の程度、発熱以外の症状を観察し、医療機関に連絡。脱水に注意する
腹痛・嘔吐	急性胃炎、胃潰瘍、十二指腸潰瘍、胆石症、胆嚢炎、虫垂炎、尿管結石、イレウス（腸閉塞）、食中毒など。心筋梗塞でも腹痛が主症状のこともある	痛みが強い場合、吐血がある場合、発熱や黄疸を伴う場合などには、医療機関に連絡。食中毒の場合には、感染者の便や吐物の処理を適切に行う
吐血・下血《げけつ》・喀血《かっけつ》	黒くにおいの強い便（**タール便**）の場合は、上部消化管からの出血を疑う。気道系からの出血が喀出《かくしゅつ》されることを**喀血**といい、結核や肺がんなどを疑う	出血量が多い場合、ショック状態となることもあるため、バイタルサインを測定し、出血の仕方、色、においを観察し、医療機関に連絡。血圧低下がみられたときは救急要請
麻痺《まひ》	**脳血管障害**の可能性が高い	一過性のものでも**医師**に報告。四肢麻痺だけでなく、ろれつが回らないなどの症状がある場合は、救急要請
胸痛	狭心症、心筋梗塞や肺梗塞、気胸など	痛みの部位、強さ、性質、持続時間を確認し、医療機関に連絡
呼吸不全	呼吸器疾患（誤嚥《ごえん》、気管支喘《ぜん》息《そく》、肺炎、肺梗塞《こうそく》）、心疾患（心不全、心筋梗塞）、脳神経疾患（脳血管障害、脳炎、重症筋無力症）、貧血、発熱、甲状腺機能亢進《こうしん》症、過換気症候群、アナフィラキシーショックなど	喘息や心不全による呼吸困難では、起座呼吸で症状が楽になる。呼吸困難とチアノーゼがある場合、胸痛とともに呼吸困難が急激に生じた場合には、すぐに医療機関に連絡

過去の出題

脳卒中の症状について問われました。25-38
- 言葉が出てこない、又はろれつが回らないという症状が突然生じた場合は、脳卒中の可能性がある。

→○

プラスα

高齢者の場合、意識障害と認知症の症状との**区別が困難**なこともあります。

プラスα

意識レベルの詳細な**評価方法**として、日本では**ジャパン・コーマ・スケール**（Japan Coma Scale：JCS）が使われています（205 頁参照）。

過去の出題

吐き気について問われました。23-27
- 寝たきりの高齢者に吐き気があるときは、身体を横向きにして、吐物の誤嚥を防ぐ。

→○

過去の出題

心筋梗塞による痛みについて問われました。21-38
- 心筋梗塞による痛みは、胸痛だけでなく、腹痛のこともある。

→○

プラスα

消化管出血を起こしたときに口から血を吐くことを**吐血**、血液成分を肛門から排出することを**下血**、気道系からの出血が喀出されることを**喀血**といいます。

浮腫・腹水	心不全、低栄養、肝硬変、腎臓病、悪性腫瘍など。急激に浮腫が出現した場合には、心不全の急性増悪など	重篤な病態が考えられるため、医療機関に連絡
脱水	体液保有量の減少、水分や塩分の摂取量の低下、嚥下障害、利尿剤の服用など	ふらつき、めまい、体重減少、頻脈などの症状がみられ、水分摂取などを行っても症状が続く場合には、医療機関に連絡
便秘	運動不足、脱水、食事量の減少、抗生剤や抗うつ剤の使用など	下剤を使用しても排便がない場合、おなかが張って苦しいなどの場合は医療機関に連絡。便秘に加え、便が細くなったり、血便が出たりするときは大腸がんの可能性があるため、検査を受ける

●心理的変化への対応

症状	原因	対応
せん妄	病気や薬の影響、入院など環境の変化など	環境を整えることで、数週間で回復することが多いが、せん妄の原因によっては長期にわたって続くこともあるため、医師に相談し、治療を受ける。せん妄を起こしている原因の究明や病気の治療を行うとともに、抗精神病薬を使って対処することが多い
不眠	認知症、利尿剤による頻尿など	規則正しい生活を心がける、薬剤の服用時間を調整する、寝る前の水分摂取を控えるなど
興奮	せん妄、認知症の行動・心理症状（BPSD）など	話を聞き、一緒にいて見守り、少しずつ感情が安定するような対応を心がける。興奮や不安が頻回に起こる場合には、医師に相談する
易怒	認知症の行動・心理症状（BPSD）など	感情的にならず、冷静な対応をとる。易怒性が激しい場合には、医師に相談する
暴言・暴力	せん妄、認知症の行動・心理症状（BPSD）など	落ち着いた対応をとる。暴力で介護者に危害が及ぶ危険性がある場合には、医師に相談する
介護抵抗	認知症など	介護者はできる限り見守り、どうしてもできないときには手伝うようにする。本人の意思や尊厳をできるだけ尊重する

基礎理解度CHECK!!

□□ 1 ▶ AED は、医療機関でなければ設置することは認められていない。

□□ 2 ▶ 激しく出血している場合や清潔な布がない場合には、出血部位よりも心臓に近い部位を圧迫して止血する。

□□ 3 ▶ 気道閉塞には、背部叩打《こうだ》法または腹部突き上げ法（ハイムリック法）を用いる。

□□ 4 ▶ 低血糖症状がある場合には、ブドウ糖や砂糖を口に含ませるなどの対応が必要である。

□□ 5 ▶ 溺水《できすい》において、浴槽の外に出すことが難しい場合は、水を抜かずに浴槽の中で心肺蘇生を開始する。

□□ 6 ▶ 感染症や膠原《こうげん》病などで生じる発熱では、脱水に注意する。

□□ 7 ▶ 上部消化管出血では、赤い血が混じった便（鮮血便）がみられることがある。

□□ 8 ▶ 消化管出血を起こしたときに口から血を吐くことを下血という。

□□ 9 ▶ 麻痺《まひ》や、ろれつが回らないなどの症状がある場合、脳血管障害の可能性が高いため、早急に医療機関に連絡する。

□□ 10 ▶ 呼吸困難とチアノーゼがある場合には、横にしてしばらく様子をみる。

□□ 11 ▶ 便秘に加え、便が細くなったり、血便が出たりするときは大腸がんの可能性がある。

□□ 12 ▶ 認知症の行動・心理症状（BPSD）による易怒には、感情的にならず、冷静に対応する。

1 ✕ 医療機関のほか、空港、ホテルなどの公共施設をはじめ、さまざまな場所に設置されている。

2 ○

3 ○

4 ○

5 ✕ 溺水において、浴槽の外に出すことが難しい場合は、水を抜いた浴槽の中で心肺蘇生を開始する。

6 ○

7 ✕ 上部消化管（胃・十二指腸など）での出血では、黒くにおいの強い便（タール便）になることが多い。

8 ✕ 消化管出血を起こしたときに口から血を吐くことを吐血という。血液成分を肛門から排出することを下血という。

9 ○

10 ✕ 呼吸困難とチアノーゼがある場合、すぐに医療機関に連絡する。胸痛とともに呼吸困難が急激に生じた場合も同様である。

11 ○

12 ○

ランク B

7 感染症の予防

加齢に伴い免疫力が低下するだけでなく、嚥下《えんげ》障害を起こしたり、膀胱留置《ぼうこうりゅうち》カテーテルを使用していたり、褥瘡《じょくそう》ができたりするなど、高齢者は感染症に罹患する危険性が高くなります。介護専門職もさまざまな感染症に罹患している高齢者の介護を行うことになります。介護者が感染源を運んでほかの利用者に感染させてしまう可能性も高いため、それぞれの感染症の特徴を十分に理解して、感染の媒介《ばいかい》を避けなければなりません。介護をするうえでとても重要な項目です。

1. 感染症とは

人は普段の生活のなかで、さまざまな形で感染症の原因になる病原微生物に触れています。この病原微生物が付着し、体内で増殖することを**感染**といいます。微生物への接触が常に**感染症**を引き起こすわけではなく、微生物の数と病原性（病気を引き起こす能力）と人の免疫状態が関係しています。

① 発症	病原菌により、発熱や何らかの症状を生じた状態、すなわち病気を発症した状態のこと
② 定着・保菌	病原菌が、体表や定まった場所に付着したまま明らかな症状がない状態であるか、体内で発症しない状態にあること

高齢者の感染症の特徴は、次のとおりです。

- **主な症状は、発熱、嘔吐、下痢、咳、咽頭痛、鼻水、発疹などである**
- **症状が明確に現れない場合もある**
- **食欲不振、意識障害、脱水、せん妄などの症状もしばしば現れる**

過去の出題

感染症の予防について問われました。23-39 24-36

- 感染症を予防するためには、感染源の排除、感染経路の遮断、宿主の抵抗力の向上が重要である。
→○
- 高齢者は、一般的に感染症に対する抵抗力が低下していることを前提とする。
→○

プラスα

一般には感染症に罹患すると、咳、発熱、腹痛などの症状が発生します。しかし、高齢者では症状がはっきり出ないなど、高齢者特有の出現の仕方があります。

2. 高齢者にみられる代表的な感染症

高齢者に起こりやすい感染症として、**呼吸器感染症**、**尿路感染症**、**感染性胃腸炎**、**疥癬**があります。感染源はMRSA（メチシリン耐性黄色ブドウ球菌）であったり、インフルエンザウイルスであったり、ときに日和見感染《ひよりみかんせん》といって、どこにでもいる常在菌が原因となることもあります。

プラスα

免疫機能の低下をきっかけに、通常は弱毒性で身の回りにも多く存在している常在菌が起こす感染症を**日和見感染症**と呼びます。黄色ブドウ球菌や緑膿菌、カンジダ菌等による感染症があります。

高齢者にみられる代表的な感染症

呼吸器感染症	・肺炎、気管支炎、膿胸《のうきょう》、肺結核など ・高齢者は嚥下機能が低下するので、誤嚥性肺炎が起こりやすい
尿路感染症	・高齢者に最も多い感染症 ・膀胱炎や腎盂炎など ・発熱や頻尿、排尿時の痛み、尿閉などで気づく
感染性胃腸炎	・冬季の主な原因はノロウイルスによる胃腸炎 ・吐き気や嘔吐、下痢、腹痛が現れ、感染力が強いため拡がることがある ・予防には接触感染予防策を徹底する
疥癬	・ヒゼンダニによる皮膚病 ・紅斑、丘疹、鱗屑《りんせつ》を生じ、強いかゆみを伴う ・他の人に感染が拡がることがあるため、注意が必要 ・拡がるのを防ぐために接触感染予防策を徹底する

アドバイス

感染症については、過去問でもよく問われています。感染の原因や対応など、しっかりとおさえておくことが大切です。

3. 主な感染症と感染経路および予防法

感染は、感染源、感染経路、抵抗力の低下という3つの要素がそろったときに成立します。それぞれの感染経路の理解とその予防法は、介護をするうえでとても重要です。

主な感染症	主な感染経路	感染の予防法
ウイルス感染症（風疹《ふうしん》、インフルエンザ、新型コロナウイルス感染症（COVID-19）など）、流行性耳下腺炎《じかせん》、百日咳、マイコプラズマ肺炎	飛沫感染《ひまつかんせん》 （近い距離での咳、くしゃみなどから感染） （ノロウイルス感染症の吐物などの処理時は飛沫感染）	●マスク、うがい、手洗いの実施
麻疹《ましん》（はしか）、水痘《すいとう》（帯状疱疹）、結核	空気感染（飛沫核感染） （病原体が長時間空気中で生存でき、長距離を移動するため、呼吸によって感染）	●マスク、手洗いの実施
MRSA感染症、流行性角結膜炎（はやり目）、疥癬《かいせん》、性行為感染症、腸管出血性大腸菌感染症、ノロウイルス感染症、水痘（帯状疱疹）	接触感染 （皮膚や粘膜への接触、感染者が触れたものに触るなどして感染）	●感染者の介護で使用した衣類などは家族のものとは別に洗濯し、日に当てて確実に乾かす ●手洗いを確実に行う
A型肝炎、腸管出血性大腸菌感染症、ノロウイルス感染症	経口感染 （菌のついた物に触った指で食物を持ったことなどにより、経口摂取で感染）	●確実な手洗い ●感染者が利用する食器は家族とは別のものを用意する

過去の出題

感染症と感染経路の組み合わせについて問われました。21-28 26-37

・結核―空気感染
→○
・疥癬―飛沫感染
→×（接触感染）
・インフルエンザ―空気感染
→×（飛沫感染）
・腸管出血性大腸菌感染症―接触感染
→○
・流行性耳下腺炎―飛沫感染
→○

プラスα

MRSA（メチシリン耐性黄色ブドウ球菌）感染症とは、メチシリンという抗生物質が効かなくなってしまった黄色ブドウ球菌による感染症です。

プラスα

ノルウェー疥癬（角化型疥癬）は、一定期間の個室での管理が必要です。

B型肝炎・C型肝炎、HIV感染症	血液感染 （血液を媒介して感染）	●感染者が少しでも出血している場合、手袋を使用し、処置後必ず手を洗う
風疹、梅毒、B型肝炎、HIV感染症	母子感染もある （胎盤、産道、母乳を介して感染）	●管理分娩《ぶんべん》と、授乳の禁止で感染を予防する

●インフルエンザ

- インフルエンザウイルスによる気道感染症
- 高熱が出てのちに重症化することがあり、肺炎を併発し、死亡することもある
- 予防には、インフルエンザワクチンを毎年接種することが推奨される（高齢者については、定期接種となっている）

●ノロウイルス感染症

- 下痢や嘔吐を主症状とする胃腸炎を起こす感染症
- カキなどの二枚貝の生食による経口感染のほか、ヒトからヒトへの感染も多く、感染力が非常に強い
- 患者の便や嘔吐物にはウイルスが大量に含まれており、処理には使い捨ての手袋やマスク、エプロンやガウンを使用し、感染防止に十分注意する
- 汚染した場所の消毒には、アルコールではなく次亜塩素酸ナトリウムが有効である。また熱に弱いため、食品の加熱処理も有効である

●標準予防策（スタンダード・プリコーション）

スタンダード・プリコーションとは、患者や利用者が感染症にかかっているかどうかにかかわらず、普段からすべての患者や利用者に対して感染症に対する予防策を講じることです。「あらゆる人の血液、体液、分泌物、排泄物、創傷のある皮膚、粘膜等には感染性があると考えて取り扱う」のが基本です。そうすることで、他の患者や医療・介護従事者への感染事故を防ぐことができます。

具体的には、普段からの手洗い・消毒を怠らないことや、感染性のあるものに触れる際には防護具を使用することなどです。

過去の出題

ウイルス性肝炎について問われました。22-39

・ウイルス性肝炎は、飛沫感染する。
→×（A型肝炎は経口（接触）感染、B型肝炎ウイルス・C型肝炎ウイルスは血液感染する）

過去の出題

ノロウイルス感染者について問われました。
22-39　22再-31

・ノロウイルス感染者の便や吐物には、ノロウイルスが排出される。
→○

・ノロウイルス感染症では、下痢などの症状がなくなれば、感染力もなくなる。
→×（症状がおさまっても、一定期間は感染する可能性がある）

過去の出題

感染予防について問われました。24-36

・すべての人が感染症にかかっている可能性があると考え、感染予防に努める。
→○

・マスクや手袋、エプロンやガウンはできるだけ節約し、使い回すように心がける。
→×（できるだけ使い捨てのものを使用する）

プラスα

防護具には使い捨ての手袋、マスク、ガウン、アイシールド、ゴーグル、フェイスシールドなどがあります。

手指衛生

- 手指衛生は、流水と石けんによる手洗いと速乾性擦式《そっかんせいさっしき》手指消毒薬（アルコール製剤など）による手指消毒をいう
- 手洗いは、手のひら、手の甲、指先、指の間、親指、手首を洗い忘れないようにする
- 手指消毒は、手のひら、手の甲、指先、指の間、親指、手首にも擦り込ませるように行う
- 「１ケア１手洗い」「ケア前後の手洗い」が基本
- 手袋を使用した場合も、使用後は手指衛生を行う

過去の出題

手指衛生について問われました。23-39

- 手袋を使用すれば、使用後の手指衛生は必要ない。
  →×（手袋を使用した場合も、使用後は手指衛生を行う）

4. 予防接種

病原体（細菌やウイルス）の毒素を弱めたり、活動しないようにしたものなどを、事前に接種することで感染に対する免疫ができます。

高齢者では、インフルエンザワクチンや肺炎球菌ワクチンなどの接種が推奨されます。接種時には必ず、文書による本人の同意が必要です。

プラスα

肺炎球菌ワクチンの接種費用の一部は公費で助成されます。高齢者への肺炎球菌ワクチンは、定期接種となっており、接種後５年を経過しないと再接種できません。

基礎理解度CHECK!!

□□ 1 ▸ 高齢者の感染症では、食欲不振、意識障害、脱水、せん妄などの症状もしばしば現れる。

□□ 2 ▸ インフルエンザの主な感染経路は、接触感染である。

□□ 3 ▸ C型肝炎の主な感染経路は、経口感染である。

□□ 4 ▸ ノロウイルス感染者の嘔吐物の処理には、次亜塩素酸ナトリウムが有効である。

□□ 5 ▸ 感染症罹患者に対する特別な対応を、標準予防策（スタンダード・プリコーション）と呼ぶ。

□□ 6 ▸ 高齢者は、肺炎球菌ワクチンを毎年接種しなければならない。

1 ○

2 ✕ インフルエンザの主な感染経路は、飛沫感染である。

3 ✕ C型肝炎の主な感染経路は、血液を媒介して感染する血液感染である。経口感染はA型肝炎などの主な感染経路である。

4 ○

5 ✕ スタンダード・プリコーションとは、感染症にかかっているかどうかにかかわらず、普段からすべての患者や利用者に対して感染症に対する予防策を講じることをいう。

6 ✕ 高齢者への肺炎球菌ワクチンは、接種後５年を経過しないと再接種できない。肺炎球菌ワクチンの接種費用の一部は、公費で助成される。

ランク A

8 認知症高齢者の介護

介護保険の被保険者には認知症を抱えている方が多くいます。認知症を抱えていると介護上の問題も多く、家族介護者への負担が大きくなります。認知症を正しく理解し、対応の方法も学んでおかなければ、本人だけでなく、家族にも発生するさまざまな問題への対応が困難になります。この分野の出題頻度は高く、毎年出題されています。しっかりと整理して覚えておくようにしましょう。

1. 認知症の定義と原因疾患

プラスα

介護が必要となった主な原因を要介護度別にみると、要介護者では「認知症」が23.6％で最も多く、次いで「脳血管疾患（脳卒中）」が19.0％となっています（2022（令和4）年国民生活基礎調査）。

認知症とは、「意識は保たれているが、**脳**に病変を生じたために、認知機能が**持続的**に低下し、**生活**（管理）に困難をきたした状態」です。

● 認知症の原因疾患

認知症には、認知症の状態を引き起こす原因疾患があります。

認知症の原因疾患のうち、アルツハイマー型認知症と血管性認知症が認知症の大部分を占めています。

分類	原因疾患
変性疾患	アルツハイマー型認知症、レビー小体型認知症、前頭側頭型認知症（ピック病）
脳血管障害	血管性認知症
外傷性疾患	脳挫傷、慢性硬膜下血腫
感染症	進行麻痺（梅毒）、脳膿瘍、単純ヘルペス脳炎後遺症、エイズ
内分泌代謝性疾患	甲状腺機能低下症、ビタミン B_{12} 欠乏
中毒	一酸化炭素中毒後遺症、メチル水銀中毒、慢性アルコール中毒
腫瘍	脳腫瘍（髄膜腫）
その他	正常圧水頭症、てんかん

● アルツハイマー型認知症

アルツハイマー病は、脳にβたんぱくとタウたんぱくの異常蓄積を引き起こします。発症後20年間ほどは症状がみられず、その後5年間ほど「もの忘れ」が主症状のアルツハイマー病によるMCI（軽度認知障害）の時期があり、認知症を発症した後を**アルツハイマー型認知症**といいます。アルツハイマー型認知症は、徐々に進行し10～15年の経過で死に至ることになります。老化に伴うβたんぱくの異常蓄積（老人斑）を生じることが、その後に続く認知障害の原因です。

アルツハイマー型認知症の治療としては、薬剤5剤（ドネペジル、ガランタミン、リバスチグミン、メマンチン、レカネマブ）が、アルツハイマー型認知症で保険適用となっています。

過去の出題

アルツハイマー型認知症の治療薬について問われました。20-31

・アルツハイマー型認知症の治療薬は、易怒性などの興奮性のBPSD（認知症の行動・心理症状）を悪化させる可能性がある。
→○

プラスα

レカネマブは、2023（令和5）年12月20日より、保険適用となりました。

● 血管性認知症

血管性認知症とは、脳梗塞や脳出血などが原因で引き起こされる認知症です。不整脈や糖尿病など、脳梗塞をきたしやすい疾病が血管性認知症のリスクとなります。

アパシー（著しい意欲・自発性の低下）やうつ状態、パーキンソン症状などの運動障害のほか、構音障害（ろれつが回らない）や嚥下障害も比較的早期からみられます。

アルツハイマー型認知症の典型的イメージは、陽気で多弁、即答し、スイスイ動けるのに対して、血管性認知症は、陰気で緘黙、反応に時間がかかり、動きが鈍いというように、全く正反対のイメージです。

過去の出題

血管性認知症について問われました。20-31

・血管性認知症では、適切な治療やリハビリテーションにより、認知機能が改善した例もある。
→○

● レビー小体型認知症

レビー小体型認知症では、αシヌクレインというたんぱく質が、脳だけでなく末梢自律神経などを含めて広く異常沈着します。大脳だけでなく、脳幹部や末梢自律神経系にまでαシヌクレインの沈着が及び、認知障害だけでなく、パーキンソン症状などの運動障害、症状の変動（覚醒レベルの変動）、便秘や立ちくらみなどの自律神経症状と多彩な症状がみられることが特徴です。

レビー小体型認知症の特徴

①レム睡眠行動障害　②うつ　③嗅覚低下　④リアルな幻視
⑤パーキンソン症状（認知症状に少し先行することも、初期には伴わないこともある）
⑥自律神経症状（起立性低血圧（立ちくらみ）、血圧の変動、失神、便秘）
⑦転倒（発生しやすさがアルツハイマー型認知症の10倍といわれている）

用語解説

レム睡眠行動障害：夜中に夢を見て（レム睡眠中）、「逃げろー」と大声を出したり、蹴飛ばしたりするなどの動作を行う症状が、認知症の何年も前からみられることが多い。

過去の出題

レビー小体型認知症について問われました。
21-32 22-30

・レビー小体型認知症では、便秘や立ちくらみなどの自律神経症状を伴うことがある。
→○

・レビー小体型認知症では、幻視はみられない。
→×

前頭側頭型認知症

前頭葉や側頭葉が萎縮して起こる認知症です。

主に前頭葉が萎縮するタイプは、独特な行動障害（脱抑制、易怒性などの前頭葉症状）、社会的認知の障害を示し、行動障害型前頭側頭型認知症といわれます。前頭葉を中心に障害されると、社会人としての人間らしさが損なわれ、我慢ができない、すぐに怒る、思い立ったらじっとしていられない、同じ行動を繰り返す（常同行動：徘徊ではなく、同じ経路を何度も回る周回となる）などの症状がみられるようになります。記憶は比較的保たれています。

一方、主に側頭葉が萎縮するタイプは、物品の名前が出てこないため（語義失語、意味記憶障害）、意味性認知症といわれます。

治療可能な認知症

その他、正常圧水頭症、慢性硬膜下血腫など原疾患を治療することによって、治癒が見込まれる認知症もあります。

原疾患	原因・症状	治療
正常圧水頭症	脳室でつくられる脳脊髄液の吸収場所が詰まると、脳の周囲や脳室内に脳脊髄液が貯留し、認知機能が低下する。 〈三大症状〉 ①ボーッとして反応が鈍い認知機能障害（血管性認知症に類似） ②摺り足で小股に歩く歩行障害（パーキンソン病に類似） ③尿失禁	余分な脳脊髄液を腹腔に流すシャント手術
慢性硬膜下血腫	頭部打撲により硬膜下に生じた小さな出血が1～3か月かけて徐々に大きな血腫となり、脳を圧迫して、意識障害、認知機能低下、歩行障害などの症状が現れる。 認知症の人が急に元気がなくなったりボーッとするようになったりしたら慢性硬膜下血腫を疑う。	手術による血腫の除去

若年性認知症

65歳未満に発症する認知症を若年性認知症といいます。若年性認知症には、比較的進行が速い、就業の継続ができず経済的問題を抱えるなどの特徴があります。また、統合失調症などの精神

過去の出題

前頭側頭型認知症について問われました。（25-32）（26-31）

- 前頭側頭型認知症では、リアルな幻視やパーキンソニズムが特徴である。
  →×（前頭側頭型認知症の特徴は、独特な行動障害（脱抑制、易怒性などの前頭葉症状））
- 前頭側頭型認知症の症状の一つとして、物品の名前が出てこない意味性認知症の症状がある。
  →○

過去の出題

慢性硬膜下血腫について問われました。（20-31）

- 慢性硬膜下血腫による認知機能障害は、慢性化しているため、血腫を除去しても回復が期待できない。
  →×（手術で血腫を取り除けば、数か月以内に元の認知機能レベルに戻る）

プラスα

若年性認知症は介護保険法における特定疾病です。

過去の出題

若年性認知症の支援について問われました。（22-30）

- 若年性認知症支援コーディネーターは、すべての市町村に配置されている。
  →×（都道府県ごとに配置されている）

過去の出題

若年性認知症について問われました。（25-32）

- 若年性認知症は、うつ病など、他の精神疾患と疑われることがある。
  →○

疾患と思われて診断が遅れる傾向があるため、早期に気づき、適切な医療に結びつけることが大切です。

2. 認知症の症状

認知症は、記憶障害、見当識障害、遂行機能障害、失行や失認、注意障害、空間認知障害などが主な症状（中核症状）になります。これらの症状だけでも日常生活に大きく影響しますが、しばしば認知症の行動・心理症状（BPSD）（Behavioral and Psychological Symptoms of Dementia：BPSD）が出現し、家族介護者の大きな負担になります。BPSDは、孤立や不安、不適切なコミュニケーション、身体的不調、住環境・生活リズムの乱れ、不適切な薬物の使用などが出現の要因となる場合もあります。

BPSDは環境調整や適切な医療・ケアでよくなる可能性が大きいため、中核症状と区別されます。また、初期・中期など進行過程により症状やケアが異なります。

中核症状

注意、記憶、見当識、言語、遂行機能、空間認知、視覚認知、社会的認知（社会脳）などの認知障害

BPSD（行動・心理症状）

行動：徘徊、暴言・暴力、収集、拒否、脱抑制、執拗な質問など
心理：幻覚、妄想、抑うつ、不安など

プラスα

認知症の行動・心理症状（BPSD）には、せん妄などは含まれていません。

過去の出題

BPSD（認知症の行動・心理症状）について問われました。22再-28 25-32

- BPSD（認知症の行動・心理症状）の悪化要因として最も多いのは、家族の不適切な対応である。
  →×（薬剤の副作用や症状の進行などさまざまであり、最も多い要因ではない）
- BPSD（認知症の行動・心理症状）は、住環境などの環境因子の影響は受けない。
  →×（影響を受ける）

3. 認知症と区別すべき状態

● MCI

MCI（Mild Cognitive Impairment：軽度認知障害）は認知症予備軍といわれており、健常者と比べて認知機能が低下していますが、認知症とはいえない（独居に手助けが必要ではない）状態です。年間約1割がMCIから認知症に移行するといわれています。

過去の出題

MCIについて問われました。26-31

- MCI（軽度認知障害）は、すべて認知症に移行する。
  →×（MCIの一部は健常に戻るため、すべて認知症に移行するものではない）

● せん妄

せん妄は意識障害であり、認知症（意識障害ではない）と区別する必要があります。せん妄には引き起こされる原因・誘因があります。原因・誘因には、脱水、食事摂取不良、便秘、身体拘束などがありますが、薬剤が原因で生じることが多く、原因・誘因

プラスα

せん妄を誘発する薬剤としては、抗コリン薬（ブスコパン、アーテン）、H_2ブロッカーといわれるタイプの胃薬、頻尿治療薬、総合感冒薬、ベンゾジアゼピン系睡眠薬などがあります。

を取り除けば元に戻ります。薬剤が原因の場合は、原因薬剤の中止により消失します。

●うつ

うつでは、見当識が保たれている点が認知症と異なります。しかし、レビー小体型認知症や血管性認知症は、初期にうつ症状を呈することがあり、区別が難しいことがあります。

●アパシー

認知症にはアパシー（意欲低下や自発性低下）がみられます。うつと異なり、本人はつらい気持ちではありません。

●被害妄想

老年期には、喪失体験から被害的な妄想が現れやすくなります。認知症でなくても被害妄想を訴えるケースも時々あります。

4. 認知症の評価と診断

●認知症の鑑別

認知症の鑑別は症状に基づいて行い、MRI（磁気共鳴断層撮影）やCT（コンピュータ断層撮影）などの形態画像、脳血流SPECT（単一フォトン放射断層撮影）やMIBG心筋シンチグラフィのような機能画像の結果から臨床診断を裏づけます。

過去の出題

認知症の評価について問われました。22-30

- 認知症の評価として、長谷川式認知症スケールが用いられている。
→○
- 認知症の評価として、Mini-Mental State Examination（MMSE）が用いられている。
→○

●認知症の評価

認知症の有無や進行状況を評価する手法として長谷川式認知症スケール（HDS-R）、Mini-Mental State Examination（MMSE）があります。いずれも10分程度で検査でき、30点満点で評価します。HDS-Rは20点以下、MMSEは23点以下で認知症を疑います。また、日常の生活動作から認知症の重症度を評価する方法として臨床認知症評価尺度（CDR）（Clinical Dementia Rating：CDR）があります。

認知症初期集中支援チーム（255頁参照）で標準として使われるDASC21（Dementia Assessment Sheet in Community-based Integrated Care System 21：ダスク21）は、「地域のなかで、認知症に気づき、総合的なアセスメントを実施し、多職種間でその情報を共有し、必要な支援を統合的に調整していく」ためのアセスメントツールで、認知機能と生活機能を評価します。MMSEやHDS-Rなどの認知テストを行わなくても、DASC21で認知症かどうかおおむね判別できます。これらは、患者本人への負担（嫌なことをされるストレス）が全く無い点が優れています。

5. 認知症高齢者の支援

● パーソン・センタード・ケア（PCC）

パーソン・センタード・ケアは「認知症高齢者その人を中心にした介護」という考え方です。パーソン・センタード・ケアでは、認知症の人の行動は、さまざまな要因との相互作用で生じると考え、①脳病変に由来する認知障害、②健康状態や感覚機能、③個人史（生活歴）、④性格、⑤社会心理学の5つのアプローチを求めています。

● ユマニチュード

ユマニチュードは、「見る」「話す」「触れる」「立つ」を4つの柱とし、知覚・感情・言語による包括的コミュニケーションに基づいたケアの技法です。

● バリデーション

バリデーションは、認知症の人とコミュニケーションを行うための技法で、BPSDなどの症状の緩和を目指すものです。具体的には、認知症の進行度合いを、①認知障害（認知の混乱）、②日時、季節の混乱、③繰り返し動作、④植物状態の4段階に区分し、それぞれの段階に応じたコミュニケーションを行います。

● 認知症高齢者への非薬物療法

薬物療法以外のすべてを非薬物療法といいます。

主な非薬物療法

技　法	概　要
現実見当識練習（リアリティ・オリエンテーション）	日付、季節、場所、名前などの見当識にかかわる情報を、さりげなく何度も伝えることで覚えてもらい、見当識を高める。

プラスα

パーソン・センタード・ケアの思想を実践するために、認知症ケアマッピングが考案されています。認知症の人の状態を、トレーニングを受けた評価者（マッパー）が評価し、その評価結果を基にして、介護者（通常は施設のケアスタッフ）と評価者がよりよいケアについて議論し、ケアの質の改善につなげていこうとするものです。

過去の出題

パーソン・センタード・ケアについて問われました。
23-34　25-32

・パーソン・センタード・ケアは、認知症を持つ人を一人の「人」として尊重し、その人の立場に立って考え、ケアを行おうとする認知症ケアの1つの考え方である。
→○

・パーソン・センタード・ケアは、介護者本位で効率よく行うケアである。
→×（介護者本位のケアではなく、本人の意向に沿ったケアを行う）

プラスα

このほか、非薬物療法には、運動療法、絵画療法、園芸療法などがあります。

回想法	古い道具や写真などを題材に、認知症の人が輝いていた時代のことを思い出して会話することで、自分の過去を回想して自信を取り戻す。
音楽療法	音楽は興奮性 BPSD や不安に対して有効。音楽を聴くよりも、皆で歌ったり演奏するほうが有効。集団活動では、カラオケは好ましくない。

6. 認知症をめぐる動向

●認知症施策推進大綱

2019（令和元）年６月に「認知症施策推進大綱」が策定されました。大綱では、「認知症の発症を遅らせ、認知症になっても希望をもって日常生活を過ごせる社会を目指し、認知症の人や家族の視点を重視しながら、「共生」と「予防」を車の両輪として施策を推進していく」ことを基本的考え方としています。

この基本的な考え方のもと、①普及啓発・本人発信支援、②予防、③医療・ケア・介護サービス・介護者への支援、④認知症バリアフリーの推進・若年性認知症の人への支援・社会参加支援、⑤研究開発・産業促進・国際展開の５つの柱に沿って施策を推進することとされました。対象期間は、団塊の世代が 75 歳以上となる 2025（令和７）年までとし、策定後３年を目途に、施策の進捗を確認することになっています。

認知症の人を支える地域資源として、大綱で記されている主なものについて次頁の表にまとめています。

過去の出題

認知症施策推進大綱について問われました。
24-31　26-31

- 認知症施策推進大綱では、医療従事者等の認知症対応力向上の促進を図ることとしている。
  →○
- 認知症施策推進大綱においては、発症を遅らせることを目指している。
  →○

●認知症基本法

2023（令和５）年６月 16 日、「共生社会の実現を推進するための認知症基本法」（認知症基本法）が公布されました（2024（令和６）年１月１日施行）。「認知症の人を含めた国民一人一人がその個性と能力を十分に発揮し、相互に人格と個性を尊重しつつ支え合いながら共生する活力ある社会（共生社会）の実現を推進すること」を目的としています。

政府は、認知症施策推進基本計画を策定しなければなりません。また、都道府県・市町村は、それぞれ都道府県認知症施策推進計画・市町村認知症施策推進計画を策定するよう努めなければならないとされています。

過去の出題

認知症初期集中支援チームについて問われました。
23-34　24-31

- 認知症初期集中支援チームの対象者は、原則として、40 歳以上で、在宅で生活しており、かつ認知症が疑われる人又は認知症の人である。
  →○
- 認知症初期集中支援チームは、警察と介護従事者や地域の関係団体が協力して認知症の人を捜索する仕組みである。
  →×（複数の専門家が、認知症の人やその家族の自立生活のサポートをチームで行う）

● SOSネットワーク

認知症のSOSネットワークは、認知症の人が行方不明になったときに、警察だけでなく、地域の生活関連団体等が捜索に協力して、速やかに行方不明者を見つけ出すしくみです。名称や活動内容は地域によりさまざまです。家族から警察等に捜索依頼があると、FAXやメールを使って協力業者・団体などに情報を配信し、行方不明者を捜索します。

過去の出題

SOSネットワークについて問われました。19-43

・認知症のSOSネットワークは、警察だけでなく、介護事業者や地域の生活関連団体等が捜索に協力して、行方不明者を発見する仕組みである。→○

地域の団体例

タクシー会社、郵便局、ガソリンスタンド、コンビニエンスストア、宅配業者、介護サービス事業者、老人クラブ、町内会など

認知症の人を支える地域資源

名 称	内 容
認知症ケアパス	認知症発症予防から人生の最終段階まで、認知症の容態に応じ、相談先や、いつ、どこで、どのような医療・介護サービスを受ければいいのか、これらの流れをあらかじめ標準的に示したもの
かかりつけ医認知症対応力向上研修	かかりつけ医の認知症対応力を向上させるための研修
認知症サポート医	認知症初期集中支援チームのバックアップや、かかりつけ医の認知症診断等に関する相談役等の役割を担う認知症サポート医の養成
一般病院勤務の医療従事者に対する認知症対応力向上研修	身体合併症対応等を行う医療機関での認知症への対応力の向上を図るための病院勤務の医療従事者に対する認知症対応力向上研修
認知症初期集中支援チーム	複数の専門家が、認知症が疑われる人や認知症の人およびその家族を訪問し、観察・評価を行ったうえで、家族支援等の初期の支援を行うチーム
認知症疾患医療センター	地域の医療提供体制の中核として認知症の速やかな鑑別診断、診断後のフォロー、症状増悪期の対応、BPSDや身体合併症に対する急性期医療、BPSDやせん妄予防のための継続した医療・ケア体制
若年性認知症支援コーディネーター	就労・社会参加のネットワークづくりに加え、認知症地域支援推進員や地域包括支援センター職員との広域的なネットワークづくりの推進を役割とする
若年性認知症コールセンター	若年性認知症に関する電話相談を受けるための総合相談窓口として設置
認知症地域支援推進員	地域のなかでの医療・介護等の支援ネットワーク構築、認知症対応力向上のための支援、相談支援・支援体制構築等を役割とする
認知症カフェ（オレンジカフェ）	認知症の人やその家族が、地域の人や専門家と相互に情報を共有し、お互いを理解し合う場
チームオレンジ	ステップアップ講座を受講した認知症サポーター（一般住民や店員・銀行員・宅配業者など認知症を取り巻く業種の人も含む）等が支援チームをつくり、認知症の人やその家族の支援ニーズに合った具体的な支援につなげるしくみ。地域包括支援センター等に配置されるチームオレンジコーディネーターは、チームオレンジの立ち上げ支援から運営支援を行う

基礎理解度 CHECK!!

□□ 1 ▶ 認知症とは、「意識は保たれているが、脳に病変を生じたために、認知機能が持続的に低下し、生活（管理）に困難をきたした状態」である。

□□ 2 ▶ レビー小体型認知症では、構音障害や嚥下障害が比較的早期からみられる。

□□ 3 ▶ 正常圧水頭症による認知機能障害は、手術をしても回復は期待できない。

□□ 4 ▶ BPSD（認知症の行動・心理症状）は、記憶障害、見当識障害などである。

□□ 5 ▶ 不適切な薬物の使用が、BPSD（認知症の行動・心理症状）の出現の要因となる場合がある。

□□ 6 ▶ パーソン・センタード・ケア（PCC）は、「認知症高齢者その人を中心にした介護」という考え方である。

□□ 7 ▶ 認知症の非薬物療法には、現実見当識練習、回想法、音楽療法などがある。

□□ 8 ▶ 認知症初期集中支援チームは、就労・社会参加のネットワークづくりに加え、認知症地域支援推進員や地域包括支援センター職員との広域的なネットワークづくりの推進を役割とする。

□□ 9 ▶ 認知症地域支援推進員は、地域のなかでの医療・介護等の支援ネットワーク構築や、認知症対応力向上のための支援などを行う。

□□ 10 ▶ 認知症カフェは、認知症の人を介護している家族を対象とし、認知症の人本人は含まれていない。

□□ 11 ▶ チームオレンジは、ステップアップ講座を受講した認知症サポーター等が支援チームをつくり、認知症の人やその家族の支援ニーズに合った具体的な支援につなげるしくみである。

---

1 ○

2 ✕ 構音障害（ろれつが回らない）や嚥下障害が比較的早期からみられるのは、血管性認知症である。レビー小体型認知症は、リアルな幻視、パーキンソン症状などの運動障害、症状の変動（覚醒レベルの変動）、自律神経症状（失神、便秘など）と多彩な症状がみられることが特徴である。

3 ✕ 余分な脳脊髄液を腹腔に流すシャント手術により、数か月以内に元の認知機能レベルに戻る（正常圧水頭症や慢性硬膜下血腫など原疾患を治療することにより、治癒が見込まれる認知症もある）。

4 ✕ 設問は、中核症状についてである。BPSDは、徘徊、暴言・暴力などの行動症状と、幻覚、妄想、抑うつなどの心理症状である。

5 ○

6 ○

7 ○

8 ✕ 設問は、若年性認知症支援コーディネーターについてである。認知症初期集中支援チームは、複数の専門家が、認知症が疑われる人や認知症の人およびその家族を訪問し、観察・評価を行ったうえで、家族支援等の初期の支援を行うチームである。

9 ○

10 ✕ 認知症の人や家族、地域の人、専門家などが参加し、相互に情報を共有し、お互いを理解し合う場である。

11 ○

ランク B

9 精神に障害のある場合の介護

精神障害は、疾患ごとにさまざまな特徴があります。介護に際してはそれぞれの疾患ごとの特質を把握して、行動を予測・理解することが必要になります。精神障害のなかの認知症に関しては前の項で解説しましたが、ここでは、その他の精神障害を解説します。精神障害者の介護には専門的な技術が必要になります。ここに紹介している精神障害に関しては覚えておくようにしましょう。

1. 高齢者の精神疾患の特徴

高齢者の精神疾患は、加齢に伴う変化が関与しており、精神症状が定型的でなく、訴えが多彩かつ曖昧《あいまい》であるのが特徴です。また、加齢に伴う身体機能の低下や環境の変化、身体疾患の治療薬が精神症状の引き金となることがあります。

2. 高齢者に多い精神疾患

老年期うつ病

うつ病は、気分が落ち込み、全身倦怠感、違和感を伴い、自発性を失う疾患です。

原因

女性ホルモン・脳内神経伝達物質の異常、脳の血流障害、身体疾患、喪失体験、孤独、病前の性格などが影響します。

症状

気分の落ち込み、睡眠障害、めまい、しびれ、排尿障害、便秘などが起こります。ひどくなると、罪業妄想《ざいごうもうそう》、貧困妄想、心気妄想を抱き、自殺を図ることがあります。

治療

抗うつ薬や抗不安薬を用いる薬物療法が中心となります。

また、必要に応じて支持的な精神療法（医療者が患者の不安などによく耳を傾け、受容的な態度で接すること）と家族調整を行います。

高齢者では、身体合併症などで治りにくく、認知症に移行することがあります。

過去の出題

老年期うつ病について問われました。24-32 25-27

- 老年期の抑うつの背景要因としては、社会的役割の喪失などがある。
  →○
- 老年期うつ病では、妄想の症状が発現することはない。
  →×（妄想の症状を発現することがある）
- 老年期うつ病では、自死を図ることはない。
  →×（自死を図ることがある）

統合失調症

統合失調症の大半は思春期から中年期以前に発症します。

症状

幻聴や妄想、奇異な行動、感情鈍麻《かんじょうどんま》、無気力、自閉などがみられます。加齢に伴い、寛解、欠陥治癒、認知症化とさまざまな経過をたどります。また、順調に経過していた人が怠薬等により高齢になって再発することがあります。

治療

抗精神病薬を使った薬物療法と心理社会療法を組み合わせて行います。

用語解説

寛解：病状が一時的に軽くなったり消えたりした状態。

過去の出題

統合失調症について問われました。(23-35)(26-32)

- 老年期の統合失調症の症状の再発は、配偶者や近親者の死が要因となることがある。
  →○
- 統合失調症の陰性症状とは、妄想や幻覚をいう。
  →×（陽性症状）

妄想性障害

老年期は、妄想中心の精神障害が好発しやすいといわれています。老年期の妄想性障害の代表的な疾患に、人格と感情反応がよく保たれ、体系化された妄想である遅発パラフレニーがあります。

症状

妄想は、身近な人物が対象で、ありありと現実の生活を反映した内容であることが多いのが特徴です。高齢者の場合、妄想に幻覚や錯覚を伴うことが多いのですが、妄想、幻覚、錯覚の区別は曖昧《あいまい》です。

治療

心理的な洞察と共感、適切な社会的支援に結びつけることが大切です。

プラスα

妄想性障害は、知的機能の低下はなく、脳の器質的な病変がないのが前提です。

過去の出題

妄想性障害について問われました。(23-35)(25-27)

- 遅発パラフレニーは、老年期の妄想性障害の代表的な疾患とされている。
  →○
- 高齢者の妄想性障害への対応では、共感が大切な要素である。
  →○

アルコール関連障害

高齢になると、体内の水分量の低下、アルコール代謝酵素の活性低下、中枢神経系のアルコール感受性の亢進などにより、身体的症状が出やすくなり、アルコール依存症になりやすいといわれています。老年期のアルコール依存症には、①離脱症状が遷延しやすい、②糖尿病、高血圧などの身体合併症が高率に出現する、③認知症やうつ病を合併する割合が高い、という特徴があります。

原因

若年期に発症し老年期まで持続した若年発症型と、老年期になって初めて発症した老年発症型があります。

過去の出題

アルコール依存症について問われました。
(24-32)(25-27)

- アルコール依存症の患者数に占める高齢者の割合は、近年急速に減少している。
  →×（年々増加している）
- アルコール依存症のケアには、自助グループなどの地域の社会資源の活用も有用である。
  →○

	原因・特徴	治療反応
若年発症型	男性に多く、遺伝負因を有することがある。就労が一定しないため、経済状況が不安定なことが多い	複数の身体合併症を伴い、治療反応が乏しい
老年発症型	身体的老化と喪失体験や社会的孤立などの環境変化	良好

過去の出題

高齢者の飲酒問題について問われました。17-31
- 退職や配偶者の死をきっかけに、飲酒問題が顕在化する場合がある。
  →○
- アルコール依存症は、本人の意志や性格の問題である。
  →×（環境的・心理的な要因も大きく関係してくる）

症状

老年期のアルコール依存症では、アルコールの効果が減少しても不快気分などが続く、糖尿病、高血圧などの身体合併症が高率に出現する、認知症やうつ病を合併する割合が高いといわれています。

治療

離脱治療後に依存治療を行います。依存治療では、アルコール依存症リハビリテーションプログラム（ARP）が用いられ、高齢者に特化したものもあります。また、同じ境遇の仲間と出会える断酒会に通うことも有用です。

基礎理解度CHECK!!

□□ 1 ▸ 高齢者の精神疾患は、加齢に伴う影響が大きく、精神症状が定型的でなく、訴えが多彩であるという特徴がある。

□□ 2 ▸ 老年期うつ病では、自殺企図はみられない。

□□ 3 ▸ 老年期うつ病の治療は、薬物療法が中心になる。

□□ 4 ▸ 統合失調症は、加齢に応じて、パターン化された経過をたどる。

□□ 5 ▸ 統合失調症の治療は、薬物療法は用いず、心理社会療法により行われる。

□□ 6 ▸ 老年期の妄想性障害では、妄想は、身近な人物が対象となり、ありありと現実の生活を反映した内容であることが多い。

□□ 7 ▸ 老年期のアルコール依存症では、離脱症状が遷延しやすい。

1 ○
2 ×老年期うつ病では、自殺を図ることがある。
3 ○
4 ×統合失調症は、加齢に伴い、寛解、欠陥治癒、認知症化とさまざまな経過をたどる。順調であっても怠薬等により再発することもある。
5 ×抗精神病薬を使った薬物療法と心理社会療法を組み合わせて行う。
6 ○
7 ○

ランクB

10 ケアにおけるリハビリテーション

リハビリテーションは、介護保険に介護予防の概念が取り入れられたことで、重要度の増している項目です。廃用症候群（生活不活発病）を予防し、身体の機能の維持・回復を目的に行われ、生活の質（QOL）の回復や維持を目指します。出題頻度が高まっており、高齢者の自立した生活に不可欠なリハビリテーションについて、その意義や手法などをしっかりおさえましょう。

1. リハビリテーションの流れ

リハビリテーションは、その果たす機能と時期から、予防的リハビリテーション、治療的リハビリテーション（急性期・回復期）、維持的リハビリテーションに分けられ、医療保険制度のもとでは治療的リハビリテーションが、介護保険制度のもとでは維持的リハビリテーションが行われます。

予防的リハビリテーション		罹病者や生活機能低下のリスクが高い高齢者に対し、障害の発生や悪化を予防するリハビリテーション
治療的リハビリテーション	急性期リハビリテーション	発症直後から行う廃用症候群予防と早期からのセルフケアの自立を目指すリハビリテーション
	回復期リハビリテーション	急性期に続き、機能回復、ADL（日常生活動作）の向上、早期の社会復帰を目指すリハビリテーション
維持的リハビリテーション		急性期・回復期に獲得された機能をできるだけ長く維持するために行うリハビリテーション

高齢者のケアにおいては、リハビリテーション前置主義の考え方に則り、適切・タイムリーにリハビリテーション医療サービスを活用して、要介護状態の予防・軽減を図ることが大切です。

プラスα

急性期・回復期・維持期の考え方

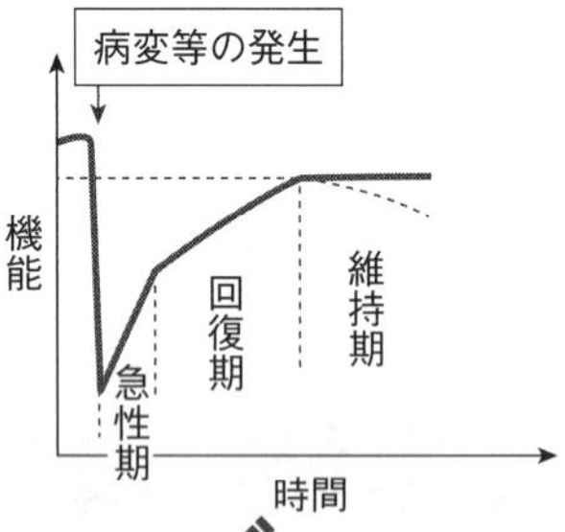

過去の出題

リハビリテーションについて問われました。

(25-33)(26-30)

- 急性期リハビリテーションは、一般に、廃用症候群の予防と早期からのセルフケアの自立を目標とする。
  →○
- 終末期にある者は、リハビリテーションの対象とならない。
  →×（対象となる）
- 高齢者のケアは、リハビリテーション後置主義にのっとっている。
  →×（リハビリテーション前置主義による）
- 回復が見込めない要介護高齢者に対しては、実施しない。
  →×（実施する）

2. リハビリテーションにおける治療

リハビリテーションにおける治療は、機能障害そのものへのアプローチと代償的アプローチに大別されます。機能障害そのものへのアプローチは、麻痺、認知機能障害、骨関節機能障害など障害自体を回復させるアプローチです。代償的アプローチには、①残存機能の活用（利き手交換により書字、箸の使用を可能にするなど）、②補助具の活用（装具により歩行を可能にするなど）、③環境の調整（手すりの設置によりトイレ動作を可能にするなど）が含まれます。機能障害の回復のみにこだわらず、代償的アプローチも活用して少しでも生活機能障害の軽減に努めることが大切です。

過去の出題

代償的アプローチについて問われました。25-33

- 代償的アプローチには、残存機能の活用が含まれる。
  →○

3. リスク管理

リハビリテーションを行うにあたっては、起こり得るリスク（事故、危険）について注意することが必要です。

リハビリテーション中に起こりやすいリスク

- 運動に伴って起こりやすいリスク
  低血糖発作／胸痛・不整脈・呼吸困難の誘発／痛みの増悪／転倒リスクの増大／痙攣発作　など
- 食事介助中のリスク
  誤嚥、窒息
- 装着中の医療機器の取り扱いに伴うリスク
  人工呼吸器、酸素吸入、中心静脈栄養など
- リハビリテーション治療機器の取り扱いに伴うリスク
  温熱療法、電気刺激療法、牽引療法、斜面台、平行棒など
- 感染
  飛沫、密な接触、リハビリテーション器具を介した感染など

過去の出題

リハビリテーションのリスクについて問われました。20-38 26-30

- リハビリテーションでは、低血糖発作の出現、痛みの増悪、転倒リスクの増大などに対する注意が必要である。
  →○
- 運動に伴って低血糖発作が起こることがある。
  →○

4. ケアにおいて問題となる障害や症状

以下のような障害や症状が、ケアにおいて配慮を要します。

廃用症候群

過度の安静により心身に起こる悪影響を総称して、廃用症候群といいます。廃用症候群は不適切なケアによってつくられた障害であり、早期からの適切な対応によって、その多くは予防をする

過去の出題

リハビリテーションと廃用症候群について問われました。20-38

- 安静臥床が続くと心肺機能などが低下するため、早期離床を図る。
  →○

用語解説

関節可動域（range of motion；ROM）：関節の動く範囲。関節ごとに動く範囲が異なる。関節可動域訓練は、関節を自分で動かす方法（自動的訓練）と援助する者が他動的に動かす方法（他動的訓練）に大別され、**拘縮を予防または改善する効果**がある。

用語解説

良肢位：できる限り関節拘縮をつくらないような予防的な姿勢、あるいは関節が仮にその位置で動かなくなっても日常生活動作に及ぼす障害が最も少ない肢位を良肢位という。良肢位は、苦痛がなく、全身の筋肉がリラックスできる姿勢でもある。

ことができます。

廃用症候群の主な症状と予防法

	症状・状態	予防法
拘縮	関節周囲の皮膚、筋肉、関節包や靭帯《じんたい》の変化により関節可動域が制限された状態	適切な体位の保持、良肢位の保持、最低１日に１回関節を動かす
筋力低下	長期の臥床により週に20％筋力が低下	趣味や余暇活動に積極的に参加する。専門職の指導のもと、筋力増強運動を行う
褥瘡《じょくそう》	局所の持続的圧迫により生じる	定期的な皮膚の観察と体位変換による予防
心肺系の廃用	長期の臥床により心肺機能が低下し、脈が速くなる、息が切れる、疲れやすい、立ちくらみがする	全身状態に注意しながら早期から段階的に身体を起こす
骨粗鬆症	長期の臥床により骨への刺激が減り、骨量が減少し、痛みや骨折を起こしやすくなる状態	骨に対する重力の負荷や筋活動による刺激を与える

● 運動《うんどう》麻《ま》痺《ひ》

運動麻痺には、脳や脊髄の病気によって生じる**中枢性麻痺**と、末梢神経や筋肉の病気によって起こる**末梢性麻痺**がある。一般に、中枢性麻痺では手足が突っ張って思うように動かせなくなり、末梢性麻痺では力が入らない状態になる。医師やリハビリテーション専門職から運動麻痺の程度や予後について情報を入手する。

● 痙縮《けいしゅく》

筋肉の**緊張**が異常に高まった状態である。四肢の突っ張り感、こわばり感を自覚する。精神的不安・緊張、疲労、天候の変化、尿路感染・尿路結石、褥瘡、痛み、膀胱の充満、便秘などで強まるため、これらの因子を見逃さず適切に対処する。

● 感覚障害

脳卒中、脊髄損傷、末梢神経障害などの神経系疾患で痛みや温度、手足の動きなどの感覚が鈍くなることがある。**転倒**、やけど、褥瘡などに注意する。

痛みやしびれ

痛みのために、不活発な生活に陥ることがしばしばあるので、痛みの性質と原因を理解する。

歩行障害

脳卒中、脊髄損傷、パーキンソン病などの神経疾患、変形性関節症や骨折などの骨関節疾患、心臓や肺の疾患によって起こる。高齢者では複数の要因が絡み合って歩けない場合がある。歩行障害に対するリハビリテーションは、詳細な歩行分析に基づいた訓練および装具等の活用などが重要となるので、医師や理学療法士などと相談して進める。

精神的問題

特に認知症とうつ状態への対応が重要である。認知症では、環境整備を行いながら活動性の維持・向上を図り、うつ症状は励ますと逆効果になる場合もあるので、適切に対応する。

失語症

言語中枢の障害によって起こる。状況に応じた訓練とコミュニケーション環境を整えることが大切である。

半側空間無視

失認のなかでも発生頻度が高いのは、左片麻痺者によくみられる左半側空間失認（無視）で、左半分を無視する障害である。失認空間に注意を向ける工夫やリハビリテーションが大切である。

嚥下障害

誤嚥性肺炎、窒息、低栄養、脱水などをもたらすので、食事場面で、食事の所要時間、むせや誤嚥の有無、姿勢等を観察し、医師、看護師、言語聴覚士、栄養士などと連携して嚥下しやすい食形態や食事姿勢、食事介助を工夫する。

排尿障害

生活全般にわたりさまざまな影響を及ぼすので、原因、病態、治療法について医師から情報を得て、チームで対応することが重要である。

過去の出題

半側空間失認とリハビリテーションについて問われました。（22再-37）
・左片麻痺でみられる半側空間失認に対しては、失認空間に注意を向けるリハビリテーションを行う。
→○

基礎理解度CHECK!!

□□ 1 ▶ 予防的リハビリテーションは、急性期・回復期に獲得した機能をできるだけ長く維持するために行うリハビリテーションである。

□□ 2 ▶ 介護保険制度では、主に治療的リハビリテーションが行われる。

□□ 3 ▶ リハビリテーションでは、低血糖発作の出現、痛みの増悪、転倒リスクの増大などに対する注意が必要である。

□□ 4 ▶ 拘縮の予防には、適切な体位の保持、良肢位の保持がある。

□□ 5 ▶ 拘縮は、皮膚局所への持続的圧迫による血流障害が原因で生じる。

□□ 6 ▶ 安静臥床が続くと心肺機能などが低下するため、早期離床を図る。

□□ 7 ▶ 運動《うんどう》麻《ま》痺《ひ》のうち、末梢性麻痺は、脳や脊髄の病気によって生じる。

□□ 8 ▶ 痙縮《けいしゅく》とは、筋肉の緊張が異常に高まった状態で、四肢の突っ張り感、こわばり感を自覚するものである。

□□ 9 ▶ 感覚障害のある在宅療養者は、褥瘡が生じやすい。

□□ 10 ▶ 失語症には、コミュニケーション環境の整備が大切になる。

□□ 11 ▶ 左半側空間失認は、右片麻痺者によくみられる。

□□ 12 ▶ 嚥下障害では、誤嚥の有無、姿勢等を観察し、医師や言語聴覚士などと連携し嚥下しやすい食形態、食事姿勢を工夫する。

□□ 13 ▶ 排尿障害では、原因や治療法などを医師から情報を得て、チームで対応する。

1 ✕急性期・回復期に獲得した機能をできるだけ長く維持するために行うリハビリテーションは、維持的リハビリテーションである。

2 ✕介護保険制度でのリハビリテーションは、主に障害が安定した状態の維持期に行われる（維持的リハビリテーション）。治療的リハビリテーションは、医療保険制度のもとで行われる。

3 ○

4 ○

5 ✕皮膚局所への持続的圧迫による血流障害が原因で生じるのは、褥瘡《じょくそう》である。拘縮は、関節周囲の皮膚、筋肉、関節包や靭帯《じんたい》の変化により関節可動域が制限された状態である。

6 ○

7 ✕脳や脊髄の病気によって生じるのは、中枢性麻痺である。末梢性麻痺は、末梢神経や筋肉の病気によって生じる。

8 ○

9 ○

10 ○

11 ✕左半分を無視する障害である左半側空間失認は、左片麻痺者によくみられる。

12 ○

13 ○

ランク
B

11 ターミナルケア

生を受けた生物は必ず死を迎えます。どれほど手厚く介護されていても必ず死を迎えるときがきます。この死にゆく人を看取るケアをターミナルケア（終末期ケア）といいます。専門職として、それまで生きてきた本人が自分の人生に満足し、安らかに旅立つことができるように、全人的なかかわりが必要になります。またこの時期は、家族を支えることも大切です。アドバンス・ケア・プランニングやターミナルケアについて、出題頻度が高くなっています。

1. ターミナルケアとは

死が間近に迫った時期を終末期（ターミナル期）といい、この時期に行われるケアをターミナルケアといいます。また、老い衰えが進みつつある時期のケアのことを、エンド・オブ・ライフケアと呼ぶようになりました。

終末期を過ごす「終《つい》の棲家《すみか》」は、地域包括ケアシステムにおいては、自宅だけでなく、認知症対応型共同生活介護（グループホーム）、特定施設、介護保険施設などさまざまとなっています。

終末期となった利用者の療養の継続には、医療の提供だけではなく、①食事、②排泄、③睡眠、④移動、⑤清潔、⑥喜びなどの生活を支える６つの視点から利用者をとらえることが大切です。

ターミナルケアにおいては、疾病ごとの死に至るまでの一般的な経過を知っておくことが、利用者の病状への理解を助けることになります。主な疾病ごとの経過は次のとおりです。

主な疾病ごとの経過

がん	死亡前１か月以降に、急速に身体機能が低下する。
内臓疾患	急性増悪や合併症の併発を繰り返しながら、身体機能が低下する。
認知症・脳血管障害・老衰	数年から十数年という長い経過のなかで身体機能が低下する。

医療の提供と生活の支援を行うという点では、終末期ケアにおいて、医療と介護の統合が重要になります。

利用者と接する時間の長い介護職による利用者の生活に関する情報は、医師が的確な診断をするうえで重要です。また、医師や

アドバイス

ターミナルケアについては、「ターミナルケア加算」についてなど、各サービスでの加算としても問われています。ターミナルケアでは、どのようなサービスを利用するかも併せて考えましょう。

プラスα

2022（令和４）年の「人口動態統計」によると、死亡の場所別にみた死亡数は、病院が約101万1000人（約64.5％）と最も多く、次いで自宅が約27万3000人（約17.4％）、老人ホームが約17万3000人（約11.0％）となっています。

プラスα

終《つい》の棲家《すみか》（自宅、病院、施設など）の選択においても本人の尊厳が重視されなければなりません。

過去の出題

ターミナルケアについて問われました。26-40
・人生の最終段階を穏やかに過ごすことができる環境の整備は、法律に基づく政府の努力義務とされている。
→○

過去の出題

ターミナルケアについて問われました。（25-40）
・家族に対して、今後予想される状況に即した病状説明が行われるよう配慮する。
→○

看護師などの医療職が示す予後等、利用者の見通しに関する情報は、残された生活において、利用者の尊厳を保つ支援を提供するために欠かせません。ほかにも、リハビリテーションとしての介入、栄養面への介入、歯科口腔ケア介入など、さまざまな専門職のかかわりが必要となります。介護支援専門員には、ケアプランやサービス担当者会議等を通じて、これらの情報をさまざまな専門職と共有し、多職種協働を円滑にするためのハブ機能（中継基地としての機能）を果たすことが期待されています。

2. ターミナルケアの実際

●老い衰えが進みつつある時期のケア

プラスα
3か月で3kg、6か月で6kg以上の体重減少は健康への影響が大きい。

生活を支える6つの視点に沿って、衰えが徐々に進行していく経過の例と介護としてのかかわり方の例をあげます。

<table>
<tr><td>食欲が落ち、体重が減る</td><td>① 月に1回程度体重測定を行う
② できるだけこれまでの食事量を維持できるように工夫する
③ 食事量を維持することができない、また医学的に改善を図ることができない場合には、量よりも楽しみや満足感を重視していく</td></tr>
<tr><td>口腔や嚥下の機能が落ちる</td><td>① 嚥下状態や口腔内の状況を定期的に観察する
② 食事のたびに行う口腔ケアを習慣化する
③ 摂食嚥下機能への好影響を期待して口腔内や口の周囲に刺激を加える
④ 食形態について誤嚥しにくいものに工夫する</td></tr>
<tr><td>便秘になりやすい（食物繊維や水分の摂取量の減少と身体活動量の減少）</td><td>食事量と、腹部の張る感じや腹痛といった自覚症状をみながら、3日から5日に一度は排便があるように工夫する
① 腹部をさする、蒸しタオルで温めるなどにより物理的に刺激する
② 下剤の量を主治医や訪問看護師、利用者、家族等に確認して調整してもらう
③ 摘便や浣腸を看護師に依頼する</td></tr>
<tr><td>意欲や活動量が減る（体力の低下、意欲の低下）</td><td rowspan="2">① 疲労感が残らない程度に好きな活動やケアを続ける
② 夜は部屋を暗くし、日中は太陽の光に当たるように配慮したり、話しかけたりするなど、適度な刺激を与える
③ 利用者の動きをよく観察し、環境を整備して、見守りを増やす、車いすを使用するなど、事故予防に努める
④ 清潔ケア（入浴等）も体力を必要とするため、利用者の体力を勘案しながら心地よいと思える範囲で行っていくようにする</td></tr>
<tr><td>体調を崩すことが増える（脱水、発熱など。体調を崩す前と同じ状態には戻らない）</td></tr>
<tr><td>褥瘡ができやすい（体位変換の頻度の減少、栄養状態の悪化）</td><td>① 体圧が特定の部位に長時間かかることを避けるよう配慮する
② 皮膚にかかるずれの力が大きくならないよう配慮する
③ 清潔や保湿を心がけ、皮膚の環境を適切に保つ</td></tr>
</table>

3. 尊厳の重視と意思決定の支援

どのような医療や介護を望むかについて、本人の意向を確認する手順を踏みつつ、方針を決定していくことが重要です。

介護支援専門員や介護職は、利用者や家族の意向や本音を把握している可能性があります。意思決定支援において、これらの情報はきわめて重要な意味をもつため、介護支援専門員や介護職は利用者の真の意向を代弁する役割が求められます。これらのプロセスをアドバンス・ケア・プランニング（ACP）といいます。

本人の意向を確認できない場合、家族や第三者が単独で方針を決定することには倫理的葛藤を生じかねないことから、家族に加えてかかわっている複数の医療・介護専門職が集まって話し合いを行い、関係者の総意に基づいて方針をまとめ上げます。

認知症の人の意思決定についても留意が必要です。一見すると意思決定が困難に思われる場合であっても、認知症の人は意思決定をしながら尊厳をもって暮らしていく権利があります。支援にあたっては、日常生活で接しているなど本人をよく知る人から情報を収集し、本人を理解して支援していきます。

過去の出題

アドバンス・ケア・プランニング（ACP）について問われました。（22-41）

・人生の最終段階において自らが望む医療・ケアについて、医療・ケアチーム等と話し合い、共有するための取組をいう。
→○

・話し合った内容は、文書にまとめておく。
→○

プラスα

ターミナル期となり、家族が死期を知って悲しむことを、予期悲嘆《ひたん》といいます。感情を表現できるようにすることがよいとされています。

4. 臨終が近づいたときの兆候とケア

亡くなる数週間前から看取りに至るまで、さまざまな症状や兆候がみられます。

症状	対応
つじつまのあわないことを言うなどの意識の障害	ふだんどおりに声をかけたり、手足をさするだけで落ち着くことがある
息切れや息苦しさ	呼吸不全の進行や心不全、感染症の合併などで起こる。息苦しさが楽になるように姿勢やベッド角度の調整をする。ゆっくり背中をさすり、安心感を与える
痰の絡み、喉のゴロゴロ	姿勢の工夫、唾液や痰をぬぐう、吸引をする
チェーンストークス呼吸（小さな呼吸→大きな呼吸→無呼吸を繰り返す）	30秒以上呼吸が止まることもあるが、再開するのであわてずに観察する
下顎呼吸《かがくこきゅう》（呼吸の際に肩や顎だけが動き、喘《あえ》いでいるようにみえる）	呼吸が止まる間際のものなので、臨終が近い（1～2時間で亡くなることが多い）。家族と一緒に見守るようにする
口が渇く	口腔内を清潔に保つ。氷片などを口に入れる

過去の出題

高齢者の臨死期のケアについて問われました。（24-40）（25-40）

・つじつまの合わないことを言う場合も、それを否定せずに対応する。
→○

・反応がないように見えても、いつもどおりの声かけをする。
→○

・臨終が近づき、応答がなくなった場合には、本人への語りかけをやめる。
→×（臨終が近づき、応答がなくなっても、聴覚は最期まで残るとされている。最期まで語りかけ、看取るようにする）

過去の出題

息苦しさへの対応について問われました。(19-42)

・終末期には、息苦しさが楽になるよう、ベッドの角度調整など姿勢の工夫をする。
→○

発熱	つらそうであれば氷枕などで身体を冷やす。発汗があればこまめに拭く
チアノーゼ （血圧が低下して血液循環が悪くなり、手足の先端が紫色（青紫色）になって冷たくなり、脈が触れにくくなる）	自然な変化なので、あわてず観察する。臨終が近いことを意味するので、家族と一緒に見守る

5. 看取りの実際とエンゼルケア

過去の出題

看取りについて問われました。(25-40)(26-40)

・在宅で看取る場合、呼吸停止の瞬間に、医師が立ち会う必要がある。
→×（呼吸が止まったことを確認したら主治医に連絡をする）

・看護師は、死亡診断書を作成することができる。
→×（医師が作成する）

・死後のケアであるエンゼルケアは、身体を清潔にし、その人らしい外見に整えるためのものである。
→○

●看取りの実際

看取りでは、死に至ることを家族が納得していることが前提となります。呼吸が止まったことを確認したら、主治医へ連絡します。死亡の診断は、医師が行います。

●エンゼルケア

エンゼルケアとは、死後のケアです。一般的には器具の抜去、体液や排泄物が漏れ出ないようにする処置、褥瘡などの傷の手当て、身体を清潔にするケア、外見を整えるケアを行います。

残された遺族の悲嘆への配慮や対応をグリーフケアと呼び、エンゼルケアは、遺族の悲しみを癒やすためのグリーフケアとしても重要な意味があります。

基礎理解度 CHECK!!

□□ 1 ▸ がんでは、死亡前1か月以降に、急速に身体機能が低下する。

□□ 2 ▸ 老い衰えが進みつつある時期には、便秘になりやすい。

□□ 3 ▸ 家族が死期を知って悲しむことを、予期悲嘆《ひたん》という。

□□ 4 ▸ 呼吸が止まる1～2週間前には、下《か》顎《がく》呼《こ》吸《きゅう》になる。

□□ 5 ▸ 遺族の悲嘆への配慮や対応を、グリーフケアという。

1 ○

2 ○

3 ○

4 ×下顎呼吸（呼吸の際に肩や顎だけが動き、喘《あえ》いでいるようにみえる）は、呼吸が止まる間際のものである。臨終が近い（1～2時間で亡くなることが多い）ので、家族と一緒に見守るようにする。

5 ○

ランク B

12 薬の知識

居宅で療養している高齢者の場合、その内科的治療の中心は薬物療法であり、高齢者の多くは、何らかの薬（処方薬のほか、市販薬やサプリメントを含む）を服用しているのが現状です。また、認知症高齢者も増加し、薬の飲み忘れ、誤用、副作用や飲み合わせ等の服薬管理の重要性が高まっています。そのため、高齢者の生活に深いかかわりのある薬剤の知識をおさえておきましょう。

1. 高齢者の生理的変化と薬の作用

● 高齢者と薬

高齢者は、薬の吸収、分布、特に代謝や排泄に加齢による影響を受けるため、思わぬ有害事象が起こることがあります。そのため、高齢者の薬物療法は、薬の作用のほかに、QOL や ADL を低下させる原因になる有害事象に十分に留意し、治療薬を選択する必要があります。薬の有効性はもちろんのこと、可能な限り QOL と ADL に対する影響が評価された薬を薬剤師や看護師の指導のもとで使用し、より身近な存在である家族や介護職が実際の QOL と ADL を評価していくことが大切です。

● 薬の副作用

服薬は、通常、病気の改善、治癒を目的とします。病気の改善、治癒といった、本来の目的を果たす薬の役割を**主作用**といいます。一方、薬には、治療に必要のない作用や好ましくない作用も出現する場合があり、これを**副作用**といいます。

副作用の具体的な症状には、例えば、下痢や便秘、発疹、眠気、胃痛（胃炎や胃潰瘍）や胃の不快感、頭痛や吐き気、咳などがあります。

副作用は、薬を服用するすべての人に起こるわけではなく、また、常に起こるわけではありません。また、医師の指示どおり服薬しても、副作用が出る場合があります。

服薬を続けてもほとんど問題にならない副作用もありますが、なかには、重篤な下痢や発疹など、薬の変更や中止が必要な副作用が起こる可能性もあります。

過去の出題

薬剤師について問われました。25-34

・薬剤師は、薬剤を処方してはならない。
→○

プラスα

半減期は血中薬物濃度が半減するまでに要する時間で、短いと効き目が短く、長いと体内での作用が長いことを意味する。

薬を飲むときの注意

内用薬（内服薬）は、通常は約100mLの水またはぬるま湯で飲むものです。水に溶けることで、薬は腸の粘膜から吸収されやすくなり、その効果を発揮します。水なしでそのまま薬を服用すると、喉や食道にひっかかり、潰瘍をつくる場合があります。アルコールとともに服用するのは避けます。医師、薬剤師の指示なくかみ砕いて服用したり、牛乳やジュースなどと一緒に服用したりすると効果が変わってしまう薬もあるので、注意が必要です。

ただし、水なしで使用できる薬もあるので、あらかじめ医師や薬剤師に確認しておきます。

過去の出題

服薬について問われました。（25-34）
- 介護職員は、服薬介助を行ってはならない。
  →×（服薬介助は、介護職員の業務の1つである）
- 内服薬は、通常、水又はぬるま湯で飲む。
  →○

食品と薬の相互作用

薬物相互作用とは、複数の薬を服用した場合に、それぞれ単独の薬では現れない作用や強い作用が出たり、逆に、効果が減弱したりするなど、期待した治療効果でない作用が出てしまうことをいいます。

相互作用は、薬だけで起こるとは限らず、ふだん摂っている食品や嗜好品、健康食品などとの併用でも起こる可能性があります。したがって、これらの相互作用を防ぐには、医師や薬剤師から、薬と食品等の関係を確認しておくことが大切です。代表的な食品と薬との薬物相互作用の例は、次のとおりです。

過去の出題

食品と薬の相互作用について問われました。（25-34）
- 医療用医薬品と健康食品の併用による有害な相互作用の可能性について注意が必要である。
  →○

食品と薬の相互作用の例

食品名	医薬品名	効能	相互作用の内容
納豆 クロレラ 緑色野菜　等	ワルファリンカリウム	抗凝血薬	納豆、クロレラ、緑色野菜等に多く含有するビタミンKが、ワルファリンの血液を固まりにくくする作用を妨げてしまう。ワルファリン服用中はビタミンKを含む食品の摂取を控える必要がある。
グレープフルーツジュース	①カルシウム拮抗薬	降圧薬	グレープフルーツジュースには、①～⑤の薬の代謝を妨げる酵素が含まれており、これらの肝臓での代謝が遅れて、主作用や副作用が通常よりも強く現れてしまうことがある。
	②タクロリムス ③シクロスポリン	免疫抑制薬	
	④イトラコナゾール	抗真菌薬	
	⑤ゲフィチニブ	抗がん薬	
牛乳	エトレチナート	角化症治療薬	牛乳によって、薬の体内への吸収量が増加し、効果が必要以上に出てしまうことがある。

服用上の留意点

薬は、指示どおりに正しく使用（服用）して初めて十分な効果を得ることができます。正しい服薬ができないと、効果を得られないだけでなく、副作用等の有害事象が生じるおそれがあります。

しかし、高齢者では、身体機能や認知機能の変化等によって、正しい服薬が困難になる可能性があり、服薬に問題が生じていないかどうか、確認する必要があります。介護支援専門員は、介護職や医療職、薬剤師と協力し、身体機能や認知機能といった、一人ひとりの服薬にかかる能力を確認しながら、正しく服薬ができるようサポートすることが求められます。

服薬量を間違えたり、薬が余ったりした場合には速やかに医師や薬剤師などに連絡します。

なお、運営基準において、介護支援専門員は、指定居宅サービス事業者等から利用者にかかる情報の提供を受けたときは、利用者の服薬状況、口腔機能その他の**利用者の心身または生活の状況にかかる情報**のうち必要と認めるものを、利用者の同意を得て、主治医、歯科医師、薬剤師に提供するとされています。

プラスα

「利用者の心身または生活の状況にかかる情報」とは、主治医、歯科医師、薬剤師が医療サービスの必要性等を検討するにあたり有効な情報です。居宅介護支援の提供にあたり、例えば、

- 薬が大量に余っているまたは複数回分の薬を一度に服用している
- 薬の服用を拒絶している
- 使いきらないうちに新たに薬が処方されている

などの情報を得た場合は、それらの情報のうち、主治医、歯科医師、薬剤師の助言が必要であると**介護支援専門員**が判断したものについて、主治医、歯科医師、薬剤師に提供します。

薬使用時の工夫

粉薬が飲みにくいと訴える場合にはオブラートを利用すると飲みやすくなることがあります。オブラートに薬を包み、スプーンの上に乗せ、水をつけるとオブラートがゼリー状になるので、そのまま口の中に入れて服用できます。ただし、苦味健胃薬（苦い味の胃薬）は苦味によって胃のはたらきを整える作用があり、オブラートに包むと効果がなくなってしまうため注意が必要です。

プラスα

薬使用時の工夫として、オブラートのほか、①お薬カレンダー、②錠剤取り出し用自助具、③点眼補助具、④湿布用自助具、軟膏用自助具、⑤吸入補助具などの利用もあります。

服薬姿勢

薬は、できるだけ上半身を起こし、通常は100mL程度の水で服用することが誤嚥や副作用の防止になります。解熱鎮痛薬など粘膜組織に刺激性のある薬が食道にとどまると潰瘍を引き起こす可能性があります。

寝たきりの要介護者であれば、セミファーラー位（上半身を30度ほど起こした状態）にし、顎と首の距離をつめるために後頭部に枕を置くなど、少しでも嚥下しやすい姿勢になるよう介助が必要です。

プラスα

嚥下障害があると、誤嚥を起こす可能性があります。服薬時、水でむせたり、薬が喉や食道に残ってしまうことがあるため、お粥や服薬補助ゼリーなどに混ぜて服用する服薬介助が必要になります。

過去の出題

服薬時の注意点について問われました。（25-31）

・薬のPTP包装シート（プラスチックにアルミなどを貼り付けたもの）を誤って飲み込んだ場合、排泄されるため心配はない。

→×（薬のPTP包装シートを誤って飲み込んだ場合には、食道や腸などを傷つけるおそれがあるため、医療機関を受診する）

用語解説

PTP包装
（press through pack）：前面を押すと、裏面から錠剤が出てくるような薬剤などの包装。

プラスα

一包化とは、内服用固形剤（錠剤、カプセル剤、散剤等）の種類にかかわらず服用時点ごとに一包として投与することをいいます。一包化は、薬の飲み忘れ、飲み誤りを防止することまたは心身の特性により錠剤等を直接の被包から取り出して服用することが困難な患者に配慮することを目的とし、治療上の必要性が認められる場合に、医師の了解を得たうえで行うものです。

過去の出題

服薬について問われました。（25-38）

・薬の服用時間における食間とは、食事中に服用することである。

→×（薬の服用時間における食間とは、食事と食事の間（食事の2時間後が目安）である）

服薬時の姿勢

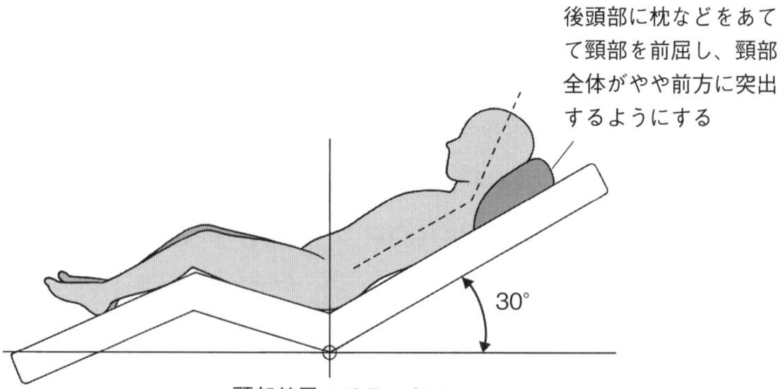

頸部前屈：リラックス

調剤を通して行う服薬支援

手指の変形や振戦（ふるえ）などにより、PTP包装から薬剤を取り出すことが困難な場合や、薬剤の種類が多い場合、薬剤を一包化することで、薬剤の管理が行いやすくなります。錠剤をPTP包装から取り出し、服薬タイミングごとにパックされているため、薬の飲み間違いの多い利用者にも有効です。一包化を希望する場合は、医師、薬剤師に相談します。

利用者が適切に薬を服用できていない場合、薬の剤形変更や調剤方法の変更で、服薬状況の改善を図ることができます。医師や薬剤師に相談し、服用方法を検討することが大切です。

薬の服用時間

薬の服用時間は、薬の特性などに合わせて設定されることが一般的です。決められた服用時間に飲まないと、効果が現れなかったり、副作用が生じたりすることがあります。

服用時間の目安

服用時間	時間の目安
食　前	胃の中に食べ物が入っていないとき（食事の1時間～30分前）
食直前	食事のすぐ前に（おおむね食事の前5～10分以内）
食　後	胃の中に食べ物が入っているとき（食事の後30分以内）
食直後	食事を終えてすぐに（おおむね食事の後5～10分以内）
食　間	食事と食事の間（食事の2時間後が目安）。食事中に服用することではない
起床時	起きてすぐに。薬を服用後30分は飲食を避ける
就寝前	就寝30分くらい前
屯用（屯服）	発作時や頭痛時など、必要時に適宜使用すること

飲み忘れに気がついたときは、原則として、すぐに服薬します。ただし、次の服薬時間が近いときは忘れた分は服薬せずに、次の分から飲みます。2回分を一度に服薬しないというのが一般的です。飲み忘れた場合の対処方法は薬により異なるため、事前に医師や薬剤師に確認しておきます。

保管場所・保管方法

薬は湿気、直射日光、高温を避けて保管します。それらの影響によって、効果が減弱したり、変色したりしてしまう薬もあるからです。なお、冷蔵庫に保管しなければ品質が低下する薬もあるので、確認が必要です。保管場所が指定される薬の場合には、薬袋（調剤された薬が入っている袋）に、必ず保管場所が記載されています。

薬の使用期限

医師は、利用者の症状や体調を診て、処方する薬を決めています。医師の指示どおりに飲み切ることが大切です。飲み忘れなどで残ってしまった薬は、あとから同じような症状が出たからといって服用することはできません。基本的には、処方された日数が薬の使用期限となります。

使い残しの薬を使用したり、他人に譲渡したりすることは避けなければなりません。

プラスα

疼痛管理に用いる医療用麻薬は、鍵のかかる保管場所で、使用記録などで厳重に管理しなければなりません。

2. 薬に関する情報の管理と共有

お薬手帳

お薬手帳の基本的な考え方は、自分の「薬の記録」情報を自分で管理するというものです。薬の使い方は、薬によってさまざまで、飲む量やその時間、回数、注意しなければならないことも異なります。多くの薬を服用していればいるほど、その方法を守らなければなりません。それには、どのような薬を、どのように飲んでいるのか、常に自分で把握していることが必要です。

薬の副作用が出た場合も、記録があればチェックが可能です。これまで使用してきた薬の情報があることで、これから使用する薬に関する情報が活きてくることになります。

プラスα

お薬手帳とは、経時的に薬の記録が記入でき、①～④までに掲げる事項を記録する欄がある薬剤の記録用の手帳をいいます。

①　患者の氏名、生年月日、連絡先等患者に関する記録
②　患者のアレルギー歴、副作用歴等薬物療法の基礎となる記録
③　患者の主な既往歴等疾患に関する記録
④　患者が日常的に利用する保険薬局の名称、保険薬局または保険薬剤師の連絡先等

薬剤情報提供文書・お薬説明書（添付文書）

薬剤情報提供文書は、医療機関を受診し処方された薬の説明書です。保険薬局では、患者ごとに作成した薬剤服用歴の記録に基づき、処方された薬剤の重複投薬、相互作用、薬物アレルギー等を確認したうえで、薬剤情報提供文書により情報提供がなされ、薬剤の服用に関し、基本的な説明が、患者またはその家族等に行われます。薬剤情報提供文書は、薬の剤形などを写真で見ることができます。

また、一般用医薬品（OTC 医薬品）に添付されている**お薬説明書（添付文書）**には、医薬品を正しく使用するうえで大切な情報が記載されています。通常、すべての医薬品に添付されていますが､ドリンク剤など添付文書を添付していない製品はすべて「容器」や「ラベルまたは外箱」などの表示が代用しています。添付文書に記載されている内容を守って使用することで､本来の効能・効果が発揮され、さらに、副作用の防止にもつながります。

プラスα

薬剤情報提供文書により、次の事項が情報提供されます。

① 薬剤の名称、形状（色、剤形等）
② 用法、用量、効能、効果
③ 副作用および相互作用
④ 服用および保管取扱い上の注意事項
⑤ 調剤した薬剤に対する後発医薬品に関する情報
⑥ 保険薬局の名称、情報提供を行った保険薬剤師の氏名
⑦ 保険薬局または保険薬剤師の連絡先等

プラスα

添付文書は、医薬品、医療機器等の品質、有効性及び安全性の確保等に関する法律（医薬品医療機器等法）(旧・薬事法）第52条に規定され、用法、用量その他使用および取扱い上の必要な注意などが記載されていなければなりません。

在宅基幹薬局・在宅協力薬局

薬局の薬剤師が、医師の指示に基づき、通院困難な利用者に対して、自宅を訪問したうえで、薬剤服薬管理指導を行い、多職種と連携してその利用者の在宅医療を主に管理している薬局を**在宅基幹薬局**といいます。また、在宅基幹薬局と連携する他の保険薬局を**在宅協力薬局**といいます。

在宅基幹薬局が、在宅協力薬局と薬学的管理指導計画の内容を共有していることおよび緊急その他やむを得ない事由がある場合は、在宅基幹薬局に代わって在宅協力薬局が対応します。

薬局・薬剤師から介護支援専門員へ、または介護支援専門員から薬局・薬剤師に、利用者に関する情報の提供や共有などを行うことが、在宅介護支援では重要となります。

基礎理解度 CHECK!!

□□ 1 ▶ 治療に必要のない作用や好ましくない作用を、副作用という。

□□ 2 ▶ 医師の指示どおり服薬していれば副作用は現れない。

□□ 3 ▶ 内用薬（内服薬）は、牛乳、ジュースで服用することができる。

□□ 4 ▶ 降圧薬とグレープフルーツジュースの組み合わせは、肝臓での代謝が遅れて、通常よりも主作用や副作用が強く現れることがある。

□□ 5 ▶ 介護支援専門員は、居宅サービス事業者から、利用者の服薬状況等の情報提供を受けたときは、地域包括支援センターにその情報を提供する。

□□ 6 ▶ 寝たきりの要介護者の服薬姿勢は、セミファーラー位がよい。

□□ 7 ▶ 手指の変形や振戦などにより、PTP包装から薬剤を出せない場合は、一包化することで管理がしやすくなる。

□□ 8 ▶ 薬の飲み忘れに気がついたときは、次の回に、2回分を一度に服用する。

□□ 9 ▶ 薬剤によっては、冷蔵庫に保管しなければ品質が低下してしまうものもある。

□□ 10 ▶ 医療機関を受診し処方された薬の説明書を薬剤情報提供文書という。

□□ 11 ▶ 一般用医薬品に添付されているお薬説明書（添付文書）には、用法、用量が記載されていなければならない。

□□ 12 ▶ 薬局の薬剤師が、多職種と連携してその利用者の在宅医療を主に管理している薬局を在宅協力薬局という。

1 ○

2 ×医師の指示どおり服薬していても副作用が出る場合もある。

3 ×通常は、約100mLの水またはぬるま湯で飲む。牛乳、ジュース、アルコールなどと一緒に服用すると効果が変わってしまう薬もあるので、注意が必要である。

4 ○

5 ×介護支援専門員は、指定居宅サービス事業者等から利用者にかかる情報提供を受けた際は、利用者の服薬状況、口腔機能その他の利用者の心身または生活の状況にかかる情報のうち必要と認めるものを、利用者の同意を得て、主治医、歯科医師、薬剤師に提供する。

6 ○

7 ○

8 ×飲み忘れに気がついたときは、原則として、すぐに服用する。ただし、次の服薬時間が近いときは忘れた分は服薬せず、次の分から飲むようにする（飲み忘れた場合の対処方法は、事前に医師や薬剤師に確認しておく）。

9 ○

10 ○

11 ○

12 ×薬局の薬剤師が、多職種と連携してその利用者の在宅医療を主に管理している薬局を在宅基幹薬局という。医師の指示に基づき、通院困難な利用者に対して、自宅を訪問したうえで、薬剤服薬管理指導を行う。在宅基幹薬局と連携する他の保険薬局を在宅協力薬局という。

ランク B

13 栄養・食生活からの支援と介護

食事は、人間が生きていくうえで大変重要なものです。高齢者では、容易に低栄養状態となり、高齢者の生活を支える介護場面においても、食事の支援はとても大切で、支援内容も多岐にわたっています。生きる喜びにつながる食生活の（できる限り、口から摂取する）支援に加え、高齢者の状態を把握し、状態に適した食事摂取への支援が必要です。出題頻度も高く、介護支援専門員にとって重要な項目です。

1.栄養と食事のアセスメント

過去の出題

栄養に関するアセスメントについて問われました。
24-35
・高齢者は、若年者に比べてエネルギー摂取量が少ないことを当然の前提とする。
→×（高齢者の栄養アセスメントは一人ひとり主観的・客観的データに基づいて行う）

栄養アセスメントでは、栄養・食に関連する問題は何か、その原因、また結果的にどのような主観的・客観的データによって示されるのかを確認します。１日の食事内容だけでなく、おいしく食べるための食事の状況（食欲や共食の機会）や食事環境（食事の準備、調理や買い物を含む）、生活パターン、経済面など、総合的なアセスメントが必要となります。

●主観的・客観的データ

① 身体計測（体重・身長・BMI）

体重は栄養状態を表現している最も重要な指標で、体重減少は、身体状況の低下や悪化等の変化が現れる前から出現する場合が多くあります。身長は、高齢者においては、目標体重の設定やBMI算出に用いられ、立位での計測が難しい場合には、仰臥位での測定や膝高から算出できる推定式を用いることもあります。

用語解説

BMI（Body Mass Index）：肥満度を示す指数。計算式は、（体重kg）÷（身長m×身長m）。ちなみに、標準体重は、（身長m×身長m）×22で計算する。

BMIと肥満度

BMI	肥満度
25.0以上	肥満
18.5以上25.0未満	標準
18.5未満	低体重（やせ）

② 上腕周囲長、下腿周囲長

上腕周囲長は、骨格、内臓、筋肉などの総和を反映しています。慢性的に栄養状態が低下していく場合には、筋肉や体脂肪の減少が起こります。下腿周囲長は体重を反映し、さらに下腿は浮腫や長時間座位などの影響を受けやすく、浮腫の有無の判断目安となります。

③　体重減少

体重減少はエネルギー代謝やたんぱく質代謝が負のバランスにあることを示しています。

体重減少率（％）＝（通常体重－現体重）÷通常体重×100

④　食事摂取量

何を残すのか、なぜ食事が進まないのか等を観察します。１食当たりの摂取量が３分の２程度に落ち込んだり、欠食があり、１日２食程度の摂取が続いていたりする場合では、必要な栄養量が十分に確保できていないことがあります。

⑤　水分摂取量

食事摂取量が減少すると、水分摂取量も不足していることが考えられます。高齢者では口渇感の低下や頻尿などを理由に意識的に水分の摂取を制限していることもあり、脱水症に陥りやすくなっている場合もあります。

⑥　栄養補給法

経管栄養法や静脈栄養法を実施している場合、栄養補給が十分に確保されていないことが危惧され、さらに感染症などのリスクが高いことから、栄養状態が悪化しやすいです。

⑦　褥瘡

低栄養状態によって体重や筋肉量が減少することで、やせて骨が突出したり、皮膚や筋肉が弱くなったりすること等により、褥瘡が発生しやすいです。褥瘡の悪化、回復の遅れには、必要なたんぱく質を体内に摂り入れ、体の内側から筋肉や皮膚を再生していくことが必要になります。

⑧　服薬

薬剤の副作用により、口渇による唾液分泌の低下、味覚の低下、食欲の低下、ADL の低下、便秘等に影響することがあります。

●フレイル

フレイルは「虚弱（Frailty）」を意味し、「加齢とともに心身の活力（例えば筋力や認知機能等）が低下し、生活機能障害、要介護状態、死亡などの危険性が高くなった状態」という概念です。この段階で適切な介入・支援をすることで再び健康な状態に戻ることができる可能性（可逆性）を含んでおり、介護予防や在宅生活を継続するうえでの重要なポイントです。

2. 身体状況・栄養状態の課題と食事

過去の出題

食事支援について問われました。(25-36)

・必要な栄養を食事では摂りきれない場合でも、間食で補うことは適当でない。

→×（必要な栄養素を食事で摂りきれない場合は、高エネルギーのおやつの利用も検討する）

・食事支援では、介護する家族の状況を考える必要はない。

→×（食事支援では、共食などを実現するためにも、介護する家族の状況を考える必要がある）

高齢者は加齢、疾病の後遺症などが原因で味覚、嗅覚、視覚などの感覚が低下し、さらに、生活環境の変化や疾患の悪化などにより生活活動量が低下し、食欲や食事量が低下しやすくなります。低栄養状態、疾病のある場合、認知症のある場合など、対象者に合わせた食事支援をすることが重要です。

食事支援の工夫

① 共食	⑤ 高エネルギーのおやつの利用
② 加工食品や冷凍食品の活用	⑥ 摂食・嚥下機能に合わせた食形態、調理
③ お惣菜の活用	
④ 電子レンジの活用	

食事支援では、食事の重要性を理解してもらうことから、双方向的なコミュニケーションを重視した指導を行います。

基礎理解度 CHECK!!

□□ 1 ▶身長は、栄養状態を表現している最も重要な指標である。

□□ 2 ▶BMI（Body Mass Index）が 18.5 未満は、肥満である。

□□ 3 ▶上腕周囲長は、骨格、内臓、筋肉などの総和を反映している。

□□ 4 ▶高齢者では口渇感の低下や頻尿などを理由に意識的に水分の摂取を制限していることがある。

□□ 5 ▶経管栄養法や静脈栄養法を実施している場合、栄養補給は、良好に保たれる。

□□ 6 ▶高齢者は、薬剤の副作用により味覚の低下や食欲の低下、便秘等を引き起こすことがある。

□□ 7 ▶フレイルでは、再び健康な状態に戻ることはない。

1 ×体重は、栄養状態を表現している最も重要な指標で、体重減少は、身体状況の低下や悪化等の変化が現れる前から出現することがある。

2 ×BMI18.5 未満が低体重（やせ）であり、BMI25.0 以上が肥満となっている。

3 ○

4 ○

5 ×経管栄養法や静脈栄養法を実施している場合、栄養補給が十分に確保されていないことが危惧され、感染症などのリスクが高いことから、栄養状態が悪化しやすい。

6 ○

7 ×フレイルは、適切な介入・支援によって再び健康な状態に戻ることができる可能性（可逆性）を含んでいる。

ランク A

14 介護技術の展開

「介護技術」の確実な実施のためには合理的な方法があります。食事、排泄《はいせつ》の介助、褥瘡《じょくそう》の予防、睡眠への対応、清潔の保持、口腔ケアなど、具体的な技術を簡潔にまとめました。アセスメント結果を支援やサービスに結びつける過程で必要な介護技術に関する知識の出題は頻度が高いので、具体的な方法と注意点をしっかりと把握しておくようにしましょう。

1. 食事の介護

食事の目的と機能

食事には、大きく2つの目的があります。

① 排泄、睡眠などと同様に、生命および生命活動を維持するために不可欠な基本的（生理的）欲求を満たすこと
② 生命維持の基本的（生理的）欲求の充足を基に、より高次の身体的、心理的、社会的欲求を満たすことを通して、その人がその人らしく生活を維持すること

つまり、食事は人間の生存に不可欠な基本的欲求であるとともに、QOL においてもきわめて重要なものであるといえます。

摂食・嚥下障害の理解

摂食・嚥下のプロセスは、第1期の**先行（認知）期**、第2期の**準備期**、第3期の**口腔《こうくう》期**、第4期の**咽頭《いんとう》期**、第5期の**食道期**という連続する過程からなります。

口腔と**咽頭**は、呼吸の際には空気の通り道となり、食事の際には食べ物の通り道となります。この仕分けをしているのが**喉頭《こうとう》**です。**喉頭蓋《こうとうがい》**（喉頭のふた）は呼吸の際には開いていますが、食事の際には気道にふたをして、食物が気管へ入らないように防ぐ役目をもっています。喉頭蓋がうまく閉まらないなどの理由で、飲食物や唾液、胃の内容物が気管に入ることを**誤嚥《ごえん》**といいます。

摂食・嚥下障害とは、摂食・嚥下のプロセスのどこかに、問題が生じていることをいいます。

第3期の障害は、口腔（舌）や顎《がく》関節の機能が低下し、口腔内に食塊《しょっかい》が残りやすくなる状態です。また、第4期の障害は、口腔

アドバイス

食事に関する介護技術は頻出問題です。嚥下《えんげ》のしくみや誤嚥《ごえん》防止の介護技術についてもきちんと学習しておきましょう。

用語解説

嚥下反射：食物で口の奥や咽《いん》頭《とう》が刺激されることで、呼吸を止めて食物を反射的に飲み込み食道まで送る反射運動。食物が粘膜に触れるとその刺激が中枢に伝えられ、気管の入り口にある喉頭蓋《こうとうがい》が閉じられる。

過去の出題

嚥下反射について問われました。（22-29）
・嚥下反射により、食物が気道に入らないよう気管の入り口が閉鎖される。
→○

だけではなく、咽頭に食塊が残りやすくなる状態です。さらに、第５期の障害は、食塊の送り込みが遅れたり、逆流したりしやすくなる状態です。すなわち誤嚥は、嚥下前、嚥下中、嚥下後のすべてで生じます。

摂食・嚥下プロセスと摂食・嚥下障害

摂食・嚥下プロセス		内容	摂食・嚥下障害
第１期	先行（認知）期	食物を認識する	食物を認識できない
第２期	準備期	食物を咀嚼し、まとめて食塊にする	食物を嚥下しやすい形にかみ砕けない
第３期	口腔期	食塊を咽頭に送り込む	口腔内に残った食塊を誤嚥する
第４期	咽頭期	咽頭に送り込まれた食塊を嚥下反射により、食道の方向に送り込む	咽頭に残った食塊を誤嚥する
第５期	食道期	食道に送り込まれた食塊を蠕動《ぜんどう》運動により、胃の方向に送り込む	食塊の送り込みが遅れたり、逆流したりしたものを誤嚥する

過去の出題

摂食・嚥下プロセスについて問われました。22-27
- 摂食・嚥下プロセスの先行期（認知期）は、食べ物を咀嚼する段階である。
  →×（先行期（認知期）は、食べ物を認識する段階である）
- 摂食・嚥下プロセスの咽頭期の障害では、胃からの逆流がみられる。
  →×（咽頭期の障害は、咽頭に残った食塊の誤嚥である）

過去の出題

摂食・嚥下障害について問われました。25-36
- 咀嚼能力や唾液分泌の低下などから、摂食・嚥下障害を起こしやすい。
  →○

2. 排泄の介護

排泄《はいせつ》は、体内での物質の代謝の結果生じた不要物を、排尿、排便、発汗などによって体外に排出することで、生命の維持や健康の保持のために不可欠な活動です。尿意や便意の知覚に始まり、排泄の場所まで移動・移乗のうえ、衣類を操作し、排泄に適した姿勢を保持したうえで排尿・排便をするという一連の複雑な認知や行為からなる営みです。

排泄障害とは、疾病や障害、加齢、その他多様な要因により、排泄における営みの一部もしくは全部に障害をきたすことです。

排泄障害は、排尿障害と排便障害に大きく分類されます。

過去の出題

尿失禁について問われました。25-30
- 尿失禁とは、尿を全部出しきれず、膀胱の中に尿が残ることをいう。
  →×（尿失禁とは、自分の意思とは関係なく尿が漏れてしまうことをいう）

過去の出題

腹圧性尿失禁について問われました。22再-38
- 腹圧性尿失禁には、骨盤底筋訓練よりも膀胱訓練が有効である。
  →×（骨盤底筋訓練が有効）

排泄障害の種類

種類		特徴	対応
排尿障害	腹圧性尿失禁	咳やくしゃみで漏れる。腹圧が膀胱にかかることで起こる。女性に多い	骨盤底筋訓練などで骨盤底筋群の筋力を高める
	切迫性尿失禁	膀胱炎や括約筋の筋力低下のため、排尿の我慢ができずに漏れる	薬剤療法や尿を計画的にためる膀胱訓練を行う
	溢流性《いつりゅうせい》尿失禁	前立腺肥大などで、たまった尿が少しずつ出続ける	尿道の閉塞を解決したり残尿をなくす
	機能性尿失禁	排泄機能に問題はないが、運動障害、認知症などでトイレに間に合わずに漏れる	一連の日常生活動作の問題点を見極め、間に合うように環境を整える
	神経因性膀胱	神経障害により尿が出ない	導尿やバルーンカテーテルを使用する
	頻尿	トイレが近く、特に夜間に頻繁にトイレに行く	水分や薬剤での調整を行う
排便障害	腹圧性便失禁	腹圧がかかると我慢できずに漏れる	定期的に排便をすませる
	切迫性便失禁	我慢できずに漏れる	ほとんどが下痢を伴っているため、下痢を改善することが便失禁の改善にもなる
	溢流性便失禁	便がたくさんたまっている状態のため、便があふれ出る	便がたくさんたまっていることによって起こるため、下剤、浣腸などにより便を出し切る。毎回それらの方法に頼らなくてすむように生活を整える
	機能性便失禁	排泄機能に問題はないが、運動障害、認知症などでトイレに間に合わずに漏れる	一連の日常生活動作の問題点を見極め、間に合うように環境を整える
	下痢	便の水分が多くなった状態、頻繁に出る	急性の下痢は、絶食にして様子をみる。脱水を起こさないように、水分の補給に努める。からだを冷やさないようにし、下痢が治まったら、刺激が少なく、消化のよい、温かい食事を少しずつ食べる。激しい腹痛や発熱などを伴う場合は感染性の下痢の可能性が高いため、なるべく早く受診する 慢性の下痢は、病気が隠されていることが多いため、受診が必要である。診断がついたら、医師の指示に従うが、栄養障害を起こさないように、消化がよく、栄養価の高い食事を摂る
	便秘	便が硬い、何日も出ない	運動の励行、適切な食物、水分の摂取、下剤を使用する

●排泄のアセスメント

排泄については、排泄行為の一連の流れを確認しながらアセスメントすることが求められます。

排泄動作等のアセスメント

移動動作	自立歩行、歩行介助、車いす介助など
排泄場所	トイレ、ポータブルトイレ、カテーテル使用など
排泄用具	おむつ、紙パンツ、パッド、カテーテルの使用、交換など

総合的なアセスメント

尿意・便意	尿意・便意の有無など
尿失禁・便失禁	尿失禁・便失禁の経験の有無、身体機能などの器質的な原因、排泄用具の使用方法の理解度など
排泄後の後始末	介助の必要度合い、トイレの形状・機能の理解度など
排泄頻度等	排尿の頻度、尿量、尿の色、排便の頻度、便量、便の形状など

過去の出題

排泄の介助について問われました。（24-29）
- 排泄の介助に伴い、家族は腰痛や睡眠不足などの身体的影響を受けることがある。
  →○

●排泄のコントロール

利用者の排泄パターンに応じて、**排泄のコントロール**をする必要があります。

食事内容や水分摂取量、服薬状況、食物繊維やファイバー食品の摂取、排尿・排便の姿勢、日中の活動量などを確認し、排泄リズムを整えます。

過去の出題

排泄のコントロールについて問われました。
（22再-38）（24-29）
- 排便コントロールには、排便間隔を把握し、食生活や身体活動等を含めた生活リズムを整えることが大切である。
  →○
- 食事内容の確認は、排泄のコントロールに必要である。
  →○

3. 褥瘡への対応

褥瘡《じょくそう》とは、圧迫、摩擦、ずれ、湿潤といった外力により血流が途絶え、細胞や組織に障害を起こした状態です。「床《とこ》ずれ」ともいわれ、**寝たきり**や座りきりなどによって**圧迫**される部位の**皮膚の発赤《ほっせき》、ただれ、水疱《すいほう》、傷**などを指します（190頁参照）。

アドバイス

褥瘡については、好発部位や発生要因のほか、栄養面や予防ケアなど、多方面から出題されています。また、訪問看護において、「真皮を越える褥瘡」については、特別管理加算の対象となる等、横断的にしっかりおさえておく必要があります。

褥瘡の発生要因

褥瘡の発生要因は、大きく分けて3つあります。

全身的要因	低栄養、やせ、浮腫、加齢・基礎疾患、薬剤の使用
局所的要因	加齢による皮膚の変化、摩擦･ずれ、失禁、湿潤、皮膚疾患
社会的要因	介護力（マンパワー）不足、情報不足、経済力不足

同じ姿勢を長時間続け、体圧がかかることなどによって、継続的な血流障害が起き、褥瘡の発生につながります。

褥瘡のできやすい部位

※ □ 部分は
重症化しやすい

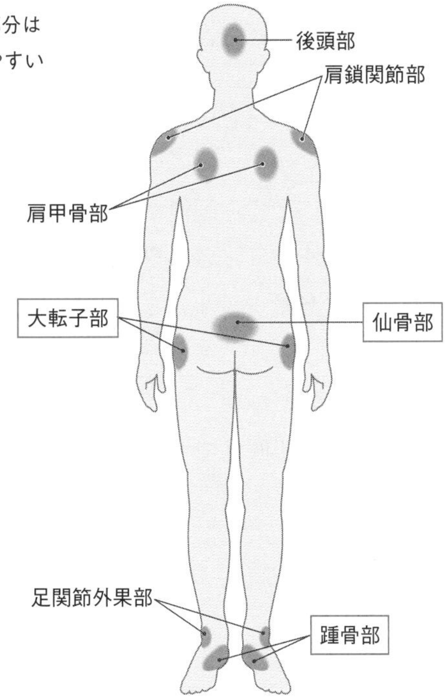

褥瘡への対応

褥瘡は予防と管理の観点から、①利用者の局所と全身への対応（褥瘡の好発部位を知ること等）、②用具・機器の活用、③家族や介護者への支援、④保健医療福祉サービスとの連携が必要です。褥瘡の予防や管理には、医師や看護師、薬剤師、栄養士、理学療法士、作業療法士、介護福祉士、社会福祉士等、多職種の連携が必要になります。

プラスα

褥瘡は1～2日の短期間のうちにできることもあります。

過去の出題

褥瘡の好発部位について問われました。26-29

・寝たきりになると腹部にできやすい。
→×（寝たきりでは、仙骨部、大転子部など体圧がかかる部位にできやすい）

過去の出題

褥瘡への対応について問われました。20-34 23-32

・褥瘡がある場合には、症状が悪化するため、入浴は避ける。
→×（入浴は可能である）

・指定介護老人福祉施設において、褥瘡マネジメント加算は算定できない。
→×（入所者全員に褥瘡発生リスクの評価を行う等の要件を満たした場合、算定できる）

プラスα

体圧を分散させ褥瘡を予防する用具として、エアマットなどがあります。エアマットには空気を入れすぎないように注意します。また、エアマットなどを使用している場合であっても、体位変換を行う必要があります。

プラスα

麻痺や感覚障害、認知症などの場合も、自分で動くことができない、皮膚の圧迫に気づかないなどによって、褥瘡になりやすいため注意が必要です。

①褥瘡の好発部位を知ること	褥瘡は、寝ている姿勢、車いすに座っているときなど、体圧がかかる部分などにできやすいことで知られている。利用者の状態に応じてリスクの高い部位を予防的に保護することが必要となる。同時に栄養管理、皮膚の清潔などの全身への対応も必要である。
②用具・機器の活用	長時間、同一部位にかかる圧力を減少させるための用具・機器として、臥《が》位《い》時には特殊ベッドやマットレスなどがあり、また、座《ざ》位《い》時にはいすや車いすに敷いて使用するクッションおよび姿勢を整えるパッドなどがある。
③家族や介護者への支援	褥瘡の予防や管理は、家族や介護者が行うことも多い。家族や介護者の大きな負担とならないよう留意しつつ、介護の知識や技術手法を助言・指導したり、必要なサービスを導入したりする支援が必要となる。

4. 睡眠の介護

過去の出題

睡眠障害の種類について問われました。22-28

- 床に就いてもなかなか眠れないことを、熟眠障害という。
  →×（床に就いてもなかなか眠れないことを、入眠困難という）
- 眠りが浅く、すっきりと目覚められないことを、早朝覚醒という。
  →×（眠りが浅く、すっきりと目覚められないことを、熟眠障害という）

過去の出題

睡眠障害の原因について問われました。22-28

- かゆみによって睡眠障害が生じることがある。
  →○
- 薬の副作用によって、夜間に興奮又は覚醒し、不眠になることがある。
  →○

睡眠には、睡眠前の心身の疲労を回復する意義と睡眠後の生活をよりよく営むための活力を養うという意義があります。睡眠は加齢に伴って変化します。高齢者になると睡眠が浅くなる傾向があり、睡眠障害を引き起こすことが多くなります。睡眠に関連した多様な病気を、まとめて睡眠障害と呼び、睡眠障害のなかで最も多いといわれているのが、不眠症です。不眠症の種類と要因は次のとおりです。

不眠症の種類

入眠困難	眠ろうとしてもなかなか寝つけない状態
中途覚醒	眠りに入ってから途中で目が覚めてしまい、再び寝ようとしても眠れない状態
早朝覚醒	早朝に目が覚めてしまい、まだ眠りたいと思っても眠れなくなってしまう状態
熟眠障害	眠りが浅く、すっきりと目覚めることができない状態

不眠症の要因

身体的要因	痛み、かゆみ、咳《せき》など身体に生じる不快や苦痛によって安静や休息を保つことが困難
心理的要因	ストレス、緊張、不安、イライラなどが要因。また、うつ病、不安障害などの症状も要因となる
物理的要因	音、光、温度などのほか、引越しや旅行などの生活環境の変化が要因
薬理学的要因	薬物の副作用などによって昼間に傾眠傾向になったり、夜間に興奮、覚醒作用を生じたりする

睡眠障害への対応

身体的、心理的、物理的、薬理学的要因が利用者の睡眠に影響を与えることから、日中の活動量、食事・水分の摂取量、服薬状況など、専門職が協働してアセスメントを実施し、利用者のニーズを明らかにし、睡眠障害への対応方法を検討することが求められます。

5. 入浴・清潔・整容の介護

清潔には、生理的・心理的・社会的な意義があります。

清潔の意義

生理的な意義：汚れを取り除き、身体を保護し、各機能をより健康的に保持する
心理的な意義：爽快感ややすらぎ、快適な気分が得られたり、苦痛や倦怠感が軽減する
社会的な意義：生活や活動の意欲と社会性を高める

また、清潔の介護では、①個別性への配慮、②多職種との連携、③プライバシーの保護、④異常の早期発見・対処が求められます。

入浴・清潔の目的と留意点

	目的	留意点
入浴	・全身の保清 ・血液循環や新陳代謝の促進 ・リラクゼーション ・心身の爽快	・血液循環への影響が大きいので注意が必要 ・ヒートショック、転倒、溺水、熱傷などの事故を予防する ・利用者に応じて浴室の改修や入浴補助用具を導入する
清拭	・清拭範囲の保清 ・血液循環や新陳代謝の促進 ・心身の爽快	・居室の室温などを適正に調整・管理する ・露出を最小限にする
手浴・足浴	・手部・足部の保清 ・血液循環の促進 ・心身の爽快	・適温を保てるように工夫する ・拘縮が強い場合は良肢位を保つ
洗髪	・頭皮および毛髪の保清 ・血液循環を良好に保つ ・心身の爽快	・頭皮・毛髪に異常がないか観察してから行う ・洗髪後、十分に髪を乾燥させる ・ベッド上で行う場合は工夫する

過去の出題

入浴について問われました。25-30
・入浴は、全身の保清を図り、血液循環や新陳代謝を促進する。
→○

プラスα

シャワー浴や全身清拭は、入浴に比べて体力の消耗が少なく清潔を確保できる方法です。

プラスα

入浴が難しい場合には、全身清拭や部分清拭、手浴、足浴などを行います。また、訪問入浴介護についてもあわせて確認しておきましょう（405頁参照）。

過去の出題

ヒートショックについて問われました。24-30
・ヒートショックとは、暑熱環境における身体適応の障害によって起こる病態である。
→×（住環境による急激な温度変化によって、血圧が乱高下したり脈拍が変動する病態である）

6. 口腔ケア

口腔の役割

咀嚼	口に入った食物を歯でかみ砕き、唾液と混ぜて食塊《しょっかい》を形成すること
嚥下	嚥下反射によって、咽頭から食道に食塊を送ること
発音・発声	吐き出す息が声帯を振動させて、咽頭、口腔などで共鳴して生じる。口唇、舌、頬等を動かして音をつくる
呼吸	息を吸ったり吐いたりすること

食前には口腔周囲を動かす口腔ケア、食後には汚れを取り除く口腔ケアを行います。

口腔ケアを行うことで、次のような効果が得られます。

- う蝕、歯周疾患の予防
- 口臭予防
- 粘膜疾患の予防・改善
- 味覚を正常に保つ
- オーラルフレイル予防
- 口腔機能・嚥下機能の維持・向上

口腔ケアの観察

食後の口腔ケアが行われているか(セルフケアができているか)について観察します。義歯を使用しているか、義歯をはずして清掃しているか、うがいができているか等を観察します。

毎食後に口腔ケアが行われることを基本とし、セルフケアが可能である場合は見守りを行い、口腔のセルフケアが困難な場合には介助者がケアを行います。

口腔ケアの方法

義歯を使用している場合ははずす
⬇
歯を歯ブラシでブラッシング
⬇
粘膜部分は洗口《せんこう》により汚れを除去
（洗口できない場合は拭き取り）

プラスα

嚥下をすると食塊が気管に入らないように、喉頭蓋によって閉鎖されるため、嚥下と呼吸・発声は同時に行うことができません。

過去の出題

咀嚼能力について問われました。22-29

- すべての歯を喪失しても、咀嚼能力は低下しない。
→×（咀嚼能力は、歯数が 20 本より少なくなると低下するといわれている）

過去の出題

口臭の原因について問われました。22-29

- 脱落した粘膜上皮細胞も、口臭の原因となる。
→○

過去の出題

口腔ケアについて問われました。24-30 25-31

- 唾液には、口腔内の自浄作用がある。
→○
- 誤嚥性肺炎の発症を防ぐには、口腔内の環境を整えることが重要である。
→○
- 口腔内・口腔周囲を動かすことは、オーラルフレイル予防につながる。
→○

プラスα

胃ろうでの**経管栄養**などによって経口摂取を行っていない場合であっても、口腔内は不潔になりやすく、口腔ケアが重要となります。

●義歯

食後は、はずせる義歯ははずして口腔内を清掃し、義歯はブラシを使用して流水で洗います。夜間は義歯をはずして清掃し、きれいな水の中に漬けておきます（補助的に義歯洗浄剤を使用してもよい）。

過去の出題

口腔ケアについて問われました。22-29　23-33

・口腔内を清掃する際は、義歯は外さない。
→×（口腔内を清掃する際は、義歯は外す）

・食物残渣は、口臭の原因となる。
→○

基礎理解度 CHECK!!

□□ 1 ▸ 摂食・嚥下プロセスの口腔期は、食塊を咽頭に送り込む段階である。

□□ 2 ▸ 切迫性尿失禁では、骨盤底筋訓練などで骨盤底筋群の筋力を高めるとよい。

□□ 3 ▸ 溢流性《いつりゅうせい》尿失禁は、前立腺肥大などで、たまった尿が少しずつ出続ける。

□□ 4 ▸ 機能性尿失禁は、排泄機能に問題はないが、トイレに間に合わずに漏れる。

□□ 5 ▸ 大転子部は、褥瘡の好発部位の1つである。

□□ 6 ▸ 褥瘡の予防において、エアマット等の除圧効果のある予防用具を用いた場合には、体位変換を行う必要はない。

□□ 7 ▸ 高齢者になると睡眠が深くなる傾向がある。

□□ 8 ▸ 眠ろうとしてもなかなか寝つけない状態を、中途覚醒という。

□□ 9 ▸ シャワー浴や全身清拭は、入浴に比べて体力の消耗が激しい。

□□ 10 ▸ 口腔ケアには、嚥下機能の維持・向上の効果は期待できない。

□□ 11 ▸ はずせる義歯を使用している場合は、義歯をはずして口腔ケアを行う。

1○

2×切迫性尿失禁では、膀胱訓練を行う。骨盤底筋訓練などで骨盤底筋群の筋力を高めるとよいのは、腹圧性尿失禁である。

3○

4○

5○

6×褥瘡の予防において、エアマット等の除圧効果のある予防用具を用いた場合であっても、基本的には体位変換を行う必要がある。

7×高齢者になると睡眠が浅くなる傾向があり、睡眠障害を引き起こすことが多い。

8×眠ろうとしてもなかなか寝つけない状態を、入眠困難という。中途覚醒は、眠りに入ってから途中で目が覚めてしまい、再び寝ようとしても眠れない状態をいう。

9×シャワー浴や全身清拭は、入浴に比べて、体力の消耗が少なく清潔を確保できる方法である。

10×口腔ケアには、嚥下機能の維持・向上の効果がある。

11○

ランクA

15 訪問看護および介護予防訪問看護

訪問看護は、療養上の世話と診療の補助を行います。サービス開始時には、主治医の文書による指示が必要となります。介護保険だけでなく医療保険からも利用できるサービスです。介護保険の利用者には病気療養中の人も多くいます。訪問看護に関する問題はほぼ毎年出題されていますので、医療系サービスのなかでも特に力を入れて勉強しておきましょう。訪問看護の業務内容、加算や医療保険との適用関係などは、よく試験に出ています。

1. 訪問看護

プラスα

次の「厚生労働大臣が定める疾病等」は医療保険からの給付となります。

①多発性硬化症
②重症筋無力症
③スモン
④筋萎縮《いしゅく》性側索硬化症
⑤脊髄《せきずい》小脳変性症
⑥ハンチントン病
⑦進行性筋ジストロフィー症
⑧パーキンソン病関連疾患〔進行性核上性麻痺《まひ》、大脳皮質基底核変性症、パーキンソン病（ホーエン・ヤールの重症度分類がステージ3以上で生活機能障害度がⅡ度またはⅢ度のものが条件）〕
⑨多系統萎縮症〔線条体黒質変性症、オリーブ橋小脳萎縮症、シャイ・ドレーガー症候群〕
⑩プリオン病
⑪亜急性硬化性全脳炎
⑫ライソゾーム病
⑬副腎白質ジストロフィー
⑭脊髄性筋萎縮症
⑮球脊髄性筋萎縮症
⑯慢性炎症性脱髄性多発神経炎
⑰後天性免疫不全症候群
⑱頸髄《けいずい》損傷
⑲人工呼吸器を使用している状態

訪問看護は、医師が必要と認めた居宅要介護者に対し、看護師、保健師、准看護師、理学療法士、作業療法士、言語聴覚士が行う療養上の世話または必要な診療の補助のことをいいます。

訪問看護の基本方針は、「利用者が可能な限りその居宅において、その有する能力に応じ自立した日常生活を営むことができるよう、その療養生活を支援し、心身の機能の維持回復及び生活機能の維持又は向上を目指すものでなければならない」とされています。

訪問看護の業務内容

訪問看護の業務内容は、次のとおりです。

① 病状の観察と情報収集
② 療養上の世話（清潔、排泄援助、移動、食事栄養援助、衣服の交換）
③ 診療の補助（服薬管理、浣腸・摘便、褥瘡の予防など）
④ 精神的支援
⑤ リハビリテーション
⑥ 家族支援
⑦ 療養指導
⑧ 在宅での看取りの支援

※薬剤の処方は、訪問看護では行いません。

利用者の保険区分

訪問看護は利用者の年齢や疾患、状態によって、介護保険の訪問看護と、医療保険の訪問看護に分かれます。病状が安定期にある要介護者・要支援者については、介護保険の給付が医療保険の給付に優先されます。ただし、次のような場合は、医療保険からの給付となります。

訪問看護が医療保険の給付となる場合

① 急性増悪時の訪問看護（特別訪問看護指示書が必要）
② 末期の悪性腫瘍（末期がん）の患者への訪問看護
③ 神経難病など厚生労働大臣が定める疾病等の患者への訪問看護
④ 精神科訪問看護（認知症を除く）

訪問看護の定義と事業者、人員基準

定義	病院・診療所、訪問看護ステーションの看護師等が、病状の安定期にある利用者を訪問し、療養上の世話や診療の補助を行う
事業者	病院・診療所、訪問看護ステーションが都道府県知事の指定を得て指定訪問看護事業者としてサービスを行う
人員基準	病院・診療所 ●看護職員（看護師、准看護師、保健師）を適当数 訪問看護ステーション ●看護職員を常勤換算方法で2.5人以上（1人は常勤） ●理学療法士、作業療法士、言語聴覚士を実情に応じた適当数 ●常勤専従（支障がなければ他の職務に従事できる）の管理者（原則、保健師または看護師）

運営基準

訪問看護の主な運営基準は、次のとおりです。

基本取扱方針	・利用者の要介護状態の軽減または悪化の防止に資するよう、療養上の目標を設定し、計画的に行われなければならない
具体的取扱方針	・訪問看護は、利用者の心身の機能の維持回復を図るよう妥当適切に行う ・利用者またはその家族に対し、療養上の指導または説明を行う ・医学の進歩に対応し、適切な看護技術をもって訪問看護を提供する ・特殊な看護等を行ってはならない
主治の医師との関係	・訪問看護事業者は、訪問看護の提供の開始に際し、主治の医師による指示を文書で受けなければならない ・訪問看護事業者は、主治の医師に訪問看護計画書および訪問看護報告書を提出し、訪問看護の提供にあたって主治の医師との密接な連携を図らなければならない
訪問看護計画書および訪問看護報告書の作成	・看護師等（准看護師を除く）は、利用者の希望、主治の医師の指示および心身の状況等を踏まえて、療養上の目標、目標を達成するための具体的なサービスの内容等を記載した訪問看護計画書を作成しなければならない ・すでに居宅サービス計画が作成されている場合は、居宅サービス計画の内容に沿って訪問看護計画書を作成しなければならない ・訪問看護計画書の主要な事項について利用者またはその

過去の出題

訪問看護事業を行う事業所について問われました。（23-42）
・訪問看護事業を行う事業所は、指定訪問看護ステーションに限られる。
→×（病院・診療所も行える）

過去の出題

言語聴覚士の配置について問われました。（24-41）
・訪問看護事業所には、言語聴覚士を配置することができる。
→○

過去の出題

指定訪問看護ステーションの人員基準について問われました。（22再-41）（25-41）
・指定訪問看護ステーションには、看護職員を常勤換算で2.5人以上置かなければならない。
→○
・介護保険の指定訪問看護ステーションの管理者は、原則として、常勤の保健師又は看護師でなければならない。
→○

プラスα

病院・診療所の場合は、保険医療機関の指定を受けたことをもって、介護保険の指定訪問看護事業者とみなされる指定の特例が適用されます（みなし指定）。

過去の出題

主治医との関係について問われました。（21-41）
・要介護認定者であれば、主治の医師の指示は必要ない。
→×（主治の医師の訪問看護指示書が必要）

	家族に説明し、利用者の同意を得たうえで交付しなければならない ・看護師等（准看護師を除く）は、訪問日、提供した看護内容等を記載した訪問看護報告書を作成しなければならない ・管理者は、これらの計画書および報告書の作成に関し、必要な指導および管理を行わなければならない
同居家族に対する訪問看護の禁止	・訪問看護事業者は、看護師等にその同居の家族である利用者に対する訪問看護の提供をさせてはならない
緊急時等の対応	・看護師等は、訪問看護の提供を行っているときに利用者に病状の急変等が生じた場合には、必要に応じて臨時応急の手当てを行うとともに、速やかに主治の医師へ連絡し指示を求める等の必要な措置を講じなければならない

主治の医師による指示

訪問看護事業者は、訪問看護の提供の開始に際しては、主治医による訪問看護指示書の交付を受けなければなりません。

また、病状が悪化するなど急性増悪のときは、主治医から特別訪問看護指示書が訪問看護事業所に対して交付されます。特別訪問看護指示書の交付があった場合、医療保険の給付対象となります。

	有効期間
訪問看護指示書	6か月以内
特別訪問看護指示書	診療の日から14日以内

特別訪問看護指示書の交付は、1か月に1回を限度とされています（厚生労働大臣が定める者※については2回（最長28日間））。

介護報酬

区分

サービス提供時間を、① 20分未満、② 30分未満、③ 30分以上1時間未満、④ 1時間以上1時間30分未満までの4区分に分け、①訪問看護ステーション、②病院・診療所の事業所類型により介護報酬が設定されています。また、これらの分類によらず、定期巡回・随時対応型訪問介護看護事業所（連携型定期巡回・随時対応型訪問介護看護に限る）と連携する場合に月単位で算定される報酬があります。

主な加算

緊急時訪問看護加算

利用者・家族と24時間連絡できる体制にあって、かつ、計画

プラスα

訪問看護事業所が病院・診療所である場合は、主治の医師の文書（訪問看護指示書）による指示、訪問看護計画書および訪問看護報告書の提出は、診療記録への記載でよいとされています。

過去の出題

訪問看護の指示について問われました。（26-34）

・退院後の訪問看護は、介護支援専門員が指示する。
→×（主治の医師等が指示する）

過去の出題

特別訪問看護指示書について問われました。
（23-42）（25-41）

・特別訪問看護指示書があるときは、7日間に限り、医療保険による訪問看護を提供することができる。
→×（14日間に限り提供できる）
・急性増悪時に主治医から特別指示書が交付された場合、介護保険から給付が行われる。
→×（医療保険から給付が行われる）

プラスα

※「厚生労働大臣が定める者」とは、①気管カニューレを使用している状態にある者、②真皮を越える褥瘡の状態にある者をいいます。

過去の出題

医療保険による訪問看護について問われました。
（22再-41）

・真皮を越える褥瘡の患者は、医療保険による訪問看護を週4回以上受けることができる。
→〇

的に訪問することとなっていない緊急時訪問を必要に応じて行う体制にある場合に算定します。

● **特別管理加算**(Ⅰ)(Ⅱ)

悪性腫瘍や気管切開、腹膜透析、血液透析、在宅酸素療法、真皮を越える褥瘡のある場合など、特別な管理を必要とする利用者に対して、計画的な管理を行った場合に算定します。

● **ターミナルケア加算**

死亡日および死亡日前14日以内に2日（死亡日および死亡日前14日以内に末期の悪性腫瘍その他厚生労働大臣が定める状態にあるものに対して訪問看護を行っている場合には1日）以上ターミナルケアを行った場合に算定します。また、24時間連絡できる体制を確保していることも基準となります。

● **退院時共同指導加算**

病院・診療所、介護老人保健施設または介護医療院に入院（入所）中の人が退院（退所）するにあたって、看護師等（准看護師を除く）が、主治医等と共同して在宅生活における指導を行い、それを文書で提供した場合に、退院（退所）後の初回の訪問看護の際に算定します（初回加算を算定する場合には算定できない）。

● **複数名訪問加算**(Ⅰ)(Ⅱ)

利用者の身体的理由や暴力行為などの理由により同時に複数の職員がサービスを提供した場合に算定します。

減算

准看護師がサービスを提供した場合、事業所と同一もしくは隣接する敷地内の建物か、事業所と同一の建物に居住する利用者にサービスを行う場合などに減算されます。

同時に算定できないサービス

次のサービスを受けている間は、訪問看護費は算定できません。

○短期入所生活介護
○短期入所療養介護
○特定施設入居者生活介護
○定期巡回・随時対応型訪問介護看護
（一体型定期巡回・随時対応型訪問介護看護に限る）
○認知症対応型共同生活介護
○地域密着型特定施設入居者生活介護
○地域密着型介護老人福祉施設入所者生活介護
○看護小規模多機能型居宅介護（複合型サービス）

過去の出題

緊急時訪問看護加算について問われました。 22再-41

・利用者又は家族から電話等で看護に関する意見を求められた場合に常時連絡できる体制にあり、かつ、計画にない緊急時の訪問を必要に応じて行う体制にある場合には、緊急時訪問看護加算が算定できる。
→○

プラスα

ターミナルケア加算の「厚生労働大臣が定める状態」は、288頁の医療保険の給付の対象となる疾病等に加え、「急性増悪その他利用者の主治医が一時的に頻回の訪問看護が必要であると認める状態」も含まれる。

過去の出題

ターミナルケア加算について問われました。 19-38

・ターミナルケア加算は、死亡日にターミナルケアを実施した場合に加算できる。
→×（死亡日および死亡日前14日以内に2日以上ターミナルケアを行った場合に算定される）

プラスα

同時に訪問する者として、看護補助者（資格は問わない）が同行した場合、複数名訪問加算(Ⅱ)が加算されます。

アドバイス

訪問看護と併用できるサービスについて、過去問でも問われています。 23-42

過去の出題

サービスの提供について問われました。(25-41)

・24時間365日、サービスを提供しなければならない。
→×（24時間365日サービスを提供する体制をとると、緊急時訪問看護加算が算定できる）

● 退院・退所当日の訪問看護

退院・退所当日の訪問看護について、利用者のニーズに対応し、在宅での療養環境を早期に整える観点から、主治の医師が必要と認める場合は、算定が可能とされました。

（例：医療機関、介護老人保健施設や介護医療院を退院・退所した日に主治医が訪問看護を必要であると認めた場合など）

2. 介護予防訪問看護

介護予防訪問看護は、要支援者が対象の予防給付でのサービスです。予防的な視点に重点が置かれたケアを行い、自立支援を目指して行われます。

● 利用者の特性

介護予防訪問看護の利用者は、次のような人です。

① 医療処置や服薬管理が必要な要支援者
② 軽度認知症のある要支援者
③ リハビリテーションによって機能の維持・改善が期待できる要支援者
④ 病状観察や療養上の世話が必要な要支援者

● 介護予防訪問看護の業務内容

介護予防訪問看護の業務内容は、次の内容になります。

① 病状の観察
② 入浴介助・洗髪などの清潔の保持
③ 排泄などの日常生活の世話
④ リハビリテーション
⑤ 認知症の看護
⑥ 療養生活・介護方法の指導
⑦ 医師の指示による医療処置

過去の出題

介護予防訪問看護の対象者について問われました。(19-44)

・介護予防訪問看護の対象者には、末期の悪性腫瘍の患者も含まれる。
→×（末期の悪性腫瘍の患者は、医療保険の訪問看護の対象であり、介護保険の介護予防訪問看護の利用はできない）

● 介護報酬

減算

理学療法士・作業療法士・言語聴覚士が行う介護予防訪問看護を、利用開始日の月から12か月超の利用者にサービス提供を行った場合は、1回につき所定単位数を減算する。

基礎理解度 CHECK!!

□□ 1 ▸ 訪問看護は、医師が必要と認めた居宅要介護者に対し、看護師、保健師、准看護師に限り、療養上の世話または必要な診療の補助を行うことをいう。

□□ 2 ▸ 訪問看護では、薬剤の処方も行う。

□□ 3 ▸ 訪問看護の業務内容には、精神的支援や家族支援は含まれない。

□□ 4 ▸ 脊髄小脳変性症の居宅要介護者への訪問看護は、医療保険からの給付となる。

□□ 5 ▸ パーキンソン病の者に対する訪問看護は、すべて医療保険からの給付となる。

□□ 6 ▸ 訪問看護の事業者は、訪問看護ステーションに限られている。

□□ 7 ▸ 訪問看護事業者は、訪問看護の提供の開始に際し、主治の医師による指示を文書で受ける必要がある。

□□ 8 ▸ 居宅要介護者であれば、看護師等（准看護師を除く）は、訪問看護報告書を作成する必要はない。

□□ 9 ▸ 主治医から特別訪問看護指示書が訪問看護事業所に対して交付された場合の訪問看護は、医療保険の給付対象となる。

□□ 10 ▸ 特別訪問看護指示書の有効期間は、6か月以内である。

□□ 11 ▸ 利用者・家族と24時間連絡できる体制にあって、かつ、計画的に訪問することとなっていない緊急時訪問を必要に応じて行う体制にある場合は、特別管理加算を算定できる。

□□ 12 ▸ 介護予防訪問看護の対象者には、末期の悪性腫瘍の患者が含まれる。

1 ✕ 訪問看護は、医師が必要と認めた居宅要介護者に対し、看護師、保健師、准看護師、理学療法士、作業療法士、言語聴覚士が行う療養上の世話または必要な診療の補助のことをいう。

2 ✕ 訪問看護では、服薬管理は行うが、薬剤の処方は行わない。

3 ✕ 訪問看護の業務内容には、精神的支援や家族支援が含まれている。

4 ○

5 ✕ パーキンソン病でホーエン・ヤールの重症度分類がステージ3以上で生活機能障害度がⅡ度またはⅢ度の者に対する訪問看護は、医療保険からの給付となる。

6 ✕ 訪問看護は、訪問看護ステーションのほか、病院・診療所も行える。

7 ○

8 ✕ 訪問看護を提供した場合、看護師等（准看護師を除く）は、訪問看護報告書を作成しなければならない。

9 ○

10 ✕ 有効期間が6か月以内なのは、訪問看護指示書である。特別訪問看護指示書の有効期間は、診療の日から14日以内（厚生労働大臣が定める者については最長28日間）である。

11 ✕ 設問は、緊急時訪問看護加算のことである。特別管理加算(Ⅰ)(Ⅱ)は、悪性腫瘍や在宅酸素療法など特別な管理を必要とする利用者に対して、計画的な管理を行った場合に算定する。

12 ✕ 末期の悪性腫瘍の患者は、医療保険の訪問看護の対象である。

ランク B

16 訪問リハビリテーションおよび介護予防訪問リハビリテーション

訪問リハビリテーションは、理学療法士、作業療法士、言語聴覚士が要介護者の居宅を訪問して実施するリハビリテーションのことです。介護予防が重要視されている現在、訪問リハビリテーションの重要度は高くなっています。介護保険による居宅でのリハビリテーションは、生活期（維持期）のリハビリテーションです。医療保険のリハビリテーションとの連携の必要性も確認しておきましょう。第 26 回試験での出題はありませんでしたが、第 24 回試験では出題されています。

1. 訪問リハビリテーション

訪問リハビリテーションは、利用者が可能な限り居宅において能力に応じた自立した生活を営むことができるよう生活機能の維持または向上を目指し、医師の指示のもとに理学療法士、作業療法士または言語聴覚士が実施する心身機能の維持回復を図るサービスです。訪問リハビリテーションは、急性期、回復期、生活期（維持期）のうち生活期（維持期）リハビリテーションにあたります。

●訪問リハビリテーションの定義と事業者、人員基準

定義	医師が必要と認めた維持期の居宅要介護者に対し行われるリハビリテーションで、理学療法士、作業療法士、言語聴覚士が行う
事業者	病院・診療所、介護老人保健施設、介護医療院が都道府県知事の指定を得て指定訪問リハビリテーション事業者としてサービスを行う
人員基準	医師を常勤で 1 人以上 理学療法士、作業療法士または言語聴覚士を 1 人以上配置

●運営基準

訪問リハビリテーションの主な運営基準は、次のとおりです。

具体的取扱方針	・訪問リハビリテーションの提供は、理学療法士、作業療法士または言語聴覚士（以下「理学療法士等」）が行う ・理学療法士等は、訪問リハビリテーション計画に従ったサービスの実施状況およびその評価について、速やかに診療記録を作成するとともに医師に報告をしなければならない ・リハビリテーション会議を開催し、リハビリテーションに関する専門的な見地から利用者の状況等に関する情報を、会議の構成員と共有するように努めなければならない

過去の出題

訪問リハビリテーションを提供できる者について問われました。（19-44）
- 指定訪問リハビリテーションの提供は、研修を受けた看護師が行うことができる。
  →×（リハビリテーション専門職のみ）

過去の出題

指定訪問リハビリテーションの事業者と人員について問われました。（22再-37）
- 指定訪問リハビリテーションとは、病院、診療所、介護老人保健施設又は介護医療院から理学療法士、作業療法士又は言語聴覚士が居宅を訪問して行うリハビリテーションをいう。
  →○

プラスα

リハビリテーション会議は、テレビ電話装置等を活用して行うことができます。利用者または家族が参加する場合は、その活用について同意を得なければなりません。

訪問リハビリテーション計画の作成	医師および理学療法士等は、訪問リハビリテーション計画の作成に加え、次の業務を行わなければならない ・当該計画の内容を利用者・家族に説明し、利用者の同意を得たうえで、利用者に交付する なお、事業者が指定通所リハビリテーション事業者の指定を併せて受け、かつ、リハビリテーション会議の構成員が共有する等の一定の要件を満たす場合は、リハビリテーション計画の作成および上記の業務を一体的に実施できる

訪問リハビリテーションの利用者と業務内容

訪問リハビリテーションの利用者は、主治医が診療に基づき計画的なリハビリテーションが必要と認めた者で、内容は次のとおりです。

- ① 廃用症候群（生活不活発病）の予防と改善
- ② 基本的動作能力の維持・回復
- ③ ADL（日常生活動作）の維持・回復
- ④ IADL（手段的日常生活動作）の維持・回復
- ⑤ 対人交流・社会参加の維持・拡大
- ⑥ 介護負担の軽減
- ⑦ 訪問介護事業所等に対する自立支援技術の助言指導
- ⑧ 生活環境の整備（福祉用具の利用・住宅改修）における助言指導

訪問リハビリテーションのプロセス

訪問リハビリテーションのプロセスは、大きく次の流れに沿って実施されます。

① 障害の評価

利用者の病状や心身の状況を把握し、障害の評価を行ったうえで、訪問リハビリテーションの具体的内容を検討します。その際、本人の希望や環境への配慮も必要になります。

② 訪問リハビリテーション計画の作成

医師の診療に基づき、医師および理学療法士、作業療法士または言語聴覚士が、サービスの目標、具体的なサービス内容、訪問頻度などを記載した訪問リハビリテーション計画を作成し、利用者またはその家族に説明し、利用者の同意を得たうえで、利用者に交付します。居宅サービス計画が作成されている場合は、その内容に沿ったものでなくてはなりません。

また、訪問リハビリテーション事業者は、リハビリテーション会議の開催により、リハビリテーションに関する専門的な見地から利用者の状況等に関する情報を、リハビリテーション会議の構

過去の出題

訪問リハビリテーションについて問われました。

24-42

- 指定訪問介護事業等の従業者に対し、介護の工夫に関する指導を行うことができる。
  →○
- リハビリテーション会議の構成員には、指定居宅サービスの担当者も含まれる。
  →○

プラスα

病院・診療所の場合は、保険医療機関の指定を受けたことをもって介護保険の指定訪問リハビリテーション事業者とみなされます（みなし指定）。

アドバイス

介護老人保健施設・介護医療院の場合は、指定通所リハビリテーションはみなし指定されますが、指定訪問リハビリテーションはみなし指定されません。

プラスα

訪問リハビリテーションは、計画的な医学的管理を行っている医師の診療の日から3か月以内に行われた場合に算定します。

アドバイス

リハビリテーション会議の意味合いや構成員については、296頁の側注（用語解説）でしっかりと把握しておきましょう。

成員と共有するよう努め、利用者に対し、適切なサービスを提供するとされています。

③　**サービスの実施と記録**

計画書に従ってサービスを提供し、その実施状況と評価を記録した診療記録を作成して医師に報告します。

④　**再評価と計画の見直し**

効果についての再評価を行い、必要時には計画を変更します。

●訪問リハビリテーションと訪問看護ステーションから訪問するサービスについて

訪問看護ステーションから理学療法士、作業療法士、言語聴覚士が訪問するサービスは、訪問看護に分類され、介護保険法上は訪問リハビリテーションに該当しません。

●要介護度別アプローチ

介護保険の利用者の場合、要介護度によって、訪問リハビリテーションの目的が違い、それによって行われるリハビリテーションも異なってきます。

要介護度別リハビリテーションの目安

要介護度	目　的	リハビリテーションの内容
要支援１ 要支援２	予防的リハビリテーション	要介護化しないように予防に重点を置き、閉じこもりを防ぎ、活動的な生活を送れるように援助する。
要介護１ 要介護２	自立支援型 リハビリテーション	ADL・IADL の自立を図り、対人交流の活性化および、社会参加につなげる。
要介護３ 要介護４ 要介護５	介護負担軽減型 リハビリテーション	ADL を中心に生活機能の維持を行い、介護者の負担を軽減する。

●医療保険との調整

利用者の急性増悪等により、主治医から特別の指示があった場合には、６か月に１回14日間を限度とする頻回の訪問リハビリテーションが医療保険により提供されます。

用語解説

リハビリテーション会議：訪問リハビリテーション計画または通所リハビリテーション計画の作成のために、利用者およびその家族の参加を基本としながら、医師、理学療法士、作業療法士、言語聴覚士、介護支援専門員、居宅サービス計画の原案に位置づけた指定居宅サービス等の担当者などにより構成される会議。

過去の出題

訪問リハビリテーションの分類について問われました。24-42

・訪問看護ステーションの理学療法士がサービスを提供した場合は、訪問リハビリテーションに分類される。
→×（訪問看護に分類される）

アドバイス

要介護度によってリハビリテーションの対象（適応）となる人とならない人が判断されることはありません。ただし一般的には、要介護度別に重点的目標を設定することが、ある程度可能です。それが右記の表になります。

介護報酬

区分

20分以上サービスを行った場合を1回、1週間に6回を限度として算定します（ただし、退院・退所日から起算して3か月以内に、医師の指示に基づきリハビリテーションを行う場合には、1週間に12回まで算定が可能）。

主な加算

- **短期集中リハビリテーション実施加算**

退院（退所）日、または初めて要介護認定の効力が生じた日から起算して3か月以内に、短期に集中的（おおむね週2日以上）にサービスを提供した場合に算定します。

- **リハビリテーションマネジメント加算(A)イ、(A)ロ、(B)イ、(B)ロ**

訪問リハビリテーション事業所の医師、理学療法士、作業療法士、言語聴覚士その他の職種の者が協働し、継続的にリハビリテーションの質を管理した場合に算定します。

- **移行支援加算**

リハビリテーションを行うことにより、利用者の社会参加等を支援した場合（評価対象期間において、訪問リハビリテーション終了者のうち、通所介護等の通所サービス等を利用した者の割合が100分の5を超えている場合）等に算定します。

減算

事業所と同一もしくは隣接する敷地内の建物か、事業所と同一の建物に居住する利用者にサービスを提供する場合などには減算されます。

プラスα

事業者は、通常の事業の実施地域外の利用者に対し、サービスを行うための訪問に要した交通費を請求することができます。

プラスα

移行支援加算は、リハビリテーションを行うことで利用者のADL・IADLが向上し、社会参加を維持できる通所サービス等に移行できた割合が一定を超えた場合に算定します。

2.介護予防訪問リハビリテーション

介護予防訪問リハビリテーションは、医師の指示のもとに理学療法士、作業療法士または言語聴覚士が、病状の安定している要支援者の居宅を訪問して、介護予防を目的としたリハビリテーションを行うものです。

2021（令和3）年度介護報酬改定

利用者に対して、指定介護予防訪問リハビリテーションの利用を開始した日の属する月から起算して12か月を超えてサービス提供を行っている場合は、1回につき所定単位数を減算します。

過去の出題

介護予防訪問リハビリテーションについて問われました。20-45
- 介護予防訪問リハビリテーションを介護予防サービスに位置付ける場合には、主治医の指示があることを確認する。→○

基礎理解度 CHECK!!

□□ 1 ▸ 介護保険の訪問リハビリテーションは、回復期リハビリテーションの段階で行われる。

□□ 2 ▸ 訪問リハビリテーションの指定を受けることができるのは、病院・診療所に限られている。

□□ 3 ▸ 訪問リハビリテーションの提供は、理学療法士等のほか、研修を受けた看護師が行うことができる。

□□ 4 ▸ 指定訪問介護事業等の従業者に対し、介護の工夫に関する指導を行うことができる。

□□ 5 ▸ 訪問リハビリテーションの内容に、福祉用具の利用・住宅改修に関する助言指導は含まれない。

□□ 6 ▸ 訪問リハビリテーションは、計画的な医学的管理を行っている医師の診療の日から6か月以内に行われた場合に算定する。

□□ 7 ▸ 訪問リハビリテーション計画は、医師および理学療法士、作業療法士または言語聴覚士が作成する。

□□ 8 ▸ 訪問看護ステーションの理学療法士がサービスを提供した場合は、訪問リハビリテーションに分類される。

□□ 9 ▸ 要介護1と要介護2の者には、予防的リハビリテーションが主体となる。

□□ 10 ▸ 利用者の急性増悪等により、主治医から特別の指示があった場合には、6か月に1回14日間を限度とする頻回の訪問リハビリテーションを医療保険から提供することができる。

1 ✕ 介護保険の訪問リハビリテーションは、生活期（維持期）リハビリテーションの段階で行われる。

2 ✕ 訪問リハビリテーションは、病院・診療所のほか、介護老人保健施設、介護医療院が都道府県知事の指定を受けて行う。

3 ✕ 医師の指示のもとに理学療法士、作業療法士、言語聴覚士が訪問リハビリテーションを実施する。

4 ○

5 ✕ 訪問リハビリテーションの内容に、福祉用具の利用・住宅改修に関する助言指導は含まれる。

6 ✕ 訪問リハビリテーションは、計画的な医学的管理を行っている医師の診療の日から3か月以内に行われた場合に算定する。

7 ○

8 ✕ 訪問看護ステーションの理学療法士が訪問した場合は、訪問看護に分類される。

9 ✕ 要支援1・2の者には予防的リハビリテーションが主体となり、要介護1・2の者にはADL・IADLにおいて何らかの自立を図る「自立支援型リハビリテーション」が主体となる。

10 ○

ランク
C

17 居宅療養管理指導および介護予防居宅療養管理指導

在宅で生活している高齢者の日常生活の支援は介護職が担いますが、通院することのできない高齢者の医療面の支援は、居宅療養管理指導で行われます。医師・歯科医師をはじめ、さまざまな医療職が連携して療養上の管理および指導を提供します。医師・歯科医師・薬剤師は、原則としてサービス担当者会議に出席して、情報を提供することになっています。居宅療養管理指導の職種別業務内容もきちんと覚えておきましょう。

1. 居宅療養管理指導

居宅療養管理指導は、通院困難な要介護者（利用者）の居宅を訪問して、療養上の管理および指導を行うものです。また、利用者や家族への直接の指導だけでなく、利用者を中心とする介護保険サービス関係者へ情報を提供し、バックアップします。注意を要するのは、褥瘡の処置、薬の調剤、義歯の調整などを行うことは、居宅療養管理指導に含まれないことです。あくまでも通院困難な要介護者の居宅を訪問しての管理および指導です。

プラスα

「利用者が、独歩で、家族・介助者等の助けを借りずに通院ができる人」などは、訪問による居宅療養管理指導が必要な状態ではないとされています。

●居宅療養管理指導の定義と事業者、人員基準

定義	医師、歯科医師、薬剤師などが、要介護者の居宅を訪問し、療養上の管理・指導を行うサービス	
事業者	病院・診療所、薬局が都道府県知事の指定を得て指定居宅療養管理指導事業者としてサービスを行う	
人員基準	病院・診療所	医師、歯科医師 薬剤師、歯科衛生士（歯科衛生士が行う居宅療養管理指導に相当するものを行う保健師、看護師および准看護師を含む）、管理栄養士を適当数
	薬局	薬剤師

プラスα

病院・診療所、薬局の場合は、保険医療機関または保険薬局の指定を受けていることをもって介護保険の指定事業者とみなされます（みなし指定）。

過去の出題

居宅療養管理指導を行う職種について問われました。
20-45　22再-43
・管理栄養士や歯科衛生士は、行うことができない。
→×（管理栄養士や歯科衛生士も行うことができる）

●運営基準

居宅療養管理指導事業者は、病院、診療所または薬局であることが求められています。設備および備品は、病院または診療所に備えつけられたものを使用することができます。居宅療養管理指導の提供にあたっては、通常の事業の実施地域であるか否かにかかわらず、交通費（実費）の支払いを受けることができます。

プラスα

2021（令和3）年度より、薬剤師が必要と認める場合には、または居宅介護支援事業者もしくは居宅サービス事業者から求めがあった場合は、居宅サービス計画の作成・サービスの提供等に必要な情報の提供または助言を行います。

プラスα

居宅サービス計画の作成に必要な情報提供は、原則としてサービス担当者会議に参加して行わなければなりません。しかし、参加が困難な場合は、原則として、文書等（メール、FAX 等でも可）により介護支援専門員に必要な情報提供を行わなければなりません。

プラスα

訪問歯科診療を行った歯科医師の指示に基づき行われる歯科衛生指導は、歯科衛生士だけでなく、保健師・看護師・准看護師による指導も含まれます。

過去の出題

薬剤師が行う居宅療養管理指導について問われました。（20-43）

・居宅療養管理指導では、薬剤師は、医師や歯科医師の指示を受け、利用者を訪問して薬学的管理指導を行う。
→○

居宅療養管理指導の職種別業務内容

居宅療養管理指導は、サービスを提供する職種によってサービス内容が異なります。職種ごとの業務内容は次のとおりです。

医師・歯科医師		・居宅介護支援事業者または居宅サービス事業者に対する、居宅サービス計画（ケアプラン）の作成、居宅サービスの提供等に必要な情報提供 ・利用者またはその家族に対する、居宅サービスの利用に関する留意事項、介護方法等についての指導、助言等 ・提供した居宅療養管理指導の内容について、速やかに診療録に記録する ・1か月に2回を限度
薬剤師	病院・診療所	・医師または歯科医師の指示に基づいて実施される薬学的管理および指導 ・1か月に2回を限度
	薬局	・医師または歯科医師の指示に基づき策定される薬学的管理指導計画に基づいて実施される薬学的管理および指導 ・1か月に4回を限度（がん末期、中心静脈栄養を受けている者に対しては、1週間に2回、1か月に8回を限度）
歯科衛生士		・訪問歯科診療を行った歯科医師の指示に基づき、歯科衛生士等が作成した管理指導計画に従って実施される口腔内の清掃または有床義歯の清掃に関する指導 ・1か月に4回を限度
管理栄養士		・計画的な医学的管理を行っている医師の指示に基づいて実施される栄養指導 ・多職種と共同して栄養ケア計画を作成し、これに従い栄養管理を行う ・1か月に2回を限度
薬剤師・歯科衛生士・管理栄養士に共通		・居宅療養管理指導の提供にあたっては、医師または歯科医師の指示が必要 ・提供した居宅療養管理指導の内容について、速やかな診療記録の作成と、医師または歯科医師への報告

介護報酬

区分

介護報酬は、担当職種および単一建物居住者の利用人数（1人／2人以上9人以下／10人以上）に応じて、算定回数や単位が設定されています。なお、居宅療養管理指導費は、主に医学的管理の必要性から行われるため、区分支給限度基準額の対象とはなりません（59頁参照）。

基準

医師・歯科医師・薬剤師が行う居宅療養管理指導については、介護支援専門員に対する居宅サービス計画の作成等に必要な情報提供を行うことが算定の要件となります。ただし、介護支援専門員による居宅サービス計画の作成が行われていない利用者（居宅療養管理指導以外のサービスを利用していない利用者や自ら居宅サービス計画を作成している利用者など）に対して居宅療養管理指導を行う場合は、算定することができます。

加算

● **麻薬管理指導加算**

疼痛《とうつう》緩和のために特別な薬剤（麻薬）の投与が行われている要介護者に、薬剤師が薬学的管理指導（返納された麻薬の廃棄に関する事項も含む）を行った場合に加算します。

過去の出題

居宅療養管理指導について問われました。

22-44　22再-43

・医師がサービス担当者会議への参加が困難な場合には、原則として、文書により情報提供・助言を行わなければならない。
→○

・事業者は、通常の事業の実施地域内の交通費を受け取ることができる。
→○

2. 介護予防居宅療養管理指導

介護予防居宅療養管理指導は、居宅要支援者に対し、医師、歯科医師、薬剤師、歯科衛生士、管理栄養士などが、介護予防を目的に、居宅に訪問して療養上の管理および指導を行うサービスです。

プラスα

医師等の実施者は、介護予防支援事業者や介護予防サービス事業者に、適切なサービスの提供のための情報提供や助言を行います。

基礎理解度 CHECK!!

□□ 1 ▶ 居宅療養管理指導は、要介護者が医療機関を訪れて、医師や歯科医師等から療養上の管理および指導を受けることである。

□□ 2 ▶ 居宅療養管理指導に要した交通費は、通常の事業の実施地域外の場合に限り、実費を利用者から徴収することができる。

□□ 3 ▶ サービス担当者会議への参加が困難な場合には、原則として、文書等により情報提供・助言を行わなければならない。

□□ 4 ▶ 訪問歯科診療を行った歯科医師の指示に基づき行われる歯科衛生指導は、歯科衛生士に限られる。

□□ 5 ▶ 居宅療養管理指導は、区分支給限度基準額の対象となるサービスである。

1 ✕ 居宅療養管理指導は、通院することが困難な要介護者の居宅を訪問して、医師や歯科医師等が療養上の管理および指導を行うものである。

2 ✕ 居宅療養管理指導に要した交通費は、通常の事業の実施地域であるか否かにかかわらず、実費を利用者から徴収することができる。

3 ○

4 ✕ 歯科衛生士だけでなく、保健師・看護師・准看護師による指導も含まれる。

5 ✕ 居宅療養管理指導は、区分支給限度基準額の対象とならないサービスである。

ランク B

18 通所リハビリテーションおよび介護予防通所リハビリテーション

通所リハビリテーションは、要介護者等が介護老人保健施設、介護医療院、病院・診療所へ通所して、主治医の指示に基づきリハビリテーションを受けられる介護サービスです。病気や障害などを抱えながら自宅にひきこもったような生活をしている人が、リハビリテーションを行うために外出し、社会交流や社会参加など有意義に過ごすことで生活の質を向上させます。近年では、第23回試験、第25回試験、第26回試験で出題されています。

1. 通所リハビリテーション

通所リハビリテーションは、要介護の状態になった利用者に、心身の機能の維持回復を図り、日常生活の自立を助けるために理学療法、作業療法など必要なリハビリテーションを通所により提供するサービスです。

過去の出題

通所リハビリテーションの基本方針について問われました。（21-43）

・主治の医師が必要と認めた居宅要介護者に、理学療法、作業療法その他必要なリハビリテーションを提供する。

→○

●通所リハビリテーションの定義と事業者、人員基準

定義	病状が安定している要介護者に介護老人保健施設、介護医療院、病院・診療所に通所してもらい、理学療法、作業療法その他必要なリハビリテーションを行うサービス
事業者	介護老人保健施設、介護医療院、病院・診療所が都道府県知事の指定を得て指定通所リハビリテーション事業者としてサービスを行う
人員基準	**介護老人保健施設、介護医療院、病院** ●医師を1人以上（専任・常勤） ●理学療法士、作業療法士もしくは言語聴覚士または看護職員（看護師・准看護師）もしくは介護職員 ➡利用者が10人以下の場合は、1人以上（専従） ➡利用者が10人を超える場合は、利用者10人あたり1人以上（専従） ※常勤、非常勤等の定めなし ●上記の理学療法士等のうち、もっぱらリハビリテーションの提供にあたる理学療法士、作業療法士または言語聴覚士を、利用者が100人またはその端数を増すごとに1人以上 **診療所** ●医師 ➡利用者が10人以下の場合は、1人以上（専任）。利用者数は、医師1人に対して1日48人以内 ➡利用者が10人を超える場合は、1人以上（専任・常勤） ●理学療法士、作業療法士もしくは言語聴覚士または看護職員（看護師・准看護師）もしくは介護職員 ➡利用者が10人以下の場合は、1人以上（専従）

プラスα

都道府県知事の許可を受けた介護老人保健施設や介護医療院、保険医療機関の指定を受けた病院・診療所は、指定通所リハビリテーションについての指定があったものとみなされます（みなし指定）。

過去の出題

介護老人保健施設における医師の員数について問われました。（21-43）

・介護老人保健施設における通所リハビリテーションの人員基準では、常勤の医師を1人以上置かなければならない。

→○

	➡利用者が10人を超える場合は、利用者10人あたり１人以上（専従） ※常勤、非常勤等の定めなし ● 上記の理学療法士等のうち、もっぱらリハビリテーションの提供にあたる理学療法士、作業療法士もしくは言語聴覚士または通所リハビリテーションもしくはこれに類するサービスに１年以上従事した経験を有する看護師を、常勤換算法で0.1以上

設備基準

通所リハビリテーション事業所は、次のとおり、設備基準を満たす必要があります。また、消火設備その他の非常災害に際して必要な設備と通所リハビリテーションの提供に必要な専用の機械および器具を備えなければなりません。

設　備	設備基準等
専用施設	通所リハビリテーションを行うにふさわしい専用の部屋等であって、3.0m^2×利用定員数以上の面積が必要 ただし、介護老人保健施設または介護医療院の場合は、当該専用の部屋等の面積に利用者用に確保されている食堂（リハビリテーションに併用されているものに限る）の面積を加えるものとする

運営基準

通所リハビリテーションの主な運営基準は、次のとおりです。

利用料の受領	・通常の事業の実施地域以外に居住する利用者を送迎する費用、通常の時間を超えるサービス（預かりサービス）の費用、食事の費用、おむつ代、日常生活費の支払いを受けることができる
具体的取扱方針	・医師の指示等に基づき、利用者の心身の機能の維持回復を図り、日常生活の自立に資するよう、妥当適切に行う ・サービスの提供にあたっては、常に利用者の病状、心身の状況等の把握に努めるとともに、特に認知症の要介護者には、その特性に対応したサービス提供ができる体制を整える ・リハビリテーション会議を開催し、リハビリテーションに関する専門的な見地から利用者の状況等に関する情報を、会議の構成員と共有するように努めなければならない。リハビリテーション会議は、テレビ電話装置等を活用して行うことができる。利用者またはその家族が参加する場合、その活用について同意を得なければならない
管理者の責務	・事業所の管理者は、医師、理学療法士、作業療法士もしくは言語聴覚士またはもっぱら通所リハビリテーションの提供にあたる看護師のうちから選任した者に、必要な管理の代行をさせることができる

プラスα

病院・診療所は、法人格は問われません。

過去の出題

通所リハビリテーションについて問われました。
23-37　25-42　26-41

・リハビリテーション会議は、利用者及びその家族の参加が基本とされている。
→○

・通所リハビリテーション計画に位置付けられていなくても、事業所の屋外で指定通所リハビリテーションのサービスを提供することができる。
→×（計画に位置付けなければならない）

・指定通所リハビリテーション事業所の管理者は、専ら指定通所リハビリテーションの提供に当たる看護師に管理の代行をさせることができる。
→○

・介護老人福祉施設で提供される。
→×（介護老人保健施設、介護医療院、病院・診療所で提供される）

・事業所には、生活相談員を配置しなければならない。
→×（配置しなくてもよい）

・通所リハビリテーション計画は、医師及び理学療法士、作業療法士等の従業者が、共同して作成する。
→○

・介護老人保健施設は、提供することができる。
→○

感染症の予防およびまん延防止のための措置	・事業者は、当該事業所において感染症が発生し、またはまん延しないように、次に掲げる措置を講じなければならない 1．事業所における感染症の予防およびまん延の防止のための対策を検討する委員会（感染対策委員会）をおおむね6か月に1回以上開催するとともに、その結果について、従業者に周知徹底を図る 2．事業所における感染症の予防およびまん延の防止のための指針を整備する 3．事業所において、従業者に対し、感染症の予防およびまん延の防止のための研修および訓練（シミュレーション）を定期的に実施する

プラスα

感染対策委員会は、テレビ電話装置等を活用して行うことができるものとされています。

通所リハビリテーションの目的

通所リハビリテーションでは、医師、理学療法士、作業療法士、言語聴覚士、看護職員、介護職員などが連携して次のような目的でサービスを提供します。

①　心身の機能の維持・回復
②　認知症の症状の軽減と落ち着きある日常生活の回復
③　ADL、IADL の維持・回復
④　コミュニケーション能力、社会関係能力の維持・回復
⑤　社会交流の機会の増加

過去の出題

通所リハビリテーションの目的、対象について問われました。21-43 26-41

・IADL の維持・回復は、通所リハビリテーションの目的に含まれない。
→×（含まれる）
・心身機能の維持回復を図り、日常生活の自立を助けるために行われる。
→○
・若年性認知症患者は、通所リハビリテーションの対象とならない。
→×（対象となる）
・要介護認定を受けた若年性認知症患者は、利用できる。
→○

通所リハビリテーションの利用者

通所リハビリテーションは、生活期（維持期）のリハビリテーションを行います。利用者の状態は次のとおりです。

①　脳血管障害やパーキンソン病、関節リウマチなどで身体機能に障害がある人
②　認知症の行動・心理症状（BPSD）があったり、理解力や判断力の低下している認知症の人
③　ADL、IADL の維持・回復を図りたい人
④　摂食・嚥下障害、口腔機能の低下のある人
⑤　言語障害などでコミュニケーションに問題のある人
⑥　低栄養状態にあり、体力の低下している人
⑦　閉じこもりがちで社会交流の機会の乏しい人　等

アドバイス

通所リハビリテーションは、要介護度によって利用が制限されることはありません。

プラスα

退院または要介護認定の効力が生じた日から3か月以内の要介護高齢者や、認知症で要件を満たす要介護高齢者に対しては、生活機能の改善や悪化の防止などが期待できることから、より個別に集中的なリハビリテーションを実施することがあります。

通所リハビリテーションの特徴

通所リハビリテーションは、利用者の状態を評価したうえで、その利用者に必要と判断されたリハビリテーションを実施します。

個別リハビリテーション	個々の利用者のもつ身体機能、認知・言語機能などに応じて、個別に機能の改善を図り、ADL や IADL の改善を図るリハビリテーションを行う
集団リハビリテーション	身体的活動性の改善を図る体操、ゲームなどのレクリエーション活動、創作活動などを集団で行う。社会関係をつくるよい場となる
居宅生活への支援	居宅での介護方法や過ごし方の助言、住宅改修や福祉機器の利用に際しての助言を行う

単なる機能回復訓練ではなく、本来のリハビリテーションの理念や目的を踏まえ、心身機能、活動・参加に対してバランスよくアプローチすることが重要となっています。

リハビリテーションマネジメント（※）	リハビリテーションマネジメントの運用	利用者に漫然とリハビリテーションを提供するのではなく、利用者ごとに解決すべき課題の把握（アセスメント）を適切に行い、目標を設定し、計画を作成したうえで、必要な時期・期間を定めてリハビリテーションの提供を行う。リハビリ職だけでなく、医師、看護職員、介護職員、生活相談員等さまざまな専門職が協働し、また利用者や家族にも役割を担ってもらう。また、SPDCA サイクルの構築も重要となる。
	継続的なサービスの質の向上	介護老人保健施設等の入所中、常に在宅復帰を想定してリハビリテーションを提供する。退所後、利用者の居宅で、一貫した考え方に基づいたリハビリテーションが必要となる。 利用者の生活機能等を継続的に把握（モニタリング）し、適切なリハビリテーションとともに、生活機能の維持、改善の観点から評価し、継続的なサービスの質の向上へつなげる。
重点的なサービスの提供	活動や参加に焦点を当てたリハビリテーション	「心身機能」「活動」「参加」のそれぞれにバランスよくはたらきかける効果的なリハビリテーションを提供する。
	認知症高齢者に配慮したリハビリテーション	認知症高齢者に対しては、その心身機能、活動および参加の維持・回復を図るために、認知症高齢者の状態によりきめ細かく配慮した、より効果的なリハビリテーションの提供が必要である。
専門職等との連携	通所リハビリテーションの利用者の多くはさまざまな疾患があり、サービス提供するうえで注意すべき点や健康状態等に変化がみられた際の連絡先や連絡方法などを関係機関と共有し、連携する必要がある。	

※訪問・通所リハビリテーションにおけるリハビリテーションマネジメントでは、訪問介護員などほかの居宅サービス事業所の担当者に対する情報提供を行うなど、利用者のよりよい在宅生活を支援するものとなるように配慮することも必要とされている。

プラスα

居宅生活の支援として、個々の障害に応じて、居宅生活での介護方法や過ごし方、段差解消等の家屋構造や福祉機器の利用等の環境整備に対する助言が行われます。

プラスα

SPDCA とは、利用者の状態や生活環境等を踏まえた調査（Survey）、多職種協働による通所リハビリテーション計画の作成（Plan）、計画に基づくリハビリテーションの提供（Do）、提供内容の評価（Check）とその結果を踏まえた計画の見直し等（Action）をいいます。

過去の出題

リハビリテーションマネジメント加算について問われました。（21-43）

・リハビリテーションマネジメント加算は、SPDCA サイクルの構築を通じて、多職種協働によりリハビリテーションの質の管理を行うことを目的としている。
→○

アドバイス

専門職等との連携は、外部のリハビリテーション専門職との連携を行うなど、より効果的なサービス提供に向けた取り組みが重要となっています。

通所リハビリテーションサービスのプロセス

① 通所リハビリテーション計画の作成

医師および理学療法士、作業療法士、言語聴覚士等の従業者は、診療や検査によって利用者の心身の状況を把握します。そのうえで、利用者の希望や環境を踏まえ、サービスの目標、具体的なサービス内容などを記載した通所リハビリテーション計画を共同して作成し、利用者またはその家族に説明し、利用者の同意を得たうえで、交付します。

なお、すでに居宅サービス計画が作成されている場合は、通所リハビリテーション計画は居宅サービス計画の内容に沿って作成されなければなりません。

また、通所リハビリテーションおよび訪問リハビリテーションを、同一の事業所がリハビリテーション会議（医師が参加した場合に限る）の開催等を通じて提供した場合は、両者共通のリハビリテーション計画を作成するなどの効率化が図られることになっています。

② サービスの実施と記録、再評価

医師の指示および通所リハビリテーション計画に従ってサービスを提供し、その実施状況と評価を記録した診療記録を作成します。実施後には効果についての再評価を行い、必要時には計画を変更します。

介護報酬

区分

事業所の規模別に、所要時間（7段階）、要介護度に応じて単位が決められています。

主な加算

● 延長加算

指定通所リハビリテーションの所要時間とその前後に行った日常生活上の世話の所要時間を通算した時間が、8時間以上となった場合に算定します。

● 入浴介助加算(Ⅰ)(Ⅱ)

入浴介助を適切に行うことができる人員・設備を有する事業所が入浴を行った場合に、1日につき所定の単位数を加算します。入浴介助加算(Ⅱ)は、通所リハビリテーション事業所の理学療法士等が、医師との連携のもとで、利用者の身体状況や訪問

過去の出題

通所リハビリテーション計画について問われました。（22再-37）（25-42）（26-41）

- 通所リハビリテーション計画は、主治の医師が作成しなければならない。
  →×（医師および理学療法士等、その他通所リハビリテーションの提供に当たる従業者が共同して作成する）
- 通所リハビリテーション計画は、医師及び理学療法士、作業療法士等の従業者が、共同して作成する。
  →○
- 通所リハビリテーション計画は、介護支援専門員が作成しなければならない。
  →×

アドバイス

リハビリテーション会議については、296頁の側注を参照してください。

過去の出題

リハビリテーション会議について問われました。（26-41）

- 介護職員は、リハビリテーション会議の構成員になれない。
  →×（介護職員はなれる。296頁側注参照）

過去の出題

通所リハビリテーションに係る単位数について問われました。（23-37）

- 通所リハビリテーションに係る単位数は、事業所の規模とは無関係に設定されている。
  →×（事業所の規模、介護の所要時間、要介護度に応じて単位が決められている）

により把握した利用者の居宅の浴室の環境等を踏まえた個別の入浴計画を作成し、利用者の居宅の状況に近い環境にて、入浴介助を行ったときに算定します。

- **リハビリテーションマネジメント加算(A)イ、(A)ロ、(B)イ、(B)ロ**

通所リハビリテーション事業所の医師、理学療法士、作業療法士、言語聴覚士その他の職種の者が共同し、継続的にリハビリテーションの質を管理した場合に算定します。

- **短期集中個別リハビリテーション実施加算**

退院（退所）日または初めて要介護認定を受けた日から3か月以内に、個別リハビリテーションを集中的に行った場合に算定します。

- **認知症短期集中リハビリテーション実施加算(Ⅰ)(Ⅱ)**

認知症がある利用者に対して、退院（退所）日または通所開始日（(Ⅱ)については退院（退所）日または通所開始日の属する月）から3か月以内に短期集中的なリハビリテーションを実施した場合に算定します。

- **若年性認知症利用者受入加算**

若年性認知症（40歳以上65歳未満）の利用者を受け入れ、利用者ごとに個別に担当者を定めて、利用者の特性やニーズに応じたサービスを提供した場合に算定します。

- **生活行為向上リハビリテーション実施加算**

生活行為の内容の充実を図るための専門的な知識等を有する作業療法士または一定の研修を修了した理学療法士もしくは言語聴覚士が、適切なリハビリテーション実施計画を定めて、リハビリテーション会議で目標の達成状況を報告するとともに、リハビリテーションマネジメント加算(A)・(B)のいずれかを算定している場合に算定します。

- **口腔機能向上加算(Ⅰ)(Ⅱ)**

(Ⅰ)は、言語聴覚士、歯科衛生士または看護職員を1人以上配置し、多職種が共同して口腔機能改善管理指導計画を作成し、口腔清掃の実施などを行った場合に算定します。

- **移行支援加算**

リハビリテーションを行うことにより、利用者のADL、IADLが向上し、社会参加を維持できるなど、質の高いサービスを提供した場合に算定します。

プラスα

短期集中個別リハビリテーション実施加算、認知症短期集中リハビリテーション実施加算、生活行為向上リハビリテーション実施加算は、いずれか1つしか算定できません（2つ以上同時に算定することはできません）。

プラスα

生活行為向上リハビリテーション実施加算では、事業所の医師または医師の指示を受けた理学療法士等が利用者の居宅を訪問し生活行為に関する評価をおおむね1か月に1回以上実施していなければなりません。

プラスα

口腔機能向上加算(Ⅱ)は、(Ⅰ)の取り組みに加え、口腔機能改善管理指導計画等の情報を厚生労働省に提出し、口腔機能向上サービスの実施にあたり、必要な情報を活用しているときに算定されます。

プラスα

移行支援加算では、リハビリテーション終了者が通所介護等の事業所へ移行するにあたり、当該利用者のリハビリテーション計画書を移行先の事業所へ提供します。

プラスα

2021（令和３）年度介護報酬改定により、栄養改善加算に、サービスの提供にあたり、必要に応じ利用者の居宅を訪問することが求められています。

● **栄養改善加算**

管理栄養士（外部との連携を含む）を１人以上配置し、低栄養状態またはそのおそれのある利用者に対して、栄養改善サービス（栄養食事相談等の栄養管理）を行った場合、原則３か月以内の期間に限り月２回を限度に算定します。

● **口腔・栄養スクリーニング加算(Ⅰ)(Ⅱ)**

サービス利用開始時および利用中６か月ごとに利用者の口腔・栄養状態の確認を行い、利用者の口腔・栄養状態の情報を介護支援専門員に提供した場合に算定します。ただし、いずれかの加算を算定している場合は、その他の加算は算定できません。

● **栄養アセスメント加算**

管理栄養士（外部との連携を含む）が医師、理学療法士、看護職員、介護職員等と共同して栄養アセスメントを行った場合に算定します。ただし、利用者が栄養改善加算にかかる栄養改善サービスを受けている間等は算定できません。

減算

定員が超過した場合や人員基準を満たさない場合、事業所と同一建物に居住または同一建物から通所する利用者への提供の場合、利用者の送迎を行わない場合は減算されます。

2. 介護予防通所リハビリテーション

アドバイス

介護予防通所リハビリテーションも、主治医が必要性を認めたもの（居宅要支援者）に限ります。

介護予防通所リハビリテーションは、居宅要支援者に対し、介護老人保健施設、介護医療院、病院・診療所に通わせ、介護予防を目的として、介護予防サービス計画に定めた期間にわたり行われる理学療法、作業療法など必要なリハビリテーションを提供するサービスです。介護報酬は、月額の定額報酬となっています。

アドバイス

要支援１と２の者への介護予防通所リハビリテーションの介護報酬は、月額の定額報酬となっていることに注意してください。

● **長期期間利用者への減算**

適切なサービス提供とする観点から、介護予防サービスにおけるリハビリテーションについて、利用開始から一定期間が経過した者への減算が設けられています。

・利用開始日の属する月から12か月超

　要支援１　20単位／月減算

　要支援２　40単位／月減算

基礎理解度CHECK!!

□□ 1 ▶ 通所リハビリテーション事業者は、介護老人保健施設と介護医療院でしか提供することができない。

□□ 2 ▶ 介護老人保健施設が提供する通所リハビリテーションでは、事業所に配置する医師は非常勤でもよい。

□□ 3 ▶ 都道府県知事の許可を受けた介護老人保健施設は、指定通所リハビリテーションの指定があったものとみなされる。

□□ 4 ▶ 通所リハビリテーションでは、通常の時間を超えるサービス（預かりサービス）やおむつ代は、保険給付の対象となっている。

□□ 5 ▶ リハビリテーション会議は、利用者およびその家族の参加が基本とされている。

□□ 6 ▶ 通所リハビリテーションの目的に、ADL・IADLの維持・回復が含まれている。

□□ 7 ▶ 通所リハビリテーションは、回復期のリハビリテーションを行う。

□□ 8 ▶ 通所リハビリテーションでは、若年性認知症の者は対象にならない。

□□ 9 ▶ 通所リハビリテーションの内容に、集団リハビリテーションは含まれない。

□□ 10 ▶ 通所リハビリテーション計画は、医師が作成しなければならない。

□□ 11 ▶ 短期集中個別リハビリテーション実施加算は、退院日から3か月以内に、個別リハビリテーションを集中的に行った場合にのみ算定できる。

□□ 12 ▶ 介護予防通所リハビリテーションの介護報酬は、出来高制になっている。

1 ✕ 通所リハビリテーション事業者は、介護老人保健施設と介護医療院のほか、病院・診療所でも提供できる。

2 ✕ 介護老人保健施設、介護医療院、病院の医師は、常勤で配置されなければならない。

3 ○

4 ✕ 通所リハビリテーションでは、通常の時間を超えるサービス（預かりサービス）やおむつ代は、保険給付の対象ではない。

5 ○

6 ○

7 ✕ 通所リハビリテーションは、生活期（維持期）のリハビリテーションを行う。

8 ✕ 認知症の行動・心理症状（BPSD）があったり、理解力や判断力が低下している認知症の人が対象となっている（若年性認知症の者も含む）。

9 ✕ 通所リハビリテーションの内容には、個別リハビリテーションや集団リハビリテーションが含まれる。

10 ✕ 通所リハビリテーション計画は、医師、理学療法士、作業療法士その他専従で通所リハビリテーションの提供にあたる従業者が、共同して作成する。

11 ✕ 短期集中個別リハビリテーション実施加算は、退院（退所）日または初めて要介護認定を受けた日から3か月以内に、個別リハビリテーションを集中的に行った場合に算定できる。

12 ✕ 通所リハビリテーションでは出来高制であるが、介護予防通所リハビリテーションでは月額の定額報酬になっている。

ランク
A

19 短期入所療養介護および介護予防短期入所療養介護

短期入所療養介護では、施設に短期間入所する要介護者に看護、医学的管理のもとで日常生活の世話や医療などのサービスを提供します。体内に挿入されている器具があったり合併症がある場合に、医療従事者による専門的なアプローチが行われます。（介護予防）短期入所療養介護を行っている介護保険施設にはそれぞれ特徴がありますので、その特徴を理解し、利用者に合った施設を利用できるよう支援していきます。第26回試験で出題されています。

1. 短期入所療養介護

短期入所療養介護は、①介護老人保健施設、②介護医療院、③療養病床を有する病院・診療所、④一定の基準を満たした診療所に短期間入所させ、看護、医学的管理のもとで介護、機能訓練その他必要な医療、日常生活上の世話を提供するサービスです。

● 短期入所療養介護の定義と事業者

定義	病状が安定している要介護者を、介護老人保健施設、介護医療院、その他の厚生労働省令で定める施設に短期間入所させ、看護、医学的管理下における介護、機能訓練その他必要な医療、日常生活上の世話を提供する
事業者	①介護老人保健施設、②介護医療院、③療養病床を有する病院・診療所、④一定の基準を満たした診療所が、都道府県知事の指定を得て指定短期入所療養介護事業者としてサービスを行う

● 短期入所療養介護の内容

短期入所療養介護の内容をまとめると以下のようになります。

① 疾病に対する医学的管理	⑤ 緊急時の受け入れ
② 装着された医療機器の調整・交換	⑥ 急変時の対応
③ リハビリテーション	⑦ ターミナルケア
④ 認知症患者への対応	

● 短期入所療養介護の利用者

短期入所療養介護の利用者は、疾病や障害があり、医療的管理のもとでの介護が必要な要介護者です。以下に、具体的な利用者

アドバイス

短期入所療養介護は、利用者への医学的管理を行うという点で短期入所生活介護と異なります（417頁参照）。併せて覚えておきましょう。

プラスα

介護老人保健施設、介護医療院、療養病床を有する病院または診療所については、短期入所療養介護についての指定があったものとみなされます（みなし指定）。

アドバイス

短期入所療養介護において、ターミナルケアは行われるかどうかが問われました。25-43

過去の出題

人員基準について問われました。20-39
・介護老人保健施設の短期入所療養介護では、看護職員又は介護職員の員数の合計は、常勤換算方法で利用者の数に対し6：1以上である。
→×（3：1）

の状況をまとめました。

① 医療的なニーズをもった利用者
② リハビリテーションに対するニーズをもった利用者
③ 介護者の介護負担の軽減（レスパイトケア）に対するニーズをもった利用者
④ 緊急事態に対するニーズをもった利用者

人員基準・設備基準

	介護老人保健施設	介護医療院	病院		診療所	
			医療療養病床	一般病床	医療療養病床	一般病床
みなし指定	あり	あり	あり	―	あり	なし
病室・居室面積	8.0m^2	8.0m^2	6.4m^2	―	6.4m^2	6.4m^2
機能訓練室面積	1 m^2／定員	40m^2	40m^2	―	十分な広さ	十分な広さ
看護・介護職員	看護・介護 3：1（うち、看護2/7標準）	看護6：1 介護（Ⅰ型入所者）5：1と（Ⅱ型入所者）6：1	看護 6：1 介護 6：1	―	看護 6：1 介護 6：1	看護・介護 3：1

※人員基準については、それぞれの施設の基準において必要とされている数以上。

運営基準

対象者	①利用者の心身の状況・病状、②家族の疾病・冠婚葬祭・出張等、③家族の身体的および精神的な負担の軽減等を図るため、一時的に入所して看護、医学的管理の下における介護、機能訓練、その他必要な医療等を受ける必要がある者
利用料等の受領	短期入所生活介護と同様
取扱方針	短期入所生活介護と同様
短期入所療養介護計画の作成	管理者は、短期入所療養介護計画を作成する。また、次の業務を行わなければならない ・当該計画の内容を利用者・家族に説明し、利用者の同意を得たうえで、利用者に交付する

短期入所療養介護の方針

利用期間がおおむね4日以上入所することが予定される利用者については、短期入所療養介護計画を作成しなければなりません。

プラスα

難病などのある中重度者やがん末期の要介護者を対象に、日中のみ提供される日帰りのサービスとして、特定短期入所療養介護があります。

過去の出題

短期入所療養介護の診療について問われました。26-42

・検査、投薬、注射、処置等は、利用者の病状に照らして妥当適切に行うものとされている。
→〇

過去の出題

指定短期入所療養介護について問われました。
22-42 25-43 26-42

・家族の疾病、冠婚葬祭、出張等の理由では、利用できない。
→×（利用できる）
・胃ろうがある場合には、利用できない。
→×（利用できる）
・家族の身体的及び精神的な負担軽減を図るために利用できる。
→〇
・虐待等やむを得ない事情がある場合でも、利用定員を超えて受け入れることはできない。
→×（受け入れることができる）

アドバイス

短期入所療養介護の場合、食費や理美容代は全額自己負担ですが、おむつ代は保険給付の対象です。過去問で問われました。26-42

プラスα

連続して利用する場合、30日までが介護報酬の算定対象であり、30日を超えた分は自己負担となります。

短期入所療養介護計画は、利用者の心身の状況、病状、希望、環境、医師の診療の方針に基づき、サービス目標や実施内容を定めて作成し、利用者と家族に説明したうえで利用者の同意を得て交付します。

介護報酬

区分

1日につき、施設形態別、ユニット型かどうか、要介護度や療養環境、人員配置などに応じて単位が設定されています。

ただし、特定短期入所療養介護の場合は、3時間以上8時間未満（日帰り）で、介護報酬が算定されます。

主な加算

緊急短期入所受入加算	利用者の心身の状態や家族等の事情により、居宅サービス計画にない指定短期入所療養介護を緊急に行った場合は、利用開始日から起算して原則として7日を限度として、1日につき所定の単位数を加算する。ただし、認知症行動・心理症状緊急対応加算を算定している場合は算定しない
認知症行動・心理症状緊急対応加算	認知症の行動・心理症状が認められるため、在宅での生活が困難であり、緊急に短期入所療養介護を利用することが適当であると医師が判断した利用者については、利用を開始した日から起算して7日を限度として、1日につき所定の単位数を加算する

過去の出題

短期入所療養介護計画について問われました。
（20-39）（25-43）

・短期入所療養介護をおおむね4日以上利用する場合は、居宅サービス計画に沿って短期入所療養介護計画を策定する。
→○

過去の出題

短期入所療養介護について問われました。（25-43）

・居宅サービス計画において、あらかじめ位置付けられていない場合には、利用することができない。
→×（緊急時の受け入れなどがある）

プラスα

緊急短期入所受入加算は、利用を開始した日から起算して原則7日を限度としていますが、利用者の日常生活上の世話を行う家族の疾病等やむを得ない事情がある場合には14日以内とすることができます。

2. 介護予防短期入所療養介護

介護予防短期入所療養介護とは、病状が安定期にある要支援者が、介護老人保健施設や介護医療院などに短期間入所し、介護予防を目的として看護、医学的管理下での介護、機能訓練、その他の医療や日常生活上の支援を受けるものです。

介護予防短期入所療養介護の方針

利用期間がおおむね4日以上になるときは、介護予防サービス計画に沿って介護予防短期入所療養介護計画を作成し、利用者または家族に説明したうえで、利用者の同意を得て交付しなければなりません。

アドバイス

介護予防短期入所療養介護の目的には、家族の負担軽減は含まれませんが、運営基準では、要支援者の状態・状況だけでなく、家族の事情での利用も想定されています。

プラスα

介護予防短期入所療養介護の場合は、日帰りの介護報酬は設定されていません。

基礎理解度CHECK!!

□□ 1 ▶ 短期入所療養介護を提供することができるのは、介護医療院に限られている。

□□ 2 ▶ 短期入所療養介護の内容に、疾病に対する医学的管理は含まれる。

□□ 3 ▶ 短期入所療養介護の内容に、装着された医療機器の調整・交換は含まれない。

□□ 4 ▶ 短期入所療養介護の利用者には、介護者の負担軽減に対するニーズをもった利用者は除外される。

□□ 5 ▶ 短期入所療養介護では、利用期間がおおむね4日以上になるときは、短期入所療養介護計画を作成しなければならない。

□□ 6 ▶ 特定短期入所療養介護とは、難病やがん末期の要介護者を対象とする短期入所サービスのことである。

□□ 7 ▶ 短期入所療養介護では、おむつ代は保険給付される。

□□ 8 ▶ 短期入所療養介護を連続して利用する場合、14日を超えた分は介護報酬の算定対象とならず、自己負担となる。

□□ 9 ▶ 短期入所療養介護事業所の看護師は、短期入所療養介護計画の内容を利用者・家族に説明し、利用者の同意を得たうえで利用者に交付する。

□□ 10 ▶ 認知症行動・心理症状緊急対応加算を算定していても、緊急短期入所受入加算を同時算定できる。

□□ 11 ▶ 介護予防短期入所療養介護は、要支援2の者しか利用できない。

□□ 12 ▶ 介護予防短期入所療養介護では、利用期間が7日未満の場合、介護予防短期入所療養介護計画の作成は必要ない。

1 ✕ 短期入所療養介護は、介護医療院のほか、介護老人保健施設、病院・診療所で提供することができる。

2 ○

3 ✕ 短期入所療養介護の内容に、装着された医療機器の調整・交換は含まれる。このほか、認知症患者への対応やターミナルケアなどが含まれる。

4 ✕ 介護者の負担軽減に対するニーズ（レスパイトケア）をもった利用者は、短期入所療養介護のサービスを利用できる。

5 ○

6 ✕ 特定短期入所療養介護とは、難病などのある中重度者やがん末期の要介護者を対象に、日中のみ（日帰りで）提供されるサービスである。

7 ○

8 ✕ 短期入所療養介護を連続して利用する場合は、30日までが介護報酬の算定対象であり、30日を超えた分は介護報酬の算定対象とならず、自己負担となる。

9 ✕ 短期入所療養介護事業所の管理者は、短期入所療養介護計画の内容を利用者・家族に説明し、利用者の同意を得たうえで利用者に交付する。

10 ✕ 認知症行動・心理症状緊急対応加算を算定している場合は、緊急短期入所受入加算を算定できない。

11 ✕ 介護予防短期入所療養介護は、病状が安定期にある要支援者（要支援1・2の者）が利用できる。

12 ✕ 利用期間がおおむね4日以上になるときは、介護予防サービス計画に沿って介護予防短期入所療養介護計画を作成しなければならない。

ランク
B

20 定期巡回・随時対応型訪問介護看護

定期巡回・随時対応型訪問介護看護は、日中・夜間を通じて、訪問介護と訪問看護が密接に連携しながら、短時間の定期的な巡回型訪問と随時通報による対応を行います。2011（平成23）年の制度改正で創設されました。定期巡回・随時対応型訪問介護看護の事業所の形態（一体型・連携型）、提供するサービスの種類、内容など、細かいところも試験で問われているので、キーになる用語等をおさえながら学習を進めていきましょう。

●定期巡回・随時対応型訪問介護看護

定期巡回・随時対応型訪問介護看護は、定期的な巡回または随時通報により利用者の居宅を訪問し、入浴、排泄、食事等の介護、日常生活上の緊急時の対応その他の安心してその居宅において生活を送ることができるようにするための援助を行うとともに、その療養生活を支援し、心身の機能の維持回復を目指すことを目的としています。

事業所の形態には、①1つの事業所で訪問介護と訪問看護のサービスを一体的に提供する介護・看護「一体型」、②訪問介護を行う事業所が地域の訪問看護事業所と連携してサービスを提供する介護・看護「連携型」の2つがあります。

過去の出題

定期巡回・随時対応型訪問介護看護の基本方針等について問われました。
21-40 25-44
・居宅で生活している要支援者も利用できる。
→×（要介護者を対象としている）
・心身の機能の維持回復を目指す。
→○

アドバイス

「一体型」は同じ事業所で、「連携型」では訪問看護事業所で訪問看護が提供されます。

プラスα

定期巡回・随時対応型訪問介護看護事業所が、訪問介護、訪問看護、夜間対応型訪問介護に関する指定を併せて受けることは、差し支えありません。

定期巡回・随時対応型訪問介護看護のイメージ

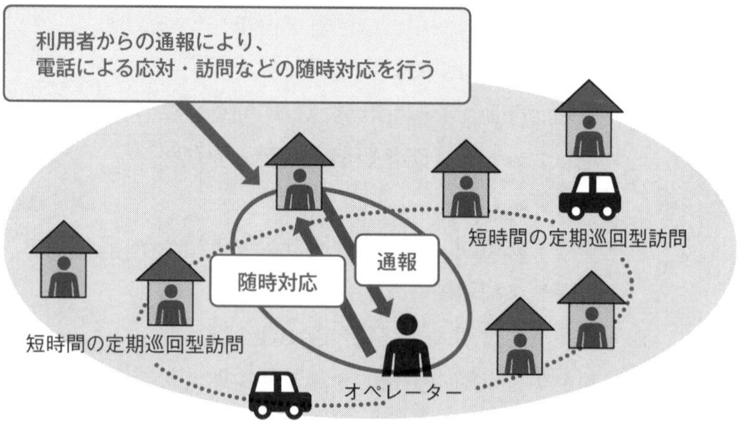

●サービスの種類

定期巡回・随時対応型訪問介護看護は、①定期巡回サービス、②随時対応サービス、③随時訪問サービス、④訪問看護サービス

プラスα

介護・看護「一体型」の事業所では①～④までのサービスを、介護・看護「連携型」では①～③までのサービスを提供します。

を適宜適切に組み合わせて、総合的に利用者の在宅生活の継続を支援します。

サービスの種類

①定期巡回サービス	訪問介護員等が、定期的に利用者の居宅を巡回して行う日常生活上の世話
②随時対応サービス	あらかじめ利用者の心身の状況、その置かれている環境等を把握したうえで、随時、利用者や家族等からの通報を受け、通報内容等をもとに相談援助を行う、または訪問介護員等の訪問もしくは看護師等（保健師、看護師、准看護師、理学療法士、作業療法士、言語聴覚士）による対応の要否等を判断するサービス
③随時訪問サービス	随時対応サービスにおける訪問の要否等の判断に基づき、訪問介護員等が利用者の居宅を訪問して行う日常生活上の世話
④訪問看護サービス	看護師等が医師の指示に基づき、利用者の居宅を訪問して行う療養上の世話または必要な診療の補助

定期巡回サービスの訪問回数・訪問時間等は、適切なアセスメントおよびマネジメントに基づき、利用者との合意のもとに決定されるべきもので、利用者の心身の状況等に応じて訪問を行わない日があることを必ずしも妨げるものではありません。

随時訪問サービスについては、随時の通報があってから、おおむね30分以内の間に駆けつけられるような体制確保に努めることとされています。

● 人員基準・設備基準・運営基準

人員基準

オペレーター	看護師、介護福祉士、医師、保健師、准看護師、社会福祉士、介護支援専門員のうち、提供時間帯を通じて1人以上確保されるために必要な数以上（1人以上は常勤）。ただし、看護師等との連携確保等の要件のもと、サービス提供責任者の業務に1年以上従事した経験をもつ者等をあてることも可能。利用者の処遇に支障がない場合は、他の職務と兼務可
管理者	常勤専従。管理上支障がない場合は他の職務と兼務可
訪問介護員等	適切に定期巡回サービスを提供するために必要な数以上 随時訪問サービスを行う者を提供時間帯を通じて専従で1人以上
看護師等 （一体型のみ）	訪問看護サービスを行う保健師、看護師または准看護師（看護職員）を常勤換算方法で2.5人以上（看護職員のうち1人以上は常勤の保健師または看護師） 理学療法士、作業療法士、言語聴覚士を適当数（配置しないことも可能）
計画作成責任者	看護師、介護福祉士、医師、保健師、准看護師、社会福祉士、介護支援専門員のうち1人以上

過去の出題

「連携型」が提供するサービスの種類について問われました。（19-44）

・連携型定期巡回・随時対応型訪問介護看護事業所は、定期巡回サービス、随時対応サービス、随時訪問サービスを提供する。

→○

アドバイス

随時対応サービスにおいて、利用者のみならずその家族等からの在宅介護における相談等にも対応するかどうかが過去問で問われました。（25-44）

過去の出題

定期巡回・随時対応型訪問介護看護の随時訪問サービスについて問われました。（21-40）

・随時訪問サービスは、随時の通報からおおむね30分以内に居宅に駆けつけられる体制確保に努めなければならない。

→○

プラスα

オペレーターは事業所に常駐する必要はなく、定期巡回サービスを行う訪問介護員等に同行し、地域を巡回しながら利用者からの通報に対応することも差し支えありません。

アドバイス

オペレーターの要件として認められているサービス提供責任者は、「計画作成責任者」には認められません。混同しないようにしましょう。

設備基準

- 利用者が円滑に通報し、迅速な対応を受けることができるよう、事業所ごとに機器等（①利用者の心身の状況等の情報を蓄積できる機器等、②随時適切に利用者からの通報を受けることができる通信機器等）を備え、必要に応じてオペレーターに携帯させなければならない。
- 利用者が援助を必要とする状態となったときに適切にオペレーターに随時通報を行うことができる端末機器（ケアコール端末（※）や携帯電話等）を配布しなければならない。

※ケアコール端末…ボタンなどの簡単な操作で、利用者がオペレーターに直接連絡できる機器のこと。なお、利用者に配布するケアコール端末にかかる設置料、リース料、保守料等の費用の徴収は認められていない（利用者宅から事業所への通報にかかる通信料（電話料金）は、利用者が負担する）。

プラスα

右記の①については、オペレーターが端末などで情報を常に閲覧できる場合は、備えなくてよいことになっています。

プラスα

利用者が適切に随時の通報ができる場合には、利用者が所有している家庭用電話や携帯電話で代用してもよいことになっています。

運営基準

具体的取扱方針	・随時訪問サービスを適切に行うため、オペレーターは、計画作成責任者や定期巡回サービスを行う訪問介護員等と密接に連携し、利用者の心身の状況、その置かれている環境等の的確な把握に努め、利用者、その家族に対し適切な相談、助言を行う。 ・合鍵を預かる場合には、管理を厳重に行うとともに、管理方法、紛失した場合の対処方法など必要な事項を記載した文書を利用者に交付する。
同居家族に対するサービス提供の禁止	事業者は従業者に、同居の家族である利用者にサービス（随時対応サービスを除く）の提供をさせてはならない。

●定期巡回・随時対応型訪問介護看護の内容

① 主治医との関係（一体型のみ）

訪問看護サービスの提供の開始に際し、主治医の指示を文書で受けなければなりません。また、主治医に定期巡回・随時対応型訪問介護看護計画（訪問看護サービスの利用者にかかるものに限る）および訪問看護報告書を提出し、訪問看護サービスの提供にあたり主治医と密接な連携を図らなければなりません。

プラスα

医療機関が事業所を運営する場合は、主治医の文書による指示や定期巡回・随時対応型訪問介護看護計画および訪問看護報告書の提出は、診療録その他の診療に関する記録（診療記録）への記載をもって代えることができます。

② 定期巡回・随時対応型訪問介護看護計画の作成

計画作成責任者は、定期巡回サービスおよび随時訪問サービスの目標、具体的な定期巡回サービスおよび随時訪問サービスの内容等を記載した定期巡回・随時対応型訪問介護看護計画を作成しなければなりません。すでに居宅サービス計画が作成されている場合はその内容に沿って作成しますが、サービス提供の日時等は、居宅サービス計画にかかわらず計画作成責任者が決定できることとされています。

プラスα

定期巡回・随時対応型訪問介護看護計画は、訪問看護サービスを利用しない者であっても、保健師、看護師または准看護師が利用者を定期的に訪問して行うアセスメントの結果を踏まえて作成しなければなりません。

③　地域との連携等

サービス提供にあたり、利用者、家族、地域住民の代表者、医療関係者、市町村職員、地域包括支援センター職員等で構成される**介護・医療連携推進会議**を設置し、おおむね６か月に１回以上、介護・医療連携推進会議に対してサービスの提供状況等を報告し、評価を受けるとともに、必要な要望、助言等を聴く機会を設けなければならないとされています。

また、事業者は、事業所の所在する建物と同一の建物に居住する利用者にサービスを提供する場合は、正当な理由がある場合を除き、**当該建物に居住する利用者以外の者**に対しても、サービス提供を行わなければなりません。

● 介護報酬

区分

定期巡回・随時対応型訪問介護看護費は月単位の定額となっており、要介護度別、事業所の形態別（**一体型**か**連携型**か）に区分されています。一体型でも、訪問看護サービスを行う場合と行わない場合で異なります。

主な加算（一体型のみ）

- **緊急時訪問看護加算**

  計画的に訪問することとなっていない緊急時訪問を必要に応じて行う体制にある場合に算定します。

- **特別管理加算(Ⅰ)(Ⅱ)**

  真皮を越える褥瘡の状態など特別な管理を必要とする利用者に対して計画的な管理を行った場合に算定します。

減算

通所サービスを受けている利用者にサービスを提供した場合、同一もしくは隣接する敷地内の建物や同一の建物に居住する利用者などにサービス提供を行った場合などに減算されます。

過去の出題

介護・医療連携推進会議について問われました。

(25-44)

・介護・医療連携推進会議は、おおむね６月に１回以上、開催しなければならない。

→○

プラスα

介護・医療連携推進会議は、テレビ電話装置等を活用して行うことができます。利用者または家族が参加する場合は、その活用について同意を得なければなりません。

プラスα

一定の条件を満たせば、複数の事業所による介護・医療連携推進会議の合同開催が可能です。

プラスα

緊急時訪問看護加算、特別管理加算、ターミナルケア加算、退院時共同指導加算は**一体型**の事業所が算定できます。

基礎理解度CHECK!!

□□ 1 ▶ 定期巡回・随時対応型訪問介護看護事業所の形態には、1つの事業所で訪問介護と訪問看護のサービスを提供する介護・看護「一体型」と、訪問介護を行う事業所が地域の訪問看護事業所と連携してサービスを提供する介護・看護「連携型」の2つがある。

□□ 2 ▶ 一体型定期巡回・随時対応型訪問介護看護事業所で提供するサービスは、定期巡回サービス、随時対応サービス、随時訪問サービスの3つである。

□□ 3 ▶ 随時訪問サービスについては、随時の通報があってから、おおむね30分以内の間に駆けつけられるような体制確保に努めることとされている。

□□ 4 ▶ 定期巡回・随時対応型訪問介護看護では、准看護師と介護福祉士はオペレーターになることができない。

□□ 5 ▶ オペレーターは、定期巡回・随時対応型訪問介護看護事業所に、必ず常駐していなければならない。

□□ 6 ▶ 一体型定期巡回・随時対応型訪問介護看護事業所には、理学療法士、作業療法士、言語聴覚士が必置となっている。

□□ 7 ▶ すべての利用者にケアコール端末を配布しなければならない。

□□ 8 ▶ 訪問看護サービスを利用しない者には、定期巡回・随時対応型訪問介護看護計画を作成する必要がない。

□□ 9 ▶ 定期巡回・随時対応型訪問介護看護事業者は、おおむね6か月に1回以上、安全・サービス提供管理委員会を開催する必要がある。

1 ○

2 ✕ 提供するサービスは、①定期巡回サービス、②随時対応サービス、③随時訪問サービス、④訪問看護サービスの4つである。

3 ○

4 ✕ オペレーターには、医師、保健師、看護師、准看護師、社会福祉士、介護福祉士、介護支援専門員がなることができる。また、看護師等との連携確保等の要件のもと、サービス提供責任者の業務に1年以上従事した経験をもつ者等をあてることも可能である。

5 ✕ オペレーターは事業所に必ず常駐する必要はなく、定期巡回サービスを行う訪問介護員等に同行し、地域を巡回しながら利用者からの通報に対応することもできる。

6 ✕ 一体型定期巡回・随時対応型訪問介護看護事業所には、理学療法士、作業療法士、言語聴覚士を配置しないことも可能である。

7 ✕ 利用者が所有している家庭用電話や携帯電話により適切に随時通報できる場合は、ケアコール端末を配布する必要はない。

8 ✕ 訪問看護サービスを利用しない者であっても、看護師等が利用者を定期的に訪問して行うアセスメントの結果を踏まえて定期巡回・随時対応型訪問介護看護計画を作成しなくてはならない。

9 ✕ 定期巡回・随時対応型訪問介護看護事業者は、おおむね6か月に1回以上、介護・医療連携推進会議を開催する必要がある。安全・サービス提供管理委員会は、療養通所介護事業者に設置される。

ランク A

21 看護小規模多機能型居宅介護（複合型サービス）

看護小規模多機能型居宅介護は、小規模多機能型居宅介護と訪問看護を組み合わせたサービスです。通いサービス、訪問（介護･看護）サービス、宿泊サービスを柔軟に組み合わせ、介護と看護サービスの一体的な提供により、医療ニーズの高い利用者を支援します。2011（平成23）年の制度改正で創設されました。第20～24回試験まで毎年出題されました。第25回試験では出題されませんでしたが、第26回試験では出題されました。登録定員･利用定員、人員基準、サービス内容をしっかりと把握しておきましょう。

● 看護小規模多機能型居宅介護

看護小規模多機能型居宅介護は、小規模多機能型居宅介護に必要に応じて訪問看護を組み合わせて、医療ニーズの高い居宅要介護者に提供されるサービスです。利用者が住み慣れた地域での生活を継続できるよう、病状、心身の状況、希望等を踏まえて、通いサービス、訪問（介護・看護）サービス、宿泊サービスを柔軟に組み合わせることにより、療養上の管理のもとで提供されます。

看護小規模多機能型居宅介護のイメージ

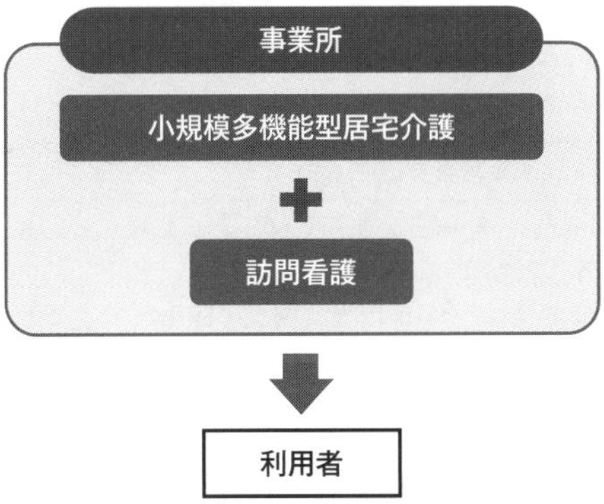

1つの事業所から、サービスが組み合わされて提供されるため、サービス間の調整が行いやすく、柔軟なサービス提供が可能。

小規模多機能型居宅介護と訪問看護を一体的に提供する事業所の創設により、医療ニーズの高い要介護者への支援の充実が可能。

● 登録定員・利用定員

登録定員		29人以下（サテライト型18人以下）
利用定員	通いサービス	登録定員の2分の1～15人（サテライト型12人）まで
	宿泊サービス	通いサービスの利用定員の3分の1～9人（サテライト型6人）まで

※利用者は、1か所の事業所に限って利用者登録を行うことができる。

※看護小規模多機能型居宅介護事業所の管理者は、（事業所の）介護支援専門員に、登録者の居宅サービス計画の作成に関する業務を担当させるものとされている。

※登録者は、訪問リハビリテーション、居宅療養管理指導、福祉用具貸与を除き、他の居宅サービスを利用することはできない。

過去の出題

看護小規模多機能型居宅介護について問われました。

22-43　24-43　26-43

- 訪問介護や訪問看護などの訪問サービスと通いサービスを一体的に提供するもので、宿泊サービスは含まない。
  →×（宿泊サービスも含む）
- 訪問看護及び小規模多機能型居宅介護の組合せによりサービスを提供する。
  →○
- 居宅で生活している要支援者も利用できる。
  →×（できない）
- サテライト型指定看護小規模多機能型居宅介護事業所の登録定員は、18人以下である。
  →○

プラスα

通いサービスの利用定員について、登録定員が25人を超える場合は次のとおり。

登録定員
26人または27人：16人まで
28人：17人まで
29人：18人まで

人員基準・設備基準・運営基準

人員基準

看護小規模多機能型居宅介護従業者	日中（通い）➡ 常勤換算方法で、利用者3人またはその端数を増すごとに1人以上（1人以上は看護職員） 日中（訪問）➡ 常勤換算方法で、2人以上（1人以上は看護職員） 夜間（夜勤）➡ 夜間・深夜時間帯を通じて1人以上 夜間（宿直）➡ 必要な数以上 ※従業者のうち、常勤換算方法で2.5人以上（サテライト事業所では1.0人以上）の者は看護職員（保健師、看護師、准看護師）でなければならない（うち1人以上は常勤の保健師または看護師）
介護支援専門員	1人以上、兼務・非常勤も可能 サテライト事業所では、本体事業所の介護支援専門員が居宅サービス計画を作成する場合には、介護支援専門員に代えて厚生労働大臣が定める研修を修了している者とすることができる
管理者	専従かつ常勤で3年以上認知症高齢者の介護に従事した経験を有し、「認知症対応型サービス事業管理者研修」を修了した者、または保健師もしくは看護師 管理上支障がない場合は、事業所の他の職務と兼務可 サテライト事業所では、本体事業所の管理者が兼務可

※夜勤職員、宿直職員は、宿泊サービスの利用者がいない場合、訪問サービスを提供するために必要な連絡体制を整備していれば置かないことができる。

設備基準

居間および食堂	機能を十分に発揮しうる適当な広さを有すること
宿泊室	・定員は1人（ただし、利用者の処遇上必要と認められる場合には2人とすることも可） ・1室あたりの床面積は7.43m²以上（病院・診療所で定員が1人の場合は、6.4m²以上） ・上記以外の宿泊室を設ける場合は、個室以外の宿泊室の面積の合計がおおむね7.43m²以上に宿泊サービスの利用定員から個室の定員数を引いた数を乗じた面積以上。プライバシーが確保されたものとすること ・診療所の場合は、サービス提供に支障がない場合は、診療所の病床について、宿泊室を兼用することができる

運営基準

具体的取扱方針	・利用者または他の利用者等の生命または身体を保護するため緊急やむを得ない場合を除き、身体的拘束を行ってはならない。身体的拘束等を行う場合には、態様、時間、利用者の心身の状況、緊急やむを得ない理由を記録しなければならない ・通いサービスの利用者が登録定員に比べて著しく少ない状態が続くものであってはならない

プラスα

看護小規模多機能型居宅介護従業者については、介護福祉士や訪問介護員（ホームヘルパー）の資格等は必ずしも必要としませんが、介護等に対する知識、経験を有する者であることが原則です。

過去の出題

管理者としての要件について問われました。21-42
・管理者としての要件は、事業所などで3年以上認知症ケアに従事した経験と、厚生労働大臣が定める研修の修了に限定される。
→×（認知症ケアに従事した経験を有し厚生労働大臣が定める研修を修了している者のほか、保健師もしくは看護師とする）

プラスα

サービスは事業所の従業者が行う必要があります。利用者の負担により介護の一部を付添者等に行わせることは適切ではありません。ただし、通いが困難となった利用者に入浴の機会を確保する観点から、事業所の負担で、訪問入浴介護等のサービスを利用することは差し支えありません。

アドバイス

看護小規模多機能型居宅介護計画の作成にあたっては、地域における活動への参加の機会も考慮し、利用者の多様な活動が確保できるよう努めなければなりません。

	・登録者が通いサービスを利用していない日には、可能な限り、訪問サービスの提供、電話連絡による見守り等を行う等登録者の居宅における生活を支えるために適切なサービスを提供しなければならない ・看護サービス（指定看護小規模多機能型居宅介護のうち、保健師、看護師、准看護師、理学療法士、作業療法士、言語聴覚士が利用者に対して行う療養上の世話または必要な診療の補助であるものをいう）の提供にあたっては、主治の医師との密接な連携により、および看護小規模多機能型居宅介護計画に基づき、利用者の心身の機能の維持回復が図られるよう妥当適切に行わなければならない
主治の医師との関係	・主治の医師の指示に基づいて看護サービスが提供されるよう、必要な管理をしなければならない ・看護サービスの提供開始時には、主治医の指示を文書で受けなければならない ・主治医に看護小規模多機能型居宅介護計画と看護小規模多機能型居宅介護報告書を提出し、サービスの提供にあたっては主治医との密接な連携を図らなければならない
定員の遵守	登録定員ならびに通いサービスおよび宿泊サービスの利用定員を超えてサービスの提供を行ってはならない。ただし、通いサービスおよび宿泊サービスの利用は、利用者の様態や希望等により特に必要と認められる場合は、一時的にその利用を超えることはやむを得ないものとする。なお、災害その他のやむを得ない事情がある場合は、この限りではない

●看護小規模多機能型居宅介護の内容

① 看護小規模多機能型居宅介護計画・看護小規模多機能型居宅介護報告書の作成

看護小規模多機能型居宅介護事業所の介護支援専門員（介護支援専門員を配置していないサテライト事業所にあっては、小規模多機能型サービス等計画作成担当者研修の修了者）が看護小規模多機能型居宅介護計画の作成に関する業務を、看護師等（准看護師を除く）が看護小規模多機能型居宅介護報告書の作成に関する業務を担当します。

介護支援専門員は、看護小規模多機能型居宅介護計画の作成にあたって、看護師等と密接な連携を図らなければなりません。また計画作成にあたっては、利用者または家族に対して説明し、利用者の同意を得たうえで、その計画を利用者に交付しなくてはなりません。

② 運営推進会議

利用者、利用者の家族、地域住民の代表者、市町村職員または地域包括支援センター職員等で構成される運営推進会議を、おおむね2か月に1回以上開催し、活動状況について評価を受け、助

過去の出題

看護小規模多機能型居宅介護について問われました。26-43
・看護サービスの提供開始時は、主治の医師による指示を口頭で受けなければならない。
→×（文書で受けなければならない）

プラスα

事業所が病院・診療所である場合は、主治医の文書による指示および看護小規模多機能型居宅介護報告書の提出は、診療記録への記載をもって代えることができます。

プラスα

看護小規模多機能型居宅介護報告書には、訪問日や提供した看護内容等を記載します。

プラスα

介護支援専門員は看護小規模多機能型居宅介護計画のほか、登録者にかかる居宅サービス計画を作成します。

アドバイス

登録者の居宅サービス計画は、誰が作成するのかが過去問で問われています。居宅介護支援事業所の介護支援専門員では作成できないことに注意しましょう。24-43

過去の出題

運営推進会議について問われました。20-45
・看護小規模多機能型居宅介護の運営推進会議は、利用者の家族や地域住民の代表者も構成員となる。
→○

過去の出題

看護小規模多機能型居宅介護と同時に算定できるサービスについて問われました。22-43 23-43

・看護小規模多機能型居宅介護を受けている間についても、訪問リハビリテーション費、居宅療養管理指導費及び福祉用具貸与費は算定できる。
→○
・その利用者については、訪問介護費を算定することができない。
→○

過去の出題

看護小規模多機能型居宅介護の登録者が利用するサービスについて問われました。24-43

・そのサービスを利用しない日に登録者が通所介護を利用した場合には、通所介護費を算定することができる。
→×（算定できない）
・利用者に対してターミナルケアを行うことができる。
→○

過去の出題

看護小規模多機能型居宅介護の介護報酬について問われました。26-43

・看護小規模多機能型居宅介護費は、月単位で設定されている。
→○

言等を聴く機会を設けなければなりません。なお、一定の条件を満たせば、複数の事業所による合同開催が可能です。

③ 併用できるサービス

看護小規模多機能型居宅介護と同時に受けることのできるサービスは、

・訪問リハビリテーション
・居宅療養管理指導
・福祉用具貸与

です。福祉用具購入と住宅改修も利用可能となっています。

介護報酬

区分

看護小規模多機能型居宅介護の介護報酬は、同一建物内の利用者かどうか、短期利用かどうか、そして要介護度別に月単位（短期利用に限っては日単位）の定額報酬で設定されています。加算には、小規模多機能型居宅介護と同様のもの、訪問看護と同様のもの、通所介護と同様のものがあります。

主な加算

認知症行動・心理症状緊急対応加算	認知症の行動・心理症状が認められるため、在宅での生活が困難であり、緊急に短期入所生活介護を利用することが適当であると医師が判断した利用者については、利用を開始した日から起算して7日を限度として、1日につき所定の単位数を加算する

減算

末期の悪性腫瘍等により、医療保険の訪問看護を利用した場合には、所定単位数が減算されます。

基礎理解度 CHECK!!

□□ 1 ▶ 看護小規模多機能型居宅介護は、小規模多機能型居宅介護と療養通所介護を組み合わせたサービスである。

□□ 2 ▶ 看護小規模多機能型居宅介護の登録定員は、18人以下である。

□□ 3 ▶ 看護小規模多機能型居宅介護の利用者は、2つ以上の看護小規模多機能型居宅介護事業所に登録することができる。

□□ 4 ▶ 看護小規模多機能型居宅介護従業者は、介護福祉士の資格がなければならない。

□□ 5 ▶ 看護小規模多機能型居宅介護従業者のうち、看護職員（保健師、看護師、准看護師）は常勤換算方法で2.5人以上必要である。

□□ 6 ▶ 看護小規模多機能型居宅介護の管理者は、保健師または看護師に限られる。

□□ 7 ▶ 看護小規模多機能型居宅介護の看護サービスの提供開始に際しては、主治医の指示を文書で受けなければならない。

□□ 8 ▶ 看護小規模多機能型居宅介護において、看護サービスを提供した際は、主治医に看護小規模多機能型居宅介護計画を提出すれば、看護小規模多機能型居宅介護報告書を提出する必要がない。

□□ 9 ▶ 登録者の居宅サービス計画は、居宅介護支援事業者の介護支援専門員が作成する。

□□ 10 ▶ サテライト型看護小規模多機能型居宅介護事業所では、介護支援専門員の資格がなくても、小規模多機能型サービス等計画作成担当者研修の修了者が看護小規模多機能型居宅介護計画を作成できる。

□□ 11 ▶ 看護小規模多機能型居宅介護と福祉用具貸与は併用できない。

1 ✕ 看護小規模多機能型居宅介護は、小規模多機能型居宅介護と訪問看護を組み合わせたサービスである。

2 ✕ 登録定員は、29人以下である。ただし、サテライト型の登録定員は、18人以下となっている。

3 ✕ 利用者は、顔なじみの職員から介護・看護サービスの提供を受けるため、1か所の事業所に限り利用登録を行える。

4 ✕ 従業者は、訪問介護員（ホームヘルパー）や介護福祉士の資格等は必ずしも必要としない。介護等に対する知識、経験を有する者であることを原則としている。

5 ○

6 ✕ 管理者の要件は、保健師もしくは看護師のほか、専従かつ常勤で3年以上認知症高齢者の介護に従事した経験を有し、「認知症対応型サービス事業管理者研修」を修了した者である。

7 ○

8 ✕ 看護サービスを提供した際は、主治医に看護小規模多機能型居宅介護計画および看護小規模多機能型居宅介護報告書を提出し、主治医との密接な連携を図らなければならない。

9 ✕ 看護小規模多機能型居宅介護計画と登録者にかかる居宅サービス計画は、看護小規模多機能型居宅介護事業所の介護支援専門員が作成する。

10 ○

11 ✕ 看護小規模多機能型居宅介護と同時に受けることのできるサービスは、訪問リハビリテーション、居宅療養管理指導、福祉用具貸与である（福祉用具購入と住宅改修も利用可能となっている）。

ランク A

22 介護老人保健施設

介護老人保健施設は在宅の高齢者の生活を支えるために、施設入所のほか、短期入所療養介護(ショートステイ)、通所リハビリテーションなどの居宅サービスも行っている施設です。介護老人保健施設は、在宅復帰、在宅療養支援のための地域拠点となる施設であり、リハビリテーションを提供する機能維持・改善の役割を担う施設です。介護老人保健施設のもつ役割や特徴を理解しましょう。ほぼ毎年出題されており、第26回試験でも出題されています。今後も高い確率での出題が予想されます。

1. 介護老人保健施設とは

プラスα

2017(平成29)年の介護保険法改正により、第8条第28項が改正されました。この改正により「在宅療養支援」のための施設ということが強調されています。

アドバイス

介護老人保健施設を開設できる団体等について、おさえておきましょう(80〜81頁参照)。

過去の出題

介護老人保健施設の定義について問われました。
23-44

・要介護者であって、主として長期にわたり療養が必要である者に対してサービスを行う施設と定義されている。
→×(これは介護医療院の定義である)

アドバイス

連携するのは公的機関や介護保険サービスだけでなく、ボランティア団体等、住民の組織も含まれます。過去問でも問われました。
18-30

介護老人保健施設は、要介護者であって、主としてその心身の機能の維持回復を図り、居宅における生活を営むことができるようにするための支援が必要である者に対し、施設サービス計画に基づき、看護、医学的管理下での介護および機能訓練その他必要な医療の提供ならびに日常生活上の世話を行う施設です。

介護老人保健施設の意義・目的は、自立支援と在宅復帰であり、次の5つの理念や役割を有しています。

包括的ケアサービス施設	入所者の意思を尊重し、望ましい在宅または施設生活が過ごせるようチームで支援します。そのため、入所者に応じた施設サービス計画を作成し、必要な医療、看護や介護、リハビリテーションを提供します。
リハビリテーション施設	体力や基本動作能力の獲得、活動や参加の促進、家庭環境の調整など生活機能向上を目的に、集中的な維持期リハビリテーションを行います。
在宅復帰施設	脳卒中、廃用症候群、認知症等による一人ひとりの状態像に応じて、多職種からなるチームケアを行い、早期の在宅復帰に努めます。
在宅生活支援施設	自立した在宅生活が継続できるよう、介護予防に努め、入所や通所・訪問リハビリテーションなどのサービスを提供するとともに、他のサービス機関と連携して総合的に支援し、家族の介護負担の軽減に努めます。
地域に根ざした施設	家族や地域住民と交流し情報提供を行い、さまざまなケアの相談に対応します。市町村や各種事業者、保健・医療・福祉機関などと連携し、地域と一体となったケアを積極的に担います。また、評価・情報公開を積極的に行い、サービスの向上に努めます。

2. 介護老人保健施設の人員基準

介護老人保健施設の主な人員基準は、次のとおりです。

医師	入所者100人に対し常勤換算で１人以上
薬剤師	施設の実情に応じた適当数
看護職員・介護職員	入所者３人またはその端数を増すごとに常勤換算で１人以上 （看護職員の人数は、総数の７分の２程度、介護職員の人数は総数の７分の５程度）
支援相談員	１人以上 （入所者が100人を超える場合は、常勤の支援相談員１人に加え、100を超える部分について入所者100人に対し常勤換算で１人以上）
理学療法士、作業療法士または言語聴覚士	入所者100人に対し常勤換算で１人以上
栄養士または管理栄養士	入所定員が100人以上の施設は常勤で１人以上（栄養管理に支障がない場合は、同一敷地内の病院等との兼務は可能。定員100人未満の施設も常勤職員の配置に努める）
介護支援専門員	１人以上（常勤専従。入所者の処遇に支障がない場合は施設の他の職務に従事可能） 入所者100人またはその端数を増すごとに１人を標準
調理員、事務員等	施設の実情に応じた適当数
管理者	常勤専従（管理上支障のない場合は、同一敷地内にある他の事業所、施設等の職務に従事可能）

プラスα

支援相談員の主な業務は、①入所者および家族の処遇上の相談、②レクリエーション等の計画・指導、③市町村との連携、④ボランティアの指導です。

プラスα

介護老人保健施設の開設者は、都道府県知事の承認を受けた医師に当該介護老人保健施設を管理させなければなりません。ただし、都道府県知事の承認を受け、医師以外の者に管理させることができるとされています。介護医療院も同様です。

アドバイス

過去問では、入所定員が100人以上の場合には、栄養士または管理栄養士を置かなければならないかが問われました。また、理学療法士、作業療法士または言語聴覚士を置かなければならないかが問われました。

25-45　26-44

3. 介護老人保健施設の施設基準

介護老人保健施設の主な施設基準は、次のとおりです。

療養室	・療養室の定員は、４人以下とする ・入所者１人あたりの床面積は、8 m^2 以上とする ・地階に設けてはならない ・出入口は、避難上有効な空地、廊下または広間に直接面して設ける ・寝台またはこれに代わる設備を備える ・入所者の身の回り品を保管することができる設備を備える ・ナース・コールを設ける
機能訓練室	・1 m^2 に入所定員数を乗じて得た面積以上の面積を有し、必要な器械・器具を備える
食堂	・2 m^2 に入所定員数を乗じて得た面積以上の面積を有する

プラスα

サテライト型小規模介護老人保健施設または医療機関併設型小規模介護老人保健施設の場合にあっては、機能訓練室は 40 m^2 以上の面積を有し、必要な器械・器具を備えるとされています。

プラスα

談話室は、入所者同士や入所者とその家族が談話を楽しめる広さを有するものとします。

プラスα

浴室は、身体の不自由な者が入浴するのに適したものとします。また、一般浴槽のほか、入浴に介助を必要とする者の入浴に適した特別浴槽を設けることになっています。

レクリエーション・ルーム	・レクリエーションを行うために十分な広さを有し、必要な設備を備える
洗面所	・療養室のある階ごとに設ける
便所	・療養室のある階ごとに設ける ・ブザーまたはこれに代わる設備を設けるとともに、身体の不自由な者が使用するのに適したものとする ・常夜灯を設ける
このほか診察室、談話室、浴室、サービス・ステーション、調理室、洗濯室または洗濯場、汚物処理室を設ける	

4. 介護老人保健施設の運営基準

介護老人保健施設の運営に関する主な基準は、次のとおりです。

提供拒否の禁止	・正当な理由なくサービスの提供を拒んではならない
入退所	・入所者の心身の状況、病状、その置かれている環境等に照らし、入所者が居宅において日常生活を営むことができるかどうかについて、医師、薬剤師、看護・介護職員、支援相談員、介護支援専門員等の従業者の間で、定期的（少なくとも3か月ごと）に検討し、その内容等を記録しなければならない ・入所者の退所に際しては、その者またはその家族に対し、適切な指導を行うとともに、居宅サービス計画の作成等の援助に資するため、居宅介護支援事業者に対する情報の提供に努めるほか、退所後の主治医に対する情報の提供その他保健医療サービス・福祉サービスを提供する者との密接な連携に努めなければならない
施設サービス計画の作成	・介護老人保健施設の管理者は、介護支援専門員に施設サービス計画の作成に関する業務を担当させるものとする ・施設サービス計画に関する業務を担当する介護支援専門員（計画担当介護支援専門員）は、施設サービス計画の作成にあたり、地域住民による自発的な活動によるサービス等の利用も含めて施設サービス計画上に位置づけるよう努めなければならない ・計画担当介護支援専門員は、サービス担当者会議の開催、介護保健施設サービスの提供にあたる他の担当者に対する照会等により、施設サービス計画の原案の内容について、担当者から、専門的な見地からの意見を求めるものとする ・計画担当介護支援専門員は、施設サービス計画の作成後、定期的に入所者に面接し、施設サービス計画の実施状況の把握（モニタリング）を行い、必要に応じて施設サービス計画の変更を行う ・入所者が要介護更新認定や要介護状態区分の変更の認定を受けた場合には、計画担当介護支援専門員は、サービス担当者会議の開催、介護保健施設サービスの提供にあたる他の担当者に対する照会等により、施設サービス計画の変更の必要性について、担当者から、専門的な見地からの意見を求める

プラスα

「正当な理由」とは、入院治療の必要がある場合など入所者に対し自ら適切な介護保健施設サービスを提供することが困難な場合をいいます。

プラスα

居宅において日常生活を営むことができるかの定期的な検討（3か月ごと）の「3か月ごと」と数字で具体的に表されているのは、介護老人保健施設のみです。

プラスα

サービス担当者会議は、テレビ電話装置等を活用して行うことができます。入所者や家族が参加する場合は、テレビ電話装置等の活用について入所者や家族の同意を得なければなりません。

アドバイス

居宅介護支援のモニタリングと違い、月に1回といった頻度は定められておらず、定期的に入所者に面接し、モニタリングを行うことをおさえておきましょう。

診療の方針	・診療は、一般に医師として必要性があると認められる疾病または負傷に対して、的確な診断を基に療養上妥当適切に行う ・検査、投薬、注射、処置等は、入所者の病状に照らして妥当適切に行う ・厚生労働大臣が定める医薬品以外の医薬品を入所者に施用し、または処方してはならない
必要な医療の提供が困難な場合等の措置等	・介護老人保健施設の医師は、入所者の病状からみて当該介護老人保健施設において自ら必要な医療を提供することが困難であると認めたときは、協力病院その他適当な病院・診療所への入院のための措置を講じ、または他の医師の往診を求める等診療について適切な措置を講じなければならない
機能訓練	・入所者の心身の諸機能の維持回復を図り、日常生活の自立を助けるため、理学療法、作業療法その他必要なリハビリテーションを計画的に行わなければならない
栄養管理	・入所者の栄養状態の維持および改善を図り、自立した日常生活を営むことができるよう、各入所者の状態に応じた栄養管理を計画的に行わなければならない
口腔衛生の管理	・入所者の口腔の健康の保持を図り、自立した日常生活を営むことができるよう、口腔衛生の管理体制を整備し、各入所者の状態に応じた口腔衛生の管理を計画的に行わなければならない
看護および医学的管理のもとにおける介護	・1週間に2回以上、適切な方法により、入所者を入浴させ、または清拭しなければならない ・入所者の病状および心身の状況に応じ、適切な方法により、排泄の自立について必要な援助を行わなければならない ・おむつを使用せざるを得ない入所者のおむつを適切に取り替えなければならない ・褥瘡が発生しないよう適切な介護を行うとともに、その発生を予防するための体制を整備しなければならない ・入所者に対して、入所者の負担により、当該施設の従業者以外の者による看護および介護を受けさせてはならない
勤務体制の確保等	・介護に直接携わる職員のうち、医療・福祉関係の資格を有さない者について、認知症介護にかかる基礎的な研修を受講させるために必要な措置を講じなければならない ・職場において行われる性的な言動または優越的な関係を背景とした言動であって業務上必要かつ相当な範囲を超えたものにより従業者の就業環境が害されることを防止するための方針の明確化等の必要な措置を講じなければならない
業務継続計画の策定等	・感染症や非常災害の発生時において、入所者にサービスを継続的に提供する等のための「業務継続計画」を策定し、必要な措置を講じなければならない ・従業者に対し必要な研修および訓練（シミュレーション）を定期的に実施しなければならない
定員の遵守	・入所定員および療養室の定員を超えて入所させてはならない。ただし、災害、虐待その他のやむを得ない事情がある場合は、この限りでない

プラスα

「厚生労働大臣が定める医薬品」とは、使用薬剤の薬価（薬価基準）の別表に収載されている医薬品などを指します。

アドバイス

介護老人保健施設には常勤医師が配置され、比較的安定している病状に対する医療については施設で対応できることから、必要のない往診を求めたり、通院をさせたりすることは認められません。

プラスα

口腔衛生の管理において、「計画的に」とは、歯科医師または歯科医師の指示を受けた歯科衛生士が、介護職員に対する口腔衛生の管理にかかる技術的助言と指導を年2回以上実施することとされています。

アドバイス

過去問では、口腔衛生の管理体制を整備し、各入所者の状態に応じた口腔衛生の管理を計画的に行うかどうかが問われました。
26-44

過去の出題

災害等のやむを得ない事情がある場合の入所定員について問われました。
24-44

・災害その他のやむを得ない事情がある場合でも、入所定員を超えて入所させてはならない。
→×（災害その他のやむを得ない事情がある場合を除き、入所定員を超えて入所させてはならない）

過去の出題

介護老人保健施設の委員会について問われました。
21-45
・感染症又は食中毒の予防のため、その対策を検討する委員会をおおむね三月に1回以上開催しなければならない。
→○

プラスα

協力病院は、介護老人保健施設から自動車等による移送に要する時間が、おおむね20分以内の近距離にあることとされています。

アドバイス

介護老人保健施設は、地域に開かれた施設としての運営が求められています。

プラスα

感染対策委員会、事故防止検討委員会、虐待防止検討委員会は、テレビ電話装置等を活用して行うことができます。

非常災害対策	・非常災害に関する具体的計画を立て、非常災害時の関係機関への通報および連携体制を整備し、それらを定期的に従業者に周知するとともに、定期的に避難、救出その他必要な訓練を行わなければならない ・訓練の実施にあたって、地域住民の参加が得られるよう連携に努めなければならない
衛生管理等	・入所者の使用する施設、食器その他の設備や飲用水の衛生的な管理に努めるとともに、医薬品および医療機器の管理を適正に行わなければならない ・感染症の発生・まん延防止のために、感染対策委員会の開催、予防・まん延防止指針の整備、研修・訓練の定期的実施等の措置を講じなければならない
協力病院	・入所者の病状の急変等に備えるため、あらかじめ、協力病院を定めておかなければならない ・あらかじめ、協力歯科医療機関を定めておくよう努めなければならない
地域との連携等	・その運営にあたっては、地域住民またはその自発的な活動等との連携および協力を行う等の地域との交流に努めなければならない
事故発生の防止と発生時の対応	・事故が発生した場合の対応または事故発生の防止のための指針の整備等の措置を講じなければならない ・事故発生を防止するための担当者を置いて、事故防止検討委員会の開催、従業者に対する研修を定期的に行わなければならない ・事故が発生した場合は、速やかに市町村、家族等に連絡するとともに、必要な措置を講じなければならない
虐待の防止	・虐待の発生またはその再発を防止するため、担当者を置いて、虐待防止検討委員会の定期的な開催、虐待防止指針の整備、研修の定期的な実施等の措置を講じなければならない
記録の整備	・入所者に対するサービス提供に関する記録を整備し、その完結の日から2年間保存しなければならない

5. 介護老人保健施設のさまざまな形態

アドバイス

・本体施設と別の場所
→「サテライト型小規模老健」
・併設して運営
→「医療機関併設型小規模老健」
と覚えるとよいでしょう。

介護老人保健施設は、100床程度の定員の施設と、それ以外に以下の形態が認められています。

介護老人保健施設の形態	施設の概要
ユニット型介護老人保健施設	個室の療養室と、入居者が交流し共同で日常生活を営むための共同生活室により一体的に構成されるユニットごとに、入居者の日常生活が営まれる介護老人保健施設。1つのユニットの入居定員は、原則としておおむね10人以下とし、15人を超えないものと定められている

サテライト型小規模介護老人保健施設	定員29人以下の小規模な介護老人保健施設。本体施設として一般的な介護老人保健施設・介護医療院または病院・診療所があることが前提。サテライトなので、本体施設とは別の場所に設置されるが、本体施設と密接に連携して運営する体制が確保されていなければならない
医療機関併設型小規模介護老人保健施設	定員29人以下の小規模な介護老人保健施設。サテライト型との違いは、介護医療院または病院・診療所に併設されていることである
分館型介護老人保健施設	本体の介護老人保健施設が複数の医師を配置している病院・診療所に併設されていることと、本体の介護老人保健施設と一体的な運営を行うことを条件に設置が認められる。東京都の区部や、「過疎地域自立促進特別措置法」に規定される地域などの、施設を設置することに困難が多い地域のみに認められた形態である
介護療養型老人保健施設	既設の病院の療養病床などを介護老人保健施設に転換した施設。介護療養型医療施設の削減・廃止の転換先として制度化されている

過去の出題

介護老人保健施設の類型について問われました。
24-44 25-45
・サテライト型小規模介護老人保健施設は、定員29人以下である。
→○
・ユニット型では、一のユニットの定員は、15人を超えることが認められている。
→×（15人を超えないものとされている）

6. 介護報酬

2018（平成30）年度の介護報酬改定で、介護保健施設サービス費は、それまでの「従来型」「加算型」「在宅強化型」の3分類から、「その他型」「基本型」「加算型」「在宅強化型」「超強化型」の5分類に細分化されました。これにより、介護老人保健施設の在宅復帰・在宅支援機能がより鮮明に評価されるようになりました。

アドバイス

超強化型（在宅復帰の割合が一番高い）の介護報酬が一番高く設定されています。

主な加算

短期集中リハビリテーション実施加算	入所者に対して、医師またはリハビリテーション専門職が、入所の日から3か月以内の期間に、20分以上の個別リハビリテーションを、1週につきおおむね3日以上実施した場合は、1日につき所定の単位数を加算
認知症短期集中リハビリテーション実施加算	生活機能の改善が見込まれる認知症入所者に対して、医師またはリハビリテーション専門職が、入所の日から3か月以内の期間に、20分以上の記憶の訓練等の個別リハビリテーションを実施した場合は、1週に3日を限度として、1日につき所定の単位数を加算
初期加算	入所した日から起算して30日以内の期間について、1日につき所定の単位数を加算
外泊時費用	入所者が居宅へ外泊した場合は、所定単位数に代えて1か月に6日を限度として、1日につき所定の単位数を算定

過去の出題

外泊時費用について問われました。20-40
・入所者の居宅における外泊時には、介護保健施設サービス費は算定できないが、外泊時費用を月に6日まで算定できる。
→○

過去の出題

ターミナルケア加算について問われました。

26-44

・看取り等を行う際のターミナルケア加算は、算定できない。
→×（算定できる）

プラスα

ターミナルケア加算では、2021（令和３）年度の介護報酬改定により、要件に、「人生の最終段階における医療・ケアの決定プロセスに関するガイドライン」等の内容に沿った取り組みを行うこと、看取りに関する協議等の場の参加者に支援相談員が加わりました。また、従来の30日前からの算定に加えて、死亡日45日前からの対応についても加算で評価されるようになりました。

プラスα

入退所前連携加算(Ⅰ)は、入所予定日前30日以内または入所後30日以内に、入所者が退所後に利用を希望する居宅介護支援事業者と連携し、退所後のサービスの利用方針を定めることが要件となっています。

プラスα

認知症専門ケア加算(Ⅰ)(Ⅱ)があります。これは、日常生活に支障を来すおそれのある症状もしくは行動が認められる認知症の入所者（認知症高齢者の日常生活自立度Ⅲ以上）の占める割合が２分の１以上であって、認知症介護にかかる専門的な研修修了者の配置等の基準に適合する場合は、当該利用者に対して１日につき所定の単位数を加算するものです。

ターミナルケア加算	医師が回復の見込みがないと診断した入所者に対し、本人または家族の同意を得てターミナルケアを実施した場合は、死亡日を含めて45日を上限として、１日につき所定の単位数を加算
入退所前連携加算(Ⅰ)(Ⅱ)	入所期間が１か月を超える入所者が退所し、居宅でサービスを利用する場合、入所者の退所に先立ち居宅介護支援事業者に対し、入所者の診療状況を示す文書を添えて、サービスに必要な情報を提供し、かつ、居宅介護支援事業者と連携して退所後のサービス利用に関する調整を行った場合、入所者１人につき１回を限度として所定の単位数を算定
特別療養費	入所者に対して、感染対策指導管理、褥瘡対策指導管理などの日常的に必要な医療行為を行った場合に算定
所定疾患施設療養費(Ⅰ)(Ⅱ)	肺炎や尿路感染症等の入所者に対し、投薬、検査、注射、処置等を行った場合は、１か月に１回、連続する７日（あるいは10日）を限度として、所定の単位数を加算
若年性認知症入所者受入加算	若年性認知症（40歳以上65歳未満）の利用者を受け入れ、利用者ごとに個別に担当者を定めて、その担当者を中心として、当該利用者の特性やニーズに応じたサービスを提供した場合は、１日につき所定の単位数を加算する。ただし、認知症行動・心理症状緊急対応加算を算定している場合は算定しない
認知症行動・心理症状緊急対応加算	認知症の行動・心理症状が認められるため、在宅での生活が困難であり、緊急に入所することが適当であると医師が判断した入所者については、入所した日から起算して７日を限度として、１日につき所定の単位数を加算
口腔衛生管理加算(Ⅰ)(Ⅱ)	歯科医師の指示を受けた歯科衛生士が、入所者に対して、口腔衛生等の管理を月２回以上行い、かつ、介護職員に助言指導等を行った場合は、１か月につき所定の単位数を加算。（Ⅱ）は口腔衛生等の管理にかかる計画の内容等の情報を厚生労働省に提出し、必要な情報を活用していることが要件になっている
栄養マネジメント強化加算	管理栄養士を常勤換算方法で入所者の数を50（施設に常勤栄養士を１人以上配置し、給食管理を行っている場合は70）で除して得た数以上配置しており、低栄養状態のリスクが高い入所者に対し、医師、管理栄養士、看護師等が共同で作成した栄養ケア計画に従い、食事の観察（ミールラウンド）を定期的に行い、入所者ごとの栄養状態、嗜好等を踏まえた食事の調整等を実施し、入所者ごとの栄養状態等の情報を厚生労働省に提出して、必要な情報を活用している場合は、１日につき所定の単位数を加算

主な減算

夜勤の勤務条件が基準を満たしていない場合、定員を超過した場合や運営基準に定める人員を配置していない場合などに所定単位数から減算されます。

基礎理解度 CHECK!!

□□ 1 ▶ 介護老人保健施設は、終身施設であり、在宅復帰や在宅療養支援のための地域拠点となることは求められていない。

□□ 2 ▶ 介護老人保健施設では、医師を配置する必要がない。

□□ 3 ▶ 介護老人保健施設では、介護支援専門員は入所者100人またはその端数を増すごとに1人を標準として配置する。

□□ 4 ▶ 介護老人保健施設では、入所定員が100人以上の場合には、栄養士または管理栄養士を配置しなければならない。

□□ 5 ▶ 介護老人保健施設の浴室は、特別浴槽を設ける必要はない。

□□ 6 ▶ 介護老人保健施設では、入所者が居宅において日常生活を営むことができるかを12か月ごとに検討しなければならない。

□□ 7 ▶ 入所者に褥瘡が発生しないよう適切な介護を行うとともに、その発生を予防するための体制を整備しなければならない。

□□ 8 ▶ 非常災害対策として、訓練の実施にあたり、特に地域住民の参加が得られるよう連携に努めなくてもよい。

□□ 9 ▶ 医療機関併設型小規模介護老人保健施設とは、当該施設以外の介護老人保健施設と密接に連携しつつ、本体施設とは別の場所で運営されるものである。

□□ 10 ▶ 医師が回復の見込みがないと診断した入所者に対し、本人または家族の同意を得てターミナルケアを実施した場合は、死亡日を含めて45日を上限として、ターミナルケア加算を算定できる。

1 ✕介護老人保健施設は、在宅復帰や在宅療養支援のための地域拠点となる施設である。

2 ✕介護老人保健施設では、医師は入所者100人に対し常勤換算で1人以上配置しなければならない。

3 ○

4 ○

5 ✕浴室は、一般浴槽のほか、介助を必要とする者の入浴に適した特別浴槽を設ける必要がある。

6 ✕医師、薬剤師、看護・介護職員、支援相談員、介護支援専門員等の従業者の間で、定期的（少なくとも3か月ごと）に検討し、その内容等を記録しなければならない（入所者の在宅復帰を目指す）。

7 ○

8 ✕非常災害対策として、訓練の実施にあたっては、地域住民の参加が得られるよう連携に努めなければならない。

9 ✕設問は、サテライト型小規模介護老人保健施設の説明である。医療機関併設型小規模介護老人保健施設とは、定員が29人以下で、介護医療院や病院等に併設される介護老人保健施設である。

10 ○

ランク A

23 介護医療院

介護医療院は、2017（平成 29）年の介護保険法改正において新たに設けられた介護保険施設です。介護療養型医療施設の廃止（2024（令和 6 ）年 3 月末）を考慮して、介護療養型医療施設のもつ「日常的な医学管理が必要な重介護者の受入れ」や、「看取り・ターミナル」などの機能を維持しつつ、「生活施設」としての機能を兼ね備えた新たな施設類型として創設されました。第 21～24 回試験と第 26 回試験で出題されています。療養床のⅠ型とⅡ型の違いは頻出ですので、しっかりと違いをおさえておきましょう。

1. 介護医療院とは

介護医療院の定義

介護医療院とは、主として長期にわたり療養が必要である要介護者に対し、施設サービス計画に基づいて、療養上の管理、看護、医学的管理の下における介護および機能訓練その他必要な医療、日常生活上の世話を行うことを目的とする施設です。

介護医療院の利用者

介護医療院の利用者である「主として長期にわたり療養が必要である要介護者」については、次のように定められています。

	Ⅰ型療養床	Ⅱ型療養床
主な利用者	主として長期にわたり療養が必要である者で、重篤な身体疾患を有する者および身体合併症を有する認知症高齢者等	Ⅰ型療養床以外の者

※療養床とは、療養室のうち、入所者 1 人あたりの寝台またはこれに代わる設備の部分のこと。

Ⅰ型療養床は、主として長期にわたり療養が必要である者であって、重篤な身体疾患を有する者、身体合併症を有する認知症高齢者等を入所させるためのものです。Ⅰ型療養床は、介護老人保健施設よりも医師および看護・介護職員の配置が手厚く、看護職員の割合も高い基準が設定されているので、さまざまな重篤な医療ニーズを併せもつ重度の要介護者に対して、長期療養のための医療をより適切に提供できる体制が整っています。

Ⅱ型療養床は、Ⅰ型療養床以外の者です。

プラスα

介護医療院は、介護保険施設の 1 つです。要介護者が対象となり、要支援者は利用できません。

アドバイス

介護医療院は、ターミナルケアの機能も有します。

過去の出題

介護医療院のⅠ型療養床とⅡ型療養床について問われました。

21-44 22-45 26-45

- 主として長期にわたり療養が必要である者であって、重篤な身体疾患を有する者等を入所させるⅠ型療養床と、それ以外の者を入所させるⅡ型療養床がある。
  →○
- Ⅱ型では、Ⅰ型に比してより重篤な身体疾患を有する患者等に対応できる体制が求められている。
  →×（Ⅰ型のほうがⅡ型よりも重篤な身体疾患を有する患者等に対応できる）
- 療養床には、Ⅰ型療養床とⅡ型療養床がある。
  →○

介護医療院の類型

介護医療院の類型は、以下のとおりです。

名称	概要
医療機関併設型介護医療院	病院または診療所に併設され、入所者の療養生活の支援を目的とするもの
併設型小規模介護医療院	医療機関併設型介護医療院のうち、入所定員が19人以下のもの。病院または診療所に1か所の設置とされている
ユニット型介護医療院	施設の全部において少数の療養室および当該療養室に近接して設けられる共同生活室により一体的に構成される場所（ユニット）ごとに入居者の日常生活が営まれ、これに対する支援が行われるもの

プラスα

医療機関併設型介護医療院の「併設」とは、同一敷地内または隣接する敷地において、サービスの提供、夜勤を行う職員の配置等が一体的に行われているものを指します。

プラスα

個室ユニット型施設における1ユニットの定員については、原則としておおむね10人以下とし、15人を超えないものとされています。

2. 介護医療院の人員基準

介護医療院の人員基準は、前述のとおりⅠ型と、「介護老人保健施設（比較的容体が安定している要介護者を想定）」相当のⅡ型によって異なります。それぞれの人員に関する基準は、以下のとおりです。

職種	資格要件・配置基準等
医師	（Ⅰ型入所者数÷48）＋（Ⅱ型入所者数÷100） （Ⅰ型は48対1で3人、Ⅱ型は100対1で1人の配置が必要）
薬剤師	（Ⅰ型入所者数÷150）＋（Ⅱ型入所者数÷300） （Ⅰ型は150対1、Ⅱ型は300対1）
看護職員	入所者数÷6（6対1）
介護職員	（Ⅰ型入所者数÷5）＋（Ⅱ型入所者数÷6） （Ⅰ型は5対1、Ⅱ型は6対1）
理学療法士、作業療法士または言語聴覚士	実情に応じた適当数
栄養士または管理栄養士	入所定員100人以上の場合は1人以上
介護支援専門員	1人以上（入所者の数が100人を超える場合は1人＋超える部分÷100を標準とする）
診療放射線技師	実情に応じた適当数
調理員、事務員その他の従業者	実情に応じた適当数

プラスα

介護医療院は、介護老人保健施設と同じく、医療法にいう病院・診療所ではありませんが、医療法上の医療提供施設の1つとして位置づけられています。

過去の出題

介護医療院の医師の配置について問われました。

23-45

・定員100人のⅡ型療養床の場合には、常勤換算で1人の医師の配置が必要である。

→○

アドバイス

施設サービス計画を立てる介護支援専門員のことを「計画担当介護支援専門員」といいます（介護保険施設に共通）。

3. 介護医療院の施設基準

介護医療院（ユニット型を除く）の主な施設基準は、以下のとおりです。

施設	施設基準
療養室	・療養室の定員は、4人以下とすること ・入所者1人あたりの床面積は、8 m^2以上とすること ・地階に設けてはならないこと ・入所者のプライバシーの確保に配慮した療養床を備えること（多床室の場合にあっては、家具、パーティション、カーテン等の組み合わせにより、室内を区分することで、入所者同士の視線等を遮断し、入所者のプライバシーを確保すること。カーテンのみで仕切られているに過ぎないような場合には、プライバシーの十分な確保とはいえない） ・ナース・コールを設けること
診察室	・診察室は、次に掲げる施設を有すること (1) 医師が診察を行う施設 (2) 喀痰、血液、尿、糞便等について通常行われる臨床検査を行うことができる施設（臨床検査施設） (3) 調剤を行う施設 ・医療法施行規則に定める規定に準拠し、病院や診療所といった医業を行う場では、検体検査の精度の確保にかかる責任者として、医師または臨床検査技師を配置することが必要となる
処置室	・処置室は、次に掲げる施設を有すること (1) 入所者に対する処置が適切に行われる広さを有する施設 (2) 診察の用に供するエックス線装置
機能訓練室	内法による測定で40 m^2以上の面積を有し、必要な器械および器具を備えること
談話室	入所者同士や入所者とその家族が談話を楽しめる広さを有すること
食堂	内法による測定で、入所者1人あたり1 m^2以上の面積を有すること
浴室	・身体の不自由な者が入浴するのに適したものとすること ・一般浴槽のほか、入浴に介助を必要とする者の入浴に適した特別浴槽を設けること
レクリエーション・ルーム	レクリエーションを行うために十分な広さを有し、必要な設備を備えること

※上記のほか、洗面所、便所、サービス・ステーション、調理室、洗濯室または洗濯場、汚物処理室を有していることになっている。

過去の出題

介護医療院の療養室について問われました。
23-45 26-45

・入所者1人当たりの療養室の床面積は、8 m^2以上とされている。
→○

・療養室入所者1人当たりの床面積は、5.0 m^2以上とされている。
→×（8 m^2以上とされている）

過去の出題

介護医療院の多床室について問われました。21-44

・多床室の場合は、カーテンのみで入所者同士の視線等を遮断し、プライバシーを確保できればよい。
→×（カーテンのみで仕切られているに過ぎないような場合には、プライバシーの十分な確保とはいえない）

過去の出題

介護医療院について問われました。22-45 26-45

・医療法の医療提供施設には該当しない。
→×（介護医療院には医師が配置され、医療法に該当する診察室等を配置するため、医療法の医療提供施設に該当する）

・住まいと生活を医療が支える新たなモデルとして創設された。
→○

・併設型小規模介護医療院の入所定員は、25人以下である。
→×（19人以下である。333頁上の表参照）

4. 介護医療院の運営基準

介護医療院の主な運営基準は、以下のとおりです。

項目	内容
入退所	・入所申込者の入所に際しては、居宅介護支援事業者に対する照会等により、心身の状況、生活歴、病歴、指定居宅サービス等の利用状況等の把握に努めなければならない ・入所者の心身の状況、病状、その置かれている環境等に照らし、その者が居宅において日常生活を営むことができるかどうかについて、医師、薬剤師、看護職員、介護職員、介護支援専門員等の従業者の間で、定期的に検討し、その内容等を記録しなければならない ・入所者の退所に際しては、入所者またはその家族に対し、適切な指導を行うとともに、居宅サービス計画の作成等の援助に資するため、居宅介護支援事業者に対する情報の提供に努めるほか、退所後の主治の医師に対する情報の提供その他保健医療サービスまたは福祉サービスを提供する者との密接な連携に努めなければならない
介護医療院サービスの取扱方針	・入所者または他の入所者等の生命または身体を保護するため緊急やむを得ない場合を除き、身体的拘束等を行ってはならない ・緊急やむを得ない場合に身体的拘束等を行う場合は、その態様、時間、その際の入所者の心身の状況ならびに緊急やむを得ない理由を記録しなければならない ・身体的拘束等の適正化のための対策を検討する委員会（身体的拘束適正化検討委員会）の開催、指針の整備、従業者研修を行うなどの措置を講じなければならない
施設サービス計画の作成	・介護医療院の管理者は、介護支援専門員に施設サービス計画の作成に関する業務を担当させるものとする ・施設サービス計画に関する業務を担当する介護支援専門員（計画担当介護支援専門員）は、施設サービス計画の作成にあたり、地域住民による自発的な活動によるサービス等の利用も含めて施設サービス計画上に位置づけるよう努めなければならない ・計画担当介護支援専門員は、サービス担当者会議の開催、介護医療院サービスの提供にあたる他の担当者に対する照会等により、施設サービス計画の原案の内容について、担当者から専門的な見地からの意見を求めるものとする ・計画担当介護支援専門員は、施設サービス計画の作成後、定期的に入所者に面接し、施設サービス計画の実施状況の把握（モニタリング）を行い、必要に応じて施設サービス計画の変更を行うものとする
診療の方針	・検査、投薬、注射、処置等は、入所者の病状に照らして妥当適切に行う ・厚生労働大臣が定める医薬品以外の医薬品を入所者に施用し、または処方してはならない
必要な医療の提供が困難な場合等の措置等	・介護医療院の医師は、入所者の病状からみて当該介護医療院において自ら必要な医療を提供することが困難であると認めたときは、協力病院その他適当な病院もしくは

プラスα

入所を待っている申込者がいる場合には、長期にわたる療養および医学的管理下における介護の必要性を勘案し、介護医療院サービスを受ける必要性が高いと認められる申込者を優先的に入所させるよう努めなければなりません。

プラスα

入所者が要介護更新認定や要介護状態区分の変更の認定を受けた場合には、計画担当介護支援専門員は、サービス担当者会議の開催、サービス提供にあたる他の担当者に対する照会等により、施設サービス計画の変更の必要性について、担当者から専門的な見地からの意見を求めます。

プラスα

施設サービス計画の作成にあたっては、厚生労働省「人生の最終段階における医療・ケアの決定プロセスに関するガイドライン」等を参考にしつつ、本人の意思を尊重した医療・ケアが実施できるよう、多職種が連携し、本人およびその家族と必要な情報の共有等に努めることとされています。

プラスα

サービス担当者会議は、テレビ電話装置等を活用して行うことができます。ただし、入所者・家族が参加する場合には、テレビ電話装置等の活用について入所者・家族の同意を得なければなりません。

プラスα

介護医療院の医師は、入所者のために往診を求め、または入所者を病院もしくは診療所に通院させる場合には、病院または診療所の医師または歯科医師に対し、入所者の診療状況に関する情報の提供を行わなければなりません。

プラスα

口腔衛生の管理において、「計画的に」とは、歯科医師または歯科医師の指示を受けた歯科衛生士が、介護職員に対する口腔衛生にかかる技術的助言と指導を年2回以上実施することとされています。

プラスα

勤務体制の確保等においては、職場において行われる性的な言動または優越的な関係を背景とした言動であって、業務上必要かつ相当な範囲を超えたものにより、従業者の就業環境が害されることを防止するための方針の明確化等の必要な措置を講じなければなりません。

プラスα

介護医療院は、入所定員および療養室の定員を超えて入所させてはなりませんが、災害、虐待その他やむを得ない事情がある場合は、この限りではないことになっています。

プラスα

事故防止検討委員会は、テレビ電話装置等を活用して行うことができます。

	診療所への入院のための措置を講じ、または他の医師の対診を求める等診療について適切な措置を講じなければならない
機能訓練	・入所者の心身の諸機能の維持回復を図り、日常生活の自立を助けるため、理学療法、作業療法その他適切なリハビリテーションを計画的に行わなければならない
栄養管理	・入所者の栄養状態の維持および改善を図り、自立した日常生活を営むことができるよう、各入所者の状態に応じた栄養管理を計画的に行わなければならない
口腔衛生の管理	・入所者の口腔の健康の保持を図り、自立した日常生活を営むことができるよう、口腔衛生の管理体制を整備し、各入所者の状態に応じた口腔衛生の管理を計画的に行わなければならない
勤務体制の確保等	・従業者に対し、その資質の向上のために、その研修の機会を確保しなければならない。その際、当該介護医療院は、すべての従業者（看護師、准看護師、介護福祉士、介護支援専門員などの資格を有する者その他これに類する者を除く）に対し、認知症介護にかかる基礎的な研修を受講させるために必要な措置を講じなければならない
業務継続計画の策定等	・感染症や非常災害の発生時において、入所者に対する介護医療院サービスの提供を継続的に実施するための、および非常時の体制で早期の業務再開を図るための計画（業務継続計画）を策定し、業務継続計画に従い必要な措置を講じなければならない ・従業者に対し、業務継続計画について周知するとともに、必要な研修および訓練（シミュレーション）を定期的に実施しなければならない ・定期的に業務継続計画の見直しを行い、必要に応じて業務継続計画の変更を行うものとする
非常災害対策	・非常災害に関する具体的計画を立て、非常災害時の関係機関への通報および連携体制を整備し、それらを定期的に従業者に周知するとともに、定期的に避難、救出その他必要な訓練を行わなければならない ・訓練の実施にあたって、地域住民の参加が得られるよう連携に努めなければならない
事故発生の防止と発生時の対応	・事故が発生した場合の対応または事故発生の防止のための指針の整備等の措置を講じなければならない ・事故発生の防止のための委員会（事故防止検討委員会）および従業者に対する研修を定期的に行わなければならない ・上記の措置を適切に実施するための担当者を置かなければならない ・事故が発生した場合は、速やかに市町村、家族等に連絡するとともに、必要な措置を講じなければならない ・事故の状況と事故に際して採った処置について記録しなければならない
虐待の防止	虐待の発生またはその再発を防止するため、担当者を置いて、虐待の防止のための対策を検討する委員会（虐待防止検討委員会）の開催、虐待防止指針の整備、研修の定期的実施等の措置を講じなければならない

看護および医学的管理の下における介護	・1週間に2回以上、適切な方法により、入所者を入浴させ、または清拭しなければならない ・入所者の負担により、介護医療院の従業者以外の者による看護および介護を受けさせてはならない
管理者による管理	・介護医療院の管理者は、専ら当該介護医療院の職務に従事する常勤の者でなければならない。ただし、介護医療院の管理上支障のない場合は、同一敷地内にある他の事業所、施設等の職務に従事することができるものとする
協力病院	・入所者の病状の急変等に備えるため、あらかじめ、協力病院を定めておかなければならない ・あらかじめ、協力歯科医療機関を定めておくよう努めなければならない

過去の出題

レクリエーション行事について問われました。

24-45

・入所者のためのレクリエーション行事を行うよう努める。

→○

5. 介護報酬

区分

介護医療院の基本報酬は、施設の類型、療養室の形態、看護職員の配置、介護職員の配置、入所者の態様、生活機能を維持改善するリハビリテーションを行っていること、地域に貢献する活動を行っていることを勘案して設定された区分に応じて、要介護度別に設定されています。

プラスα

左記の「入所者の態様」とは、重篤な身体疾病を有する者、身体合併症を有する認知症高齢者、喀痰吸引等の医療的ケアを必要とする者、ターミナル期にある者の入所割合のことを指しています。

主な加算

初期加算	介護老人保健施設とほぼ同様（329頁参照）
外泊時費用	介護老人保健施設とほぼ同様（329頁参照）
退所時指導等加算	入所者が退所するにあたって、退所後の居宅等における療養生活に関し、各種の指導・支援、訪問看護指示書の交付等を行った場合は、その状況に応じて所定の単位数を加算
特別診療費	入所者に対して、感染対策や褥瘡対策等の指導管理、各種のリハビリテーションを行った場合に、所定の単位数に10円を乗じて算定する
緊急時施設診療費	入所者の病状が著しく変化した場合に、緊急その他やむを得ない事情により行われる医療行為（緊急時治療管理、特定治療）について算定する
若年性認知症患者受入加算	介護老人保健施設とほぼ同様（330頁参照）
認知症行動・心理症状緊急対応加算	介護老人保健施設とほぼ同様（330頁参照）
口腔衛生管理加算（Ⅰ）（Ⅱ）	介護老人保健施設とほぼ同様（330頁参照）
栄養マネジメント強化加算	介護老人保健施設とほぼ同様（330頁参照）

アドバイス

介護医療院には、ユニットケアを行うユニット型もあります（333頁参照）。過去問でも問われました。

24-45

プラスα

夜勤の勤務条件が基準を満たさない場合、定員を超過した場合や運営基準に定める人員を配置していない場合、身体拘束廃止未実施の場合、療養環境の基準を満たしていない場合などには減算されます。

基礎理解度 CHECK!!

□□ 1 ▶ 介護医療院は、要支援者と要介護者が利用できる。

□□ 2 ▶ 介護医療院のⅠ型療養床は、介護老人保健施設と同程度の対象者が入所するものである。

□□ 3 ▶ 医療機関併設型介護医療院とは、病院または診療所に併設され、入所者の療養生活の支援を目的とするものである。

□□ 4 ▶ 併設型小規模介護医療院とは、医療機関併設型介護医療院のうち、入所定員が19人以下のものである。

□□ 5 ▶ 介護医療院のⅠ型では、医師は1人以上の配置が必要である。

□□ 6 ▶ 介護医療院の理学療法士、作業療法士または言語聴覚士の数は、3人以上である。

□□ 7 ▶ 介護医療院の療養室の定員は、4人以下とされている。

□□ 8 ▶ 介護医療院の施設サービス計画は、看護職員が作成する。

□□ 9 ▶ サービス担当者会議は、テレビ電話装置等を活用して行うことは認められていない。

□□ 10 ▶ 介護医療院の計画担当介護支援専門員は、1か月に1回モニタリングを行うため入所者に面接しなければならない。

□□ 11 ▶ 虐待の発生またはその再発を防止するため、担当者を置いていれば、虐待防止検討委員会の開催や虐待防止指針の整備等の措置を講じる必要はない。

1 ✕ 介護医療院は、介護保険施設の1つであり、主として長期にわたり療養が必要である要介護者を対象としているため、要支援者は利用できない。

2 ✕ 介護医療院のⅠ型療養床は、主として長期にわたり療養が必要である者で、重篤な身体疾患を有する者および身体合併症を有する認知症高齢者等が入所するものである。

3 ○

4 ○

5 ✕ 介護医療院のⅠ型では医師は3人以上、Ⅱ型では1人以上の配置が必要である。

6 ✕ 介護医療院の理学療法士、作業療法士または言語聴覚士の数は、実情に応じた適当数となっている。

7 ○

8 ✕ 介護医療院の施設サービス計画は、計画担当介護支援専門員が作成する。

9 ✕ サービス担当者会議は、テレビ電話装置等を活用して行える。ただし、入所者・家族が参加する場合には、その活用について入所者・家族の同意を得なければならない。

10 ✕ 計画担当介護支援専門員は、施設サービス計画の作成後、定期的に入所者に面接し、モニタリングを実施する。モニタリングは、1か月に1回と決まっていない。

11 ✕ 虐待の発生またはその再発を防止するため、担当者を置いて、虐待防止検討委員会の開催、虐待防止指針の整備、研修の定期的実施等の措置を講じなければならない。

第3編

福祉サービスの知識等

1. ソーシャルワークとケアマネジメント
2. 社会資源の活用
3. 障害者総合支援制度
4. 生活保護制度
5. 生活困窮者自立支援法
6. 後期高齢者医療制度
7. 高齢者住まい法
8. 老人福祉法
9. 個人情報保護法
10. 育児・介護休業法
11. 高齢者虐待
12. 成年後見制度
13. 日常生活自立支援事業
14. 訪問介護
15. 訪問入浴介護および介護予防訪問入浴介護
16. 通所介護
17. 短期入所生活介護および介護予防短期入所生活介護
18. 特定施設入居者生活介護および介護予防特定施設入居者生活介護
19. 福祉用具および介護予防福祉用具
20. 住宅改修および介護予防住宅改修
21. 夜間対応型訪問介護
22. 地域密着型通所介護
23. 療養通所介護
24. 認知症対応型通所介護
25. 小規模多機能型居宅介護
26. 認知症対応型共同生活介護
27. 地域密着型特定施設入居者生活介護
28. 地域密着型介護老人福祉施設入所者生活介護
29. 地域密着型介護予防サービス
30. 介護老人福祉施設

ランク
A

1 ソーシャルワークと ケアマネジメント

毎年、３～４問程度出題されます。アドボカシー等の用語の意味を問われる傾向も見られますが、基本的な原理・原則をおさえておけば、それほど難しい内容ではなく、比較的点数の取りやすい項目といえます。なかでも面接技術は、介護支援専門員の必須の技術となることもあり重視されています。相談における原理・原則を中心に学習することをおすすめします。

1. ソーシャルワークの基礎理解

● ソーシャルワークの３つの技術

ソーシャルワークは個人のみならず集団や地域、あるいは制度や政策に対するはたらきかけを含むものであり、多様な機能や役割をもつ支援方法論です。

ソーシャルワークの方法論

ケースワーク	生活課題を抱える個人や家族への訪問支援から発展
グループワーク	貧困地域に居住して住民の教育的支援や地域改善を目指すセツルメントを源流とする
コミュニティワーク	地域社会の組織化や開発を志向

個別 ↕ 地域

● グローバル定義

ソーシャルワークは、欧米を起源とし、多様な方法論をもちます。ソーシャルワークを共通の言語で表し、世界的規模で拡大する貧困、格差、暴力、差別、抑圧、環境破壊などに協働して取り組むため、グローバル定義が、国際ソーシャルワーカー連盟（IFSW）および国際ソーシャルワーク学校連盟（IASSW）によって採択されています。

アドバイス
ケアマネジメントがソーシャルワークの方法論の１つに位置づけられる点で、グローバル定義は重要です。

ソーシャルワーク専門職のグローバル定義

ソーシャルワークは、社会変革と社会開発、社会的結束、および人々のエンパワメントと解放を促進する、実践に基づいた専門職であり学問である。社会正義、人権、集団的責任、および多様性尊重の諸原理は、ソーシャルワークの中核をなす。ソーシャルワークの理論、社会科学、人文学、および地域・民族固有の知を基盤として、ソーシャルワークは、生活課題に取り組みウェルビーイングを高めるよう、人々やさまざまな構造に働きかける。
この定義は、各国および世界の各地域で展開してもよい。

● ソーシャルワークの役割

ソーシャルワークは、①個人・家族、②集団、③地域、④制度に対するはたらきかけを用いながら、生活課題に直面している個人のウェルビーイングの改善を目指します。

そのために、ソーシャルワークは、①個人の問題解決力や対処能力を強化する、②個人を取り巻く家族や地域の環境を調整する、③保健・医療・福祉サービスや多様な社会資源と人々をつなげる、④社会資源やサービスを提供する制度を開発する、⑤政策の策定や改善に貢献するといった、多元的な役割を果たし、これらの役割を果たすために、次に示す機能を発揮します。

ソーシャルワークの機能

① アセスメント	⑪ 教育・研修
② 問題発見・アウトリーチ	⑫ 照会・送致
③ 支持・支援	⑬ 組織化
④ 助言・相談	⑭ 交渉
⑤ アドボカシー（権利擁護）	⑮ 連携
⑥ 運営・管理	⑯ 政策分析
⑦ プログラム開発	⑰ プランニング
⑧ スーパービジョン	⑱ 政策立案
⑨ コンサルテーション	⑲ ソーシャルアクション　など
⑩ 評価	

① ミクロ・レベル（個人・家族）のソーシャルワーク

個人・家族に対するソーシャルワークは、相談ニーズを抱えるクライエントに対して、その心理的力動に着目し、必要な心理社会的なはたらきかけを行うとともに、多様な社会資源の活用や調整を通して生活課題を個別的に解決する方法です。

② メゾ・レベル（グループ、地域住民、身近な組織）のソーシャルワーク

人は、社会的存在です。集団に対するソーシャルワークは、人のこのような特性を踏まえ、人々が集団的に力強く活動することで、一人ひとりの成長・発達や抱えている問題の解決を目指します。

③ マクロ・レベル（地域社会、組織、国家、制度、社会規範、地球環境等）のソーシャルワーク

地域に対するソーシャルワークは、地域社会における社会関係

用語解説

ウェルビーイング：個人の権利や自己実現が保障され、身体的、精神的、社会的に良好な状態にあることを意味する概念。1946年のWHO憲章草案において「健康」と定義する記述のなかで「良好な状態」として用いられた。

用語解説

アドボカシー：ソーシャルワーカーがクライエントの権利を護るための代弁行為を意味する。弁護、代弁あるいは権利擁護などと訳される。

過去の出題

ソーシャルワークにおける個別援助について問われました。22-48

・社会福祉協議会の社会福祉士による成年後見制度の利用に関する面接
→○

・地域包括支援センターの主任介護支援専門員による家族介護者との相談
→○

過去の出題

ソーシャルワークにおける集団援助について問われました。26-49

・グループで生じるメンバーの相互作用を意図的に活用する。
→○

・生きがいを喪失しているような心理的ニーズの高い高齢者に対しては、セルフヘルプグループのミーティングを活用することも効果的である。
→○

過去の出題

ソーシャルワークにおける地域援助技術について問われました。24-49

・生活支援コーディネーターによる地域住民に対する支え合い活動の組織化
→○

・老人クラブによる子どもに対する昔遊びなどを通じた世代間交流の促進
→○

にはたらきかけ、個人や集団に対する支援が有効に機能するように、社会資源を調整・開発する支援方法です。地域社会の組織化は、主として地域組織化と福祉組織化によって進められます。地域組織化は、地域社会の住民の組織化を指し、福祉組織化は、利用者の組織化とサービス提供機関の組織化をいいます。

制度の改革を目指す場合のソーシャルワークは、伝統的にソーシャルアクションと呼ばれます。これに加えて、ソーシャル・プランニング（社会福祉計画）、ソーシャル・アドミニストレーション（社会福祉運営管理）、社会福祉調査などの方法も制度の構築や実施に影響を及ぼすソーシャルワークの方法といえます。

2. 相談面接技術

過去の出題

ソーシャルワークにおける相談援助者の基本姿勢について問われました。26-48

・非審判的態度で関わる必要がある。
→○

・意図的な感情表出とは、クライエントが感情を自由に表現できるように、意識してクライエントに接することである。
→○

過去の出題

インテーク面接について問われました。25-47

・必ずしも1回で終了させる必要はない。
→○

・クライエントが訪れた支援機関の機能や提供可能なサービスを説明する。
→○

・支援過程の後期に実施する面接である。
→×（初期に実施する面接である）

● バイステックの7原則

クライエント—ワーカー関係について、バイステック（Biestek, F. P.）は7つの基本的な原則をまとめています。

バイステックの7原則

① クライエントを個人としてとらえる（個別化）
② クライエントの感情表現を大切にする（意図的な感情の表出）
③ 援助者は自分の感情を自覚して吟味する（統制された情緒的関与）
④ クライエントの全人間像の受容
⑤ 時と場を超えてクライエントに対する非審判的態度
⑥ クライエントの自己決定の最大限の尊重
⑦ 秘密保持

● 相談面接プロセス

相談面接のプロセスは、①開始（インテーク）、②アセスメント、③契約、④援助計画、⑤実行・調整・介入、⑥援助活動の見直し・過程評価、⑦終結、⑧フォローアップ・事後評価・予後の8つに区分することができます。

① 開始（インテーク）

クライエントと援助者の協働作業の関係を形成する初めての機会です。面接者が把握する必要のある重要事項の内容をどれだけ把握できたかということだけではなく、面接者に寄せるクライエントの親近感や信頼感がどれだけ醸成されたかをみる力が必要となります。

② アセスメント

情報の収集と問題規定がアセスメントの主要な目的です。用いる技能は、分析力、コミュニケーション技能および観察技能が中心となります。

情報の収集では、目の前のクライエントの姿から、どのような思いを抱いているかなどを類推することのできる力が必要です。

問題規定は、問題・クライエント・環境およびそれらの相互関係について確定し、クライエントとワーカーの間で評価する過程です。解決すべき問題を細分化したり、問題に優先順位をつけたりすることが重要となります。クライエントが積極的に参加し、また、クライエントの視点に立った問題規定のプロセスは、クライエントの力の把握を可能にするとともに、そのプロセス自体が、クライエントのエンパワメントにつながります。

過去の出題

ソーシャルワークにおけるアセスメントについて問われました。24-48

・アセスメントでは、解決する問題、クライエント、取り巻く環境及びそれらの相互関係を確定することが必要である。
→○

③ 契約

契約では、クライエント―ワーカー間で、焦点となる問題、目標、調整や介入の方法、および相互の役割や分担課題を明確に表現し、同意していきます。

過去の出題

ソーシャルワークにおける契約について問われました。23-48

・クライエントとソーシャルワーカーとの契約とは、両者の間で焦点となる問題や目標を明らかにして、援助に関する合意をすることである。
→○

④ 援助計画

援助計画は、アセスメント・事前評価を基礎とし、有効な実行や介入の計画案を立てる過程です。ワーカーの分析力、クライエントとの十分な関係とともにチームワークも重要となります。

過去の出題

ソーシャルワークの援助計画について問われました。23-48 24-48

・クライエントの主訴のとおりに援助計画を立てることが、重要である。
→×（ワーカーの分析も重要）

・支援計画では、長期、短期などと期間を分けずに目標を立てることが重要である。
→×（長期、短期に分けることが望ましい）

⑤ 実行・調整・介入

クライエントとともに、目標の達成に向けてさまざまな介入技法を用い、クライエントや環境の変化を導くワーカーの一連の援助行為の過程です。どのような介入方法を応用する場合においても、バイステックの7原則が基本となり、クライエントを中心に据えて判断する姿勢が欠かせません。状況によっては価値観をめぐるジレンマに悩むことも多く、その解決の方法を模索しながらクライエントとともに歩むことが大切です。

⑥ 援助活動の見直し・過程評価

クライエントや環境の変化、ワーカーの現状把握の進展などにより、援助活動の見直しが常に必要です。目標達成・クライエント―ワーカー関係の進展等の項目について評価を重ねます。

⑦ 終結

終結に伴う怒りや不信、突き放されたという思いを十分に受けとめ、クライエントの思いに対する共感的理解を、明確にクライエントに戻すことが望まれます。

⑧　フォローアップ・事後評価・予後

クライエントの援助目標に最も適したフォローアップや事後評価の方法を選択し、実行します。このときもクライエントとワーカーの相互協働の作業を重視することが望まれます。

●相談面接におけるコミュニケーション

コミュニケーションには、①適切で明確な情報の伝達、②心を通わせ共同の世界を構築するという2つの機能があります。

情報の伝達は、一定の意味・内容・事項・感情・意向などを特定の記号を表現媒体として、一人の生活主体から他の生活主体に伝えるものです。他者から送られてくる情報に受け身的に従うというのではなく、その情報を自分で意味づけし、解釈し、新たなものへと再構成していく過程でもあります。

共同の世界の構築とは、異なった人生を歩み、異なる意見や考え方をもつ生活主体が、互いの話や表現を受け止め、気持ちを通わせ、共感に基づく信頼関係を築くことです。

また、コミュニケーションの具体的な役割として、次の4つをあげることができます。

コミュニケーションの具体的な役割

①　個人を、その人の外界や環境とつなぐ
②　他者の内的・外的な行動を理解する
③　自分自身の知的・精神的・情緒的・身体的な行動を表現する
④　より高度な知的・精神的な力量を成長させる

●コミュニケーションの阻害要素

コミュニケーションを阻害する要素（noise：雑音）には、①物理的雑音、②身体的雑音、③心理的雑音、④社会的雑音があります。それぞれの例は次のとおりです。

コミュニケーションを阻害する要素

物理的雑音	大きな音や耳障りな音、不適切な温度、汚れた空気、悪臭、不適切な光の強さや照り返し、滑りやすい床、硬いいすなど
身体的雑音	疾病による聴覚の障害、言語の障害、話し言葉の障害、身体障害があるためにコミュニケーションが妨げられている場合、入れ歯や補聴器具が不適切な場合

心理的雑音	自己概念が脅かされたとき、自分自身が破壊されたり傷ついたりしたときに無意識的にはたらく心理的防衛機制
社会的雑音	エイジズムなどの偏見・誤解、地域や周囲の風評・噂、支援的でない文化や風土

●コミュニケーションの基本的技法と応用的技法

① 傾聴と共感

傾聴は、相手の話す内容と、その思いに積極的に耳と心を傾ける態度やありようを示しています。思いや内容を、受け手の側の価値観ではなく、クライエントや家族の固有の価値観に耳を傾け、その価値観に基づき、全容をあるがままに受け止めます。

一方、共感とは、援助者がクライエントの世界を、クライエント自身がとらえるように理解する能力です。クライエントのそれまでの人生・暮らし、現在の生活、そのあとにつながるさまざまな契機を、クライエント自身がどのようにとらえているかを理解します。

② かかわり

イーガン（Egan, G.）は、かかわりを示す5つの基本動作を、次のように整理しています。

かかわりを示す5つの基本動作

S（Squarely）：クライエントとまっすぐに向かい合う
O（Open）：開いた姿勢
L（Lean）：相手へ少し身体を傾ける
E（Eye Contact）：適切に視線を合わせる
R（Relaxed）：リラックスして話を聴く

③ 第一次共感

第一次共感とは、相手の話をよく聴き、その話の内容を理解し、話に含まれている思いを受け止め、内容の理解と思いをこちらの言葉に変えて応答する技法です。基本的共感ともいわれます。具体的には、クライエントの言葉を受け止めるときに、その人の感情と、その感情の起きた理由を区別してとらえ、再び「～だから（理由）、…ですね（感情）」と理由と感情を一緒にして相手に返答する方法です。

④ 質問

質問は、相手が表現の過程で狭めてきた情報を広げていくことを助けるものです。具体的な役割として、次の4つが指摘されています。

用語解説

エイジズム：年齢を理由に個人や集団を不利に扱ったり差別すること。

過去の出題

面接場面におけるコミュニケーション技術について問われました。22-46
・共感とは、クライエントの考え方について、援助者がクライエントの立場に立って理解しようとすることをいう。
→〇

プラスα

かかわりを示す5つの基本動作は、その頭文字をとって、SOLER（ソーラー）と名づけられています。

①　クライエントが体験や思いを話すきっかけをつくる
②　クライエントのケアに大切な情報を追加する
③　はっきりと伝わらない話の内容や感情を明確化する
④　クライエントが自分の力を活かし、現状を変えていく一歩を踏み出すための勇気づけをする

質問の種類には、閉じられた質問（クローズドクエスチョン）と開かれた質問（オープンクエスチョン）、「なぜ」で始まる質問などがあります。

閉じられた質問	「はい」「いいえ」で答えられる質問および2～3の単語で簡単に答えられる質問。 閉じられた質問を頻回に用いると、クライエントの意向を制限してしまったり、話をしながら広がっていくクライエントの世界を、ケアをする側が狭めてしまったりするおそれもあります。反面、相手の語ることを明確にし、焦点をあてていくことも可能です。また、その人自身が話を自分の方向へ展開していく手助けになります。
開かれた質問	開かれた質問は、相手が自由に答えられる質問です。相手が自分自身の選択や決定による答えを見つけることを促します。

⑤　第二次共感

第二次共感は、相手が話していない内面や想いを深く洞察し、その想いと想いの出てきた背景を的確に理解して、相手に伝わりやすいように戻します。第一次共感では、クライエントは、「そうなのよ」「そうそう」と即答し、まるで自分が語り続けているように、話が展開していきます。一方、第二次共感では、場合によっては言葉のない、しかし想いが伝わったときの安心感やしみじみとした関係性が展開するものです。第二次共感では、「本当にわかってくれる人が、今、目の前にいる」というような思いが通い合います。

⑥　焦点化

焦点化は、相手の話す内容を、受け止める側が自分の理解のなかで要約し、要約したことを相手に戻す技法です。

⑦　肯定的な直面化

直面化は成長を促すコミュニケーションの技法で、感情・体験・行動それぞれの間にある矛盾について問いかけ、クライエントが自身の感情・体験・行動を見直すことのできるきっかけを設けるものです。直面化と深い共感の関係は、一枚のコインの裏・表に

プラスα

「なぜ」で始まる質問は、聞く側が納得できないことを無意識のうちに含み、質問される側は必然的に自分を防衛しがちになります。対人援助において、「なぜ」や「どうして」は安易に用いず、他の方法を見つけ出すことが望ましいといえます。

過去の出題

「なぜ」で始まる質問について問われました。
24-46
・「なぜ」で始まる質問は、クライエントの戸惑いが増幅することが多いので、注意が必要である。
→○

過去の出題

クローズドクエスチョンやオープンクエスチョンについて問われました。
24-46　25-46
・オープンクエスチョンは、「はい」か「いいえ」で答えることができる質問である。
→×（クローズドクエスチョンである）
・クローズドクエスチョンは、明確な回答を得たいときに用いる。
→○

過去の出題

焦点化について出題されました。26-46
・面接の焦点を的確に定めることは、面接を効果的に実施する上で重要である。
→○

たとえることができます。深い共感なしの直面化は相手を攻撃するだけのものであり、一方、直面化のない深い共感は、相手が次の行動に移ることを促しません。

過去の出題

直面化について出題されました。(25-46)

・直面化とは、クライエントが否認していることによって生じている話の矛盾点を指摘することをいう。

→○

3. 支援困難事例への対応

支援を困難にさせる要因

支援を困難にさせる要因は多様で、相互に影響を及ぼし合ってその状況が生み出されます。支援を困難にさせる要因は、**本人要因**、**社会的要因**、**サービス提供者側の要因**の３つに整理することができます。

支援困難を形成する要因

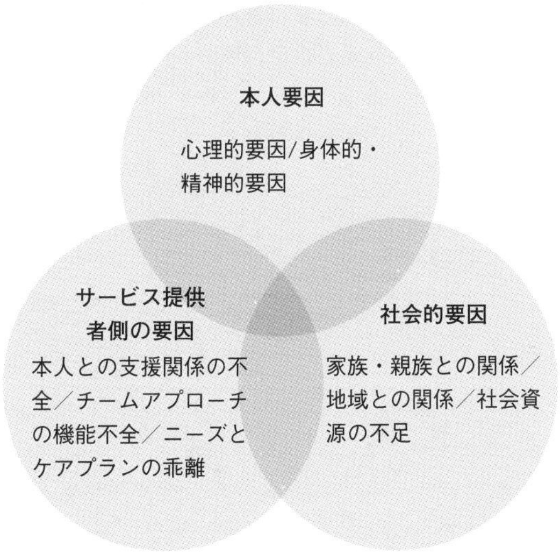

プラスα

支援困難事例の解決に向けて協議する場として、地域包括支援センターが主催する「地域ケア会議」があります。

過去の出題

支援困難事例への対応について問われました。(22再-48)(23-47)(24-47)

・アウトリーチの対象は、本人のみならず家族も含む。

→○

・社会資源の不足により支援が困難な場合には、社会資源の開発が求められる。

→○

・支援を拒否している高齢者には、信頼できる人を探し、支援につなげることが有効である。

→○

・アウトリーチによる対応には、支援のためのネットワークの構築が含まれる。

→○

・支援困難事例は、専門職や関係機関が連携して支援することが望ましい。

→○

基礎理解度CHECK!!

□□ 1 ▶ ソーシャルワークのグローバル定義では、多様性の尊重がうたわれている。

□□ 2 ▶ ソーシャルワークは、生活課題に直面している個人のADLの改善を目指す。

□□ 3 ▶ ソーシャルワークの機能の1つに問題発見・アウトリーチがある。

□□ 4 ▶ インテークでは親近感や信頼感の醸成よりも面接者が把握する必要のある重要事項の内容をどれだけ把握できたかが大切である。

□□ 5 ▶ バイステックの7原則における意図的な感情の表出とは、援助者の感情表現を大切にすることである。

□□ 6 ▶ アセスメントの主要な目的は、情報収集と問題規定である。

□□ 7 ▶ コミュニケーションにおける傾聴とは、相手の話す内容と、その思いに積極的に耳と心を傾ける態度やありようをいう。

□□ 8 ▶ 第一次共感とは、援助者が自らのもつ感情をクライエントに共感してもらうことをいう。

□□ 9 ▶ 相手が自由に答えられる質問を開かれた質問（オープンクエスチョン）という。

□□ 10 ▶ 焦点化は、相手の話す内容を、受け止める側が自分の理解のなかで要約し、要約したことを相手に戻す技法である。

□□ 11 ▶ 支援を困難にさせる要因は、①本人要因、②社会的要因、③サービス提供者側の要因に整理することができる。

1 ○

2 ✕ ソーシャルワークは、①個人・家族、②集団、③地域、④制度に対するはたらきかけを用いながら、生活課題に直面している個人のウェルビーイングの改善を目指す。

3 ○

4 ✕ 面接者に寄せるクライエントの親近感や信頼感の醸成がどれだけされたかをみる力も必要である。

5 ✕ 意図的な感情の表出とは、クライエントの感情表現を大切にすることである。

6 ○

7 ○

8 ✕ 相手の話をよく聴き、その話の内容を理解し、話に含まれている思いを受け止め、内容の理解と思いをこちらの言葉に変えて応答する技法である。基本的共感ともいう。

9 ○

10 ○

11 ○

ランク B

2 社会資源の活用

過去に数回出題されています。介護支援専門員にとって社会資源を活用できるかどうかは、支援を組み立てるうえで重要な要素となります。社会資源の分野は、フォーマルサービスとインフォーマルサポートの違いと特徴をおさえていれば比較的簡単な内容となっています。きちんと整理しておきましょう。

社会資源の分類

社会資源は、供給主体によって、フォーマルサービスとインフォーマルサポートに大まかに分類することができます。ただし、その分類には、さまざまな整理方法があり、画一的なものは存在していません。

フォーマルサービス

社会資源のうち、法律に基づく制度や市町村のさまざまな相談窓口など、公的な供給主体によって提供される機能などは、フォーマルサービスとして位置づけられています。介護支援専門員には、これらの制度について、①制度の主体、②得られる情報、③連携の方法を知ることが求められます。

インフォーマルサポート

インフォーマルサポートとは、①利用者の家族、幼なじみ、趣味活動を通じて知り合った友人、近隣の住民などの利用者のもつ人的つながり、②住民主体の活動、ボランティアです。住民主体の活動には、老人クラブや福祉会館などでの自主的な活動、ボランティアには、寝たきりや一人暮らしの高齢者への配食サービス、一人暮らしの高齢者に対する見守り・訪問活動などがあります。

利用者の友人や近隣の住民には、どのようなかかわりができるのか先に確認し、利用者の精神的なサポートの一部を依頼するといった配慮が必要です。

機能・役割

フォーマルサービスは、業務として行われており、基本的に一定の水準で機能しているといえます。しかし、範囲を超えたかかわり方ができるのかは課題です。

一方、インフォーマルサポートは、業務として行われているわけではありませんから、有償ボランティアであっても、拘束力は弱く、急な欠員の場合に代わりの人が見つからないという不安定さはあります。

社会資源は、その多様さから、すべての内容をアセスメントすることは困難です。同じ居宅介護支援事業所の主任介護支援専門員や、他の居宅介護支援事業所の介護支援専門員を通じて、サービス提供事業所の力量やもっている機能などについて知ることもできます。介護支援専門員には、単にサービスと利用者をつなげるだけでなく、利用者のニーズを解決する機能をもっているサービスを活用するために、社会資源をアセスメントする能力が求められています。

アドバイス

社会資源のアセスメントとは、その資源の状況を把握し、どのようにしたら利用できるのか、担い手の力量はどうかなどを見立てることです。これがないと必要とする人と社会資源とをつなぐ際に判断が難しくなります。

基礎理解度 CHECK!!

□□ 1 ▶社会資源は、供給主体により、フォーマルサービスとインフォーマルサポートに分けることができる。

□□ 2 ▶公的な供給主体によって提供される機能などは、フォーマルサービスとして位置づけられている。

□□ 3 ▶介護保険制度は、インフォーマルサポートに分類できる。

□□ 4 ▶ボランティア活動は、インフォーマルサポートに含まれる。

□□ 5 ▶インフォーマルサポートは、業務として行われており、基本的に一定の水準で機能している。

□□ 6 ▶フォーマルサービスは、急な欠員が出た場合に代わりの人が見つからないという不安定さがある。

1 ○

2 ○

3 ×介護保険制度は、フォーマルサービスに分類できる。代表的なインフォーマルサポートは、利用者の家族や友人など、利用者のもつ人的つながりである。

4 ○

5 ×設問の内容は、フォーマルサービスの説明である。

6 ×インフォーマルサポート（有償ボランティアなど）は、拘束力が弱く、急な欠員の場合に代わりの人が見つからないという不安定さがある。

ランク C

3　障害者総合支援制度

障害者が地域で自立して暮らせるようにするという支援費制度の理念を継承しつつ、すべての障害者が、どの地域においても一定水準のサービスを安定的かつ公平に利用できるしくみとして成立した障害者自立支援法が、障害者総合支援法へと改称・改正されています。本項では、障害者総合支援法が成立した背景や法の概要をおさえましょう。数年おきに出題され、第 25 回試験でも出題されています。

1. 障害者総合支援法の基本理念等

障害者の日常生活及び社会生活を総合的に支援するための法律（障害者総合支援法）は、2006（平成 18）年に施行された障害者自立支援法が改正され、2013（平成 25）年に施行されました。その目的、基本理念は次のとおりです。

プラスα

障害者自立支援法の障害者総合支援法への改正は、国連の「障害者の権利に関する条約」の批准に向けた法整備の一環として行われました。

● 障害者総合支援法の目的

障害者および障害児が基本的人権を享有する個人としての尊厳にふさわしい日常生活または社会生活を営むことができるよう、必要な障害福祉サービスにかかる給付、地域生活支援事業その他の支援を総合的に行い、もって障害者および障害児の福祉の増進を図るとともに、障害の有無にかかわらず国民が相互に人格と個性を尊重し安心して暮らすことのできる地域社会の実現に寄与することを目的とする。

● 障害者総合支援法の基本理念

① すべての国民が、障害の有無にかかわらず、等しく基本的人権を享有するかけがえのない個人として尊重されること
② すべての国民が、障害の有無によって分け隔てられることなく、相互に人格と個性を尊重し合いながら共生する社会を実現すること
③ すべての障害者および障害児が可能な限りその身近な場所において必要な日常生活または社会生活を営むための支援を受けられること
④ 社会参加の機会が確保されること
⑤ どこで誰と生活するかについての選択の機会が確保され、地域社会において他の人々と共生することを妨げられないこと
⑥ 障害者および障害児にとって日常生活または社会生活を営むうえで障壁となるような社会における事物、制度、慣行、観念その他一切のものの除去に資すること

プラスα

2011（平成 23）年 7 月の改正によって障害者基本法に盛り込まれた目的や基本原則が基本理念とされました。

2. 障害者の範囲

過去の出題

障害者総合支援法の対象について問われました。
22再-58　25-60
・対象となる障害者の範囲には、難病の患者も含まれる。
→○

障害者総合支援法が対象とする障害者の範囲は次のとおりです。

> **身体障害者**
> **知的障害者**
> **精神障害者（発達障害者を含む）**
> **難病患者等（治療方法が確立していない疾病で一定の障害の程度にある者）**

3. 支給決定・サービスの利用までの流れ

過去の出題

障害福祉サービスの支給申請について問われました。
25-60
・サービスの利用を希望する者は、都道府県に対して支給申請を行う。
→×（市町村である）

障害者総合支援法に基づく障害福祉サービスの利用にあたっては、市町村から支給決定を受けなければなりません。支給決定までの流れは次のとおりです。

① 支給申請

利用者は、市町村に支給申請を行います。

② 心身の状況等に関する調査

支給申請を受けた市町村は、利用者の心身の状況、介護者の状況、居住の状況その他の置かれている環境、サービスの利用の状況等に関する調査を行います。

③ 障害支援区分の認定

市町村は、介護給付の支給決定を行うにあたり、障害支援区分の認定を行います。

プラスα

自立支援給付の介護給付以外は、利用にあたり障害支援区分は必要ありません。

障害支援区分とは、障害の多様な特性その他の心身の状態に応じて必要とされる標準的な支援の度合を総合的に示す指標で、市町村が支給の要否、サービスの種類や量などを決定するための判断材料の１つとして用いられます。非該当、区分１から区分６までに分かれています。

障害支援区分の認定の流れは、①障害支援区分認定調査、②市町村が設置する市町村審査会における審査判定、③市町村による障害支援区分の認定となります。

④ 支給決定

市町村は、障害支援区分のほか、障害の種類および程度、利用者の心身の状況、介護者の状況、置かれている環境、障害福祉サービスの利用意向を勘案して支給決定を行います。

⑤　指定特定相談支援事業者によるサービス担当者会議の開催とサービス等利用計画の作成

⑥　サービス利用の開始

用語解説

指定特定相談支援事業者：市町村長から指定を受け、介護給付・訓練等給付の利用に際してケアマネジメントを行う事業者。当該事業所には相談支援専門員が配置される。

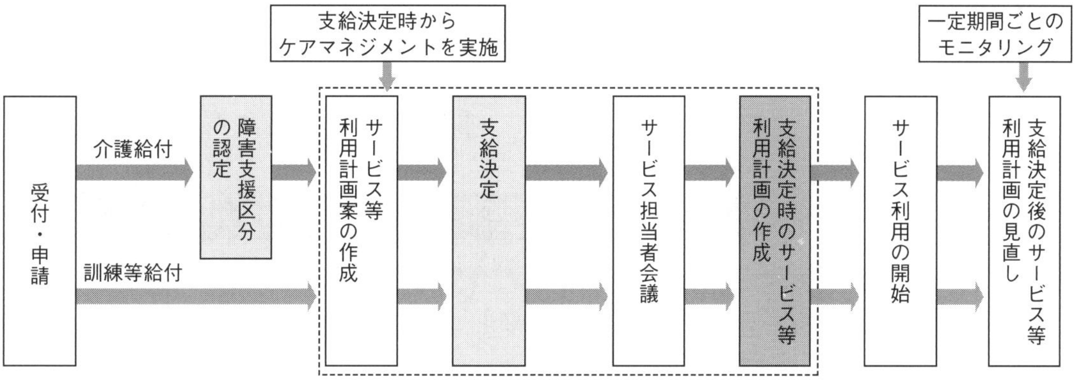

4. 自立支援給付と地域生活支援事業

自立支援給付

障害者総合支援法による支援は、自立支援給付と地域生活支援事業で構成されています。

自立支援給付とは、介護給付費、訓練等給付費、地域相談支援給付費、計画相談支援給付費、自立支援医療費、補装具費などの支給をいい、介護給付費および訓練等給付費の支給ではそれぞれ次の障害福祉サービスを受けたときの費用が支給されます。介護の支援を受ける場合には介護給付、訓練等の支援を受ける場合は訓練等給付を利用することになり、それぞれ、利用プロセスが異なります。

介護給付と訓練等給付

介護給付	①居宅介護 ②重度訪問介護 ③同行援護 ④行動援護 ⑤療養介護 （医療にかかるものを除く）	⑥生活介護 ⑦短期入所 ⑧重度障害者等包括支援 ⑨施設入所支援
訓練等給付	①自立訓練 ②就労選択支援（注） ③就労移行支援 ④就労継続支援	⑤就労定着支援 ⑥自立生活援助 ⑦共同生活援助

（注）2022（令和４）年12月16日から３年を超えない範囲内において政令で定める日から施行

過去の出題

障害者総合支援法による支援について問われました。（25-60）

・その支援には、自立支援給付と地域生活支援事業が含まれる。

→○

過去の出題

介護給付費の内容について問われました。（22再-58）

・介護給付費の支給には、行動援護が含まれる。

→○

過去の出題

地域生活支援事業について問われました。（22再-58）
・成年後見制度利用支援事業は、市町村の任意事業である。
→×（必須事業である）

● 地域生活支援事業

地域生活支援事業は、地域で生活する障害者のニーズを踏まえ、地域の実情に応じた柔軟な事業形態での実施が可能となるよう、自治体がその創意工夫により事業の詳細を決定します。

地域生活支援事業は、市町村を実施主体とする市町村地域生活支援事業と、都道府県を実施主体とする都道府県地域生活支援事業とから構成され、それぞれ、必須事業と、市町村（都道府県）の判断により行われる任意事業とに分かれます。

地域生活支援事業

	必須事業
市町村 地域生活支援事業	①理解促進研修・啓発事業 ②自発的活動支援事業 ③相談支援事業（**基幹相談支援センター**の設置が望ましい） ④成年後見制度利用支援事業 ⑤成年後見制度法人後見支援事業 ⑥意思疎通支援事業 ⑦日常生活用具給付等事業 ⑧手話奉仕員養成研修事業 ⑨移動支援事業 ⑩地域活動支援センター機能強化事業
都道府県 地域生活支援事業	①専門性の高い相談支援事業 ②専門性の高い意思疎通支援を行う者の養成研修事業 ③専門性の高い意思疎通支援を行う者の派遣事業 ④意思疎通支援を行う者の派遣に係る市町村相互間の連絡調整事業 ⑤広域的な支援事業

用語解説

基幹相談支援センター：障害のある人やその家族の相談窓口として、地域の障害者福祉に関する相談支援の中核的な役割を担う機関。

5. 自立支援医療費

過去の出題

自立支援医療について問われました。（25-60）
・自立支援医療とは、育成医療、更生医療及び精神通院医療である。
→○

自立支援医療費とは、障害者総合支援法に基づく自立支援給付の１つで、その支給対象は、①**精神通院医療**、②**更生医療**、③**育成医療**です。医療費の自己負担額を軽減する公費負担医療制度で、利用者負担が過大なものとならないよう、所得に応じて１か月あたりの負担上限額を設定し、これに満たない場合は医療費の１割を負担することとしています。

医療	対象者
精神通院医療（都道府県等）	精神保健及び精神障害者福祉に関する法律第５条第１項に規定する精神障害者のうち、通院による精神医療を継続的に要する精神障害（てんかんを含む）のある者
更生医療	身体障害者福祉法に基づき身体障害者手帳の交付を受けた者で、その障害を除去・軽減する手術等の治療により確実に効果が期待できる者（18歳以上）
育成医療	身体に障害を有する児童で、その障害を除去・軽減する手術等の治療により確実に効果が期待できる者（18歳未満）

過去の出題

自立支援医療が出題されました。19-43
・若年性認知症者は、自立支援医療の対象となる。
→○（精神通院医療）

6. 補装具費

補装具費とは、障害者総合支援法に基づく自立支援給付の１つで、補装具の購入、借受けまたは修理に要した費用について支給されます。

補装具とは、障害者等の身体機能を補完し、または代替し、かつ、長期間にわたり継続して使用されるものとされ、具体的には、義肢、装具、座位保持装置、車椅子、電動車椅子、眼鏡、補聴器、視覚障害者安全つえ、重度障害者用意思伝達装置などをいいます。

過去の出題

補装具費の支給について問われました。25-60
・補装具費の支給は、地域生活支援事業の一つである。
→×（自立支援給付である）

7. 自立支援給付と介護保険制度の適用関係

障害者総合支援法に基づく自立支援給付については、介護保険法に基づく保険給付または地域支援事業が優先されることとなります。

ただし、この場合、市町村において、障害福祉サービスの利用に関する具体的な内容（利用意向）を聴き取りにより把握したうえで、申請者が必要としている支援内容を介護保険サービスにより受けることが可能か否かを適切に判断することとされています。また、介護保険サービスには相当するものがない、同行援護、行動援護、自立訓練（生活訓練）、就労移行支援、就労継続支援等については、障害者総合支援法によるサービスを受けることができます。

具体的な運用

サービスの利用について介護保険法の規定による保険給付が受けられない次の場合には、障害福祉サービスを受けることが可能です。

プラスα

障害福祉サービスを受けている人が、年齢要件等により、介護保険の被保険者になると、介護保険の給付が優先されることが基本となります。

過去の出題

介護保険制度との適用関係について問われました。20-59
・介護保険サービスは、一律に障害福祉サービスに優先して提供される。
→×（障害の状況に応じて、障害福祉サービスを優先して利用する場合がある）

過去の出題

居宅サービスを利用する障害者に対する居宅サービス計画の作成について問われました。20-59

・介護支援専門員は、介護保険の被保険者であって居宅サービスを利用する障害者に対しては、居宅サービス計画を作成する必要はない。
→×（居宅サービス計画を作成しなければならない）

・在宅の障害者で、障害福祉サービスについて市町村において適当と認める支給量が、居宅介護サービス費等区分支給限度基準額の制約から、介護保険のケアプラン上において介護保険サービスのみによって確保することができないものと認められる場合
・利用可能な事業所または施設が身近にない、あっても利用定員に空きがないなど、障害者が障害福祉サービスに相当する介護保険サービスを利用することが困難と市町村が認める場合（事情が解消するまでの間に限る）
・介護保険サービスによる支援が可能な障害者が、介護保険法に基づく要介護認定等を受けた結果、非該当と判定された場合など、介護保険サービスを利用できない場合であって、なお障害福祉サービスによる支援が必要と市町村が認める場合（介護給付費にかかるサービスについては、必要な障害支援区分が認定された場合に限る）

基礎理解度 CHECK!!

□□ 1 ▶ 障害者総合支援法の基本理念として、社会参加の機会の確保が規定されている。

□□ 2 ▶ 障害者総合支援法に基づく障害福祉サービスの利用にあたっては、市町村から支給決定を受けなければならない。

□□ 3 ▶ 自立支援給付における訓練等給付を受ける場合に障害支援区分の認定を受ける。

□□ 4 ▶ 成年後見制度利用支援事業と成年後見制度法人後見支援事業は、市町村地域生活支援事業の任意事業に含まれる。

□□ 5 ▶ 自立支援医療は、所得に応じて１か月あたりの負担上限額が設定されている。

□□ 6 ▶ 障害福祉サービスを受けている障害者が、介護保険の被保険者になった場合、原則として介護保険の給付が優先される。

□□ 7 ▶ 介護保険サービスを受けている場合は、障害福祉サービスを受けることができない。

1 ○
2 ○
3 ×介護給付を受ける場合に障害支援区分の認定を受ける。
4 ×必須事業に含まれる。
5 ○
6 ○
7 ×同行援護や行動援護など、サービス内容や機能から、介護保険サービスには相当するものがない障害福祉サービス固有のものと認められるものについて、また、市町村の認める支給量が、介護保険サービスのみによって確保することができないと認められる場合、障害福祉サービスを受けることができる。

ランク
A

4　生活保護制度

ほぼ毎回出題されています。一時期、生活保護制度そのものに関する出題がありましたが、近年は扶助の内容をどのくらい理解しているかを確認する出題などに傾向が変化しています。また、介護支援分野では介護保険との関係性を問う問題が出題されるので、介護支援分野での出題も意識して介護扶助の詳細について整理しておきましょう。

1. 生活保護法の基本原理と保護の原則

● 生活保護法の基本原理

生活保護制度は、日本国憲法第 25 条に規定する生存権の保障の理念に基づき、国が生活に困窮するすべての国民に対して、その困窮の程度に応じて必要な保護を行い、最低限度の生活を保障するとともに自立を助長する非常に重要な制度です。

生活保護法の目的および基本的な考え方が、基本原理として、第 1 条から第 4 条に規定されています。

① 国家責任の原理（第 1 条）
② 無差別平等の原理（第 2 条）
③ 最低生活保障の原理（第 3 条）
④ 補足性の原理（第 4 条）

過去の出題

国家責任の原理について問われました。（24-58）
・生活保護制度は、市町村の責任と裁量の下で行われる。
→×（国家責任である）

① 国家責任の原理（第 1 条）

生活保護法の目的について、「日本国憲法第 25 条に規定する理念に基き、国が生活に困窮するすべての国民に対し、その困窮の程度に応じ、必要な保護を行い、その最低限度の生活を保障するとともに、その自立を助長すること」と定め、生活に困窮する国民の最低生活保障を国がその責任において行うとしています。

② 無差別平等の原理（第 2 条）

「すべて国民は、この法律の定める要件を満たす限り、この法律による保護を、無差別平等に受けることができる」と規定し、生活困窮者の信条、性別、社会的身分等による優先的または差別的な取り扱いを否定するとともに、生活困窮に陥った原因による

過去の出題

無差別平等の原理について問われました。（24-58）
・生活保護制度は、生活困窮に陥った原因にかかわらず、無差別平等に受けることができる。
→○

差別を否定しています。生活に困窮しているかどうかという経済的状態のみに着目して保護が行われることになります。

③　最低生活保障の原理（第３条）

「この法律により保障される最低限度の生活は、健康で文化的な生活水準を維持することができるものでなければならない」とし、生活保護法で保障する最低生活の水準の内容を定めています。

④　補足性の原理（第４条）

保護の補足性として、「保護は、生活に困窮する者が、その利用し得る資産、能力その他あらゆるものを、その最低限度の生活の維持のために活用することを要件として行われる」（第１項）、「民法に定める扶養義務者の扶養及び他の法律に定める扶助は、すべてこの法律による保護に優先して行われるものとする」（第２項）と規定しています。

生活保護の適用の前に、不動産、預貯金などの資産、稼働能力、年金、各種手当等の社会保障給付などの活用、扶養義務者による扶養なども、保護に優先して行われなければなりません。これらの手段を尽くしても最低生活を維持できないときに、初めて生活保護が適用されることになります。

●保護の原則

生活保護法は、基本原理のほかに、保護を実施する際の原則を定めています。

①　申請保護の原則（第７条）

保護の申請（意思表示）があって初めて手続きが開始されます。

保護は、要保護者、その扶養義務者またはその他の同居の親族の申請に基づいて開始されます。ただし、要保護者が急迫した状況にあるときは、保護の申請がなくても、必要な保護を行うことができます。

②　世帯単位の原則（第10条）

世帯を単位として、保護の要否および程度を定めます。ただし、これによりがたい場合は個人を単位にできます。

このほか、「基準及び程度の原則」（第８条）、「必要即応の原則」（第９条）を定めており、上記①②と合わせて生活保護法の４原則といいます。

プラスα

補足性の原理により、介護保険が利用できる場合には、介護保険が優先されます。介護支援分野の「他法との給付調整について」（46頁参照）の部分で出題が顕著です。

過去の出題

補足性の原理が問われました。（22再-59）
- 生活保護の補足性の原理により、介護扶助よりも介護保険の保険給付が優先して給付される。
  →○

プラスα

補足性の原理により、他法他施策優先の考え方となります。よって、65歳以上の生活保護受給者で要介護認定を受けられる場合、介護保険が優先され、介護保険の１割の自己負担分は、生活保護の介護扶助により給付されます。

過去の出題

生活保護の申請について問われました。（21-59）（22再-59）（25-58）（26-60）
- 生活保護の申請は、同居している親族も行うことができる。
  →○
- 要保護者が急迫した状況にあるときは、保護の申請がなくても、必要な保護を行うことができる。
  →○

過去の出題

世帯単位の原則について問われました。（22-59）
- 保護は、世帯を単位として、その要否と程度が決められる。
  →○

アドバイス

過去問では、「必要即応の原則」について問われました。（26-60）

2. 保護の実施機関と扶助の種類

● 保護の実施機関

保護の実施機関は、都道府県知事（町村部を担当）、市長および福祉事務所を管理する町村長です。保護の実施機関は、保護の開始の申請があったときは、保護の要否、種類、程度および方法を決定し、申請者に対して書面をもって通知しなければなりません。

保護は、要保護者の需要を基とし、そのうち、金銭または物品で満たすことのできない不足分を補う程度において行うものとされています。具体的には、厚生労働大臣が定める基準で計算される最低生活費と収入を比較し、収入が最低生活費に満たない場合に、最低生活費から収入を差し引いた差額が保護費として支給されます。また、保護の実施機関は、被保護者に対して、生活の維持、向上その他保護の目的達成に必要な指導または指示をすることができ、被保護者は、これに従わなければなりません。

過去の出題

保護の実施機関について問われました。26-60
・実施機関は、都道府県知事、市長及び福祉事務所を管理する町村長である。
→○

プラスα

最低生活費は、要保護者の年齢、性別、世帯構成、所在地域、健康状態などを考慮して認定され、収入には、就労に伴うもののほか、年金等の公の給付、仕送り、不動産等の処分による収入などが含まれます。

プラスα

福祉事務所で生活保護を担当する査察指導員と現業員は、社会福祉主事でなければなりません。

● 扶助の種類

扶助には、次のとおり８つの種類があります。

扶助の種類	概　　要	給付の形態
①生活扶助	８種類の扶助のなかで最も基本的な扶助。飲食物費、被服費、光熱水費、家具什器費などの日常生活を営むうえでの基本的な需要を満たす給付。	原則として金銭給付
②教育扶助	義務教育就学中の児童・生徒について、義務教育に伴って必要な学用品費、実験実習見学費、通学用品等の費用のための給付。	原則として金銭給付
③住宅扶助	被保護世帯が借間・借家住まいをしている場合に、家賃、地代等に充てる費用として、基準額の範囲内の額が支給される。	原則として金銭給付
④医療扶助	疾病や負傷による入院または通院により治療を必要とする場合に、生活保護の指定医療機関に委託して行う給付。入院、診療、投薬、注射、手術などのほか、施術や入退院等の場合の交通費も給付の対象となる。医療扶助を受ける場合は、福祉事務所から医療券の発行が必要。	原則として現物給付
⑤介護扶助	介護保険法に規定する要介護者・要支援者に対して、居宅介護や施設介護、福祉用具、住宅改修等の介護サービスが受けられるようにするための給付。	原則として現物給付
⑥出産扶助	出産に伴う費用のための給付。分娩介助料や分娩前後の処置料、衛生材料費など。	原則として金銭給付
⑦生業扶助	生業費、技能修得費等の就労に必要な費用のための給付。高校就学に必要な費用（公立高校授業料相当分）も含む。	原則として金銭給付
⑧葬祭扶助	死体の運搬や火葬・埋葬、納骨その他葬祭に必要な費用について基準額の範囲内で給付。	原則として金銭給付

3. 介護扶助の内容および方法

介護扶助の対象者

アドバイス

被保険者の資格要件は介護支援分野で出題頻度の高い項目です。介護支援分野の「3 被保険者」(20頁参照) と併せて学習することをおすすめします。

介護扶助の対象者は、介護保険法に規定する要介護者および要支援者等です。生活保護の被保護者に対する介護保険制度の適用は、年齢によって異なります。

65歳以上の被保護者の場合は、介護保険の被保険者（第1号被保険者）となり、介護保険の利用者負担部分について介護扶助が給付されます。

40歳以上65歳未満の者の場合は、医療保険に加入している被保護者は介護保険の被保険者（第2号被保険者）となり、介護保険の利用者負担部分について介護扶助が給付されます。

40歳以上65歳未満の者のうち、医療保険に加入できず介護保険の被保険者にはなれない被保護者の場合は、介護サービス費用の全額が介護扶助として給付されます。

過去の出題

介護扶助の内容について問われました。(25-58)

・介護扶助は、介護保険制度の保険給付の対象となる介護サービスと同等のサービスを、要保護者に対し保障する。
→○

生活保護と介護保険の関係

<table>
<tr><th></th><th>40歳以上65歳未満の生活保護受給者</th><th>65歳以上の生活保護受給者</th></tr>
<tr><td>医療保険の被保険者</td><td>第2号被保険者
（自己負担1割を生活保護から給付）</td><td rowspan="2">第1号被保険者
（自己負担1割を生活保護から給付）</td></tr>
<tr><td>医療保険未加入者</td><td>介護保険の被保険者の資格を取得できない者（10割を生活保護から給付）
※生活保護受給者の大多数は、医療保険の未加入者（国民健康保険適用除外となるため）のため、介護保険の被保険者となりません。</td></tr>
</table>

介護保険にかかる保険料の取り扱い

被保護者が負担する保険料については、次のとおりです。保険料は第1段階が適用されます。

第1号被保険者の保険料

普通徴収の場合	生活扶助の介護保険料加算として給付
特別徴収の場合	収入認定において年金収入から控除

なお、保護の実施機関は、その世帯員である被保護者に代わって、生活扶助の介護保険料加算相当分の介護保険料を保険者に納

過去の出題

生活保護受給者である介護保険の第1号被保険者の介護保険料について問われました。(21-59)

・生活保護受給者である介護保険の第1号被保険者の介護保険料は、年金から特別徴収される場合以外は、生活扶助の介護保険料加算の対象となる。
→○

付すること（代理納付）ができます。

第２号被保険者については、医療保険料と一体的に徴収されます。

また、介護保険の被保険者以外の被保護者（40歳以上65歳未満で医療保険未加入）については、介護保険料の需要は生じません。

●介護扶助の範囲

介護扶助の範囲は、次のとおりで、介護保険の給付対象となるサービスと基本的には同一です。

①　居宅介護（居宅介護支援計画に基づき行うものに限る）
②　福祉用具
③　住宅改修
④　施設介護
⑤　介護予防（介護予防支援計画に基づき行うものに限る）
⑥　介護予防福祉用具
⑦　介護予防住宅改修
⑧　介護予防・日常生活支援（介護予防支援計画または第１号介護予防支援事業による援助に相当する援助に基づき行うものに限る）
⑨　移送（歩行が不能または著しく困難であり、保険給付により送迎が行われない場合に、入所、通所等のために必要不可欠な交通機関を利用すること）

①　被保険者の場合

居宅サービスの場合

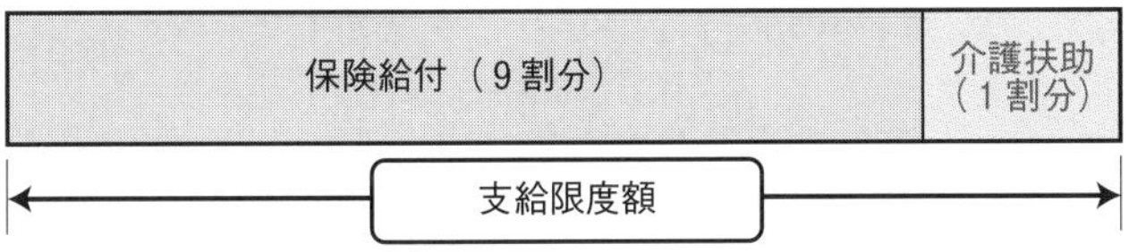

施設サービスの場合

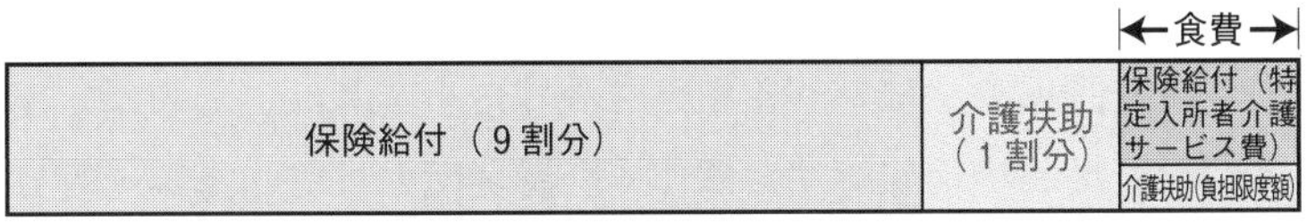

②　介護保険の被保険者以外の者の場合

（被保険者ではないので介護保険が使えません）

居宅サービスの場合

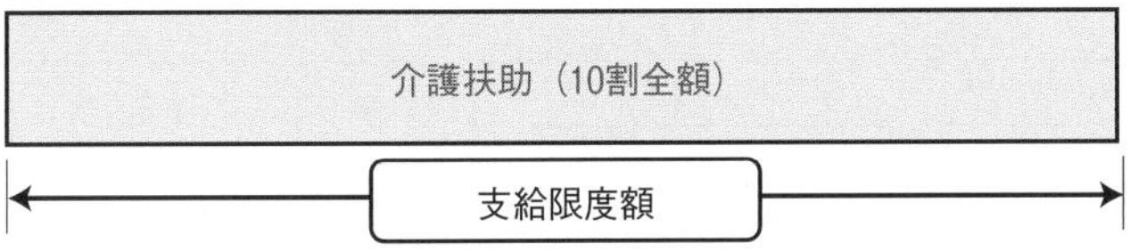

施設サービスの場合

過去の出題

介護扶助について問われました。

22-59　24-58　26-60

・介護扶助には、介護予防に関する給付も含まれる。
→○

・介護扶助における居宅介護は、必要があれば、居宅介護支援計画に基づかないものも認められる。
→×（居宅介護支援計画に基づき行うものに限る）

・介護扶助には、要介護者に対する住宅改修は含まれない。
→×（含まれる）

・福祉用具の利用は、生活扶助の対象である。
→×（介護扶助の対象である）

プラスα

施設サービスにおける食費の被保護者負担は、生活扶助ではなく介護扶助になります。

プラスα

施設サービスは原則、多床室入所であり被保護者の居住費は０円です。

介護保険で定める支給限度額を上回る場合は、介護扶助の対象にはなりません。

なお、介護施設の入所者に、身の回り品などの日常生活費の補填として支給される**介護施設入所者基本生活費は、生活扶助として給付されます**。

介護扶助の方法

介護扶助は、**現物給付**によって行われます。ただし、福祉用具（購入）、住宅改修については金銭給付により支給されます。また、移送費については実費が支給されます。

なお、居宅介護および施設介護にかかる現物給付は指定介護機関に委託して行います。

被保護者が介護費を一定程度支払う能力がある場合には、支払い可能な額を本人支払額として、本人が直接指定介護機関に支払い、残りの不足分を介護扶助から給付することとなります。

介護扶助の申請

保護申請書と**居宅介護支援計画等**の写しを添えて**福祉事務所**に申請します（ただし、被保険者以外の者については、申請時における居宅介護支援計画等の添付は必要としません）。

指定介護機関の指定

介護扶助は、介護保険法による指定＋生活保護法による指定を受けた事業所等（**指定介護機関**）に委託して行われます。

なお、介護保険法に基づく指定を受けた事業者は、その指定があったときに、生活保護法に基づく介護機関としての指定を受けたものとみなされます。ただし、あらかじめ指定を不要とする旨の届け出をしたときはその限りではなく、指定を受けないこともできます。

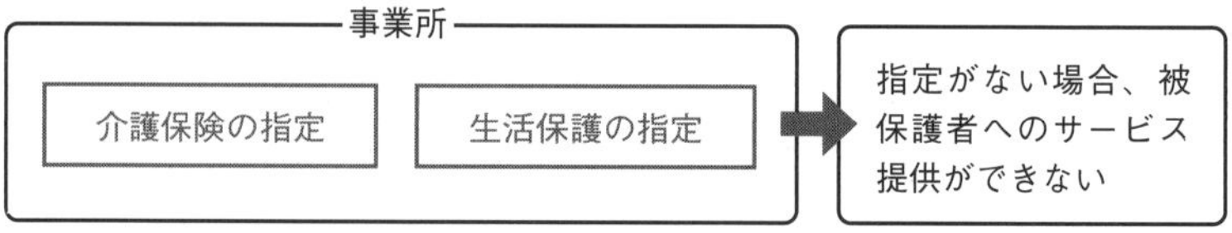

介護報酬は、指定介護機関から国民健康保険団体連合会（国保連）へ請求することにより、請求内容の審査後、国保連から指定介護機関へ給付されます。

過去の出題

介護施設入所者基本生活費について問われました。
21-59　25-58
・介護施設入所者基本生活費は、介護扶助として給付される。
→×（介護施設入所者基本生活費は、生活扶助として給付される）

過去の出題

介護扶助の給付の形態について問われました。
21-59
・介護扶助は、原則として金銭給付であり、これができない場合に現物給付を行うことができる。
→×（原則として現物給付）

プラスα

移送は、介護扶助により給付され、その費用は最小限度の実費とするとされています。介護施設への入所、退所に伴う移送のための交通費については、なるべく現物給付の方法によって行うこととされています。

過去の出題

指定介護機関について問われました。
19-58　23-58
・介護扶助による介護の給付は、介護保険法の指定を受け、かつ、生活保護法による指定を受けた事業者等に委託して行われる。
→○
・居宅介護支援事業所が生活保護受給者に対して居宅介護支援を行う場合には、介護保険法の指定のほかに、生活保護法による指定を受ける必要がある。
→○

要介護認定等

介護扶助は、介護保険制度の保険給付の対象となる介護サービスと同等のサービスを、要保護者に対し保障するものです。

したがって、要保護者は、原則的には、介護保険制度の被保険者として介護保険法の規定に基づき要介護認定、要支援認定または基本チェックリストによる確認（要介護認定等）を受け、要介護状態、要支援状態または基本チェックリストに該当する状態（要介護状態等）に応じ介護保険給付および介護扶助を受けることになります。

また、介護保険制度の被保険者でない40歳以上65歳未満の要保護者で特定疾病により要介護状態または要支援状態にあるものについては、自立支援給付等の活用が可能な場合は、その優先的な活用を図ったうえで、なお介護サービスの利用が必要不可欠であると認められる場合において、介護扶助の要否判定にあたり被保険者と同様に要介護状態または要支援状態の審査判定を受け、要介護状態または要支援状態に応じ介護扶助を受けます。

介護保険の被保険者でない要保護者については、介護保険制度の被保険者でないことから、要介護認定または要支援認定については、介護扶助の要否判定の一環として生活保護制度で独自に行います。この場合、被保険者とそれ以外の者との間で統一を図る等のため、市町村に設置される介護認定審査会に審査判定を委託して行われます。

居宅介護支援計画等の作成

介護扶助の居宅介護の範囲は、居宅介護支援計画に基づいて行うものに限られています（介護予防の範囲は、介護予防支援計画に基づいて、また、介護予防・日常生活支援は、介護予防支援計画または介護予防ケアマネジメントに基づいて行うものに限られています）。したがって、被保険者については介護保険法の規定に基づき、被保険者でない者については介護扶助として、介護扶助の指定介護機関である居宅介護支援事業者、介護予防支援事業者または第１号介護予防支援を実施する者から居宅介護支援計画、介護予防支援計画、介護予防ケアマネジメントに基づくプランまたは介護予防ケアマネジメントの内容がわかるものの策定を受け、当該計画に基づき介護扶助の指定介護機関から居宅介護、介護予防または介護予防・日常生活支援を受けることになります。

過去の出題

生活保護受給者の要介護認定について問われました。
23-58
・すべての被保護者に対する要介護認定は、介護扶助の必要性を判断するため、生活保護制度で独自に行う。
→×（介護保険法の規定に基づき行われる）

プラスα

介護保険の被保険者以外の者の場合、福祉事務所が保険者（市町村）に委託し、要介護認定審査を行い、目安として、限度額を決めます。

基礎理解度 CHECK!!

□□ 1 ▶ 生活保護受給においてその可否は生活困窮に陥った原因により判断される。

□□ 2 ▶ 生活保護は、原則として個人を単位として行われる。

□□ 3 ▶ 保護の実施機関は､厚生労働大臣である。

□□ 4 ▶ 医療保険に加入していない、40 歳以上 65 歳未満の被保護者は、介護サービス費用の全額が介護扶助として給付される。

□□ 5 ▶ 生活保護受給者である介護保険の第 1 号被保険者の介護保険料は、年金から特別徴収される場合以外は、介護扶助の対象となる。

□□ 6 ▶ 介護扶助の範囲には、介護予防住宅改修は含まれない。

□□ 7 ▶ 介護扶助の範囲において、介護予防・日常生活支援は、介護予防支援計画または第 1 号介護予防支援事業による援助に相当する援助に基づき行うものに限る。

□□ 8 ▶ 介護保険の被保険者である生活保護受給者は、居宅介護に関する介護扶助を申請する場合、保護申請書と居宅介護支援計画等の写しが必要である。

□□ 9 ▶ 介護扶助は、介護保険法による指定と生活保護法による指定を受けた事業所等に委託して行われる。

□□ 10 ▶ 介護保険の被保険者以外の者の要介護認定は、介護保険制度において行う。

1 ✕ 無差別平等の原理により、生活困窮に陥った原因による差別を否定している。

2 ✕ 原則として世帯を単位とする。

3 ✕ 保護の実施機関は、都道府県知事、市長および福祉事務所を管理する町村長である。

4 ○

5 ✕ 生活保護受給者である介護保険の第 1 号被保険者の介護保険料は、年金から特別徴収される場合以外は、生活扶助の介護保険料加算の対象となる。

6 ✕ 介護扶助の範囲には、介護予防住宅改修が含まれる。

7 ○

8 ○

9 ○

10 ✕ 介護保険の被保険者以外の者の要介護認定は、介護扶助の要否判定の一環として､生活保護制度独自で行う。この場合、市町村に設置される介護認定審査会に審査判定を委託して行われる。

ランク B

5 生活困窮者自立支援法

生活保護に至る前の段階の自立支援策の強化を図るため、生活困窮者に対し、自立相談支援事業の実施、住居確保給付金の支給その他の支援を行う生活困窮者自立支援法が、2015（平成 27）年 4 月 1 日に施行されました。第 22 回試験において、生活困窮者自立支援法に基づく事業が必須事業か任意事業かについて問われ、第 24 回試験では、自立相談支援事業、一時生活支援事業について問われました。

1. 目的と対象者

目的と基本理念

生活困窮者自立支援法は、その目的を次のとおり規定しています。

目的	生活困窮者自立相談支援事業の実施、生活困窮者住居確保給付金の支給その他の生活困窮者に対する自立の支援に関する措置を講ずることにより、生活困窮者の自立の促進を図ること

また、基本理念として、自立の支援は、①生活困窮者の尊厳の保持を図りつつ、②就労の状況、心身の状況、地域社会からの孤立の状況といった生活困窮者の状況に応じて、包括的・早期に、また③地域における関係機関、民間団体との緊密な連携等の必要な支援体制の整備に配慮して行われなければならないとしています。

実施機関と対象者

生活困窮者自立支援法に基づく事業の実施機関とその対象者は次のとおりです。

実施機関と対象者

実施機関	都道府県、市および福祉事務所を設置する町村（都道府県等）
対象者	生活困窮者

生活困窮者とは、「就労の状況、心身の状況、地域社会との関係性その他の事情により、現に経済的に困窮し、最低限度の生活を維持することができなくなるおそれのある者」とされ、具体的には、現在生活保護を受給していないが、生活保護に至る可能性

プラスα

生活困窮者自立支援法は、最後のセーフティネットである生活保護制度の自立助長機能の強化に加え、生活保護に至る前に、第 2 のセーフティネットの充実・強化を図ることが必要であるとされ、2013（平成 25）年の生活保護法の改正に合わせて制定されました。

過去の出題

法律の成り立ちについて問われました。22-58

・生活困窮者自立支援法は、生活困窮者対策及び生活保護制度の見直しの一体的な検討を経て国会に提出され、成立した。

→○

過去の出題

対象者について問われました。24-59

・生活困窮者自立相談支援事業は、親に扶養されている成人の子も支援の対象としている。

→○

のある者で、自立が見込まれる者とされています。

2. 支援の内容

過去の出題

必須事業か任意事業かについて問われました。
(22-58)(24-59)
・生活困窮者自立相談支援事業は、必須事業である。
→○
・生活困窮者就労準備支援事業は、任意事業である。
→○
・生活困窮者住居確保給付金の支給は、任意事業である。
→×（必須事業である）
・生活困窮者一時生活支援事業は、任意事業である。
→○

生活困窮者自立支援法に基づく事業は、必須事業と任意事業に分かれています。

必須事業	生活困窮者自立相談支援事業 生活困窮者住居確保給付金の支給
任意事業	生活困窮者就労準備支援事業（努力義務） 生活困窮者家計改善支援事業（努力義務） 生活困窮者一時生活支援事業 子どもの学習・生活支援事業 その他の生活困窮者の自立の促進を図るために必要な事業

●必須事業

(1) 生活困窮者自立相談支援事業

生活困窮者自立相談支援事業は、①就労の支援その他の自立に関する問題につき、生活困窮者、家族その他の関係者からの相談に応じ、必要な情報の提供および助言、関係機関との連絡調整、②認定生活困窮者就労訓練事業の利用のあっせんを行います。

支援にあたっては、生活困窮者の抱える課題を評価・分析し、そのニーズを把握したうえで自立支援計画が作成されます。

なお、都道府県等は、生活困窮者自立相談支援事業の事務の全部または一部を社会福祉法人、NPO 法人などのほか、都道府県等が適当と認めるものに委託することができます。

(2) 生活困窮者住居確保給付金の支給

生活困窮者住居確保給付金は、離職などにより経済的に困窮し、居住する住宅を失う、または家賃の支払いが困難になるなどした人で、就職を容易にするため住居を確保する必要があると認められる人に対し支給されます。

生活困窮者住居確保給付金の支給にあたっては、申請日において離職等の日から2年（疾病、負傷、育児等やむを得ない理由がある場合は最長4年）を経過していない、世帯収入の額や資産の額があらかじめ定められた額以下であるなどの一定の要件があります。

生活困窮者住居確保給付金の支給額と支給期間

支給額	生活困窮者が賃借する住宅の1か月あたりの家賃の額（1か月ごとに支給） （生活保護制度における住宅扶助基準に基づく額が上限）
支給期間	3か月（3か月ごとに9か月までの範囲内で都道府県等が定める期間とすることができる）

●任意事業

⑴　生活困窮者就労準備支援事業（努力義務）

生活困窮者就労準備支援事業は、雇用による就業が著しく困難な生活困窮者に対し、就労に必要な知識および能力の向上のために必要な訓練を行う事業です。一般就労に向けた準備が整っていない者を対象に、一般就労に従事する準備として、基礎能力の形成を計画的かつ一貫して支援します。実施期間は、原則は1年を超えない期間です。

具体的には、適切な生活習慣の形成の促進（日常生活自立）、社会的能力の形成の促進（社会生活自立）、就労体験の利用の機会の提供等および一般就労に向けた技法や知識の習得等の促進（就労自立）等を実施します。

プラスα
2018（平成30）年10月より、都道府県等は、生活困窮者就労準備支援事業および生活困窮者家計改善支援事業を行うように努めること（努力義務）とされました。

⑵　生活困窮者家計改善支援事業（努力義務）

生活困窮者家計改善支援事業とは、生活困窮者に対し、収入、支出その他家計の状況を適切に把握することおよび家計の改善の意欲を高めることを支援するとともに、生活に必要な資金の貸付けのあっせんを行う事業をいいます。

⑶　生活困窮者一時生活支援事業

一定の住居をもたない生活困窮者に対し、宿泊場所の供与、食事の提供等を行います。実施期間は3か月を超えない期間（6か月を超えない範囲内で都道府県等が定める期間でも可）です。

これに加え、以前事業を利用していた人や、住居を失うおそれがあり地域社会から孤立している人に対し、訪問による情報提供や、日常生活を営むのに必要な支援を行います。実施期間は、1年を超えない期間です。

プラスα
生活困窮者一時生活支援事業は、2019（平成31）年4月より、居住支援の強化として事業が拡充されました。

⑷　子どもの学習・生活支援事業

学習援助に加え、①生活困窮世帯における子ども等の生活習慣・

プラスα
子どもの学習・生活支援事業は、2019（平成31）年4月より、生活習慣・育成環境の改善に関する助言が追加されるなど、事業が強化されました。

育成環境の改善に関する助言、②生活困窮世帯における子ども等の教育および就労（進路選択等）に関する相談に対する情報提供、助言、関係機関との連絡調整を行います。

●生活困窮者就労訓練事業の認定

生活困窮者就労訓練事業とは、雇用による就業を継続して行うことが困難な生活困窮者に対し、就労の機会を提供するとともに、就労に必要な知識および能力の向上のために必要な訓練等を行う事業です。生活困窮者就労訓練事業を行う者は、あらかじめ定められた基準に適合することについて都道府県知事の認定を受けることができます（**認定生活困窮者就労訓練事業**）。

また、国および地方公共団体は、認定生活困窮者就労訓練事業を行う者の受注の機会の増大を図るように努めるものとされています。

●利用勧奨等

都道府県等は、福祉、就労、教育、税務、住宅その他のその所掌事務に関する業務の遂行にあたり、生活困窮者を把握したときは、生活困窮者自立支援法に基づく事業の利用および給付金の受給の勧奨などの適切な措置を講ずるように努めるものとされています。

●支援会議

都道府県等は、関係機関、生活困窮者自立相談支援事業の委託を受けた者などにより構成される支援会議を組織することができます。

支援会議では、生活困窮者に対する自立の支援を図るために必要な情報の交換が行われるとともに、生活困窮者が地域において日常生活および社会生活を営むのに必要な支援体制が検討されます。

基礎理解度CHECK!!

□□ 1 ▶ 生活困窮者自立支援法の実施機関は、都道府県労働局である。

□□ 2 ▶ 生活困窮者自立支援法の対象者には、生活保護受給者も含まれる。

□□ 3 ▶ 生活困窮者自立支援法において、生活困窮者自立相談支援事業、生活困窮者住居確保給付金の支給、子どもの学習・生活支援事業は、必須事業である。

□□ 4 ▶ 生活困窮者自立支援法において、生活困窮者就労準備支援事業は任意事業に含まれる。

□□ 5 ▶ 生活困窮者自立相談支援事業は、就労に必要な知識および能力の向上のために訓練を行う。

□□ 6 ▶ 都道府県等は、生活困窮者自立相談支援事業の事務を委託することができる。

□□ 7 ▶ 生活困窮者住居確保給付金は、離職などで経済的に困窮し、家賃の支払いが困難である人で、就職を容易にするため住居を確保する必要があると認められる人に対して支給される。

□□ 8 ▶ 地域包括支援センターは、関係機関、生活困窮者自立相談支援事業の委託を受けた者などにより構成される支援会議を組織することができる。

1 ×生活困窮者自立支援法の実施機関は、都道府県、市および福祉事務所を設置する町村である。

2 ×生活困窮者自立支援法の対象者は、生活困窮者である。生活困窮者とは、現に経済的に困窮し、最低限度の生活を維持することができなくなるおそれのある者である。具体的には、現在生活保護を受給していないが、生活保護に至る可能性のある者で、自立が見込まれる者とされている。

3 ×子どもの学習・生活支援事業は、任意事業である。

4 ○

5 ×生活困窮者自立相談支援事業は、就労の支援その他の自立に関する問題につき、生活困窮者や家族等の相談に応じ、必要な情報の提供、関係機関との連絡調整などを行う。就労に必要な知識および能力の向上のために訓練を行うのは、生活困窮者就労準備支援事業である。

6 ○

7 ○

8 ×支援会議を組織することができるのは、都道府県、市および福祉事務所を設置する町村である。

ランク C

6　後期高齢者医療制度

後期高齢者医療制度は2008（平成20）年より実施されています。2013（平成25）年の第16回試験で初めて出題されたあと、2016（平成28）年の第19回試験で3年ぶりに出題され、第21回試験、第22回再試験でも出題されました。この制度については、ここに解説した基本的な事項をおさえるようにしましょう。

1. 高齢者医療確保法の目的

高齢者の医療の確保に関する法律（高齢者医療確保法）は、医療費の適正化を推進するための計画の作成および保険者による健康診査等の実施に関する措置を講ずるとともに、国民の共同連帯の理念等に基づいて、

①　**前期高齢者**（65歳以上75歳未満）にかかる医療保険者間の費用負担の調整

②　**後期高齢者**（75歳以上）に対する適切な医療の給付等を行うために必要な制度

を設け、国民保健の向上および高齢者の福祉の増進を図ることを目的としています。

2. 後期高齢者医療制度の概要

過去の出題

運営主体について問われました。22再-60

・運営主体は、都道府県ごとにすべての市町村が加入する後期高齢者医療広域連合である。
→○

プラスα

生活保護世帯に属する者は後期高齢者医療制度の被保険者とされません（適用除外）。

後期高齢者医療制度は、高齢者医療確保法に基づく、75歳以上の高齢者を主な対象とする独立した医療保険制度です。

● 運営主体

都道府県ごとにすべての市町村（特別区を含む）が加入して設立された「**後期高齢者医療広域連合**」（**広域連合**）が運営主体です。ただし、保険料の徴収、被保険者資格の管理、医療給付に関する届出の受付などの事務は、市町村が行います。

● 被保険者

広域連合の区域内に住所を有する者であって、次のいずれかに

該当する者が被保険者となります。

① 75 歳以上の者

② 65 歳以上 75 歳未満で当該広域連合の障害認定を受けた者

● 保険給付の種類

① 療養の給付	⑤ 療養費	⑨ 高額療養費
② 入院時食事療養費	⑥ 訪問看護療養費	⑩ 高額介護合算療養費
③ 入院時生活療養費	⑦ 特別療養費	⑪ 条例で定める給付
④ 保険外併用療養費	⑧ 移送費	

● 被保険者の一部負担

・一般：1 割

・現役並み所得者以外で一定所得以上である者：2 割

・現役並み所得者：3 割

● 被保険者の保険料の納付方法

保険料は、被保険者またはその者の属する世帯の世帯主等が負担し、市町村役場や金融機関に納付します（普通徴収）。ただし、年額 18 万円以上の年金を受給している者については、年金から天引きされます（特別徴収）。国民健康保険の保険料を確実に納付していた場合などには、申し出により口座振替による普通徴収に切り替えることができます。

過去の出題

保険給付の内容が問われました。22再-60

・後期高齢者医療給付には、入院時食事療養費及び移送費の支給は含まれない。
→×（含まれる）

用語解説

現役並み所得者：課税所得 145 万円以上かつ高齢者複数世帯で 520 万円以上もしくは高齢者単身世帯で 383 万円以上の収入がある者。

プラスα

2022（令和 4）年 10 月 1 日より、現役並み所得者以外で一定所得以上である者（課税所得が 28 万円以上かつ「年金収入＋その他の合計所得金額」が高齢者単身世帯の場合 200 万円以上、高齢者複数世帯の場合合計 320 万円以上）については 2 割負担となりました。

プラスα

保険料は、各広域連合が条例で保険料率を定めます。

基礎理解度 CHECK!!

□□ 1 ▶ 後期高齢者医療制度は、高齢者医療確保法に基づく、75 歳以上の高齢者を主な対象とする独立した医療保険制度である。

□□ 2 ▶ 後期高齢者医療制度の運営主体は、市町村である。

□□ 3 ▶ 後期高齢者医療制度の被保険者は、65 歳以上の障害認定を受けた者に限られる。

□□ 4 ▶ 後期高齢者医療制度において、生活保護世帯に属する 75 歳以上の高齢者は被保険者とされる。

1 ○

2 ✕ 都道府県ごとにすべての市町村が加入して設立された後期高齢者医療広域連合（広域連合）である。ただし、保険料の徴収、被保険者資格の管理等の事務は市町村が行う。

3 ✕ 被保険者は、① 75 歳以上の者、② 65 歳以上 75 歳未満であって広域連合の障害認定を受けた者である。

4 ✕ 生活保護世帯に属する者は、後期高齢者医療制度の被保険者とされない（適用除外）。

ランク
C

7 高齢者住まい法

生活の基盤として必要な住まいが整備され、本人の希望と経済力にかなった住まい方が確保されていることが地域包括ケアシステムの前提とされています。高齢者の居住の安定確保に関する法律（高齢者住まい法）は、サービス付き高齢者向け住宅事業の登録制度を設けるなど、高齢者の居住の安定の確保を図ることを目的としています。

目的

高齢者の居住の安定確保に関する法律（高齢者住まい法）は、その目的を次のとおり規定しています。

目的	高齢者が日常生活を営むために必要な福祉サービスの提供を受けることができる良好な居住環境を備えた高齢者向けの賃貸住宅等の登録制度を設けるとともに、良好な居住環境を備えた高齢者向けの賃貸住宅の供給を促進するための措置を講じ、併せて高齢者に適した良好な居住環境が確保され高齢者が安定的に居住することができる賃貸住宅について終身建物賃貸借制度を設ける等の措置を講ずることにより、高齢者の居住の安定の確保を図り、もってその福祉の増進に寄与すること

プラスα
住まいの提供は、医療、介護、介護予防、生活支援の提供とともに、地域包括ケアシステムの中核となる要素です。

基本方針と高齢者居住安定確保計画

国土交通大臣および厚生労働大臣は、高齢者の居住の安定の確保に関する基本的な方針（基本方針）を定めなければなりません。

都道府県および市町村は、基本方針に基づき、それぞれの区域内における高齢者の居住の安定の確保に関する計画（都道府県高齢者居住安定確保計画、市町村高齢者居住安定確保計画）を定めることができます。都道府県高齢者居住安定確保計画および市町村高齢者居住安定確保計画とも、次に掲げる事項を定めるものとされています。

プラスα
市町村介護保険事業計画は市町村高齢者居住安定確保計画と、都道府県介護保険事業支援計画は都道府県高齢者居住安定確保計画とそれぞれ調和が保たれたものでなければなりません。

① 区域内における高齢者に対する賃貸住宅および老人ホームの供給の目標
② 次に掲げる事項であって、①の目標を達成するために必要なもの
- 高齢者に対する賃貸住宅および老人ホームの供給の促進に関する事項
- 高齢者が入居する賃貸住宅の管理の適正化に関する事項
- 高齢者に適した良好な居住環境を有する住宅の整備の促進に関する事項
- 高齢者居宅生活支援事業（老人デイサービス事業その他の高齢者が

その居宅において日常生活を営むために必要な保健医療サービスまたは福祉サービスを提供する事業）の用に供する施設の整備の促進に関する事項
・高齢者居宅生活支援体制の確保に関する事項
③ 計画期間

● サービス付き高齢者向け住宅事業

サービス付き高齢者向け住宅事業を行う事業者は、都道府県知事の登録を受けることができます。

サービス付き高齢者向け住宅とは、高齢者の暮らしを支援する、**状況把握サービス**、**生活相談サービス**のついたバリアフリー住宅です。状況把握サービス、生活相談サービスとは次のとおりです。

状況把握サービス	入居者の心身の状況を把握し、その状況に応じた一時的な便宜を供与するサービス
生活相談サービス	入居者が日常生活を支障なく営むことができるようにするために入居者からの相談に応じ必要な助言を行うサービス

また、登録の基準等が次のように定められています。

入居者	60歳以上の高齢者または要介護認定・要支援認定を受けている60歳未満の人で、次の要件のいずれかに該当する人 ・単身者 ・同居する者が配偶者、60歳以上の親族などであること
住居部分の床面積の規模	各居住部分が床面積25m^2（居間、食堂、台所その他の居住の用に供する部分が高齢者が共同して利用するため十分な面積を有する場合にあっては、18m^2）以上
構造・設備	・原則として、各居住部分が台所、水洗便所、収納設備、洗面設備および浴室を備えたものであること（ただし、共用部分に共同して利用するため適切な台所、収納設備または浴室を備えることにより、各居住部分に備える場合と同等以上の居住環境が確保される場合にあっては、それらは要しない） ・バリアフリー構造であること
状況把握サービスおよび生活相談サービスの基準	居宅サービス事業者等が、原則として、夜間を除き、サービス付き高齢者向け住宅の敷地などに常駐し、サービスを提供すること
入居契約	・書面による契約であること ・居住部分が明示された契約であること ・権利金その他の金銭を受領しない契約であること（敷金、家賃または高齢者生活支援サービスの提供の対価およびその前払金（家賃等の前払金）を除く） ・家賃等の前払金を受領する場合にあっては、その算定の基礎、返還債務の金額の算定方法が明示された契約であること ・入居後3か月以内に契約が解除され、または入居者の死亡により終了した場合に、家賃等の前払金を返還することとなる契約であること　など
家賃等の前払金	事業者が返還債務を負うこととなる場合に備えて、必要な保全措置が講じられるものであること
その他	基本方針および高齢者居住安定確保計画に照らして適切なものであること

●サービス付き高齢者向け住宅と住所地特例

有料老人ホームに該当するサービス付き高齢者向け住宅は介護保険法に基づく住所地特例の対象となります。

基礎理解度 CHECK!!

□□ 1 ▶高齢者住まい法では、有料老人ホームの届出について定めている。

□□ 2 ▶国土交通大臣と厚生労働大臣が基本指針を定める。

□□ 3 ▶サービス付き高齢者向け住宅事業を行う事業者は、都道府県知事の登録を受けることができる。

□□ 4 ▶サービス付き高齢者向け住宅とは、状況把握サービスと生活相談サービスがついたバリアフリー住宅である。

□□ 5 ▶サービス付き高齢者向け住宅の対象者は、65歳以上の単身者である。

□□ 6 ▶状況把握サービスおよび生活相談サービスは、24時間提供しなければならない。

□□ 7 ▶サービス付き高齢者向け住宅の入居契約は、口頭でもよいことになっている。

□□ 8 ▶サービス付き高齢者向け住宅の入居契約は、権利金を受領する契約でなければならない。

□□ 9 ▶サービス付き高齢者向け住宅の入居契約は、入居後、入居者の死亡により契約が終了した場合の前払金は返還されない契約である。

□□ 10 ▶有料老人ホームに該当するサービス付き高齢者向け住宅は、介護保険法に基づく住所地特例対象施設の対象となる。

1 ✕高齢者住まい法は、サービス付き高齢者向け住宅事業の登録について定め、高齢者の居住の安定の確保を図ることを目的としている。有料老人ホームは老人福祉法に規定されている。

2 ○

3 ○

4 ○

5 ✕対象者は、60歳以上の高齢者または要介護認定・要支援認定を受けている60歳未満の人で、①単身者、②同居する者が配偶者、60歳以上の親族などである人である。

6 ✕状況把握サービスおよび生活相談サービスは、居宅サービス事業者等が、原則として、夜間を除き、サービス付き高齢者向け住宅の敷地などに常駐し、サービスを提供する。

7 ✕書面による契約であることとされている。

8 ✕権利金その他の金銭を受領しない契約であること（敷金、家賃等を除く）とされている。

9 ✕入居後3か月以内に契約が解除され、または入居者の死亡により終了した場合に、家賃等の前払金を返還する契約であることとされている。

10 ○

ランク C

8 老人福祉法

老人福祉法は、1963（昭和 38）年に制定されました。老人の福祉に関する原理を明らかにするとともに、基本的理念のほか、老人の日および老人週間などを定め、やむを得ない事由による福祉の措置について規定しています。これまで出題こそありませんが、福祉の措置については重要ですのでしっかり学習しましょう。

目的

老人福祉法は、その目的を次のとおり規定しています。

目的	老人の福祉に関する原理を明らかにするとともに、老人に対し、その心身の健康の保持および生活の安定のために必要な措置を講じ、もって老人の福祉を図ること

福祉の措置の実施者

老人福祉法では、第 4 条第 1 項において、「国及び地方公共団体は、老人の福祉を増進する責務を有する」と規定しています。また、第 5 条の 4 において、65 歳以上の者（65 歳未満の者であって特に必要があると認められるものを含む）または養護者に対する福祉の措置は、居住地を有するときはその居住地の**市町村**が行うとし、福祉の措置の実施者について定めています。

なお、**措置**とは、虐待などのやむを得ない事由により介護保険サービスを受けられない場合などに、市町村が職権をもって必要なサービスを提供することをいいます。

プラスα

居住地を有しないか、またはその居住地が明らかでないときは、その現在地の市町村が行うものとされています。

老人居宅生活支援事業と老人福祉施設

老人福祉法に基づく**老人居宅生活支援事業**と**老人福祉施設**は次のとおりです。

老人居宅生活支援事業

①	老人居宅介護等事業
②	老人デイサービス事業
③	老人短期入所事業
④	小規模多機能型居宅介護事業
⑤	認知症対応型老人共同生活援助事業
⑥	複合型サービス福祉事業

プラスα

包括的支援事業の委託を受けた老人介護支援センターの設置者は地域包括支援センターを設置することができます。

老人福祉施設

① 老人デイサービスセンター
② 老人短期入所施設
③ 養護老人ホーム
④ 特別養護老人ホーム
⑤ 軽費老人ホーム
⑥ 老人福祉センター
⑦ 老人介護支援センター

プラスα

市町村介護保険事業計画は市町村老人福祉計画と、都道府県介護保険事業支援計画は都道府県老人福祉計画とそれぞれ一体のものとして作成されなければなりません。

プラスα

施設の設置について、社会福祉法人は、都道府県知事の認可を受けて、養護老人ホームまたは特別養護老人ホームを設置することができるとされ、一方、市町村および地方独立行政法人は、あらかじめ、厚生労働省令で定める事項を都道府県知事に届け出て、養護老人ホームまたは特別養護老人ホームを設置することができるとされています。

老人福祉計画

市町村は、老人福祉事業（老人居宅生活支援事業および老人福祉施設による事業）の供給体制の確保に関する計画（**市町村老人福祉計画**）を定めるものとされ、一方、都道府県は、市町村老人福祉計画の達成に資するため、各市町村を通ずる広域的な見地から、老人福祉事業の供給体制の確保に関する計画（**都道府県老人福祉計画**）を定めるものとされています。

都道府県知事は、都道府県介護保険事業支援計画に定める養護老人ホームもしくは特別養護老人ホームの入所定員の総数が、都道府県老人福祉計画において定めるその区域の養護老人ホームもしくは特別養護老人ホームの必要入所定員総数にすでに達しているか、または養護老人ホームもしくは特別養護老人ホームの設置によってこれを超えることになると認めるとき、その他の都道府県老人福祉計画の達成に支障を生ずるおそれがあると認めるときは、その認可をしないことができます。

アドバイス

成年後見の申立ては本人、配偶者、四親等内の親族が原則ですが、それが難しい場合、市町村長申立てができます。老人福祉法が根拠法となりますので、成年後見制度とあわせて学習することをおすすめします。

後見開始等の審判

市町村長は、65歳以上の高齢者について、その福祉を図るため特に必要があると認めるときは、後見、保佐、補助開始の審判の請求をすることができます。

また、市町村は、後見等の業務を適正に行うことができる人材の育成および活用を図るため、研修の実施、後見等の業務を適正に行うことができる者の家庭裁判所への推薦その他の必要な措置を講ずるよう努めなければなりません。

基礎理解度 CHECK!!

□□ 1 ▶ 老人福祉法は、やむを得ない事由による福祉の措置について規定している。

□□ 2 ▶ 老人福祉法第4条第1項では、「市町村と地域包括支援センターは、老人の福祉を増進する責務を有する」と規定されている。

□□ 3 ▶ 養護者に対する福祉の措置は、国が行う。

□□ 4 ▶ 措置とは、虐待などのやむを得ない事由により介護保険サービスを受けられない場合などに、都道府県が職権をもって必要なサービスを提供することをいう。

□□ 5 ▶ 老人福祉法の老人居宅生活支援事業には、小規模多機能型居宅介護事業が含まれる。

□□ 6 ▶ 老人福祉法の老人福祉施設には、介護老人保健施設が含まれる。

□□ 7 ▶ 市町村は、老人福祉事業の供給体制の確保に関する計画（市町村老人福祉計画）を定めるものとされている。

□□ 8 ▶ 市町村介護保険事業計画は、市町村老人福祉計画と調和が保たれたものでなければならない。

□□ 9 ▶ 都道府県老人福祉計画は、都道府県介護保険事業支援計画と一体のものとして作成されなければならない。

□□ 10 ▶ 社会福祉法人は、国の認可を受けて、特別養護老人ホームを設置することができる。

□□ 11 ▶ 都道府県知事は、65歳以上の高齢者について、その福祉を図るため特に必要があると認めるときは、後見開始等の審判の請求をすることができる。

1 ○

2 ✕ 老人福祉法第4条第1項では、「国及び地方公共団体は、老人の福祉を増進する責務を有する」と規定されている。

3 ✕ 65歳以上の者（65歳未満の者であって特に必要があると認められるものを含む）または養護者に対する福祉の措置は、居住地を有するときはその居住地の市町村が行う（居住地を有しない場合等ではその現在地の市町村が行う）。

4 ✕ 市町村が職権をもって必要なサービスを提供することをいう。

5 ○

6 ✕ 老人福祉法の老人福祉施設は、①老人デイサービスセンター、②老人短期入所施設、③養護老人ホーム、④特別養護老人ホーム、⑤軽費老人ホーム、⑥老人福祉センター、⑦老人介護支援センターである。介護老人保健施設は、老人福祉施設には含まれない。介護医療院も同様である。

7 ○

8 ✕ 市町村介護保険事業計画は、市町村老人福祉計画と一体のものとして作成されなければならない。

9 ○

10 ✕ 社会福祉法人は、都道府県知事の認可を受けて、養護老人ホームまたは特別養護老人ホームを設置することができる。

11 ✕ 市町村長は、65歳以上の高齢者の福祉を図るために特に必要があると認めるときは、後見、保佐、補助開始の審判の請求をすることができる。

ランク C

9 個人情報保護法

個人情報の保護に関する法律（個人情報保護法）は、個人情報の適正な取り扱いについて定めています。中小企業や個人事業主、NPO法人、町内会･自治会、学校の同窓会などにも、個人情報を取り扱う際のルールが義務づけられています。

1. 個人情報等

●目的

個人情報の保護に関する法律（個人情報保護法）は、個人情報の適正な取り扱いに関し、国および地方公共団体の責務等を明らかにし、個人情報を取り扱う事業者および行政機関等についてこれらの特性に応じて遵守すべき義務等を定めています。個人情報の有用性に配慮しつつ、個人の権利利益を保護することをその目的としています。

●個人情報

個人情報保護法では、**個人情報**を次のとおり規定しています。

個人情報

> 生存する個人に関する情報であって、次のいずれかに該当するもの
> ①　氏名、生年月日その他の記述等により特定の個人を識別することができるもの（他の情報と容易に照合することができ、それにより特定の個人を識別することができることとなるものを含む）
> ②　個人識別符号が含まれるもの

なお、**個人識別符号**とは、その情報だけでも特定の個人を識別できる文字、番号、記号、符号等をいいます。例えば、次のとおりとされています。

> ①　生体情報を変換した符号
> DNA、顔、虹彩、声紋、歩行の態様、手指の静脈、指紋・掌紋
> ②　公的な番号
> 旅券番号、基礎年金番号、免許証番号、住民票コード、マイナンバー、各種保険証等

プラスα

「個人情報の保護に関する法律についてのガイドライン」では、個人情報に該当する事例として、

①　本人の氏名
②　生年月日、連絡先（住所・居所・電話番号・メールアドレス）、会社における職位または所属に関する情報について、それらと本人の氏名を組み合わせた情報
③　防犯カメラに記録された情報等本人が判別できる映像情報

などをあげています。

要配慮個人情報

要配慮個人情報とは、本人に対する不当な差別、偏見その他の不利益が生じないようにその取り扱いに特に配慮を要するものとして次の記述等が含まれる個人情報をいいます。なお、要配慮個人情報を取得するときは、法令に基づく場合等を除き、あらかじめ本人の同意を得なければなりません。

○人種
○信条
○社会的身分
○病歴
○犯罪の経歴
○犯罪により害を被った事実
○身体障害、知的障害、精神障害等の障害があること
○健康診断その他の検査の結果　など

プラスα

個人情報のうち、個人情報に含まれる記述の一部削除等の措置を講じて、他の情報と照合しない限り特定の個人を識別することができないように加工した情報を仮名加工情報といいます。

2. 個人情報取扱事業者の義務

個人情報取扱事業者

個人情報取扱事業者とは、個人情報データベース等を事業の用に供している者をいいます。個人情報をデータベースや、検索可能な状態にしたものを「個人情報データベース等」といいます。

情報処理やソフトウェアの開発等を行っている会社ばかりが対象となるのではなく、個人情報データベース等を事業の用に供している者であれば、取り扱う個人情報の数にかかわらず、個人情報取扱事業者に該当します。また、法人格のない、権利能力のない社団（任意団体）または個人であっても、個人情報データベース等を事業の用に供している場合は個人情報取扱事業者に該当します。したがって、マンションの管理組合、NPO法人、自治会や同窓会などの非営利組織も含まれます。

ただし、国の機関、地方公共団体、独立行政法人等、地方独立行政法人は除かれます。

プラスα

「個人情報の保護に関する法律についてのガイドライン」では、個人情報データベース等について、「コンピュータを用いていない場合であっても、紙面で処理した個人情報を一定の規則に従って整理・分類し、特定の個人情報を容易に検索することができるよう、目次、索引、符号等を付し、他人によっても容易に検索可能な状態に置いているものも該当する」としています。

個人情報取扱事業者の義務

個人情報保護法では、個人情報取扱事業者に対して、次のとおり義務を課しています。

個人情報取扱事業者の義務

利用目的の特定	・個人情報を取り扱うにあたっては、その利用の目的（利用目的）をできる限り特定しなければならない ・利用目的を変更する場合には、変更前の利用目的と関連性を有すると合理的に認められる範囲を超えて行ってはならない
利用目的による制限（＊）	・あらかじめ本人の同意を得ないで、利用目的の達成に必要な範囲を超えて、個人情報を取り扱ってはならない ・合併その他の事由により他の個人情報取扱事業者から事業を承継することに伴って個人情報を取得した場合は、あらかじめ本人の同意を得ないで、承継前における当該個人情報の利用目的の達成に必要な範囲を超えて、当該個人情報を取り扱ってはならない
適正な取得	・偽りその他不正の手段により個人情報を取得してはならない ・あらかじめ本人の同意を得ないで、要配慮個人情報を取得してはならない（＊）
取得に際しての利用目的の通知等	・個人情報を取得した場合は、あらかじめその利用目的を公表している場合を除き、速やかに、その利用目的を、本人に通知し、または公表しなければならない
データ内容の正確性の確保等	・利用目的の達成に必要な範囲内において、個人データを正確かつ最新の内容に保つとともに、利用する必要がなくなったときは、個人データを遅滞なく消去するよう努めなければならない
安全管理措置	・取り扱う個人データの漏洩、滅失または毀損の防止その他の個人データの安全管理のために必要かつ適切な措置を講じなければならない
従業者の監督	・従業者に個人データを取り扱わせるにあたっては、個人データの安全管理が図られるよう、従業者に対する必要かつ適切な監督を行わなければならない
委託先の監督	・個人データの取り扱いの全部または一部を委託する場合は、取り扱いを委託された個人データの安全管理が図られるよう、委託を受けた者に対する必要かつ適切な監督を行わなければならない
第三者提供の制限（＊）	・あらかじめ本人の同意を得ないで、個人データを第三者に提供してはならない

＊　次の場合を除きます。
①　法令に基づく場合（警察、裁判所、税務署等からの照会）
②　人の生命、身体または財産の保護のために必要がある場合であって、本人の同意を得ることが困難であるとき（災害時の被災者情報の家族・自治体等への提供）
③　公衆衛生の向上または児童の健全な育成の推進のために特に必要がある場合であって、本人の同意を得ることが困難であるとき（児童生徒の不登校や、児童虐待のおそれがある情報を関係機関で共有）
④　国の機関、地方公共団体またはその委託を受けた者が法令の定める事務を遂行することに対して協力する必要がある場合であって、本人の同意を得ることにより当該事務の遂行に支障を及ぼすおそれがあるとき（統計調査等への協力）　等

プラスα

個人情報保護法では、「本人」を、「個人情報によって識別される特定の個人をいう」としています。また、「個人データ」とは、個人情報データベース等を構成する個人情報をいいます。

●保有個人データに関する開示請求等

本人は、個人情報取扱事業者に対し保有個人データの開示を請求することができます。個人情報取扱事業者は、請求を受けたときは、原則として、本人に対し遅滞なく、保有個人データを開示しなければなりません。

保有個人データの開示のほか、本人は、個人情報取扱事業者に対し、次のとおり、その内容の訂正等、利用停止等を請求することができます。

訂正等	保有個人データの内容が事実でないときは、その内容の訂正、追加または削除（訂正等）を請求することができる
利用停止等	保有個人データが、「利用目的による制限」に違反して取り扱われているとき、または「適正な取得」に違反して取得されたものであるときは、保有個人データの利用の停止または消去（利用停止等）を請求することができる

個人情報取扱事業者は、訂正等の請求を受けた場合には、その内容の訂正等に関して他の法令の規定により特別の手続が定められている場合を除き、利用目的の達成に必要な範囲内において、遅滞なく必要な調査を行い、その結果に基づき、保有個人データの内容の訂正等を行わなければなりません。利用停止等の請求を受けた場合にあっても、個人情報取扱事業者は、その請求に理由があることが判明したときは、原則として、違反を是正するために必要な限度で、遅滞なく、保有個人データの利用停止等を行わなければなりません。

基礎理解度CHECK!!

□□ 1 ▶ 個人情報保護法における個人識別符号には、歩行の態様が含まれる。

□□ 2 ▶ 要配慮個人情報とは、本人に対する不当な差別、偏見その他の不利益が生じないようにその取り扱いに特に配慮を要する人種、信条、社会的身分、病歴、犯罪の経歴などのことをいう。

□□ 3 ▶ 要配慮個人情報には、身体障害、知的障害、精神障害等の障害があることの記述等は含まれない。

□□ 4 ▶ 個人情報取扱事業者には、国の機関や地方公共団体も含まれる。

□□ 5 ▶ 個人データの第三者提供について、災害時における被災者情報の家族・自治体等への提供は、本人の同意を必要とする。

□□ 6 ▶ 個人情報保護法における本人は、個人情報取扱事業者に対し、保有個人データの開示を請求することができる。

1 ○

2 ○

3 ×身体障害、知的障害、精神障害等の障害があることの記述は含まれる。

4 ×国の機関、地方公共団体、独立行政法人等、地方独立行政法人は除かれる。

5 ×個人情報取扱事業者は、個人データを第三者に提供する場合、原則としてあらかじめ本人の同意を得なければならないが、災害時における被災者情報の家族・自治体等への提供など、人の生命・身体・財産の保護に必要で、本人の同意を得ることが困難な場合等は、第三者提供の際の本人の同意は不要である。

6 ○

ランク
C

10 育児・介護休業法

育児休業、介護休業等育児又は家族介護を行う労働者の福祉に関する法律（育児・介護休業法）は、育児休業および介護休業に関する制度、子の看護休暇および介護休暇に関する制度を設けるとともに、所定労働時間等に関し事業主が講ずべき措置を定めています。年間約10万人の介護離職を減少させるうえで大変重要な法律となります。

目的

育児休業、介護休業等育児又は家族介護を行う労働者の福祉に関する法律（育児・介護休業法）は、育児休業および介護休業、子の看護休暇および介護休暇に関する制度を設けるとともに、子の養育および家族の介護を容易にするため所定労働時間等に関し事業主が講ずべき措置を定めています。子の養育または家族の介護を行う労働者等の雇用の継続および再就職の促進を図り、その職業生活と家庭生活との両立に寄与することを通じ、その福祉の増進、経済および社会の発展に資することをその目的としています。

介護休業

介護休業とは、労働者が、要介護状態にある対象家族を介護するためにする休業をいいます。育児・介護休業法における要介護状態とは、負傷、疾病または身体上もしくは精神上の障害により、2週間以上の期間にわたり常時介護を必要とする状態とされています。

事業主は、労働者からの介護休業の申出があったときは、その申出を拒むことができません。

対象家族	配偶者、父母および子（祖父母、兄弟姉妹および孫を含む）、配偶者の父母
休業期間	・対象家族 1人につき3回まで ・通算して93日を限度として、原則として労働者が申し出た期間

介護休業にあたっては、雇用保険から介護休業給付金として、賃金月額の67％が支給されます。

プラスα
介護休業のほか、育児休業、子の看護休暇、介護休暇、所定外労働の制限、時間外労働の制限、深夜業の制限、所定労働時間の短縮措置等の対象となる労働者には、日々雇用される者を除きます。

プラスα
配偶者には、事実上婚姻関係と同様の事情にある者を含みます。

● その他の、仕事と介護等の両立の支援

介護休業のほか、育児・介護休業法では、仕事と介護等の両立の支援策として、介護休暇、所定外労働の制限、時間外労働の制限などについて定めています。

子の看護休暇	小学校就学前の子を養育する労働者は、病気、けがをした子の看護等のために、1年に5日（子が2人以上の場合は10日）を限度として、休暇を取得することができる
介護休暇	対象家族の介護、通院等の付添いなどのため、1年に5日（対象家族が2人以上の場合は10日）を限度として、介護休暇を取得することができる
所定外労働の制限（※）	事業主は、労働者が対象家族を介護するために請求した場合は、所定労働時間を超えて労働させてはならない（1回の請求について1か月以上1年以内の期間）
時間外労働の制限（※）	事業主は、労働者が対象家族を介護するために請求した場合は、事業の正常な運営を妨げる場合を除き、制限時間（1か月について24時間、1年について150時間）を超える時間外労働をさせてはならない（1回の請求について1か月以上1年以内の期間）
深夜業の制限（※）	事業主は、労働者が対象家族を介護するために請求した場合は、事業の正常な運営を妨げる場合を除き、深夜（午後10時から午前5時まで）において労働させてはならない（1回の請求について1か月以上6か月以内の期間）
所定労働時間の短縮措置等（※）	事業主は、労働者の申出に基づく連続する3年の期間以上の期間における所定労働時間の短縮などの措置を講じなければならない。介護のための所定労働時間の短縮等の措置は2回以上の利用ができる措置としなければならないとされている

※育児においても定められている。

● 育児休業

育児休業とは、労働者が、その子を養育するためにする休業をいいます。事業主は、労働者からの育児休業の申出があったときは、申出を拒むことができません。

期間	原則として子が出生した日から子が1歳に達する日（誕生日の前日）までの間で労働者が申し出た期間
回数	分割して2回取得可能

子が1歳に達する時点で、①労働者本人または配偶者が育児休業をしている場合、②保育所に入所できないなど1歳を超えても休業が特に必要と認められる場合のいずれにも該当する場合には、育児休業の期間を、子が1歳6か月に達する日までに延長す

プラスα

子の看護休暇、介護休暇は、2021（令和3）年1月から時間単位で取得が可能となりました。

プラスα

2021（令和3）年6月に育児・介護休業法が改正され、2022（令和4）年4月1日から以下のとおり3段階で施行されました。

【2022（令和4）年】

・4月1日施行
　雇用環境整備、個別の周知・意向確認の措置の義務化など
・10月1日施行
　産後パパ育休（出生時育児休業）の創設、育児休業の分割取得など

【2023（令和5）年】

・4月1日施行
　育児休業取得状況の公表の義務化

プラスα

2022（令和4）年10月1日より、男性の育児休業取得促進のために、子の出生後8週間以内に4週間まで育児休業を取得することができるようになりました（産後パパ育休）。分割して2回まで取得できます。

プラスα

両親ともに育児休業を取得する場合、取得が可能となる期間を、子が「1歳に達するまで」から「1歳2か月に達するまで」に延長する特例があります。これを、「パパ・ママ育休プラス」といいます。

ることができます。

なお、子が1歳6か月に達する時点で、同様の要件を満たす場合には、子が2歳に達する日までの期間に延長することができます。

育児休業にあたっては、雇用保険から、育児休業給付金として、賃金月額の50％（休業開始後6か月間は67％）が支給されます。

●不利益取り扱いの禁止

育児休業、介護休業、子の看護休暇、介護休暇、所定外労働の制限、時間外労働の制限、深夜業の制限、所定労働時間の短縮措置等について、その申出、またはその取得を理由として、事業主は労働者に対して解雇その他不利益な取り扱いをしてはならないとされています。

●ハラスメントの防止措置

事業主は、育児休業、介護休業などの利用に関する、上司・同僚からの言動により、労働者の就業環境が害されること（育児休業等に関するハラスメント）がないよう、労働者からの相談に応じ、適切に対応するために必要な体制の整備その他の雇用管理上必要な措置を講じなければなりません。

基礎理解度 CHECK!!

□□ 1 ▸ 育児・介護休業法における要介護状態とは、2週間以上の期間にわたり常時介護を必要とする状態とされている。

□□ 2 ▸ 事業主は、労働者からの介護休業の申出があったときは、妥当性に照らし拒むことができる。

□□ 3 ▸ 介護休業の対象家族に、子は含まれない。

□□ 4 ▸ 介護休業の休業期間は、労働者が申し出た期間のすべてを対象とし、限度は設けられていない。

□□ 5 ▸ 介護休業にあたっては、雇用保険から介護休業給付金として、賃金月額の67％が支給される。

1 ○

2 ×事業主は、労働者からの介護休業の申出があったときは、その申出を拒むことができない。

3 ×介護休業の対象家族は、配偶者、父母および子（祖父母、兄弟姉妹および孫を含む）、配偶者の父母である。配偶者には、事実上婚姻関係と同様の事情にある者を含んでいる。

4 ×介護休業の休業期間は、対象家族1人につき3回まで、通算して93日を限度として、原則として労働者が申し出た期間である。

5 ○

ランク
A

11 高齢者虐待

時々出題されており、第 26 回試験でも出題されました。その出題の中心は高齢者虐待防止法について問うものです。法律の内容、特に虐待の定義や市町村の責務についておさえておくことをおすすめします。法律は、内容的にそれほど分量は多くないため、ポイントをおさえることで対応が可能でしょう。

● 目的

高齢者虐待の防止、高齢者の養護者に対する支援等に関する法律（**高齢者虐待防止法**）は、高齢者への虐待を防止するとともに、養護者を支援する施策を促進することで、高齢者の権利利益の擁護に資することを目的としています。

● 対象

高齢者虐待防止法では、高齢者を 65 歳以上の者としています。

また、**高齢者虐待**を、①**養護者**による高齢者虐待、②**養介護施設従事者**等による高齢者虐待としています。養介護施設、養介護事業、養介護施設従事者等は次のとおりです。

	養介護施設	養介護事業	養介護施設従事者等
老人福祉法による規定	・老人福祉施設 ・有料老人ホーム	・老人居宅生活支援事業	「養介護施設」または「養介護事業」の業務に従事する者
介護保険法による規定	・介護老人福祉施設 ・介護老人保健施設 ・介護医療院 ・介護療養型医療施設 ・地域密着型介護老人福祉施設 ・地域包括支援センター	・居宅サービス事業 ・地域密着型サービス事業 ・居宅介護支援事業 ・介護予防サービス事業 ・地域密着型介護予防サービス事業 ・介護予防支援事業	

プラスα

2012（平成 24）年 10 月の「障害者虐待の防止、障害者の養護者に対する支援等に関する法律」の施行に伴い、65 歳未満であっても養介護施設に入所し、または養介護事業にかかるサービスを利用している障害者については、高齢者とみなして、高齢者虐待防止法に関する規定を適用するとされています。

プラスα

「養護者」とは、高齢者虐待防止法において、「高齢者を現に養護する者であって養介護施設従事者等以外のものをいう」とされています。

プラスα

養介護施設従事者等の「等」には、養介護事業に位置づけられる居宅介護サービス事業の業務に従事する者が含まれています。

過去の出題

養介護施設について問われました。（▸26-59）
・養介護施設には、介護老人保健施設も含まれる。
→○

プラスα

介護保険施設の運営に関する基準において、サービスの取扱方針として、緊急やむを得ない場合を除き、身体的拘束等の禁止が規定されています。

過去の出題

身体拘束について問われました。（20-60）

・「緊急やむを得ない場合」として身体拘束が認められるのは、「切迫性」、「非代替性」、「一時性」のいずれかを満たす場合である。
→×（すべて満たす必要がある）

アドバイス

虐待の種類や現状に関して概要を把握しておきましょう。種類に関しては高齢者虐待防止法にも定義されています。

過去の出題

高齢者虐待の定義について問われました。
（20-60）（23-60）（26-59）

・高齢者の外部との接触を意図的、継続的に遮断する行為は、身体的虐待である。
→○
・高齢者の意欲や自立心を低下させる行為は、心理的虐待である。
→○
・養護者による高齢者を衰弱させるような著しい減食は、高齢者虐待に当たる。
→○
・養護者が高齢者本人の財産を不当に処分することは、経済的虐待に該当する。
→○

高齢者虐待の定義

①身体的虐待	高齢者の身体に外傷が生じ、または生じるおそれのある暴行を加えること
②ネグレクト（介護・世話の放棄・放任）	高齢者を衰弱させるような著しい減食、長時間の放置など、養護を著しく怠ること
③心理的虐待	高齢者に対する著しい暴言、または著しく拒絶的な対応その他の高齢者に著しい心理的外傷を与える言動を行うこと
④性的虐待	高齢者にわいせつな行為をすること、または高齢者をしてわいせつな行為をさせること
⑤経済的虐待	高齢者の財産を不当に処分することその他当該高齢者から不当に財産上の利益を得ること

養護者による高齢者虐待への対応

市町村への通報等	養護者による高齢者虐待を受けたと思われる高齢者を発見した者は、 ① 高齢者の**生命**または**身体に重大な危険**が生じている場合は、速やかに、市町村に**通報しなければならない**。 ② それ以外の場合は、速やかに、**市町村に通報するよう努めなければならない**。 ※被虐待者本人が市町村に届け出ることも可能
市町村の対応	① 市町村は、相談、指導、助言を行う。 ② 市町村は、事実の確認のための措置を講ずる。 ③ 市町村または市町村長は、高齢者の保護のため、生命または身体に重大な危険が生じているおそれがあると認められる高齢者を一時的に保護するため迅速に施設へ入所させる等、適切に、**老人福祉法**による保護のための措置を講ずる。 ④ 市町村は、③の措置を採るために必要な居室を確保するための措置を講ずるものとする。 ⑤ 市町村長は、高齢者の生命または身体に重大な危険が生じているおそれがあると認める場合は、**立入調査**をすることができる。 ⑥ 市町村長は、立入調査を行うにあたって、管轄の**警察署長**に援助を求めることができる。 ⑦ 市町村長または当該措置にかかる養介護施設の長は、養護者による高齢者虐待の防止および保護の観点から、養護者と当該高齢者の**面会の制限**ができる。
養護者の支援	① 市町村は、**養護者**の負担の軽減のため、養護者に対する相談、指導および助言その他必要な措置を講ずるものとする。 ② 市町村は、①の措置として、養護者の心身の状態に照らしその養護の負担の軽減を図るため緊急の必要があると認める場合に高齢者が短期間養護を受けるために必要となる**居室**を確保するための措置を講ずるものとする。
連携協力体制の整備等	① 市町村は、養護者による高齢者虐待の防止等の適切な実施のため、**地域包括支援センター**等との連携協力体制を整備しなければならない。 ② 市町村は、ア）相談、指導、助言、イ）通報等の受理、ウ）事実等の確認のための措置、エ）養護者に対する支援、の事務を**地域包括支援センター**等に委託することができる。

●施設等の職員による高齢者虐待への対応

市町村への通報等	①　施設等の職員は、自分が働いている施設等（その施設の設置者等が設置した他の施設等を含む）で高齢者虐待を受けたと思われる高齢者を発見した場合は、速やかに、市町村に通報しなければならない。 ②　①以外の場合は、 ア　高齢者の生命または身体に重大な危険が生じている場合は、速やかに、市町村に通報しなければならない。 イ　それ以外の場合は、速やかに、市町村に通報するよう努めなければならない。 ※被虐待者本人が市町村に届け出ることも可能
都道府県への報告	市町村は、「市町村への通報等」による通報等を受けた場合は、都道府県に報告しなければならない。
市町村長または都道府県知事の対応	市町村長または都道府県知事は、「市町村への通報等」による通報等または「都道府県への報告」による報告を受けた場合は、老人福祉法または介護保険法の規定による権限を適切に行使するものとする。

高齢者虐待の実態

	養介護施設従事者等による虐待	養護者（在宅）による虐待
相談・通報者	2,713人 ⇒　1位：当該施設職員　808人（29.8％） 2位：当該施設管理者等　443人（16.3％） 3位：家族・親族　357人（13.2％）	38,850人 ⇒　1位：警察　12,695人（32.7％） 2位：介護支援専門員　9,681人（24.9％） 3位：家族・親族　3,095人（ 8.0％）
内容	1位：身体的虐待　703人（51.5％） 2位：心理的虐待　521人（38.1％） 3位：介護等放棄　327人（23.9％） ※身体拘束あり　332人（24.3％）	1位：身体的虐待　11,310人（67.3％） 2位：心理的虐待　6,638人（39.5％） 3位：介護等放棄　3,225人（19.2％）
被虐待者の状況	総数：1,366人 性別：女性　974人（71.3％） 年齢：1位：85歳～89歳　355人（26.1％） 2位：90歳～94歳　280人（20.5％） 要介護度：要介護4：　402人（29.4％） 要介護5：　311人（22.8％） 要介護3：　283人（20.7％） 認知症高齢者日常生活自立度：Ⅱ以上1,044人（76.4％） 障害高齢者日常生活自立度：A以上　756人（55.3％）	総数：16,809人（要介護認定済み　11,426人） 性別：女性　12,713人（75.6％） 年齢：1位：80歳～84歳　4,143人（24.6％） 2位：85歳～89歳　3,545人（21.1％） 要介護度：要介護1：　3,026人（26.5％） 要介護2：　2,476人（21.7％） 要介護3：　2,097人（18.4％） 認知症高齢者日常生活自立度：Ⅱ以上8,250人（72.2％） 障害高齢者日常生活自立度：A以上　7,966人（69.7％）
虐待者の状況	年齢：1位：50歳～59歳　163人（16.9％） 2位：30歳～39歳　160人（16.6％） 3位：40歳～49歳　151人（15.6％） 4位：30歳未満　111人（11.5％） 職種：介護職　785人（81.3％） 性別：男性　504人（52.2％） 女性　436人（45.2％）	続柄：1位：息子　6,857人（38.9％） 2位：夫　4,024人（22.8％） 3位：娘　3,342人（19.0％）

資料：厚生労働省「令和3年度『高齢者虐待の防止、高齢者の養護者に対する支援等に関する法律』に基づく対応状況等に関する調査結果」（2022年12月23日）

基礎理解度 CHECK!!

□□ 1 ▸ 高齢者虐待防止法の対象は、高齢者の就労事業所による高齢者虐待も含まれる。

□□ 2 ▸ 高齢者虐待防止法の養介護施設には、地域包括支援センターが含まれる。

□□ 3 ▸ 65歳未満で養介護施設に入所している障害者については、高齢者虐待防止法に関する規定は適用されない。

□□ 4 ▸ 身体拘束が、「緊急やむを得ない場合」として認められるのは、「切迫性」「非代替性」の2つを満たしている場合である。

□□ 5 ▸ 高齢者虐待防止法における高齢者虐待は、身体的虐待、ネグレクト、心理的虐待、性的虐待、経済的虐待である。

□□ 6 ▸ 高齢者の財産を不当に処分することは、経済的虐待である。

□□ 7 ▸ 高齢者虐待防止法では、高齢者虐待を発見した者は、高齢者の生命または身体に重大な危険が生じている場合は、管轄の警察署長に通報しなければならない。

□□ 8 ▸ 市町村長は、立入調査の際、管轄の警察署長に援助を求めることができる。

□□ 9 ▸ 高齢者虐待防止法では、養護者の支援について規定している。

□□ 10 ▸ 「厚生労働省調査」における「養介護施設従事者等による虐待」の内容で最も多いのはネグレクトであり、次いで身体的虐待である。

□□ 11 ▸ 「厚生労働省調査」における「養護者（在宅）による虐待」の虐待者の続柄で最も多いのは、夫である。

1 ✕ 高齢者虐待防止法は、養護者による高齢者虐待と養介護施設従事者等による高齢者虐待を対象としている。

2 ○

3 ✕ 65歳未満であっても養介護施設に入所し、または養介護事業にかかるサービスを利用している障害者については、高齢者虐待防止法に関する規定を適用するとされている。

4 ✕ 「切迫性」「非代替性」「一時性」の3つすべてを満たす場合である。

5 ○

6 ○

7 ✕ 高齢者の生命または身体に重大な危険が生じている場合は、速やかに、市町村に通報しなければならない。

8 ○

9 ○

10 ✕ 最も多いのは身体的虐待である。次いで心理的虐待となっている。

11 ✕ 最も多いのは息子である。次いで夫、娘となっている。

ランク A

12 成年後見制度

介護保険のサービス利用が契約によるものである点で、認知症や知的障害により独力で契約行為が履行できない方々への社会的対応として重要な制度です。高齢化、核家族化の進行に伴い、成年後見制度の理解と普及が急務となっているため、毎年のように出題されています。言葉は難しいですが、内容はそれほど難しくありませんので、整理して理解しましょう。

1. 成年後見制度

成年後見制度は、介護保険制度がスタートした2000（平成12）年に始まりました。措置から契約へサービス利用方法が変化したことが、成年後見制度の導入の大きな要因となっています。判断能力が低下し、契約行為が自身でできない人への社会的支援が課題となっていたのです。

2016（平成28）年4月には、成年後見制度の利用の促進に関する法律（成年後見制度利用促進法）が公布され、同年5月に施行されました。成年後見制度利用促進法では、基本理念として、成年被後見人等の意思決定の支援、自発的意思の尊重、財産の管理、身上の保護等を定めています。

成年後見制度とは
認知症・知的障害・精神障害等により判断能力が不十分であるために意思決定が困難な者の判断能力を、成年後見人等が補っていく制度

具体的な職務	
財産管理 ➡	本人に代わって財産を管理し、それを本人のために使用していくこと。
身上監護 ➡	介護保険サービスの契約や施設入所契約・病院入院手続き等の行為を本人に代わって行うこと。事実上の介護労働をすることではない。

過去の出題

成年後見制度の利用の促進に関する法律について問われました。25-59
- 成年後見制度の利用の促進に関する法律に定められた基本理念には、成年被後見人等の意思決定の支援と身上の保護が適切に行われるべきことが含まれる。

→○

過去の出題

成年後見制度利用促進基本計画について問われました。26-58
- 成年後見制度利用促進基本計画では、権利擁護支援の地域連携ネットワークづくりが必要とされている。

→○

過去の出題

成年後見制度の理念について問われました。24-60
- その理念の一つとして、成年被後見人等の自発的意思の尊重がある。

→○

2. 成年後見制度の概要

過去の出題

市町村長申立てが問われました。（24-60）（25-59）
- 市町村長は、四親等内の親族がいる場合には、後見開始の審判の請求をすることはできない。
  →×（四親等内の親族がいる場合でも、審判の請求をすることができる）
- 都道府県知事は、65歳以上の者につき、その福祉を図るため特に必要があると認めるときは、後見開始の審判の請求をすることができる。
  →×（市町村長である）

成年後見制度の概要

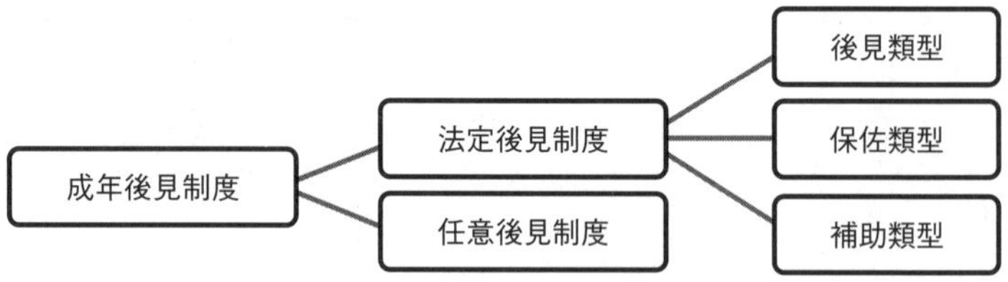

法定後見制度：すでに判断能力が低下し、成年後見人等が必要な場合で、家庭裁判所に申立てを行う制度

任意後見制度：十分な判断能力があるうちに、後見人になってくれる者と後見事務の内容を、あらかじめ自ら契約によって決めておく制度

3. 法定後見制度の概要

過去の出題

成年後見人について問われました。（20-58）
- 社会福祉協議会等の法人も、成年後見人に選任されることができる。
  →○

過去の出題

補助開始における本人の同意について問われました。（19-59）（23-59）
- 家庭裁判所は、本人の同意がなくても、四親等内の親族の請求により、補助開始の審判をすることができる。
  →×（補助開始の審判は本人の同意が必要である）
- 本人以外の者の請求により補助開始の審判をするには、本人の同意が必要である。
  →○

法定後見制度は、本人、配偶者、四親等内の親族、検察官等の申立てに基づき、家庭裁判所が成年後見人等を職権で選任する制度です。

成年後見人は、本人の親族以外にも、法律・福祉の専門家その他の第三者や、福祉関係の公益法人等が選ばれます。

1）申立て

① 本人・親族等の申立て

原則、本人・四親等内の親族等による申立て

➡ 家庭裁判所が受理し、成年後見人等を職権で選任する

⬇

※判断能力の程度に応じて3類型に分かれます

成年後見人の選任	後見類型	判断能力を欠く常況	↑低 判断能力 ↓高
保佐人の選任	保佐類型	判断能力が著しく不十分	
補助人の選任	補助類型	判断能力が不十分	

② 市町村長の申立て

四親等内の親族がいない等、65歳以上の者につき、本人の福

祉を図るため特に必要があると認めるときは、市町村長が申立てを行うことができます。

なお、本人以外の者の請求による場合、補助開始の審判には本人の同意が必要ですが、後見開始と保佐開始の審判は本人の同意がなくても可能です。

2）成年後見人・保佐人・補助人の権限

成年後見人・保佐人・補助人の権限

成年後見人	代理権	本人の財産に関する法律行為を、本人に代わって包括的に行うことができる。
成年後見人	取消権	本人が自ら行った契約も、本人にとって不利益なものは原則として取り消すことができる。
保佐人	同意権	本人が行おうとしている一定の行為（重要な財産を処分するなど）について同意を与える権限。保佐人に選任された時点で付与される。
保佐人	取消権	保佐人の同意を得ずにした契約などについて、本人にとって不利益なものは原則として取り消すことができる。
保佐人	代理権	本人の同意 ➡ 保佐人等の請求 ➡ 家庭裁判所の審判を経て、保佐人に代理権を与えることができる。
補助人	同意権（取消権）・代理権	本人の同意 ➡ 補助人等の請求 ➡ 家庭裁判所の審判を経て、補助人に同意権（取消権）・代理権を与えることができる。

プラスα
本人の居住用不動産の処分は、家庭裁判所の許可が必要です。

プラスα
日用品の購入その他日常生活に関する行為については、同意は必要なく、取り消しの対象となりません。

用語解説
代理権：本人に代わって契約などの行為を成年後見人等がする権限。成年後見人等が行った行為は、本人が行った行為として扱われる。

用語解説
同意権：本人の行為に保佐人等が同意することによって法律的に効果が認められることになる。そのため同意を得ずに行った契約は取り消すことができる。

4. 任意後見制度の概要

任意後見制度は、十分な判断能力があるうちに、将来、認知症等により判断能力が不十分になったときのために、後見人になってくれる者（任意後見人）と後見事務の内容を、あらかじめ自ら契約によって決めておく制度です。

● 任意後見の流れ

① 本人と任意後見人になる人（任意後見受任者）が公正証書で任意後見契約をします。公正証書以外の契約は無効です。

② 契約をすると、公証人が法務局へ後見登記の申請をします。現在、後見登記を行っているのは東京法務局1庁だけです。

③ 認知症などで、本人の判断能力が不十分になったときに、家庭裁判所へ任意後見監督人の選任を申立て、それが選任されることによって、任意後見が開始されます。

過去の出題

任意後見契約について問われました。（22-60）（25-59）
- 任意後見契約は、公正証書によってしなければならない。
  →○
- 本人と任意後見受任者の同意があれば、公正証書以外の方法でも任意後見契約が成立する。
  →×（公正証書以外の方法では成立しない）

アドバイス

任意後見監督人による任意後見人の不正に対する監視が任意後見制度のポイントになります。

プラスα

任意後見人には、契約により、財産管理や身上監護に関するさまざまな代理権を与えることができます。

④　任意後見人に不正等があった場合、家庭裁判所は任意後見監督人の報告を受けて、任意後見人を解任することができます。

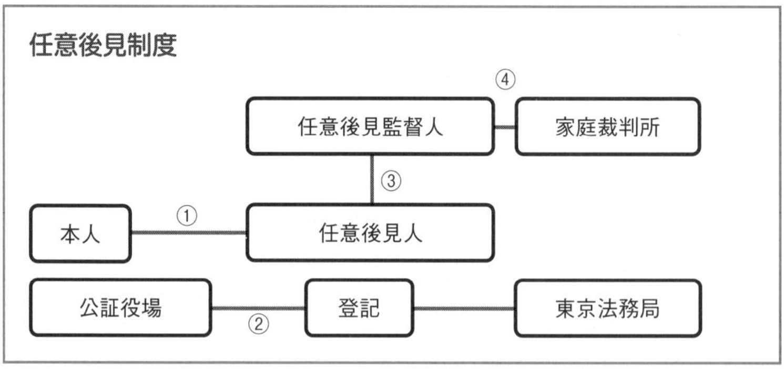

任意後見受任者本人や、任意後見受任者の配偶者、直系血族および兄弟姉妹は、任意後見監督人にはなることができません。

5. 成年後見人等の担い手

過去の出題

親族が成年後見人等に選任された割合について問われました。22-60

・親族が成年後見人に選任される割合は、年々増加している。

→×（第三者後見人が増えている）

過去の出題

親族による成年後見について問われました。24-60

・親族も成年後見人になることができる。

→○

「親族後見人」以外の担い手として、司法書士・弁護士・社会福祉士等の**第三者後見人**があります。後見人となるべき親族がいない場合や、法律的な問題、身上監護面において困難な問題をかかえている事案等について、これらの専門職が成年後見人等に選任される傾向が強まっています。

親族が成年後見人等に選任された者の割合

2006（平成18）年	83％
2008（平成20）年	68.5％
2010（平成22）年	58.6％
2012（平成24）年	48.5％
2014（平成26）年	35.0％
2016（平成28）年	28.1％
2017（平成29）年	26.2％
2018（平成30）年	23.2％
2019（令和元）年	21.8％
2020（令和２）年	19.7％
2021（令和３）年	19.8％
2022（令和４）年	19.1％

資料：最高裁判所事務総局家庭局「成年後見関係事件の概況」

6. 後見等の体制の整備

市町村は、後見、保佐、補助の業務を適正に行うことができる人材の育成・活用を図るために必要な措置を講じるよう努めなければならないとされています。

① 研修の実施
② 後見等の業務を適正に行うことができる者の家庭裁判所への推薦
③ その他必要な措置（例：研修を修了した者を登録する名簿の作成、市町村長が推薦した後見人等の支援）

都道府県は、市町村の措置の実施に関して助言その他の援助を行うよう努めなければならないとされています。

過去の出題

市町村の努力義務が問われました。▸19-59
・市町村は、後見、保佐及び補助の業務を適正に行うことができる者を家庭裁判所に推薦するよう努めなければならない。
→○

基礎理解度CHECK!!

□□ 1 ▸ 身上監護には、事実上の介護労働が含まれる。

□□ 2 ▸ 法定後見制度とは、判断能力があるうちに、後見人になってくれる者と後見事務の内容を、あらかじめ自ら契約により決めておく制度である。

□□ 3 ▸ 法定後見制度は、本人または四親等内の親族等による市町村への申立てを原則とする。

□□ 4 ▸ 市町村長は、後見開始の審判を請求することができない。

□□ 5 ▸ 成年後見人が成年被後見人の居住用の不動産を処分する場合には、家庭裁判所の許可が必要となる。

□□ 6 ▸ 保佐人には、被保佐人が行おうとしている重要な財産の処分について、同意を与える権限が付与される。

□□ 7 ▸ 任意後見人に不正があった場合、家庭裁判所は任意後見監督人の報告を受けて、任意後見人を解任することができる。

□□ 8 ▸ 都道府県は、後見、保佐および補助の業務を適正に行うことができる者を家庭裁判所に推薦するよう努めなければならない。

1 × 身上監護とは、介護保険サービスの契約や施設入所契約・病院入院手続き等の行為を本人に代わって行うことであり、事実上の介護労働をすることは含まれない。

2 × 法定後見制度ではなく、任意後見制度の説明である。

3 × 市町村ではなく、家庭裁判所へ申立てを行う。

4 × 原則四親等内の親族による申立てであるが、65歳以上の者につき、本人の福祉を図るため特に必要があると認めるときは、市町村長が申立てを行うことができる。

5 ○

6 ○

7 ○

8 × 市町村は、後見等の業務を適正に行うことができる者を家庭裁判所に推薦するよう努めなければならない。

ランク
B

13 日常生活自立支援事業

成年後見制度と同様、判断能力に不十分さが見られ始めた人を対象に、福祉サービス利用の支援を中核に、通帳の保管、支払の支援等、金銭管理に関する支援を公的に行うものです。出題実績は多くありませんが、概要は理解しておきましょう。代理権がない等、成年後見制度との相違点も明確化して整理することをおすすめします。

1. 日常生活自立支援事業の概要

日常生活自立支援事業は、認知症高齢者、知的障害者、精神障害者等のうち、判断能力が不十分な者に対して、福祉サービスの利用に関する援助等を行うことにより、地域において自立した生活が送れるように支援することを目的にしています。

- **実施主体**：都道府県・指定都市社会福祉協議会
- **窓口**：委託を受けた市区町村社会福祉協議会

日常生活自立支援事業の対象者は、次の２つの要件を満たす人です。

① 判断能力が不十分であるために、日常生活を営むのに必要なサービスを利用するための情報の入手、理解、判断、意思表示を適切に行うことが困難であること

② 日常生活自立支援事業の利用契約を締結する能力を有すること

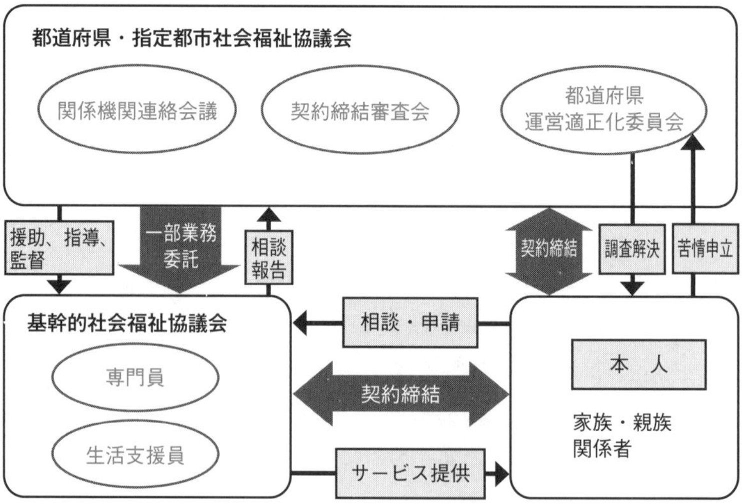

プラスα
実施主体は、都道府県社会福祉協議会または指定都市社会福祉協議会です。都道府県でも家庭裁判所でもないので要注意です。

プラスα
日常生活自立支援事業は、社会福祉施設の入所者や病院等の入院患者も要件を満たせば利用することができます。

プラスα
都道府県社会福祉協議会に設置される運営適正化委員会は、この事業の苦情のみならず、福祉サービス全般の苦情等を受け付けます。

プラスα
この事業は都道府県・指定都市社会福祉協議会と利用者の契約締結により利用開始となります。よって利用対象者は、契約できるだけの判断能力を有することとなります。

委託を受けることができる市区町村社会福祉協議会は、必要に応じて近隣の市区町村エリアも事業の対象地域とできるため、「基幹的社会福祉協議会」と呼ばれます。

基幹的社会福祉協議会には、支援計画を作成する「専門員」と、具体的な援助活動を行う「生活支援員」が配置されます。

プラスα
専門員は専任の常勤職員であり、原則として高齢者や障害者等への援助経験のある社会福祉士、精神保健福祉士等があてられ、生活支援員は非常勤職員が中心となっています。

2. 利用の流れと支援の内容

① 申請
地元の社会福祉協議会、基幹的社会福祉協議会
② 対象者かどうかの判断
（契約締結判定ガイドラインに基づいて判断される）
判断能力に不安があるものの、この事業を利用する際に、社会福祉協議会と契約が締結できる力をもつ者
③ 専門員による「支援計画」の作成
④ 生活支援員による援助開始

・利用料は、原則、利用者が負担する。
・実施主体により単価は異なる。
・生活保護受給者は、公的な補助があり無料である。

1）支援の内容および方法

①福祉サービスの利用援助 ➡	利用と利用中止の手続き 苦情解決制度の利用手続き 利用料の支払い手続き
②日常的金銭管理サービス ➡	年金等の受領の手続き 税金、公共料金の支払い手続き 日用品等の代金の支払い手続き
③書類等の預かりサービス ➡	年金証書、預貯金の通帳等の預かり

2）介護保険の利用に関する具体的援助内容

① 要介護認定等に関する申請手続きの援助
② 要介護認定調査の立ち会い
③ 居宅介護支援事業者との契約締結、解約に関する手続きの援助
④ アセスメントの立ち会い
⑤ 介護保険サービス事業者との契約締結、契約変更、解約に関する手続きの援助
⑥ 介護保険サービスの利用料の支払い手続きの援助
⑦ 介護保険サービスの内容のチェックの援助
⑧ 介護保険サービスの苦情解決制度の利用手続きの援助

プラスα
生活支援員には代理権がありませんので、すべて本人が行う際の援助となります。例えば、要介護認定等に関する申請は本人に代わって行うことはできません。あくまでも手続きの援助のみとなります。

基礎理解度 CHECK!!

□□ 1 ▶ 日常生活自立支援事業の対象者は、認知症高齢者、知的障害者、精神障害者等のうち、判断能力が不十分な者で、事業の利用契約を締結する能力に欠ける者とされている。

□□ 2 ▶ 日常生活自立支援事業の支援の対象には、病院等の入院患者は含まれない。

□□ 3 ▶ 日常生活自立支援事業の実施主体は、家庭裁判所である。

□□ 4 ▶ 都道府県社会福祉協議会に設置される運営適正化委員会は、日常生活自立支援事業の苦情や福祉サービス全般の苦情等を受け付ける。

□□ 5 ▶ 契約締結審査会は、市町村に置かれる。

□□ 6 ▶ 日常生活自立支援事業において、支援計画を作成するのは生活支援員である。

□□ 7 ▶ 日常生活自立支援事業の利用料は、厚生労働大臣が定める額である。

□□ 8 ▶ 生活保護受給者の日常生活自立支援事業の利用料は無料となる。

□□ 9 ▶ 年金証書や預貯金の通帳等の預かりは、日常生活自立支援事業の支援の内容に含まれない。

□□ 10 ▶ 日常生活自立支援事業での、介護保険の利用に関する具体的援助内容には、要介護認定等に関する申請手続きの援助や、要介護認定調査の立ち会いなどがある。

□□ 11 ▶ 日常生活自立支援事業での、介護保険の利用に関する具体的援助内容には、介護保険サービスの苦情解決制度の利用手続きの援助が含まれる。

1 ✕ 事業の利用契約を締結する能力を有することが対象者の要件となる。

2 ✕ 病院等の入院患者も、支援の対象に含まれる。

3 ✕ 実施主体は、都道府県・指定都市社会福祉協議会である。

4 ○

5 ✕ 契約締結審査会は、都道府県・指定都市社会福祉協議会に置かれる。

6 ✕ 支援計画の作成は専門員が行う。

7 ✕ 日常生活自立支援事業の利用料は、実施主体により異なる。

8 ○

9 ✕ 年金証書や預貯金の通帳等の預かりは、日常生活自立支援事業の支援の内容に含まれる。

10 ○

11 ○

ランク
A

14 訪問介護

毎年必ず出題されています。「生活援助」と「身体介護」のサービスの内容が、「医療行為でないもの」と併せて出題される傾向にあります。第 24 回試験と第 26 回試験では訪問介護員の援助内容が「生活援助」か「身体介護」か、第 25 回試験では訪問介護計画や運営基準等が問われました。近年サービス提供責任者の責務についても問われる傾向にありますので注意してください。赤文字や側注（アドバイス、プラスα、過去の出題）は、何回も読み直してみましょう。

訪問介護の意義・目的

訪問介護は、住み慣れた家で生活し続けたいと願う高齢者のニーズを支えるものです。核家族化に伴う一人暮らし高齢者や高齢夫婦のみの世帯の増加、同居の子どもの高齢化などさまざまな背景もあり、在宅生活を支える重要なサービスとなっています。

定義	
	介護保険法　第 8 条第 2 項 要介護者であって、居宅において介護を受けるものについて、その者の居宅において介護福祉士その他政令で定める者により行われる入浴、排せつ、食事等の介護その他の日常生活上の世話であって、厚生労働省令で定めるもの
	介護保険法施行規則　第 5 条 厚生労働省令で定める日常生活上の世話 入浴、排せつ、食事等の介護、調理、洗濯、掃除等の家事、生活等に関する相談及び助言その他の居宅要介護者に必要な日常生活上の世話 家事とは、居宅要介護者が ①単身の世帯に属するため、②同居している家族等の障害、疾病等のため、③これらの者が自ら行うことが困難で、④居宅要介護者の日常生活上必要なものをいいます。

プラスα
どのサービスも、介護保険法第 8 条や関連の法令において定義が明確にされています。

過去の出題
介護保険における訪問介護について問われました。
26-50
・夏服と冬服を入れ替えるなどの衣類の整理は、生活援助として算定できる。→○

訪問介護の内容

訪問介護の内容は、①生活援助、②身体介護、③通院等のための乗車または降車の介助という 3 つに区分されています。

①　生活援助

類型	内容
生活援助	掃除（ゴミ出し）、洗濯、ベッドメイク（利用者不在のベッドでのシーツ交換）、衣類の整理（夏・冬物等の入れ替え等）・被服の補修（ボタン付け、破れの補修等）、一般的な調理、配下膳、買い物（内容の確認、品物・釣り銭の確認を含む）・薬の受け取り

アドバイス
利用者は、①生活援助、②身体介護、③通院等のための乗車または降車の介助を単独で利用する場合と組み合わせて利用する場合があります。

一般的に介護保険の生活援助の範囲に含まれないと考えられる事例

1.「直接本人の援助」に該当しない行為	主として家族の利便に供する行為または家族が行うことが適当であると判断される行為	・利用者以外のものにかかる洗濯、調理、買い物、布団干し ・主として利用者が使用する居室等以外の掃除 ・来客の応接（お茶、食事の手配等） ・自家用車の洗車・清掃　等
2.「日常生活援助」に該当しない行為	①訪問介護員が行わなくても日常生活を営むのに支障が生じないと判断される行為	・草むしり ・花木の水やり ・犬の散歩等ペットの世話　等
	②日常的に行われる家事の範囲を超える行為	・家具・電気器具等の移動、修繕、模様替え ・大掃除、窓のガラス磨き、床のワックスがけ ・室内外家屋の修理、ペンキ塗り ・植木の剪定等の園芸 ・正月、節句等のために特別な手間をかけて行う調理　等

注：利用者が家族と同居していても、家族等に障害・疾病等がある場合、もしくは同様のやむを得ない理由がある場合は生活援助を利用することができる。また、2009（平成21）年に厚生労働省から「同居家族等がいる場合における訪問介護サービス等の生活援助の取扱いについて」という通知が出された。そのなかで「利用者の家族が障害や疾病でなくとも、その他の事情により、家事が困難な場合」について、サービスが受けられることが認められている。

②　身体介護

類型	内容
身体介護	排泄介助（トイレ・ポータブルトイレ利用についての介助、おむつ交換）、食事介助、特段の専門的配慮をもって行う調理（嚥下困難者のための流動食等の調理）、清拭（全身清拭）、部分浴、全身浴、洗面等、身体整容、更衣介助、体位変換、移乗・移動介助、通院・外出介助、起床・就寝介助、服薬介助、自立生活支援・重度化防止のための見守り的援助（ベッド上からポータブルトイレ等（いす）へ利用者が移乗する際に、転倒等の防止のため付き添い、必要に応じて介助を行う、利用者と一緒に手助けや声かけおよび見守りしながら行う調理、配膳、後片づけ、車いす等での移動介助を行って店に行き、本人が自ら品物を選べるよう援助　等）

過去の出題

介護保険における訪問介護の算定の類型について問われました。24-5026-50

・掃除の際に特別な手間をかけて行う床のワックスがけは、生活援助として算定できる。
→×（算定できない）

・特別な手間をかけて行う正月料理の調理は、年に一度であれば、生活援助として算定できる。
→×（生活援助の範囲に含まれない）

・嚥下困難な利用者のための流動食の調理は、生活援助として算定できる。
→×（特段の専門的配慮をもって行う調理は、身体介護に該当する）

・専門的な判断や技術が必要でない場合における手足の爪切りは、身体介護として算定できる。
→○

プラスα

家族が高齢で筋力低下により家事を行うのが難しい場合や、家族が介護疲れで共倒れ等の深刻な問題が起きそうな場合、家族が仕事で不在のときに行わなくては日常生活に支障がある場合など、生活援助でのサービス利用が認められています。

プラスα

通院・外出介助とは、「声かけ・説明→目的地（病院等）に行くための準備→バス等の交通機関への乗降→気分の確認→受診等の手続きおよび場合により院内の移動等の介助」をいいます。

アドバイス

手助けおよび見守りをしながら利用者と一緒に行う被服の補修は、身体介護として算定できます。過去問でも問われました。24-50

自立生活支援・重度化防止のための見守り的援助（自立支援、ADL・IADL・QOL 向上の観点から安全を確保しつつ常時介助できる状態で行う見守り等）は、**身体介護**として算定します。

○洗濯物を一緒に干したりたたんだりすることにより自立支援を促すとともに、転倒予防等のための見守り・声かけを行う ○認知症の高齢者の方と一緒に冷蔵庫の中の整理等を行うことにより、生活歴の喚起を促す ○利用者と一緒に手助けや声かけおよび見守りしながら行う調理、配膳、後片づけ（安全確認の声かけ、疲労の確認を含む） 等

医行為でないもの（訪問介護のうち身体介護で提供可能）

①水銀体温計・電子体温計により腋下で体温を計測すること、および耳式電子体温計により外耳道で体温を測定すること
②自動血圧測定器により血圧を測定すること
③新生児以外の者であって入院治療の必要がないものに対して、動脈血酸素飽和度を測定するため、パルスオキシメータを装着すること
④軽微な切り傷、擦り傷、やけど等について、専門的な判断や技術を必要としない処置をすること（汚物で汚れたガーゼの交換を含む）
⑤一定条件下での医薬品の使用介助（軟膏の塗布（褥瘡の処置を除く）、湿布の貼付、点眼薬の点眼、一包化された内用薬の内服、肛門からの坐薬挿入、鼻腔粘膜への薬剤噴霧）
⑥爪を爪切りで切ること、および爪ヤスリでやすりがけすること
⑦歯ブラシや綿棒または巻き綿子などを用いて、歯、口腔粘膜、舌に付着している汚れを取り除き、清潔にすること
⑧耳垢を除去すること（耳垢塞栓の除去を除く）
⑨ストーマ装具のパウチにたまった排泄物を捨てること（肌に接着したパウチの取り替えを除く）（※）
⑩自己導尿を補助するため、カテーテルの準備、体位の保持などを行うこと
⑪市販品の浣腸を使用すること

※2011（平成23）年に厚生労働省から、ストーマおよびその周辺の状態が安定し専門的な管理が必要とされない場合、パウチの交換は原則として医行為には該当しないとされる通知が出された。

③ 通院等のための乗車または降車の介助

要介護１～５と認定された通院等の必要のある利用者に対して、利用者宅に訪問し、外出前の用意や車への移乗を援助し、そして、病院では受付までの移動の介助などを援助します。受診完了から帰宅までの援助も含みます。

通院等のための乗車または降車の対象区間

往　路	通院等を行う場合、利用者の居宅内から目的地までの間で移動など必要なサービスが終了するまでの援助
復　路	医療機関などから利用者の自宅までの間で、移動など必要なサービスが終了するまでの援助

過去の出題

介護保険における訪問介護について問われました。26-50
・手助けや声かけ及び見守りしながら、利用者と一緒に行うシーツ交換は、身体介護として算定できる。
→○
・訪問介護員が車いす等での移動介助を行って店に行き、利用者本人が自ら品物を選べるようにする援助は、身体介護として算定できる。
→○

用語解説

医行為：医師の医学的判断および技術をもってするのでなければ人体に危害を及ぼし、または危害を及ぼすおそれのある行為。なお、「医業」とは、医行為を、反復継続する意思をもって行うこととされている。

過去の出題

血圧測定について問われました。22-50
・自動血圧測定器により血圧を測定することは、医行為に当たらないため、訪問介護員が行うことができる。
→○

過去の出題

一定回数以上の生活援助中心型訪問介護について問われました。23-52
・介護支援専門員は、一定回数以上の生活援助中心型の訪問介護を居宅サービス計画に位置付ける場合には、その居宅サービス計画を市町村に届け出なければならない。
→○

通院等のための乗車または降車の介助サービスの内容

自宅のなか	着替えや外出の支度などの援助
自宅から乗車までの間	転倒しないように移動の援助、乗車する際の移乗の援助など
乗車中	訪問介護員自らが運転する車、タクシーを利用するなど
降車から病院等までの間	車から降りる際の移乗の援助、転倒しないように移動の援助など
病院等のなか	受診などの手続きと、待合室での付き添い

● 人員基準・設備基準・運営基準

人員基準

職種	資格要件・配置基準等
管理者	特段の専門資格は不要　事業所ごとに常勤・専従で1人以上（管理上支障がなければ事業所の他の職務や同一敷地内にある他の事業所・施設の職務に従事することは可）
サービス提供責任者	下記の資格要件を満たすもので、常勤の訪問介護員等のうち、利用者数が40人またはその端数を増すごとに１人以上配置 ・介護福祉士、実務者研修修了者、旧介護職員基礎研修課程修了者、旧訪問介護員１級課程修了者（共生型サービスの場合は、別に特例が定められている） ※常勤のサービス提供責任者が３人以上配置され、うち１人以上がサービス提供責任者の業務に従事する場合、利用者が50人またはその端数を増すごとに１人以上とすることができる
訪問介護員等	常勤換算で2.5人以上（サービス提供責任者もこの数に含む）

設備基準

設備	設備基準等
専用区画	事業の運営を行うために必要な広さを有する専用区画を設けること
相談室	利用者およびその家族のプライバシーに配慮された構造になっていること

※その他、「設備、備品：サービス提供に必要な設備・備品を備えること」がある。

運営基準

居宅サービス計画等の変更の援助	利用者が居宅サービス計画の変更を希望する場合は、居宅介護支援事業者への連絡その他の必要な援助を行わなければならない
身分を証する書類の携行	訪問介護事業者は、訪問介護員等に身分を証する書類を携行させ、初回訪問時および利用者またはその家族から求められたときは、これを提示すべき旨を指導しなければならない

プラスα

2021（令和３）年度の介護報酬改定により、通院等乗降介助について、目的地が複数ある場合であっても、居宅が始点または終点となる場合には、その間の病院等から病院等への移送や、通所系サービス・短期入所系サービスの事業所から病院等への移送といった目的地間の移送にかかる乗降介助に関しても、同一の事業所が行うことを条件に、介護報酬の算定が可能になりました。

過去の出題

管理者の資格要件について問われました。（23-52）

・指定訪問介護事業所の管理者については、特段の資格は不要である。
→○

過去の出題

サービス提供責任者について問われました。
（21-52）（23-52）

・サービス提供責任者については、専従する常勤のものであれば、特段の資格要件はない。
→×（介護福祉士、実務者研修修了者等の資格要件を満たす必要がある）

・サービス提供責任者は、介護福祉士でなければならない。
→×（介護福祉士に限らない）

プラスα

訪問介護員等とは、指定訪問介護の提供にあたる介護福祉士または介護職員初任者研修課程修了者などをいいます。

訪問介護計画の作成	・サービス提供責任者は、訪問介護の目標や具体的なサービスの内容等を記載した訪問介護計画を作成しなければならない ・訪問介護計画は、すでに居宅サービス計画が作成されている場合は、居宅サービス計画の内容に沿って作成しなければならない ・サービス提供責任者は、訪問介護計画の作成に当たっては、その内容について利用者またはその家族に対して説明し、利用者の同意を得なければならない
同居家族に対するサービス提供の禁止	訪問介護事業者は、訪問介護員等に、その同居の家族である利用者に対する訪問介護の提供をさせてはならない
管理者およびサービス提供責任者の責務	・管理者は、事業所の従業者および業務の管理を一元的に行わなければならない ・サービス提供責任者は、訪問介護計画の作成のほか、次の業務を行う ①利用の申込みにかかる調整をする ②利用者の状態の変化やサービスに関する意向を定期的に把握する ③居宅介護支援事業者等に対する利用者の服薬状況、口腔機能その他の利用者の心身の状態および生活の状況にかかる必要な情報の提供を行う ④サービス担当者会議への出席等により、居宅介護支援事業者等と連携を図る ⑤訪問介護員等に対し、具体的な援助目標および援助内容を指示するとともに、利用者の状況についての情報を伝達する ⑥訪問介護員等の業務の実施状況を把握する ⑦訪問介護員等の能力や希望を踏まえた業務管理を実施する ⑧訪問介護員等に対する研修、技術指導等を実施する ⑨その他サービス内容の管理について必要な業務を実施する
業務継続計画の策定等	・訪問介護事業者は、感染症や非常災害の発生時において、利用者に対するサービスの提供を継続的に実施するための、および非常時の体制で早期の業務再開を図るための業務継続計画を策定し、業務継続計画に従い必要な措置を講じなければならない ・訪問介護員等に対し、業務継続計画について周知するとともに、必要な研修および訓練（シミュレーション）を定期的に実施しなければならない ・指定訪問介護事業者は、定期的に業務継続計画の見直しを行い、必要に応じて業務継続計画の変更を行う
不当な働きかけの禁止	訪問介護事業者は、居宅サービス計画の作成または変更に関し、居宅介護支援事業所の介護支援専門員または居宅要介護被保険者に対して、利用者に必要のないサービスを位置づけるよう求めることその他の不当な働きかけを行ってはならない

プラスα

緊急時等の対応として、訪問介護員等は、サービス提供を行っているときに利用者に病状の急変が生じた場合は、速やかに主治の医師への連絡を行う等の必要な措置を講じなければなりません。

過去の出題

サービスの提供拒否について問われました。23-52

・指定訪問介護事業者は、利用申込者の要介護度が重いことを理由として、サービスの提供を拒むことができる。
→×（要介護度や所得の多寡等を理由に拒否してはならない）

アドバイス

サービス提供責任者の責務9つは把握しておきましょう。試験に出題されやすいです（特に③④⑧は覚えておいてください。③は過去問で問われています）。
25-50

プラスα

介護支援専門員は、作成された居宅サービス計画に位置づけられた居宅サービス費の総額が区分支給限度基準額に占める割合が高く、さらに居宅サービス費のなかで訪問介護にかかるサービス費が高く、かつ、市町村からの求めがあった場合には、居宅サービス計画に訪問介護が必要な理由を記載するとともに、当該計画を市町村に届け出なければなりません（2021（令和３）年10月より）。

プラスα

2018（平成30）年に、地域共生社会の実現に向けた取り組みの1つとして、介護保険と障害福祉の両方の制度に、共生型サービスが位置づけられました。

共生型サービス

共生型訪問介護については、障害福祉制度における**居宅介護**、**重度訪問介護**の指定を受けた事業所であれば、基本的には共生型訪問介護の指定を受けることができるように、介護保険制度の訪問介護の基準とは別に、特例としての基準が設定されています。

介護報酬

サービス提供時間に応じた介護報酬

生活援助中心の場合
サービス提供時間を20分以上45分未満、45分以上の2区分に分け、さらに身体介護に引き続き**生活援助**を行う場合の時間区分を20分以上、45分以上、70分以上の3区分に分けている。

プラスα

訪問介護の内容が、単なる本人の**安否確認**や健康チェックの場合には、訪問介護費は算定できません。

過去の出題

介護保険における訪問介護について問われました。

26-50

・安否確認を主たる目的とする訪問は、生活援助として算定できる。
→×（援助内容が単なる安否確認の場合は、介護報酬を算定できない）

身体介護中心の場合
身体介護の時間区分について、1日複数回の短時間訪問により中重度の在宅利用者の生活を総合的に支援する。 ①20分未満、②20分以上30分未満、③30分以上1時間未満、④1時間以上の4区分とし、以降は30分ごとに83単位が加算される。 身体介護（20分未満）の対象者： 要介護1または要介護2の利用者であって認知症のもの、および要介護3から要介護5の利用者であって障害高齢者の日常生活自立度BからCのもの

通院等のための乗車または降車の介助が中心である場合
99単位／回

生活機能向上連携加算

生活機能向上連携加算（Ⅰ）	・訪問・通所リハビリテーションを実施している事業所などの理学療法士等や医師からの助言を受けることができる体制を構築し、助言を受けたうえで、サービス提供責任者が生活機能の向上を目的とした訪問介護計画を作成すること ・理学療法士等や医師は、通所リハビリテーション等のサービス提供の場において、またはICTを活用した動画等により、利用者の状態を把握したうえで、助言を行うこと 100単位／月
生活機能向上連携加算（Ⅱ）	訪問・通所リハビリテーションなどの理学療法士・作業療法士・言語聴覚士が利用者宅を訪問して行う場合に算定する 200単位／月

プラスα

訪問看護事業所の理学療法士等にサービス提供責任者が同行する場合は算定できません。

プラスα

生活機能向上連携加算について、（Ⅰ）を算定している場合は（Ⅱ）は算定されません。

認知症専門ケア加算

認知症専門ケア加算（Ⅰ）（Ⅱ）	日常生活に支障をきたすおそれのある症状または行動が認められることから介護を必要とする認知症の利用者の占める割合が2分の1以上であって、認知症介護にかかる専門的な研修修了者、その指導にかかる専門的な研修修了者の配置等の基準に適合する場合は、当該利用者に対して1日につき所定の単位数を加算する

プラスα

2021（令和3）年度より新たに「認知症専門ケア加算」が、訪問介護、訪問入浴介護、夜間対応型訪問介護、定期巡回・随時対応型訪問介護に創設されました。

利用者の住居と同一敷地内等に所在する事業所の評価

減算等の内容	算定要件
①・③10％減算 ②15％減算	①事業所と同一敷地内または隣接する敷地内に所在する建物に居住する者（②に該当する場合を除く） ②上記の建物のうち、当該建物に居住する利用者の人数が１か月あたり50人以上の場合 ③上記①以外の範囲に所在する建物に居住する者（当該建物に居住する利用者の人数が１か月あたり20人以上の場合）

その他の介護報酬

- **初回加算**　新規利用者に対し訪問介護計画を作成しサービス提供責任者が訪問介護を提供した場合等に加算　200 単位／月
- **緊急時訪問介護加算**　計画的に訪問することとなっていない指定訪問介護を緊急に行った場合に加算　100 単位／回
- １人の利用者に**２人の訪問介護員**派遣の場合、報酬は倍（所定単位数の 100 分の 200）
- **夜間**（午後６時から午後 10 時）・**早朝**（午前６時から午前８時）所定単位数の 100 分の 25 加算（１回）
- **深夜**（午後 10 時から午前６時）所定単位数の 100 分の 50 加算（１回）
- **特定事業所加算**(Ⅰ)(Ⅱ)(Ⅲ)(Ⅳ)(Ⅴ)
- **訪問介護における看取りへの対応の充実**　2021（令和３）年度より、看取り期の利用者にサービスを提供する場合に、前回サービスからおおむね２時間未満の間隔でサービスが提供された場合は所要時間を合算すること（いわゆる２時間ルール）を弾力化し、所要時間を合算せずに、それぞれの所定単位数を算定できることとしました。

訪問介護費と同時に算定されないサービス

利用者が以下のサービスを受けている間は、訪問介護費は算定しない。

- 短期入所生活介護
- 短期入所療養介護
- 特定施設入居者生活介護
- 定期巡回・随時対応型訪問介護看護
- 小規模多機能型居宅介護
- 認知症対応型共同生活介護
- 地域密着型特定施設入居者生活介護
- 地域密着型介護老人福祉施設入所者生活介護
- 看護小規模多機能型居宅介護（複合型サービス）

過去の出題

同一建物減算について問われました。21-52
- 訪問介護事業所と同一敷地内にある建物の居住者に対して訪問介護を提供した場合には、介護報酬は減算される。
→○

過去の出題

初回加算について問われました。21-52
- 新規に訪問介護計画を作成した利用者に対してサービス提供責任者が初回の訪問介護に同行した場合には、所定の単位を加算できる。
→○

過去の出題

緊急時訪問介護加算について問われました。
21-52　22再-52
- 訪問介護計画において計画的に訪問することとなっていない身体介護を訪問介護員が緊急に行った場合には、所定の単位を加算できることがある。
→○
- サービス提供責任者が必要と認めた場合に、緊急に行った指定訪問介護については、緊急時訪問介護加算を算定できる。
→×（介護支援専門員が認めた場合に算定できる）

基礎理解度CHECK!!

□□ 1 ▶ ゴミ出しは、身体介護として算定される。

□□ 2 ▶ 利用者の薬の受け取りは、身体介護として算定する。

□□ 3 ▶ 利用者以外の家族の衣類の洗濯は、生活援助として算定する。

□□ 4 ▶ 利用者が飼育している犬の散歩は、介護保険給付の対象外である。

□□ 5 ▶ 手助けおよび見守りをしながら利用者と一緒に行う被服の補修は、身体介護として算定できる。

□□ 6 ▶ 自動血圧測定器により血圧を測定することは、医行為にあたるため、訪問介護員が行うことはできない。

□□ 7 ▶ 通院等乗降介助では、居宅が始点または終点となっても、その間の病院等から病院等への移送などは、介護報酬の算定が認められていない。

□□ 8 ▶ 訪問介護事業所の管理者は、特段の専門資格は不要となっている。

□□ 9 ▶ 訪問介護計画の作成は、訪問介護事業所の管理者の業務として位置づけられている。

□□ 10 ▶ 訪問介護事業所の管理者は、居宅介護支援事業者等に対する利用者の服薬状況、口腔機能その他の利用者の心身の状態および生活の状況にかかる必要な情報提供を行う。

□□ 11 ▶ 共生型訪問介護の指定は、障害福祉制度の居宅介護の指定を受けた事業所しか認められていない。

□□ 12 ▶ 利用者が短期入所生活介護を利用中でも、訪問介護費は算定できる。

1 ✕ ゴミ出しは、生活援助として算定される。

2 ✕ 利用者の薬の受け取りは、生活援助として算定する。

3 ✕ 利用者以外の家族の衣類の洗濯は、直接本人の援助に該当しない行為のため、算定することはできない。

4 ○

5 ○

6 ✕ 自動血圧測定器により血圧を測定することは、医行為にあたらないため、訪問介護員が身体介護として行うことができる。

7 ✕ 通院等乗降介助では、目的地が複数ある場合でも、居宅が始点または終点となる場合には、その間の病院等から病院等への移送などは、同一の事業所が行うことを条件に、介護報酬の算定が可能である。

8 ○

9 ✕ 訪問介護計画は、サービス提供責任者が作成する（サービス提供責任者の業務として位置づけられている）。

10 ✕ サービス提供責任者は、居宅介護支援事業者等に対する利用者の服薬状況、口腔機能その他の利用者の心身の状態および生活の状況にかかる必要な情報提供を行う。

11 ✕ 共生型訪問介護の指定は、障害福祉制度の居宅介護と重度訪問介護の指定を受けた事業所が認められている。

12 ✕ 利用者が短期入所生活介護、認知症対応型共同生活介護、特定施設入居者生活介護、定期巡回・随時対応型訪問介護看護などを利用している場合には、訪問介護費は算定できない。

ランク A

15 訪問入浴介護および介護予防訪問入浴介護

第 20 回試験より毎年出題され、第 26 回試験でも出題されました。訪問入浴介護は、在宅の中重度の要介護者に対する有効なサービスとして注目されています。サービス内容等、それほど難易度は高くないので、比較的、点の取りやすい項目といえるでしょう。原則、看護職員 1 人と介護職員 2 人の計 3 人で訪問入浴介護が行われることをまずは頭に入れましょう（介護予防訪問入浴介護では、看護職員 1 人と介護職員 1 人の計 2 人でサービス提供を行います）。

1. 訪問入浴介護

● 訪問入浴介護の意義・目的

訪問入浴介護は、浴槽を運搬でき、湯を沸かす設備のついた特別な車両で利用者宅へ訪問し、浴槽を自宅内に運び居室で入浴を行うサービスです。通常、通所系のサービス利用が困難な人が想定され、医療依存度の高い人、終末期の人などへのサービス提供が中心となります。

定義	介護保険法　第 8 条第 3 項 居宅要介護者について、その者の居宅を訪問し、浴槽を提供して行われる入浴の介護

訪問入浴介護は、要介護状態となった場合においても、利用者が可能な限りその居宅において、その有する能力に応じ自立した日常生活を営むことができるよう、居宅における入浴の援助を行うことによって、利用者の身体の清潔の保持、心身機能の維持等を図ることを目的としています。

● 訪問入浴介護利用者の特性

介護者の有無にかかわらず、居宅の浴室での入浴や入浴施設の利用が困難な人を対象とします。

特徴	重度者➡要介護 4・5 の者が多い。終末期においてもよく利用される。
	終末期➡在宅での終末期医療を適正に提供するため、居宅サービス、特に訪問入浴介護を併せて提供できる体制の整備が重要。

アドバイス

浴槽の提供が特徴です。原則、自宅浴槽を利用して介護を行うサービスではないので要注意です。また、自宅に浴室があっても提供は認められています。

過去の出題

訪問入浴介護の浴槽について問われました。
21-54　22再-54　25-52

- 訪問入浴介護で使用する浴槽は、利用者又はその家族が用意しなければならない。
  →×（訪問入浴介護は、浴槽を提供して行われる）
- サービスの提供ごとに消毒した浴槽を使用する。
  →○
- サービス提供時に使用する浴槽は、事業者が備えなければならない。
  →○

訪問入浴介護の実際

① 訪問入浴介護を提供するための事前訪問

② 訪問入浴介護にかかる計画の作成

③ 利用者の心身の状況により全身入浴が困難な場合：利用者の希望により、清拭または部分浴を実施する（介護報酬は10％／回を減算）。

④ 医療処置を受けている利用者の入浴

・利用者の病態が安定していれば、医療処置、医療器具を利用している場合においてもほとんど入浴は可能。

・感染症に罹患している場合も、感染症の種類により、入浴に際する注意事項、介助者の感染防止、浴槽・入浴に利用した器具機材の消毒または廃棄方法について主治医から説明を受け対応する。

人員基準・設備基準・運営基準

人員基準

職種	資格要件・配置基準等
管理者	特段の専門資格は不要　事業所ごとに常勤・専従で1人以上 （管理上支障がなければ事業所の他の職務や同一敷地内にある他の事業所・施設等の職務に従事することは可）
看護職員 介護職員	・看護職員：看護師または准看護師　1人以上 ・介護職員：2人以上（介護予防訪問入浴介護は1人以上） ＊看護職員、介護職員のうち、1人以上は常勤 ＊サービス提供は、原則として看護職員1人、介護職員2人の計3人で実施。そのうち1人がサービス提供の責任者を務める。

設備基準

設備	設備基準等
専用区画、浴槽等	事業の運営を行うために必要な広さを有する専用の区画を設けるほか、訪問入浴介護の提供に必要な浴槽等の設備および備品等を備えなければならない 事業の運営を行うために専用の事務室を設けることが望ましい。専用の事務室または区画については、利用申込の受付、相談等に対応するのに適切なスペースを確保する必要がある

運営基準

利用料等の受領	利用者負担のほか、以下についての支払いを受けられる ・利用者の選定により通常の事業の実施地域以外の地域の居宅においてサービスを提供する場合の交通費 ・利用者の選定により提供される特別な浴槽水等の費用

アドバイス

終末期、膀胱留置カテーテル、気管切開創、胃ろうによる経管栄養、感染症は過去に出題されています。

過去の出題

人員基準について問われました。（25-52）（26-51）

・指定訪問入浴介護事業所ごとに、医師を1人以上置かなければならない。
→×（医師の配置は義務づけられていない）

・訪問入浴介護従業者として、看護職員又は介護職員のうち1人以上は、常勤でなければならない。
→○

過去の出題

サービス提供の責任者について問われました。
（20-54）（23-54）（26-51）

・サービス提供の責任者は、入浴介護に関する知識や技術を有する者でなくてもよい。
→×（入浴介護に関する知識や技術を有した者でなければならない）

・サービスの提供の責任者は、専らその職務に従事する常勤のものとする。
→×（常勤のものでなくてもよい）

・サービスの提供の責任者は、看護職員でなければならない。
→×（看護職員か介護職員のうち1人である）

プラスα

交通費や特別な浴槽水の実費を受けるには、利用者に説明し同意を得る必要があります。

具体的取扱方針	・原則、看護職員1人・介護職員2人でサービス提供を行うが、利用者の身体の状況が安定していること等から、入浴により利用者の身体の状況等に支障を生ずるおそれがないと認められる場合においては、主治医の意見を確認したうえで、看護職員に代えて介護職員を充てることができる ・サービスの提供に用いる設備、器具その他の用品の使用に際して安全および清潔の保持に留意し、特に利用者の身体に接触する設備、器具その他の用品については、サービスの提供ごとに消毒したものを使用する
緊急時等の対応	サービスの提供を行っているときに利用者に病状の急変が生じた場合その他必要な場合は、速やかに主治医または協力医療機関への連絡を行う等の必要な措置を講じなければならない

介護報酬

主な介護報酬

要件	単位数
看護職員1人と介護職員2人で行う全身浴の場合	1,256単位
新規利用者の居宅を訪問し、訪問入浴介護の利用に関する調整を行ったうえで、利用者に対して、初回の訪問入浴介護を行うこと ※初回の訪問入浴介護を実施した日に算定	初回加算 200単位／月
介護職員3人で行う全身浴 ※入浴により利用者の身体の状況等に支障を生ずるおそれがないと認められる場合に、主治医の意見を確認したうえで、介護職員のみでサービス提供が可能となる	所定単位数の100分の95
清拭または（洗髪、陰部、足部等の洗浄の）部分浴	所定単位数の100分の90
事業所と同一建物の利用者またはこれ以外の同一建物の利用者20人以上にサービスを行う場合	所定単位数の100分の90
事業所と同一建物の利用者50人以上にサービスを行う場合	所定単位数の100分の85
利用者が短期入所生活介護、短期入所療養介護、特定施設入居者生活介護、小規模多機能型居宅介護、認知症対応型共同生活介護、地域密着型特定施設入居者生活介護、地域密着型介護老人福祉施設入所者生活介護もしくは看護小規模多機能型居宅介護（複合型サービス）を受けている間は、訪問入浴介護費は算定しない	

訪問入浴介護の内容・特徴

運営基準上の主な取扱方針

・浴槽等の直接身体に接触する器具等は、サービスの提供ごとに消毒した清潔なものを使用し、使用後に洗浄および消毒を行う。

・緊急時等の対応：速やかに主治医またはあらかじめ事業者が定めた協力医療機関への連絡を行う。

過去の出題

サービス提供について出題されました。（24-52）
・利用者の身体の状況等に支障を生ずるおそれがない場合には、主治の医師の意見を確認した上で、看護職員に代えて介護職員のみで実施することができる。
→○

過去の出題

緊急時の対応における協力医療機関について問われました。（20-54）（26-51）
・緊急時の対応のため、協力医療機関は、事業の通常の実施地域内にあることが望ましい。
→○
・指定訪問入浴介護事業者は、協力医療機関を事業の通常の実施地域内と実施地域外に、それぞれ定めなければならない。
→×（実施地域内に定めることが望ましい）

過去の出題

清拭に変更になった場合の算定について問われました。（24-52）
・利用者の心身の状況から全身入浴が困難であって、利用者の希望により清拭のみを実施した場合には、全身入浴と同じ単位数を算定することができる。
→×（清拭の場合には減算となる）

過去の出題

介護保険における訪問入浴介護について問われました。（26-51）
・サービスの提供方法等の説明には、入浴方法等の内容、作業手順、入浴後の留意点などが含まれる。
→○

2. 介護予防訪問入浴介護

介護予防訪問入浴介護は、利用者が可能な限り、その居宅において、自立した日常生活を営むことができるよう、居宅における入浴の支援を行うことにより、利用者の身体の清潔の保持、心身機能の維持回復を図り、もって利用者の生活機能の維持または向上を目指すことを目的としています。

要支援者で、疾病その他やむを得ない理由によりサービスを利用することが考えられます。

介護予防訪問入浴介護の内容・特徴

1）人員基準

看護職員は1人以上、介護職員は1人以上で可能です。訪問入浴介護と同様、主治医の意見を確認したうえで、看護職員に代えて介護職員を充てることができます。その際、介護報酬は所定単位数の100分の95に減額されます。

人員基準の比較

	介護予防訪問入浴介護	訪問入浴介護
介護職員	1人以上	2人以上
看護職員	1人以上	1人以上

2）運営基準

訪問入浴介護と同様、浴槽等の直接身体に接触する器具等は、サービスの提供ごとに消毒した清潔なものを使用し、使用後に洗浄および消毒を行う。

3）予防給付に特有の取扱方針

利用者が有する能力を阻害する等の不適切なサービスの提供を行わないよう配慮します。

アドバイス

介護予防訪問入浴介護は、訪問入浴介護とは対象者の要介護度が異なり、内容も自立支援を目的に提供されるサービスです。

プラスα

地域包括支援センターの職員や居宅介護支援事業所の介護支援専門員が作成する介護予防サービス計画に基づき提供するため、地域包括支援センターの職員や介護支援専門員と介護予防訪問入浴介護事業所の連携が重要となります。

過去の出題

条件つきのサービス提供について出題されました。

18-55

・利用者の心身の状況に支障が生じない場合は、主治医の意見を確認した上で、介護職員2人でサービスを提供することができる。
→○

アドバイス

訪問入浴介護とは、人員基準が異なる点が要注意です。

基礎理解度CHECK!!

□□ 1 ▶ 訪問入浴介護は、利用者宅の浴槽を使用してサービスを行う。

□□ 2 ▶ 終末期の利用者は、訪問入浴介護を利用することができない。

□□ 3 ▶ 全身入浴が困難で､利用者の希望により、清拭または部分浴を実施した場合、訪問入浴介護費は算定できない。

□□ 4 ▶ 利用者の病態が安定していれば、医療器具を使用していても、訪問入浴介護の対象となる。

□□ 5 ▶ 感染症に罹患している利用者の場合、訪問入浴介護を利用できない。

□□ 6 ▶ 管理者は、看護師でなければならない。

□□ 7 ▶ 訪問入浴介護のサービス提供は、原則、看護職員1人、介護職員3人で行う。

□□ 8 ▶ 訪問入浴介護では、利用者の選定により提供される特別な浴槽水の費用を、利用者から受けることができる。

□□ 9 ▶ 訪問入浴介護について、サービスの提供に用いる設備、器具などは、1日のサービスの提供終了時に消毒する。

□□ 10 ▶ 訪問入浴介護のサービス提供時に、利用者に病状の急変が生じた場合は、速やかに市町村への連絡を行う。

□□ 11 ▶ 新規の利用者宅を訪問し、訪問入浴介護の利用に関する調整を行ったうえで、初回の訪問入浴介護を実施した場合、初回加算を算定できる。

□□ 12 ▶ 介護予防訪問入浴介護では、原則として介護職員2人でサービス提供を行う。

□□ 13 ▶ 介護予防訪問入浴介護では、訪問入浴介護と違い、看護職員に代えて介護職員を充てることができない。

1 ✕訪問入浴介護は、浴槽を運搬でき、湯を沸かす設備のついた特別な車両で利用者宅へ訪問し、浴槽を自宅内に運び居室で入浴を行う。

2 ✕終末期の利用者であっても、訪問入浴介護を利用することができる。

3 ✕全身入浴が困難な場合であって、利用者の希望により、清拭または（洗髪、陰部、足部等の洗浄の）部分浴になった場合には、全身入浴の単位数の100分の90を算定する。

4 ○

5 ✕感染症の種類により、入浴に際する注意事項、介助者の感染防止などを主治医から説明を受けて入浴することが可能である。

6 ✕管理者には、特段の専門資格は不要である。

7 ✕訪問入浴介護のサービス提供は、原則として看護職員1人、介護職員2人の計3人で実施する。

8 ○

9 ✕1日のサービス提供終了時ではなく､サービスの提供ごとに消毒する。

10 ✕訪問入浴介護のサービス提供時に、利用者に病状の急変が生じた場合は、速やかに主治医または協力医療機関への連絡を行うなどの必要な措置を講じなければならない。

11 ○

12 ✕介護予防訪問入浴介護では、原則、看護職員1人と介護職員1人の計2人でサービス提供を行う。

13 ✕訪問入浴介護と同様、主治医の意見を確認したうえで、看護職員に代えて介護職員を充てることができる。この場合は、介護職員2人でのサービス提供となる。

ランク A

16 通所介護

介護保険サービスのなかでもよく利用されているサービスであり、毎年出題されています。事業所の規模、提供時間、要介護状態区分により介護報酬単価が異なり、各種加算要件も複雑です。第 25 回試験では、通所介護の目的や通所介護計画について出題されました。第 26 回試験では、人員基準や運営基準が出題されています。加算や減算についても、特に送迎減算など基本的なものは整理しておきましょう。

通所介護の意義・目的

老人福祉法に根拠をもつ老人デイサービスのうち利用定員が 19 人以上のものを、介護保険上、通所介護と呼びます。

送迎、入浴、食事、機能訓練のサービスが一体的に提供され、利用者の社会生活の助長と家族が抱える介護の負担感の軽減に効果があります。

定義

介護保険法　第 8 条第 7 項
居宅要介護者について、老人福祉法第 5 条の 2 第 3 項の厚生労働省令で定める施設又は同法第20条の 2 の 2 に規定する老人デイサービスセンターに通わせ、当該施設において入浴、排せつ、食事等の介護その他の日常生活上の世話であって厚生労働省令で定めるもの及び機能訓練を行うこと（利用定員が厚生労働省令で定める数以上であるものに限り、認知症対応型通所介護に該当するものを除く）。

介護保険法施行規則　第10条
厚生労働省令で定める日常生活上の世話
入浴、排せつ、食事等の介護、生活等に関する相談及び助言、健康状態の確認その他の居宅要介護者に必要な日常生活上の世話とする。

介護保険法施行規則　第10条の 2
厚生労働省令で定める数は、19人とする。

通所介護の目的

① 生活機能の維持・向上
② 社会的孤立感の解消
③ 心身機能の維持・向上
④ 家族の身体的・精神的負担の軽減
（家族のレスパイトケア）

送迎・食事・入浴・機能訓練等の包括的なサービスにみえますが、居宅サービスを総合的に利用する（つまり他のサービスと連

プラスα
利用定員 19 人未満は地域密着型通所介護になります（441 頁参照）。

プラスα
指定通所介護事業所において、夜間・深夜に指定通所介護以外のサービス（宿泊サービス）を提供する場合は、サービスの内容をサービスの提供の開始前に都道府県知事に届け出なければなりません。

過去の出題
通所介護の目的について問われました。（25-51）
・利用者の社会的孤立感の解消を図ることは、指定通所介護の事業の基本方針に含まれている。
→○

プラスα
通所介護でも機能訓練が行えます。専従の理学療法士等を配置することで、個別機能訓練加算が算定できます。

用語解説
レスパイトケア：居宅で介護をしている家族の休養のために、一時的に家族に代わって介護等を行うサービス。

携する）なかでの通所介護をどのように位置づけるか考える必要があります。

人員基準・設備基準・運営基準

人員基準

職種	配置要件	
管理者	特段の専門資格は不要　通所介護計画を作成する 事業所ごとに常勤・専従で１人以上 （管理上支障がなければ事業所の他の職務や同一敷地内にある他の事業所・施設の職務に従事することは可）	
生活相談員	専従１人以上　勤務時間÷サービス提供時間＝１以上	どちらか１人以上、常勤でなければならない
介護職員	特段の専門資格は不要 利用者数15人までの場合　専従１人以上 15人を超える場合　超えた人数÷５＋１の人員以上	
看護職員	単位ごとに専従１人以上（看護師、准看護師）	
機能訓練指導員	１人以上　訓練を行う能力を有する者（兼務可） 職種：理学療法士、作業療法士、言語聴覚士、看護職員、柔道整復師、あん摩マッサージ指圧師、はり師またはきゅう師の資格を有する者 ただし、利用者の日常生活やレクリエーション、行事を通じて行う機能訓練については、当該事業所の生活相談員または介護職員が兼務して行っても差し支えない	

設備基準

設備・備品等	指定通所介護事業所は、食堂、機能訓練室、静養室、相談室、事務室を有するほか、消火設備その他の非常災害に際して必要な設備、指定通所介護の提供に必要なその他の設備・備品等を備えなければならない
食堂 機能訓練室	それぞれ必要な広さを有するものとし、その合計した面積が利用定員×$3.0m^2$以上
相談室	相談の内容が漏洩《ろうえい》しないよう配慮されていること

運営基準

利用料等の受領	利用者負担のほか、以下についての支払いを受けられる ・通常の事業の実施地域以外に送迎する費用・通常の時間を超えるサービス（預かりサービス）の費用・食事の費用・おむつ代・日常生活費
通所介護計画の作成	管理者は、利用者の心身の状況、希望と環境を踏まえ、機能訓練等の目標、その目標を達成するための具体的なサービス内容等を記載した通所介護計画を作成しなければならない （通所介護計画は、介護の提供にかかる計画等の作成に関し経験のある者や、介護の提供について豊富な知識および経験を有する者にそのとりまとめを行わせるものとし、当該事業所に介護支援専門員の資格を有する者がいる場合は、その者に当該計画のとりまとめを行わせることが望ましい、とされている） ・すでに居宅サービス計画が作成されている場合は、当該計画の内

過去の出題

生活相談員の配置について問われました。（21-53）
・指定通所介護事業所は、利用定員数にかかわらず、生活相談員を配置しなければならない。
→○

過去の出題

看護職員の配置について問われました。（20-52）
・看護職員は、配置されることが望ましい。
→×（専従で１人以上）

アドバイス

通所介護事業所には、介護支援専門員は必置ではありません。

プラスα

食堂および機能訓練室は、食事の提供の際には、その提供に支障がない広さを確保でき、かつ、機能訓練を行う際にはその実施に支障がない広さを確保できる場合は、同一の場所で行うことができます。

アドバイス

利用料以外の料金として、おむつ代の支払いを受けることができるかが過去問でも問われました。（24-51）

過去の出題

非常災害に必要な設備・備品について問われました。（21-53）
・非常災害に際して必要な設備や備品を備えておくことは、各事業所の任意である。
→×（指定通所介護事業所は、消火設備その他の非常災害に際して必要な設備・備品等を必ず備えておかなければならない）

過去の出題

通所介護計画について問われました。24-51 25-51

・通所介護計画は、利用者が作成を希望しない場合には、作成しなくてもよい。
→×（通所介護事業所の管理者が作成して、利用者に説明し、同意を得て、交付する）

・通所介護計画作成後に居宅サービス計画が作成された場合、その通所介護計画が居宅サービス計画に沿ったものであるか、確認する必要はない。
→×（確認し、必要に応じて変更する）

	容に沿って作成する ・計画は、提供にかかわる従業者が共同し、個々の利用者ごとに作成する ・作成にあたり、計画の内容を利用者・家族に対して説明し、利用者の同意を得て、利用者に計画を交付する ・サービスの実施状況と目標の達成状況を記録する ・居宅サービス計画に基づきサービスを提供している通所介護事業者は、居宅サービス計画を作成している居宅介護支援事業者から通所介護計画の提供の求めがあった際には、通所介護計画を提供することに協力するよう努めるものとする
地域との連携等	・事業の運営にあたり、地域住民またはその自発的な活動等との連携および協力を行う等の地域との交流に努めなければならない ・事業の運営にあたり、提供したサービスに関する利用者からの苦情に関して、市町村等が派遣する者（介護サービス相談員）が相談および援助を行う事業その他の市町村が実施する事業に協力するよう努めなければならない ・事業者は、通所介護事業所の所在する建物と同一の建物に居住する利用者に対してサービスを提供する場合には、当該建物に居住する利用者以外の者に対してもサービス提供を行うよう努めなければならない
業務継続計画の策定等	・感染症や非常災害の発生時において、利用者にサービスを継続的に提供するため「業務継続計画」を策定し、必要な措置を講じなければならない ・従業者に対し、業務継続計画について周知するとともに、必要な研修および訓練（シミュレーション）を定期的に実施しなければならない ・定期的に業務継続計画の見直しを行い、必要に応じて業務継続計画の変更を行うものとする
非常災害対策	・非常災害に関する具体的計画を立て、非常災害時の関係機関への通報および連携体制を整備し、それらを定期的に従業者に周知するとともに、定期的に避難、救出その他必要な訓練を行わなければならない ・訓練の実施にあたって、地域住民の参加が得られるよう連携に努めなければならない
事故発生時の対応	・利用者に対するサービスの提供により事故が発生した場合は、市町村、利用者の家族、居宅介護支援事業者等に連絡を行うとともに、必要な措置を講じる ・事故の状況および事故に際して採った処置について記録する ・賠償すべき事故が発生した場合は、損害賠償を速やかに行う
衛生管理等	・利用者の使用する施設、食器等の設備、飲用水について、衛生的な管理に努め、また衛生上必要な措置を講じる ・当該事業所において感染症が発生し、またはまん延しないように、次の措置を講じなければならない (1)感染症の予防およびまん延の防止のための対策を検討する委員会（感染対策委員会）（テレビ電話装置等を活用して行うことができるものとする）をおおむね6か月に1回以上開催し、その結果を従業者に周知徹底を図る (2)感染症の予防およびまん延の防止のための指針を整備する (3)従業者に対し、感染症の予防およびまん延の防止のための研修と訓練（シミュレーション）を定期的に実施する

過去の出題

非常災害対策について問われました。26-52

・指定通所介護事業者は、非常災害に関し定期的に避難、救出その他必要な訓練を行わなければならない。
→○

過去の出題

利用定員について問われました。24-51

・災害等のやむを得ない事情により利用定員を超えてサービスを提供した場合には、所定単位数から減算される。
→×（減算されない）

定員の遵守	利用定員を超えて、サービス提供を行ってはならない（災害等やむを得ない事情の場合を除く）
勤務体制の確保等	・通所介護事業者は、従業者の資質の向上のために、その研修の機会を確保しなければならない。その際、事業者は、すべての従業者（医療・福祉関係の資格を有さない者）に対し、認知症介護にかかる基礎的な研修（認知症介護基礎研修）を受講させるために必要な措置を講じなければならない ・事業者は、職場において行われる性的な言動または優越的な関係を背景とした言動であって業務上必要かつ相当な範囲を超えたものにより従業者の就業環境が害されることを防止するための方針の明確化等の必要な措置を講じなければならない

●介護報酬

通所介護の基本報酬は、①事業所の規模、②サービス提供時間、③利用者の要介護度によって設定されています。通所介護費は、前年度１か月あたりの平均利用延べ人員数を基準とした事業所規模３区分、サービス提供時間６区分、要介護度５区分に分けて設定された所定単位数により算定されます。

事業所規模

通常規模型	平均利用延人員数750人以内
大規模型（Ⅰ）	平均利用延人員数900人以内
大規模型（Ⅱ）	平均利用延人員数900人超

サービス提供時間

①　３時間以上４時間未満	④　６時間以上７時間未満
②　４時間以上５時間未満	⑤　７時間以上８時間未満
③　５時間以上６時間未満	⑥　８時間以上９時間未満

また、送迎時間はサービス提供時間に含まれません。ただし、居宅サービス計画および通所介護計画に位置づけたうえで、介護福祉士等の一定の資格を有する職員（または勤続年数の合計が３年以上の介護職員）によって送迎時に実施した居宅内での介助等（着替え、ベッド・車いすへの移乗、戸締まり等）について、１日あたり30分以内を限度にサービス提供時間に含めることができます。

通所介護費は、基本報酬に各種加算を算定していきます。一方、人員確保ができず介護・看護職員が基準に満たない場合や利用者の数が利用定員を超える場合には減算になります。

過去の出題

通所介護の基本報酬について問われました。
21-53
・通所介護に係る介護報酬は、併設事業所の有無によって異なっている。
→×（通所介護にかかる介護報酬は、事業所規模、サービス提供時間、利用者の要介護度によって異なっている）
・通常の事業の実施地域内に住む利用者の送迎に要する費用は、通所介護費に含まれる。
→○

プラスα

2018（平成30）年度の介護報酬改定により、２時間ごとの設定としていた基本報酬については、サービス提供時間の実態を踏まえて１時間ごとの設定に見直されました。

過去の出題

提供時間について問われました。25-51
・利用者は、利用日ごとに異なる提供時間数のサービスを受けることができる。
→○

過去の出題

送迎に要する時間について問われました。
23-53 24-51
・送迎時に実施した居宅内での介助は、１日30分以内を限度に、通所介護を行うのに要する時間に含めることができる。
→○
・送迎に要する時間は、通所介護費算定の基準となる所要時間には含まれない。
→○

プラスα

機能訓練指導員であるはり師およびきゅう師については、理学療法士、作業療法士、言語聴覚士、看護職員、柔道整復師またはあん摩マッサージ指圧師の資格を有する機能訓練指導員を配置した事業所で6か月以上機能訓練指導に従事した経験を有する者に限ります。

過去の出題

機能訓練指導員について問われました。26-52

・看護職員は、看護職員としての業務に従事していない時間帯において、機能訓練指導員として勤務することができる。
→○

過去の出題

生活機能向上連携加算について問われました。
22-51

・生活機能向上連携加算を算定するためには、外部の理学療法士等と当該事業所の機能訓練指導員等が共同してアセスメントや個別機能訓練計画の作成等を行わなければならない。
→○

過去の出題

認知症加算について問われました。19-53

・認知症介護指導者養成研修を修了した職員を配置していれば、認知症の程度にかかわらず、認知症加算を算定できる。
→×（認知症高齢者の日常生活自立度がⅢ以上の利用者に対して加算できる）

主な加算・減算

個別機能訓練加算(Ⅰ)イロ(Ⅱ)	専従の**機能訓練指導員**を1人以上配置し、利用者の**居宅**を**訪問**したうえで他の職種と共同して作成した個別機能訓練計画に基づき、計画的に機能訓練を行った場合に所定単位数を加算する ※(Ⅱ)は厚生労働省へのデータ提出とフィードバックの活用によるもの
生活機能向上連携加算(Ⅰ)(Ⅱ)	訪問・通所リハビリテーション事業所などの理学療法士等が、通所介護事業所を訪問し、当該事業所の機能訓練指導員等と共同してアセスメントを行い、個別機能訓練計画を作成して、機能訓練指導員等が機能訓練を適切に提供し、かつ、専門職等と連携して計画の進捗状況を3か月ごとに1回以上評価して、利用者等に説明のうえ、必要に応じて計画・訓練内容の見直し等を行っている場合は、1か月につき所定の単位数を加算する ※(Ⅱ)は訪問・通所リハビリテーション事業所などの理学療法士等が通所介護事業所を訪問しなければならない。(Ⅰ)は理学療法士等がICTを活用した動画やテレビ電話等を用いて、機能訓練指導員等と連携して助言等を行う
中重度者ケア体制加算	中重度の要介護者を積極的に受け入れ、在宅生活の継続につながる支援を評価したものであり、利用者全員に1日につき所定の単位数を加算する。下記のような要件がある ・看護職員または介護職員数に加え、看護職員または介護職員を常勤換算で2人以上確保していること ・前年度または算定月の前3か月間の利用者総数のうち、要介護3以上の割合が30％以上　等 ※共生型通所介護を算定している場合は算定しない
ADL維持等加算(Ⅰ)(Ⅱ)	ADL維持等加算にかかる評価対象期間の利用者について、ADLの維持または改善に関する指標が一定の基準等に適合している事業所について、1か月につき所定の単位数を加算する
入浴介助加算(Ⅰ)(Ⅱ)	・(Ⅰ)（従前どおりのもの）は入浴介助を適切に行うことができる人員および設備を有する事業所が入浴介助を行った場合は、1日につき40単位を加算する ・**(Ⅱ)は医師、理学療法士、作業療法士、介護福祉士、介護支援専門員等が利用者の居宅を訪問し、浴室における利用者の動作・浴室の環境を評価する。**機能訓練指導員等が共同して、利用者宅を訪問した者との連携の下、個別の入浴計画を作成し、入浴計画に基づき、個浴その他の利用者の居宅の状況に近い環境にて、入浴介助を行った場合に1日につき55単位を加算する
認知症加算	認知症高齢者を積極的に受け入れ、在宅生活継続につながる支援を評価したもの。1日につき所定の単位数を加算する。下記のような要件がある ・必要な従業者の員数に加え、介護職員または看護職員を常勤換算方法で2人以上確保していること ・利用者総数に占める認知症高齢者の日常生活自立度Ⅲ以上の利用者の割合が100分の20以上であること ・認知症介護に関する一定の研修を修了した者を1人以上配置していること
若年性認知症利用者受入加算	若年性認知症（40歳以上65歳未満）の利用者を受け入れ、利用者ごとに個別に担当者を定めて、その担当者を中心として、当該利用者の特性やニーズに応じたサービスを提供した場合は、1日につき所定の単位数を加算する。認知症加算を算定している場合は算定しない

栄養アセスメント加算	当該事業所の従事者、または外部との連携により管理栄養士を1人以上配置し、利用者ごとに管理栄養士、看護職員、介護職員、生活相談員等が共同して栄養アセスメントを実施し、利用者または家族へその結果を説明し、利用者ごとの栄養状態等の情報を厚生労働省に提出して、栄養管理に必要な情報を活用している場合に、1か月につき所定の単位数を加算する
栄養改善加算	管理栄養士（外部との連携を含む）を1人以上配置し、低栄養状態またはそのおそれのある利用者に対して、栄養改善サービス（栄養食事相談等の栄養管理）を行った場合は、原則として3か月以内の期間に限り月2回を限度に所定の単位数を加算する。栄養改善サービスの提供にあたっては、必要に応じ居宅を訪問する
口腔・栄養スクリーニング加算(Ⅰ)(Ⅱ)	従業者が、利用開始時および利用中6か月ごとに利用者の口腔の健康状態のスクリーニングおよび栄養状態のスクリーニングを行い、利用者を担当する介護支援専門員に情報を提供している場合に、6か月に1回所定の単位数を加算する
口腔機能向上加算(Ⅰ)(Ⅱ)	口腔機能が低下またはそのおそれのある利用者に対して、言語聴覚士、歯科衛生士または看護職員を1人以上配置して行われる口腔機能向上サービス（口腔清掃の指導、実施、摂食・嚥下機能の訓練指導や実施）を行った場合は、原則として3か月以内の期間に限り月2回を限度に所定の単位数を加算する ※(Ⅱ)は、口腔機能改善管理指導計画等の情報を厚生労働省に提出し、口腔衛生の管理の適切かつ有効な実施のために必要な情報を活用していること
延長加算	通所介護の所要時間が通算して9時間以上になった場合は、延長時間に応じた所定の単位数を加算する。ただし、利用者が当該事業所の設備を利用して宿泊する場合等は算定しない
送迎減算	利用者に対して送迎を行わない場合は、片道につき47単位を減算する
同一建物減算	通所介護事業所と同一建物に居住する利用者または同一建物から当該事業所に通い通所介護を利用する者については、真に送迎が必要な場合を除いて、1日94単位を減算する
科学的介護推進体制加算	介護サービスの質の評価と科学的介護の取り組み（PDCAサイクル）を推進し、介護サービスの質の向上を図る観点から、利用者のデータを厚生労働省に提出して、フィードバックに基づくケアの質の向上や計画への反映などを評価する。1か月につき所定の単位数を加算する

通所介護費と同時に算定されないサービス

利用者が以下のサービスを受けている間は、通所介護費は算定しない。
- 短期入所生活介護
- 短期入所療養介護
- 特定施設入居者生活介護
- 小規模多機能型居宅介護
- 認知症対応型共同生活介護
- 地域密着型特定施設入居者生活介護
- 地域密着型介護老人福祉施設入所者生活介護
- 看護小規模多機能型居宅介護（複合型サービス）

過去の出題

栄養改善加算について問われました。(22-51)
- 看護師が低栄養状態にある利用者に対して栄養ケア計画を作成した場合には、栄養改善加算を算定できる。
  →×（管理栄養士、看護職員、介護職員、生活相談員その他の職種の者が共同して栄養ケア計画を作成し、栄養改善サービスを行った場合に算定できる）

過去の出題

通所介護の延長加算について問われました。(24-51)
- 利用者が当該事業所の設備を利用して宿泊する場合には、延長加算を算定できない。
  →○

プラスα

同一建物であっても、例外として、疾病等により一時的に送迎が必要な利用者、その他やむを得ず送迎が必要であると認められる利用者に対して送迎を行う場合は、減算は行われません。

過去の出題

通所介護について問われました。(18-51)
- 利用者が短期入所生活介護を利用している間も、通所介護費を算定できる。
  →×（利用者が短期入所生活介護を受けている間は、通所介護費は算定できない）

基礎理解度 CHECK!!

□□ 1 ▶通所介護では、要介護者に機能訓練は行われていない。

□□ 2 ▶通所介護は、家族のレスパイトケアを目的として利用することはできない。

□□ 3 ▶通所介護事業所には、介護支援専門員の必置の規定はない。

□□ 4 ▶通所介護事業所の機能訓練指導員には、はり師ときゅう師は認められていない。

□□ 5 ▶利用料以外の料金として、おむつ代の支払いを受けることができる。

□□ 6 ▶通所介護計画は、通所介護事業所の生活相談員が作成する。

□□ 7 ▶通所介護事業者は、地域の住民やボランティア団体等との連携および協力など地域との交流に努めなければならない。

□□ 8 ▶通所介護にかかる介護報酬は、要介護度のみを基準として設定されている。

□□ 9 ▶通所介護費は、事業所の規模によって2つに分けて設定されている。

□□ 10 ▶若年性認知症の利用者を受け入れた場合は、認知症加算に加えて、若年性認知症利用者受入加算を算定できる。

□□ 11 ▶サービス利用時間が5時間以上となるときは、延長加算を算定できる。

□□ 12 ▶利用者が送迎を利用しない場合でも、所定単位数は減算しない。

□□ 13 ▶通所介護事業所と同一の建物内に居住する利用者がサービスを利用する場合でも、通所介護費は減算されない。

□□ 14 ▶利用者が短期入所療養介護を利用している間も、通所介護費を算定できる。

□□ 15 ▶利用者が認知症対応型共同生活介護を利用している場合には、通所介護費は算定できない。

1 ✕通所介護では、日常生活上の世話および機能訓練を行っている。

2 ✕家族のレスパイトケアを目的として利用することができる。

3 ○

4 ✕はり師およびきゅう師については、ある一定の経験を有する者に限り認められている。

5 ○

6 ✕通所介護事業所の管理者が通所介護計画を作成する。

7 ○

8 ✕通所介護にかかる介護報酬は、事業所の規模、サービス提供時間、利用者の要介護度により設定されている。

9 ✕通所介護費は、事業所の規模によって、通常規模型、大規模型（Ⅰ）、大規模型（Ⅱ）の3つに分けて設定されている。

10 ✕若年性認知症の利用者を受け入れた場合は、認知症加算と若年性認知症利用者受入加算を併せて算定することはできない。

11 ✕サービス利用時間が9時間以上となるときは、延長加算を算定できる。

12 ✕通所介護で送迎を行わない場合は、片道につき47単位を減算する。

13 ✕通所介護事業所と同一の建物内に居住する利用者については、同一建物減算となり、真に送迎が必要な場合を除いて、1日94単位が減算される。

14 ✕利用者が短期入所療養介護を利用している間は、通所介護費は算定できない。

15 ○

ランク A

17 短期入所生活介護および介護予防短期入所生活介護

短期入所生活介護は、介護老人福祉施設の設備を活用していることが多く、共通する部分が多いので、併せて学習するとよいでしょう。サービスは、冠婚葬祭だけでなく、家族（介護者）の休養や旅行などの私的な理由でも利用することができます。第 16 回試験より毎年出題されており、第 26 回試験でも出題されました。比較的基本的な内容を問う傾向にありますが、近年では基準の細かい内容なども問われるようになっています。色文字や側注についてもよく確認しましょう。

1. 短期入所生活介護

短期入所生活介護の意義・目的

短期入所生活介護は、いわゆるショートステイと呼ばれるものです。老人福祉法上に規定された施設で行われるサービスで、かつては、訪問介護、通所介護と並んで「在宅 3 本柱」といわれました。利用者の在宅生活を支援する重要なサービスと位置づけられています。

定義	介護保険法　第 8 条第 9 項 居宅要介護者について、老人福祉法第 5 条の 2 第 4 項の厚生労働省令で定める施設（特別養護老人ホームや養護老人ホームなど）又は同法第20条の 3 に規定する老人短期入所施設に短期間入所させ、当該施設において入浴、排せつ、食事等の介護その他の日常生活上の世話及び機能訓練を行うこと。

短期入所生活介護は、利用者にとっては「在宅での自立支援」、介護者にとっては「介護の拘束感からの解放」を目的とします。

短期入所生活介護サービス利用者の特性

要介護 1 ～ 5 の第 1 号被保険者と第 2 号被保険者が対象となります。

要介護者の家族（介護者）の社会的理由や私的理由により、利用することも可能です。

利用理由	社会的理由 ➡	疾病、冠婚葬祭、看護、学校等の公的行事への参加など
	私的理由 ➡	休養、旅行

アドバイス

ショートステイの期間は、必ず 1 週間とは決まっていませんので注意してください。

プラスα

老人福祉法上に規定された施設であり、虐待などやむを得ない事由による措置で利用できるサービスです。

プラスα

短期入所生活介護の目的は、在宅での要介護者の自立支援にあります。そのために、
①利用者の社会的孤立感の解消
②利用者の心身の機能の維持
③利用者の家族の身体的および精神的負担の軽減
を図ります。

過去の出題

利用理由について問われました。25-53
・家族の冠婚葬祭や出張を理由とした利用はできない。
→×（利用できる）

短期入所生活介護の内容・特徴

短期入所生活介護の事業ができる施設は、特別養護老人ホームや養護老人ホームなど、または老人短期入所施設とされています。

短期入所生活介護の類型

類型	概要	定員
単独型	老人短期入所施設など、単独で短期入所ができる施設	20人以上
併設型	特別養護老人ホーム等と一体的に運営が行われるもの 要件：併設本体施設の事業に支障が生じない場合で、かつ、夜間における介護体制を含めて指定短期入所生活介護を提供できる場合	20人未満でも可（実質、定員の定めがない）
空床利用型	特別養護老人ホームにおいて「入所者に利用されていない居室またはベッドを利用して指定短期入所生活介護を行う」もの	

人員基準・設備基準・運営基準

人員基準

職種	配置要件
管理者	常勤専従で1人以上（事業所ごとに）（管理上支障がない場合、併設型の場合は兼務可能）
医師	1人以上（併設型の場合は本体施設に勤務の者が兼務可能）
生活相談員	常勤換算方法で、利用者の数が100またはその端数を増すごとに1人以上 1人以上は常勤（利用定員が20人未満の併設型の場合は非常勤も可）
介護職員または看護職員	常勤換算方法で、利用者の数が3またはその端数を増すごとに1人以上 1人以上は常勤（利用定員が20人未満の併設型の場合は非常勤も可）
栄養士	1人以上（併設型の場合は本体施設に勤務の者が兼務可能） 利用定員が40人を超えない事業所では、他施設の栄養士との連携がある場合、配置しないことができる
機能訓練指導員	1人以上（併設型の場合は本体施設に勤務の者が兼務可能） 事業所の他の職務と兼務可能
調理員その他の従業者	当該指定短期入所生活介護事業所の実情に応じた適当数

設備基準

短期入所生活介護を行う施設（建物）は、建築基準法が定める耐火建築物でなければなりません。ただし、利用者が日常生活をする場所が2階以上の階または地階に設けられていない等の場合は、準耐火建築物であっても差し支えないとされています。

プラスα

介護老人福祉施設では、入所者が入院した場合などには引き続き入所している扱いになるものの、介護報酬は施設に支払われません。空床利用型は、そのような状況を活用するための措置でもあります。

プラスα

看護職員を配置しなかった場合でも、利用者の状態像に応じて、病院・診療所、訪問看護ステーションとの密接な連携（病院等において事業所へ駆けつけることができる体制や適切な指示ができる連絡体制が確保されていること等）により看護職員を確保します。

アドバイス

短期入所生活介護事業所に介護支援専門員は必置ではありません。

過去の出題

短期入所生活介護計画について問われました。
26-53
・指定短期入所生活介護事業所に介護支援専門員の資格を有する者がいる場合、その者が短期入所生活介護計画のとりまとめを行うことが望ましい。
→○

過去の出題

機能訓練指導員の人員基準について問われました。
20-50 23-50
・機能訓練指導員は、当該事業所の他の職務と兼務することができる。
→○
・利用者20人未満の併設事業所の場合でも、機能訓練指導員は他の職務と兼務することはできない。
→×（兼務は可能）

設備	設備基準等
居室	・居室の定員は4人以下 ・利用者1人あたりの床面積が10.65m^2 以上 ・日照、採光、換気等、利用者の保健衛生、防災等について十分考慮すること
食堂および機能訓練室	・それぞれの合計面積が、利用定員×3.0m^2 以上 ・食事の提供と機能訓練に支障のない広さを確保できている場合は、食堂と機能訓練室は同一の場所とすることができる

運営基準

内容と手続きの説明および同意	サービスの提供の開始に際し、あらかじめ、利用申込者・家族に対し、運営規程の概要、従業者の勤務の体制、その他の重要事項を記した文書を交付して説明を行い、サービスの内容と利用期間等について利用申込者の同意を得る
利用料等の受領	法定自己負担額のほかに、①食事の提供、②滞在、③特別な居室の提供、④特別な食事の提供、⑤送迎（送迎加算算定の場合を除く）、⑥理美容に関する費用、⑦その他日常生活においても通常必要となるものに関する費用の支払いを受けることができる。なお、①から④に関する費用にかかる同意は文書によって得ることが必要
取扱方針	・利用者の要介護状態の軽減または悪化の防止に資するよう日常生活に必要な援助を行う ・サービスは漫然かつ画一的なものとならないよう配慮する ・身体的拘束等はやむを得ない場合を除き、行ってはならず、身体的拘束等を行う場合は利用者の心身の状況や理由等を記録しなければならない ・事業者はサービスの質の評価を行い、その改善を図らなければならない
短期入所生活介護計画の作成	管理者は、おおむね4日以上入所することが予定される利用者については、短期入所生活介護計画を作成する ・すでに居宅サービス計画が作成されている場合は、当該計画の内容に沿って作成する ・計画の内容について利用者または家族に対して説明し、利用者の同意を得て利用者に交付する ・事業所に介護支援専門員の資格を有する者がいる場合は、その者に短期入所生活介護計画のとりまとめを行わせることが望ましい

●共生型サービス

2018（平成30）年に、地域共生社会の実現に向けた取り組みの1つとして、介護保険と障害福祉の両方の制度に新たに共生型サービスが位置づけられました。共生型短期入所生活介護については、障害福祉制度における短期入所（**併設型**および**空床利用型**に限る）の指定を受けた事業所であれば、基本的に共生型短期入所生活介護の指定を受けられるものとして、基準が設定されています。

過去の出題

短期入所生活介護の設備基準について問われました。（23-50）（25-53）

・食事の提供と機能訓練に支障のない広さを確保できる場合には、食堂と機能訓練室は同一の場所とすることができる。
→○

・一の居室の定員は、4人以下でなければならない。
→○

プラスα

4日未満の利用者については、利用者を担当する居宅介護支援事業者等と連携をとることで、他の短期入所生活介護計画を作成した利用者に準じて、必要な介護および機能訓練等の援助を行うことになっています。

過去の出題

短期入所生活介護について問われました。（24-53）

・短期入所生活介護計画は、居宅サービス計画を作成した介護支援専門員が作成しなければならない。
→×（短期入所生活介護事業所の管理者が作成する）

・短期入所生活介護計画は、利用期間にかかわらず作成しなければならない。
→×（おおむね4日以上継続して利用する場合に作成する）

・利用者が連続して30日を超えて指定短期入所生活介護を受けている場合には、30日を超える日以降については短期入所生活介護費は算定できない。
→○

介護報酬

介護報酬は、①事業所の類型別、②要介護度別に設定されています。食費などの日常生活費は利用料に含まれていませんが、おむつ代は利用料に含まれています。

主な加算・減算

認知症行動・心理症状緊急対応加算	認知症の行動・心理症状が認められるため、在宅での生活が困難であり、緊急に短期入所生活介護を利用することが適当であると医師が判断した利用者については、利用を開始した日から起算して7日を限度として算定できる
緊急短期入所受入加算	利用者の状態や家族等の事情により、居宅サービス計画にない指定短期入所生活介護を緊急に行った場合に、利用開始日から起算して原則として7日（やむを得ない事情がある場合は、14日）を限度として、1日につき所定の単位数を算定できる
若年性認知症利用者受入加算	若年性認知症（40歳以上65歳未満）の利用者を受け入れ、利用者ごとに個別に担当者を定めて、その担当者を中心として、利用者の特性やニーズに応じたサービスを提供した場合に算定できる
送迎加算	利用者の心身の状態や家族等の事情等から送迎が必要と認められた利用者に対して送迎を行った場合に、片道につき所定の単位数を算定できる
認知症専門ケア加算（Ⅰ）（Ⅱ）	日常生活に支障を来すおそれのある症状もしくは行動が認められる認知症の利用者の占める割合が2分の1以上であって、認知症介護にかかる専門的な研修修了者、その指導に係る専門的な研修修了者の配置等の基準に適合する場合に1日単位で算定できる
長期利用の減算	連続して30日を超えて同一の事業所に入所して、短期入所生活介護を受けている利用者がいる場合に減算される

プラスα

認知症行動・心理症状緊急対応加算を算定している場合は、若年性認知症利用者受入加算は算定できません。また、緊急短期入所受入加算も算定できません。過去問でもよく問われています。

19-50 20-50 21-50 22-53

過去の出題

緊急短期入所受入加算について問われました。

22-53

・利用者の状態や家族等の事情により、居宅サービス計画にない指定短期入所生活介護を緊急に行った場合は、原則として、緊急短期入所受入加算を算定できる。
→○

過去の出題

認知症専門ケア加算について問われました。21-50

・一定の条件を満たした事業所が、認知症の高齢者に対して専門的な認知症ケアを行った場合には、認知症専門ケア加算を算定できる。
→○

2. 介護予防短期入所生活介護

介護予防短期入所生活介護の意義・目的

介護予防短期入所生活介護は、利用者が可能な限りその居宅で、自立した日常生活を営むことができるよう、特別養護老人ホームなどに短期間入所させ、入浴・排泄・食事等の介護その他の生活全般にわたる支援と機能訓練を行い、利用者の心身機能の維持回復を図り、生活機能の維持向上を目指すものです。

基礎理解度CHECK!!

□□ 1 ▶ 短期入所生活介護では、要介護3以下の第2号被保険者は対象になっていない。

□□ 2 ▶ 短期入所生活介護は、家族（介護者）の私的理由（旅行等にでかける）では利用できない。

□□ 3 ▶ 単独型と空床利用型の利用定員は、20人未満となっている。

□□ 4 ▶ 空床利用型の短期入所生活介護とは、特別養護老人ホーム等と一体的に運営が行われるもののことをいう。

□□ 5 ▶ 短期入所生活介護事業所には、介護支援専門員が必置である。

□□ 6 ▶ 生活相談員は、利用定員が20人未満の併設型の場合には、非常勤でも可である。

□□ 7 ▶ 短期入所生活介護事業所の居室の定員は、4人以下となっている。

□□ 8 ▶ 短期入所生活介護計画は、利用期間にかかわらず作成しなければならない。

□□ 9 ▶ 短期入所生活介護計画の作成は、すでに居宅サービス計画が作成されている場合には、当該計画の内容に沿って作成されなければならない。

□□ 10 ▶ 共生型短期入所生活介護は、障害福祉制度における単独型の短期入所の指定を受けた事業所が指定を受けられる。

□□ 11 ▶ 短期入所生活介護におけるおむつ代は、保険給付の対象となっている。

□□ 12 ▶ 短期入所生活介護において、送迎は基本報酬に含まれており、加算として算定を行えない。

□□ 13 ▶ 利用者が連続して30日を超えて指定短期入所生活介護を受けている場合には、30日を超える日以降については短期入所生活介護費は算定できない。

1 ✕ 短期入所生活介護の対象者は、要介護1～5の第1号被保険者と第2号被保険者が対象である。

2 ✕ 短期入所生活介護は、家族（介護者）の私的理由（旅行等にでかける）でも利用することができる。

3 ✕ 単独型の利用定員は20人以上、併設型と空床利用型の利用定員は20人未満でも可となっている。

4 ✕ 設問は併設型の説明である。空床利用型とは、特別養護老人ホームにおいて入所者に利用されていない居室またはベッドを利用してサービスを提供するものである。

5 ✕ 短期入所生活介護事業所には、介護支援専門員を置かなくともよい。

6 ○

7 ○

8 ✕ 短期入所生活介護計画は、おおむね4日以上継続して入所することが予定される利用者について作成する。

9 ○

10 ✕ 共生型短期入所生活介護は、障害福祉制度における併設型および空床利用型の短期入所の指定を受けた事業所であれば指定を受けられる。障害福祉制度の短期入所のうち単独型は、介護保険制度と比較して相当程度基準が緩いため、共生型の対象となっていない。

11 ○

12 ✕ 送迎は基本報酬には含まれておらず、利用者の心身の状態や家族等の事情等から送迎が必要と認められた場合、送迎加算を算定できる。

13 ○

ランク C

18 特定施設入居者生活介護および介護予防特定施設入居者生活介護

2015（平成 27）年の介護保険制度改正で、有料老人ホームに該当する賃貸借方式のサービス付き高齢者向け住宅が特定施設の対象となりました。第 16 回試験、第 18 回試験で出題されています。第 26 回試験では出題されませんでしたが、介護支援専門員になったときに、特定施設入居者生活介護については、利用者･家族からも説明を求められることも多いので、しっかりと把握しておきましょう。

1. 特定施設入居者生活介護

特定施設入居者生活介護の意義・目的

介護保険では、居宅サービスに位置づけられています。

> **定義**
> 介護保険法　第 8 条第11項
> 特定施設に入居している要介護者について、当該特定施設が提供するサービスの内容、これを担当する者その他厚生労働省令で定める事項を定めた計画に基づき行われる入浴、排せつ、食事等の介護その他の日常生活上の世話であって厚生労働省令で定めるもの、機能訓練及び療養上の世話をいう。

プラスα
有料老人ホームの類型のうち「介護付」が指定を受けることができます。

特定施設

介護保険法における特定施設とは、次の施設をいいます。

① 有料老人ホーム（介護付）
② 養護老人ホーム
③ 軽費老人ホーム（ケアハウス）

プラスα
食事、介護、家事、健康管理のいずれかを提供するサービス付き高齢者向け住宅は、有料老人ホームに該当するとされ、特定施設の指定を受けることができます。

特定施設入居者生活介護の類型

特定施設入居者生活介護は、①一般型と②外部サービス利用型があります。

一般型は、基本サービス（特定施設サービス計画の作成や安否の確認（緊急時対応）、生活相談等）、そして介護サービスの提供も特定施設の従業者が行います。

外部サービス利用型では、基本サービス（特定施設サービス計画の作成や安否の確認（緊急時対応）、生活相談等）は特定施設の従業者が行いますが、介護サービスの提供は特定施設入居者生

アドバイス
特定施設は、介護保険における「住所地特例」（23 頁参照）の対象となります。

プラスα
介護老人福祉施設等の施設サービスでは、介護は必ず当該施設の従業者が提供しなければなりません。利用者の選択で他の者から介護を受けることを禁じており、外部サービスの利用ができません。

活介護事業者から委託を受けた受託居宅サービス事業者が行います。受託居宅サービス事業者が提供する受託居宅サービスの種類は、次のとおりです。特定施設が受託居宅サービス事業所ごとに文書で契約します。

- 訪問介護
- 訪問入浴介護
- 訪問看護
- 訪問リハビリテーション
- 通所介護
- 通所リハビリテーション
- 福祉用具貸与
- 地域密着型通所介護
- 認知症対応型通所介護

プラスα
養護老人ホームが指定特定施設入居者生活介護の事業を行う場合、以前は外部サービス利用型に限られていましたが、2015（平成27）年4月より、一般型とすることができるようになりました。

特定施設入居者生活介護の類型

	計画	計画作成者	介護サービス	介護費用
①一般型	特定施設サービス計画	特定施設の計画作成担当者（介護支援専門員）	特定施設の従業者	特定施設入居者生活介護費
②外部サービス利用型	特定施設サービス計画	特定施設の計画作成担当者（介護支援専門員）	受託居宅サービス事業者	基本サービス費（定額）＋サービス費（出来高）

特定施設入居者生活介護と居宅サービス等の選択的利用

特定施設入居者生活介護を受けている場合は、居宅療養管理指導以外の居宅サービスおよび地域密着型サービスにかかる介護給付費は算定できません（外泊の期間中を除く）。ただし、事業者の費用負担により、他の居宅サービスおよび地域密着型サービスを利用することはできます。

特定施設入居者生活介護サービス利用者の特性

特定施設入居者生活介護の対象者

有料老人ホーム、養護老人ホーム、軽費老人ホーム（特にケアハウス）に入居している者で、要介護認定において要介護1～5のいずれかに認定された第1号被保険者および第2号被保険者が対象となります。具体的な利用者の特性は、施設の形態によって大きく異なります。有料老人ホームの利用者は、高額な一時金等を支払うことが必要な場合もあり、比較的経済的に余裕のある高齢者が多いです。

プラスα
養護老人ホームは、市町村が措置によって入所させるものであるため、その措置に該当する利用者は、環境上の理由および経済的理由により居宅において養護を受けることが困難な者です。

特定施設入居者生活介護の内容・特徴

特定施設入居者生活介護は居宅サービスの1つですが、居宅サービス計画ではなく、特定施設サービス計画に基づいてサービスが提供されます。

アドバイス
特定施設サービス計画の作成は、計画作成担当者である介護支援専門員が、利用者一人ひとりに対して行います。

人員基準・設備基準・運営基準

人員基準

職種	資格要件・配置基準等
生活相談員	利用者100人につき1人以上（常勤換算）。うち1人以上は常勤
看護職員・介護職員	・要介護者3人につき1人以上（常勤換算） ・看護職員（看護師・准看護師）および介護職員のうちそれぞれ1人以上は常勤 ・看護職員は、利用者が30人を超えない施設にあっては、1人以上（常勤換算）、30人を超える施設にあっては、50人増すごとに1人ずつ（常勤換算） ・介護職員は常に1人以上配置
機能訓練指導員	1人以上 当該特定施設内の他の職務との兼務可能
計画作成担当者	介護支援専門員　利用者100人につき1人を標準として、1人以上。 当該特定施設内の他の職務との兼務可能
管理者	常勤で1人。ただし、管理上支障がない場合には、当該施設の他の職務、または、同一敷地内の他の事業所、施設等の職務との兼務可能

プラスα

外部サービス利用型特定施設入居者生活介護の人員基準は、次のとおりです。

- 生活相談員（利用者100人につき1人以上（常勤換算））
- 介護職員（利用者10人につき1人以上（常勤換算））
- 計画作成担当者（利用者100人につき1人を標準として、1人以上）
- 管理者（常勤で1人（兼務可能））

アドバイス

機能訓練指導員については、414頁の側注を確認してください。

設備基準

設備	設備基準等
介護居室	・定員は1人（利用者の処遇上必要と認められる場合は2人） ・プライバシーの保護に配慮し、介護を行える適当な広さであること ・地階以外に設けること
一時介護室	・介護を行うために適当な広さを有すること
機能訓練室	・機能を十分に発揮し得る適当な広さを有すること ・他に機能訓練を行うために適当な広さの場所が確保できる場合にあっては設置しなくてもよい

プラスα

一時介護室は、他に利用者を一時的に移して介護を行うための室が確保されている場合には、設置しなくてもよいとされています。

運営基準

内容および手続きの説明および契約の締結等	・サービス開始にあたっては、事前に入居およびサービスに関する契約内容を文書（契約書）にして、契約を締結しなければならない ・入居者の権利を不当に狭める契約解除条件を定めてはならない ・介護の開始時、一般居室から介護居室や一時介護室に移らなければならない特定施設にあっては、契約書に居室移動の意思確認を行うなど必要な手続きを行うことを明記しなければならない
利用料等の受領	特定施設入居者生活介護のサービス以外で利用者の選定により提供される介護等の費用や、おむつ代、日常生活費の支払いを受けられる
取扱方針	・サービスは漫然かつ画一的なものとならないよう配慮する ・身体的拘束等はやむを得ない場合を除き、行ってはならず、身体的拘束等を行う場合は利用者の心身の状況や理由等を記録しなければならない。また、事業者は身体的拘束等の適正化を図るための措置を講じなければならない

アドバイス

おむつ代は保険給付の対象外で、利用者負担となります。

プラスα

取扱方針において、利用者の要介護状態の軽減または悪化の防止に資するよう、認知症の状況等、利用者の心身の状況を踏まえて援助を行うものとされています。

介護	・身体状態などのために自力入浴が困難な利用者には、１週間に２回以上の入浴または清拭を行う ・利用者の心身状況に応じて、トイレ誘導や排泄介助などについて適切な方法により、排泄の自立の援助を行う
協力医療機関等	利用者の病状の急変等に備え、あらかじめ協力医療機関を定めておく。協力歯科医療機関は定めておくよう努めなければならない。なお、協力医療機関および協力歯科医療機関は、特定施設から近距離にあることが望ましい

プラスα
特定施設入居者生活介護事業者は、その運営にあたっては、地域住民またはその自発的な活動等との連携および協力を行う等の地域との交流に努めなければなりません。

介護報酬

介護報酬は、特定施設入居者生活介護（一般型）、外部サービス利用型、短期利用の３つに分かれ、それぞれ要介護度別に報酬を算定します。

2. 介護予防特定施設入居者生活介護

介護予防特定施設入居者生活介護の意義・目的

介護予防特定施設入居者生活介護は、計画作成担当者により作成された介護予防特定施設サービス計画に基づき、入浴や排泄、食事等の介護その他の生活上の支援、機能訓練、療養上の世話を行います。

プラスα
左記の具体的な内容として、１週間に２回以上の入浴か清拭、排泄の自立支援、食事、離床、着替え、整容その他日常生活上の世話等があります。

介護予防特定施設入居者生活介護の評価

他の介護予防特定施設従業者との連絡を継続的に行い、介護予防特定施設サービス計画に沿ったサービスの提供の開始時から、そのサービス提供を行う期間が終了するまでに、モニタリングを１回以上行うとともに、利用者についての解決すべき課題の把握を行い、必要に応じて計画の変更を行います。

プラスα
介護予防特定施設サービス計画の原案について利用者・家族に対して説明し、文書により利用者の同意を得て、利用者に交付しなければなりません。

外部サービス利用型介護予防特定施設入居者生活介護

受託介護予防サービス事業者が提供する受託介護予防サービスの種類は、次のとおりです。

- 訪問介護
- 通所介護
- 地域密着型通所介護
- 介護予防訪問入浴介護
- 介護予防訪問看護
- 介護予防訪問リハビリテーション
- 介護予防通所リハビリテーション
- 介護予防福祉用具貸与
- 介護予防認知症対応型通所介護
- 第１号訪問事業
- 第１号通所事業

プラスα
受託介護予防サービス事業者について、外部サービス利用型介護予防特定施設入居者生活介護においては、要支援者に対するサービスを提供する必要があることから、介護予防訪問介護および介護予防通所介護と同様のサービスが提供できる事業者として、指定訪問介護事業者、指定通所介護事業者、指定地域密着型通所介護事業者または第１号訪問事業、第１号通所事業を行う指定事業者を位置づけています。

介護予防特定施設入居者生活介護の運営基準

指定介護予防特定施設入居者生活介護事業者が指定特定施設入居者生活介護事業者の指定を併せて受け、かつ同一の事業所において一体的に運営されている場合については、運営基準に規定する基準を満たすことをもって、指定介護予防特定施設入居者生活介護の基準を満たしたこととするとされています。ただし、看護職員と介護職員の合計数は常勤換算方法で利用者の数が10人につき1以上となっています。

基礎理解度CHECK!!

□□ 1 ▶ 特定施設入居者生活介護は、介護保険法上、施設サービスに位置づけられている。

□□ 2 ▶ 特定施設入居者生活介護事業者の指定を受けられるのは、有料老人ホームと養護老人ホームの2つである。

□□ 3 ▶ 有料老人ホームに該当するサービス付き高齢者向け住宅は、特定施設入居者生活介護の指定を受けることができる。

□□ 4 ▶ 外部サービス利用型特定施設入居者生活介護における、受託居宅サービス事業者が提供する受託居宅サービスの種類は、訪問介護と通所介護のみである。

□□ 5 ▶ 養護老人ホームが特定施設の指定を受けた場合、必ず外部サービス利用型特定施設入居者生活介護になる。

□□ 6 ▶ 外部サービス利用型特定施設入居者生活介護では、特定施設サービス計画の作成は、地域包括支援センターの職員が行う。

□□ 7 ▶ 特定施設入居者生活介護のサービス開始にあたっては、事前に入居およびサービスに関する契約内容を文書（契約書）にして、契約を締結しなければならない。

1 ✕ 施設サービスではなく、居宅サービスに位置づけられている。

2 ✕ 特定施設入居者生活介護事業者の指定を受けられるのは、①有料老人ホーム（介護付）、②養護老人ホーム、③軽費老人ホーム（ケアハウス）の3つである。

3 ○

4 ✕ 受託居宅サービス事業者が提供する受託居宅サービスの種類には、訪問介護と通所介護のほか、訪問看護、訪問リハビリテーション、通所リハビリテーション、福祉用具貸与、地域密着型通所介護などがある。

5 ✕ 養護老人ホームが特定施設の指定を受けた場合、外部サービス利用型特定施設入居者生活介護もしくは特定施設入居者生活介護（一般型）のどちらかになる。

6 ✕ 外部サービス利用型特定施設入居者生活介護では、特定施設サービス計画の作成は、特定施設の計画作成担当者（介護支援専門員）が行う。

7 ○

ランク A

19 福祉用具および介護予防福祉用具

ほぼ毎年出題されています。福祉用具貸与と購入の品目、軽度者（要介護１）に関しての給付制限などがよく出題されますので、整理しておく必要があります。福祉用具貸与に関しては種目など、細かく出題されています。第 26 回試験では出題はありませんでしたが、第25 回試験では、福祉用具全般の知識が問われました（貸与、購入、運営基準など）。本文の色文字、側注のプラスαや過去の出題なども含めて確認しておきましょう。

1. 福祉用具

福祉用具の意義・目的

福祉用具は、利用者の身体的な障害による機能の低下や不具合を補完し、安全な起居、移動等の日常的な動作を助けます。利用者の自立した生活、介護者の負担軽減が可能となります。

定義	介護保険法　第８条第12項 福祉用具貸与とは、居宅要介護者について福祉用具のうち厚生労働大臣が定めるものの政令で定めるところにより行われる貸与をいう。	レンタル
	介護保険法　第８条第13項 特定福祉用具販売とは、居宅要介護者について福祉用具のうち入浴又は排せつの用に供するものその他の厚生労働大臣が定めるもの（特定福祉用具）の政令で定めるところにより行われる販売をいう。	購入

福祉用具の内容・特徴

類型	概　要
貸与種目	高齢者は身体機能ばかりでなく、生活の状態が変化しやすいので福祉用具は基本的には貸与になる。
	介護支援専門員により、必要に応じて随時その必要性が検討され、居宅サービス計画に位置づけられる場合には、居宅サービス計画に指定福祉用具貸与が必要な理由が記載される。
購入種目	入浴、排泄関連用具など、他人が使用したものを再利用することに心理的抵抗感が伴う、使用によってもとの形態・品質が変化し、再利用できないといった貸与になじまない性質のある福祉用具については、特定福祉用具として、購入費を保険給付の対象としている。

プラスα

福祉用具とは、心身の機能が低下し日常生活を営むのに支障がある要介護者等の日常生活上の便宜を図るための用具および要介護者等の機能訓練のための用具であって、要介護者等の日常生活の自立を助けるためのものをいうとされています。福祉用具は、居宅サービス計画を実現するための手段であるという視点が重要です。

アドバイス

福祉用具の使用目的に、介護者の負担軽減が含まれるかが過去問で問われています。25-54

プラスα

福祉用具を使用する目的は、以下のとおりです。

①けがや病気によって失った身体の機能を補完する

②日常生活での困難なことを自分でできるようにする（生活動作の自立）

③安全、安心な暮らしを支えることで、利用者の生活が活性化し健康になる

④介護者の負担を軽減して介護者の心身を守る（介護負担の軽減）

福祉用具の概要

福祉用具貸与にかかる福祉用具（13 種目）

種目	ポイント
①車いす	①自走用標準型車いす ②普通型電動車いす ③介助用標準型車いす（電動、ティルト機能、リクライニング機能があるものなど）
②車いす付属品	①クッションまたはパッド　③テーブル ②電動補助装置　④ブレーキ
③特殊寝台	いわゆる介護ベッド
④特殊寝台付属品	①特殊寝台と一体的に使用されるサイドレール ②特殊寝台と一体的に使用されるマットレス ③ベッド用手すり ④テーブル ⑤スライディングボード・スライディングマット ⑥介助用ベルト
⑤床ずれ防止用具	①送風装置または空気圧調整装置を備えた空気パッドが装着された空気マット ②水、エア、ゲル、シリコン、ウレタン等からなる全身用のマット
⑥体位変換器	体位の変換を容易に行うことができるもの（体位を保持するためのもの（まくら等）は除く）
⑦手すり	取り付けに際し工事を伴うものは除かれる（工事を伴う手すりは住宅改修としての給付の対象）
⑧スロープ	持ち運びが容易なもの。取り付けに際し工事を伴うものは除かれる（工事を伴うスロープは住宅改修としての給付の対象）
⑨歩行器	歩行が困難な者の歩行機能を補う機能を有し、移動時に体重を支える構造を有するもの
⑩歩行補助つえ	松葉づえ、カナディアン・クラッチ、ロフストランド・クラッチ、プラットホームクラッチ、多点杖
⑪認知症老人徘徊感知機器	認知症である高齢者が、屋外に出ようとしたときなどに、センサーにより感知し、家族、隣人等へ通報するもの
⑫移動用リフト（つり具の部分を除く）	①床走行式 ②固定式 ③据置式 段差解消機（車いす昇降機）、浴槽用昇降座面なども含まれるが、住宅の改修を伴うものは除かれる
⑬自動排泄処理装置（本体部分）	尿または便が自動的に吸引されるものであり、かつ、尿や便の経路となる部分を分割することが可能な構造を有するもの 交換可能部品、専用パッド、洗浄液、専用パンツ、専用シーツ等は除く

プラスα

車いすは、その選択と調整が不適切であると、褥瘡を生じたり、脊椎の変形をきたす等の弊害があります。

過去の出題

手すりについて問われました。（25-54）

- 取付工事の有無にかかわらず、手すりは福祉用具貸与の対象となる。
  →×（取付工事を伴うものは住宅改修の対象である）

過去の出題

介護保険の福祉用具貸与の対象となるものについて問われました。
（21-51）（22再-51）（23-51）

- 特殊寝台と一体的に使用されるマットレス
  →○
- 車輪のない歩行器
  →○
- 空気式又は折りたたみ式の簡易浴槽
  →×（特定福祉用具販売の対象）
- 自動排泄処理装置の専用パッド
  →×（介護保険の対象ではない）
- 設置工事を伴うスロープ
  →×（住宅改修の対象）
- 移動用リフトのつり具の部分
  →×（特定福祉用具販売の対象）
- 入浴用介助ベルト
  →×（特定福祉用具販売の対象）

プラスα

自動排泄処理装置（尿のみを自動的に吸引する機能のものを除く）は、要介護４・５の者が対象となります。

福祉用具貸与の要介護度等別対象一覧

	要支援		要介護				
	1	2	1	2	3	4	5
① 車いす				○	○	○	○
② 車いす付属品				○	○	○	○
③ 特殊寝台				○	○	○	○
④ 特殊寝台付属品				○	○	○	○
⑤ 床ずれ防止用具				○	○	○	○
⑥ 体位変換器				○	○	○	○
⑦ 手すり	○	○	○	○	○	○	○
⑧ スロープ	○	○	○	○	○	○	○
⑨ 歩行器	○	○	○	○	○	○	○
⑩ 歩行補助つえ	○	○	○	○	○	○	○
⑪ 認知症老人徘徊感知機器				○	○	○	○
⑫ 移動用リフト(つり具の部分を除く)				○	○	○	○
⑬ 自動排泄処理装置（尿のみを自動的に吸引する機能のものを除く）						○	○
⑭ 自動排泄処理装置（⑬以外）	○	○	○	○	○	○	○

※○は給付可能な種目。

●特定福祉用具

福祉用具貸与については、要介護度ごとの「居宅介護サービス費等区分支給限度基準額」の範囲内において、他のサービスと組み合わせて利用することができます。

一方、特定福祉用具販売については、これとは別に、1年間（4月1日からの12か月間）で10万円が「居宅介護福祉用具購入費支給限度基準額」として設定されており、実際の購入費の9～7割相当額が償還払いで支給されます。

特定福祉用具（6種目）

種目	ポイント
①腰掛便座	ポータブルトイレ、水洗ポータブルトイレ、便座の底上げ部材など
②自動排泄処理装置の交換可能部品	交換可能部品（レシーバー、チューブ、タンク等）のうち尿や便の経路となるもの（衛生上、レンタルになじまない部分）であって、要介護者または介護を行う者が容易に交換できるもの 専用パッド、洗浄液、専用パンツ、専用シーツ等は除く

プラスα

要介護認定の基本調査の直近の結果等に基づく判断があった場合、または、次の①のいずれかの状態像にある利用者について、②の手順による要件を満たしている場合は、要介護度等のために給付の対象外の種目であっても例外的に給付が可能です。

①状態像

1. 疾病などにより状態が変動しやすく、当該福祉用具が頻繁に必要となるもの
2. 疾病などにより状態が急速に悪化することが見込まれるもの
3. 医学的判断から必要な状態に該当すると判断できるもの

②手順

①状態像の3つの条件のいずれかを備えていて、さらに、以下の要件を満たしている場合

ア. 医学的所見に基づいて判断していること
イ. サービス担当者会議等を経たケアマネジメントであること
ウ. 市町村が確認していること

プラスα

原則、同一年度で1種目につき1回に限られていますが、福祉用具の破損や介護の必要の程度が著しく高くなったなどの特別な事情がある場合、市町村が必要と認めたときは、同一種目であっても福祉用具購入費が支給されます。

過去の出題

ポータブルトイレについて問われました。
20-51 22-54

・ポータブルトイレの設置は、住宅改修費の支給対象となる。
→×（特定福祉用具販売の対象となる）

③排泄予測支援機器	利用者が常時装着したうえで、膀胱内の状態を感知し、尿量を推定するものであって、一定の量に達したと推定された際に、排尿の機会を居宅要介護者等またはその介護を行う者に自動で通知するもの 専用ジェル等装着の都度、消費するものおよび専用シート等の関連製品は除く
④入浴補助用具	入浴用いす（シャワーチェア）、浴槽用手すり、浴槽内いす、入浴台、浴室内すのこ、浴槽内すのこ、入浴用介助ベルト
⑤簡易浴槽	空気式または折りたたみ式等で容易に移動できるものであって、取水または排水のために工事を伴わないもの
⑥移動用リフトのつり具の部分	身体を包み保持するシート状のものと入浴用車いすのいすの部分が取りはずせ、つり具となるものがある

福祉用具サービス計画の作成

以下の内容により、福祉用具サービス計画（福祉用具貸与計画・特定福祉用具販売計画）の作成が義務づけられています。

計画 ➡	福祉用具専門相談員は、利用者の希望、心身の状況および置かれている環境を踏まえて、福祉用具サービスの目標、当該目標を達成するための具体的なサービスの内容等を記載した福祉用具サービス計画を作成しなければならない
連動 ➡	福祉用具サービス計画は、すでに居宅サービス計画が作成されている場合は、その計画の内容に沿って作成しなければならない
同意 ➡	福祉用具専門相談員は、福祉用具サービス計画の作成にあたり、その内容について利用者またはその家族に対して説明し、利用者の同意を得なければならない
交付 ➡	福祉用具専門相談員は、福祉用具サービス計画を作成した際には、当該福祉用具サービス計画を利用者（福祉用具貸与計画については、利用者および担当の介護支援専門員）に交付しなければならない
変更 ➡	福祉用具専門相談員は、福祉用具貸与計画の作成後、当該計画の実施状況の把握を行い、必要に応じて当該計画の変更を行う

人員基準

福祉用具専門相談員	常勤換算方法で 2 人以上
管理者	常勤専従（※管理上支障がない場合は、事業所の他の職務または同一敷地内にある他の事業所、施設等の職務に従事できる）

プラスα

自動排泄処理装置は、交換可能部品は特定福祉用具販売の対象、専用パッド・パンツ、洗浄液などの消耗品は自費購入、本体部分は福祉用具貸与の対象となります。

過去の出題

福祉用具について問われました。（25-54）

- 入浴用いすなどの入浴補助用具は、特定福祉用具販売の対象となる。→○
- 貸与する際には、福祉用具専門相談員は、具体的なサービス内容等を記載した福祉用具貸与計画を作成しなければならない。→○

プラスα

福祉用具サービス計画とは、「（介護予防）福祉用具貸与計画」「特定（介護予防）福祉用具販売計画」の総称です。

過去の出題

特定福祉用具販売計画の作成について問われました。（19-51）（22再-51）

- 特定福祉用具を販売する際には、福祉用具専門相談員は、利用者ごとに特定福祉用具販売計画を作成しなければならない。→○

プラスα

2018（平成30）年より、福祉用具専門相談員に以下のことが義務づけられました。

①貸与しようとする商品の特徴や貸与価格に加え、当該商品の全国平均貸与価格を利用者に説明すること
②機能や価格帯の異なる複数の商品を利用者に提示すること
③利用者に交付する福祉用具貸与計画書を介護支援専門員にも交付すること

設備基準

設備・備品等	福祉用具の保管・消毒のために必要な設備・器材ならびに事業の運営を行うために必要な広さの区画を有するほか、サービスの提供に必要なその他の設備・備品等を備えなければならない ・福祉用具の保管のために必要な設備 ①清潔である、②すでに消毒または補修済みの福祉用具とそれ以外の福祉用具を区分することができる ・福祉用具の消毒のために必要な器材 福祉用具の種類と材質等からみて適切な消毒効果があるもの

運営基準

利用料等の受領	福祉用具の搬出入に特別な措置が必要な場合の費用の支払いを受けることができる
適切な研修の機会の確保、知識・技能の向上等	・福祉用具専門相談員の資質向上のために、適切な研修の機会を確保しなければならない ・福祉用具専門相談員は、常に自己研鑽に励み、必要な知識・技能の修得、維持、向上に努めなければならない
福祉用具の取扱種目	利用者の身体の状態の多様性、変化等に対応できるよう、できる限り多くの種類の福祉用具を取り扱うようにしなければならない
衛生管理等	・事業者は、従業者の清潔の保持と健康状態について必要な管理を行い、設備と備品について、衛生的な管理に努めなければならない ・回収した福祉用具を、種類・材質等からみて適切な方法で速やかに消毒するとともに、すでに消毒が行われた福祉用具と行われていないものとを区分して保管しなければならない ・福祉用具の保管・消毒は他の事業者に委託等が可能である
提示および目録の備え付け	取り扱う福祉用具の品名・品名ごとの利用料等の必要事項が記載された目録等を備え付けなければならない

介護報酬

現に指定福祉用具貸与に要した費用の額を1単位の単価で除して得た単位数とします。また、複数の福祉用具を貸与する場合、通常の貸与価格から減額することができます。

搬出入に要する費用は、現に指定福祉用具貸与に要した費用に含まれるものとし、個別には評価しないとされています。

次のサービスを受けている場合は、福祉用具貸与費は算定しません。

プラスα

福祉用具の給付の適正化を図るため、国は全国平均貸与価格について公表し、貸与価格の上限を設定します。

過去の出題

福祉用具について問われました。22再-51

・福祉用具貸与事業所には、福祉用具専門相談員を1人以上置かなければならない。
→×（2人以上置かなければならない）

・自動排泄処理装置は、交換可能部品も含め、特定福祉用具販売の対象となる。
→×（本体部分は貸与、交換可能部品は特定福祉用具販売の対象）

プラスα

保管・消毒を他の事業者が行う場合には、設備・器材は不要です。

プラスα

福祉用具貸与事業者は、用具の保管・消毒は他の事業者に委託等が可能ですが、委託した事業者の業務実施状況について定期的に確認し、その結果等を記録しなければなりません。

過去の出題

福祉用具について問われました。18-54 25-54

・複数の福祉用具を貸与する場合には、通常の貸与価格から減額して貸与することができる。
→○

アドバイス

福祉用具貸与費を算定しないサービスに短期入所生活介護・短期入所療養介護は入っていません。要注意です。

過去の出題

福祉用具貸与費が算定されない場合について問われました。17-54

・特定施設入居者生活介護を受けている場合は、福祉用具貸与費は算定しない。
→○

・特定施設入居者生活介護（短期利用を除く）
・認知症対応型共同生活介護（短期利用を除く）
・地域密着型特定施設入居者生活介護（短期利用を除く）
・地域密着型介護老人福祉施設入所者生活介護

●補装具費と介護保険制度との適用関係

貸与される福祉用具のうち、補装具と同様の品目（車いす、歩行器、歩行補助つえ）については、介護保険法に規定する保険給付が優先されます。ただし、保険給付として貸与されるこれらの品目は標準的な既製品のなかから選択されることになるため、医師や身体障害者更生相談所等により障害者の身体状況に個別に対応することが必要と判断される障害者については、これらの品目は、障害者総合支援法に基づく補装具費として支給して差し支えないとされています。

2. 介護予防福祉用具

プラスα

要支援１・２、要介護１の者について、原則として保険給付の対象とならない福祉用具は、車いす、車いす付属品、特殊寝台、特殊寝台付属品、床ずれ防止用具、体位変換器、認知症老人徘徊感知機器、移動用リフト（つり具の部分を除く）、自動排泄処理装置（尿のみを自動的に吸引する機能のものを除く）です（429頁参照）。

介護予防福祉用具は、介護予防を目的として要支援者に提供されるサービスです。要支援者を対象として介護予防福祉用具貸与、特定介護予防福祉用具販売が行われますが、要介護者を対象とした福祉用具貸与、特定福祉用具販売とほとんど同じ内容になります。ただし、福祉用具貸与では、軽度者（要支援１・２、要介護１）について、その状態像から利用が想定しにくい種目については、原則として保険給付の対象とならないので、介護予防福祉用具貸与として利用できる種目は、①手すり、②スロープ、③歩行器、④歩行補助つえが基本となります（429頁参照）。

基礎理解度 CHECK!!

□□ 1 ▶ 福祉用具の使用目的は、利用者の自立支援に限られている。

□□ 2 ▶ 介助用電動車いすは、福祉用具貸与の対象とならない。

□□ 3 ▶ スライディングボードは、特定福祉用具販売の対象である。

□□ 4 ▶ 体圧分散効果の高いウレタンマットレス、エアーマットレス等の床ずれ防止用具は、福祉用具貸与の対象である。

□□ 5 ▶ 取付け工事を伴わない手すりは、住宅改修の対象となる。

□□ 6 ▶ 認知症老人徘徊感知機器は、福祉用具貸与の対象である。

□□ 7 ▶ 移動用リフトは、つり具の部分も含めて、福祉用具貸与の対象である。

□□ 8 ▶ 自動排泄処理装置の専用パッド、洗浄液や専用パンツは、福祉用具貸与の対象である。

□□ 9 ▶ 要支援１・２の者と要介護１の者は、手すりと歩行器のみ貸与することができる。

□□ 10 ▶ 排泄予測支援機器は、特定福祉用具販売の対象とならない。

□□ 11 ▶ 入浴用いす（シャワーチェア）や浴槽用手すりは、特定福祉用具販売の対象である。

□□ 12 ▶ 特定福祉用具販売事業所には、福祉用具専門相談員を１人以上置かなければならない。

□□ 13 ▶ 福祉用具専門相談員は、福祉用具貸与計画を作成した際は、当該計画を利用者とその担当の介護支援専門員に交付しなければならない。

□□ 14 ▶ 短期入所生活介護を受けている場合は、福祉用具貸与費は算定できない。

□□ 15 ▶ 認知症対応型共同生活介護を受けている間は、福祉用具貸与費は算定できない。

□□ 16 ▶ 車いす、歩行器、歩行補助つえについては、障害者総合支援法に基づく補装具費の支給よりも、介護保険法に規定する保険給付が優先される。

1 ✕ 福祉用具の使用目的は、利用者の自立支援と介護者の負担軽減である。

2 ✕ 介助用電動車いすは、福祉用具貸与の貸与種目に該当する。

3 ✕ スライディングボードは、特殊寝台付属品として、福祉用具貸与の対象である。

4 ○

5 ✕ 取付け工事を伴わない手すりやスロープは、福祉用具貸与の対象となっている。工事を伴う手すりやスロープは住宅改修の対象となる。

6 ○

7 ✕ 移動用リフトは福祉用具貸与の対象となっているが、つり具の部分は特定福祉用具販売の種目となっている。

8 ✕ 自動排泄処理装置の専用パッド、洗浄液や専用パンツなどの消耗品は、福祉用具貸与の対象ではなく、自費購入となる。

9 ✕ 要支援１・２の者と要介護１の者に対しては、原則として、①手すり、②スロープ、③歩行器、④歩行補助つえ、⑤自動排泄処理装置（尿のみを自動的に吸引する機能のものに限る）を貸与することができる。

10 ✕ 排泄予測支援機器は、特定福祉用具販売の対象となる。

11 ○

12 ✕ 福祉用具貸与・特定福祉用具販売事業所には、福祉用具専門相談員を２人以上置かなければならない。

13 ○

14 ✕ 短期入所生活介護・短期入所療養介護を受けている場合、福祉用具貸与費を算定できる。

15 ○

16 ○

ランク B

20 住宅改修および介護予防住宅改修

福祉用具と併せて、利用者の住環境を整備し、自立支援を行う視点から重視されています。ただし、支給限度基準額が 20 万円までと少額であり、かつ、対象となる工事の内容も限定されていますので、整理が必要でしょう。利用については、原則、改修工事開始前に保険者に事前申請が必要であることに注意しましょう。第 24 回試験では、給排水設備工事や水洗化工事の費用が住宅改修費の支給対象になるかどうかなどの細かい点が、第 26 回試験では、住宅改修費の支給の有無が問われています。

1. 住宅改修

住宅改修の内容・特徴

1）保険給付の対象となる住宅改修の種類

<table>
<tr><th>種類</th><th>ポイント</th></tr>
<tr><td>①手すりの取り付け</td><td rowspan="3">玄関から道路までの通路も対象に含まれる。
手すりは、横手すり、縦手すり、L 字型手すりが代表的である。廊下、トイレ、浴室、玄関、玄関から道路までの通路などに設置する。
取り付けに工事の必要がなく、据え置いて使用する手すりは、福祉用具貸与の対象となる。</td></tr>
<tr><td>②段差の解消</td></tr>
<tr><td>③滑りの防止および移動の円滑化等のための床または通路面の材料の変更</td></tr>
<tr><td>④引き戸等への扉の取り替え</td><td>開き戸を引き戸、折戸、アコーディオンカーテン等に取り替えるといった扉全体の取り替えのほか、扉の撤去、ドアノブの変更、戸車の設置等も含まれる。
引き戸等への扉の取り替えにあわせて自動ドアとした場合は、自動ドアの動力部分の設置は住宅改修費の支給対象とならない。
新設する場合でも、改修に比べ安価にできる場合は対象となる。</td></tr>
<tr><td>⑤洋式便器等への便器の取り替え</td><td>和式便器を洋式便器に取り替える（ただし、特定福祉用具販売の「腰掛便座」の設置を除く）。
便器の位置・向きの変更も対象となる。</td></tr>
<tr><td>その他①から⑤の住宅改修に付帯して必要となる住宅改修</td><td>・手すりの取り付けのための壁の下地補強
・浴室の床の段差解消や便器の取り替えに伴う給排水設備工事
・スロープの設置に伴う転落や脱輪防止を目的とする柵や立ち上がりの設置
・便器の取り替えに伴う床材の変更
・床材の変更のための下地補修や根太の補強
・通路面の材料の変更のための路盤の整備
・扉の取り替えに伴う壁または柱の改修工事</td></tr>
</table>

プラスα

段差の解消について、昇降機、リフト、段差解消機等動力により段差を解消する機器を設置する工事は、住宅改修費の支給対象から除かれます。

過去の出題

住宅改修について問われました。

22-54 24-54 26-54

- リフトなど動力によって段差を解消する機器に係る工事の費用は、住宅改修費の支給対象となる。
  →×（住宅改修費の支給対象から除かれる）
- 扉の取替えに伴う壁や柱の改修工事の費用は、住宅改修費の支給対象となる。
  →○
- 畳敷から板製床材への変更は、住宅改修費の支給対象になる。
  →○
- 浴室内すのこを置くことによる段差の解消は、住宅改修費の支給対象となる。
  →×（特定福祉用具販売の対象である）

2）支給限度基準額

住宅改修費の支給限度基準額は、要介護状態区分にかかわらず20万円まで（20万円までは1～3割負担、20万円を超える部分は全額自己負担）です。一部例外はありますが、原則、利用者が居住する住居に対して20万円です。毎年20万円ではありません。

3）事業について

他のサービスと異なり、住宅改修を行う事業所は、都道府県知事や市町村長から事業所指定を受ける必要はありません。

4）申請（事前申請）

⑴　住宅改修費の申請書 ➡「事前申請制度」が原則

⑵　申請

①　申請書または書類の一部提出・確認

➡　・申請書、住宅改修が必要な理由書（基本的に介護支援専門員等が作成）

理由書は、市町村が行う福祉用具・住宅改修支援事業等として、住宅改修の相談、助言等を行っている福祉、保健・医療または建築の専門家も作成できます。

・見積もり、施工前の写真・家屋図面（工事箇所の明記）

②　決定 ➡ ③　施工・完成 ➡ ④　支給申請 ➡ 領収書、改修前と後の写真

5）給付方法

利用者が事業者に費用を支払った後に、市町村から利用者に住宅改修費が支払われる償還払いとなります。

● 住宅改修費給付の例外

1）3段階リセット

初めて住宅改修費が支給されたときの住宅改修に着工した日の要介護状態区分に比べて、要介護状態区分が3段階以上上がった場合、それまでに受けた住宅改修費の額にかかわらず、再度、支給限度基準額20万円までの住宅改修費の支給が受けられます。

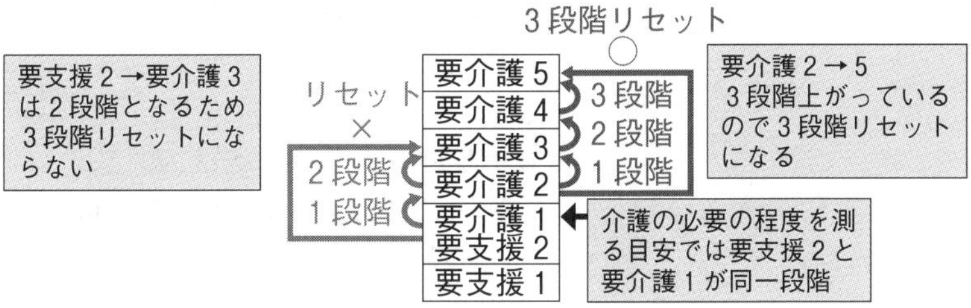

過去の出題

住宅改修について問われました。（24-54）（26-54）

・浴室の段差解消に伴う給排水設備工事は、住宅改修費の支給対象にはならない。
→×（付帯工事として支給対象になる）

・非水洗和式便器から水洗洋式便器に取り替える場合は、水洗化工事の費用も住宅改修費の支給対象になる。
→×（水洗化工事の費用は支給対象にならない）

・手すりの取付けのための壁の下地補強は、住宅改修費の支給対象となる。
→○

・洋式便器等への便器の取替えには、既存の便器の位置や向きを変更する場合も含まれる。
→○

プラスα

和式便器→洋式便器への取り替えの場合、暖房便座、洗浄機能等が付加されている洋式便器への取り替えが含まれます。水洗化は対象外です。

過去の出題

住宅改修について問われました。（20-51）（26-54）

・同一住宅に複数の要介護者が居住する場合は、同時期にそれぞれが住宅改修費の支給を申請することはできない。
→×（要介護者ごとに支給申請できる）

プラスα

理由書は、原則、介護支援専門員が作成します。居宅サービス計画に記載があれば、それをもって理由書の代わりとすることができます。

過去の出題

転居した場合の住宅改修費について問われました。
22-54
・要介護状態区分が3段階以上上がった場合は、改めて住宅改修費を受給できる。
→○
・転居前に住宅改修費の支給を受けた場合でも、転居後の住居について住宅改修費を受給できる。
→○

2）転居した場合

転居した場合には、転居前の住宅に対する住宅改修費の支給状況にかかわらず、転居後の住宅について支給限度基準額の20万円までの支給の申請ができます。

転居前の住居
住宅改修費
20万円支給

→ 転　居
住民票の異動 →

転居後の住居
手すりの取り付け
段差の解消

↓

住宅改修費支給申請が可能

2. 介護予防住宅改修

予防給付の「介護予防住宅改修費」は、2006（平成18）年に、従来の住宅改修費とは別に設けられました。対象となる以下の内容については、介護給付の住宅改修と同様です。

プラスα

予防給付の場合でも、支給限度基準額は同様の20万円です。

1　対象となる住宅改修の種類
2　支給限度基準額　20万円
3　1～3割負担（基準額の20万円まで）
4　事前申請
5　償還払い

→ 介護給付の住宅改修と同様

基礎理解度 CHECK!!

□□ 1 ▶ 昇降機など、動力により段差を解消する機器を設置する工事の費用は、住宅改修費の支給対象になる。

□□ 2 ▶ 引き戸等への扉の取り替えで、扉を新設する改修は住宅改修の対象とならない。

□□ 3 ▶ 住宅改修費の申請は、事後申請制度が原則となっている。

□□ 4 ▶ 住宅改修費の支給方法は、原則として償還払いである。

□□ 5 ▶ 介護予防住宅改修費の支給限度基準額は、10万円となっている。

1 ✕ 昇降機、リフトなど動力により段差を解消する機器を設置する工事の費用は、支給対象に含まれない。
2 ✕ 引き戸等への扉の取り替えで、改修前に比べ新設したほうが安価な場合には、住宅改修の対象となる。
3 ✕ 住宅改修費の申請は、事前申請制度が原則となっている。
4 ○
5 ✕ 介護予防住宅改修費の支給限度基準額は、要介護者の住宅改修費と同様の20万円である。

ランク B

21 夜間対応型訪問介護

夜間対応型訪問介護は、夜間における、定期的な巡回、または利用者からの通報によってその居宅を訪問し、安心して生活を送ることができるようにするための援助を行うものです。夜間帯（22時～6時）に特化した訪問介護として2006（平成18）年の制度改正で、要介護度が中重度等、あるいは一人暮らしの人などの夜間の在宅生活を支えるために創設されました。まずは、基本となる3つのサービス（定期巡回サービス、オペレーションセンターサービス、随時訪問サービス）を覚えましょう。

夜間対応型訪問介護とは

要介護者に対し、夜間に介護福祉士などが定期的に居宅を巡回し、または随時通報を受けて、居宅において入浴、排泄、食事などの介護、生活などに関する相談・助言、その他日常生活上の緊急時の対応を行うものです。定期巡回サービス、オペレーションセンターサービス、随時訪問サービスを一括して提供します。サービスを提供する時間帯は事業所ごとに設定されていますが、最低限22時～6時までの間は含むものとされています。

サービス内容

定期巡回サービス	利用者の要介護状態の軽減または悪化を防止するように目標を設定して計画的に行われる。訪問介護員等が定期的に利用者の居宅を巡回して訪問介護を行う
オペレーションセンターサービス	オペレーションセンター従業者が利用者に配布したケアコール端末からの随時の通報を受け、通報内容などをもとに、訪問介護員等の訪問の要否などを判断する
随時訪問サービス	利用者からの随時の連絡に対応して、訪問介護員等が訪問介護を行う。随時訪問サービスを適切に行うため、オペレーションセンター従業者は、利用者の面接および1か月ないし3か月に1回程度の利用者の居宅への訪問を行う

オペレーションセンター

オペレーションセンターは、通常の事業の実施地域内に1か所以上設置しなければなりません。ただし、利用者数が少なく事業者と利用者との間に密接な関係が築かれていることなどにより、

プラスα

夜間対応型訪問介護の対象者として想定されるのは、一人暮らしの高齢者、高齢者のみの世帯、中重度の要介護者などです。しかし、これらの利用者に限定されるものではないとされています。

アドバイス

夜間対応型訪問介護のサービスの提供時間として含まれるべき時間帯が過去問でも問われました。24-55

プラスα

ケアコール端末とは、通報のための端末機器です。随時通報が適切に行える場合は、利用者の携帯電話や家庭用電話での通報も認められています。ケアコール端末の設置料、リース料などの費用徴収は認められていません。通信料は利用者が負担します。

過去の出題

ケアコール端末について問われました。22-56

・事業者は、利用者へ配布するケアコール端末に係る設置料、リース料、保守料の費用を利用者から徴収することができる。
→×（事業者が負担する）

利用者からの通報に十分対応できる場合には、設置しないこともできます。

人員基準

オペレーションセンター従業者（オペレーター）	・看護師、介護福祉士、医師、保健師、准看護師、社会福祉士または介護支援専門員を提供時間帯を通じて1人以上 ・訪問介護事業所でサービス提供責任者として1年以上従事した者（当該オペレーターとの緊密な連携を確保することにより、利用者からの通報に適切に対応できると認められる場合） ・オペレーターは、もっぱらその職務に従事する者でなければならない。ただし、利用者の処遇に支障がない場合は、定期巡回サービス等に従事することができ、また、利用者に対するオペレーションセンターサービスの提供に支障がない場合は、随時訪問サービスに従事することができる。このほか、事業所の同一敷地内に介護老人福祉施設等がある場合は、その施設等の職員をオペレーターとして充てることができる
面接相談員	オペレーターと同資格、または同等の知識経験をもつ者を1人以上確保されるために必要な数以上
訪問介護員等	・定期巡回サービスを行う訪問介護員等を必要な数以上 随時訪問サービスを行う訪問介護員等を提供時間帯を通じ専従で1人以上確保されるために必要な数以上 ・随時訪問サービスを行う訪問介護員等は、もっぱら当該随時訪問サービスの提供にあたる者でなければならない。ただし、利用者の処遇に支障がない場合は、定期巡回サービスまたは同一敷地内にある訪問介護事業所もしくは定期巡回・随時対応型訪問介護看護事業所の職務に従事することができる
管理者	常勤専従（管理上支障がなければ兼務可）

設備基準

夜間対応型訪問介護の設備基準は、定期巡回・随時対応型訪問介護看護と同様です。

運営基準

具体的取扱方針	・随時訪問サービスを適切に行うため、オペレーションセンター従業者は、利用者の面接および1か月ないし3か月に1回程度の利用者の居宅への訪問を行い、随時利用者の心身の状況、その置かれている環境等の的確な把握に努め、利用者またはその家族に対し、適切な相談および助言を行う ・利用者から合鍵を預かる場合には、その管理を厳重に行うとともに、管理方法、紛失した場合の対処方法その他必要な事項を記載した文書を利用者に交付する
夜間対応型訪問介護計画の作成	オペレーションセンター従業者は、夜間対応型訪問介護計画の作成を行う。また、次の業務を行わなければならない ・計画作成にあたり、その内容について利用者またはその家族に説明し、利用者の同意を得る

過去の出題

夜間対応型訪問介護の具体的取扱方針について問われました。21-55
・随時訪問サービスにおいて、オペレーションセンター従業者は、一月ないし三月に1回程度利用者宅を訪問しなければならない。
→○

過去の出題

オペレーターについて問われました。24-55
・オペレーターは、定期巡回サービスを行う訪問介護員等に同行し、地域を巡回しながら利用者からの通報に対応することができる。
→○

過去の出題

合鍵の取り扱いについて問われました。22-56
・利用者から合鍵を預かる場合は、従業者であれば容易に持ち出すことができるような管理を行う必要がある。
→×（管理方法、紛失した場合の対処方法その他必要な事項を記載した文書を利用者に交付するものとする）

	・計画を作成した際には、利用者に交付する ・計画作成後に実施状況の把握を行い、必要に応じて計画の変更を行う
地域との連携等	・事業所の所在する建物と同一の建物に居住する利用者以外の者に対してもサービス提供を行うよう努めなければならない

介護報酬

オペレーションセンターの設置の有無によって、夜間対応型訪問介護費（Ⅰ）と（Ⅱ）に分かれます。オペレーションセンターを設置しない事業所は夜間対応型訪問介護費（Ⅱ）を算定することとなり、設置する事業所は夜間対応型訪問介護費（Ⅰ）または（Ⅱ）を選択することができるとされています。

（Ⅰ）オペレーションセンター設置あり	オペレーションセンターサービスに相当する部分のみを基本夜間対応型訪問介護費として１か月あたりの定額とする一方、定期巡回サービスおよび随時訪問サービスについては、出来高とする。
（Ⅱ）オペレーションセンター設置なし	定期巡回サービス、オペレーションセンターサービスおよび随時訪問サービスをすべて包括して１か月あたりの定額としている。

利用者が１か所の夜間対応型訪問介護事業所から夜間対応型訪問介護を受けている間は、他の事業所による夜間対応型訪問介護費は算定できません。

夜間対応型訪問介護費と同時に算定されないサービス

利用者が以下のサービスを受けている間は、夜間対応型訪問介護費は算定しない。
- **短期入所生活介護**
- **短期入所療養介護**
- **特定施設入居者生活介護**
- **小規模多機能型居宅介護**
- **認知症対応型共同生活介護**
- **地域密着型特定施設入居者生活介護**
- **地域密着型介護老人福祉施設入所者生活介護**
- **看護小規模多機能型居宅介護（複合型サービス）**

主な加算

24時間通報対応加算	夜間対応型訪問介護費（Ⅰ）を算定している事業所について、日中においてオペレーションセンターサービスを行うために必要な人員を確保しているなどの要件を満たし、オペレーションセンターサービスを日中行う場合に算定する

プラスα
オペレーションセンターを設置しない場合にあっては、訪問介護員等が夜間対応型訪問介護計画を作成します。

アドバイス
夜間対応型訪問介護では、運営推進会議の設置は求められていません。他の地域密着型サービスと違うので、注意してください（443頁側注参照）。

過去の出題
夜間対応型訪問介護費と同時に算定されないサービスについて問われました。
21-55
・利用者が短期入所生活介護を受けている間も、夜間対応型訪問介護費を算定できる。
→×（利用者が短期入所生活介護を受けている間は、夜間対応型訪問介護費を算定できない）

プラスα
24時間通報対応加算の日中とは、8時から18時までの時間帯を含む、事業所の営業時間以外の時間帯をいいます。

過去の出題
24時間通報対応加算について問われました。
21-55
・緊急時の連絡体制を確保し、日中においてオペレーションセンターサービスを行う等の要件を満たす場合は、24時間通報対応加算を算定できる。
→○

基礎理解度 CHECK!!

□□ 1 ▶ 夜間対応型訪問介護では、オペレーションセンターサービスと随時訪問サービスの2つを一括して提供する。

□□ 2 ▶ 対象者は、一人暮らしの高齢者または高齢者のみの世帯や中重度者に限られる。

□□ 3 ▶ サービスの提供時間は、22時から6時までの間を最低限含む必要がある。

□□ 4 ▶ 利用者は必ずケアコール端末を所持しなければならない。

□□ 5 ▶ 随時訪問サービスを適切に行うため、オペレーションセンター従業者は、利用者の面接および12か月に1回程度の利用者宅への訪問を行わなければならない。

□□ 6 ▶ 夜間対応型訪問介護は、オペレーションセンターを必ず設置する必要がある。

□□ 7 ▶ 夜間対応型訪問介護の提供にあたり、事業者は利用者から合鍵を預かることは認められていない。

□□ 8 ▶ 夜間対応型訪問介護計画は、利用者を担当する居宅介護支援事業所の介護支援専門員が作成しなければならない。

□□ 9 ▶ 事業所の所在する建物と同一の建物に居住する利用者に対してサービスを提供する場合には、同一建物に居住する利用者以外の者に対してもサービス提供を行うよう努めなければならない。

□□ 10 ▶ 小規模多機能型居宅介護を受けている間は、夜間対応型訪問介護費は算定できない。

□□ 11 ▶ 訪問介護や通所介護を受けている間は、夜間対応型訪問介護費は算定できない。

□□ 12 ▶ 夜間対応型訪問介護の24時間通報対応加算は、オペレーションセンターを設置していない事業所でも算定できる。

1 ×夜間対応型訪問介護では、①定期巡回サービス、②オペレーションセンターサービス、③随時訪問サービスの3つを一括して提供する。

2 ×対象者は、高齢者または高齢者のみの世帯や中重度者に限られていない。要介護者であれば利用できる。

3 ○

4 ×ケアコール端末に代えて、利用者所有の家庭用電話や携帯電話により随時の通報ができれば、ケアコール端末を所持していなくともよい。

5 ×利用者の面接および1か月ないし3か月に1回程度の利用者宅への訪問を行わなければならない。

6 ×利用者の人数が少なく、かつ、事業所と利用者の間に密接な関係が築かれていることにより、定期巡回サービスを行う訪問介護員等が利用者から通報を受けた場合に十分な対応を行うことが可能であるときは、オペレーションセンターを設置しなくともよい。

7 ×事業者は利用者から合鍵を預かることが認められている。

8 ×夜間対応型訪問介護計画は、オペレーションセンター従業者（オペレーションセンターを設置しない場合は訪問介護員等）が作成する。

9 ○

10 ○

11 ×訪問介護や通所介護を受けていても、夜間対応型訪問介護費を算定できる。

12 ×24時間通報対応加算は、オペレーションセンターを設置していない事業所は算定することができない。

ランクB

22 地域密着型通所介護

地域密着型通所介護は、2014（平成26）年の介護保険法改正により創設されました。それまで居宅サービスの１つとして位置づけられてきた通所介護について、規模の小さな通所介護事業所は、市町村が地域包括ケアシステムの構築を図る観点から整合性のあるサービス基盤の整備を行う必要があるとして、2016（平成28）年４月に地域密着型サービスに移行したものです。第20回試験で出題されています。

定義

利用定員が19人未満の通所介護をいいます。

人員基準

基本的に、通所介護と同じです（411頁参照）。

人員基準

<table>
<tr><th>職種</th><th colspan="2">配置要件</th></tr>
<tr><td>管理者</td><td colspan="2">特段の専門資格は不要
事業所ごとに常勤・専従で１人以上
（管理上支障がなければ事業所の他の職務や同一敷地内にある他の事業所・施設等の職務に就くことは可）</td></tr>
<tr><td>生活相談員</td><td>サービス提供日ごとに　サービス提供時間帯に専従
勤務延時間数÷サービス提供時間数（サービス提供開始時刻から終了時刻まで）＝１人以上</td><td rowspan="2">どちらか１人以上、常勤でなければならない</td></tr>
<tr><td>介護職員</td><td>単位ごとに　サービス提供時間帯に
勤務延時間数÷平均提供時間数
・利用者数15人までの場合　１人以上
・15人を超える場合
超えた人数（利用者数－15）÷５＋１の人以上</td></tr>
<tr><td>看護職員
（看護師または准看護師）</td><td colspan="2">単位ごとに専従１人以上</td></tr>
<tr><td>機能訓練指導員</td><td colspan="2">１人以上　訓練を行う能力を有する者（兼務可）</td></tr>
</table>

特徴

地域密着型通所介護事業所の特徴として、以下のものがあげられます。

① 利用者に対する支援(社会的孤立感の解消や心身機能の維持)

プラスα

利用定員とは、事業所において同時に地域密着型通所介護の提供を受けることができる利用者の数の上限をいいます。

プラスα

生活相談員の確保すべき勤務延時間数には、次のような利用者の地域生活を支える取り組みのために必要な時間も含めることができます。

- サービス担当者会議や地域ケア会議に出席するための時間
- 利用者宅を訪問し、在宅生活の状況を確認したうえで行う、利用者の家族も含めた相談・援助のための時間
- 地域の町内会、自治会、ボランティア団体等と連携し、利用者に必要な生活支援を担ってもらうなどの社会資源の発掘・活用のための時間

プラスα

利用定員が10人以下の場合は、単位ごとに介護職員または看護職員が、
勤務延時間÷サービス提供時間＝１人以上
とされています。

プラスα

平均提供時間数は、利用者ごとの提供時間数の合計÷利用者数で求めます。

② 家族等に対する支援

③ 専門職等や地域との連携

地域密着型通所介護計画の作成

地域密着型通所介護事業所の管理者は、利用者の心身の状況、希望およびその置かれている環境を踏まえて、機能訓練等の目標、目標を達成するための具体的なサービスの内容等を記載した地域密着型通所介護計画を作成しなければなりません。

設備基準

地域密着型通所介護事業所は、食堂、機能訓練室、静養室、相談室、事務室を有する必要があります。また、消火設備その他の非常災害に際して必要な設備とサービスの提供に必要なその他の設備および備品等を備えておかなければなりません。

食堂および機能訓練室	それぞれ必要な広さを有するものとする。合計した面積は、3 m^2 に利用定員を乗じて得た面積以上とする（食事の提供や機能訓練を行う際に、支障がない広さを確保できる場合には、同一の場所とすることができる）
相談室	遮蔽物《しゃへいぶつ》の設置等により、相談の内容が漏洩《ろうえい》しないよう配慮されていること

運営基準

利用料等の受領	・通常の事業の実施地域以外に送迎する費用、通常の時間を超えるサービス（預かりサービス）の費用、食事の費用、おむつ代、日常生活費の支払いを受けられる
基本取扱方針	・利用者の要介護状態の軽減または悪化の防止に資するよう、その目標を設定し、計画的に行われなければならない ・自らその提供するサービスの質の評価を行い、常にその改善を図らなければならない
具体的取扱方針	・地域住民との交流や地域活動への参加を図りつつ、利用者の心身の状況を踏まえて、妥当適切に行う 特に、認知症である要介護者に対しては、必要に応じ、その特性に対応したサービスの提供ができる体制を整える
地域との連携等	・サービスの提供にあたっては、利用者、家族、地域住民の代表者、市町村職員、地域包括支援センター職員、サービスについて知見を有する者等による運営推進会議を設置し、おおむね6か月に1回以上、運営推進会議に対して活動状況を報告して評価を受けるとともに、運営推進会議から必要な要望、助言等を聴く機会を設けなければならない ・報告、運営推進会議からの評価、要望、助言等について記録を作成し、それを公表しなければならない ・運営にあたっては、地域住民やその自発的な活動等との連携・協力を行う等の地域との交流を図らなければならない

過去の出題

運営推進会議の目的について問われました。▶20-56

・運営推進会議には、事業所による利用者の「抱え込み」を防止する役割もある。

→○

プラスα

運営推進会議は、テレビ電話装置等を活用して行うことができます。利用者またはその家族が参加する場合は、その活用について同意を得なければなりません。

	・利用者からの苦情に関して、市町村等が派遣する者（介護サービス相談員）が相談・援助を行う事業その他の市町村が実施する事業に協力するよう努めなければならない ・事業者は、事業所の所在する建物と同一の建物に居住する利用者にサービスを提供する場合には、当該建物に居住する利用者以外の者にもサービスの提供を行うよう努めなければならない

共生型サービス

2017（平成29）年の介護保険法ならびに障害者総合支援法の改正により、2018（平成30）年4月より共生型サービスが介護保険と障害福祉の両制度に位置づけられました。地域密着型サービスの運営基準第37条の2において、障害福祉制度における生活介護、自立訓練、児童発達支援、放課後等デイサービスの指定を受けている事業所が、必要な要件を満たすことで共生型地域密着型通所介護の指定を受けることができます（78頁参照）。

介護報酬

サービス提供時間、利用者の要介護度に応じて、地域密着型通所介護費が異なります。

サービス提供時間には、送迎の時間は含まれません。ただし、送迎時に実施した居宅内での介助等（着替え、ベッド・車いすへの移乗、戸締まり等）に要する時間は、あらかじめ定められた要件を満たす場合、1日30分以内を限度として、サービス提供時間に含めることができます。

2時間以上3時間未満の地域密着型通所介護を行う場合

心身の状況から病後等で短時間の利用から始めて長時間利用に結びつけていく必要があるなど、利用者のやむを得ない事情により、長時間のサービス利用が困難である利用者に対して、所要時間2時間以上3時間未満の地域密着型通所介護を行う場合の単位数を算定できます。

延長加算

所要時間8時間以上9時間未満の地域密着型通所介護の前後に連続して日常生活上の世話を行う場合について、5時間を限度として、1時間ごとに延長加算が算定できます。例えば、次のような場合に、5時間分の延長サービスとして算定されます。

プラスα

運営推進会議の開催頻度は、以下のとおりです。
（いずれもおおむね）

○12か月に1回以上
・療養通所介護

○6か月に1回以上
・地域密着型通所介護
・認知症対応型通所介護

○2か月に1回以上
・小規模多機能型居宅介護
・認知症対応型共同生活介護
・地域密着型特定施設入居者生活介護
・地域密着型介護老人福祉施設入所者生活介護
・看護小規模多機能型居宅介護

プラスα

運営推進会議は、一定の条件を満たす場合には、複数の事業所による合同開催ができます。

アドバイス

夜間対応型訪問介護には、運営推進会議の設置は求められていません。

プラスα

サービス提供時間と要介護度の組み合わせによって単位数が異なります。

① 9時間の地域密着型通所介護の後に連続して5時間の延長サービスを行った場合

② 9時間の地域密着型通所介護の前に連続して2時間、後に連続して3時間、合計5時間の延長サービスを行った場合

減算

地域密着型通所介護事業所と同一建物に居住する者または同一建物から当該事業所に通い地域密着型通所介護を利用する者には、1日につき94単位を所定単位数から減算します。

また、利用者に対して、その居宅と地域密着型通所介護事業所との間の送迎を行わない場合は、片道につき47単位を所定単位数から減算します。

プラスα

地域密着型通所介護事業所と同一建物等の場合には減算されますが、傷病その他やむを得ない事情により送迎が必要であると認められる利用者に対して送迎を行った場合は、減算は行われません。

過去の出題

事業実施地域以外の地域に居住する利用者に対して行う送迎の費用について問われました。20-56

・事業実施地域以外の地域に居住する利用者に対して行う送迎の費用については、利用者から支払いを受けることができる。→○

基礎理解度 CHECK!!

□□ 1 ▶ 地域密着型通所介護の利用定員は19人未満となっている。

□□ 2 ▶ 地域密着型通所介護事業所の管理者は、介護福祉士でなければならない。

□□ 3 ▶ 地域密着型通所介護事業所には、看護職員（看護師または准看護師）は、単位ごとに専従で1人以上置く。

□□ 4 ▶ 通常の時間を超えるサービス（預かりサービス）の費用やおむつ代は、利用者から支払いを受けられる。

□□ 5 ▶ 地域密着型通所介護では、地域住民との交流や地域活動への参加は、利用者の精神的負担になるため好ましくない。

□□ 6 ▶ 地域密着型通所介護事業者は、事業所の所在する建物と同一の建物に居住する利用者に対して、優先的にサービスの提供を行うよう努める。

□□ 7 ▶ 地域密着型通所介護では、運営推進会議を2か月に1回以上開催しなければならない。

1 ○

2 ×管理者は特段の専門資格は不要となっている。事業所ごとに常勤専従で1人以上置く。

3 ○

4 ○

5 ×地域密着型通所介護では、地域住民との交流や地域活動への参加を図りつつ、利用者の心身の状況を踏まえて、妥当適切に行う。

6 ×地域密着型通所介護事業者は、事業所の所在する建物と同一の建物に居住する利用者にサービスを提供する場合には、当該建物に居住する利用者以外の者にもサービスの提供を行うよう努めなければならない。

7 ×地域密着型通所介護では、運営推進会議をおおむね6か月に1回以上開催しなければならない。このほかに同じ開催頻度のものとして、認知症対応型通所介護がある。

ランクB

23 療養通所介護

療養通所介護は、難病やがん末期など医療ニーズと介護ニーズを併せもつ利用者に、主治医や訪問看護事業者と連携して、サービスを提供する通所サービスの１つです。サービス提供にあたり常時看護師による観察が必要な要介護者を対象としています。居宅サービスとして位置づけられていましたが、2016（平成 28）年４月から「地域密着型通所介護」に移行しました。2018（平成 30）年４月から利用定員が９人以下から 18 人以下となっています。

療養通所介護とは

療養通所介護は、難病等を有する重度要介護者またはがん末期の者であって、サービス提供にあたり常時看護師による観察が必要なものを対象者とします。これらの対象者に療養通所介護計画に基づき、入浴、排泄、食事等の介護その他の日常生活上の世話および機能訓練を行うサービスを提供します。

人員基準

地域密着型通所介護とは従業者の員数が異なります。

看護職員または介護職員	提供時間帯を通じて、利用者1.5人に対して１人以上（うち１人以上は常勤・専従の看護師）
管理者	看護師でかつ適切な指定療養通所介護を行うために必要な知識と技能を有する者（訪問看護に従事した経験のある者でなければならない） 常勤専従（支障がない場合は他の職務に従事できる）

設備基準

・利用定員を18人以下とする
・6.4m^2 に利用定員を乗じて得た面積以上の専用の部屋のほか、消火設備その他の非常災害に際して必要な設備ならびにサービスの提供に必要な設備および備品等を備えなければならない

運営基準

利用料等の受領	・通常の事業の実施地域以外に送迎する費用、食事の費用、おむつ代、日常生活費の支払いを受けられる
具体的取扱方針	・療養通所介護計画に基づき、利用者の機能訓練および日常生活を営むことができるよう必要な援助を行う ・事業者は、主治の医師や訪問看護事業者等との密接な連携を

アドバイス

療養通所介護は、地域密着型通所介護に含まれている通所サービスですが、地域密着型通所介護とは別に、人員・設備・運営基準が規定されています。

プラスα

利用者の疾患が「難病等」にあたるか否かについては、主治医を含めたサービス担当者会議において検討され、適切に判断されます。

過去の出題

療養通所介護について問われました。（▸23-10）
・指定療養通所介護は、難病等を有する重度要介護者又はがん末期の者のうち、常時看護師による観察が必要なものを対象者とする。
→○

プラスα

2018（平成 30）年４月から、利用定員が９人以下から 18 人以下に引き上げられました。利用定員とは、事業所において同時に療養通所介護の提供を受けることができる利用者の数の上限をいいます。

	図り、サービスの提供方法および手順等についての情報共有を十分に図る
療養通所介護計画の作成	管理者は、療養通所介護計画を作成する。また、次の業務を行わなければならない ・すでに訪問看護計画書が作成されている場合は、その内容との整合を図りつつ、作成しなければならない ・作成にあたり、計画の内容を利用者・その家族に対して説明し、利用者の同意を得て、利用者に計画を交付しなければならない ・それぞれの利用者について、計画に従ったサービスの実施状況と目標の達成状況の記録を行う
緊急時対応医療機関	・事業者は、利用者の病状の急変等に備えるため、あらかじめ、緊急時対応医療機関を定めておかなければならない ・緊急時対応医療機関は、事業所と同一の敷地内にあり、または隣接し、もしくは近接していなければならない ・事業者は、緊急時において円滑な協力を得るため、当該緊急時対応医療機関との間で、あらかじめ必要な事項を取り決めておかなければならない

過去の出題

療養通所介護計画について問われました。(16-51)
・指定療養通所介護事業所では、難病などを有する重度要介護者等を対象として、療養通所介護計画に基づき支援を行う。
→○

運営推進会議と安全・サービス提供管理委員会

利用者、利用者の家族、地域住民の代表者、市町村職員または地域包括支援センター職員等で構成される**運営推進会議**をおおむね**12か月**に1回以上開催し、活動状況について評価を受け、助言等を聴く機会を設けなければなりません。

また、安全かつ適切なサービスの提供を確保するために、**安全・サービス提供管理委員会**を設置し、おおむね**6か月**に1回以上委員会を開催しなければなりません。委員会では、事故事例等、安全管理に必要なデータの収集を行い、サービスの安全かつ適切な提供を確保するための方策の検討を行い、その結果についての記録を作成しなければなりません。

プラスα

一定の条件を満たせば、複数の事業所による運営推進会議の合同開催が可能です。

プラスα

安全・サービス提供管理委員会の委員は、地域の医療関係団体（地域の医師会等）に属する者、地域の保健・医療・福祉の分野を専門とする者などで構成されます。

過去の出題

安全・サービス提供管理委員会について問われました。(17-52)
・療養通所介護では、安全かつ適切なサービスの提供を確保するために、安全・サービス提供管理委員会を設置しなければならない。
→○

介護報酬

医療と介護の両方のニーズをもつ中重度の要介護者の状態やニーズに合わせた柔軟なサービス提供を図る観点から、2021（令和3）年4月より、**月単位の包括報酬**とされました。

月に12,691単位	・入浴介助を行わない場合は、所定単位数の100分の95 ・サービス提供量が過少（月4回以下）である場合は、所定単位数の100分の70

注：これに伴い、個別送迎体制強化加算や入浴介助体制強化加算は廃止された。

基礎理解度 CHECK!!

□□ 1 ▶ 療養通所介護とは、重度の認知症高齢者を対象とする1泊2日の預かりサービスである。

□□ 2 ▶ 療養通所介護の対象者は、難病を有する者に限定されている。

□□ 3 ▶ 療養通所介護事業所の管理者は、精神保健福祉士でなければならない。

□□ 4 ▶ 療養通所介護の利用定員は9人以下である。

□□ 5 ▶ 療養通所介護では、通所介護計画に基づき、必要な援助を行う。

□□ 6 ▶ 療養通所介護事業者は、主治の医師や訪問看護事業者等との密接な連携を図る必要がある。

□□ 7 ▶ 療養通所介護計画は、すでに訪問看護計画書が作成されている場合は、その内容との整合を図りつつ、作成しなければならない。

□□ 8 ▶ 療養通所介護事業者は、あらかじめ緊急時対応医療機関を定めておかなければならない。

□□ 9 ▶ 療養通所介護では、運営推進会議を2か月に1回以上開催する。

□□ 10 ▶ 療養通所介護では、介護・医療連携推進会議を設置し、おおむね6か月に1回以上開催しなければならない。

□□ 11 ▶ 2人以上の従事者により、個別に送迎を行った場合には、個別送迎体制強化加算を算定する。

1 ×療養通所介護は、難病等を有する重度要介護者等を対象としている通所介護のサービスである。

2 ×療養通所介護は、難病等を有する重度要介護者またはがん末期の者であって、常時看護師による観察が必要な者を対象としている。

3 ×管理者は、看護師でかつ適切な指定療養通所介護を行うために必要な知識と技能を有する者である。

4 ×療養通所介護の利用定員は18人以下である。

5 ×療養通所介護では、療養通所介護計画に基づき、利用者の機能訓練および日常生活を営むことができるよう必要な援助を行う。

6 ○

7 ○

8 ○

9 ×療養通所介護では、運営推進会議をおおむね12か月に1回以上開催する。

10 ×介護・医療連携推進会議を設置するのは、定期巡回・随時対応型訪問介護看護である。療養通所介護では、安全・サービス提供管理委員会を設置し、おおむね6か月に1回以上開催しなければならない。

11 ×2021（令和3）年4月からの介護報酬の改定で、療養通所介護は月単位の包括報酬となった。そのため、1日あたりとなっていた「個別送迎体制強化加算」や「入浴介助体制強化加算」は廃止となっている。

ランク B

24 認知症対応型通所介護

認知症対応型通所介護は、認知症の人が可能な限り居宅において日常生活を営むことができるよう、また利用者の家族の身体的および精神的負担の軽減を図れるよう支援するものです。第 20 回試験、第 22 回試験、第 22 回再試験、第 24 回試験、第 26 回試験で出題されています。対象者には、認知症の急性の状態にある者は含まれません。類型は 3 類型あることや、人員・運営基準などが試験に多く出題されていますのでおさえておきましょう。

認知症対応型通所介護とは

認知症対応型通所介護とは、認知症の人が可能な限り居宅において、日常生活を営むことができるよう生活機能の維持または向上を目指し、必要な日常生活上の世話および機能訓練を行うことにより、利用者の社会的孤立感の解消および心身の機能の維持ならびに利用者の家族の身体的・精神的負担の軽減を図ることを支援するものです。

目的

① 可能な限り住み慣れた居宅で自立した生活を継続する
② 社会的孤立感の解消を図る
③ 心身の機能を維持する
④ 利用者の家族の身体的・精神的負担を軽減する

対象者

認知症の原因となる疾患が急性の状態にある場合は、認知症対応型通所介護の対象とはなりません。

認知症対応型通所介護は対象者を認知症の人に限定し、認知症の特性に配慮したサービス形態です。そのため、一般の通所介護と一体的な形で実施することは認められていません。認知症対応型通所介護を一般の通所介護と同じ事業所で同一の時間帯に行う場合には、パーティション等で間を仕切るなどにより、職員、利用者およびサービスを提供する空間を明確に区別することが必要です。

プラスα

地域密着型サービスについては、市町村が事業者の指定を行い、原則として、その市町村の住民のみが保険給付の対象となります。ただし、事業所所在の保険者（A市）の同意があった場合には、他の保険者（B市）も同事業所を指定でき、B市の住民も同事業所を利用できます。

アドバイス

認知症対応型通所介護の対象者には、若年性認知症の者も含まれます。

過去の出題

認知症対応型通所介護について問われました。

20-55　22再-55　26-56

- 認知症の原因となる疾患が急性の状態にある者も対象となる。
  →×（急性の状態にある場合は対象とはならない）
- 認知症対応型通所介護には、機能訓練が含まれる。
  →○
- 認知症の原因となる疾患が急性の状態にある者は、対象とはならない。
  →○

類型

認知症対応型通所介護は、サービスの提供体制に応じて、「併設型」「単独型」「共用型」の３つの類型に分かれます。

類型	概要		利用定員
併設型	特別養護老人ホーム、養護老人ホーム、病院、診療所、介護老人保健施設、介護医療院、社会福祉施設または特定施設に併設されている事業所で行われる認知症対応型通所介護		12人以下
単独型	上記施設に併設されていない事業所で行われる認知症対応型通所介護		
共用型	次の事業所・施設の居間、食堂、共同生活室において、その事業所・施設の利用者、入居者または入所者とともに行う認知症対応型通所介護		
	認知症対応型共同生活介護事業所もしくは介護予防認知症対応型共同生活介護事業所	居間または食堂	共同生活住居ごとに１日あたり３人以下
	地域密着型特定施設もしくは地域密着型介護老人福祉施設	食堂または共同生活室	施設ごとに１日あたり３人以下
	ユニット型地域密着型介護老人福祉施設	食堂または共同生活室	１ユニットあたりユニットの入居者と合わせて12人以下

認知症対応型通所介護は、事業所内でサービスを提供することが原則とされています。ただし、次に掲げる条件を満たす場合は、事業所の屋外でサービスを提供することができます。

① あらかじめ認知症対応型通所介護計画に位置づけられていること

② 効果的な機能訓練等のサービスが提供できること

認知症対応型通所介護計画の作成

認知症対応型通所介護事業所（併設型、単独型、共用型認知症対応型通所介護事業所）の管理者は、利用者の心身の状況、希望およびその置かれている環境を踏まえて、機能訓練等の目標、目標を達成するための具体的なサービスの内容等を記載した認知症対応型通所介護計画を作成しなければなりません。

地域との連携等

認知症対応型通所介護事業者は、運営推進会議の設置により、運営推進会議に対し活動状況を報告し、運営推進会議による評価を受けるとともに、運営推進会議から必要な要望、助言等を聴く

過去の出題

類型について問われました。24-56

・認知症対応型共同生活介護事業所の居間や食堂を活用して行うのは、併設型指定認知症対応型通所介護である。

→×（共用型である）

過去の出題

一般の通所介護と同じ事業所で同一の時間帯にサービスを行う場合について問われました。20-55

・職員、利用者及びサービスを提供する空間を明確に区別すれば、一般の通所介護と同じ事業所で同一の時間帯にサービスを行うことができる。

→○

過去の出題

屋外でのサービスを提供する場合について問われました。24-56

・認知症対応型通所介護計画に位置付けられ、効果的な機能訓練等のサービスが提供できる場合は、事業所の屋外でサービスを提供することができる。

→○

過去の出題

共用型について問われました。26-56

・共用型指定認知症対応型通所介護の利用定員は、１施設１日当たり12人以下としなければならない。

→×（共同生活住居ごとに１日当たり３人以下）

機会を設けなければなりません。なお、一定の要件を満たせば、複数の事業所による運営推進会議の合同開催が可能です。

開催頻度	おおむね6か月に1回以上
構成員	利用者 利用者の家族 地域住民の代表者（町内会役員、民生委員等） 市町村の職員 地域包括支援センターの職員 認知症対応型通所介護について知見を有する者　等

人員基準

<table>
<tr><th>類型</th><th>職種</th><th colspan="2">要件・配置基準等</th></tr>
<tr><td rowspan="4">併設型
・
単独型</td><td>管理者</td><td colspan="2">特段の専門資格は不要
事業所ごとに常勤・専従で1人以上
（管理上支障がなければ事業所の他の職務や同一敷地内にある他の事業所・施設等の職務に就くことは可）</td></tr>
<tr><td>生活相談員</td><td>サービス提供日ごとに　サービス提供時間帯に専従
勤務延時間数÷サービス提供時間数（サービス提供開始時刻から終了時刻まで）＝1人以上</td><td rowspan="2">生活相談員、看護職員または介護職員のうち1人以上は、常勤でなければならない</td></tr>
<tr><td>看護職員
・
介護職員</td><td>単位ごとに、看護職員（看護師または准看護師）または介護職員が2人以上（常時1人以上従事させなければならない）確保されるために必要と認められる数</td></tr>
<tr><td>機能訓練指導員</td><td colspan="2">1人以上　訓練を行う能力を有する者（兼務可）</td></tr>
<tr><td rowspan="2">共用型</td><td>管理者</td><td colspan="2">特段の専門資格は不要
事業所ごとに常勤・専従で1人以上
（管理上支障がなければ本体施設・事業所の他の職務や同一敷地内にある他の事業所・施設等の職務に就くことは可）</td></tr>
<tr><td>従業者</td><td colspan="2">共用型認知症対応型通所介護を行う事業所・施設の利用者、入居者、入所者の数と共用型認知症対応型通所介護の利用者の数を合計した数についてそれぞれのサービスの基準を満たすために必要な従業者</td></tr>
</table>

設備基準

併設型・単独型認知症対応型通所介護事業所には、食堂、機能訓練室、静養室、相談室、事務室が必要とされています。また、消火設備その他の非常災害に際して必要な設備とサービスの提供に必要なその他の設備および備品等を備えなければなりません。

過去の出題

運営推進会議について問われました。（22-55）
・事業者は、運営推進会議における報告、評価、要望、助言等について記録を作成し、公表しなければならない。
→○

プラスα

管理者は、「認知症対応型サービス事業管理者研修」を修了した者です。

過去の出題

人員基準について問われました。（24-56）（26-56）
・生活相談員が認知症対応型通所介護計画を作成する。
→×（認知症対応型通所介護事業所の管理者が作成する）
・単独型・併設型指定認知症対応型通所介護の場合、生活相談員、看護職員又は介護職員のうち2人以上は、常勤でなければならない。
→×（生活相談員、看護職員または介護職員のうち1人以上は、常勤）
・あん摩マッサージ指圧師は、単独型・併設型指定認知症対応型通所介護事業所の機能訓練指導員になることができる。
→○

アドバイス

機能訓練指導員については、411頁の人員基準を参照して下さい。

食堂および機能訓練室	それぞれ必要な広さを有するものとする。合計した面積は、$3\,\mathrm{m}^2$に利用定員を乗じて得た面積以上とする（食事の提供や機能訓練を行う際に、支障がない広さを確保できる場合には、同一の場所とすることができる）
相談室	遮蔽物《しゃへいぶつ》の設置等により、相談の内容が漏洩《ろうえい》しないよう配慮されていること

運営基準

利用料等の受領	・通常の事業の実施地域以外に送迎する費用、通常の時間を超えるサービス（預かりサービス）の費用、食事の費用、おむつ代、日常生活費の支払いを受けられる
基本取扱方針	・利用者の認知症の症状の進行の緩和に資するよう、その目標を設定し、計画的に行われなければならない ・自らその提供するサービスの質の評価を行い、常にその改善を図らなければならない
具体的取扱方針	・利用者が住み慣れた地域での生活を継続することができるよう、地域住民との交流や地域活動への参加を図りつつ、利用者の心身の状況を踏まえ、妥当適切に行う ・利用者一人ひとりの人格を尊重し、利用者がそれぞれの役割をもって日常生活を送ることができるよう配慮して行う ・常に利用者の心身の状況を的確に把握しつつ、相談援助等の生活指導、機能訓練、その他必要なサービスを利用者の希望に添って適切に提供する
地域との連携等	・サービスの提供にあたっては、利用者、家族、地域住民の代表者、市町村職員、地域包括支援センター職員、サービスについて知見を有する者等による運営推進会議を設置し、おおむね6か月に1回以上、運営推進会議に対して活動状況を報告して評価を受けるとともに、運営推進会議から必要な要望、助言等を聴く機会を設けなければならない ・報告、運営推進会議からの評価、要望、助言等について記録を作成し、それを公表しなければならない ・運営にあたっては、地域住民やその自発的な活動等との連携・協力を行う等の地域との交流を図らなければならない ・利用者からの苦情に関して、市町村等が派遣する者が相談・援助を行う事業その他の市町村が実施する事業に協力するよう努めなければならない ・事業者は、事業所の所在する建物と同一の建物に居住する利用者にサービスを提供する場合には、当該建物に居住する利用者以外の者にもサービスの提供を行うよう努めなければならない

介護報酬

事業所類型（併設型、単独型、共用型）、サービス提供時間、利用者の要介護度に応じて、認知症対応型通所介護費が異なります。

サービス提供時間には、送迎の時間は含まれません。ただし、送迎時に実施した居宅内での介助等（着替え、ベッド・車いすへの移乗、戸締まり等）に要する時間は、あらかじめ定められた要

過去の出題

認知症対応型通所介護について問われました。
24-56 26-56
・栄養改善サービスを提供することができる。
→○
・若年性認知症の者は、要介護であっても対象とならない。
→×（対象となる）
・サービスの提供方法等の説明には、利用日の行事及び日課等も含まれる。
→○

プラスα

運営推進会議は、テレビ電話装置等を活用して行うことができます。利用者またはその家族が参加する場合は、その活用について同意を得なければなりません。

プラスα

運営推進会議は、一定の条件を満たす場合には、複数の事業所による合同開催ができます。

件を満たす場合、1日30分以内を限度として、サービス提供時間に含めることができます。

● 2時間以上3時間未満の認知症対応型通所介護を行う場合

心身の状況から病後等で短時間の利用から始めて長時間利用に結びつけていく必要があるなど、利用者のやむを得ない事情により、長時間のサービス利用が困難である利用者に対して、所要時間2時間以上3時間未満の認知症対応型通所介護を行う場合の単位数を算定できます。

● 延長加算

所要時間8時間以上9時間未満の認知症対応型通所介護の前後に連続して日常生活上の世話を行う場合について、5時間を限度として、1時間ごとに延長加算が算定できます。例えば、次のような場合に、5時間分の延長サービスとして算定されます。

① 9時間の認知症対応型通所介護の後に連続して5時間の延長サービスを行った場合

② 9時間の認知症対応型通所介護の前に連続して2時間、後に連続して3時間、合計5時間の延長サービスを行った場合

● 入浴介助加算(Ⅰ)(Ⅱ)

(Ⅰ)(従前どおりのもの)は、入浴介助を適切に行うことができる人員および設備を有する事業所が入浴介助を行った場合には、1日につき40単位を加算できます。

(Ⅱ)は、医師、理学療法士、作業療法士、介護福祉士、介護支援専門員等が利用者の居宅を訪問して、浴室における利用者の動作・浴室の環境を評価します。そして、機能訓練指導員等が共同して、利用者の居宅を訪問した者との連携の下で、個別の入浴計画を作成して、入浴計画に基づき、個浴その他の利用者の居宅の状況に近い環境にて、入浴介助を行った場合に1日につき55単位を加算できます。

過去の出題

送迎時に実施した居宅内での介助等に要した時間について問われました。
22再-55
- 送迎時に実施した居宅内での介助等に要した時間は、サービス提供時間に含まれない。
  →×（あらかじめ定められた要件を満たす場合、1日30分以内を限度として、サービス提供時間に含めることができる）

プラスα

送迎時に実施した居宅内の介助等に要した時間が、サービス提供時間に含まれる場合の要件は次のとおりです。
①居宅サービス計画および認知症対応型通所介護計画に位置づけたうえで実施する
②介護福祉士等のほか、サービスを利用者に直接提供する職員としての勤続年数の合計が3年以上の介護職員が送迎時に居宅内の介助等を行う

過去の出題

延長加算について問われました。20-55
- 9時間のサービス利用の後に連続して延長サービスを行った場合は、5時間を限度として加算を算定できる。
  →○

基礎理解度 CHECK!!

□□ 1 ▸ 認知症対応型通所介護の対象者は、認知症の原因となる疾患が急性の状態にある利用者である。

□□ 2 ▸ 第 2 号被保険者であって要介護認定を受けている若年性認知症の者は、対象となる。

□□ 3 ▸ 認知症対応型通所介護は、一般の通所介護と同じ時間帯に同じ場所を用いて行うことができる。

□□ 4 ▸ 認知症対応型通所介護は、サービスの提供体制に応じて、併設型と共用型に分かれている。

□□ 5 ▸ 併設型の認知症対応型通所介護の利用定員は、29 人以下である。

□□ 6 ▸ 認知症対応型共同生活介護事業所の居間または食堂で行われる共用型認知症対応型通所介護の利用定員は、共同生活住居ごとに 1 日あたり 12 人以下となっている。

□□ 7 ▸ 認知症対応型通所介護計画で位置づけられ、効果的な機能訓練等のサービスが提供できる場合は、事業所の屋外でサービスを提供することができる。

□□ 8 ▸ 生活相談員が認知症対応型通所介護計画を作成する。

□□ 9 ▸ 運営推進会議をおおむね 12 か月に 1 回以上開催する。

□□ 10 ▸ 認知症対応型通所介護事業所の管理者は、認知症対応型サービス事業管理者研修を修了した者である必要がある。

□□ 11 ▸ 認知症対応型通所介護事業所の管理者は、保健師でなければならない。

□□ 12 ▸ 相談室は、相談内容が他の職員にも共有できるよう、外に聞こえやすいように配慮する必要がある。

1 ✕ 認知症の原因となる疾患が急性の状態にある利用者は、認知症対応型通所介護の対象とならない。

2 ○

3 ✕ 認知症対応型通所介護は、一般の通所介護と一体的な形で実施することは認められていない。一般の通所介護と同じ事業所で同一の時間帯に行う場合は、パーティション等で間を仕切るなど、職員、利用者、およびサービスを提供する空間を明確に区別することが必要である。

4 ✕ 認知症対応型通所介護は、サービスの提供体制に応じて、併設型、単独型、共用型の 3 つの類型に分かれている。

5 ✕ 併設型の認知症対応型通所介護の利用定員は、12 人以下である。

6 ✕ 認知症対応型共同生活介護事業所の居間または食堂で行われる共用型認知症対応型通所介護の利用定員は、共同生活住居ごとに 1 日あたり 3 人以下となっている。

7 ○

8 ✕ 管理者が認知症対応型通所介護計画を作成する。

9 ✕ 運営推進会議をおおむね 6 か月に 1 回以上開催する。

10 ○

11 ✕ 管理者は特段の専門資格は不要であるが、認知症対応型サービス事業管理者研修を修了した者である必要がある。

12 ✕ 相談室は、遮蔽物《しゃへいぶつ》の設置等により、相談の内容が漏洩《ろうえい》しないよう配慮されている必要がある。

ランク A

25 小規模多機能型居宅介護

小規模多機能型居宅介護は、地域密着型サービスの１つとして、2006（平成 18）年の制度改正で創設されました。登録定員は 29 人以下で、通いを中心として、利用者の様態や希望に応じて、随時訪問や宿泊を組み合わせてサービスを提供することにより、利用者の居宅における生活の継続を支援するものです。第 18 回試験、第 19 回試験、第 21 回試験、第 23 回試験、第 25 回試験、第 26 回試験など、近年よく出題されています。

基本方針

小規模多機能型居宅介護は、通いを中心として、随時訪問や宿泊を組み合わせたサービスです。

小規模多機能
・通い
・随時訪問
・宿泊

職員

居住施設
・認知症対応型共同生活介護事業所
・地域密着型特定施設
・地域密着型介護老人福祉施設
・介護老人福祉施設
・介護老人保健施設
・介護医療院

居住施設を併設するときは、介護職員については、小規模多機能型居宅介護事業所と居住施設の人員は一体のものとして運営

登録定員・利用定員

登録定員によって、通いサービス、宿泊サービスの利用定員が異なります。

登録定員

29人以下（サテライト型は18人以下）

通いサービス
～25人：登録定員の２分の１から15人まで
26～27人：16人まで
28人：17人まで
29人：18人まで
サテライト型：２分の１から12人まで

宿泊サービス
通いサービス利用者の３分の１から９人まで
サテライト型：３分の１から６人まで

利用定員の決定

プラスα

利用者は、複数の小規模多機能型居宅介護の利用は認められません（１事業所のみ登録できます）。

プラスα

サテライト型小規模多機能型居宅介護事業所（サテライト事業所）とは、本体事業所（小規模多機能型居宅介護事業所または看護小規模多機能型居宅介護事業所）との密接な連携のもとに運営される事業所をいいます。なお、１つの本体事業所にかかるサテライト事業所の数は２か所までとされており、また、本体事業所を設置する小規模多機能型居宅介護事業者または看護小規模多機能型居宅介護事業者は居宅サービス事業等その他の保健医療または福祉に関する事業について３年以上の経験を有する必要があります。

過去の出題

サテライト事業所について問われました。23-55
・小規模多機能型居宅介護の本体事業所とサテライト事業所の距離は、自動車等でおおむね 20 分以内の近距離でなければならない。
→○

目的

小規模多機能型居宅介護には、次のような目的があります。

① 地域の拠点となる事業所で提供する「通い」「訪問」、短期間の「宿泊」を利用しながら、可能な限り住み慣れた居宅で自立した生活を継続する

② 家庭的な環境と地域住民との交流のもとでサービスを提供する

③ 3つのサービスの柔軟な組み合わせを通じて、地域の協力を得ながら、利用者が希望する生活を構築する

小規模多機能型居宅介護のケアマネジメント

小規模多機能型居宅介護の利用にあたっては、利用者の日々の状態に応じたケアマネジメントを臨機応変に行うため、居宅介護支援事業所の介護支援専門員ではなく、小規模多機能型居宅介護事業所の介護支援専門員が居宅サービス計画を作成することになります。小規模多機能型居宅介護事業所の管理者は、介護支援専門員に、登録者の居宅サービス計画の作成に関する業務を担当させるものとするとされています。

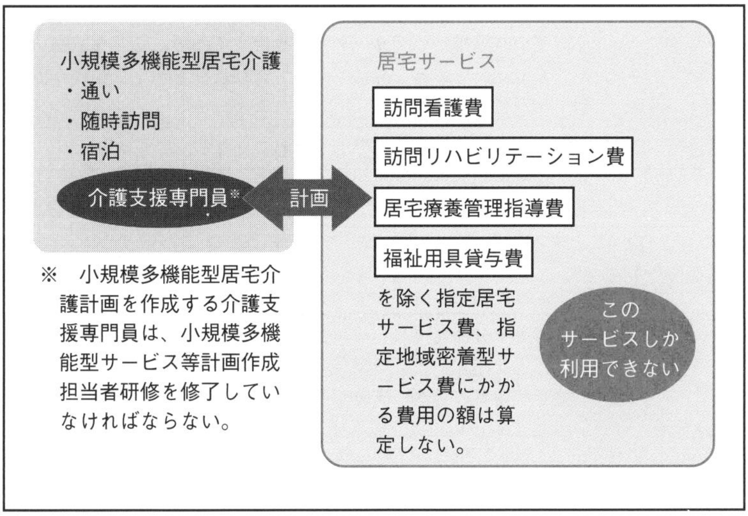

内容

小規模多機能型居宅介護は、利用者が住み慣れた地域で暮らし続けられることを目指して、通いサービスを中心として、訪問サービス、宿泊サービスを利用者の希望と様態に応じて柔軟に組み合わせて提供します。例えば、短時間の訪問で安否確認、水分補給、

過去の出題

小規模多機能型居宅介護について問われました。
23-55 26-55

・小規模多機能型居宅介護は、宿泊を中心として、利用者の様態や希望に応じて、随時訪問や通いを組み合わせてサービスを提供するものである。
→×（通いを中心として、随時訪問や宿泊を組み合わせる）

・利用者は、複数の小規模多機能型居宅介護事業所への登録を希望しても、1つの事業所にしか登録できない。
→○

・登録定員は、12人以下としなければならない。
→×（29人以下）

アドバイス

居宅サービス計画は誰が作成するのかが過去問で問われています。25-55

プラスα

小規模多機能型居宅介護の利用を開始した場合には、介護支援専門員は小規模多機能型居宅介護事業所の介護支援専門員に変更となります。

プラスα

小規模多機能型居宅介護の特徴として、通い・訪問・宿泊サービスが1つの事業所の職員により提供されるため、なじみの関係を築きながら利用者の生活を支えます。

アドバイス

通いサービスで出会った職員が自宅に訪問に来ると、利用者は安心感を得ます。

内服管理を行います。また、排泄時間に合わせて訪問したり、食事の準備と見守りを居宅で行うことができます。本人や家族の状況により宿泊することもできます。

人員基準

職種	要件・配置基準等
代表者	特別養護老人ホーム等の職員等として、認知症高齢者の介護に従事した経験または保健医療サービス、福祉サービスの経営に携わった経験があり、認知症対応型サービス事業開設者研修を修了した者
管理者	常勤専従１人以上 特別養護老人ホーム等の職員等として３年以上認知症高齢者の介護に従事した経験を有する者であって、認知症対応型サービス事業管理者研修を修了している者 （サテライト事業所の管理者は、本体事業所の管理者が兼務可）
従業者	①夜間・深夜の時間帯以外 通いサービス：利用者の数が３またはその端数を増すごとに１人以上 訪問サービス：１人以上 ②夜間および深夜の時間帯 夜間および深夜の勤務　１人以上 宿直勤務　必要な数 ※従業者のうち１人以上は常勤 ※従業者のうち１人以上は看護師または准看護師 ※宿泊サービスの利用者がいない場合であって、夜間および深夜の時間帯に訪問サービスを提供するために必要な連絡体制を整備しているときは、宿直および夜勤を行う従業者を置かないことができる
介護支援専門員	管理者と兼務可。非常勤でも差し支えない

設備基準

居間および食堂	機能を十分に発揮しうる適当な広さ（通いサービスの利用定員が15人を超えて定める事業所は、居間および食堂を合計した面積を利用者の処遇に支障がないと認められる十分な広さ（１人当たり３m^2以上）を確保する）
宿泊室	１室あたり定員１人（利用者の処遇上必要と認められる場合には１室あたり定員２人も可）。１室あたりの床面積は7.43m^2以上
事業所の立地	利用者に対して家庭的な雰囲気でサービスを提供すること、また地域との交流を図る観点から、事業所は住宅地のなかにあること、または住宅地と同程度に利用者の家族や地域住民との交流の機会が確保される地域のなかにあること

過去の出題

サービスについて問われました。25-55
- 訪問サービスでは、身体介護の提供に限られる。
  →×（身体介護のみに限られない）

過去の出題

従業者の員数等について問われました。21-56
- 従業者のうち１人以上は、常勤の看護師又は准看護師でなければならない。
  →×（看護師または准看護師については、常勤を要件とはしていない）
- 介護支援専門員は、利用者の処遇に支障がない場合には、管理者と兼務することができる。
  →○

プラスα

小規模多機能型居宅介護事業所の管理者は、介護支援専門員（介護支援専門員を配置していないサテライト事業所にあっては、小規模多機能型サービス等計画作成担当者研修の修了者）に、小規模多機能型居宅介護計画の作成に関する業務を担当させるものとされています。

過去の出題

宿泊室について問われました。21-56 25-55
- 利用者の処遇上必要と認められる場合であっても、一の宿泊室の定員は１人である。
  →×（利用者の処遇上必要と認められる場合は、１室の定員を２人とすることができる）

運営基準

利用料等の受領	・サービスにかかる費用のほか、通常の事業の実施地域以外の利用者に対して行う送迎の費用、利用者の選択により通常の事業の実施地域以外の地域の居宅において訪問サービスを提供する場合に要した交通費、食事に要する費用、宿泊に要する費用、おむつ代などを利用者から受けることができる
基本取扱方針	・利用者の要介護状態の軽減または悪化の防止に資するよう、その目標を設定し、計画的に行われなければならない ・自らその提供するサービスの質の評価を行い、それらの結果を公表し、常にその改善を図らなければならない
具体的取扱方針	・利用者や他の利用者等の生命または身体を保護するため緊急やむを得ない場合を除いて、身体的拘束その他利用者の行動を制限する行為を行ってはならない。身体的拘束等を行う場合には、その態様、時間、その際の利用者の心身の状況、緊急やむを得ない理由を記録しなければならない ・通いサービスの利用者が登録定員に比べて著しく少ない状態が続いてはならない ・登録者が通いサービスを利用していない日には、可能な限り、訪問サービスの提供、電話連絡による見守り等を行うことによって、居宅における生活を支えるために適切なサービスを提供しなければならない
居宅サービス計画の作成	・管理者は、介護支援専門員に登録者の居宅サービス計画の作成に関する業務を担当させる
居宅サービス計画等の書類の交付	・登録者が他の小規模多機能型居宅介護事業者の利用を希望する場合、その他登録者から申し出があった場合、登録者に対して直近の居宅サービス計画、実施状況に関する書類を交付しなければならない
介護等	・利用者の負担によって、利用者の居宅やサービスの拠点で他の事業者による介護を受けさせてはならない ・利用者の食事その他の家事等は、可能な限り利用者と従業者が共同で行うように努める
社会生活上の便宜の提供等	・利用者が日常生活を営むうえで必要な行政手続き等を利用者やその家族が行うことが困難な場合、利用者の同意を得たうえで代行しなければならない ・常に利用者の家族と連携を図るとともに、利用者とその家族との交流等の機会を確保するよう努めなければならない
定員の遵守	・登録定員、通いサービスと宿泊サービスの利用定員を超えてサービスを提供してはならない（利用者の希望等により特に必要があると認められる場合は、一時的に利用定員を超えることはやむを得ない。また、災害等やむを得ない事情がある場合は、この限りでない）
協力医療機関等	・主治医との連携を基本とするが、利用者の病状の急変等に備えるため、あらかじめ協力医療機関を定めておかねばならない。また、あらかじめ協力歯科医療機関を定めておくよう努めなければならない ・サービス提供体制確保、夜間の緊急時対応等のため、介護老人福祉施設、介護老人保健施設、介護医療院、病院等との間の連携・支援の体制を整えなければならない

アドバイス

小規模多機能型居宅介護事業所は、住宅地または住宅地と同程度に利用者の家族や地域住民との交流の機会が確保される地域にあるようにしなければならないとされています。26-55

過去の出題

利用料等の受領について問われました。18-56

・宿泊のために必要な費用を、利用者から徴収することができる。

→○

過去の出題

介護等について問われました。19-56

・小規模多機能型居宅介護事業者は、利用者の負担によって、利用者宅で他の事業者の介護を受けさせることができる。

→×（利用者の負担により、当該事業者以外の者による介護を受けさせてはならない）

プラスα

看取り期などで小規模多機能型居宅介護への通いサービスの利用が困難で、状態が不安定な利用者に入浴の機会を確保する観点から、小規模多機能型居宅介護事業者の負担により、訪問入浴介護等のサービスを利用させることは構わないとされています。

プラスα

過疎地域等において、地域の実情によりサービスの効率的運営に必要であると市町村が認めた場合は、一定期間に限り、登録定員のほか、通いサービスおよび宿泊サービスの利用定員を超えてサービスを提供することができます。

プラスα

運営推進会議は、テレビ電話装置等を活用して行うことができます。利用者または家族が参加する場合は、テレビ電話装置等の活用について同意を得なければなりません。

プラスα

運営推進会議は、一定の条件を満たす場合には、複数の事業所による合同開催ができます。

過去の出題

運営推進会議について問われました。(23-55)(26-55)

- 運営推進会議は、当該事業所を指定する市町村が設置する。
  →×(設置は当該事業者)
- おおむね6月に1回以上、運営推進会議に活動状況を報告し、評価を受けなければならない。
  →×(おおむね2か月に1回以上)

調査への協力等	・利用者に提供したサービスが利用者の心身の状況を踏まえて、妥当適切に行われているかどうかの市町村の確認のための調査に協力し、指導・助言を受けた場合には、それに従って必要な改善を行わなければならない
地域との連携等	・サービスの提供にあたっては、利用者、家族、地域住民の代表者、市町村職員、地域包括支援センター職員、サービスについて知見を有する者等による運営推進会議を設置し、おおむね2か月に1回以上、運営推進会議に対して通いサービスおよび宿泊サービスの提供回数等の活動状況を報告して評価を受けるとともに、運営推進会議から必要な要望、助言等を聴く機会を設けなければならない ・報告、運営推進会議からの評価、要望、助言等について記録を作成し、それを公表しなければならない ・運営にあたっては、地域住民やその自発的な活動等との連携・協力を行う等の地域との交流を図らなければならない ・利用者からの苦情に関して、市町村等が派遣する者が相談・援助を行う事業その他の市町村が実施する事業に協力するよう努めなければならない ・事業者は、事業所の所在する建物と同一の建物に居住する利用者にサービスを提供する場合には、当該建物に居住する利用者以外の者にもサービスの提供を行うよう努めなければならない
居住機能を担う併設施設等への入居	・可能な限り、利用者がその居宅において生活を継続できるよう支援することを前提としつつ、利用者が運営基準第63条第6項に掲げる施設等、その他の施設へ入所等を希望した場合は、円滑にそれらの施設へ入所等が行えるよう、必要な措置を講ずるよう努める

プラスα

運営基準第63条第6項に掲げる施設等とは、認知症対応型共同生活介護事業所、地域密着型特定施設、地域密着型介護老人福祉施設、介護老人福祉施設、介護老人保健施設、介護医療院等のことを指します。

介護報酬

利用者の居住場所(同一建物に居住する場合とそれ以外)、利用者の要介護度によって小規模多機能型居宅介護費が異なります。

短期利用居宅介護費

①利用者の状態や利用者の家族等の事情により、居宅介護支援事業所の介護支援専門員が、緊急に利用することが必要と認めた場合であって、小規模多機能型居宅介護事業所の介護支援専門員が、当該小規模多機能型居宅介護事業所の登録者に対する小規模多機能型居宅介護の提供に支障がないと認めた場合であること、②利用の開始にあたって、あらかじめ7日以内(利用者の日常生活上の世話を行う家族等の疾病等やむを得ない事情がある場合は14日以内)の利用期間を定めることなどの要件を満たした場合に算定します。

プラスα

宿泊室を活用する場合については、登録者の宿泊サービスの利用者と登録者以外の短期利用者の合計が、宿泊サービスの利用定員の範囲内で、空いている宿泊室を利用するものとされています。

基礎理解度CHECK!!

□□ 1 ▶ 小規模多機能型居宅介護は、宿泊を中心に利用者の様態や希望に応じて、随時訪問や通いを組み合わせてサービスを提供するものである。

□□ 2 ▶ 利用登録定員は、10 人以下である。

□□ 3 ▶ 小規模多機能型居宅介護事業所の利用登録は 2 つまでの事業所でできる。

□□ 4 ▶ 1つの小規模多機能型居宅介護事業所にかかるサテライト事業所の数は、2 か所までとされている。

□□ 5 ▶ 小規模多機能型居宅介護の利用の開始にあたっては、それまで担当していた居宅介護支援事業所の介護支援専門員が引き続き居宅サービス計画を作成する。

□□ 6 ▶ 小規模多機能型居宅介護の利用者は、訪問看護を利用することができる。

□□ 7 ▶ 小規模多機能型居宅介護の利用者は、居宅療養管理指導を利用することができない。

□□ 8 ▶ 小規模多機能型居宅介護事業所の管理者は、社会福祉士の資格が必要である。

□□ 9 ▶ 従業者のうち、1 人以上は看護師または准看護師でなければならない（必ずしも常勤である必要はない）。

□□ 10 ▶ 宿泊に要する費用とおむつ代は、介護給付の対象である。

□□ 11 ▶ 通いサービスの利用者が登録定員に比べて著しく少ない状態が続くものであってはならない。

□□ 12 ▶ 運営にあたり、地域住民やその自発的な活動等との連携・協力を行う等の地域との交流を図らなければならない。

□□ 13 ▶ 登録者以外の要介護者が短期利用のサービスを受けることはできない。

1 ✕ 小規模多機能型居宅介護は、通いを中心として、利用者の様態や希望に応じて、随時訪問や宿泊を組み合わせてサービスを提供する。

2 ✕ 利用登録定員は、29 人以下とされている（サテライト型は 18 人以下）。

3 ✕ 利用登録できるのは、1 事業所のみである。これは 1 つの事業所の職員によりサービスを提供することで、なじみの関係を築きながら利用者の生活を支えるためである。

4 ○

5 ✕ 登録者の居宅サービス計画は、小規模多機能型居宅介護事業所の介護支援専門員が作成する。

6 ○

7 ✕ 登録利用者は、小規模多機能型居宅介護を利用している間は、訪問看護、訪問リハビリテーション、居宅療養管理指導、福祉用具貸与を利用できる。

8 ✕ 管理者に特に資格は定められていない。ただし、特別養護老人ホーム等の職員として 3 年以上認知症高齢者の介護に従事した経験を有する者であって、認知症対応型サービス事業管理者研修を修了している者である必要がある。

9 ○

10 ✕ 宿泊に要する費用とおむつ代は、全額利用者の負担となっている。

11 ○

12 ○

13 ✕ 登録者の宿泊利用と登録者以外の短期利用の合計が、小規模多機能型居宅介護の宿泊定員の範囲内であれば、空いている宿泊室を登録者以外の短期利用のサービスに充てることができる。

ランク B

26 認知症対応型共同生活介護

認知症対応型共同生活介護は、認知症高齢者が家庭的な環境と地域住民との交流のもと、住み慣れた環境での生活を継続できるようにすることを目指すものです。認知症の原因となる疾患が急性の状態にある人は、認知症対応型共同生活介護の対象にはなりません。第19回試験、第22回再試験、第23回試験、第25回試験で出題されています。地域密着型サービスのなかでも、試験に出題される回数が多いので、要注意です。

プラスα

認知症対応型共同生活介護の設備を活用したサービスについては、以下のとおり整理できます。

①空いている居室等を利用する短期入所は「短期利用認知症対応型共同生活介護」

②居間もしくは食堂を利用した通いサービスは「共用型認知症対応型通所介護」

プラスα

認知症対応型共同生活介護の利用者は、認知症（アルツハイマー病その他の神経変性疾患、脳血管疾患その他の疾患（特定の疾患に分類されないものを含み、せん妄、うつ病その他の気分障害、精神作用物質による急性中毒またはその依存症、統合失調症、妄想性障害、神経症障害、知的障害その他これらに類する精神疾患を除く）により日常生活に支障が生じる程度まで認知機能が低下した状態）の要介護者が対象とされています。

アドバイス

管理者は、認知症である者の介護に3年以上従事した経験を有する者であって、所定の研修を修了している者でなければならないことが過去問でも問われました。25-56

基本方針と目的

要介護者であって認知症である利用者に、共同生活住居において家庭的な環境と地域住民との交流のもとで、入浴、排泄、食事等の介護その他の日常生活上の世話および機能訓練を行い、利用者が有する能力に応じ自立した日常生活を営むことができるようにするもので、通常、グループホームと呼ばれています。

認知症対応型共同生活介護には、次の目的があります。

① 家庭的な環境での介護
② 地域住民との交流を図る
③ 能力に応じ自立した生活

他の居宅サービスとの関係
利用者は、居宅療養管理指導を除いて、他の居宅サービスを受けることができない。必要がある場合には、事業者の負担で提供する。

人員基準

職種	要件・配置基準
代表者	次の①と②のいずれか ①特別養護老人ホーム等の職員等として、認知症高齢者の介護に従事した経験を有する者 ②保健医療サービスもしくは福祉サービスの経営に携わった経験を有する者 ※①②ともに認知症対応型サービス事業開設者研修を修了することが必要
管理者（共同生活住居（ユニット）ごとに配置）	・常勤専従（ただし、共同生活住居の管理上支障がない場合は、同一敷地内にある他の事業所・施設等の職務に従事できる） ・特別養護老人ホーム等の職員等として3年以上認知症高齢者の介護に従事した経験を有し、認知症対応型サービス事業管理者研修を修了していること ・サテライト事業所の管理者は、本体事業所の管理者が兼務可

介護従業者 （1人以上は常勤）	①夜間および深夜の時間帯以外 利用者の数が3またはその端数を増すごとに1人以上 ②夜間および深夜の時間帯 時間帯を通じて1人以上、かつ夜間および深夜の勤務（宿直勤務を除く）を行わせるために必要な数以上 ③3つの共同生活住居の場合、すべての共同生活住居が同一階に隣接している、安全対策（マニュアルの策定、避難訓練の実施）を講じているなどの一定の要件のもと、例外的に夜勤2人以上の配置に緩和することができる
計画作成担当者	・事業所ごとに置く（専従。ただし支障がなければ兼務可） ・少なくとも1人は介護支援専門員 ・サテライト事業所の場合は、介護支援専門員である計画作成担当者に代えて、厚生労働大臣が定める研修を修了している者とすることができる

プラスα

計画作成担当者は、保健医療サービスまたは福祉サービスの利用にかかる計画の作成に関して知識および経験があり認知症対応型共同生活介護計画の作成を担当させるのに適当と認められる者で、厚生労働大臣が定める研修を修了していなければなりません。介護支援専門員であってもなくても、研修を受ける必要があります。介護支援専門員である計画作成担当者は、介護支援専門員でない計画作成担当者の業務を監督します。

●設備基準

共同生活住居	・事業所に設けることができる共同生活住居は1以上3以下（サテライト事業所の場合は、1または2）とする ・1つの共同生活住居の入居定員は5～9人。居室、居間、食堂、台所、浴室、消火設備その他の非常災害に際して必要な設備、利用者が日常生活を営むうえで必要な設備を設ける ・居室1室あたり定員1人（利用者の処遇上必要と認められる場合には1室あたり定員2人も可）。1室あたりの床面積は$7.43m^2$以上 ・居間と食堂は同一の場所とすることができる（居間と食堂のそれぞれの機能が独立していることが望ましい）。原則として、利用者と介護従業者が一堂に会するのに十分な広さを確保する
事業所の立地	利用者の家族との交流の機会の確保、地域住民との交流を図る観点から、住宅地、または住宅地と同程度に利用者の家族や地域住民との交流の機会が確保される地域にあるようにしなければならない

アドバイス

事業所に設ける共同生活住居（ユニット）の数が過去問で問われています。最大で3ということを覚えておきましょう。25-56

アドバイス

1つの共同生活住居（ユニット）の入居定員は、5～9人ということも忘れないでおきましょう。

過去の出題

入居の際の利用者について問われました。25-56

・入居の際には、主治の医師の診断書等により申込者が認知症である者であることを確認しなければならない。

→○

●運営基準

入退居	・要介護者であって認知症であるもののうち、少人数による共同生活を営むことに支障がない者に提供する ・入居の際には、主治の医師の診断書等により申込者が認知症であることの確認をしなければならない ・入居申込者が入院治療を要する者であること等でサービスを提供することが困難な場合には、他の認知症対応型共同生活介護事業者、介護保険施設、病院、診療所を紹介する等の適切な措置を速やかに講じなければならない ・入居の際には、入居申込者の心身の状況、生活歴、病歴等の把握に努めなければならない ・退居の際には、利用者やその家族の希望を踏まえたうえで、退居後の生活環境や介護の継続性に配慮し、必要な援助を行わなければならない

プラスα

入居申込者が家族による入居契約締結の代理や援助が必要であると認められながら、これらが期待できない場合については、市町村とも連携し、成年後見制度や権利擁護に関する事業等の活用を可能な限り図ることとされています。

利用料等の受領	サービスにかかる費用の自己負担分以外に、食材料費、理美容代、おむつ代、その他日常生活においても通常必要となるものにかかる費用の支払いを受けることができる
取扱方針	・利用者の認知症の症状の進行を緩和し、安心して日常生活を送ることができるよう、利用者の心身の状況を踏まえ、妥当適切に行われなければならない ・サービスの提供にあたっては、利用者、他の利用者等の生命または身体を保護するため緊急やむを得ない場合を除いて、身体的拘束等を行ってはならない ・身体的拘束等を行う場合には、その態様、時間、その際の利用者の心身の状況、緊急やむを得ない理由を記録しなければならない ・身体的拘束等の適正化を図るため、次の措置を講じなければならない ①身体的拘束等の適正化のための対策を検討する委員会（身体的拘束適正化検討委員会）（テレビ電話装置等を活用して行うことができる）を3か月に1回以上開催するとともに、その結果について、介護従業者その他の従業者に周知徹底を図ること ②身体的拘束等の適正化のための指針を整備すること ③介護従業者その他の従業者に対し、身体的拘束等の適正化のための研修を定期的に実施すること ・自らその提供するサービスの質の評価を行うとともに、定期的に外部の者による評価または運営推進会議における評価のいずれかの評価を受け、それらの結果を公表し、常にその改善を図らなければならない
介護等	・利用者に対して、利用者の負担で共同生活住居の介護従業者以外の者による介護を受けさせてはならない ・利用者の食事その他の家事等は、原則として利用者と介護従業者が共同で行うように努める
定員の遵守	・入居定員、居室の定員を超えて入居させてはならない（災害その他のやむを得ない事情がある場合は、この限りでない）
協力医療機関等	・利用者の病状の急変等に備え、あらかじめ、協力医療機関を定めておかなければならない。また、あらかじめ、協力歯科医療機関を定めておくよう努めなければならない
地域との連携等	・サービスの提供にあたっては、利用者、家族、地域住民の代表者、市町村職員、地域包括支援センター職員、サービスについて知見を有する者等による運営推進会議を設置し、おおむね2か月に1回以上、運営推進会議に対して活動状況を報告して評価を受けるとともに、運営推進会議から必要な要望、助言等を聴く機会を設けなければならない ・報告、運営推進会議からの評価、要望、助言等について記録を作成し、それを公表しなければならない ・運営にあたっては、地域住民やその自発的な活動等との連携・協力を行う等の地域との交流を図らなければならない ・利用者からの苦情に関して、市町村等が派遣する者が相談・援助を行う事業その他の市町村が実施する事業に協力するよう努めなければならない

過去の出題

設備基準やおむつ代などについて問われました。（25-56）

・居間及び食堂は、同一の場所とすることができる。
→○

・事業者は、利用者の食材料費、理美容代、おむつ代を負担しなければならない。
→×（上記はすべて利用者から支払を受けられるものである）

過去の出題

自己評価・外部評価について問われました。（23-56）

・認知症対応型共同生活介護事業者は、提供するサービスの質について、定期的に外部評価を受けていれば、自己評価を行う必要はない。
→×（自己評価を行う）

プラスα

認知症対応型共同生活介護事業所の従業者でないいわゆる付添者による介護や、居宅療養管理指導を除く、他の居宅サービスを、入居者の負担によって利用させることはできません。ただし、認知症対応型共同生活介護事業者の負担により、通所介護等のサービスの利用を受けさせることはできます。

プラスα

運営推進会議は、一定の条件を満たす場合には、複数の事業所による合同開催ができます。

認知症対応型共同生活介護計画の作成

共同生活住居の管理者は、計画作成担当者に認知症対応型共同生活介護計画の作成に関する業務を担当させます。計画作成担当者は、利用者の心身の状況、希望およびその置かれている環境を踏まえて、他の介護従業者と協議のうえ、援助の目標、目標を達成するための具体的なサービスの内容等を記載した**認知症対応型共同生活介護計画**を作成しなければなりません。

アドバイス

２人以上の計画作成担当者を配置する場合、いずれか１人が介護支援専門員の資格を有していればよいことになっています。また、計画を作成する者は、介護支援専門員だけでないことに注意しましょう。

介護報酬

共同生活住居の数、利用者の要介護度によって認知症対応型共同生活介護費が異なります。

短期利用認知症対応型共同生活介護費

①認知症対応型共同生活介護事業者が、指定居宅サービス等の事業または介護保険施設等の運営について３年以上の経験を有すること、②利用の開始にあたって、あらかじめ30日以内の利用期間を定めること等の要件を満たす場合に算定します。

プラスα

短期利用認知症対応型共同生活介護（緊急時短期利用）は、共同生活住居の定員の範囲内で、空いている居室等を利用するものです（プライバシーの確保に配慮した個室的なしつらえでも可）。ただし、１つの共同生活住居において、１人とされています。なお、サービスの提供は７日以内を原則として、利用者家族の疾病等やむを得ない事情がある場合には、14日以内まで認められています。

基礎理解度 CHECK!!

□□ 1 ▶ 認知症対応型共同生活介護を利用している要介護者は、訪問介護を利用できる。

□□ 2 ▶ 認知症対応型共同生活介護事業所の計画作成担当者は、介護支援専門員でなければならない。

□□ 3 ▶ 認知症対応型共同生活介護事業所に設けることができる共同生活住居は、１以上３以下である。

□□ 4 ▶ 居室１室あたりの定員は、いかなる場合であっても１人とされている。

□□ 5 ▶ 利用者に対して、利用者の負担で共同生活住居の介護従業者以外の者による介護を受けさせてはならない。

1 ✕ 認知症対応型共同生活介護を利用している要介護者は、居宅療養管理指導を除いて、他の居宅サービスを受けることができない。

2 ✕ 計画作成担当者のうち１人以上は介護支援専門員でなければならないが、介護支援専門員以外の者も計画作成担当者になることができる。

3 ○

4 ✕ 居室１室あたりの定員は１人となっているが、夫婦で居室を利用する場合などは２人とすることができる。

5 ○

ランク C

27 地域密着型特定施設入居者生活介護

入居定員が29人以下の特定施設入居者生活介護は、地域密着型サービスに位置づけられており、利用施設と同一市町村に住んでいる要介護者が対象です。入居者は、要介護者とその配偶者などに限られています。地域密着型特定施設入居者生活介護には、外部サービス利用型はありません。出題実績は多いとはいえませんが、特定施設入居者生活介護と比較しながら学習してください。

定義

地域密着型特定施設とは、有料老人ホーム、養護老人ホーム、軽費老人ホームで、入居者が要介護者と配偶者等に限られる介護専用型特定施設のうち入居定員が29人以下のものです。

要介護者とその配偶者以外に、当該地域密着型特定施設に入居できる人
① 入居の際に要介護者だったが、現在は要介護者ではない人
② 入居者である要介護者および①に該当する人の3親等以内の親族
③ 特別な事情により入居者である要介護者と同居させることが必要と市町村長が認めた人

アドバイス

特定施設のうち、定員が29人以下の介護専用型特定施設を地域密着型特定施設といいます。

人員基準

類型	職種	要件・配置基準
本体施設	管理者	常勤専従（支障がなければ兼務可）
	生活相談員	1人以上（1人以上は常勤）
	看護職員（看護師もしくは准看護師）・介護職員	常勤換算で、利用者3人につき1人 看護職員　常勤換算で1人以上 介護職員・看護職員のうちそれぞれ1人以上は常勤
	機能訓練指導員	1人以上（兼務可）
	計画作成担当者	介護支援専門員1人以上（専従。ただし、支障がなければ兼務可）
サテライト型特定施設（※）	生活相談員	本体施設の介護支援専門員等により、サービス提供が適切に行われると認められるときには置かないことができる
	機能訓練指導員	
	計画作成担当者	

※サテライト型特定施設とは、本体施設（介護老人保健施設、介護医療院または病院もしくは診療所であって当該施設に対する支援機能を有するもの）との密接な連携を確保しつつ、本体施設とは別の場所で運営される地域密着型特定施設をいいます。

プラスα

地域密着型特定施設の管理者は、管理上支障がない場合は、当該地域密着型特定施設における他の職務に従事し、または同一敷地内にある他の事業所、施設等、本体施設の職務（本体施設が病院または診療所の場合は、管理者としての職務を除く）もしくは、併設する指定小規模多機能型居宅介護事業所または指定看護小規模多機能型居宅介護事業所の職務に従事することができるものとされています。

● 地域密着型特定施設サービス計画の作成

地域密着型特定施設の管理者は、計画作成担当者に地域密着型特定施設サービス計画の作成に関する業務を担当させるものとされています。計画作成担当者は、利用者またはその家族の希望、利用者について把握された解決すべき課題に基づき、他の地域密着型特定施設従業者と協議のうえ、サービスの目標およびその達成時期、サービスの内容、サービスを提供するうえでの留意点等を盛り込んだ地域密着型特定施設サービス計画の原案を作成しなければなりません。

● 目的

地域密着型特定施設入居者生活介護には、次のような目的があります。

能力の維持	機能訓練を行うことにより、残されている能力を維持・向上していく
自立した日常生活	施設を居宅としてとらえ、そこでの生活が自立したものになるよう、介護その他のサービス提供が行われる。認知症の利用者であっても、その状況に応じたサービス提供を目指していく

● 内容

地域密着型特定施設入居者生活介護は、比較的規模の小さい施設に入所している要介護者に対して、家庭的な環境で日常生活上の世話や機能訓練等を実施するものです。

類型としては、継続して入居する通常の形態と、空室を利用し30日以内の入居となる短期利用とがあります。サービス提供については施設内の職員が行い、外部サービスを利用することはできません。

● 地域密着型特定施設入居者生活介護の運営基準

地域密着型特定施設入居者生活介護の設備・運営基準については、特定施設入居者生活介護とほぼ同様です。

● 地域との連携等

地域密着型特定施設入居者生活介護事業者は、運営推進会議の設置により、運営推進会議に対し活動状況を報告し、運営推進会

プラスα

計画作成担当者は、地域密着型特定施設サービス計画の作成にあたっては、その原案の内容について利用者または家族に対して説明し、文書により利用者の同意を得なければなりません。

アドバイス

計画作成担当者は、地域密着型特定施設サービス計画を作成した際には、当該計画を利用者に交付しなければなりません。

プラスα

地域密着型特定施設入居者生活介護では、次のサービスを提供します。

- 入浴、排泄、食事など日常生活上の世話
- 機能訓練指導員等による個別機能訓練
- 療養上の世話

アドバイス

入所している施設を利用者の居宅ととらえる考え方から「入居」という用語が用いられています。

プラスα

短期利用地域密着型特定施設入居者生活介護は、入居定員の範囲内で、空いている居室等を利用するものです。ただし、短期利用地域密着型特定施設入居者生活介護の提供を受ける入居者の数は、1または入居定員の100分の10以下であることとされています。

プラスα

災害への対応においては、**地域**との連携が不可欠であることを踏まえ、**訓練の実施**にあたっては、**地域住民の参加**が得られるよう**連携**に努めなければならないとされています。

議による評価を受けるとともに、運営推進会議から必要な要望、助言等を聴く機会を設けなければなりません。なお、一定の要件を満たせば、複数の事業所による運営推進会議の合同開催が可能です。

開催頻度	おおむね**2か月に1回以上**
構成員	利用者、利用者の家族 地域住民の代表者（町内会役員、民生委員等） 市町村の職員、地域包括支援センターの職員 地域密着型特定施設入居者生活介護について知見を有する者等

基礎理解度 CHECK!!

□□ 1 ▶ 地域密着型特定施設とは、介護専用型特定施設のうち入居定員が 29 人以下のもののことをいう。

□□ 2 ▶ 指定地域密着型特定施設入居者生活介護事業所には、機能訓練指導員は、配置する必要がない。

□□ 3 ▶ 地域密着型特定施設サービス計画は、管理者が作成する。

□□ 4 ▶ 地域密着型特定施設入居者生活介護の類型には、継続して入居する通常の形態と、空室を利用し 14 日以内の入居となる短期利用がある。

□□ 5 ▶ 地域密着型特定施設入居者生活介護事業者は、運営推進会議を設置する必要はない。

□□ 6 ▶ 地域密着型特定施設入居者生活介護事業者は、災害への対応においては、訓練の実施にあたり、地域住民の参加が得られるよう連携に努めなければならない。

1 ○

2 ×機能訓練指導員は、1人以上配置しなければならない。

3 ×地域密着型特定施設サービス計画は、計画作成担当者（介護支援専門員）が作成する。

4 ×類型は、継続して入居する通常の形態と、空室を利用し 30 日以内の入居となる短期利用がある。

5 ×運営推進会議を設置して、おおむね2か月に1回以上開催しなければならない。

6 ○

ランク C

28 地域密着型介護老人福祉施設入所者生活介護

地域密着型介護老人福祉施設とは、入所定員が29人以下の特別養護老人ホームです。地域密着型介護老人福祉施設に入所する要介護者（原則要介護3以上の者）に対し、地域密着型施設サービス計画に基づいて、地域密着型介護老人福祉施設入所者生活介護が提供されます。第17回試験以降、出題実績が多いとはいえず、学習は出題率の高い介護老人福祉施設を中心とし、サテライト型の場合の基準緩和をおさえましょう。

● 定義

地域密着型介護老人福祉施設は、入所定員29人以下の特別養護老人ホームです。地域密着型介護老人福祉施設入所者生活介護は、地域密着型施設サービス計画に基づいて、入浴、排泄、食事等の介護、日常生活上の世話、機能訓練等を行うことをいいます。

施設の形態

① 単独小規模の介護老人福祉施設
② 同一法人による本体施設のあるサテライト型居住施設
③ 通所介護事業所や小規模多機能型居宅介護事業所等と併設された小規模の介護老人福祉施設

サテライト型居住施設とは
サテライト型居住施設を設置しようとする者により設置される当該施設以外の介護老人福祉施設、サテライト型居住施設を除く地域密着型介護老人福祉施設、介護老人保健施設、介護医療院、病院、診療所で、当該施設に対する支援機能を有するもの（本体施設）との密接な連携を確保しつつ、本体施設とは別の場所で運営される地域密着型介護老人福祉施設

居住形態

居住形態としては、❶従来型、❷ユニット型があります。

● 人員基準

職種	地域密着型介護老人福祉施設	サテライト型
医師	必要な数	置かないことができる
生活相談員	常勤の者　1人以上	常勤換算方法で1人以上。本体施設の生活相談員または支援相談員によるサービス提供が、適切に行われると認められる場合などには、置かないことができる

アドバイス
地域密着型介護老人福祉施設は、介護保険施設には含まれません。（25-7）

プラスα
2015（平成27）年4月から、地域密着型介護老人福祉施設に新たに入所する利用者は、原則要介護3以上の者とされています。

アドバイス
地域密着型介護老人福祉施設入所者生活介護は、市町村長に指定申請をして、指定施設として認可されます。

アドバイス
過去問では、地域密着型介護老人福祉施設入所者生活介護の施設の形態について問われました。（17-56）

プラスα
個室ユニット型施設における1ユニットの定員は、原則としておおむね10人以下とし、15人を超えないものとします。

プラスα
左記の「本体施設」とは、介護老人福祉施設、地域密着型介護老人福祉施設、介護老人保健施設のことです。

介護職員・ 看護職員（看護師もしくは准看護師）	総数：常勤換算で、入所者3人につき1人 看護職員：1人以上 介護職員・看護職員とも1人以上は常勤	看護職員は常勤換算方法で1人以上
栄養士または管理栄養士	1人以上（※）	本体施設の職員によるサービス提供が適切に行われると認められる場合は置かないことができる
機能訓練指導員		
介護支援専門員		

地域密着型施設サービス計画の作成

地域密着型介護老人福祉施設の管理者は、介護支援専門員に地域密着型施設サービス計画の作成に関する業務を担当させるものとするとされています。計画担当介護支援専門員は、入所者の希望およびアセスメントの結果に基づき、入所者の家族の希望を勘案して、入所者およびその家族の生活に対する意向、総合的な援助の方針、生活全般の解決すべき課題、地域密着型介護老人福祉施設入所者生活介護の目標およびその達成時期等を記載した地域密着型施設サービス計画の原案を作成しなければなりません。

目的

地域密着型介護老人福祉施設入所者生活介護には、次のような目的があります。

① 入所者は居宅での生活に困難を抱えたため入所してきた人であるが、当初から居宅への復帰をあきらめるのではなく、できる限り居宅における生活への復帰を目指す
② 機能訓練や健康管理、療養上の世話を行うことで、要介護状態の軽減・悪化の防止を図り、自立した日常生活を目指す
③ 入所者の意思・人格を尊重し、家庭や地域との結びつきを大切にした入所者本位の支援を目指す

内容

地域密着型介護老人福祉施設の利用は、原則として当該市町村の者とされており、その趣旨は、要介護者等が住み慣れた地域と切り離されることがなく、身近なコミュニティで生活をし続けられることにあります。

設置形態としては、①単独型の小規模の介護老人福祉施設、②

プラスα

右記の※について、他の社会福祉施設や病院等の栄養士または管理栄養士と連携することによって、施設の効果的な運営を期待することができ、入所者の処遇に影響がないときは、栄養士または管理栄養士を置かないことができます。

過去の出題

地域密着型施設サービス計画について問われました。
17-56
- 地域密着型施設サービス計画には、地域住民による入所者の話し相手、会食などは含めない。
→×（地域密着型施設サービス計画は、入所者の日常生活全般を支援する観点より、地域住民による入所者の話し相手、会食など、地域住民の自発的活動によるサービス等の利用も含めて計画に位置づけるよう努める）

アドバイス

地域密着型介護老人福祉施設入所者生活介護では、おむつ代は保険給付の対象となります（66頁参照）。

プラスα

地域密着型介護老人福祉施設入所者生活介護では、以下のサービスを提供します。
- 入浴、排泄、食事など日常生活上の世話
- 機能訓練指導員等による個別機能訓練
- 栄養管理、経口維持、口腔衛生管理
- 在宅復帰支援
- 認知症専門ケア

本体施設のあるサテライト型居住施設、③居宅サービス事業所や地域密着型サービス事業所と併設された小規模の介護老人福祉施設があります。居住形態としては、従来型とユニット型があります。

②の本体施設は、サテライト型居住施設と同じ法人により設置された支援機能を有しています。サテライト型居住施設については、本体施設と適切に連携がなされている場合は、人員基準・設備基準が緩和されます。また、ユニット型は、従来型の施設の設備に加えてユニットを設け、ユニットケアを提供する形態です。

過去の出題

区分支給限度基準額が適用されるサービスとして正しいものについて問われました。（24-7）

・地域密着型介護老人福祉施設入所者生活介護
→×（適用されない）

運営基準

地域密着型介護老人福祉施設入所者生活介護の設備に関する基準については、廊下幅が異なっていることを除けば、介護老人福祉施設と同じです。

運営基準については、介護老人福祉施設とほぼ同様です。

過去の出題

介護保険上、市町村介護保険事業計画において定めるべき事項として正しいものについて問われました。
（24-13）

・地域密着型介護老人福祉施設入所者生活介護に係る必要利用定員総数の見込み
→○

介護

地域密着型介護老人福祉施設は、入所者に対し、その負担により、地域密着型介護老人福祉施設の従業者以外の者による介護を受けさせてはなりません。

入所者の入院期間中の取扱い

地域密着型介護老人福祉施設は、入所者が病院または診療所に入院する必要が生じた場合、入院後おおむね３か月以内に退院することが明らかに見込まれるときは、入所者および家族の希望を勘案し、必要に応じて適切な便宜を供与するとともに、やむを得ない事情がある場合を除き、退院後再び地域密着型介護老人福祉施設に円滑に入所することができるようにしなければなりません。

過去の出題

入所者の病院等への入院について問われました。
（17-56）

・入所者が病院等に入院し、３か月以内に退院することが明らかに見込まれる場合は、原則として、退院後再び当該施設に円滑に入所できるようにしなければならない。
→○

地域との連携等

地域密着型介護老人福祉施設入所者生活介護事業者は、運営推進会議の設置により、運営推進会議に対し活動状況を報告し、運営推進会議による評価を受けるとともに、運営推進会議から必要な要望、助言等を聴く機会を設けなければなりません。なお、一定の要件を満たせば、複数の事業所による運営推進会議の合同開催が可能です。

開催頻度	おおむね2か月に1回以上
構成員	利用者、利用者の家族 地域住民の代表者（町内会役員、民生委員等） 市町村の職員、地域包括支援センターの職員 地域密着型介護老人福祉施設入所者生活介護について知見を有する者　等

基礎理解度CHECK!!

□□ 1 ▶ 地域密着型介護老人福祉施設は、入所定員29人以下の介護付有料老人ホームのことである。

□□ 2 ▶ 地域密着型施設サービス計画に基づき、入浴、排泄、食事等の介護、機能訓練等を行う。

□□ 3 ▶ 地域密着型介護老人福祉施設は、要支援者も入所できる。

□□ 4 ▶ 地域密着型介護老人福祉施設のサテライト型居住施設には、医師を置かないことができる。

□□ 5 ▶ 地域密着型介護老人福祉施設のサテライト型居住施設には、生活相談員を置かなければならない。

□□ 6 ▶ 地域密着型介護老人福祉施設は、入所者の居宅における生活への復帰を目指す必要はない。

□□ 7 ▶ 地域密着型介護老人福祉施設の設置形態は、単独小規模の介護老人福祉施設と本体施設のあるサテライト型居住施設がある。

□□ 8 ▶ 地域密着型介護老人福祉施設は、入所者に対し、その負担により、当該施設の従業者以外の者による介護を受けさせてはならない。

□□ 9 ▶ 地域密着型介護老人福祉施設入所者生活介護事業者は、運営推進会議を設置しなくてもよい。

1 ✕ 地域密着型介護老人福祉施設は、入所定員29人以下の特別養護老人ホームである。

2 ○

3 ✕ 地域密着型介護老人福祉施設は、原則として要介護3以上の者が入所できる。

4 ○

5 ✕ サテライト型居住施設の場合は、本体施設の生活相談員または支援相談員によるサービス提供が、適切に行われると認められる場合などには、生活相談員を置かないことができる。

6 ✕ 地域密着型介護老人福祉施設は、できる限り入所者の居宅における生活への復帰を目指す。

7 ✕ 地域密着型介護老人福祉施設の設置形態は、①単独型の小規模の介護老人福祉施設、②本体施設のあるサテライト型居住施設、③居宅サービス事業所や地域密着型サービス事業所と併設された小規模の介護老人福祉施設がある。

8 ○

9 ✕ 地域密着型介護老人福祉施設入所者生活介護事業者は、運営推進会議を設置し、おおむね2か月に1回以上開催しなければならない。

ランク C

29 地域密着型介護予防サービス

地域密着型介護予防サービスは、①介護予防認知症対応型通所介護、②介護予防小規模多機能型居宅介護、③介護予防認知症対応型共同生活介護の3つです。定期巡回・随時対応型訪問介護看護、夜間対応型訪問介護、地域密着型通所介護、地域密着型特定施設入居者生活介護、地域密着型介護老人福祉施設入所者生活介護、看護小規模多機能型居宅介護には、介護予防サービスはありません。

1. 介護予防のための効果的な支援の方法に関する基準

運営基準の「介護予防のための効果的な支援の方法に関する基準」は、介護予防サービス、地域密着型介護予防サービス固有の基準であり、サービス提供にあたっての基本的な指針です。介護予防サービス、地域密着型介護予防サービスごとに、それぞれ「基本取扱方針」と「具体的取扱方針」が定められています。

プラスα

地域密着型介護予防サービスの①人員、②設備、③運営に関する基準については、基本的に地域密着型サービスにかかる取扱と同様です。

2. 介護予防認知症対応型通所介護

● 基本取扱方針

1	単に高齢者の運動機能や栄養改善といった特定の機能の改善だけを目指すものではなく、これらの心身機能の改善や環境調整等を通じて、一人ひとりの高齢者ができる限り要介護状態にならないで自立した日常生活を営むことができるよう支援することを目的として行われるものであることに留意する。
2	利用者の主体的な取り組みが不可欠であることから、利用者の意欲が高まるようコミュニケーションのとり方をはじめ、さまざまな工夫をして、適切なはたらきかけを行う。
3	利用者のできる能力を阻害するような不適切なサービス提供をしない。
4	介護予防認知症対応型通所介護計画に定める目標達成の度合いや利用者およびその家族の満足度等について常に評価を行うなど、その改善を図る。

● サービスの具体的取扱方針

・介護予防サービス計画に沿って、介護予防認知症対応型通所介護計画を作成します。

アドバイス

地域密着型介護予防サービスの3つは、介護サービスの種類の図で確認しておきましょう（48頁参照）。過去問では、要支援者が利用できる地域密着型サービスについて問われました。

23-2

プラスα

指定介護予防認知症対応型通所介護事業所の管理者は、介護予防認知症対応型通所介護計画を作成するものとされています。

第3編 福祉サービスの知識等

プラスα

利用定員を超えてサービスの提供を行ってはいけませんが、災害その他のやむを得ない事情がある場合は、この限りではありません（サービス提供を行えます）。

・サービス提供にあたっては、利用者が日常生活を送るうえで自らの役割をもつことにより、達成感や満足感を得、自信を回復するなどの効果が期待されるとともに、利用者にとって自らの日常生活の場であると実感できるよう必要な支援を行います。

・介護予防認知症対応型通所介護計画に定めたサービス提供開始時から終了までに、少なくとも1回は、計画の実施状況の把握（モニタリング）を行い、目標の達成状況の把握等を行います。

3. 介護予防小規模多機能型居宅介護

●基本取扱方針

1	利用者ができる限り要介護状態にならないで自立した日常生活を営むことができるよう支援することを目的として行われるものであることに留意する。
2	利用者の主体的な取り組みが不可欠であることから、利用者の意欲が高まるようコミュニケーションのとり方をはじめ、さまざまな工夫をして、適切なはたらきかけを行う。
3	利用者のできる能力を阻害するような不適切なサービス提供をしない。
4	介護予防小規模多機能型居宅介護計画に定める目標達成の度合いや利用者およびその家族の満足度等について常に評価を行うなど、その改善を図る。

プラスα

事業所における利用者の食事その他の家事等は、可能な限り利用者と従業者が共同で行うよう努めるものとされています。

プラスα

小規模多機能型居宅介護と同様に、介護予防小規模多機能型居宅介護事業所の介護支援専門員が、介護予防サービス計画と介護予防小規模多機能型居宅介護計画を作成します。

●サービスの具体的取扱方針

・介護予防小規模多機能型居宅介護事業所の介護支援専門員は、指定介護予防サービス等の利用にかかる計画および介護予防小規模多機能型居宅介護計画を作成しなければなりません。介護予防小規模多機能型居宅介護計画は、利用者の日常生活全般の状況および希望を踏まえて、他の介護予防小規模多機能型居宅介護従業者と協議のうえ、介護予防小規模多機能型居宅介護の目標、目標を達成するための具体的なサービスの内容、サービスの提供を行う期間等が記載されます。

・介護支援専門員は、介護予防小規模多機能型居宅介護計画の作成にあたって、地域活動への参加の機会の提供等により、利用者の多様な活動の確保に努めます。

・介護予防小規模多機能型居宅介護計画に定めたサービス提供開始時から終了までに、少なくとも1回は、計画の実施状況の把

プラスα

事業者は、登録者が通いサービスを利用していない日には、可能な限り、訪問サービスの提供、電話連絡による見守り等を行うなど、登録者の居宅における生活を支えるために適切なサービスを提供しなければならないとされています。

プラスα

事業者は、常に利用者の家族との連携を図るとともに、利用者とその家族との交流等の機会を確保するよう努めるものとされています。

握（モニタリング）を行い、利用者の様態の変化等の把握を行います。

4. 介護予防認知症対応型共同生活介護

介護予防認知症対応型共同生活介護の利用者

介護予防認知症対応型共同生活介護を利用できるのは、要支援2の場合に限られます。

アドバイス

要支援2の場合に利用可能です。要支援1は利用できませんので要チェックです。

プラスα

ケアマネジメントは、対象者である認知症要支援者の特性を踏まえたものとなります。認知症が軽度であり、認知機能が比較的維持され、IADL・ADLが高く、自分の意向を表明できるからこそ、入所について丁寧に説明しながら、グループホーム入居への合意形成の支援が必要となります。

基本取扱方針

1	利用者ができる限り要介護状態にならないで自立した日常生活を営むことができるよう支援することを目的として行われるものであることに留意する。
2	利用者の主体的な取り組みが不可欠であることから、利用者の意欲が高まるようコミュニケーションのとり方をはじめ、さまざまな工夫をして、適切なはたらきかけを行う。
3	利用者が有する能力を阻害するような不適切なサービス提供をしない。
4	介護予防認知症対応型共同生活介護計画に定める目標達成の度合いや利用者およびその家族の満足度等について常に評価を行うなど、その改善を図る。

サービスの具体的取扱方針

・計画作成担当者は、利用者の日常生活全般の状況および希望を踏まえて、他の介護従業者と協議のうえ、介護予防認知症対応型共同生活介護の目標、目標を達成するための具体的なサービスの内容、サービスの提供を行う期間等を記載した介護予防認知症対応型共同生活介護計画を作成します。

・介護予防認知症対応型共同生活介護計画の作成にあたっては、通所介護等（介護保険給付の対象となる通所介護ではなく、事業者が契約した事業者による通所介護に準ずるサービスの提供）の活用、地域活動への参加機会の提供等により、利用者の多様な活動の確保に努めます。

・介護予防認知症対応型共同生活介護計画に定めたサービス提供開始時から終了までに、少なくとも1回は、計画の実施状況の把握（モニタリング）を行い、利用者の様態の変化等の把握を行います。

プラスα

認知症対応型共同生活介護の場合と同様に、計画作成担当者のうち1人以上は介護支援専門員でなければなりません（介護支援専門員以外の計画作成担当者の業務を監督します）。

プラスα

事業者は、サービスの提供体制の確保、夜間における緊急時の対応等のため、介護老人福祉施設、介護老人保健施設、介護医療院、病院等との間の連携および支援の体制を整えなければなりません。

基礎理解度 CHECK!!

□□ 1 ▶ 地域密着型介護予防サービスについては、介護予防のための効果的な支援の方法に関する基準が定められている。

□□ 2 ▶ 地域密着型介護予防サービスとして、地域密着型通所介護が位置づけられている。

□□ 3 ▶ 介護予防認知症対応型通所介護計画は、居宅サービス計画に沿って作成されなければならない。

□□ 4 ▶ 介護予防認知症対応型通所介護計画に定めたサービス開始時から終了までに、毎月必ず1回は、モニタリングを行わなければならない。

□□ 5 ▶ 介護予防小規模多機能型居宅介護事業者は、登録者が通いサービスを利用していない日には、可能な限り、訪問サービスの提供、電話連絡による見守り等を行うなど、登録者の居宅における生活を支えるために適切なサービスを提供しなければならない。

□□ 6 ▶ 介護予防小規模多機能型居宅介護では、市町村の職員が介護予防サービス計画を作成し、地域包括支援センターの介護支援専門員が介護予防小規模多機能型居宅介護計画を作成する。

□□ 7 ▶ 介護予防認知症対応型共同生活介護は、すべての要支援者が利用できる。

□□ 8 ▶ 介護予防認知症対応型共同生活介護の計画作成担当者は、社会福祉士でなければならない。

□□ 9 ▶ 介護予防認知症対応型共同生活介護事業者は、介護老人福祉施設や介護老人保健施設等との間の連携や支援の体制を整える必要はない。

1 ○

2 ×地域密着型介護予防サービスとして、位置づけられているのは、①介護予防認知症対応型通所介護、②介護予防小規模多機能型居宅介護、③介護予防認知症対応型共同生活介護の3つである。

3 ×介護予防認知症対応型通所介護計画は、介護予防サービス計画に沿って作成されなければならない。なお作成は、介護予防認知症対応型通所介護事業所の管理者が行う。

4 ×介護予防認知症対応型通所介護計画に定めたサービス開始時から終了までに、少なくとも1回は、モニタリングを行わなければならない。

5 ○

6 ×介護予防小規模多機能型居宅介護では、介護予防小規模多機能型居宅介護事業所の介護支援専門員が、介護予防サービス計画と介護予防小規模多機能型居宅介護計画を作成する。

7 ×介護予防認知症対応型共同生活介護の利用者は、要支援2の者に限られている。

8 ×計画作成担当者は、厚生労働大臣が定める研修を修了している者でなければならず、このうち、1人以上は、介護支援専門員をもって充てなければならない。

9 ×介護予防認知症対応型共同生活介護事業者は、サービス提供体制の確保、夜間における緊急時の対応等のため、介護老人福祉施設、介護老人保健施設、介護医療院、病院等との間の連携および支援の体制を整えなければならない。

ランク
A

30 介護老人福祉施設

介護老人福祉施設は、毎年出題されています。近年は施設の介護支援専門員が注目されており、介護支援分野でも出題されています（第 24 回試験と第 26 回試験では施設サービス計画書の記載について出題されました）。福祉サービス分野では、人員基準や運営基準に関する出題が多いので、介護老人福祉施設の内容・特徴について頭のなかにしっかりと入れておきましょう。第 25 回試験では主に運営基準に関する問題が、第 26 回試験では人員基準・設備基準等が出題されました。

1. 介護老人福祉施設の定義・目的と利用者

●介護老人福祉施設の定義と目的

介護老人福祉施設は、介護保険法に規定される施設です。その目的は次のとおりです。

定義	老人福祉法上に規定された特別養護老人ホーム（入所定員が30人以上のもの） 特別養護老人ホームに入所する要介護者に対し、施設サービス計画に基づいて、入浴、排せつ、食事等の介護その他の日常生活上の世話、機能訓練、健康管理及び療養上の世話を行うことを目的とする施設である。
目的	特別養護老人ホームの入所者に必要な介護、機能訓練等のサービスの提供をすることによって、できるだけ自立した生活の支援を行うことを目的としている。

●介護老人福祉施設の指定を受けられる施設

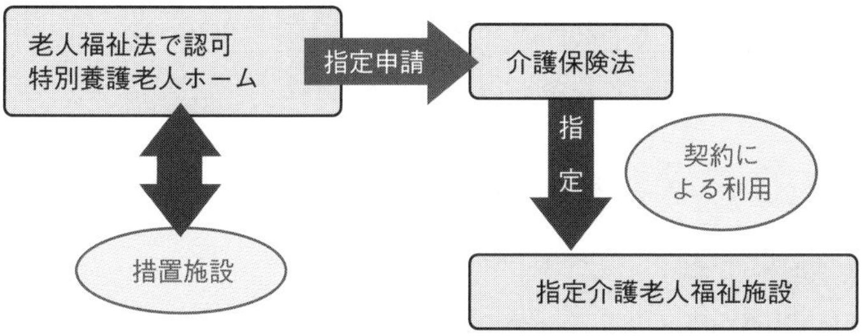

老人福祉法上、特別養護老人ホームとして都道府県知事に認可されていることを前提に、都道府県知事に介護保険施設として指定申請をし、指定基準に該当している場合に、都道府県知事から指定されます。なお、特別養護老人ホームは、原則、地方公共団体か社会福祉法人に設置者が限られています（80 頁参照）。

アドバイス

運営基準の基本方針では、「居宅における生活への復帰を念頭に置いて」と、入所者の在宅復帰の役割も有しています。

プラスα

老人福祉法に規定される入所定員 29 人以下の特別養護老人ホームが、市町村長から指定を受けると、地域密着型介護老人福祉施設となります（467 頁参照）。

プラスα

老人福祉法上の施設ですが、介護保険法で指定を受けているので、40 歳以上 65 歳未満の第 2 号被保険者も利用対象となります（ただし原則、要介護 3 以上）。

過去の出題

介護老人福祉施設の指定について問われました。
25 - 57
・市町村長が指定する。
→×（都道府県知事が指定する）

介護老人福祉施設の利用者の特性

原則として要介護３～５の第１号被保険者および第２号被保険者です。要介護１・２であっても、やむを得ない事由により介護老人福祉施設以外での生活が困難であると認められる場合には、入所が可能です。

> **アドバイス**
> 原則、要介護３以上の者しか入所できないのは、地域密着型介護老人福祉施設でも同じです。

特例入所

介護老人福祉施設の入所者については、2015（平成27）年４月１日から、原則、要介護３以上の高齢者に限定されています。ただし、要介護１または２の者であっても、やむを得ない事由により、介護老人福祉施設以外での生活が著しく困難であると認められる場合、市町村の適切な関与のもと、施設の入所に関する検討のための委員会（入所判定委員会）での検討を経て、特例的に入所が認められます。

特例入所の対象者として、「指定介護老人福祉施設等の入所に関する指針について」に、以下のように示されています。

> 特例入所の要件に該当することの判定に際しては、居宅において日常生活を営むことが困難なことについてやむを得ない事由があることに関し、以下の事情を十分に考慮すること。
> ①認知症である者であって、日常生活に支障をきたすような症状・行動や意思疎通の困難さが頻繁にみられること
> ②知的障害・精神障害等を伴い、日常生活に支障をきたすような症状・行動や意思疎通の困難さ等が頻繁にみられること
> ③家族等による深刻な虐待が疑われること等により、心身の安全・安心の確保が困難であること
> ④単身世帯である、同居家族が高齢または病弱である等により家族等による支援が期待できず、かつ、地域での介護サービスや生活支援の供給が不十分であること

> **過去の出題**
> 要介護１・２の者が入所できるかどうかが問われました。22-57 19-57
> ・虐待等のやむを得ない事由があれば、要介護１又は２の者を入所させることができる。
> →○
> ・やむを得ない事由があれば、要介護１又は２の人も入所できる。
> →○

> **アドバイス**
> 特例入所の４つのパターンは、試験でもよく問われますので、覚えておきましょう。

2. 介護老人福祉施設の内容・特徴

基本方針

介護老人福祉施設は、入所者がその有する能力に応じ自立した日常生活を営むことができるようにすることを目指すものでなければならないとされ、また、入所者の意思および人格を尊重し、常にその者の立場に立って指定介護福祉施設サービスを提供するように努めなければならないとされています。

> **過去の出題**
> どのような運営をするかが問われました。25-57
> ・明るく家庭的な雰囲気を有し、地域や家庭との結び付きを重視した運営を行うよう努めなければならない。
> →○

人員基準

職種	資格要件・配置基準等
医　師	健康管理や療養上の指導ができる必要な数で、その基準数は明示されていない。非常勤でも可
生活相談員	入所者100人またはその端数を増すごとに１人以上。常勤職員
看護職員・ 介護職員	入所者対看護職員・介護職員は３：１（常勤換算） 看護職員については 30人を超えない施設では１人以上（常勤換算） 30人を超えて50人を超えない施設では２人以上（常勤換算） 50人を超えて130人を超えない施設では３人以上（常勤換算） 130人を超える施設では３人、プラス50人またはその端数を増すごとに１人を加えた数（常勤換算） 看護職員のうち１人以上は常勤の職員 介護職員は、夜間を含めて常時１人以上の常勤の職員を置く
栄養士または 管理栄養士	１人以上。ただし、入所定員が40人を超えない施設で他の施設の栄養士または管理栄養士との連携を図ることにより、適切な栄養管理が行われ、入所者の処遇に支障がない場合は配置しなくてもよい
機能訓練指導員	１人以上。日常生活機能を改善、または減退防止の訓練ができる能力のあるもの。他の職務との兼務可
介護支援専門員	１人以上。入所者の数が100人またはその端数を増すごとに１人を増やすこと。常勤専従の職員。ただし、入所者の処遇に支障がない場合は、当該施設の他の職務に従事することができる
管理者	常勤専従の者を配置。ただし、管理上支障がなければ、同一敷地内の他の事業所、施設等の職務との兼務可

※なお、サテライト型居住施設を併設している介護老人福祉施設で、サテライト型居住施設に医師、介護支援専門員を置かない場合には、本体施設とサテライトの入所者の合計で、医師、介護支援専門員の人員を算定することになっている。

設備基準

設　備	設　備　基　準　等
居　室	居室の定員　１人（入所者へのサービスの提供上必要と認められる場合は、２人とすることができる） 入所者１人あたりの床面積は、10.65m^2以上 ブザーまたはこれに代わる設備を設ける
静養室	介護職員室または看護職員室に近接して設ける
浴　室	要介護者が入浴するのに適したものとする
洗面設備	居室のある階ごとに設ける 要介護者が使用するのに適したものとする
便　所	居室のある階ごとに居室に近接して設ける ブザーまたはこれに代わる設備を設けるとともに、要介護者が使用するのに適したものとする
医務室	医療法に規定する診療所とする 入所者を診療するために必要な医薬品および医療機器を備えるほか、必要に応じて臨床検査設備を設ける
食堂および機能 訓練室	それぞれ必要な広さを有するものとし、その合計した面積は、入所定員×3.0m^2以上 必要な備品を備えること

過去の出題

従業者の員数について問われました。21-57　22再-57
- 看護職員については、常勤の者を１人以上配置しなければならない。
  →○
- 配置される介護支援専門員は、非常勤でもよい。
  →×（常勤で１人以上配置する）

過去の出題

配置基準等が問われました。24-57　26-57
- 管理者は、常勤の者でなければならないが、管理上支障がない場合には、同一敷地内にある他の事業所、施設等の職務に従事することができる。
  →○
- 常勤の生活相談員を配置しなければならない。
  →○

プラスα

夜間の人員配置基準について、見守り機器やインカム等のICTを導入することで、従来型における夜間の人員配置基準が緩和されています。

過去の出題

居室の定員について問われました。23-57
- サービス提供上必要と認められる場合であれば、１の居室の定員を２人にすることができる。
  →○

過去の出題

医務室について問われました。22再-57
- 医務室は、医療法に規定する診療所でなければならない。
  →○

廊下幅	1.8m 以上 中廊下の幅は2.7m 以上
消火設備その他の非常災害に際して必要な設備を設ける	

●運営基準

介護老人福祉施設（ユニット型を除く）の運営基準については、下記のとおりです。

提供拒否の禁止	正当な理由なくサービスの提供を拒んではならない
受給資格等の確認	サービスの提供を求められた場合は、被保険者資格、要介護認定の有無および要介護認定の有効期間を確かめなければならない
入退所	・施設サービスを受ける必要性が高いと認められる入所申込者を優先的に入所させるよう努めなければならない ・入所者が居宅において日常生活を営むことができるかどうかについて定期的に検討しなければならない ・居宅において日常生活を営むことができると認められる入所者に対し、円滑な退所のために必要な援助を行わなければならない ・入所者の退所に際しては、居宅サービス計画の作成等の援助に資するため、居宅介護支援事業者に対する情報の提供に努めるほか、保健医療サービスまたは福祉サービスを提供する者との密接な連携に努めなければならない
施設サービス計画の作成	介護福祉施設サービスは施設サービス計画に基づいて行われることとなっており、当該計画は当該施設の計画担当介護支援専門員が作成する ・施設サービス計画の作成にあたり、地域住民による自発的な活動によるサービス等の利用も含めて施設サービス計画上に位置づけるよう努めなければならない ・計画担当介護支援専門員は、サービス担当者会議の開催、他のサービス担当者に対する照会等により、施設サービス計画の原案の内容について、担当者から専門的な見地からの意見を求める ・計画担当介護支援専門員は、施設サービス計画の作成後、定期的に入所者に面接し、施設サービス計画の実施状況の把握（モニタリング）を行い、必要に応じて施設サービス計画の変更を行う ・入所者が要介護更新認定や要介護状態区分の変更の認定を受けた場合には、計画担当介護支援専門員は、サービス担当者会議の開催、他のサービス担当者に対する照会等により、施設サービス計画の変更の必要性について、担当者から専門的な見地からの意見を求める

プラスα

食堂および機能訓練室は、食事の提供または機能訓練に支障がない広さを確保できれば、同一の場所とすることができます。

過去の出題

廊下幅について問われました。26-57

・家庭的な雰囲気を保つため、廊下幅は1.6m以下としなければならない。

→×（1.8m以上）

過去の出題

指定介護老人福祉施設について問われました。

23-57

・入所者が居宅での生活を営むことができるかどうかについて、生活相談員、介護職員、看護職員、介護支援専門員等の従業者間で協議しなくてはならない。

→○

・施設サービスを受ける必要性が高いと認められる入所申込者を優先的に入所させるよう努めなければならない。

→○

プラスα

サービス担当者会議は、テレビ電話装置等を活用して行うことができます。入所者や家族が参加する場合は、テレビ電話装置等の活用について同意を得なければなりません。

プラスα

施設サービス計画の作成にあたっては、厚生労働省「人生の最終段階における医療・ケアの決定プロセスに関するガイドライン」等を参考にしつつ、本人の意思を尊重した医療・ケアが実施できるよう、多職種が連携し、本人・家族と必要な情報の共有等に努めることになっています。

介　護	・1週間に2回以上、適切な方法により、入所者に入浴させ、または清拭をしなければならない ・おむつを使用せざるを得ない入所者のおむつを適切に取り替えなければならない ・褥瘡が発生しないよう適切な介護を行うとともに、その発生を予防するための体制を整備しなければならない ・常時1人以上の常勤の介護職員を介護に従事させなければならない ・入所者の負担により、当該施設の従業者以外の者による介護を受けさせてはならない
食　事	・適切な時間に提供しなければならない（夕食は午後6時以降が望ましい） ・入所者が可能な限り離床して、食堂で食事を摂ることを支援しなければならない
社会生活上の便宜の提供等	・教養娯楽設備等を備えるほか、適宜入所者のためのレクリエーション行事を行わなければならない ・常に入所者の家族との連携を図るとともに、入所者とその家族との交流等の機会を確保するよう努めなければならない ・入所者の外出の機会を確保するよう努めなければならない
栄養管理	入所者の栄養状態の維持および改善を図り、自立した日常生活を営むことができるよう、各入所者の状態に応じた栄養管理を計画的に行わなければならない
口腔衛生の管理	入所者の口腔の健康の保持を図り、自立した日常生活を営むことができるよう、口腔衛生の管理体制を整備し、各入所者の状態に応じた口腔衛生の管理を計画的に行わなければならない
入所者の入院期間中の取扱い	入院後おおむね3か月以内に退院することが明らかなときは、退院後、再び当該施設に円滑に入所できるようにしなければならない
定員の遵守	入所定員および居室の定員を超えて入所させてはならない。ただし、災害、虐待その他のやむを得ない事情がある場合は、この限りでない
衛生管理等	・入所者の使用する食器等の設備、飲用水について、衛生的な管理に努め、また衛生上必要な措置を講じるとともに、医薬品および医療機器の管理を適正に行わなければならない ・当該施設において感染症が発生し、またはまん延しないように、次の措置を講じなければならない ①感染症および食中毒の予防およびまん延の防止のための対策を検討する委員会（感染対策委員会）をおおむね3か月に1回以上開催し、その結果について従業者に周知徹底を図る ②感染症および食中毒の予防およびまん延の防止のための指針を整備する

過去の出題

介護について問われました。
20-22　22-57　25-57

・常時2人以上の常勤の介護職員を従事させなければならない。
→×（1人以上従事させなければならない）
・健康状態によって入浴が困難な入所者には、清拭を1週間に2回以上行わなければならない。
→○
・入所者の負担により、当該施設の従業者以外の者による介護を受けさせてはならない。
→○
・褥瘡の発生を予防するための体制を整備しなければならない。
→○

過去の出題

教養娯楽設備について問われました。25-57

・入所者のためのレクリエーション行事を行うのであれば、教養娯楽設備等は備えなくてもよい。
→×（教養娯楽設備は備える）

アドバイス

介護老人福祉施設の運営基準には、この他に、「勤務体制の確保等」「業務継続計画の策定等」などがあります。内容は介護医療院等とほぼ同様ですので、確認しておいてください（335頁参照）。

プラスα

感染対策委員会は、テレビ電話装置等を活用して行うことができます。

	③従業者に対し、感染症および食中毒の予防およびまん延の防止のための研修と訓練（シミュレーション）を定期的に実施する
協力病院等	あらかじめ協力病院を定めておかなければならない（義務）。また、あらかじめ協力歯科医療機関を定めておくよう努めなければならない（努力義務）
秘密保持等	居宅介護支援事業者等に対して、入所者に関する情報を提供する際には、あらかじめ文書により入所者の同意を得ておかなければならない
地域との連携等	・事業の運営にあたり、地域住民またはその自発的な活動等（ボランティア団体等）との連携および協力を行う等の地域との交流を図らなければならない ・事業の運営にあたり、提供したサービスに関する入所者からの苦情に関して、市町村等が派遣する者（介護サービス相談員）が相談および援助を行う事業その他の市町村が実施する事業に協力するよう努める
非常災害対策	・非常災害に関する具体的計画を立て、非常災害時の関係機関への通報および連携体制を整備し、それらを定期的に従業者に周知するとともに、定期的に避難、救出その他必要な訓練を行わなければならない ・訓練の実施にあたって、地域住民の参加が得られるよう連携に努めなければならない
事故発生の防止と発生時の対応	・事故が発生した場合の対応または事故発生の防止のための指針の整備等の措置を講ずる ・事故発生の防止のための委員会（事故防止検討委員会）および従業者に対する研修を定期的に行う ・上記の措置を適切に実施するための担当者を置くこと ・事故が発生した場合は、速やかに市町村、家族等に連絡するとともに、必要な措置を講ずる ・事故の状況と事故に際して採った処置について記録する
虐待の防止	・虐待の発生またはその再発を防止するため、以下の措置を講じなければならない ①虐待の防止のための対策を検討する委員会（虐待防止検討委員会）を定期的に開催するとともに、その結果について、従業者に周知徹底を図る ②虐待の防止のための指針を整備する ③介護職員その他の従業者に対し、虐待の防止のための研修を定期的に実施する ④上記①～③の措置を適切に実施するための担当者を置く
記録の整備	入所者に対する施設サービス計画等の記録は、その完結の日から2年間保存しなければならない

過去の出題

指定介護老人福祉施設について問われました。

20-57　22-57　26-57

・あらかじめ協力歯科医療機関を定めなければならない。
→×（協力医療機関は定めなければならないが、協力歯科医療機関については、定めるよう努めなければならないとされている）

・感染症や食中毒の予防又はまん延防止のため、その対策を検討する委員会をおおむね三月に1回以上開催しなければならない。
→○

・入所者に対する施設サービス計画等の記録は、その完結の日から一年間保存すれば、廃棄することができる。
→×（2年間保存しなければならない）

・可能な限り、居宅での生活への復帰を念頭に置いて、入所者がその有する能力に応じ自立した日常生活を営むことができるようにすることを目指さなければならない。
→○

プラスα

事故防止検討委員会は、テレビ電話装置等を活用して行うことができるものとされています。

プラスα

虐待防止検討委員会は、テレビ電話装置等を活用して行うことができるものとされています。

ユニット型介護老人福祉施設

ユニット型介護老人福祉施設とは、ユニットごとに入居者の日常生活が営まれ、これに対する支援が行われる介護老人福祉施設をいいます。

ユニット：	ユニットとは「少数の居室およびその居室に近接して設けられる共同生活室により一体的に構成される場所」をいいます。
居　　室：	ユニットの居室は原則1人※部屋とし、共同生活室に近接して一体的に設置しなければなりません。1つのユニットの定員は、原則としておおむね10人以下とし、15人を超えないものとされています。
勤務体制：	昼間は1ユニットに常時1人以上の介護職員または看護職員 夜間および深夜は2ユニットに1人以上の介護職員または看護職員 ユニットごとに常勤のユニットリーダーの配置

※ユニットの居室の定員は1人となっているが、夫婦で利用する場合など必要と認められる場合は、2人部屋にすることができる。

ユニット型介護老人福祉施設は、居宅に近い居住環境の下で、日常の生活のなかでケアを行うこと、すなわち、生活単位と介護単位を一致させたケアであるユニットケアを行うことに特徴があります。

過去の出題

入院期間中の取扱いについて問われました。
（22再-57）（24-57）

・入所者が入院する場合には、3月間は当該ベッドを空けておかなければならない。
　→×（退院後に再び当該施設に円滑に入所できるようにしなければならないが、ベッドを空けておく規定はない）
・入所者が病院等に入院する際に、おおむね3か月以内に退院することが明らかに見込まれる場合には、原則として、退院後再び当該施設に円滑に入所できるようにしなければならない。
　→○

3. 介護報酬

区分

ユニット型かどうかや、介護老人福祉施設の類型、居住環境、要介護度に応じて1日につき、単位が設定されています。

アドバイス

おむつ代は、施設サービス、地域密着型介護老人福祉施設入所者生活介護、短期入所サービスでは、保険給付の対象となると覚えましょう。

主な加算

初期加算	入所した日から起算して30日以内の期間について、1日につき所定の単位数を加算。30日を超える医療機関への入院・入所後に再び入居した場合も同様
若年性認知症入所者受入加算	若年性認知症（40歳以上65歳未満）の入所者を受け入れ、入所者ごとに個別に担当者を定めて、その担当者を中心として、当該入所者の特性やニーズに応じたサービスを提供した場合は、1日につき所定の単位数を加算する。ただし、認知症行動・心理症状緊急対応加算を算定している場合は算定しない
認知症専門ケア加算（Ⅰ）（Ⅱ）	介護老人保健施設とほぼ同様（330頁側注参照）
認知症行動・心理症状緊急対応加算	認知症の行動・心理症状が認められるため、在宅での生活が困難であり、緊急に入所することが適当であると医師が判断した入所者については、入所した日から起算して7日を限度として、1日につき所定の単位数を加算

外泊時費用	入所者が医療機関へ入院した場合および居宅へ外泊した場合は、所定単位数に代えて1か月に6日を限度として、1日につき所定の単位数を算定
看取り介護加算（Ⅰ）（Ⅱ）	常勤の看護師により24時間連絡体制を確保し、あらかじめ看取りに関する指針を入所時に説明していて、医師が回復の見込みがないと判断した入所者に対して、医師等が共同して入所者等に対して十分な説明を行って同意を得ること等をしながら、看取り介護を行った場合は、死亡日を含めて45日を上限として、1日につき所定の単位数を加算
口腔衛生管理加算（Ⅰ）（Ⅱ）	歯科医師の指示を受けた歯科衛生士が、入所者に対して、口腔衛生等の管理を月2回以上行い、かつ、介護職員に助言指導等を行った場合は、1か月につき所定の単位数を加算。（Ⅱ）は口腔衛生等の管理にかかる計画の内容等の情報を厚生労働省に提出し、必要な情報を活用していることが要件になっている

プラスα

「看取り介護加算」では、2021（令和3）年度の介護報酬改定により、要件に、「人生の最終段階における医療・ケアの決定プロセスに関するガイドライン」等の内容に沿った取組を行うこと、が加わりました。

減算

夜勤の勤務条件が基準を満たしていない場合、定員を超過した場合や運営基準に定める人員を配置していない場合、身体拘束廃止未実施の場合などには減算されます。

「指定介護福祉施設サービスの取扱方針」に定める身体的拘束等にかかる基準

- 身体的拘束その他入所者の行動を制限する行為（身体的拘束等）を行う場合には、その態様および時間、その際の入所者の心身の状況並びに緊急やむを得ない理由を記録しなければならない
- 身体的拘束等の適正化を図るため、次に掲げる措置を講じなければならない
  - ①　身体的拘束等の適正化のための対策を検討する委員会を3か月に1回以上開催するとともに、その結果について、介護職員その他の従業員に周知徹底を図ること
  - ②　身体的拘束等の適正化のための指針を整備すること
  - ③　介護職員その他の従業員に対し、身体的拘束等の適正化のための研修を定期的に実施すること

基礎理解度 CHECK!!

□□ 1 ▸ 指定介護老人福祉施設の指定は、市町村長が行う。

□□ 2 ▸ 市町村や都道府県は、特別養護老人ホームを設置することができる。

□□ 3 ▸ 指定介護老人福祉施設には、いかなる場合でも要介護1・2の者は入所できない。

□□ 4 ▸ 介護支援専門員は配置しなくてもよい。

□□ 5 ▸ 管理者は、医師でなければならない。

□□ 6 ▸ 介護福祉施設サービスは、特定施設サービス計画に基づいて行われる。

□□ 7 ▸ 介護老人福祉施設では、1週間に1回以上、入所者を入浴させなければならない。

□□ 8 ▸ 入所者が病院に入院後、おおむね1年以内に退院することが明らかに見込まれる場合には、退院後、再び当該施設に円滑に入所できるようにする必要がある。

□□ 9 ▸ 入所定員および療養室の定員を超えて入所させてはならないが、災害、虐待その他のやむを得ない事情がある場合には、この限りではない。

□□ 10 ▸ あらかじめ協力病院と協力歯科医療機関を定めておくよう努めなければならない。

□□ 11 ▸ ユニットの居室の定員は、必ず1人でなければならない。

□□ 12 ▸ ユニット型介護老人福祉施設の1つのユニットの定員は、必ず10人以下でなければならない。

□□ 13 ▸ 身体的拘束等を行う場合には、その態様および時間、その際の入所者の心身の状況ならびに緊急やむを得ない理由を記録しなければならない。

1 ✕ 指定介護老人福祉施設の指定は、都道府県知事が行う。

2 ○

3 ✕ 要介護1・2の者であっても、やむを得ない事情により介護老人福祉施設以外での生活が著しく困難であると認められる場合、市町村の適切な関与のもと、特例的に介護老人福祉施設への入所が認められている。

4 ✕ 介護支援専門員は、1人以上必置となっている。入所者の処遇に支障がない場合、他の職務との兼務は可である。

5 ✕ 管理者は医師と決まっていない。常勤の者を配置するとなっている。

6 ✕ 介護福祉施設サービスは、計画担当介護支援専門員が作成する施設サービス計画に基づいて行われる。

7 ✕ 1週間に2回以上、入浴させ、または清拭をしなければならない。

8 ✕ 入所者が病院等に入院後、おおむね3か月以内に退院することが明らかに見込まれる場合、原則として退院後、再び当該施設に円滑に入所できるようにしなければならない。

9 ○

10 ✕ あらかじめ協力病院を定めておかなければならない。また、あらかじめ協力歯科医療機関を定めておくよう努めなければならない。

11 ✕ ユニットの居室の定員は原則1人であるが、夫婦で利用する場合などは、2人部屋とすることができる。

12 ✕ 1つのユニットの定員は、原則としておおむね10人以下とし、15人を超えないものとなっている。

13 ○

索　引

A～Z

あ

か

さ

た

な

は

■2024年介護保険制度改正について

本書発刊後に明らかになった、2024（令和６）年施行の介護保険制度改正の内容のうち、本書に関連するものについて、弊社ホームページにおいて順次紹介していきます。下記 URL でご確認ください。
https://www.chuohoki.co.jp/foruser/manager/

■本書に関する訂正情報等について

弊社ホームページ（下記 URL）にて随時お知らせいたします。
https://www.chuohoki.co.jp/foruser/manager/

■本書へのご質問について

下記の URL から「お問い合わせフォーム」にご入力ください。
https://www.chuohoki.co.jp/contact/

ケアマネジャー試験ワークブック2024

2024年１月30日　発行

編　集●中央法規ケアマネジャー受験対策研究会
発行者●荘村明彦
発行所●中央法規出版株式会社
〒110-0016　東京都台東区台東3-29-1　中央法規ビル
TEL03-6387-3196
https://www.chuohoki.co.jp/
印刷・製本●株式会社太洋社
本文デザイン●株式会社ごぼうデザイン事務所
本文イラスト●小牧良次
装幀デザイン●株式会社デジカル
装幀キャラクター●坂木浩子

定価はカバーに表示してあります。
ISBN978-4-8058-8962-6
本書のコピー、スキャン、デジタル化等の無断複製は、著作権法上での例外を除き禁じられています。また、本書を代行業者等の第三者に依頼してコピー、スキャン、デジタル化することは、たとえ個人や家庭内での利用であっても著作権法違反です。
落丁本・乱丁本はお取り替えいたします。